BYZANZ

Alain Ducellier

BYZANZ

Das Reich und die Stadt

Campus Verlag · Frankfurt/New York
Editions de la Maison des Sciences
de l'Homme · Paris

Die Originalausgabe »Byzance et le monde orthodoxe« erschien 1986 bei Armand Collin, Paris.
Copyright © 1986 by Armand Colin Éditeur.

Übersetzung: Georges Wagner-Jourdain
Redaktion: Peter Wanner

Dieses Buch erscheint im Rahmen eines 1985 getroffenen Abkommens zwischen
der Wissenschaftsstiftung Maison des Sciences de l'Homme und dem Campus Verlag.
Das Abkommen beinhaltet die Übersetzung und gemeinsame Publikation deutscher und
französischer geistes- und sozialwissenschaftlicher Werke, die in enger Zusammenarbeit
mit Forschungseinrichtungen beider Länder ausgewählt werden.

Cet ouvrage est publié dans le cadre d'un accord passé en 1985 entre
la Fondation de la Maison des Sciences de l'Homme et le Campus Verlag.
Cet accord comprend la traduction et la publication en commun d'ouvrages
allemands et français dans le domaine des sciences sociales et humaines.
Ils seront choisis en collaboration avec des institutions de recherche des deux pays.

CIP-Titelaufnahme der Deutschen Bibliothek

Ducellier, Alain:
Byzanz : das Reich und die Stadt / Alain Ducellier. [Übers.:
Georges Wagner-Jourdain]. – Frankfurt/Main ; New York :
Campus-Verl. ; Paris : Ed. de la Maison des Sciences de
l'Homme, 1990
ISBN 3-593-34130-1 (Campus)
ISBN 2-7351-0358-7 (Ed. de la Maison des Sciences de l'Homme)

Inhalt

ZWEITES BUCH

DAS ORTHODOXE REICH BYZANZ
(7.–12. JAHRHUNDERT)

Drittes Buch

Untergang des Reiches und Geburt der Nationalstaaten

Zusammenfassung

EINLEITUNG

Rom 476, Konstantinopel 1453: Obwohl der Untergang der beiden Städte auch den Untergang zweier Reiche bedeutet, kann doch nur die zweite Jahreszahl mit Recht als Ende des römischen Reichs gelten. Denn das Reich am Bosporus hat sich nie als Nachfolger verstanden, was einen Bruch voraussetzen würde, sondern als in sich identisch mit der alten römischen Magistratur, die sich im Verlauf von drei Jahrhunderten – lange vor Konstantin – zu jener »Autokratie« entwickelt hatte, die Byzanz dann zur vollständigen Ausbildung brachte.

So ist es denn auch kein Zufall, daß die in ihrem Wesen streng personengebundene und unteilbare Macht des Kaisertums ihren Höhepunkt erst in Konstantinopel und nicht in Rom erreicht. Indem das römische Kaisertum, das sich als Magistratur ursprünglich auf den Volkswillen gründete, dem Volk jegliche politische Mitwirkung entzieht, gibt es seine ursprüngliche Legitimation auf und verkommt zu einer de-facto-Herrschaft, die die Griechen als *Tyrannis* bezeichnen. Die gedungene Akklamation des Volkes bei Krönungszeremonien, Triumphzügen und Zirkusspielen erweist sich schnell als unzureichende Grundlage einer Zentralgewalt, die stark an hellenistische Monarchen erinnert; jene Herrscher, die die Römer stets offen verachtet haben, werden alsbald Vorbilder eines Reiches, dessen *Pars Orientis* im Verlauf der Jahrhunderte immer stärker ins Gewicht fällt. Auf der Suche nach Legitimität kann das Reich, das die Untertanen im Osten ohnehin als gottgegeben hinnehmen, auch die Völker in den westlichen Provinzen, die sich nicht mehr als Bürger fühlen oder nie gefühlt haben, recht leicht davon überzeugen, daß die Quelle der Macht göttlicher Natur sei. Doch schon der Grundgedanke, den Garanten kaiserlicher Herrschaft in einer jenseitigen Welt zu finden, verstößt gegen das Prinzip des Polytheismus: Wie kann das unendliche und sich ständig wandelnde Pantheon aus römischen und fremden Gottheiten eine irdische Monarchie mit absolutem Anspruch begründen? Die Herrscher des 2., 3. und 4. Jahrhunderts suchen deshalb, zunächst unbewußt tastend, dann immer eindeutiger, nach einem religiösen System, das nur einen einzigen und allmächtigen Gott kennt, um sich selbst als dessen sichtbaren Ausdruck darstellen zu können. Doch die nach und nach aus dem Orient, der Wiege aller monotheistischen Religionen, übernommenen Kulte erweisen sich wie der Sonnenkult als ungeeignet, die Mehrheit der Römer um die jeweiligen kaiserlichen Bekenner zu scharen. Insofern ist Konstantins Begegnung mit dem Christentum nur das Ende einer jahrhundertelangen Suche, auch wenn dies den mehrheitlich heidnischen Zeitgenossen kaum bewußt wird. Mit seinem einzigen und ewigen Gott, an den sich der Mensch immer und überall wenden kann, hilft das allzu lange als Keim der Zerstörung kaiserlicher Autorität angesehene Christentum der Institution des Kaisertums, sich selbst zu vollenden: die Existenz eines himmlischen Herrschers über alle Menschen rechtfertigt diejenige eines ebenso einzigartigen irdischen Herrschers, der Gott allein Rechenschaft schuldet. Aus der Würdenbezeichnung wird schon ersichtlich, daß Christus dem ihm ergebenen Kaiser das unangefochtene Recht verleiht, als Autokrator über den gesamten Erdball zu herrschen – ohne Gegenmacht mit Ausnahme Gottes.

Es wäre aber irrig anzunehmen, die kaiserliche Theokratie sei lediglich eine Ideologie, die eine interessenbewußte Herrschaft den Menschen aufzwingt, oder daß sanfter Druck die Christen dazu veranlaßt habe, eine Autorität zu befürworten, die sie ebenso schützt wie benutzt. Schon in Rom, mehr aber noch im christlichen Orient des Mittelalters ist die von der Vorsehung bestimmte Monarchie zu einer derart populären Vorstellung geworden, daß man sich überhaupt keine andere Regierungsform über die Menschen mehr denken kann. Selbst die jungen slawischen Nationen versuchen eher, sie zum eigenen Nutzen zu übernehmen als sie zu überwinden. Das durch den wahren Gott erneuerte Reich, das so über ein solides geistiges Fundament verfügt, behauptet sich unangefochten ein Jahrtausend. Es kann sich voll und ganz seinem Auftrag widmen, wie schon die Römer die Welt zu erobern, der es aber nun außer der bestmöglichen Verwaltung auch den einzig begründeten, den »wahren Glauben«, die Orthodoxie, zu bieten hat.

Darüber hinaus lebt das orthodoxe Reich, vielleicht mehr als jedes andere politische System, im Spannungsfeld zwischen einem Ideal, dessen Maßlosigkeit es sich niemals eingesteht, und meist unzureichenden Handlungsmöglichkeiten. Diese dumpfe Unzufriedenheit, die die Geschichte des Ostreichs wie ein roter Faden durchzieht, ist in der Tat nur die politische Projektion der Lebensangst jedes rechten Christen, der seinem hochgesteckten geistigen Ziel das Mittelmaß der alltäglichen Lebensweise gegenüberstellt. Diese im frühen Christentum offensichtliche Angst bleibt in der Orthodoxie bestehen, da ihr die vielfältigen Erleichterungen fehlen, die seit dem Mittelalter das lateinische Christentum zu einer recht bequemen Lehre gemacht haben. Die Orthodoxie als christliches Gemeinwesen sieht ihr Ideal irdischer Vollkommenheit fast immer durch eine widrige Wirklichkeit kompromittiert, stellt aber ihr Ziel einer Weltherrschaft das von Gott selbst vorgegeben ist, dennoch niemals in Frage. Nicht einmal in den schwärzesten Augenblicken ihrer Geschichte vermag die Orthodoxie einzugestehen, daß dieser oder jener Anspruch inzwischen völlig haltlos geworden, daß dieses oder jenes

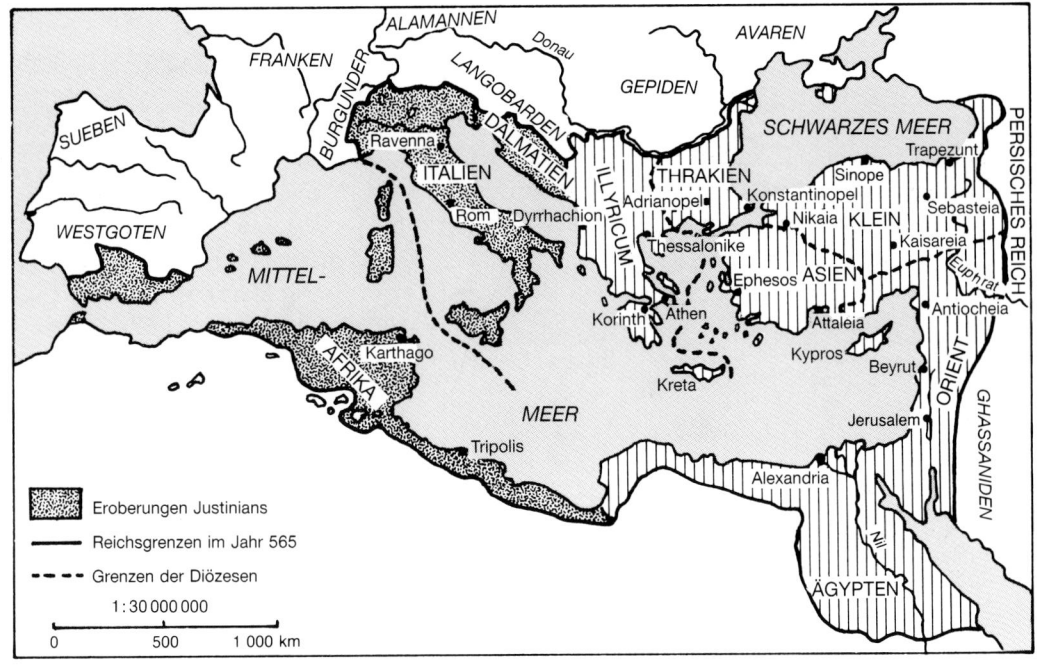

Das oströmische Reich zur Zeit Justinians.

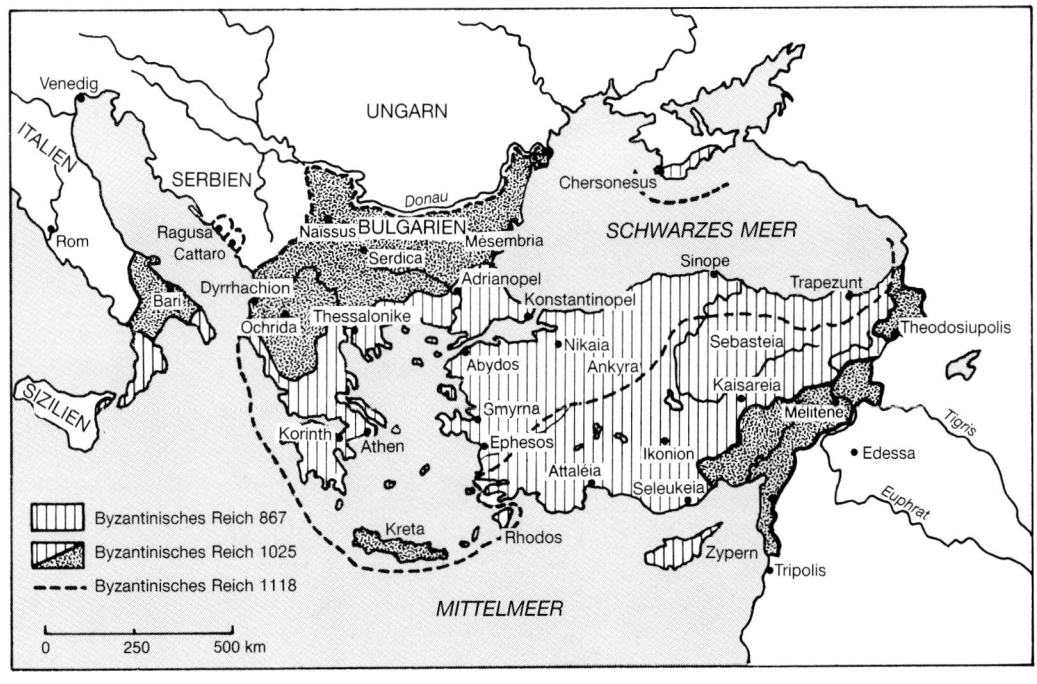

Das byzantinische Reich, 9. bis 13. Jahrhundert.

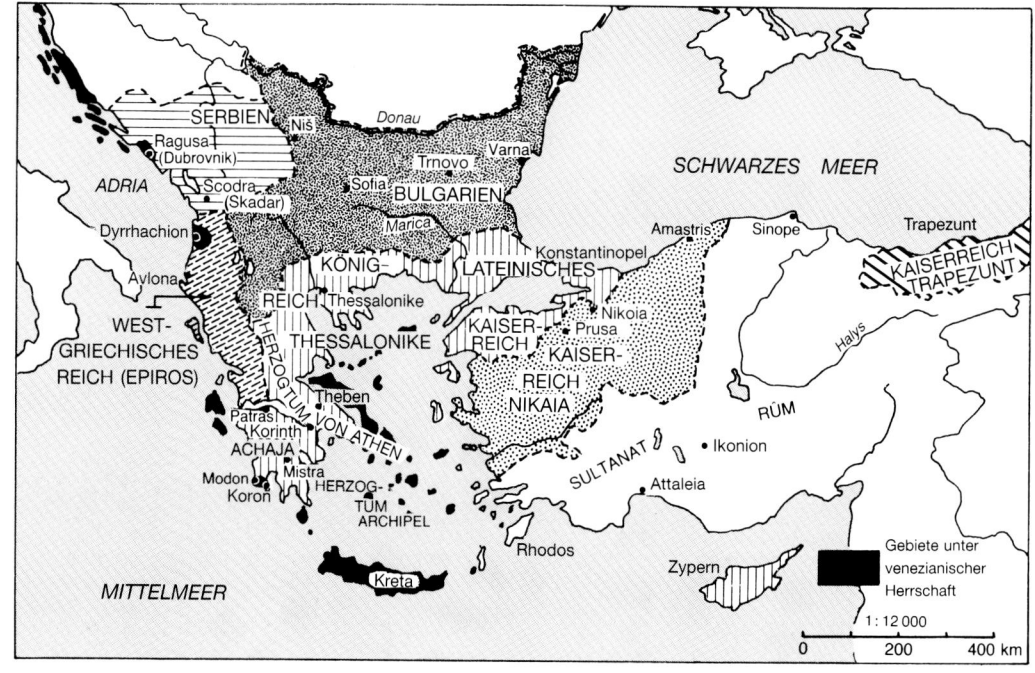

Kleinasien und der Balkan um 1214.

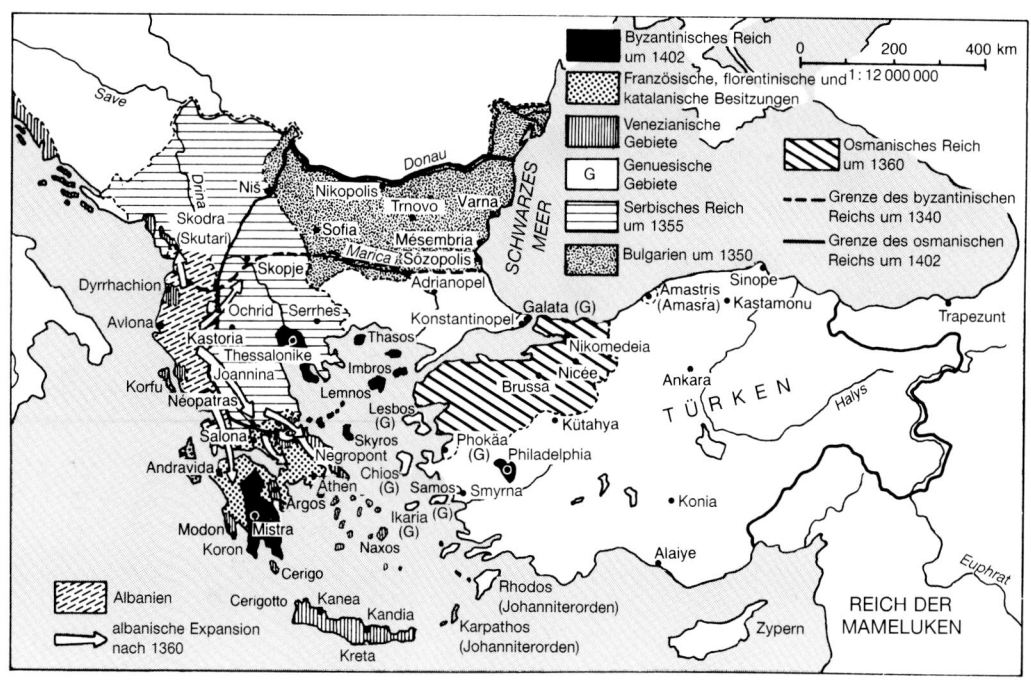

Das Ende des Reichs im 14./15. Jahrhundert.

Territorium auf immer verloren gegangen ist. Die auf ihren Ruinen entstandenen Staaten sind in ihren Augen nur de-facto-Gebilde, und deren Herrscher – selbst der Kalif von Bagdad – lediglich »Tyrannen« ohne jede Legitimität. So wie der Christ jeden Morgen sein Tagwerk mit neuen Vorsätzen beginnt, um die Fehler von gestern zu tilgen, so muß auch das Werk des Kaisers sich ständig dem vom Himmel gesandten wechselvollen Geschick anpassen.

Denn das Aufrechterhalten eines überhöhten Ideals bedeutet nun keineswegs einen Mangel an Anpassungsfähigkeit. So wie die praktizierte Orthodoxie in einer uns fremden Weise sublimste Mystik und intimes Geltenlassen der Schwäche des Fleisches vereint, so führt auch die kaiserliche Politik ständig zum Ausgleich zwischen unantastbaren Prinzipien und häufig extremem Pragmatismus. Die tausendjährige Geschichte von Byzanz ist die Geschichte einer meist uneingestandenen Suche nach einem neuen Mittelpunkt des Reichs, eher bedingt durch fortschreitende Verkleinerung als durch Expansionsbewegungen, wie die Landkarten eindeutig belegen: Zur Zeit Justinians ist es ein Mittelmeerreich, ein eurasisches während der Frühzeit, ein ägäisches zur Zeit der Komnenen und der ersten Palaiologen; am Vorabend des Untergangs besteht das Reich dann nur noch aus Konstantinopel und der Peloponnes. Jede Neudefinition des Zentrums ist das implizite Eingeständnis einer Krise, die jedes Mal tödlich gewesen wäre, hätte sich das Reich nicht darauf eingestellt: arabische Eroberungskriege, türkische und normannische Invasion, schließlich der Todesstoß der Lateiner im Jahr 1204. Aus der letzten Krise, die zur osmanischen Eroberung führte, ging ein neues Reich hervor, das seine universelle Herrschaft jedoch im Namen des Islam proklamiert. Die fortschreitende Verkleinerung des Reichs verdeutlicht auch einen weiteren Anpassungsprozeß. In seinen Anfängen umfaßte das Reich die gesamte Orthodoxie, später wird Byzanz zum manchmal umstrittenen Oberhaupt einer Hierarchie orthodoxer Nationen; im 15. Jahrhundert ist es dann selbst nur noch eine dieser Nationen, die sich trotz ihrer Beschränkung auf Griechenland noch immer mit dem Glanz des Kaisertums schmückt.

Das starre Festhalten am Gedanken der Weltherrschaft und die ständige Anpassung der geographischen Grenzen legen sowohl Kontinuität wie auch tiefgreifende wirtschaftliche und gesellschaftliche Veränderungen nahe, wobei die Kontinuität zweifelsohne überwiegt: sie verführt zur unveränderten Aufrechterhaltung eines Systems, das sich offensichtlich immer weniger seiner historischen Umgebung anzupassen weiß.

Die wichtigste Konstante liegt tatsächlich in den geographischen Gegebenheiten. Das aus Rom hervorgegangene Imperium ist zwar ein Mittelmeerreich, wird aber von der Peripherie aus regiert; die Lage Konstantinopels am Rande der Welt des Pontus, der kaum noch dem Mittelmeer zuzurechnen ist, symbolisiert die des Reiches selbst, dessen kontinentalen Gebieten schnell entscheidende Bedeutung zukommt. In der Tat liegen die Kerngebiete des byzantinischen Reiches nur bis zum 7. Jahrhundert eindeutig im Mittelmeerraum; unmittelbar nach den arabischen Eroberungskriegen umfaßt das Reich vor allem Anatolien und den Balkan, was in

In der Bergwelt der Balkanhalbinsel: das tief eingegrabene Tal
der Neretva in Bosnien.

etwa den Grenzen der Orthodoxie entspricht. Die italienischen Provinzen fallen
trotz des Wertes, den man ihnen zumißt, dagegen kaum ins Gewicht, und die
großen Inseln, die die Küsten des Reiches schützen, gehen eine nach der anderen
verloren: Zypern, Kreta, Sizilien. Es ist in jeder Hinsicht eine Welt voller Kontraste.
Die geographische Breite Konstantinopel–Trapezunt mit ihren Nebel- und Feucht-
zonen bietet ein völlig anderes Bild als Griechenland mit seinen vorgelagerten
Inseln und die Küste Anatoliens, wo rein mediterranes Klima mit regnerischem
Herbst, mildem Winter und sehr trockenem Sommer herrscht; kaum geringer sind
die Unterschiede zwischen den schweren Böden der Donautiefebene oder Thrakiens und den staubigen, steinübersäten Böden im Süden. Darüber hinaus sorgen
die überall vorherrschenden Gebirge selbst auf kurze Entfernungen für starke
Klimawechsel. Das Aufeinandertreffen von Alpen und Karpaten im Westen erzeugt
das wirre Gefüge der Gebirge der Balkanhalbinsel: Die sich von Nordwest nach
Südost erstreckenden Dinarischen Alpen prägen mit Höhen bis über 2000 Metern
die gesamte dalmatinische Küste; in Bosnien und Montenegro, dem früheren Zeta,
bilden sie Ausläufer, die in Altserbien und Makedonien auf das karpatische

Vorgebirge der Stara Planina treffen, das sich in Bulgarien zum Balkan und zum Rhodopengebirge auftürmt. Balkan und Rhodopen umfassen im Osten Thrakien und in der makedonischen Verlängerung das Tal der Marica, bevor sie verflachen. Zwischen den großen Massiven winden sich im makedonischen Durchbruch Morava und Vardar, die in die Donau bzw. in die Ägäis münden. Von Albanien und dem Rhodopen ausgehend richten sich die Gebirgszüge nach Süden aus, fächern sich aber bis zum Golf von Korinth immer mehr auf, ohne dabei an Höhe einzubüßen: Mus-Alla, Olymp und Ossa überschreiten Höhen von 2900 Metern, und jenseits der zerklüfteten Gebirgsmassive der Peloponnes wird Kreta vom Ida mit seinen 2457 Metern beherrscht. Ebenen zwischen diesen Gebirgszügen sind selten, mit Ausnahme von Pannonien und der Walachei im Norden, die sich weit nach Mittel- und Nordeuropa hin öffnen. Ihre Ausdehnung ist – abgesehen von einigen Ebenen im Küstenbereich Albaniens, Thrakiens und Thessaliens – eher bescheiden. Die Verbindung zwischen den Ebenen wird durch Landstufen wie die makedonischen Seen und die mittlere Marica kaum gesichert, die zudem aufgrund ihrer strategischen Bedeutung ständig umkämpft sind.

In Anatolien ist das Relief der Gebirgszüge nicht minder wirr. Auch hier sind die Berge das vorherrschende Element der Landschaft. Eingebettet zwischen Taurus und pontischem Gebirge, das im Osten über Armenien bis nach Georgien reicht, wo es auf den Kaukasus trifft, bildet die Halbinsel mit Höhen häufig zwischen 1000 und 1500 Metern eine gigantische Hochfläche. Nahe der Ägäis läuft sie in kleineren Gebirgsketten aus, die von den tiefliegenden Senken der Hauptflüsse durchschnitten werden; die Mündungsbecken der Flüsse stellen annähernd die einzigen Ebenen dar, und auch hier wird wie im Balkan jede Landverbindung zum Problem: Die einzig nennenswerte Ebene, Kilikien, ist nur über schwierige Pässe zu erreichen, während der Amanus an ihrer syrischen Flanke kein echtes Hindernis darstellt. Folglich spielte sich das Leben des Reiches jahrhundertelang im wesentlichen entlang des Taurus ab. Sieht man vom Westen und vom Küstengebiet ab, so herrscht überall ein strenges Kontinentalklima, das im Winter jede Verbindung unterbricht.

Ein unwirtliches Bild – und das Gebirge ist mit Sicherheit nicht das feindlichste Element: niedrigere Temperaturen und höhere Niederschlagsmengen erlauben die landwirtschaftliche Nutzung von zwar weniger geeigneten Böden, dafür aber unter annähernd regelmäßigen Produktionsbedingungen. Die dem Anschein nach günstiger gelegenen großen Ebenen sind hingegen voller Gefahren: unregelmäßige Flußläufe führen in den Mündungsebenen zu Aufstauungen, als Folge heftiger Regengüsse drohen ständig Überschwemmungen. Ein weiteres Übel als Folge unzulänglicher Entwässerung ist die Malaria, deren historische Bedeutung bislang noch nicht ausreichend berücksichtigt worden ist. Seit der Antike bemühen sich die Bauern redlich, die Ackerflächen zu stabilisieren, und es ist bekannt, daß regelmäßiger Anbau die Gefahren eindämmen hilft; in einem äußerst traditionsgebundenen Landwirtschaftssystem führt allerdings jeder noch so kleine Bevölkerungsrückgang zu zunehmender Versumpfung und zu neuerlichen Malariaepidemien. Im 14. und

15. Jahrhundert setzt die Malaria der ohnehin dezimierten Bevölkerung weiter zu, wie venezianische Quellen bezeugen, die die Geißel erstmals zwischen 1390 und 1400 in der großen albanischen Ebene erwähnen.

Doch damit nicht genug. Mit Ausnahme der russischen Tiefebene sind Erdbeben im gesamten orthodoxen Raum eine ständige Erscheinung, die die Landschaft verändert, die Landwirtschaft beeinträchtigt und die Städte verwüstet. Einige Zonen sind besonders stark betroffen: Konstantinopel und das Marmara-Becken, das albanisch-epirotische Grenzland, Thessalien sowie ganz Ostanatolien können durch regelrechte Katastrophen erschüttert werden, denken wir nur an das Beben von 1267, das die Stadt Dyrrhachion auslöscht, an die Beben der Jahre 1344 und 1354, die die Hauptstadt und die thrakische Küste bis Gallipoli erschüttern. Die Folgen sind sehr unterschiedlich: In Dyrrhachion (Durrës, Durresi) hebt das Beben die Küste so weit an, daß das Wasser nicht mehr abfließen kann; in der neuen Lagune entwickelt sich eine derartige Mückenplage, daß das gesamte Gebiet allmählich unbewohnbar wird. 1354 stürzen infolge des Bebens die Festungsmauern der thrakischen Städte ein, was es den Osmanen erleichtert, sich endgültig in Europa festzusetzen. Andere Geißeln, soweit sie höher gelegene Gebiete nicht betreffen, sind typisch für die Ebenen: Auf Überschwemmungen folgen in diesem kontrastreichen Klima häufig lang anhaltende Trockenzeiten, die Nutzpflanzen vernichten und ganze Provinzen dem Hunger ausliefern können, zumal schlechte Verkehrsverbindungen nicht immer eine Versorgung der betroffenen Gebiete ermöglichen. Besessen von der Vorstellung, Wasser besitzen zu müssen, liegt ein Machtmittel der Großgrundbesitzer darin, die Quellen in Beschlag zu nehmen, die eine allgemeine Kontrolle der Bewässerung garantieren: So verfügen im 8. Jahrhundert alle Ländereien von Philaretos dem Barmherzigen in Kappadokien über eigene Quellen. Nicht vergessen werden dürfen die Heuschrecken, von deren periodisch wiederkehrenden, verheerenden Wanderungen von Apulien bis zur anatolischen Hochebene die Quellen berichten; ihr Aussehen kennen wir von Miniaturen. Die Pest, ein Sammelbegriff für verschiedene Seuchenarten, ist zwar nicht endemisch, doch zwischen den beiden Katastrophen von 541/42 und 1348 gibt es kaum ein Jahrhundert, in dem sie nicht mehr oder minder heftig wiederkehrt. Parallel dazu treten häufig Tierseuchen auf, so daß Mensch und Tier gemeinsam dahingerafft werden, wobei mögliche Verbindungen unklar bleiben: Nikephoros Gregoras ahnt 1348 die Ansteckungsgefahr, kehrt aber das Problem um in seiner Erklärung, daß die Sterblichkeit in Konstantinopel so hoch gewesen sei, daß selbst die Mäuse in den Speichern der Häuser starben. All diese Geißeln, zu denen noch menschliche Bedrohungen wie Kriege und Räuber kommen, versetzen die Menschen in Angst, denn sie vernichten Ernten und Arbeitskräfte und bedrohen alles menschliche Leben. Da Überschwemmungen, Erdbeben, Pest, Krieg oder Heuschrecken als Ausdruck göttlichen Zornes gewertet werden, sucht man Schutz vor ihnen im Gebet.

Zwar sind diese Geißeln auch anderswo bekannt, doch auf Dauer haben sie insbesondere im mediterranen Eurasien verheerende Folgen. Von den Nachteilen

Häufige Erdbeben verändern die Landschaft, beeinträchtigen die Landwirtschaft, zerstören die
Städte: Erderschütterungen als Vorbild zur Darstellung des Jüngsten Gerichts
in einem Fresko (Dionysiu-Kloster, Berg Athos).

des Klimas sind die moslemischen Gebiete gleichfalls betroffen, während der
Westen – mit Ausnahme der Balkanhalbinsel – besser dagegen geschützt ist; Byzanz
gerät allerdings durch das Festhalten an archaischen Anbaumethoden ins Hintertreffen. Denn gerade die traditionelle mediterrane Landwirtschaft stellt eine weitere
Konstante dar, die in einem Jahrtausend nur unmerkliche Veränderungen erfährt
und dem antiken Vorbild treu bleibt. Die byzantinischen Gelehrten, die im
10. Jahrhundert die landwirtschaftliche Enzyklopädie der Geoponika publizieren,
gelten allgemein als kulturell äußerst konservativ; wenn darin aber fast nur Aus-
schnitte aus antiken Texten wie Varro und Columella enthalten sind, so liegt das
zweifellos daran, daß die Ratschläge der alten römischen Agronomen in einem fast
unbeweglichen landwirtschaftlichen System ihre Gültigkeit behalten haben. Zwei-
jähriger Fruchtwechsel, traditionelles Arbeitsgerät und Festhalten an bekannten
Pflanzenarten sind typisch für einen Raum, der im Gegensatz zum Westen und zur
moslemischen Welt nicht die Erfahrung neuer Eroberungen gemacht hat, die große
demographische Umwälzungen ausgleichen können. Natürlich geht das Bevölkerungswachstum zwischen dem 8. und dem 11. Jahrhundert mit Landgewinnen an
den Reichsgrenzen einher, man bestellt sogar die schweren Böden des unteren
Donauraums, doch ist dieser Fortschritt nicht mit dem zu vergleichen, den die
islamische Welt im 8. Jahrhundert und das Abendland seit dem 10. Jahrhundert
erleben. Es ist erstaunlich, wie gründlich die »landwirtschaftliche Revolution« der
Moslems an der Undurchdringlichkeit des byzantinischen Raums scheitert. Im
Irak, in Syrien-Kilikien, in Ägypten, bis in die letzten Winkel der kurdischen und
armenischen Gebiete gelingt es, die wachsende Bevölkerung zu ernähren, indem
indische Pflanzensorten adaptiert werden, auch wenn ihr Wasserbedarf und Vege-
tationszyklus in einer ihnen von Natur aus feindlichen Umwelt nur durch eine
beträchtliche Erweiterung der bewässerten Flächen sicherzustellen ist. In weniger
als zwei Jahrhunderten breiten sich Reis, Sorgho und neue Gemüsesorten vom
Persischen Golf bis zum Tajo aus. Die natürlichen Mängel wie das Fehlen großer,
ständig Wasser führender Flüsse und ausgedehnter Ebenen können zwar nicht
außer acht gelassen werden, aber eine derartige Unbeweglichkeit ist vor allem auf
das hartnäckige Festhalten an kulturellen Traditionen und die wenig Gegensätze
bietende Bevölkerungsentwicklung zurückzuführen. Es ist dabei bemerkenswert,
daß auf Kreta, Zypern oder Sizilien, wo die natürliche Umwelt durchaus vergleichbar ist, neue Arten wie Baumwolle, Rohrzucker oder Auberginen erst auftauchen,
nachdem die byzantinische Herrschaft fremden Eroberern weichen muß: den
Arabern, den Venezianern und den Lusignans.

Im Vergleich zur fast unveränderlichen Landwirtschaft ist das Leben in den
Städten größerem Wechsel unterworfen, doch die Veränderungen erfolgen auch
hier so langsam, daß sie oft kaum merklich sind. Die antike Stadt wird im Orient nie
völlig abgelöst, und das urbane Grundmuster bleibt beinahe das des antiken Rom.
Jahrhunderte vergehen, bevor sich Städte herausbilden, die in Anlage, Umfeld,
Produktion und Gesellschaft wirklich mittelalterlichen Charakter haben. Handwerk, Geld und Handel können in Byzanz bemerkenswert entwickelt und vielfältig

Der Fortbestand der traditionellen Landwirtschaft: Ernte und Feldarbeit (Buch Hiob, 1362; Par. Graec. 135, Bibliothèque nationale, Paris).

sein und werden doch von einem konstanten Grundmuster überlagert, dessen anfängliche Stärke sich bald in furchtbare Rückständigkeit verkehrt. Im Grunde bleiben die Städte vor allem landwirtschaftliche Märkte, die in enger Wechselwirkung mit ihrer ländlichen Umgebung leben. Diese Wechselwirkung, die die Existenz mittelgroßer Städte und relativ autonomer ländlicher Bereiche voraussetzt, verleiht Byzanz ohne Zweifel ein sozio-ökonomisches Fundament, aufgrund dessen es einer Reihe von Katastrophen widersteht, die das Ende jedes anderen Staates bedeutet hätten. Auf der anderen Seite zeigt sich aber darin ein schwerwiegender Mangel an Koordination zwischen dem ländlichen Unterbau und dem übergreifenden regionalen und internationalen Handel, der das Reich entlang der bedeutenden Straßen berührt und den wenigen städtischen Knotenpunkten wie Konstantinopel, Trapezunt, Thessalonike, Kiev, Novgorod oder Dyrrhachion zu Reichtum verhilft. Nach einem fehlgeschlagenen Aufbruch eines selbstsicheren byzantinischen »Bürgertums« führt gerade dieses Ungleichgewicht im 11. Jahrhundert dazu, daß Fremde – vor allem die Italiener – den byzantinischen Markt beherrschen. Den Byzantinern selbst bleiben nur noch Basisproduktion und Zwischenlagerung der Orientwaren, während Venezianer, Pisaner und Genuesen den eigentlichen Gewinn einstreichen. Damit wird nicht nur der jungen byzantinischen Bourgeoisie ihr eigentliches Fundament entzogen, sondern auf der anderen Seite werden die Großgrundbesitzer, die vor allem dem bevölkerungspolitisch aufstrebenden Westen die heißbegehrten Lebensmittel verkaufen wollen, dazu ermutigt, die ländliche Bevölkerung noch schärfer zu überwachen, deren Wachstum stark gebremst wird. Auch im nördlichen Grenzgebiet der Orthodoxie, wo sich die ausländische Expansion bis in die Neuzeit hinein fortsetzt, ist ein derartiges Ungleichgewicht zu beobachten. Es ist ohne Zweifel auf die geographische Lage von Byzanz zurückzu-

führen, die es sehr schnell zum größten Umschlagplatz für Luxusgüter und
Lebensmittel macht, an denen der Westen steigenden Bedarf hat, daß es am Ende
einem Kolonialismus erliegt, der an einige Regionen in der heutigen Dritten Welt
erinnert.

Auch der demographische Bereich ist – im Gegensatz zu dem der moslemischen
oder lateinischen Nachbarn – von nur langsamer Entwicklung gekennzeichnet.
Obgleich sich Aussagen darüber oft auf Hypothesen stützen müssen, scheint es
zumindest bis zum 14. Jahrhundert nur vergleichsweise unspektakuläre Auf- oder
Abwärtsentwicklungen zu geben. Diese relative demographische Stabilität – deren
Schwächen die Zentralgewalt durch kontrollierte Wanderungsbewegungen so weit
irgend möglich zu kompensieren sucht – gibt gleichfalls lange Zeit Kraft gegen eine
von extremen Entwicklungen gekennzeichnete Umwelt. Angesichts der Dynamik
der Turkstämme und des explosionsartigen Bevölkerungsanstiegs im Westen erweist sich jedoch seit dem 11. Jahrhundert das sehr mäßige Bevölkerungswachstum
in der orthodoxen Welt als völlig unzureichend. Da dieses Wachstum darüber
hinaus regional sehr starken Schwankungen unterliegt, gerät Kleinasien, das vorher
territorial wie wirtschaftlich das wesentliche Fundament des Reiches dargestellt
hatte, gegenüber dem widerstandsfähigeren Balkan seit dem 10. Jahrhundert beträchtlich ins Hintertreffen. 1071 gehen Byzanz drei Viertel dieses Gebietes verloren, doch sollten noch drei Jahrhunderte vergehen, bis die Türken dort die Mehrheit
der Bevölkerung bildeten. Währenddessen schickt das Abendland Kreuzritter,
Kaufleute und Soldaten, und der ausländische Söldner beginnt die byzantinische
Szene zu beherrschen: Im Jahre 1204 wird das Abenteuer des vierten Kreuzzuges

Zwei Beispiele für ausdrucksstarkes byzantinisches Handwerk: eine kleine Wasserschöpfkelle (*trulla*, um 500) und
ein Reliquiar (um 550; Eremitage-Museum, Leningrad).

mit einer einfachen Eroberung beendet. Dabei erweist sich dieser furchtbare Schlag, der die Herausbildung zweier unabhängiger orthodoxer Welten – einer griechischen und einer slawischen – einleitet, mittelfristig für das griechische Volk durchaus als heilsam. Denn im 13. Jahrhundert und zu Beginn des 14. kommt es im verkleinerten Rahmen eines fortan rein griechischen Reiches zu einer gewissen Blüte, die sich in Makedonien und im Nordwesten Anatoliens in erhöhter Siedlungsdichte niederschlägt. Dieser Aufschwung kann als weiterer Beleg für die byzantinische Gegenoffensive gelten, die kurz vor Ende des 13. Jahrhunderts die wichtigsten lateinischen Stellungen auf dem Balkan beseitigt und zur Gründung des kleinen griechischen Reiches der Palaiologen in der Ägäis führt. Er erklärt auch den hartnäckigen Widerstand des byzantinischen Kleinasien, das erst nach 1320 wirklich untergeht. Den jungen Nationen des Balkan, Serbien und Bulgarien, geht die Luft allerdings schneller aus als den griechischen Ländern. Obwohl ihnen das byzantinische Reich nur kleine Gebiete für kurze Zeit wieder abnehmen kann, ist doch ebenso bemerkenswert, daß die eineinhalb Jahrhunderte anhaltende Offensive der Bulgaren und Serben Byzanz nie auch nur eines der stark hellenisierten Gebiete entreißen konnte. Schließlich muß das weit entfernte, seit dem 12. Jahrhundert von internen Wirren erschütterte Rußland im folgenden Jahrhundert das den übrigen Orthodoxen drohende Unheil vorwegnehmen, indem es unter die gnadenlose Herrschaft der Mongolen fällt. Doch als die orthodoxen Brudervölker sich dem osmanischen Eroberer beugen, schüttelt Rußland sein Joch wieder ab.

Das sind die menschlichen wie materiellen Voraussetzungen einer Herrschaft, die bis an ihr Ende an ihrer Universalität festhält. Da ihre Kräfte naturgemäß nie ausreichen, bleibt die kaiserliche Macht immer nur relativ; ihre Vormachtstellung verdankt sie lange der Schwäche ihrer Nachbarn: Persien gegenüber bis zum 7., dem Abendland gegenüber bis zum 11. Jahrhundert. Dieses Ungleichgewicht zwischen den Zielen und den verfügbaren Mitteln erklärt, weshalb das irdische Reich Christi, das ununterbrochen seine Verantwortung für die ganze Welt unterstreicht, systematisch eine defensive Politik betreibt, indem es die Überlegenheit von Verhandlungen gegenüber der Gewaltanwendung zum Prinzip erhebt. Wenn schließlich ein Herrscher wie im 11. Jahrhundert der Maßlosigkeit, der Hybris der alten Griechen verfällt, so endet dies meist in einer Katastrophe. Die tiefere Wahrheit offenbart dagegen ein Gedanke des Kaisers Isaak Komnenos aus dem Jahr 1057, als Byzanz die tödlichen Auswirkungen seiner übertriebenen Expansion – die das neugewonnene Land den Türken öffnet – verspürt: Wenn die Mittel fehlen, »wird aus dem Mehr ein Weniger«. Die »Blütezeit« des Byzantinischen Reiches, das im 9. und 10. Jahrhundert von der Schwäche der moslemischen Welt profitiert, war deshalb nie mehr als eine Restauration, während dagegen die Zurückhaltung, mit der Byzanz der westlichen Expansion gegenübertritt, weit aussagekräftiger ist: Byzanz stellt sich – bis die eigene Existenz auf dem Spiel steht – selbst dann nicht den Kreuzzügen entgegen, als es sie prinzipiell ablehnt, und fällt 1204, weil es, als noch Zeit war, Widerstand weder leisten konnte noch wollte. Tatsächlich ist die einzige wirkliche Expansion des Reiches religiöser und kultureller Art und verläuft im

Grunde höchst friedlich: die endgültige Bekehrung der slawischen Völker. Selbst wenn dies Konstantinopels einziger Beitrag zur Kulturgeschichte wäre, so sind seine Auswirkungen doch bis heute von solcher Bedeutung, daß wir zu Recht mit einiger Sympathie verfolgen, was die Geschichte dieses Reiches uns noch heute lehrt, eines Reiches, dessen Ende mehr Schein als Wirklichkeit ist.

Byzanz endet in einer Zeit, in der sich die gesamte Welt in einer Krise befindet. Es wird – wie das Abendland – durch Kriege und innere Wirren, Klimakatastrophen und den schwarzen Tod erschüttert. Doch für Byzanz ist diese Krise tödlich, da sie von der unerbittlichen osmanischen Eroberung – wobei der Fall Konstantinopels im Jahr 1453 nur eine Etappe ist – und dem Verlust des gesamten Handelsnetzes, das die Lateiner übernehmen, begleitet wird. Von Feinden umringt steht das orthodoxe Volk dem Elend auf dem Land und dem Siechtum der Städte gegenüber, der Zerstörung der Handelswege zu Lande und zu Wasser und einem kulturellen Niedergang, dem nur wenige Eliten entgehen. Selbst jene Stütze, an die sich die westlichen »Brüder« im 10. und 11. Jahrhundert klammern, fehlt den Christen des Orients; da sie zumindest stillschweigend daran festhalten, daß die Gewalt des Souveräns, mag er nun Kaiser, Zar oder Großfürst heißen, die einzig legitime Herrschaftsform darstellt, erfahren sie weder im Alltag noch in ihrer geistigen Vorstellungswelt jene relative Sicherheit, die das Feudalsystem im Abendland an die Stelle vergessener staatlicher Werte setzt. Natürlich kennt auch die orthodoxe Welt wie der Islam Landesherren, Archonten, Fürsten und Despoten, die immer stärkeren Druck ausüben, um zum eigenen Vorteil immer mehr und immer unproduktiveres Land zu besetzen und die schwindenden Arbeitskräfte an sich zu binden. Es entsteht daraus jedoch weder rechtlich noch faktisch eine neue Ordnung, denn die grundbesitzende Schicht des Ostens bleibt durchgehend autonom und gliedert sich zu keiner Zeit in eine hierarchische Ordnung der Gewalten ein.

Der endgültige Zusammenbruch der orthodoxen Welt spiegelt somit nur einen seit langem bestehenden Widerspruch wider, der grundsätzlich für das Reich ebenso gilt wie für den einzelnen Christen: souverän über die Welt und über sich selbst gebieten zu wollen mit menschlichen Mitteln, die allemal unzulänglich sind. Lange vor dem Untergang hat der orthodoxe Christ, wie wir sehen werden, neue seelische Kräfte freigesetzt, um dem Schicksal zu begegnen; aber das übertriebene Festhalten an der Vorstellung der Souveränität hat im Osten zu jener buchstäblichen Anarchie geführt, die allen orthodoxen Gesellschaften des ausgehenden Mittelalters eigen ist.

Diese Anarchie begleitet jahrhundertelang das Auf und Ab der Herrschaftsgewalt in Byzanz, und in der Neuzeit erweisen sich das Fürstentum Moskau wie auch das osmanische Reich hierin immer wieder als würdige Nachfolger. Es ist dabei natürlich nicht unerheblich, daß diese Anarchie zu dem Zeitpunkt, als die Türken ihre Eroberungen festigen, schon seit gut hundert Jahren auf dem Balkan herrscht. Die Christen des Ostens sehnen sich in dieser Zeit zutiefst nach Ordnung und Sicherheit, was man berücksichtigen muß, um den vergleichweise geringen Widerstand gegen die Türken zu erklären. Um dem unerträglich gewordenen Chaos und der Unterdrückung durch kleine Tyrannen zu entkommen, die wir allzu gern ausschließlich als Nationalhelden werten, dürfen die orthodoxen Christen keine Hilfe aus dem Abendland erwarten, das daran die vorherige Anerkennung seiner Vorherrschaft knüpft, eine Bedingung, die weder politisch noch kulturell akzeptabel ist. Daher bleibt nur die Unterwerfung unter eine hoffentlich vorübergehende fremde Herrschaft, die keine religiöse Bekehrung fordert und damit eine Rückbesinnung auf alte Werte ermöglicht. Mit Sicherheit wird in jener Zeit, die die Griechen als Turkokratie bezeichnen, und im Kampf gegen die Osmanen der Grundstein einer modernen Orthodoxie gelegt, innerhalb derer sich die Konturen verschiedener Nationen wesentlich deutlicher abzeichnen als in der Zeit ihrer Unabhängigkeit, ohne daß das gemeinsame kulturelle Erbe geleugnet wird, das vierhundert Jahre lang die einzige Stütze der unterdrückten Völker dargestellt hatte. Das Reich aber besteht nicht mehr, und die Bemühungen Moskaus, es wiederaufstehen zu lassen, scheitern immer wieder an tief verwurzelten Nationalgefühlen. Fortan ist die Kirche der einzige Garant einer orthodoxen Kultur, die nicht länger eine byzantinische ist.

Kaiser Justinian (6. Jahrhundert; Ausschnitt aus einem Mosaik in der Kirche San Vitale, Ravenna).

Erstes Buch

Fortbestand und Scheitern von Rom im Osten (4.–7. Jahrhundert)

Kapitel 1
Das christliche Kaiserreich – Vollendung des Imperium Romanum

Mit Kaiser Konstantin findet Rom zum Christentum. Es wäre jedoch falsch zu glauben, den Zeitgenossen sei die Lage bewußt geworden; die überwältigende Mehrheit hatte nicht begriffen, daß eine lebenswichtige Entscheidung gefallen und eine Umkehr unmöglich war. Im 4. Jahrhundert bilden die Christen noch eine verschwindende Minderheit im Reich; ganze Landstriche wie die syrische Küste, Achaia, Epeiros, Dalmatien, ein Großteil Thessaliens und Makedoniens weisen nur wenige christliche Gemeinden auf. Dies gilt selbst für Palästina, die Wiege des Christentums, wo eine bemerkenswerte jüdische Gegenoffensive stattfindet. Konstantin war sich dieser Situation bewußt, denn das *Toleranzedikt von Mailand* aus dem Jahr 313, häufig als Geburtsurkunde des Christentums als Staatsreligion bezeichnet, *erlaubt* den Christen lediglich, ihre Religion frei auszuüben. Sicherlich begünstigt der Kaiser das Christentum zunehmend, insbesondere nach 325, als er das erste ökumenische Konzil in Nikaia leitet, noch bevor er selbst übergetreten ist. Doch bis zu seinem Tod im Jahr 337 weiß er nur zu gut, daß die Macht der heidnischen Opposition bis in die Streitkräfte reicht, auf die er angewiesen ist: am 20. Jahrestag seiner Machtübernahme, im Jahr 326, wird er in Rom – noch alleinige Hauptstadt des Reiches – zum Gespött der großen heidnischen Mehrheit innerhalb des Senats und der Bevölkerung, als er seinen Soldaten vorhalten muß, dem Kapitolinischen Jupiter geopfert zu haben.

Christliche Lehre und Imperium universale

Das Erbe Konstantins

Die schroffe Gegenüberstellung von Heidentum und Christentum schafft mit Sicherheit ein Scheinproblem. Das Heidentum, eine Ansammlung unterschiedlicher und oft gegensätzlicher Glaubensrichtungen und Kulte, hat längst nur noch eher kulturelle als wirklich religiöse Bedeutung. Für das Volk ist es nur noch eine Gewohnheit; tiefere Bedeutung messen ihm nur noch die Eliten bei, die es zum wesentlichen Merkmal ihres Standesdünkels erheben. Im Gegensatz zum Westen verlieren diese Eliten im Osten tatsächlich nur allmählich an Bedeutung: Bis weit ins 5. Jahrhundert hinein bleiben sie die gesellschaftliche Grundlage des Heidentums, womit der Kaiser zu rechnen hat. Daraus erklärt sich auch die Unbeständigkeit einer Politik, in der auf Zeiten der offenen Auseinandersetzung mit dem Heidentum anhaltende Perioden der Toleranz folgen. So folgt auf die Herrschaft des Konstantios (337–361) mit ihren drakonischen Maßnahmen gegen das Heidentum eine Zeit der Nachsicht, der dann Theodosius der Große ab 391 ein Ende setzt – seit 392 wird das Heidentum als Majestätsbeleidigung eingestuft. Die antiheidnische Politik wird nun fortgeführt, bis unter Pulcheria (415/416) die Heiden schließlich aus allen öffentlichen Ämtern entfernt werden. Doch erst im 6. Jahrhundert, genauer im Jahre 529, wird den Heiden unter Justinian auch die kulturelle Eigenständigkeit genommen.

Das Reich verhält sich umsichtig; nicht Furcht vor den Heiden erklärt deren behutsame Behandlung – Aufstände sind in der Tat sehr selten –, sondern die Tatsache, daß sie bis zum ausgehenden 5. Jahrhundert eine tragende soziale und politische Rolle innerhalb des Staates spielen. Wesentlich ist auch, daß sie wie die Christen den Gedanken eines von der Vorsehung erwählten Führers in nicht zu unterschätzender Weise unterstützen, der als Ergebnis der Krise des 3. Jahrhunderts aus dem allgemeinen Bedürfnis nach Ordnung und Stabilität resultiert. Heiden und Christen sprechen im 4. und 5. Jahrhundert überraschend oft die gleiche Sprache, sobald sie Ursprung und Ausbildung der höchsten Staatsgewalt zu beschreiben suchen. So stellt der Christ Synesios von Kyrene die kaiserliche Gewalt als »Abbild der göttlichen Vorsehung« dar, während der Heide Themistios in der irdischen Monarchie »die heilige Frucht und das geheiligte Abbild des Zeus« sieht. In den gebildeten Schichten, die von der klassischen Bildung geprägt werden, herrscht ohne Zweifel ein breiter Konsens zugunsten einer absoluten Monarchie, die auf die göttliche Gewalt zurückgeht.

Doch erst die Christen definieren die Beziehungen der irdischen Gewalt zu Gott und den Handlungsspielraum, den Gott ihr einräumt, genauer. Darin liegt sicher einer der wesentlichen Gründe für den Sieg des Christentums. Eusebios von Cäsarea, ein Vertrauter des Kaisers, faßt diese Konzeption der Macht in seiner berühmten Abhandlung aus Anlaß des 30. Jahrestages der Thronbesteigung Konstantins zusammen. Danach besitzen alle Befugnisse des Herrschers ihre Parallele und ihren Ursprung im Himmel: Der Kaiser, als Freund Christi, regiert kraft kaiserlich-göttlicher Herrschaftsübertragung. Seine Herrschaft wird lange währen, so wie die des Erlösers ewig ist. Wie Christus, der absolute Gebieter des Universums, steht der Kaiser über den Geschöpfen dieser Welt und unterwirft sie seiner Herrschergewalt. Gestützt auf das Wort Gottes vereint er jene im wahren Glauben, die sich »als Feinde der Wahrheit erwiesen haben«, da er »gewissermaßen als Botschafter des göttlichen Wortes die ganze Menschheit zur Erkenntnis des Guten aufruft, indem er allen Menschen dieser Erde mit lauter Stimme die Gesetze der wahren Frömmigkeit zu Gehör bringt.« Die Parallele, die Eusebios durchgehend zwischen Kaiser und Christus, dem eingeborenen (*monogenês*) Sohn des Vaters herstellt, enthält alle Merkmale der kaiserlichen Macht: Abbild der Macht Gottes – und damit einzigartig – ist sie dazu bestimmt, alle Menschen der Erde dem wahren Gesetz zu unterwerfen. Aus dieser Allgemeingültigkeit erwächst der kaiserlichen Macht eine Art Apostelamt, da sie dieses wahre Gesetz verkündet und die Untertanen auf den Weg moralischer Vollkommenheit führt.

Der orthodoxe Herrscher ist im Besitz der Wahrheit, weil er der Freund Christi ist, von dem er unumschränkte irdische Macht erhält; somit ist er Monarch und Bekenner des rechten Glaubens, der Orthodoxie, ein Umstand, der in der Überlie-

Reiterbildnis des Kaisers Konstantios auf einem Teller aus Konstantinopel
(Ende des 6. Jahrhunderts; Eremitage-Museum, Leningrad).

Kopf eines Barbaren mit langem Haar und bartlosem Gesicht auf
einem Bodenmosaik im Großen Palast in Konstantinopel
(5. Jahrhundert).

ferung nie in Frage gestellt wird. Doch die römische Tradition, die bis ins 7. Jahrhundert sehr lebendig bleibt und sich in der Gesetzesnatur der Herrschergewalt
ausdrückt, schwächt die unvermeidbare Herausbildung der Theokratie ab. Dem
Kaiser ist daher nicht alles erlaubt: allein durch seine apostolische Stellung ist er
gehalten, zum Wohle seiner Untertanen zu wirken, darüber hinaus muß auch er die
geltenden Gesetze achten; ändern kann er sie nur im Rahmen des geltenden Rechts,
da die menschlichen Gesetze durch das Gesetz Gottes verbürgt sind. So schreibt der
Diakon Agapetos unter Justinian: »Gottes Gesetze regieren den Herrscher, und
dieser regiert seine Untertanen rechtmäßig.« Im Jahre 533, als die orthodoxe
Theokratie zweifellos ihren Höhepunkt erreicht hat, wagt das Vorwort zu Justinians juristischem Lehrbuch, den Institutionen, eine Synthese beider Traditionen:
»Die kaiserliche Majestät darf nicht nur durch Waffen gekennzeichnet sein, sie muß
sich auch mit Gesetzen bewaffnen, um im Krieg wie im Frieden gerecht zu regieren.
Der römische Herrscher wird nicht nur im Kampf den Feind besiegen, sondern
auch auf legalem Weg *(per legitimos tramites)* das Unrecht derer tilgen, die seine
Stellung anzweifeln; so erscheint er seinen unterlegenen Feinden als streng dem
Recht verpflichtet und als glänzender Triumphator. Dies sind die beiden Wege, die
wir getragen von tiefer Sorge und nach endlosen nächtlichen Studien mit Gottes

Zustimmung aufgezeigt haben. Die barbarischen Völkerschaften, die wir unter unsere Herrschaft führten, haben unsere Kriegsmühen erfahren: Afrika und die ungezählten anderen Provinzen, die wir nach langer Zeit dank der Siege, die uns der Wille Gottes ermöglichte, unter römischer Herrschaft und unter unserer kaiserlichen Hoheit vereinten, bezeugen dies.«

Diese weltumspannende Ideologie, zweifellos im gelehrten Milieu entstanden, konnte nur auf die Zustimmung einer öffentlichen Meinung stoßen, der die Weltherrschaft – de jure und de facto – trotz aller Rückschläge im 4. und 5. Jahrhundert selbstverständlich schien. Seit Konstantins Tod im Jahre 337 ist die Einheit des Reiches in der Tat nur selten Wirklichkeit, einmal unter Konstantios, dann unter Theodosios dem Großen; nach dessen Tod im Jahre 395 ist die Spaltung in ein östliches und ein westliches Kaiserreich endgültig. Das bedeutet allerdings nicht, daß die Zeitgenossen dies so empfanden. Vieles spricht dafür, daß im Jahre 395 weniger die Einheit des Reichs scheiterte, deren theologische Notwendigkeit unangetastet bleibt, als vielmehr das Konzept der Führung des Reichs durch mehrere Herrscher, das sich aus den Reformen Diokletians ergab und in tiefem Widerspruch zur neu erarbeiteten Doktrin stand. Die Invasion der Barbaren unterstützte in gewisser Weise den universalistischen Gedanken, indem sie einem widernatürlich geteilten Reich sein alleiniges Haupt wiedergab: Die Herrscher von Konstantinopel, die ohnehin nichts zur Rettung des Westreiches unternehmen konnten, sahen offensichtlich nicht ungern dessen rasche Schwächung, förderten diese sogar von Zeit zu Zeit, indem sie die fremden Horden von den eigenen Grenzen weg dorthin lenkten. Kaiser Valens fiel im Jahre 378 in der Schlacht von Adrianopel gegen die siegreichen Westgoten, die sich in Massen auf dem Balkan ansiedelten und später unter Theodosios sogar Armee und Machtapparat durchsetzt hatten; erst zu Beginn des 5. Jahrhunderts konnten sie nach Westen abgedrängt werden. Im Jahre 410 plünderte Alarich Rom; die Stadt erholte sich nie wieder vollständig von dieser Katastrophe, in der die damalige lateinische Oberschicht oft die Rache der alten, vom christlichen Kaiserreich verstoßenen und bekämpften Götter sah. Ab 441 berannte Attila mit seinen Hunnen das Ostreich: trotz hoher Tributzahlungen verwüstete er zehn Jahre lang den Balkan bis hinein nach Griechenland. Aber der Widerstand des Ostreichs drängte ihn nach Westen ab, wo er dann im Jahre 451 vernichtend geschlagen wurde. Mit den Ostgoten folgte der nächste Barbareneinfall. Kaiser Zenon hatte ihnen ein Gebiet südlich der Donau zugewiesen und ihren König, den Amaler Theoderich, sogar zum Generalissimus erhoben; dennoch rückt der Gotenkönig im Jahre 478 gegen Konstantinopel vor. Als die kaiserliche Regierung ihm den Titel *magister militum* verleiht, ist die politische Absicht klar: Er soll im offiziellen Auftrag Italien zurückerobern, wo Odoakar 476 das Westreich vernichtet hatte, und das Land im Namen des Kaisers regieren; dafür erhält er sogar die Königswürde. Gegen Ende des Jahrhunderts ist das Westreich vollständig verloren, und die germanischen Herrscher von Spanien, Afrika, Gallien und Italien fühlen sich zu Recht als unabhängige Könige, obwohl sie theoretisch nur Organe der unteilbaren kaiserlichen Autorität bleiben – deshalb tragen sie auch Hoftitel, die ihnen von Konstantinopel zugewiesen werden. Die Rückkehr zu einer zentralen Führung ist von nun an nur noch eine Frage der Mittel: Vor 476 hätte sie den Bruderkrieg gegen das Zwillingsreich bedeutet, nunmehr erscheint sie als normale Reaktion des legitimen Herrschers gegen widerspenstige Statthalter.

Aber tiefgreifende innere Gründe verzögern diese Reaktion. Im Verlauf des 5. Jahrhunderts erreichen die religiösen Streitigkeiten einen Höhepunkt; sie betreffen eine Christenheit, die im Werden begriffen ist, und bringen oft ethnische und soziale Unterschiede zum Ausdruck. Das Reich befindet sich in einer schwierigen Situation: noch unschlüssig, welcher Lehre es folgen soll, ist es an seinen Grenzen schon damit beschäftigt, die Barbaren in Schach zu halten. Darüber hinaus wiegen innere Spannungen umso schwerer als die staatliche Macht selten unbestritten bleibt: Die Synthese römischer und christlicher Tradition ist theoretisch zwar vollzogen, stößt in der Praxis jedoch auf Hindernisse. Wir werden sehen, daß das kaiserliche System bis zum Tod von Maurikios im Jahre 602 dem konstantinischen Modell entspricht, in dem die oberste Gewalt nur über alle Stufen der Hierarchie erreichbar ist. Dadurch wird nicht nur die Schaffung einer stabilen dynastischen Herrschaft verhindert, sondern es ist auch unmöglich, Gott als die alleinige Quelle kaiserlicher Macht darzustellen. Erst im 7. Jahrhundert werden die privilegierten Beziehungen des Herrschers zu Gott unantastbar – sei es durch die Übernahme der Macht mit Gottes Hilfe oder durch die Zugehörigkeit zu einer vom Himmel erwählten Familie. Rom wird endgültig durch Byzanz abgelöst, und das göttliche Prinzip triumphiert in einem Augenblick, in dem das Reich unter dem Ansturm von Arabern, Bulgaren und Slawen zu zerbrechen droht.

Die Wiedereroberung durch Justinian

Das oströmische Reich kann die völlige Auflösung von Westrom durch die Eroberer nicht verhindern; Pläne einer Rückeroberung werden eine Zeit lang hinter unitarischen Floskeln und sichtbar symbolischen Handlungen wie die Aufnahme einiger Barbarenkönige in die Palasthierarchie verborgen. Die Umstände im 6. Jahrhundert erlauben es, diese universalistische Konzeption mit konkretem Inhalt zu füllen. Justinian, der von dieser günstigen Lage am meisten profitiert, gibt der Aktion seinen Namen: man spricht von der »Justinianischen Restauration«.

Faktoren auf zwei Ebenen ermöglichten es den Heeren Justinians, in Italien, dem mittleren und östlichen Nordafrika sowie in Südspanien die »römische« Autorität wiederherzustellen. Zunächst der Zerfall der germanischen Königreiche, der besonders am Beispiel der Wandalen deutlich wird. Weniger noch als zuvor den Römern ist es den Wandalen gelungen, in Nordafrika Fuß zu fassen. Der Küstenbereich konnte zwar geschlossen kontrolliert werden, und im westlichen und zentralen Mittelmeerraum wurden die Wandalen zur Seemacht. Im Landesinnern jedoch scheitern sie wie die Römer am unbeugsamen Widerstand der Berber. Die Wandalen – sie sind Arianer inmitten einer lokalen Bevölkerung, die dem nikäischen

Bekenntnis treu geblieben ist oder anderen Häresien anhängt – errichten vor allem ein dem offenen Meer zugewandtes Küstenreich. Die Schwächung ihrer Seemacht kommt so einem Todesurteil gleich. Der innere Zwist, der ihr Reich zersplittert und der justinianischen Politik das Eingreifen ermöglicht, ist nur die Folge eines tiefgreifenden Zerfalls.

Trotz einiger Ähnlichkeiten ist die Lage des ostgotischen Königtums in Italien grundlegend anders. Dieses Barbarenreich, das unter König Theoderich (493–526) Ostrom am nächsten steht, kann in Italien nicht wirklich Fuß fassen; die italienische Bevölkerung ist römisch und bleibt der katholischen Lehre treu. Im Innern leistet man den arianischen und barbarischen Ostgoten passiven Widerstand, ohne jedoch Konstantinopel direkt um Hilfe zu bitten. Auch hier profitiert Justinian von inneren Schwierigkeiten, die im ostgotischen Königreich aus der schlecht geregelten Erbfolge resultieren. Doch ist der Zerfall noch nicht so weit fortgeschritten wie im Wandalenreich; der Widerstand der Ostgoten ist hartnäckiger und dauerhafter.

Die tiefe Verwurzelung der Westgoten in Spanien erklärt neben der Entfernung von Ostrom die Beschränkung der byzantinischen Rückeroberung, die 554 begonnen hatte, auf Südspanien. Wie die heftig antigriechischen Schriften Isidors von Sevilla später zeigen, stößt Justinian hier auf den entschiedenen Widerstand der gesamten Bevölkerung.

Die erwartete Leichtigkeit der militärischen Operationen ist nicht die einzige Erklärung für die Justinianischen Rückeroberungen. Mehr noch als der teuer bezahlte Friede im Osten kommt dem Illyrer die günstige innenpolitische Lage zugute. Durch die rigorose Finanzpolitik des Anastasios, die Neuordnung der Steuern und der öffentlichen Finanzen sind die Kassen gefüllt. Justinian leert sie nicht, da ihm durch seine Siege im rechten Augenblick neue Mittel zufließen. Die religiösen Auseinandersetzungen um Nestorianer und Monophysiten scheinen vorerst beigelegt – mit zweifelhaften, aber wirksamen Methoden: Man begünstigt die Monophysiten – Zenon heimlich, Anastasios offen

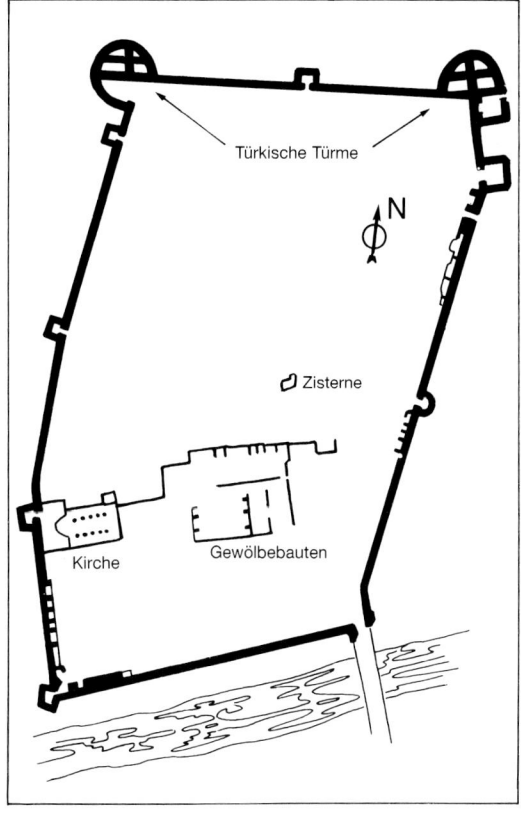

Byzantinische Festung in Nordafrika im 6. Jahrhundert.

und Justinian durch seine Gemahlin Theodora –, ohne die Anhänger der Beschlüsse von Chalkedon allzusehr zu verärgern. Die ideologische Einheit des Reiches kann sogar Nutzen aus der Wiedereroberung ziehen, obwohl sich dies auf bestimmte Kreise beschränkt: Der Mythos des »alten Rom«, mit dem Papst als Treuem Verbündeten, lebt dennoch fort. Trotzdem ist die Rückeroberung Justinians kein nationaler Krieg. Er wird von einer Armee mehr oder minder gut bezahlter Söldner geführt und ist weit davon entfernt, die Gesamtheit der Bevölkerung unter einem Banner zu einigen. So triumphiert Justinian jenseits der Grenzen, während seine Macht im Inneren auch nach der Niederschlagung des Nika-Aufstandes anfällig bleibt.

Gerechterweise muß ergänzt werden, daß Justinians Restaurationswerk kein Plan zugrunde lag – ein Gesamtkonzept dafür hat es nie gegeben. Als Belisar im Juni des Jahres 533 mit einer Flotte von nicht einmal einhundert Schiffen aufbricht, sind weniger als 20 000 Soldaten an Bord. Justinian ergreift eine Gelegenheit, die in der Absetzung des mit Konstantinopel befreundeten, gemäßigten Arianers Hilderich durch Gelimer besteht. Doch man ist in der Hauptstadt wenig begeistert; die Erinnerung an die schwere Schlappe, die Basiliskos, der Schwager von Leon I., trotz erdrückender zahlenmäßiger Überlegenheit im Jahre 468 im Kampf gegen Geiserich hinnehmen mußte, läßt keine rechte Begeisterung aufkommen. Der Prätorianerpräfekt Johannes von Kappadokien hält darüber hinaus das finanzielle Risiko für zu groß, was die beschränkten Mittel erklärt, die Belisar erhält. Dabei ist der Sieg zunächst überwältigend. Noch im September des Jahres 533 erreicht Belisar Karthago; am 13. März 534 nimmt er Gelimer in Hippo Regius gefangen und kehrt im Triumph nach Konstantinopel zurück. Schon am 13. April des gleichen Jahres errichtet Justinian in Konstantinopel wieder eine Prätorianerpräfektur für Afrika,

die er in sieben Provinzen (darunter Sardinien) unterteilt. Damit ist die Rückeroberung Afrikas jedoch nicht abgeschlossen: Noch müssen die Berberstämme unterworfen werden. Erst 548 nehmen die Feindseligkeiten ein Ende. Inzwischen stellt
Belisar seine Feldherrntalente in Italien unter Beweis.

Auch hier dient Justinian ein dynastischer Streit als Vorwand. Theodahad hat
Theoderichs Tochter Amalasuntha, die wie ihr Vater dem Reich treu ergeben war,
erdrosseln lassen. Justinian entledigt sich also nur einer kaiserlichen Pflicht, wenn er
begangenes Unrecht sühnt. 535 entsendet er zwei Armeen nach Italien, die eine über
Dalmatien, die andere von Süden kommend unter dem Befehl Belisars, der im
Winter 535 Sizilien erobert. Im folgenden Frühjahr setzt Belisar nach Italien über,
an der Spitze einer Armee aus 10 000 Mann, die noch schwächer ist als die in Afrika.
Ohne auf nennenswerten Widerstand zu stoßen, erreicht er am 10. Dezember 536
Rom. Hier ändert der italienische Krieg sein Gesicht – Belisar muß in Rom eine
einjährige Belagerung überstehen, bis es ihm schließlich im Mai 540 gelingt,
Ravenna einzunehmen und den neuen ostgotischen König Vitigis gefangenzuset-
zen. Erneut kehrt Belisar im Triumph nach Konstantinopel zurück, im Glauben,
daß das Schicksal Afrikas nun auch Italien bevorsteht, offensichtlich sogar mit
geringerem Aufwand, da sich hier keine Berber in den Weg stellen. Doch es kommt
anders. Kaum ist Belisar abgezogen, rebellieren die Goten im Jahre 542 unter der
Führung Totilas, der 543 Neapel nimmt. Belisar kehrt nach Italien zurück, doch mit
nur 4000 Mann kann er nicht verhindern, daß der Gotenkönig am 17. Dezember
546 Rom, später (549–550) sogar Sizilien zurückgewinnt.

Justinian muß so Italien ein zweites Mal erobern. Er hebt eine Armee von mehr
als 20 000 Mann aus und bereitet sie zwei Jahre sorgfältig auf den Feldzug vor,

Kaiser Justinian und sein Gefolge (Ausschnitt aus einem Mosaik in der Kirche San Vitale, Ravenna,
6. Jahrhundert).

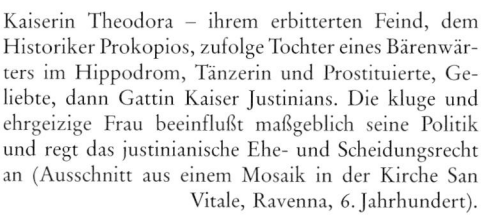

Kaiserin Theodora – ihrem erbitterten Feind, dem
Historiker Prokopios, zufolge Tochter eines Bärenwär-
ters im Hippodrom, Tänzerin und Prostituierte, Geliebte, dann Gattin Kaiser Justinians. Die kluge und
ehrgeizige Frau beeinflußt maßgeblich seine Politik
und regt das justinianische Ehe- und Scheidungsrecht
an (Ausschnitt aus einem Mosaik in der Kirche San
Vitale, Ravenna, 6. Jahrhundert).

dessen Leitung er Narses anvertraut. Dieser treibt die Geldmittel für die Bezahlung seiner Söldner auf und läßt in Ravenna, das die Goten nicht zurückgewinnen konnten, Hilfstruppen ausheben. Dennoch braucht er vier Jahre, um die Goten ebenso wie die Franken und Alamannen, die im allgemeinen Chaos in die Po-Ebene eingedrungen waren, zu besiegen. Im Jahre 554 erläßt Justinian schließlich das Gesetz zur Reorganisation der italischen Provinzen. Nun kann er auch dem Hilferuf des Westgoten Athanagild folgen, der in Südspanien gegen den arianischen König Agila revoltiert hat; von Sizilien aus erobert eine Armee Justinians diese Region unter Einschluß der Städte Sevilla, Cordoba, Malaga und Cartagena. Nachdem alle Mittelmeerinseln wieder unter dem Zepter des Reiches stehen, ist das Mittelmeer erneut zum römischen Binnensee geworden.

Nach außen hin scheinen die Ergebnisse dieser Unternehmungen Justinians beachtlich. Bei genauerem Hinsehen trübt sich allerdings der Glanz, da die Erfolge teuer erkauft wurden; nicht in finanzieller Hinsicht, denn hier ist der Erfolg eindeutig: Kriegsbeute und zusätzliche Steuereinnahmen haben aus den endlosen Feldzügen ein gewinnträchtiges Unternehmen gemacht. Aber nicht nur im entlegenen Spanien – das die Westgoten in den Jahren 572 bis 584 fast vollständig zurückerobern, auch wenn es noch 40 Jahre dauert, bis sie die Byzantiner endgültig verjagt haben –, auch in Italien ist die byzantinische Herrschaft nur von kurzer Dauer. Die unglaubliche Härte der Kämpfe hat das Land so nachhaltig zerstört, daß man in ihnen den Ausgangspunkt der Unterentwicklung des Südens sehen kann: Viele der antiken Städte sollten sich nie wieder völlig erholen. Unter diesen Umständen bleibt die wiedereingesetzte römische Verwaltung nur Fassade. Italien

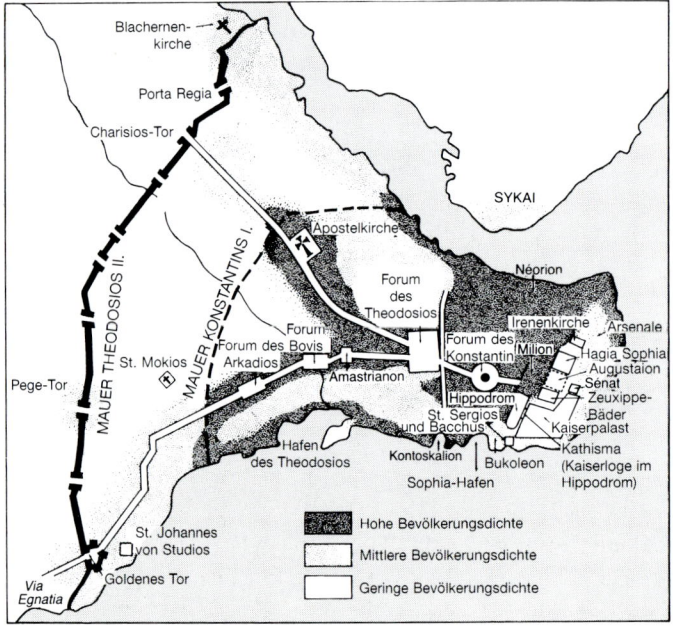

Konstantinopel im
6. Jahrhundert.

Konstantinopel: die neuen Festungsmauern des neuen Rom.

steht ohne sichere Verteidigung da, als die Langobarden im Jahre 568 von Illyrien aus in die Po-Ebene einfallen; am 4. September 569 fällt ihnen Mailand in die Hände. Die Eroberung erfolgt relativ langsam, da die Städte sich lange widersetzen: Pavia hält sich drei Jahre lang, das am Meer gelegene Ravenna kann den Angriff sogar siegreich abwehren. Obwohl Maurikios (582–602) sich auf diplomatischem Weg die zeitweilige Unterstützung der Franken sichern kann, ist das Reich außerstande, Rom zu verteidigen. Gregor der Große muß – obwohl treuer Untertan des Kaisers – einen Waffenstillstand nach dem anderen mit den Langobarden schließen, die so zu guter Letzt die Meerenge von Messina erreichen. Ende des 6. Jahrhunderts bestehen die von den Byzantinern kontrollierten Gebiete, verwaltungstechnisch im Exarchat zusammengefaßt, nur noch aus einigen Enklaven um Ravenna, Rom, Genua und Neapel; Gregor der Große muß die Zahl der Bistümer reduzieren, da viele Städte verlassen sind. Nur durch die latente Anarchie bei den Langobarden kann das Exarchat die Illusion eines byzantinischen Italien bis 751 aufrechterhalten.

In Afrika sieht es weniger düster aus. Im Jahre 610 sticht von Karthago aus eine Flotte in See, um Konstantinopel von der Tyrannei des Phokas zu befreien; Herakleios, der neue Kaiser, ist der Sohn des Exarchen. Dennoch steht die Lage in Afrika nicht zum Besten. Die nachgewiesene byzantinische Besiedlung beschränkt sich auf ein schmales Küstenband, das vor den aufrührerischen Berbern lediglich durch ein Netz von Festungen, die man eiligst aus den Ruinen der nahen Städte errichtet, geschützt wird. Daß Afrika mehr als eineinhalb Jahrhunderte byzantinisch bleibt, liegt sicher weniger am Erfolg der Justinianischen Rückeroberung als am Fehlen einer ausreichenden Gegenmacht – bis zum Erscheinen der Araber in der zweiten Hälfte des 7. Jahrhunderts.

Die Restauration Justinians im Westen erweist sich als brüchig; aber die außenpolitische Bilanz dieser glorreichen Herrschaft fällt noch schlechter aus: der Versuch, ein römisches Imperium nach antikem Vorbild zu errichten, geht zu Lasten von Gebieten, die für die Verteidigung Konstantinopels lebenswichtig sind. Dabei kann übergangen werden, daß das Reich den Frieden mit den Persern durch hohe Tributzahlungen erkauft – finanziell war es dazu sicher in der Lage, und im Osten drohte ohnehin durch Rebellionen im Innern mehr Gefahr als durch eine Invasion von außen. Doch die Truppen, die man nach Italien und nach Afrika entsendet, und die teuren Festungen, die man dort errichtet, schwächen in erschreckender Weise den Balkan; und dort stehen die Slawen zum Einsatz für die ehrgeizigen Pläne der Avaren bereit. Schon unter Justinian sickerten die ersten Slawen ein: In den Jahren 539/40 hatten sie die befestigten Thermopylen überwunden, 558 tauchte erstmals eine Horde Kutriguren vor den Toren Konstantinopels auf. Justinian ist zwar bereit, auf dem Balkan Festungen zu errichten, doch sie reichen ebensowenig aus wie die Zahl der Garnisonen. Das Reich verfügt auf dem Balkan nicht über ausreichende stehende Streitkräfte, um Avaren und Slawen wie einst Hunnen und Goten abzudrängen. Maurikios, der dritte Nachfolger Justinians, kann so schließlich auch Südspanien und Italien nicht mehr halten, als er Schritt um Schritt vor diesem ungeheuren Druck zurückweichen muß. 626 stehen die Avaren sogar vor Konstantinopel: Auf dem Balkan hat sich das Schicksal des Reiches entschieden, nicht in der Po-Ebene, nicht in Sevilla und auch nicht in Karthago.

Konstantinopel – das zweite Rom: neue Hauptstadt der Welt?

Als Justinians Armeen im Triumph in die Hauptstadt einziehen, als der Kaiser in Konstantinopel mit der Hagia Sophia die größte Kirche der Christenheit einweiht, ahnt wohl niemand einen derartigen Zusammenbruch voraus. Das zurückeroberte alte Rom liegt in Trümmern im Vergleich mit dem Triumph des neuen: ein Gebilde des Willens auf der Höhe des Erfolges. Im Jahre 324 hatte Konstantin beschlossen, an den Ufern des Bosporus eine neue Hauptstadt zu gründen; am 11. Mai 330, nur 6 Jahre später, weiht er sie ein. Konstantin reagierte damit auf eine neue Lage, um dem Zentrum seines Reiches näher zu sein: zum einem dem politischen Zentrum, nachdem Donau und Euphrat die wichtigsten Grenzen geworden waren, schnell erreichbar über die ausgebauten Straßen des Balkan und Kleinasiens; zum anderen dem wirtschaftlichen Zentrum, da der Osten die Krise des 3. Jahrhunderts besser überstanden hatte; zum dritten schließlich dem religiösen Mittelpunkt, denn das triumphierende Christentum war eine östliche Religion. Es wäre dennoch unklug gewesen, zu nahe an die anderen Metropolen der Region heranzurücken, die zu sehr in die heftigen theologischen Debatten verstrickt waren: im westlichen Kleinasien, in Nikaia, fand das erste ökumenische Konzil statt, während in 150 Kilometer Entfernung, auf den Überresten des alten Byzanz, die neue Hauptstadt errichtet wurde.

Der Wille zur Nachbildung des antiken Rom ist überall erkennbar. Die Stadt wird in 14 Bezirke unterteilt, in den Erhebungen versucht man die sieben Hügel zu finden, obgleich der Lykos im Vergleich zum Tiber doch recht ärmlich wirkt. Das Hippodrom wird zum Hauptversammlungsort für das Volk; bei den dortigen Spielen werden kostenlos Lebensmittel verteilt, um eine schnelle Zunahme der Bevölkerung zu fördern. Ganz in der Nähe entsteht das Senatsgebäude. Es gelingt Konstantin und seinen Nachfolgern, die wichtigsten Senatorenfamilien zum Umzug ins weit weniger milde Klima des Bosporus zu bewegen. Der Erfolg ist zwar nicht umwerfend, doch beständig: Schätzungen zufolge hat die Stadt weniger als ein Jahrhundert nach ihrer Gründung etwa 150 000 Einwohner. Die 7000 Hektar innerhalb der Stadtmauer Konstantins reichen bald nicht mehr aus. Unter Theodosius II. entstehen neue Mauern, die die Stadt auf das Doppelte anwachsen lassen; diese Stadtgrenzen werden später nur geringfügig geändert. Unter Justinian ist die Stadt auf fast 300 000 Einwohner angewachsen.

Die Bedeutung des neuen Rom ist jedoch nicht nur demographischer Natur: Mit dem Bau der Hagia Sophia, der »Großen Kirche«, unter Justinian ist der Aufbau der neuen Hauptstadt der römischen Welt abgeschlossen. Der Senat und die gesamte Verwaltung ist hierher verlagert worden. Der Palast mit allen Behörden, einschließlich der Finanzbehörden, gruppiert sich nahe dem Senat und dem Hippodrom um die Gebäude, die den Kaiser, seinen Hof und Verwaltungsbehörden wie die Prätorianerpräfektur beherbergen. Im Jahre 359 ernennt der Kaiser einen Stadtpräfekten oder Eparchen für die neue Hauptstadt, um den Unterschied zu den anderen Städten zu verdeutlichen, die weiterhin ihren Stadtverwaltungen unterstellt sind.

Die Gründung des neuen Rom vollzieht sich auf drei weiteren Ebenen. Konstantinopel entwickelt sich auch zur religiösen Hauptstadt, wenngleich langsamer als im Verwaltungsbereich. Anfänglich Suffragan des thrakischen Herakleia, gewinnt der Bischofssitz zunehmend an Bedeutung. Um 350 hat der Kaiser sein vorrangiges Ziel erreicht: Das Bistum der neuen Hauptstadt steht unter seiner Kontrolle. Nun soll dieses neue Bistum zum Schlüssel seiner Macht über die Kirche werden; im Jahre 381 ist Konstantinopel Schauplatz des zweiten ökumenischen Konzils, dessen dritter Kanon dem Prälaten am Bosporus den zweiten Rang in der Kirche hinter Rom einräumt, da er seinen Sitz im »neuen Rom« hat. 451 bestätigt der 28. Kanon des Konzils von Chalkedon diese Doktrin und umreißt gleichzeitig die Jurisdiktionsbefugnisse des Patriarchats. Rom behält zwar die Ehre des Primats, doch das wirkliche Reich liegt im Osten, dessen neue religiöse Hauptstadt Konstantinopel ist.

Im Umkreis des Hippodrom formiert sich das Volk der neuen Hauptstadt. Das Bauwerk ist mit höchstens 40 000 Plätzen zwar viel zu klein für die gesamte Bevölkerung; die Plätze reichen aber für alle Familienoberhäupter aus, die einer geregelten Beschäftigung nachgehen. Hier spricht der Kaiser mit seinem Volk, hier erfolgt seine Proklamation: das im Hippodrom versammelte Volk von Konstantinopel spielt die konstituierende Rolle des römischen Volkes. Es *ist* das Volk von Rom, und zumindest in den ersten Jahrhunderten genauso hitzig wie dieses. Es bilden sich in der Tat zunächst vier, später zwei Gruppierungen, die Blauen und die Grünen, die sich in Abständen blutig befehden, es sei denn, sie verbünden sich, um den Kaiser zu stürzen wie 532 beim Nika-Aufstand. Seinen grenzenlosen Stolz nährt das Volk von Konstantinopel aus dem Bewußtsein, im neuen Rom zu leben.

Schließlich setzen die Kaiser alles daran, daß der Glanz des neuen Rom dem des alten zumindest ebenbürtig ist. Für die 21 Kilometer lange Stadtmauer mit ihren zahlreichen Wachtürmen und befestigten Toren, für die Landbefestigungen wie für die Seemauern trifft dies zu; zum Land hin besteht die Befestigung sogar aus zwei Mauern. Im Innern verbindet die Mesê – ausgehend vom Augustaion, dem Palast, Senatsgebäude, Hippodrom und Große Kirche zugewandt sind – die verschiedenen Foren miteinander, teilt sich und trifft an zwei Stellen auf die Stadtmauer. Wie die anderen Hauptstraßen wird auch sie von meist zweireihigen Säulengängen gesäumt; die öffentlichen Gebäude sind prachtvoll. Gegen Ende des 4. Jahrhunderts entstehen dann in der Hauptstadt überall Kirchen. Justinian krönt das Werk mit der Errichtung der Hagia Sophia, einer weiträumigen Basilika: Die Grundfläche mißt über einen halben Hektar, ihre Kuppel, Symbol des Himmels, erreicht eine Höhe von 54 Metern. In gewisser Weise ist sie auch Abbild des Universums und symbolischer Mittelpunkt des Reiches, das sich anschickt, an die Grenzen der Welt zu stoßen.

Invasionen und Krieg aus Tradition

Die römische Zwangsvorstellung, den persischen Erbfeind vernichten zu müssen, steht in direktem Widerspruch zu dem Anliegen, die Donaugrenze gegen den Ansturm der neuen Völker zu schützen, die das Imperium in seinem Kern bedrohen.

In Asien hat alles Tradition: Seit Jahrhunderten schon machen sich Perser und Römer das obere Mesopotamien und vor allem die Bastion Armenien streitig. Nach dem Toleranzedikt aus dem Jahre 313 bietet die Bekehrung des armenischen Königreichs zum Christentum durch Gregor den Erleuchter dem Imperium einen weiteren Anlaß, in einer Region einzugreifen, in der die Perser eine Niederlage nach der anderen hinnehmen müssen. Im Jahre 340 zieht sich Schapur II. (Sapor) vor Nisibis zurück und wird 345 vor Singara geschlagen. Doch auch die Römer bleiben von Niederlagen nicht verschont: Im Jahre 359 wird die Bevölkerung von Amida niedergemetzelt, und 363 wird sogar Kaiser Julian, der bis nach Ktesiphon vorgestoßen war, auf dem Schlachtfeld getötet. Dennoch kommt es danach, bis zum Beginn des 6. Jahrhunderts, zum Frieden zwischen beiden Reichen, die sich beide des Ansturms von Barbarenvölkern erwehren müssen: Turkvölker auf dem Balkan, Hephtaliten in Baktrien. Zudem wird das Sassanidenreich von einem hundertjähri-

Perserkönig Chosrau I. während einer Schlacht
(Ägyptische Stickerei, Musée historique des Tissus, Lyon).

gen Machtkampf geschüttelt. Gegen Ende des 4. Jahrhunderts finden Theodosios I. und Bahram IV. zu einem System, das auch gegen die Araber Anwendung finden wird: sie gestehen sich gegenseitig Einflußzonen in Armenien zu. Im Jahre 503 bietet ein fehlgeschlagener Angriff durch König Kawadh den Römern die Gelegenheit zum Wiederaufbau der Grenzbefestigungen zur Kontrolle des oberen Mesopotamien zwischen Tigris und Euphrat: Zu dieser Zeit läßt Anastasios Dara – gegenüber Nisibis – wiederaufbauen und gibt ihm den Namen Anastasiupolis. Die Antwort der Sassaniden läßt bis 527 auf sich warten, dem Jahr der Thronbesteigung Justinians. Der »ewige Frieden« von 531, eine Folge der Niederlage Belisars vor Kallinikon, der das Imperium zu Tributzahlungen an die Perser zwingt, hindert den Großkönig Chosrau I. nicht daran, 540 Antiocheia zu erobern und seine Bewohner in die Nähe seiner eigenen Hauptstadt umzusiedeln. Nach ihrem Sieg im Kaukasus im Jahre 553 können die Römer 562 den Sassaniden einen Frieden auf 50 Jahre aufzwingen, doch schon 572 bricht der Krieg unter Justin II. wieder aus und zieht sich hin, bis Chosrau II. im Jahre 590 den Thron besteigt.

Die relative Ruhe in Asien bietet eine Erklärung dafür, daß das Reich den Barbaren auf dem Balkan ausreichend Widerstand bieten kann, auch während die Rückeroberungen im Westen stattfinden. Die Grenze ist entlang der Donau bedroht. Flankiert von Turkstämmen, Kutriguren und Bulgaren tauchen die ersten Slawen dort schon Ende des 5. Jahrhunderts auf. Das römische Heer operiert fortan in einer weitgehend slawisierten Region, und demoralisierte römische Soldaten stehen hinter dem Staatsstreich im Jahre 602: Sie stürzen Maurikios und bringen Phokas, einen ihrer Unteroffiziere, an die Macht.

Dieser Staatsstreich dient nun Chosrau II., der Byzanz seinen Thron verdankt, als Vorwand, in Asien die Feindseligkeiten wieder aufzunehmen. Selbst der bedeutende Kaiser Herakleios kann die persischen Invasoren zunächst nicht aufhalten: Antiocheia und Damaskus fallen, im Jahre 614 auch Jerusalem. Das ist voll schwerwiegender Symbolik: Die Reliquien des Heiligen Kreuzes werden nach Ktesiphon verbracht. Doch damit nicht genug: Auch Ägypten fällt, während ein weiteres persisches Heer Kaisareia in Kappadokien einnimmt und 615 das Konstantinopel gegenüberliegende Chalkedon belagert. Gefahr droht dem Imperium auch von der seit Maurikios' Tod offenen Donaugrenze: Slawen und Avaren verwüsten Moesien, Makedonien und Thrakien, belagern 617 und 619 Thessalonike und stoßen 623 bis zum Peloponnes und nach Kreta vor. Für Herakleios geht die größere Gefahr jedoch von Asien aus. Die mit den Avaren vereinbarte Waffenruhe wird zwar ständig verletzt, erlaubt aber dennoch eine große Offensive gegen die Sassaniden: militärisch äußerst geschickt greift Herakleios das Herz ihres Reiches an. 624 nimmt er Armenien, stößt nach Süden vor und zerstört den Feuertempel in Ganzak. 625 muß er sich jedoch bis Kilikien und sogar bis hinter den Halys zurückziehen. 626 steuert die Krise dem Höhepunkt zu. Erstmalig verbünden sich Perser und Avaren zum gemeinsamen Angriff auf das Reich: Im Juni erobern die Perser erneut Chalkedon, während ihre Verbündeten die Hauptstadt belagern. Der Widerstand ist so heftig, daß die Avaren schon im August die Belagerung wieder aufheben; doch Herakleios ist schon zu einer neuen Offensive in Asien angetreten: Er erreicht Georgien, folgt abwärts dem Lauf des Tigris und stürmt 628 den Königspalast von Dastagerd. Er steht nur wenige Meilen vor Ktesiphon, als Chosrau II. gestürzt und im Gefängnis ermordet wird. Während Persien sich in Machtkämpfen verzehrt, von denen es sich bis zur Eroberung durch die Araber nicht mehr erholt – zwischen 628 und 632, als Jezdegerd III. als letzter Sassanide den Thron besteigt, wechseln sich zwölf Herrscher ab –, gewinnt das Reich 628/629 alle verlorenen Gebiete zurück: Syrien, Palästina und Ägypten, im März des Jahres 630 läßt Herakleios das Heilige Kreuz, das er im Jahr zuvor aus den Händen des Feindes zurückerhalten hatte, in Jerusalem feierlich wieder aufrichten.

Die Siege zwischen 626 und 630 lassen sich jedoch nicht allein durch Herakleios' strategisches Genie und das innere Chaos in Persien erklären. Nach der Niederlage im Jahre 626 bricht auch das Reich der Avaren durch einen Aufstand der unterjochten Slawen zusammen. Auf dem Balkan erwartet Byzanz damit keine große militärische Anstrengung mehr. Um 634, am Vorabend der islamischen Invasion, hat sich das Reich offensichtlich um die Meerenge konsolidiert, wo sich 626 sein Schicksal entschieden hatte, und Kleinasien ist seine stärkste Bastion: Das ist der tatsächliche Herrschaftsbereich Konstantinopels. Von römischem Universalismus ist man weit entfernt: Die östlichen Provinzen Syrien, Palästina und Ägypten, die zwar wirtschaftlich ausgebeutet und religiös unterdrückt werden, aber nicht wirklich unterworfen sind, hatten schon den Persern, den Wegbereitern der Araber, kaum Widerstand geleistet. 629 werden die Byzantiner aus Spanien vertrieben; in Italien halten sie sich nur dank der Passivität der Langobarden. Selbst in Ravenna ist das Ende schon spürbar, während in Rom die kulturelle und religiöse Kluft immer tiefer wird, obwohl sich Päpste wie Gregor der Große noch als Untertanen des Kaisers fühlen. Denkt man an die stillschweigende Loslösung der Berber im Maghreb, so begreift man leichter die wirkliche Lage eines Staates, der von nun an nicht mehr römisch genannt werden kann.

Kontinuität der Institutionen

Der Kaiser und das dynastische Prinzip

Die Übertragung der Herrschergewalt bleibt in Byzanz bis zur Durchsetzung des dynastischen Systems verwickelt und ohne feste Regeln; aber nach ersten, eher mühevollen Anläufen setzt sich dieses System erst mit der makedonischen Dynastie (867–1056) endgültig durch. Bis zu diesem Zeitpunkt und vor allem in der Frühzeit bleibt die Bestimmung eines neuen Kaisers das Ergebnis schwieriger Kompromisse zwischen einem System der Beteiligung verschiedener Institutionen und dem natürlichen Hang zur erblichen Monarchie.

Selbst nach dem eindeutigen Sieg des dynastischen Prinzips hält sich die Vorstellung vom Reich als Magistratur. Macht kann zwar innerhalb einer Familie weitervererbt werden, doch die Kaiserwürde gehört nicht zum Erbeigentum der Familie; der neue Kaiser muß sich zumindest der Form nach dem Verfahren zur Ernennung eines Kaisers unterwerfen, wie es sich aus dem Prinzipat herleitet. Zunächst wird er als Proklamation durch die Streitkräfte auf den Schild gehoben. Anschließend folgt als Zeichen der Wahl des Kaisers durch das Volk die Akklamation im Hippodrom; erst dann wird die Ernennung des neuen Kaisers durch den Senat ratifiziert. Seit das Christentum Staatsreligion geworden ist, bildet die prächtige Zeremonie der Krönung durch den Patriarchen in der Hagia Sophia den Abschluß: Sie symbolisiert die Übereinstimmung zwischen der Wahl Gottes und der von den Verfassungsorganen getroffenen Wahl.

Der wesentliche Nachteil dieses institutionenbezogenen Verfahrens, der es letztlich zum Formalismus verurteilt, liegt darin, daß aus jedem Thronwechsel ein

Gewaltstreich der Armee, des Volkes oder des Senats wird; nimmt man noch die Palastrevolutionen dazu, so ist das Reich ständig von Unsicherheit bedroht. Um diese Schwierigkeit zu überwinden, entwickelt Diokletian die Tetrarchie, die verbunden mit einer »automatischen« Nachfolgeregelung im wesentlichen bis ins 6. Jahrhundert besteht. Während Justinian keinen Nachfolger designiert hat, sorgt sein labiler Neffe Justin vor: er adoptiert Tiberios und erhebt ihn 574 zum Cäsar; der Thronwechsel im Jahre 578 vollzieht sich reibungslos. Auch Tiberios verfährt in gleicher Weise, indem er seine Tochter mit Maurikios verheiratet, ihn zum Cäsar und schließlich 582 auf dem Totenbett zum Augustus ernennt. Die beiden letzten Beispiele zeigen die Wiederbelebung des Systems der Adoption und der Mitregent-schaft: Schon zu Lebzeiten hat Justin Tiberios zum Augustus proklamiert, und Tiberius handelt ebenso mit Maurikios.

Immer wieder scheint sich eine Dynastie durchzusetzen: so spricht man bis zum Tode Julians (363) von der Konstantinischen Dynastie, danach von der Valentinia-nischen, der Theodosios ein Ende setzt. Er begründet seinerseits eine Dynastie, die gesichert scheint; denn obwohl Theodosios schon 395 stirbt, bleibt sie trotz der Minderjährigkeit seiner beiden Söhne bestehen. Arkadios, dem der Osten zufällt, ist siebzehn Jahre alt, Honorius gerade zehn, aber beide behalten ihren Thron. Arkadios kann im Jahre 408 seinen Sohn Theodosios II. zum Nachfolger bestim-men, der zwar noch ein Kind ist, aber schon zum Augustus proklamiert wurde. Theodosios II. regiert bis zum Jahre 450, doch mit ihm erlischt die Dynastie.

Immerhin folgt ihm mit Markian ein Schwager auf den Thron. Eine neue Tendenz zeichnet sich damit ab: Fehlt der männliche Erbe, übertragen die Witwe, Töchter und Schwestern des Kaisers zumindest einen Teil der Legitimität, mögli-cherweise verstärkt durch die Adoption. So existiert zwar keine echte dynastische Linie zwischen Leon I., der 457 vom Senat gewählt wird, und Justin I., der 518 unter den gleichen Umständen auf den Thron gelangt, doch bleibt festzuhalten, daß die Tochter Leons I. zunächst Zenon (474–491) und anschließend Anastasios (491–518) heiratet.

Die Stellung des Kaisers bleibt damit in der römischen Tradition. Auch der Staatsstreich, durch den im Jahre 602 ein mittelmäßiger Unteroffizier und blutrün-stiger Rohling namens Phokas den tapferen, doch unglücklich agierenden Mauri-kios besiegt, zeigt, daß die Armee immer noch eine der Quellen der Macht ist, vor allem wenn sich das Volk von Konstantinopel wie im Jahre 602 daran beteiligt, den Kaiser vom Thron zu jagen. Erhebt niemand Ansprüche auf den Thron, kann der Senat wie 457 und 518 seine Wahl treffen. Die natürliche Tendenz zur erblichen Thronfolge, die dem Begriff der Magistratur zuwiderläuft und schon zur Zeit des Julisch-Claudischen Hauses und bei den Antoninen zu spüren ist, wird durch das System der Adoption abgeschwächt. Eine Veränderung erfährt es jedoch durch das Eingreifen der Kirche. In einem nunmehr christlichen Imperium ist sie das Symbol dafür, daß Gott die Wahl der Menschen gebilligt hat. In einer Zeit der Glaubens-spaltungen nutzt die Kirche diese Eingriffsmöglichkeit sofort zur Überprüfung der Rechtgläubigkeit des Herrschers. So fordert im Jahre 491, als Zenons Witwe

Anastasios krönen lassen will, der Patriarch Euphemios von dem Thronanwärter, den er (zu Recht) des Monophysitismus verdächtigt, zunächst eine Erklärung zugunsten der Orthodoxie. Nach 518 bildet das Glaubensbekenntnis den Eckstein der Krönung und dient der »Überprüfung« durch die Kirche.

So beginnt eine für das Wesen des Kaisertums selbst sehr bedeutsame Entwicklung, die im 9. Jahrhundert ihren deutlichsten Ausdruck im zweiten Titel des Kaisers – *Eisagoge* – findet: Der Kaiser ist Gottes Stellvertreter auf Erden. Das irdische Königreich – die Oikumene – ist das irdische Abbild des Königreichs

Kaiserin Ariadne – von zwei Amor-Figuren gekrönt und begleitet von einem Satyr und einem Kind – hält sie in der einen Hand einen Flieder, in der anderen eine Schale. Die fließende Bewegung des Gewandes ist typisch für den alexandrinischen Stil um 500 (Elfenbein, Cluny-Museum, Paris).

Gottes. Diese Position verschafft dem Kaiser noch größere Autorität als die Vergöttlichung im Dominat. Sie hat aber auch ihre Schattenseiten: Gott erwählt seinen Stellvertreter, also kann er ihn auch zu jedem Zeitpunkt auswechseln. Letztlich verschafft diese Entwicklung vor allem der Kirche als Vermittlerin des göttlichen Ratschlusses eine Schlüsselstellung. Die Kirche entwickelt sich zwar begrenzt, doch offensichtlich zu einer neuen Gegenmacht; dabei übernimmt sie eine wesentliche Rolle in der Verwaltung und baut selbst eine eigenständige Verwaltung auf.

Die Verwaltung der Provinzen

Auch die Organisation der Provinzverwaltung, wie sie seit Anfang des 4. Jahrhunderts bestand, wird im 6. Jahrhundert grundlegend umgestaltet. Diokletian hatte die Zahl der Provinzen verdoppelt: Den sieben Diözesen des Ostreichs unterstanden nun 58 Provinzen. Diese Zahl erhöht sich unter Justinian nur unwesentlich – die Region Bosporos auf der Krim wird dem Reich angegliedert, die beiden Teile Armeniens und die Provinz Pontus Polemoniacus bilden nun die Provinzen Armenia I bis IV, und drei der vier ägyptischen Provinzen werden zu zwei neuen zusammengeschlossen. Diese Veränderungen entsprechen jeweils geographischen oder demographischen Entwicklungen; tatsächlich aber bleiben die Auswirkungen sowohl auf der Landkarte als auch in der Organisation gering. Insbesondere werden die beiden Prätorianerpräfekturen *Illyricum* und *Oriens*, die das gesamte östliche Reichsgebiet umfassen, nicht verändert. Die Präfektur Oriens behält ihr erdrückendes Übergewicht. Diokletian hatte den Provinzen Diözesen übergeordnet: zwei im Illyricum (Dacia und Macedonia) und fünf in der Prätorianerpräfektur Oriens (Thracia, Pontus, Asia, Oriens, Aegyptus) mit einem *vicarius* an der Spitze (in der

Ein Provinzstatthalter legt vor Kaiser Valens (364–378) Rechenschaft ab
(Miniatur, 12. Jahrhundert; Bibliothèque nationale, Paris).

Diözese Oriens ein *comes*, in Ägypten ein *praefectus augustalis*). Vor allem im Illyricum verlieren die *vicarii* allmählich an Einfluß; der Prätorianerpräfekt wird erneut zum unmittelbaren Vorgesetzten der Provinzstatthalter. Die Prätorianer-präfekturen fungieren als Berufungsinstanz für Urteile der Provinzialgerichte, da es die Beschwerdeführer vorziehen, die korrupten Diözesangerichte zu umgehen. Umgekehrt wenden sich die Prätorianerpräfekten in finanziellen Fragen unmittel-bar an die Provinzstatthalter. Mit Beginn der Herrschaft Justinians scheint damit eine Reform der Provinzialverwaltung vordringlich.

Um Justinians Vorgehen, das zwar nicht sofort Wirkung zeigt, sich aber als zukunftsweisend herausstellt, richtig einschätzen zu können, muß zunächst der völlige Verfall der Provinzverwaltung aufgezeigt werden, wie er in Justinians Reformdekreten sichtbar wird. Seit dieser Zeit zeichnet sich im Reich eine neue Entwicklung ab, die sich als sehr beständig erweisen wird: eine Inflation der Titel, entsprechend der damit verbundenen Würde. So behalten die Provinzstatthalter den schlichten Titel *clarissimi*, der jedoch gegenüber anderen wohltönenden Ehren-bezeichnungen wie etwa dem *spectabilis* der wichtigen und manchmal auch nur subalternen Beamten der Zentralverwaltung verblaßt. Dieser Prestigeverlust inner-halb der Hierarchie der Würdenträger ist jedoch nur die natürliche Folge einer massiven Beschneidung der Autorität der Statthalter; sie haben beispielsweise keinerlei Kontrolle über das in ihrem Amtsbereich tätige Militär und verfügen damit auch nicht über ausreichende öffentliche Gewalt, um Beschlüsse und Urteile umzusetzen. Auch ein Teil der Finanzverwaltung wird ihrem Einfluß entzogen; insbesondere ist das kaiserliche Vermögen unmittelbar der *res privata* beziehungs-weise dem *sacrum cubiculum* zugeordnet. Auch die Bauern, die die kaiserlichen Güter bestellen, unterstehen praktisch nicht mehr ihrer Gewalt. Unter diesen Umständen sind die Provinzstatthalter natürlich nicht in der Lage, auch nur ein Minimum an Ordnung aufrechtzuerhalten. An der Spitze bewaffneter Banden durchstreifen lokale Machthaber das Land und eignen sich fremden Besitz an, indem sie einfach Tafeln mit ihrem Namen aufstellen. Selbst solchen schwachen Truppen stehen die Statthalter hilflos gegenüber.

Justinian weiß, daß für die Regeneration der kaiserlichen Macht im Inneren, die eine unabdingbare Ergänzung zur äußeren Restauration ist, die Autorität der Statthalter wiederhergestellt werden muß. In den Jahren 535/536 setzt er – zweifel-los auf Drängen des energischen Prätorianerpräfekten Johannes von Kappadokien – mit der Auflösung der Diözesen eine gewichtige Reform in Gang. In einigen Provinzen (Thracia, Helenopontus – in der die Provinz Pontus Polemoniacus aufgeht –, Paphlagonia, Isauria, Arabia, Phoenice Libanensis, Diözese Aegyptus) verleiht er den Statthaltern den Titel *spectabilis*, teilweise mit der Würde eines Prokonsul, teilweise mit der eines *moderator* verbunden. Diese Statthalter vereinen in ihrer Person sowohl zivile (einschließlich steuerliche) als auch militärische Befugnisse.

Doch die Reform bleibt Stückwerk, da von insgesamt 65 Provinzen nur 15 betroffen sind, darunter allerdings jene, in denen die Probleme am deutlichsten sind. Vor allem aber ist die Reform nur von kurzer Dauer, denn schon 548 wird sie wieder ausgesetzt – zumindest in den Pontus-Provinzen, unter denen Kappadokien als die erste Provinz, die reformiert worden war, besonders schwer mit den Problemen zu kämpfen gehabt hatte. Nun entsteht die frühere Diözese Pontus erneut – zu Lasten der Statthalter des neuen Typs.

Dennoch ist die Reform zukunftsweisend. Die Exarchate Ravenna und Karthago, die Maurikios Ende des 6. Jahrhunderts einrichtet, gelten häufig als Prototypen einer Organisation auf der Grundlage von *Themen*, die in den Grenzgebieten erprobt werden soll, bevor man ihr Prinzip auf das Zentrum des Reiches überträgt. Aber schon die Reform, die Justinian zwischen 535 und 536 ins Leben gerufen hat, weist in diese Richtung: Zivile und militärische Gewalt wird auf einen einzigen Beamten übertragen, der unmittelbar der Zentralgewalt untersteht. Gleichzeitig unterbindet der Kaiser die *suffragia*, allgemein übliche Bestechungsgelder, die jeder Bewerber um einen Posten an zwischengeschaltete Beamte entrichten mußte. Die mit Autorität ausgestatteten Beamten sollten dagegen künftig nur noch der Zentralgewalt verantwortlich sein.

Das Heer

Obwohl eine Reform im militärischen Bereich ebenso nötig gewesen wäre, hat Justinian hier auf ähnlich tiefgreifende Veränderungen verzichtet. Seit Diokletian und vor allem seit Konstantin setzt sich das Heer aus zwei Arten von Soldaten zusammen: zum einen aus *limitanei*, an Ort und Stelle zu einer Art Miliz rekrutierte landansässige Soldaten als Grenztruppen, zum anderen aus der kleinen, aber leistungsstarken Truppe der *comitatenses*; dieses aus Freiwilligen gebildete bewegliche Zentralheer wird bei den Feldzügen eingesetzt. Eine Wehrpflicht gibt es praktisch nicht mehr. Die Kontingente der verbündeten Barbaren verschmelzen immer stärker mit den »nationalen« Einheiten des römischen Heeres. Im 6. Jahrhundert hat das zahlenmäßig kleine Heer der Justinianischen Restauration ein internationales Gesicht.

Von Konstantin bis hin zu Justinian beruht die Armee nicht auf der Wehrpflicht; auch die Zahlung des *aurum tironicum* als Ersatzleistung ist verschwunden. Justinian greift zu außergewöhnlichen Maßnahmen und läßt beispielsweise Sklaven einziehen, nur um die zu allen Zeiten unpopuläre Wehrpflicht freier Bürger zu umgehen. In ähnlicher Weise läßt Maurikios Armenier zwangsrekrutieren. Der erbliche Wehrdienst bleibt auf die *limitanei* beschränkt, wobei sich die Bedingungen von Gebiet zu Gebiet stark unterscheiden. So erfüllen die *limitanei* in Ägypten, das überhaupt kein Grenzgebiet ist, verstärkt die Aufgabe von Ordnungshütern; hier ist die Zugehörigkeit eher ein Privileg als ein Zwang. Andernorts sind die *limitanei* vornehmlich dazu abgestellt, die Festungen zu verteidigen. Im Verteidigungssystem des Reiches spielen sie nur noch eine ganz untergeordnete Rolle. Die Ablösung des lückenlosen Limes durch eine Linie von Festungen hat dem System der *limitanei* gerade den Zweck entzogen, zu dem es geschaffen worden war.

Die erstaunliche Unbeweglichkeit des Reiches in militärischer Hinsicht überrascht. Stehen einmal keine Kontingente verbündeter Barbaren zur Verfügung, so fehlt es dem Heer allenthalben an Soldaten. Eben dies tritt im 6. Jahrhundert ein: Die Heere von Belisar und Narses erreichen im allgemeinen nicht einmal die Stärke von 20 000 Mann, obwohl der mit den Persern geschlossene Friedensvertrag eine geringere Präsenz an der östlichen Grenze ermöglicht. Nur eine lächerlich kleine Zahl von Soldaten steht zur Verteidigung des Balkan bereit; das Einsickern von Slawen läßt sich an einer derart durchlässigen Grenze ebensowenig verhindern wie die Einfälle der Avaren und der Hunnen. Den Weg zur Verwaltungsreform hat Justinian gewiesen, militärisch hat er nichts bewegt. Das Reich verbucht glänzende Erfolge in der Offensive, ist jedoch für den bevorstehenden Verteidigungskrieg nicht gerüstet.

Die Kodifizierung des Rechts von Theodosios bis Justinian

Wie immer man die Außenpolitik Justinians bewerten mag, sie erwies sich als ebenso kurzlebig wie sein juristisches Werk dauerhaft war. Das *Corpus juris civilis* ist denn auch weniger eine originäre Schöpfung als vielmehr die Vollendung, der krönende Abschluß einer methodischen Sammlung früherer Arbeiten wie beispielsweise jener Kodifikation, die Juristen unter Theodosios II. (408–450) zu verdanken ist. Dieser schwache Kaiser, der anfangs unter dem Einfluß seiner Schwester Pulcheria, später seiner Gemahlin Athenais-Eudokia stand, beauftragte eine von ihm eingesetzte Juristenkommission, eine vollständige Sammlung der kaiserlichen Konstitutionen seit dem Jahre 312 zu erstellen. Das gewichtige Unternehmen nahm immerhin neun Jahre in Anspruch: 438 wurde der Codex Theodosianus als chronologische Sammlung aller zwischen 312 und 437 ergangenen kaiserlichen Verordnungen publiziert. Dabei war unerheblich, daß sich zahlreiche Konstitutionen widersprachen und einander bisweilen aufhoben – Gültigkeit besaß nur die jeweils jüngste.

Das Werk hatte etliche Schwächen. Es war unvollständig, manches Gesetz war in Ermangelung von Archiven verlorengegangen und nur aus juristischen Schriften bekannt. Dennoch bedeutete die Sammlung im Vergleich mit vorangegangenen Epochen voll juristischer Konfusion einen echten Fortschritt. Es gab zu jener Zeit zwei Arten von Rechtsquellen: zum einen die Juristenschriften, also Sammlungen von Entscheidungen und Gutachten der großen klassischen Juristen. Diese hatten jedoch wesentliche Nachteile, denn der Umfang der Komplikationen überstieg die Aufnahmefähigkeit des durchschnittlichen Richters und Anwalts bei weitem, und die Widersprüche waren so zahlreich, daß Valentinian III. 426 ihre Gültigkeit auf die Sammlungen der herausragendsten Rechtsgelehrten beschränkte. Bei Uneinigkeit entschied man sich für den am häufigsten vertretenen Rechtsstandpunkt, bei Stimmengleichheit für die Auffassung Papinians, eines Juristen des 3. Jahrhunderts. Um das Kaiserrecht – die zweite Art von Rechtsquelle – war es nicht besser bestellt.

Die Zahl der Gesetze wuchs umso schneller, als die Teilung in eine östliche und eine westliche Reichshälfte zwei gesetzgebende Gewalten mit sich brachte; die ohnehin schwer sicherzustellende Publizität kaiserlicher Dekrete wurde dadurch nicht gefördert. Unter Diokletian hatten schon die beiden Juristen Gregorian und Hermogenian in privaten Initiativen versucht, die Kaisergesetze zu ordnen und sie gleichzeitig von ihrem schwerfälligen rhetorischen Apparat zu befreien. Doch weder der Codex Gregorianus noch der Codex Hermogenianus besaßen offizielle Gültigkeit, noch waren sie vollständig; vor allem aber waren sie rasch überholt.

Dies erleichtert jedoch das Verständnis der Ziele des Codex Theodosianus, der Stil und Methode der beiden genannten Privatsammlungen übernommen hat. Er hatte zwar den Vorteil einer großen Verbreitung, konnte jedoch zwei Hindernisse nicht vermeiden. Zum einen endete die Gesetzgebung nicht mit dem Jahr 438. Um weiterer Verwirrung vorzubeugen, nannte man zwar alle nach dem Erscheinen des Codex erlassenen Gesetze *Novellen* und veröffentlichte sie in weiteren Sammlungen, doch der Codex selbst veraltete dennoch. Zum anderen stand die Jurisprudenz, die angeblich in sich geschlossen ist, aber gleichwohl anarchisch weiterwucherte, häufig in Gegensatz zu den kaiserlichen Erlassen. Da nun gerade die Kaiser der zweiten Hälfte des 5. Jahrhunderts – Leon, Zenon und Anastasios – eine Fülle von Gesetzen erlassen hatten, erweist sich bei der Thronbesteigung Justinians im Jahre 527 ein zusammenfassendes Werk als unumgänglich.

Unsere heutige Kenntnis des Justinianischen Corpus juris civilis – Codex, Digesten, Institutionen und Novellen – als Gesamtheit verführt dazu, hinter dem Gesamtkomplex – der Sammlung des Kaiserrechts, der Sammlung der Juristenschriften, dem Leitfaden für das juristische Studium und der ergänzenden späteren Gesetzgebung – ein einheitliches Konzept zu vermuten. Doch damit befaßt sich erst die Kommission Basileios' I., die Gesetzgebung und Juristenschriften in einem Gesamtwerk, den *Basilika*, erfaßt. Die Realität des 6. Jahrhunderts ist bescheidener. Am 13. Februar 528 beauftragt Justinian eine Kommission, eine neue Sammlung auf der Grundlage des Codex Theodosianus und aller seither, vor allem unter seiner Herrschaft besonders zahlreich ergangenen Gesetze zusammenzustellen. In dieser Kommission gewinnt eine Person rasch überragenden Einfluß: der eher bescheidene Jurist Tribonian, früher zeitweilig *quaestor sacri palatii* beziehungsweise *magister officiorum*. Unter dem Druck des eisernen Johannes von Kappadokien erweist er sich zwar politisch als Schwächling, doch das tut seinem juristischen Sachverstand keinen Abbruch. In Anbetracht der Schwierigkeit der Aufgabe und der Bedeutung der am 7. April 529 veröffentlichten Sammlung hat die Kommission sehr schnell gearbeitet. Der Codex Theodosianus hatte die Aufgabe vorbereitet, die späteren Gesetze waren gut dokumentiert; die Kommission zögerte auch nicht, auf die vortheodosianischen Sammlungen zurückzugreifen. So kann sie sich nun vornehmlich auf Reflexion, Auswahl und Klassifizierung konzentrieren. Das Ergebnis ist dennoch nicht ganz ausgereift, die Logik der Klassifizierung nicht immer zwingend, und der Codex kann weder Wiederholungen noch Widersprüche vermeiden. Darüber hinaus erfolgt die Veröffentlichung zu früh, denn 5 Jahre später läßt Justinian eine zweite und endgültige Ausgabe der Sammlung folgen, die um die bis dahin ergangenen zahlreichen Gesetze erweitert ist. Nur diese letzte Ausgabe ist überliefert.

Am 5. Dezember 530 beauftragt Justinian eine neue Kommission, der Tribonian erneut in herausragender Stellung angehört, mit der geordneten Sammlung der überlieferten klassischen Rechtsliteratur – eine Aufgabe, die von den Juristen des Theodosius nicht unternommen worden war. Die 16 Mitglieder umfassende Kommission verfügt über beachtliche Befugnisse, da sie nicht nur Überflüssiges oder Widersprüchliches weglassen, sondern auch inhaltliche Veränderungen vornehmen darf, um Übereinstimmung mit der gültigen Gesetzgebung zu erreichen. Die Auswahl ist streng; die 50 Bücher der am 16. Dezember 533 veröffentlichten Digesten bilden zwar den umfangreichsten Teil des *Corpus*, stellen jedoch nur knapp ein Zwanzigstel des ursprünglichen Materials dar. Autoren des 2. und insbesondere des 3. Jahrhunderts wurden am häufigsten zugrunde gelegt, vor allem

Fragment der Justinianischen Digesten.

Ulpian. Seine Schriften waren besser als die des Papinian für eine Sammlung von Texten geeignet, die kurz und möglichst kraftvoll sein sollten, auch wenn sie dadurch an Klarheit einbüßten. Wie schon beim Codex verbirgt die gelungene Gliederung nur unvollkommen eine in mancher Hinsicht übereilte Arbeit; trotz rücksichtsloser Veränderung der benutzten Quellen bleiben Wiederholungen, Widersprüche und Fehler letztendlich nicht aus.

Für eine Verwendung im juristischen Studium ist allerdings auch diese gedrängte Zusammenfassung noch zu umfangreich. Schon am 21. März 533 veröffentlicht Justinian daher eine dritte Sammlung, die Institutionen, ein grundlegendes Handbuch für das juristische Studium in vier Büchern. Drei Kommissionsmitglieder, unter ihnen Tribonian, hatten die Arbeit an den Digesten für kurze Zeit unterbrochen, um eine Kompilation aus klassischen Leitfäden – wie dem des Gajus (2. Jahrhundert) – in Form einer persönlichen Unterweisung durch den Kaiser abzufassen. Justinian nutzt die Gelegenheit zur Reform des juristischen Studiums, das an drei Hochschulen – Konstantinopel, Rom und Berytos (Beirut) – möglich ist; es dauert fünf Jahre. Das erste Studienjahr ist den Institutionen und den ersten Bänden der Digesten vorbehalten. Die übrigen Bücher dieser Sammlung werden in den folgenden drei Jahren gelehrt, während das fünfte Jahr ausschließlich dem Codex gewidmet ist.

Die inhaltliche Seite des Studiums erscheint durchaus fragwürdig, denn Justinian, der auf die endlich vollzogene Bereinigung des Rechts stolz und vordringlich um Effizienz bemüht ist, untersagt jegliche Kommentierung der Digesten und wahrscheinlich auch des Codex. Es wäre das Todesurteil des Rechts gewesen, hätte man diese Anordnung befolgt. In Wirklichkeit war das Verbot jedoch illusorisch. Einerseits entwickelte sich die Gesetzgebung ständig weiter, da Justinians gesetzgeberische Initiativen nicht mit dem Jahr 534 enden. Er verkündet auch weiterhin eine Novelle nach der anderen, die dann in Sammlungen herausgegeben werden. Außerdem werden die juristischen Studien in den unterschiedlichsten Formen und Ableitungen weiterentwickelt und bleiben dabei äußerst lebendig.

Eine Art dieser Studien betrifft die Sprache. Ursprünglich sollten die Rechtssammlungen des Latein sprechenden Justinian auch in dieser Sprache erscheinen. Doch Latein wurde nur noch in einem kleinen Teil des Reiches gesprochen; damit die Gesetze auch den größeren und wesentlich dichter bevölkerten Teil erreichten, mußten sie ins Griechische übersetzt werden. Und eine Übersetzung, die häufig auch eine Art Zusammenfassung darstellt, ist bereits eine Form der Interpretation, die auf die wesentlich erscheinenden Gesichtspunkte abzielt. Auf diesen ursprünglichen Übersetzungen fußen teilweise die späteren Basiliken. Zur gleichen Zeit beginnen auch die ersten Scholiasten mit ihrer Arbeit. Die Novellen schließlich sind von vornherein in der Verkehrssprache Griechisch abgefaßt, mit Ausnahme derjenigen, die sich ausdrücklich an eine lateinische Provinz richten.

Insgesamt finden sich auch im gesetzgeberischen Werk Justinians Schattenseiten: hastig kompilierte und methodisch oft wenig überzeugende Sammlungen, dazu noch in einer Sprache, die den meisten Bürgern fremd ist. In dieser Hinsicht sind die

Basiliken weit überlegen, da sie Digesten, Codex und Novellen in 60 Büchern in wohldurchdachter Anordnung zusammenfassen. Die Herausgabe des Corpus bleibt dennoch einer der wesentlichen Bestandteile der Regierungszeit Justinians und von entscheidender Bedeutung für die Erhaltung des römischen Rechts, auch wenn das Corpus des 6. Jahrhunderts sich stellenweise vom klassischen Recht entfernt, lokale Gebräuche verstärkt berücksichtigt und somit das lebendige Geschehen über eine erstarrte Tradition stellt. Entgegen der Absicht Justinians ist die Kodifikation in dieser Hinsicht eher eine Etappe als der Endpunkt in der Entwicklung des Rechts.

Auf dem Weg zur Verschmelzung zweier Kulturen?

Heidentum und Christentum

Die Bedeutung des Heidentums haben wir schon erwähnt. Im Osten, wo sich die politischen und sozialen Strukturen weniger als im Westen verändert haben, spielt es eine so bedeutende Rolle, daß selbst die Christen im allgemeinen kaum daran denken, dieses kulturelle Erbe in Frage zu stellen.

Sicherlich nimmt der politische Einfluß des Heidentums – sowohl in der lokalen Verwaltung als auch im Zentrum des Reichs – Ende des 4. Jahrhunderts stark ab, auch wenn der heidnische Rhetor Themistios in den Jahren 384/85 noch Stadtpräfekt von Konstantinopel ist, eine Funktion, die ihm im Bereich der Religionspolitik wichtige Befugnisse einräumt. Aber in der Gesellschaft behauptet sich die heidnische Elite noch lange und umso mehr, je weiter von der Hauptstadt entfernt. Noch wichtiger ist, daß das Heidentum bis zur Regierungszeit Justinians wichtigstes Fundament der Kultur bleibt. Das syrische Antiocheia sonnt sich beispielsweise im Glanz der Rhetorikschule eines Libanios, während in Ägypten zu Beginn des 5. Jahrhunderts selbst allerhöchste Beamte der berühmten Philosophin Hypatia lauschen. Das Heidentum dominiert jedoch nicht nur in intellektuellen Kreisen, es ist auch weiterhin Bestandteil der volkstümlichen Kultur. So halten sich in Ägypten heidnische Sitten und abergläubische Vorstellungen mit großer Hartnäckigkeit – der Amulettkult ist weit verbreitet, auf der Insel Philae wird noch 540 die Göttin Isis verehrt. Anfang des 6. Jahrhunderts werden in der Vita des Patriarchen Johannes Philoponos von Alexandreia die Papyrusschneider aus der Umgebung der Stadt als Menschen bezeichnet, »die kein Gebetshaus und keinen geheiligten Ort besitzen, die nie die Botschaft der Heiligen Schrift empfangen haben, die nie der göttlichen Geheimnisse teilhaftig geworden sind«. Auch der kulturelle Einfluß der großen heidnischen Familien wie der Horapolloi auf ihre breitgefächerte Klientel darf nicht unterschätzt werden. Im syrischen Antiocheia ist Ende des 4. Jahrhunderts noch die Hälfte der Bevölkerung heidnisch, werden im Theater die Werke der Tragöden und des Aristophanes aufgeführt, darunter auch brutale Schauspiele: Die möglicherweise blutigen Opfer, die noch 588 im Vorort Daphne dargebracht werden, sind so bekannt, daß man eine Teilnahme des Patriarchen Gregorios unterstellen kann. Kilikien und Bithynien in Kleinasien sind so wenig christianisiert, daß die Philosophen Pamprepios und Illos dort versuchten, eine Bewegung zur Wiederbelebung des Heidentums ins Leben zu rufen. Das europäische Konstantinopel hingegen scheint trotz vieler heidnischer Tempel, deren Errichtung Konstantin zugelassen hat, eine überwiegend christliche Stadt zu sein – eine Tendenz, die sich rasch verstärkt: 476 erklärt der Heide Malchos, sein Heidentum habe die Bewohner Konstantinopels bestürzt, denn: »In dieser Stadt ist jedermann Christ«. Anders ist die Lage jedoch in der nahegelegenen Provinz Thrakien, die der Klerus von Konstantinopel noch lange als Missionsgebiet einstuft. So berichtet Johannes Chrysostomos im 5. Jahrhundert, man habe unweit der Hauptstadt Anhänger des Artemiskultes bekehrt. Noch im 7. Jahrhundert kann nach der Vita des Bischofs Leon von Catania von einer starken heidnischen Strömung auf Sizilien ausgegangen werden, auch wenn diese Schilderung weitgehend auf Legenden beruht. So wird von einem Weisen auf der Insel berichtet, der die Bevölkerung zur Götzenverehrung anleitet, sowie von hellenischen Heiden, die sich um eine von Decius errichtete Statue versammeln. Allerdings ist dieses Heidentum sowohl in der Bevölkerung als auch innerhalb der Elite selten von Fanatismus geprägt; Christen und Heiden bilden – im Osten – keine monolithischen Blöcke. Zwischen beiden gibt es Platz für unzählige Häresien, die dem Heidentum im allgemeinen viel unversöhnlicher gegenüberstehen als selbst die Orthodoxen. Deshalb wählen die Heiden manchmal das geringere Übel und streben mit letzteren Bündnisse an, wie es Ende des 5. Jahrhunderts – angesichts der beide Seiten bedrohenden Gefahr des Monophysitismus – Illos und Pamprepios versuchen.

Die Christen verhalten sich also ebenfalls sehr differenziert. Dennoch bricht anfangs die grundsätzliche Unvereinbarkeit durch, da die Christen im Heidentum –

Heidnische Mythologie inspiriert Kunst und Kultur: die Entführung Europas
(Victoria and Albert Museum, London).

trotz dessen schwindender religiöser Bedeutung – vor allem den kulturellen Rivalen spüren. Schon Tertullian stellte die Frage: »Was haben Athen und Jerusalem gemein?« Gleich dem heiligen Augustin im Westen unterstreichen auch die Väter der griechischen Kirche diese Unvereinbarkeit: der heilige Basileios etwa oder der heilige Johannes Chrysostomos, der die Überlegenheit der christlichen Erziehung über die klassische Bildung unterstreicht. Theodoret von Kyrrhos widmet dieser Überlegenheit sogar eine umfangreiche Abhandlung mit der Schlußfolgerung: »Zuerst kommt der Glaube, dann das Lernen«. Hierin stimmen alle mit den kanonischen Texten, etwa den apostolischen *Didaskalia* des 3. Jahrhunderts überein: die Klassiker können nichts lehren, die Bibel unterweist ausreichend in Rhetorik, Geschichte, Poesie, Kosmologie, Recht und Ethik, mit der Schlußfolgerung: »Hüte dich streng vor allen fremden und teuflischen Schriften!« Entscheidend daran ist die Verbindung zwischen Heidentum und klassischer Bildung als dessen Ergebnis. Aus dieser Position entwickelt sich eine meist von einer Minderheit getragene und vor allem in Klöstern geförderte Bewegung, die die traditionelle Kultur völlig auszugrenzen sucht, die nun »Erziehung von außen« genannt wird und der man die neue christliche Kultur als »Erziehung von innen« entgegenstellt. Johannes Chrysostomos handelt in diesem Sinne, wenn er empfiehlt, die Kinder durch Mönche erziehen zu lassen, und Proklos, Patriarch von Konstantinopel, schreibt im 5. Jahrhundert: »Diejenigen, die von sich behaupten, die Weisen der Hellenen zu sein, sagen nichts über die nützlichen und notwendigen Dinge. Mit der Schönheit der Sprache führen sie die in die Irre, die ihnen zuhören«. Nach Leontios von Byzanz sind sie Anhänger einer »Weisheit von Weisen ohne Weisheit«.

Während im Westen das Bildungssystem zugrundegeht und so die Ausbildung einer einheitlich klerikalen Kultur ermöglicht, bleibt im Osten alles beim Alten. Deshalb müssen selbst die leidenschaftlichsten Gegner der klassischen Erziehung den Ausgleich mit diesem System suchen, zumal alle Kirchenväter aus ihm hervorgegangen sind und um seine unvergleichliche Bildungskompetenz wissen. Schon im 3. Jahrhundert verurteilt der Theologe Gregorios jene Christen, die »die Erziehung von außen« verachten: »Man darf diese Erziehung nicht deshalb verwerfen, weil jene so urteilen, im Gegenteil: diejenigen, die so denken, sollte man als abergläubische und ungebildete Menschen verachten.« Im 4. Jahrhundert widmet der hl. Basileios seinen Neffen eine »Anleitung für die Jugend, wie sie die heidnische Kultur zum Besten nutzen kann«, in der er betont: »Man muß teilhaben an dem, was diese Schriften an Nützlichem bieten, und sich hüten vor allem, was schädlich ist.« Nach seiner Ansicht waren viele der antiken Schriftsteller »gute Menschen«; vor allem die Dichter haben häufig die Tugend gepriesen, weshalb man auf sie hören sollte. Kann Homers Odyssee nicht auch als Irrfahrt einer Seele auf der Suche nach der Wahrheit verstanden werden? Basileios greift eine Metapher Platons auf in seiner Aussage, die klassische Kultur sei ein Abbild der wahren Kultur, der Kultur der Seele. Sie ist also nützlich, ja unverzichtbar als »Vorstufe zum Wissen«, denn mit ihrer Hilfe ist der Weg zur Wahrheit weniger hart: »In dem Maße, in dem wir uns angewöhnt haben, die Sonne auf dem Wasser wahrzunehmen, werden wir unsere Blicke auch zum wahren Licht erheben.«

Für einen Christen kommt natürlich nicht in Betracht, sich vollständig der klassischen Kultur zu widmen und ihr den Vorrang vor der Lehre der heiligen Schriften einzuräumen; so weist Gregor von Nazianz um 363 Gregor von Nyssa scharf zurecht, da dieser das Evangelium vernachlässige und sich zu sehr dem Studium der Alten widme. Dabei fällt auf, daß sein Brief – wie der Text des Basileios – regelrecht gespickt ist mit klassischen Zitaten von Homer, Hesiod, Euripides, Platon und vielen anderen.

Dennoch hat das Christentum die klassische Kultur seit dem 4. Jahrhundert in ihrer Existenz bestätigt, indem sie als Propädeutikum der wahren Wissenschaft, die aus Gott und den heiligen Texten kommt, betrachtet wurde. Damit wird gleichzeitig den jungen Christen erlaubt, die alten Schulen zu besuchen, die in Aufbau, Lehrplan und ideologischer Ausrichtung noch streng heidnisch sind. Darüber hinaus führt der unglückliche Versuch Kaiser Julians in den Jahren 362 bis 364, die Christen auf die Unterweisung der Lehre »des Matthäus und des Lukas in den Kirchen der Galiläer« zu beschränken, zu der ausdrücklichen christlichen Forderung auf das Recht des Unterrichts in den traditionellen Schulen. Dabei hat Julian den Christen nicht – wie gemeinhin angenommen wird – jede Lehrtätigkeit untersagt. Vielmehr war er als Ethiker aufrichtig davon überzeugt, daß man nur das gut lehren kann, woran man selbst glaubt. Folgerichtig schloß er die Christen von

Für den heiligen Basileios den Großen (330–379) ist die klassische Kultur eine Widerspiegelung der wahren Kultur, der Kultur der Seele (Fresko aus der Georgskirche in Staraja Ladoga).

Aktualität der Odyssee: Odysseus ist am Mast seines Schiffes festgebunden, um den Sirenen widerstehen zu können (Mosaik, Bardo-Museum, Tunis).

der *paideia* aus, die er zu Recht als Ausdruck seiner eigenen Ideologie sah, die sich mit dem Christentum nicht vereinbaren ließ. Im Grunde war dies für die Christen die günstigste Gelegenheit, ein eigenes unabhängiges Bildungssystem aufzubauen, doch sie waren zu sehr durch die jahrhundertealte Tradition der klassischen Schulen geprägt. Selbst diejenigen, die wie Vater und Sohn Appollinarios, zwei alexandrinische Professoren, den Versuch dazu unternahmen, behielten die antiken Formen – Philosophie, Rhetorik, Geschichte, Tragödie, Komödie – bei und füllten sie mit Auszügen aus den heiligen Schriften. Die Mehrheit sprach sich jedoch für das Recht auf freien Zugang zu den traditionellen Schulen aus, das im Januar 364, kurz nach Julians Tod, auch zugestanden wurde. Seither sieht die christliche Überlieferung sogar im Scheitern der beiden Appollinarioi einen Eingriff der göttlichen Vorsehung. Im 5. Jahrhundert betont der Kirchenhistoriker Sokrates voller Dankbarkeit: »Ihre Werke sind, als wären sie nie geschrieben worden«, denn hätten die beiden Erfolg gehabt, so wäre den Christen verwehrt geblieben, sich mit jener »Kunst der Logik« *(logike techne)* vertraut zu machen, die in den klassischen Schulen gelehrt wird und auf deren Unverzichtbarkeit für die Christen schon der heilige Basileios hingewiesen hat, sei es auch nur, um die Gegner des Christentums, ob Heiden oder Häretiker, in die Schranken zu weisen.

Fortbestand des antiken Schulsystems

Das Christentum behält also die Struktur des antiken Schulwesens bei; man beschränkt sich auf Anleitungen, wie es in den Dienst des Christentums gestellt werden kann. So unterscheiden sich die Hefte der christlichen Schüler Ägyptens im 4. Jahrhundert – abgesehen vom Symbol des Kreuzes und wenigen Anrufungen Gottes – in nichts von denen ihrer heidnischen Kameraden. Die Heilige Schrift wird zwar gelehrt, doch immer noch am Rande des klassischen Lehrplans: In der Vita des Johannes Kalybites, eines Heiligen aus dem 5. Jahrhundert, werden Kinder beschrieben, die in der Pause nach dem Gymnastikunterricht das Evangelium studieren. Dabei gehört das Evangelium nicht einmal zur Pflichtlektüre, denn der spätere Heilige muß seine Eltern anflehen, ihm eines zu kaufen, da er wie seine Schulkameraden sein möchte. Selbst in den großen Zentren findet man nur schwer einen Lehrmeister für ein weiterführendes Studium der Heiligen Schrift; noch im 5. Jahrhundert muß Markellos Akemetes, ein Student aus Antiocheia, zum vertieften Studium der Heiligen Schrift bis nach Ephesos reisen.

So erscheint das Schulwesen in der frühbyzantinischen Zeit als einfache Kopie der antiken Strukturen. Die Quellen stimmen darin überein, daß die auch weiterhin so bezeichnete vollständige Ausbildung (enkyklios paideusis) aufgeteilt ist: in eine Grundschule (ta prota), in der die Kinder von sechs bis zehn Jahren unter Anleitung eines einzelnen Lehrers lesen, schreiben und rechnen lernen; dann folgt die Grammatik oder das Studium der Dichter, ebenfalls unter der Leitung eines Lehrers für die zehn- bis fünfzehnjährigen, die die Fächer Morphologie, Syntax, Literatur, Geschichte, Ethik und Wissenschaften umfaßt; für die fünfzehn- bis zwanzigjährigen folgt schließlich die Rhetorik, die Kunst der Rede, die auch eine Einführung in die Philosophie beinhaltet. Dieser Rahmen ist mehr oder minder fließend und der Unterricht in den verschiedenen Stufen wird häufig vom gleichen Lehrer erteilt. Die Textgrundlage hat sich gegenüber der Antike nicht geändert: Homer, Hesiod, Demosthenes, Isokrates, Lysias, Herodot, Thukydides, Platon und Aristoteles.

Theoretisch ist die Schule Privatsache, und Rom ist der Tradition staatlicher Nichteinmischung lange treu geblieben. Dennoch wird das Erziehungswesen seit der Spätantike durch die Entwicklung einer immer komplexeren Verwaltung charakterisiert. Es sei zunächst daran erinnert, daß Latein die offizielle Staatssprache bleibt; ohne Latein kann bis ins 6. Jahrhundert hinein niemand mit einem Aufstieg in wichtige Positionen rechnen, nicht zuletzt weil die beiden juristischen Hauptwerke des 5. und 6. Jahrhunderts in dieser Sprache geschrieben sind. Die römische Disziplin des Rechts bleibt zwar im klassischen Lehrplan nur Nebenfach, führt aber dennoch zu weiterer Veränderung des traditionellen Bildungswesens. Das Studium ist weitgehend zentralisiert, was auf die Sorge um die Kontrolle einer so empfindlichen Materie hindeutet; Studiengänge gibt es – außer in Rom – nur in Konstantinopel und Berytos (Beirut), der »Amme des Rechts«. Nachdem Berytos 551 von einem Erdbeben völlig zerstört wird, bietet nur noch die Hauptstadt Studienmöglichkeiten.

Schließlich benötigt die Verwaltung in steigendem Ausmaß Sekretäre, die in der Lage sind, schnell und zuverlässig zu protokollieren. Aus diesem Bedürfnis entwickeln sich jene oft belächelten und dennoch unverzichtbaren Techniken: die Stenographie *(tachygraphia)* – im 4. Jahrhundert befassen sich in Antiocheia selbst die Schüler des Libanios damit – und das Vermessungswesen, das dem Fiskus für die Erstellung der Steuerrollen unverzichtbar ist.

All diese Gründe veranlassen den Staat zwischen dem 4. und dem 6. Jahrhundert, die Schule immer schärfer zu überwachen; dazu kommt eine staatliche Ideologie, die zunehmend an Umriß gewinnt und durch die Schule den Untertanen vermittelt werden soll. Der private Charakter des Schulwesens wird grundsätzlich allerdings nie in Zweifel gezogen. Gleichzeitig neigt das Reich dann, wenn es seinen römischen Charakter betonen will, zu tieferen Eingriffen in das Schulwesen, während entsprechende Rückschläge nachfolgende Phasen des traditionellen Liberalismus zur Folge haben. Allgemein bleiben private Professoren, die vereinzelt hervorragende Schulen leiten, unbehelligt. Betroffen sind vor allem die öffentlichen Schulen in den Städten, deren Lehrkräfte von den Stadträten und damit von der lokalen Oberschicht ernannt werden. Mißbrauch ist an der Tagesordnung: Protektionismus jeder Couleur, Einflußnahme der renommierten Professoren auf die Ernennung von Kollegen, Willkür, Selbsternennung und sogar die Bildung wahrer Professorendynastien. Zu diesen Mißständen, die man wohl absichtlich übertrieben hat, kommt im 2. Jahrhundert der staatliche Druck; den Städten steht zu dieser Zeit nur eine ihrer Bedeutung gemäße Zahl von Lehrstühlen zu. Ein Jahrhundert danach ist die Einstellung eines den örtlichen Behörden und noch mehr dem Kaiser mißliebigen Professors schon nicht mehr vorstellbar. Umgekehrt ist auch jeder Widerstand zwecklos, als Konstantios II. dem Senat von Konstantinopel in dessen Funktion als Stadtvertretung eine eigene Kandidatenliste für die Lehrstühle für Rhetorik und Philosophie vorlegt. Doch erst Julian, jener sehr römische, aber heidnische Kaiser, vollzieht einen entscheidenden Schritt mit dem Gesetz von 362, das von den Professoren ein Mindestmaß an pädagogischen Fähigkeiten und untadelige Moral fordert. Mit diesem Schachzug werden die Christen ausgeschlossen, die notwendigerweise unmoralisch handeln, wenn sie die klassischen Fächer lehren, ohne an deren tieferen Sinn zu glauben. Von nun an reicht die Ernennung eines Lehrers durch die örtlichen Behörden allein nicht mehr aus, sie muß auch vom Kaiser ratifiziert werden, der damit eine *licentia docendi* einführt, ein Zeugnis über die Lehrbefähigung, wie wir es auch heute noch kennen. Unter Julian wirkt sich dieses Kontrollinstrument zugunsten der Heiden aus, doch auch die christlichen Nachfolger behalten es nur zu gern bei, bis es im 5. Jahrhundert in den Codex Theodosianus aufgenommen wird. Seither dient es als juristische Waffe, um die Zahl der heidnischen Professoren fortlaufend zu verringern, allerdings nicht immer mit gleicher Konsequenz, so daß sie sich mindestens bis ins 6. Jahrhundert halten können. Schließlich ist auch zu betonen, daß die Philosophie als stärkste Stütze des Heidentums offiziell nicht Teil des klassischen Lehrplans ist und folglich vornehmlich von privaten Lehrmeistern gelehrt wird, die von den neuen gesetzlichen

Regelungen nicht betroffen sind. Tatsächlich hat der Staat Mittel zur Intervention geschaffen, die er jedoch bis zu Justinian sehr vorsichtig handhabt, so daß größere Erschütterungen in den großen Bildungszentren ausbleiben.

Der Fortbestand der Städte hält auch im 5. und 6. Jahrhundert zahlreiche »öffentliche Schulen« am Leben; da die Lehrer von den Städten entlohnt werden, können auch einige weniger bedeutende, jedoch wohlhabende Städte herausragende Lehrkräfte einstellen, zu denen die Schüler von weither strömen – manche reisen sogar über das Mittelmeer, um am Unterricht eines Lehrers ihrer Wahl teilzunehmen. Ein umfassendes Unterrichtsangebot können jedoch nur die großen und damit wohlhabenden Städte bieten. Der Staat betrachtet die sich daraus ergebende Konzentration der Studienorte durchaus wohlwollend, da sie die Kontrolle vereinfacht. Noch behauptet Alexandreia als Zentrum den ersten Platz, den es sowohl vielfältiger fachlicher Kompetenz als auch bemerkenswertem Liberalismus verdankt. Sicherlich steht die Philosophie dort an erster Stelle, allerdings ohne daß

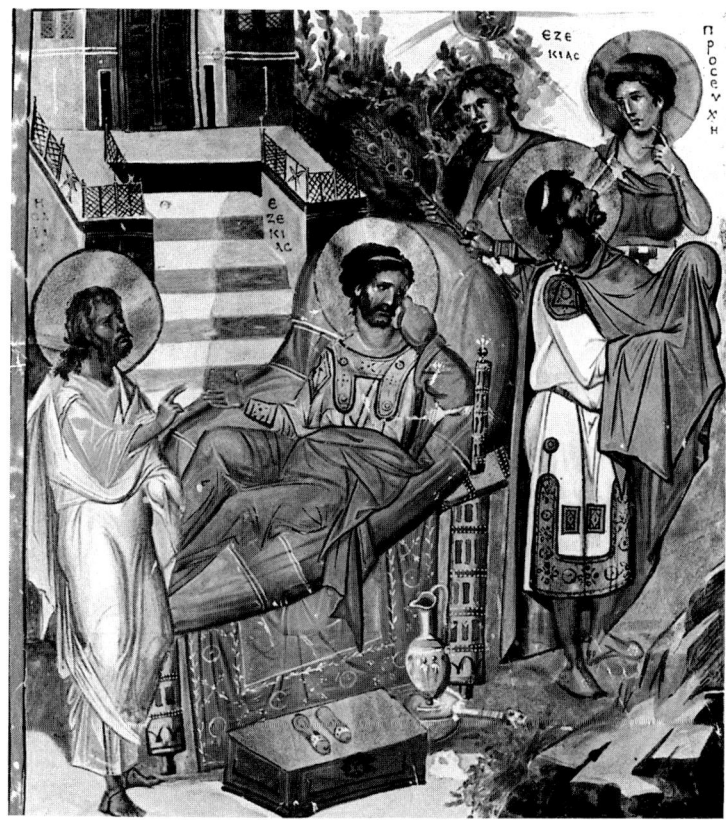

Kopisten bereichern die kaiserliche Bibliothek: Miniatur aus einem Anfang des 10. Jahrhunderts entstandenen griechischen Psalter, die den kranken Ezechias und seine Heilung darstellt (Par. Graec. 139, Bibliothèque nationale, Paris).

Aristoteles dem Platon geopfert wird, auch nicht durch Heiden wie die Philosophin Hypatia, die im übrigen Christen wie Heiden zu ihren Schülern zählt, so etwa den späteren Bischof Synesios von Kyrene. Darüber hinaus nehmen die Wissenschaften in Alexandreia schon seit der Antike einen hervorragenden Platz ein; als gute Aristoteliker widmen sich die dortigen Lehrer der Logik ebenso wie der Mathematik und der Astronomie; andere beschäftigen sich mit der Mystik und der Kosmogonie des alten Ägypten. Die Schulen Alexandreias, deren Unterrichtsstoff nach und nach alle Fächer umfaßt, stellen bis ins 4. Jahrhundert hinein eine Art Propädeutikum für den Besuch spezialisierter Schulen dar – man kommt häufig hierher, bevor man in Beirut das Studium des Rechts aufnimmt oder bevor man sich in Athen dem gründlichen Studium Platons widmet. Antiocheia hat weniger Profil: der Lehrplan ist dort im 4. Jahrhundert zwar breit gefächert, doch seine eigentliche Reputation verdankt es der Rhetorik und hier vornehmlich Libanios. Im 5. Jahrhundert dämmert die Stadt dann vor sich hin, bis sie 526 von großen Erdbeben weitgehend verwüstet wird und 540 von den Persern den Gnadenstoß erhält. In diese Zeit fällt dagegen die Blüte der christlichen Rhetorikschule von Gaza: Äneas, Prokopios und Chorikios verkörpern die Synthese klassischer Rhetorik und christlichen Gedankenguts – ganz der christlichen Lehre und einer ohne Fanatismus betriebenen antiheidnischen Apologetik verpflichtet. Bleibt noch Athen, wo es um die ehrwürdige Rhetorikschule im 4. Jahrhundert still geworden ist. Erst im folgenden Jahrhundert erwacht dort die philosophische Tradition zu neuem Leben. Nun wird die Schule allerdings fast zu einer philosophisch-religiösen Sekte, deren Leiter, die sogenannten Diadochen, hauptsächlich aus der Familie Platons stammen und dem überlieferten Musenkult huldigen. Stiftungen verhelfen der Schule zu Reichtum – um 475 belaufen sich die jährlichen Einnahmen auf 10 000 Goldmünzen. Die Schüler kommen aus dem gesamten östlichen Mittelmeerraum, aus Alexandreia, Syrien, Palästina und Kleinasien. Dennoch bewahrt die Schule ihren lokalen Charakter, da der größte Teil der Studenten aus Athen und seiner sehr selbstbewußten Oberschicht stammt. An der Schule wird Platon in zwei Phasen gelehrt: in der »politischen« Phase werden Platons weltliche Dialoge zur Heranbildung guter Staatsbürger nach dem Vorbild der Antike eingesetzt, in der »theoretischen« Phase wird durch das Studium der großen Dialoge – *Timaios* oder *Parmenides* – der Zugang zur platonischen Mystik und damit zur wahren Weisheit eröffnet. Im 5. Jahrhundert überwiegt dabei noch der gemäßigtere politische Aspekt, und die »Diadochen« sind Griechen; dagegen rücken in der zweiten Jahrhunderthälfte »Diadochen« aus dem Osten Askese und Mystik in den Vordergrund, vor allem nach dem Tode des letzten großen Diadochen Proklos im Jahre 485. Die Schule in Athen wird nun zum Stützpunkt des militanten Platonismus, dessen Anhänger vorwiegend aus Asien kommen; damit verliert die Schule jedoch das Vertrauen der inzwischen mehrheitlich christlichen Elite Athens.

Festhalten am kulturellen Erbe

Und Konstantinopel? Besonders seit Konstantios II. zieht die kaiserliche Hauptstadt schnell zahlreiche heidnische und christliche Lehrmeister an. Zur Symbolfigur einer neuen Haltung wird dabei der Heide Themistios, der 355 sowohl den Titel eines Senators als auch den öffentlichen Lehrstuhl für griechische Redekunst erhält und nicht lateinisch spricht. Aber er vereint eine rein hellenische Kultur mit einer fast römisch anmutenden politischen Sensibilität, so daß er zum maßgeblichen Theoretiker des universalistischen Gedankens wird. Er selbst betont die herausragende Rolle, die Konstantinopel bei der Verschmelzung der beiden Kulturen zukommt: dank der kaiserlichen Protektion wird die Stadt zum »gemeinsamen Treffpunkt der Kultur«. In einer seiner Reden im Januar 357 bringt er zum Ausdruck, wie Konstantios die Werke der griechischen Antike erhalten hat, indem er sie sammeln und nach Konstantinopel schaffen ließ. Sie bilden den Grundstock der kaiserlichen Bibliothek, die mit dem Tode Julians um dessen bedeutende private Sammlung erweitert wird. In der erstaunlich »modernen« Bibliothek sind aufgrund eines Gesetzes von 372 spezialisierte *antiquarii* mit dem Erhalt und der Restaurierung der *codices* befaßt, die von *conditionales* an die Leser vermittelt und wieder eingeordnet werden. Zu der Bibliothek gehört ein *scriptorium* als Kopierwerkstatt, die zahlreiche beschädigte Werke gerettet und die Anzahl der Exemplare aller Werke vervielfacht hat. Das ist auch der Grund, weshalb die Bibliothek nach dem furchtbaren Brand von 475/476 in kurzer Zeit wiederhergestellt werden konnte. Die Bibliothek besitzt sicher die umfangreichste Sammlung des Imperiums, wenngleich die Zahl von 120 000 Bänden vor dem Brand wohl weit übertrieben ist. Und sie stellt nicht nur das kulturelle Gedächtnis der griechischen Welt dar – auch zahlreiche Werke in lateinischer Sprache wären ohne sie auf immer verloren gegangen. Die Bibliothek von Konstantinopel ist natürlich nicht die einzige Bibliothek des Reichs, doch der Untergang der Bibliotheken von Alexandreia, Antiocheia, Beirut und Athen im 6. Jahrhundert fördert dieses vom Staat gewünschte Kulturmonopol. Darüber hinaus spielt Konstantinopel nicht nur eine bewahrende Rolle. Das Beispiel des Themistios hat gezeigt, daß es hier auch neue Synthesen gibt, obwohl im Schulwesen bis zur Mitte des 5. Jahrhunderts keine eigenen Strukturen entstehen. Wie in jeder beliebigen Stadt besteht neben den Privatlehrern eine unter der Verantwortung des Senats stehende städtische Schule. Erst mit der Konstitution vom 27. Februar 425 schafft Theodosios II. eine Institution, die allerdings den Namen Universität noch nicht ganz verdient. Die privaten Lehrer existieren weiterhin, doch fortan gibt es nur noch einen offiziellen Unterricht, erteilt im kaiserlichen Auditorium von einem präzis definierten Lehrkörper: drei *oratores* und zehn Grammatiker für die »lateinische Redekunst«, fünf Sophisten und zehn Grammatiker für die griechische Rhetorik und als echte Neuerung zwei Professoren für Recht und einer für Philosophie, obwohl diese Fächer bisher nicht Bestandteil des klassischen Unterrichts waren.

Mit der Einrichtung eines philosophischen Lehrstuhls in Konstantinopel soll eine Disziplin überwacht werden, die mehr als alle übrigen rein hellenische Werte darstellte, sich dem für das Kaisertum unverzichtbaren kulturellen Kompromiß widersetzte und im Rahmen sogenannter Ideengemeinschaften unterrichtet wurde, die sich um unabhängige und geographisch weit verstreute Lehrmeister scharten. Die angestrebte Kontrolle bleibt jedoch wirkungslos, da wie erwähnt die Blüte der Athener Schule genau in die zweite Hälfte des Jahrhunderts fällt. Aber der Neuplatonismus, der mit Proklos seine höchste Blüte erreicht, sieht sich zunehmendem Druck und sogar Verfolgungen ausgesetzt. Im Jahre 371 werden mehrere Philosophen aufgrund eines angeblichen Komplotts hingerichtet, andere registriert und in ihre Heimatorte abgeschoben. Andererseits rufen so bedeutende alexandrinische Kommentatoren des Aristoteles wie Ammonios keinerlei Unruhe hervor. Seit jener Zeit gibt es nur noch in Athen und Alexandreia Philosophen, was die Überwachung wesentlich vereinfacht.

Bruch im 6. Jahrhundert?

Kurz vor seinem Tod ist Proklos wahrscheinlich bei Hof empfangen worden, was für den Fortbestand einer gewissen Toleranz spricht. Doch das ändert sich unter Justinian.

Gerechtigkeitshalber muß man daran erinnern, daß die kurze Erziehung Justinians ebenso lateinisch geprägt war wie seine zentralmakedonische Heimat. Als der römischste unter allen Kaisern der Epoche hat er sich vornehmlich dem personellen Aufbau der Verwaltung und somit der Lehre des Rechts gewidmet. Es wäre falsch, in ihm einen Feind der Klassiker zu sehen, die in seiner Umgebung ständig zitiert wurden, aber sein selbstgestecktes Ziel ist die Verschmelzung der beiden Kulturen unter christlichem Vorzeichen. Alle klassischen Disziplinen hatten nun ohne Schwierigkeiten den Ausgleich mit Rom und mit dem einen Gott akzeptiert, nur die Philosophie leistete weiter entschlossen Widerstand. Darüber hinaus darf nicht übersehen werden, daß Justinian ein Anhänger der Orthodoxie ist: im Bemühen um den Einklang des Geistes und des Herzens läßt er Häretiker und Heiden aus den Lehrämtern entfernen. Diesem Ziel dient auch ein Gesetz, das wohl aus dem Jahr 527 stammt, als ihn Justin I. zum Mitregenten macht. Kraft dieses Gesetzes verlieren »alle Häretiker, Samaritaner und Hellenen« alle Staatsämter, Ehrentitel, die Lehrbefugnis und öffentliche Gehälter. Wenig später unterstreicht ein nur gegen die Heiden gerichtetes Gesetz noch einmal das Lehrverbot, entzieht ihnen das Privileg der *annona* – auf Versorgung in Naturalien – und stempelt sie zu Rechtlosen, die keinen Gesetzestext mehr zu ihrem Schutze geltend machen können. Mit diesen Maßnahmen steht Justinian lediglich in der seit Theodosios II. wirksamen antiheidnischen Tradition, aber gleichzeitig übernimmt er mit umgekehrten Vorzeichen und in verschärfter Form die Haltung Julians. Von nun an muß sich ein Lehrer im Rahmen der von der Kirche definierten offiziellen Lehrmeinung bewe-

gen, deren Einhaltung der Kaiser als Erwählter Gottes überwacht. Jede Abwei-
chung steht außerhalb der Norm, wodurch sich die Heftigkeit erklärt, mit der der
Gesetzestext die Heiden als »vom Wahn der Hellenen« besessen bezeichnet. Die
Heiden sind damit in jeder Hinsicht disqualifiziert, denn sie sind ein Keim der
Korruption in den jungen Seelen. Das Heidentum soll verschwinden – ein weiteres
Gesetz verbietet jedes Vermächtnis zugunsten von Heiden, erklärt alle Testamente
zu ihren Gunsten für ungültig und schreibt die Konfiszierung des ererbten Besitzes
durch die Stadt, in deren Amtsbereich er liegt, vor.

Auf dieser Rechtsgrundlage wird 529 auch die Athener Schule geschlossen – eine
Vereinigung heidnischer Professoren, auf die alle Gesetze voll zutreffen. Alle Güter
und Einnahmen werden beschlagnahmt, der »Diadoche« Damaskios und seine
Schüler suchen Schutz in Persien, wo sie in Chosrau II. jenen »Herrscherphiloso-
phen« zu finden hoffen, von dem Platon träumte. Enttäuscht kehren sie nach dem
ewigen Frieden von 531 zurück, als Justinian ihnen Meinungsfreiheit verspricht.
Doch ihre Gruppe ist aufgelöst, und die meisten suchen in Konstantinopel Zuflucht, in der vergeblichen Hoffnung, in der Metropole unerkannt zu bleiben. 546
erhält Johannes, der Präfekt von Asia, den Befehl, sie aufzuspüren; er läßt Grammatiker, Juristen, Rhetoren und Ärzte verhaften, einige werden gefoltert, andere gar
hingerichtet. Noch 562 werden in der Hauptstadt Heiden festgenommen und zum
allgemeinen Gespött durch die Straßen bis zum Kynegion geführt, wo ihre Bücher
und ihre Götterbilder feierlich verbrannt werden – ein Ereignis, das zu Recht zu den
dunklen Kapiteln byzantinischer Geschichte gezählt wird.

Justinian als Urheber einer Kulturkatastrophe? Das hieße, ihn mit unserer Elle
zu messen, denn sobald eine Kultur vergeht, nimmt eine andere, nicht unbedingt
geringere, ihren Platz ein. Die negativen Aspekte bestürzen ohne Zweifel. Die
Konfiszierungen, die dem Thronschatz und vor allem dem Heer zugute kommen,
schmälern die Ressourcen des Erziehungswesens und lassen das Mäzenatentum
verkümmern. Als erste sind die kleinen Zentren am Ende, so daß sich die Kultur auf
wenige große Städte konzentriert, wo sie leichter überwacht werden kann. Von
Bedeutung sind eigentlich nur noch Alexandreia und mehr noch Konstantinopel,
das selbst die große ägyptische Metropole unfruchtbar macht, bis Stephanos, der
letzte Vertreter seiner Schule, 617 von dort in die Hauptstadt übersiedelt, vor allem
wohl auf Drängen des Herakleios. Darüber hinaus werden auch die Lehrpläne
immer drückender und restriktiver – so ist im Rechtswesen künftig die freie
Kommentierung einiger Grundlagentexte – wie der Institutionen – untersagt. Die
leidgeprüften Philosophen beugen vor und kürzen selbst ihre Programme. In
Alexandreia, wo Ende des 5. Jahrhunderts Johannes Philoponos, ein Schüler des
Ammonios, einen Kompromiß mit den Christen akzeptiert hat, übernehmen diese
etwa ab 565 die Leitung sämtlicher Schulen in der Umgebung. Nach Berichten des
letzten Athener »Diadochen« Damaskios besteht zwischen den Philosophen von
Alexandreia und dem dortigen Patriarchen ein regelrechter Vertrag, den Unterricht
auf die Bücher zu beschränken, die keine Gefahr für den Glauben darstellen. Auf
diese Episode spielt im 10. Jahrhundert wohl auch der moslemische Philosoph al

Geburt Christi (Ikone in Wachsmalerei, 7. Jahrhundert; Katharinenkloster, Berg Sinai).

Fârâbî an; unter Justinian – so berichtet er – habe eine Bischofskonferenz stattgefunden, die für den Unterricht nur »die Bücher der Logik bis zum Ende der Einzelerscheinungen des Lebens«, also bis zum Anfang von Aristoteles' Organon, zugelassen habe. Viel schwerer wiegt noch, daß im 6. Jahrhundert in Konstantinopel selbst das Kopieren klassischer Texte eingestellt wird, das man im 9. Jahrhundert wieder aufnimmt.

Man sollte aber nicht zu schwarz malen. Die Kultur wird zweifelsohne gesteuert und ist damit schwächer geworden. Doch die Schule besteht weiter, selbst in Regionen wie dem abgelegenen Trapezunt. Sie vermittelt zwar nur noch ein reduziertes Wissen – angewandte Disziplinen wie Recht und Tachygraphie stehen im Vordergrund –, doch bis ins 7. Jahrhundert bleibt die Verwaltung durchsetzt von Beamten, die noch einen Rest humanistischer Bildung besitzen, neben denjenigen, die in wachsender Zahl aus der Verwaltung selbst hervorgegangen sind. Der Fortbestand dieses zwar minimalen, dafür aber relativ weit verbreiteten Wissens ist zu Beginn der schrecklichen Erschütterungen des 7. Jahrhunderts eine der großen Stärken des Reichs. Ohne Zweifel waren nun Beamte, die lesen und schreiben konnten, wichtiger als Humanisten ohne Kenntnis der Techniken der Verwaltung. Die Texte der Antike sind im übrigen nicht verlorengegangen, und in den wenigen Schulen werden sie hie und da auch weitergegeben. Und schließlich führt der Triumph des Christentums zu einer neuen Kultur, die wieder Meisterwerke wie die Hymnen von Romanos dem Meloden hervorbringt und im 7. Jahrhundert mit Maximos Homologetes auch wieder einen tiefgründigen Philosophen. Bedeutsam ist vielleicht, daß die Geschichtsschreibung als klassische literarische Disziplin am längsten Widerstand geleistet hat. Prokopios aus Kaisareia ist zur Zeit Justinians ein Historiker, der über die Ereignisse hinauszublicken versteht, was seinen Nachfolgern Agathias und – als letzter vor der Krise – Theophylaktes Simokates, der Geschichtsschreiber des Herakleios, nicht mehr gelingt. Aber entscheidend ist letztlich, daß das Römische Reich auch weiterhin über sich selbst berichtet.

Kapitel 2
Die Ursachen des Niedergangs

Selbst auf dem Höhepunkt der kaiserlichen Macht unter den Antoninen beruhte das römische Prinzipat auf einem klugen Gleichgewicht der Kräfte. Dazu zählen das Geflecht der zentralen Verwaltung, die Armee, der Senat sowie die Stadtverwaltungen oder Kurien, denen vor allem in steuerlicher Hinsicht eine relativ autonome Vermittlerrolle zwischen der Zentralgewalt und den Untertanen zukommt. Doch dieses Gleichgewicht verändert sich zugunsten einer immer stärkeren Konzentration der Macht auf den Kaiser und einen kleinen Kreis seiner wichtigsten Beamten. Auf der anderen Seite gibt es nur noch ein Gegengewicht: das Volk, das durch sein Eingreifen die Kaiser bestimmen oder auch entmachten kann. Schließlich entwickelt sich in der frühbyzantinischen Zeit eine neue Gegenkraft: die Kirche.

Ausübung von Macht: Aufgabe der römischen Ursprünge

Zunehmende Zentralisierung

Als Konstantin einen neuen Senat an den Ufern des Bosporus konstituiert, siedelt er diejenigen Senatorengeschlechter um, die damit einverstanden sind. Er beginnt den Senatorenstand zu erweitern, der bislang in seiner Mitgliederzahl begrenzt war, indem er vor allem für die Provinzialgouverneure die Zahl der Verwaltungsposten erhöht, die Zugang zum Senat eröffnen. Im Laufe des 4. Jahrhunderts erhalten die Prätorianerpräfekten, die *magistri militum* und die Vikare senatorischen Rang; am Ende des Jahrhunderts zählt der Senat von Konstantinopel mindestens 2000 Mitglieder. Eingang in den Senat erlaubt jedoch nicht nur die Magistratur, sondern auch neugeschaffene Ehrentitel. Innerhalb des Senats bildet sich eine sehr komplexe Hierarchie heraus, von der vor allem ehemalige Beamte profitieren. Von nun an stehen gewisse Privilegien ausschließlich der Elite der *illustres* zu. Die politische Bedeutung einer so aufgeblähten Körperschaft ist jedoch notwendigerweise begrenzt. Es ist zwar bekannt, daß der Senat zum Beispiel 457 bei der Wahl Leons I. eine Rolle spielte, doch die genaueren Umstände seines Eingreifens bleiben im Dunkeln. Der Senat wird vor allem zu einer Gesellschaftsschicht, zur »Senatsaristokratie«, die auch eine zeremonielle Funktion erfüllt: der Senat umgibt beispielsweise immer den Kaiser, wenn dieser seine Loge im Hippodrom, das *kathisma*, betritt.

Grundsätzlich stellt die Senatsaristokratie die höchsten Beamten, auch wenn noch immer das Gegenteil möglich ist: der Kaiser besetzt eine wichtige Funktion mit einem Mann mittleren Ranges, der dann in den Senat einzieht. So kann unter Anastasios (491–518) ein illyrischer Bauer wie Justin den Rang eines *comes excubitorum* erreichen und von dieser Position aus später den Kaiserthron besteigen. Die Zentralverwaltung wird zunehmend vereinfacht; die Vorsteher der umgebildeten Ressorts verfügen über eindeutigere Befugnisse als bisher. Leiter des Justizwesens –

Die Kaiserloge im Hippodrom (Konstantinopel, Detail des Obeliskensockels).

sowohl bei der Ausarbeitung von Gesetzen wie in der Rechtsprechung vor dem kaiserlichen Gericht – ist der *quaestor sacri palatii*; Tribonians Rolle bei der Ausarbeitung des *Corpus juris civilis* im 6. Jahrhundert haben wir schon erörtert. Deutlich mehr Einfluß als in seiner Quästur gewinnt er als *magister officiorum*; in dieser zusätzlichen Funktion erlangt er nach und nach die Aufsicht über alle *officia* des Reichs: er überwacht das Postwesen und regelt damit den diplomatischen Verkehr und entscheidet darüber hinaus über die Audienzen im Palast, dessen Leibgarde ihm untersteht.

In der Finanzverwaltung zeichnen sich immer deutlicher zwei Bereiche ab. Der *comes sacrarum largitionum* verwaltet die öffentlichen Finanzen; da der größte Teil der Steuern in diesen Topf fließt, werden hieraus regelmäßige Ausgaben wie die Gehälter der Beamten und Würdenträger bestritten. Der *comes rerum privatorum* verwaltet dagegen die kaiserlichen Besitzungen und ihre Erträge, die theoretisch dem Hof und dem Kaiser vorbehalten sind. Die Praxis sieht manchmal anders aus – so hebt etwa Anastasios eine Steuer (für Stadtbewohner) auf und füllt das so entstandene Defizit mit Einkünften aus den kaiserlichen Gütern. Die Verwendung von Erträgen für den kaiserlichen Hof gehört schon zum privaten Haushalt des Kaisers, der immer stärker unter die Aufsicht des *praepositus sacri cubiculi* gerät. Dieser ist so einflußreich, daß ihm gewisse Abgaben direkt zufließen, etwa jene aus den immensen kaiserlichen Domänen in Kappadokien.

Doch das eigentliche Symbol dieser wachsenden Zentralgewalt ist der Prätorianerpräfekt. Ursprünglich nur Leiter der kaiserlichen Garde, die den Herrscher ständig umgibt, kann er im 4. Jahrhundert seinen Einflußbereich beträchtlich ausweiten. Er wird zum wichtigsten Beamten der Justiz und zum politischen Leiter der Finanzverwaltung – und ist damit nicht mehr nur Verwaltungsfachmann wie der *comes sacrarum largitionum*. Zwar hat der Prätorianerpräfekt seinen militärischen Aufgabenbereich zugunsten der *magistri militum* eingebüßt, aber er ist offensichtlich der eigentliche Leiter der Zivilverwaltung. Theoretisch ist seine Kompetenz territorial begrenzt, tatsächlich jedoch dehnt der in Konstantinopel residierende *praefectus praetorio per Orientem* seinen Einfluß auf das gesamte Reich aus. Die Bedeutung dieser herausragenden Stellung erreicht ohne Zweifel unter Justinian ihren Höhepunkt, so daß man von einer eigenen Politik des Johannes von Kappadokien gesprochen hat – der gefürchtete und verhaßte Beamte war Urheber der Provinzreform der Jahre 535/536. Auch sein Nachfolger Petrus Barsymes hat die Politik bestimmt: diskreter und durchtriebener zwar als sein Vorgänger, doch nicht minder effizient. Einige Prätorianerpräfekten fallen in Ungnade, kehren aber in ihr Amt zurück, wie Theodotos oder gerade Barsymes, der nach zweimaliger Amtszeit als *comes sacrarum largitionum* 555 den Posten wieder übernimmt, den er 549 aufgeben mußte.

Die Prätorianerpräfekten zählen zu den wichtigsten Betreibern der Zentralisierung des Reiches, die durch die Stärkung der Staatsmacht der Korruption in den Provinzen, die Kaiser und Untertanen gleichermaßen abträglich ist, den Boden entziehen soll. Diese Entwicklung wird besonders durch das Postwesen begünstigt, mit dessen Hilfe Befehle und Menschen durch das ganze Reich geschickt werden können. Die Zentralverwaltung sendet sogenannte *missi* aus, unter denen die *agentes in rebus* – im 5. Jahrhundert gibt es davon etwa 1250 – die wichtigsten sind. Mißtrauen gegenüber den Provinzial- und Diözesangerichten veranlaßt die Kaiser, zahlreiche Fälle vor das Zentralgericht zu ziehen; davon hat allerdings das gemeine Volk, das am meisten unter der Korruption in den Provinzen leidet, wenig, da es sich eine Reise nach Konstantinopel nicht leisten kann. Justinian unternimmt außerdem den erfolglosen Versuch, die Provinzialgerichtsbarkeit durch Verbesserungen wiederzubeleben, um die Inanspruchnahme des Zentralgerichts zu verringern, das durch seine völlige Überlastung ineffektiv ist.

Niedergang der Städte

Teilweise wird die Zentralisierung ermöglicht und notwendig durch den wachsenden Zerfall des wichtigsten Mittlers zwischen Staat und Untertan: den Städten und ihrer Kurien. Die städtische Verwaltung als wohl schönste Errungenschaft der antiken griechisch-römischen Zivilisation erfährt in jener Zeit ihren Niedergang. Das Römische Reich war nichts weiter als ein Mosaik aus Städten, die über das flache Land vor ihren Mauern herrschten. Einige dieser Städte verdanken ihren Wohlstand dem Handwerk und dem Handel, andere bilden intellektuelle Mittelpunkte: so erklärt sich die Bedeutung der großen Hauptstädte wie Alexandreia oder Antiocheia, oder regionaler Metropolen wie Ephesos, Tarsos, Laodikeia, Berytos oder Tyros. Doch die meisten Städte waren vor allem Verwaltungszentren und sozialer Mittelpunkt des jeweiligen Territoriums, Residenz der Grundbesitzer, die mit den Einkünften aus ihren Ländereien ein urbanes Leben erst ermöglichen. Diese Städte bilden den ländlichen Markt; so schildert der Rhetor Libanios, daß jeder kleine Marktflecken um die Stadt Antiocheia herum seine eigenen Märkte abhält.

Werkzeuge des Handels: Waage und Bronzegewicht (6.–7. Jahrhundert; Washington, The Byzantine Collection, Dumbarton Oaks).

Produkte des Handwerks als Zierde öffentlicher Gebäude in den Provinzhauptstädten: zwei Hängelampen aus dem 4. Jahrhundert, davon eine in Gestalt eines Kamels (Eremitage-Museum, Leningrad).

Die Beamtenschaft der Städte rekrutierte sich vor allem aus einer ganz spezifischen Klasse, den *curiales* oder Dekurionen, den mittelgroßen Grundbesitzern. Da die mächtigsten ständig von der Hauptstadt und dem Zugang zur Senatsaristokratie angelockt wurden, trugen die *curiales* alle Lasten, die eine Stadt am Leben erhalten: Instandhaltung der öffentlichen Gebäude und der Stadtmauern, Organisation der öffentlichen Wohlfahrt für die Armen, die unwiderstehlich von der Stadt angezogen werden, Eintreibung der Steuern, vornehmlich auf dem flachen Land. Verringert sich nun ihr Grundvermögen oder fordert die Provinzialverwaltung von ihnen Steuern, die sie selbst jedoch bei den Bauern nicht eintreiben können, so bedeutet dies den Ruin der *curiales*; sie müssen ihre Besitzungen an solche Personen verkaufen, die aufgrund ihres Status von den städtischen Lasten befreit sind. Gerade in den ländlichen Bezirken des Ostens entwickelt sich nun ein Patronatssystem, das häufig außerhalb der Städte lebende Militärs begünstigt und die Dekurionen um einen Teil ihrer Einnahmen bringt, was Libanios in der Region um Antiocheia auf scharfsinnige Weise beklagt. Die Einnahmeverluste der *curiales* wirken sich rasch auf Handel und Gewerbe aus, der unaufhaltsame Verfall der Städte ist die Folge.

Er vollzieht sich im Westreich schneller als im Orient, der zum einen Knotenpunkt bedeutender Handelsstraßen ist, zum anderen durch eine ausgewogenere Verteilung des Grundeigentums die Entstehung einer zahlenmäßig stärkeren Dekurionenklasse begünstigt. Die Provinzhauptstädte halten teilweise lange stand, während in weniger bedeutenden Städten wie Ankyra oder Sardeis und selbst Ephesos, einer Hafenstadt mit weithin bekanntem Markt und Heiligtum, die Stadtmauern inzwischen viel zu groß und im Unterhalt zu kostspielig sind. Zentral- und Provinzialverwaltung versuchen das Fehlen dieses Zwischengliedes zu kompensieren: Der staatliche Steuereintreiber übernimmt im ländlichen Bereich die Rolle, die bis dahin die Dekurionen spielten. So begünstigt der Zusammenbruch der Städte die

Zentralisierung, und die Übernahme eines beträchtlichen Teils ihrer Einkünfte durch die Zentralregierung beschleunigt noch den Zusammenbruch.

Durch die Schwächung der Kurien und die Abwanderung der Eliten in die größeren Städte bleibt in den gewöhnlichen Städten, als Mittler zwischen den Massen und der Herrschaft, nur eine Persönlichkeit von Rang: der Bischof. Ihm fällt – mehr durch die entstandene Lücke als infolge eines Plans – wesentliche administrative Funktion zu. Zahlreiche Prälaten wie Theodoret von Kyrrhos verteidigen in der Hauptstadt ihre von Steuern erdrückten Schutzbefohlenen und suchen Erleichterungen zu erreichen. Andernorts vermittelt die Kirche zwischen den Dorfbewohnern und den Beamten. Vom Patriarchen, der die Orthodoxie des Kaisers »überwacht«, bis hin zum Bischof einer Kleinstadt, der als natürlicher Beschützer gegenüber dem Staat auftritt, schafft sich die Kirche somit eine Mittlerfunktion und wird zum neuen Gegengewicht. Natürlich ist die Zentralgewalt nicht ohne Einwirkungsmöglichkeiten auf die Kirche: Der Kaiser ernennt den Patriarchen, wie jeden gewöhnlichen Beamten. Die politische Gewalt bleibt immer an der Ernennung eines Metropoliten oder eines Bischofs interessiert.

Die Zentralisierung wird zweifellos dadurch gefördert, daß die traditionellen Vermittler politischer Macht im Römischen Reich durch eine angepaßtere Institution ersetzt werden, die lange um ein eigenes Profil ringt. Es erscheint jedoch zweifelhaft, ob dadurch der Kaiser seinen Untertanen näherrückt. Das Zeremoniell wird immer orientalischer; der Kaiser von Konstantinopel führt zwar mit seinem Volk – im Hippodrom in Konstantinopel – einen Dialog, und der Dialog kann – einmal zustande gekommen – zum Aufruhr führen, wie beim gescheiterten Nika-Aufstand von 532 oder bei der geglückten Absetzung Maurikios' durch Phokas 602. Doch der Kaiser lebt in seinem Palast völlig abseits des Geschehens. Anstöße zum Machtwechsel gehen eher auf militärische Erhebungen und vor allem Palastintrigen zurück als auf Druck von unten. Mit dem Beginn des 7. Jahrhunderts, nach der machtvollen Erhebung des Herakleios, ist die Herrschaft des Kaisers zentralisierter, unmittelbarer und größer als noch drei oder vier Jahrhunderte zuvor. Der Kaiser ist keine Gottheit mehr, er ist Gottes Stellvertreter auf Erden. Eine Annäherung von Herrschenden und Beherrschten hat durch die Ablösung der institutionalisierten Vermittler nicht stattgefunden.

Widersprüche in der Provinzverwaltung

Die Widersprüche in den Reformen Konstantins treten in der Provinz am deutlichsten zutage. Dank der Gewaltenteilung sind zwar nur noch die *magistri militum* und ihre Untergebenen, die *duces*, für das Heer zuständig, während die vier Prätorianerpräfekten (Gallien, Italien, Illyricum und Oriens), 534 unter Justinian um einen fünften für Afrika ergänzt, nur noch zivile Kompetenzen haben. Darüber hinaus unterstehen alle unmittelbar dem Kaiser, der allein wirkliche Macht verkörpert: er bringt seine Leute in leitende Stellungen und verfügt über sie nach

Gutdünken, was rigorose Zentralisierung und die Alleinherrschaft gewährleistet. Aber diese Männer sind das Abbild des Herrschers in der Provinz und verfügen über uneingeschränkte Autorität, denn eine Beschneidung ihrer Befugnisse käme einer Beschränkung der kaiserlichen Gewalt selbst gleich. So untersagt Konstantin 331 seinen Untertanen, den Kaiser wegen eines durch Prätorianerpräfekten ergangenen Urteils anzurufen, was zwei Jahrhunderte später im *codex Justinianus* bestätigt wird. Die Präfekten verfügen über eine derartige Machtfülle, daß sie nach und nach die Vikare verdrängen, die Leiter der Diözesen, die die großen Unterabteilungen der Präfekturen bilden, um die im 5. Jahrhundert auf 50 angewachsene Zahl der Provinzen zu verwalten. Darüber hinaus begünstigt ein gewisses Ungleichgewicht die Präfekten: die Kanzleien *(scrinia)* ihrer Verwaltung *(officium)* sind mit Beamten besetzt, die sie selbst ernannt haben, die nur ihnen verantwortlich sind und deren vielfältige Kompetenz sich jederzeit bis in das Heer hinein auswirken kann. Die Gunst der kaiserlichen Gnade, so es sich um einen starken Kaiser handelt, verhilft dem Präfekten in seinem Bereich zu ungewöhnlicher Machtfülle: unter Justinian bezieht der Präfekt für Afrika ein Gehalt von 100 Goldpfund und gebietet über 396 Beamte. Johannes Lydos hat zu jener Zeit das Amt des Präfekten »eine Art Ozean staatlicher Kompetenzen« genannt, so daß »die anderen Staatsämter nur Tropfen sind im Vergleich zu dem Amt, das wahrlich das Amt der Ämter ist«.

Die Auswirkungen dieses Systems werden zu Beginn des 6. Jahrhunderts deutlich: Konstantinopel ist außerstande, seine höchsten Beamten zu überwachen,

Bildnisse der Kaiser Phokas (602–610) und Herakleios (610–641) auf Münzen aus Karthago.

die ihrerseits, wenn sie nicht von den örtlichen Honoratioren bestochen sind, ihre Untergebenen kaum überwachen können. Darüber hinaus führt die Gewaltenteilung ständig zu unerträglichen Rivalitäten. Justinian ist dennoch so überzeugt von diesem Prinzip, das nach seiner Sicht seine persönliche Macht garantiert, daß er sich nicht zu einer Gesamtreform der Verwaltung durchringen kann. Gerade weil sein Werk sich auf eine Reihe von Versuchen in den verschiedenen Regionen des Reiches beschränkt, liegt seine allgemeine Bedeutung nur in der erneuten Konzentration aller Macht in einer Hand. In den rückeroberten Provinzen verzichtet man in Krisenzeiten zeitweilig auf die Gewaltenteilung: Als Folge der Berberaufstände in Afrika bleibt der Patrizier Salomon mehrere Jahre Prätorianerpräfekt und *magister militum* in einer Person, auch Belisar und Narses vereinigen während der großen Kriege gegen die Goten in Italien die gesamte Macht auf sich. Aber sobald sich die Lage entspannt, kommt es hie und da wieder zu der als normal erachteten Gewaltenteilung. Im Osten weicht man manchmal vom bewährten Grundsatz ab, um Mißbrauch und Aufsplitterung der Verwaltung zu bekämpfen, indem Beamten mit unterschiedlichen Titeln (Prätoren, Prokonsuln, Harmosten) uneingeschränkte Gewalt verliehen wird. Dies geschieht in verschiedenen Gegenden Kleinasiens, vor allem in Kappadokien, aber auch im Gebiet der unteren Donau, das zwischen 536 und 578 mit der Küstenprovinz Caria, mit Zypern, Rhodos und den Kykladen zu einem großen und eigenständigen Verwaltungsbereich zusammengefaßt wird, dessen Gouverneur über alle Vollmachten verfügt. Ägypten ist seit jeher ein Sonderfall: wenn das Getreide aus dieser Kolonie für die *annona* ausbleibt, gerät Konstantinopel an den Rand eines Zusammenbruchs; im Jahre 541 wird die Provinz unter fünf Militärbeamte, *duces*, aufgeteilt, denen die Zivilverwaltung untersteht. Der Gouverneur von Alexandreia verliert alle Vorrechte und behält nur den Ehrentitel. Tatsächlich schlagen die Nachfolger Justinians einen Weg hin zum endgültigen Bruch mit dem Konstantinischen System ein.

Unter Maurikios, also nach 582, kommt es unter dem Druck der Verhältnisse zu örtlich begrenzten Neuerungen. Die Invasion der Langobarden führt in Italien zur Einführung eines neuen Amtes, das des Exarchen, das erst wieder verschwindet, als die byzantinische Herrschaft in Mittelitalien im Laufe des 8. Jahrhunderts zusammenbricht. Der *Exarch* verfügt über alle Befugnisse: Über Justiz und Finanzwesen hinaus kümmert er sich um die Verteidigung des Territoriums und benennt alle Beamten einschließlich der kirchlichen Würdenträger. Ihm unterstehen *duces*, die ebenfalls uneingeschränkte Macht ausüben, mit Ausnahme des römischen, der sich mit einer noch funktionsfähigen Zivilverwaltung und vor allem mit dem Papst auseinandersetzen muß. Einige dieser *duces* überleben sogar das Ende des Exarchats und verkörpern gleichzeitig eine Art lokaler Autonomie und ein Gefühl der Verbundenheit mit dem Reich: so die *duces* von Neapel und Gaïta (Gaeta) und der Doge von Venedig, der frühere byzantinische *dux* von Aquileia, der sich auf die Inseln in den Lagunen zurückgezogen hatte. An ihrer Spitze steht der Exarch von Ravenna, ein wahrer Vize-König, der nur dem Kaiser Rechenschaft schuldet, dessen Treue allerdings im 7. Jahrhundert manchmal ins Wanken gerät. In Afrika vollzieht sich faktisch, jedoch nicht rechtlich die gleiche Entwicklung: schon vor 591 sorgen die unabläßig anstürmenden Berber dafür, daß die Machtausübung auf einen Exarchen konzentriert wird, wodurch das Amt des Prätorianerpräfekten von Karthago bis zur moslemischen Eroberung auf den Titel reduziert bleibt. Die Macht des Exarchen von Afrika wird darin deutlich, daß einer von ihnen, Herakleios der Ältere, der dieses Amt seit 598 inne hat, schon 610 in der Lage ist, eine mächtige Flotte nach Konstantinopel zu senden, den Kaiser Phokas zu stürzen und seinen eigenen Sohn Herakleios den Jüngeren auf den Thron zu heben. Die Macht ist am Ziel ihrer römisch-christlichen Logik angekommen: die weltliche Macht ist wie die göttliche unteilbar, sie wird als Ganzes übergeben und übernommen, womit natürlich immer auch die Gefahr des Ungehorsams gegeben ist.

Orthodoxie für alle?

»Bedenke, daß du sterblich bist. Fürchte das Jüngste Gericht und bleibe ohne Sünde, um vor ihm zu bestehen. Sorge dich nicht um die Dinge der Kirche, uns über sie aufzuklären, ziemt dir nicht: uns obliegt es vielmehr, dich darüber zu belehren. Dir hat Gott die Herrschaft verliehen, uns hat er aufgegeben, uns um die Angelegenheiten der Kirche zu sorgen ... Gebt dem Caesar, so steht es geschrieben, was des Caesars ist, und Gott, was Gottes ist. So wie es uns nicht gegeben ist, über die Erde zu herrschen, ist dir, Kaiser, nicht gegeben, über die Dinge der Religion zu befinden.« Diese Ermahnung des hl. Athanasios von Alexandreia an Konstantios gibt die orthodoxe Sicht der Beziehung zwischen Kirche und Staat annähernd

Orthodoxe fliehen vor den Arianern (Miniatur aus der Redensammlung des Gregor von Nazianz, um 880; Par. Graec. 510, Bibliothèque nationale, Paris).

wieder. Und daran hat sich im Grunde seither nichts geändert. Klerus und Kaiser üben ihre Gewalt in streng getrennten Bereichen aus, eine Einmischung in die Sphäre des anderen findet nicht statt. »Cäsaropapismus« in der Gestalt eines Priesterkaisers oder in der Person eines mit irdischer Macht versehenen Pontifex ist damit ausgeschlossen. Doch gerade in der Frühzeit des Reichs war die Versuchung groß, zumal eine derartige Entwicklung bei entsprechender Auslegung der Lehre durchaus möglich schien; wo hören die »Belehrungen« des Kaisers durch die Kirche auf, wo endet des Kaisers Herrschaft über die irdischen Dinge?

Die universalistische Theokratie geht in der Tat davon aus, daß der Stellvertreter Gottes auf Erden den rechten Glauben bekennt und darin von all seinen Untertanen unterstützt wird. Doch was ist der richtige Glaube, die Orthodoxie? Es sei hier daran erinnert, daß die christliche Lehre zu Beginn des vierten Jahrhunderts noch nicht festgeschrieben war: Sie stützt sich nur auf die Heilige Schrift und die Texte der Kirchenväter, aber letztere sind noch nicht in einem für alle Gläubigen verbindlichen Text gesammelt, der – im Einvernehmen aller Mitglieder – die unwandelbaren Grundlagen des christlichen Glaubens festhält. Die ursprüngliche Unverbindlichkeit der christlichen Lehre hat viele Kleriker dazu veranlaßt, aus den zahlreichen Deutungen dieses oder jenes Satzes der Lehre eine eigene Wahl zu treffen. Darin liegt die eigentliche Bedeutung des Wortes *Häresie*. Für die Einheit des Reiches sind die religiösen Meinungsverschiedenheiten um so gravierender, als sie meist einhergehen mit lokalen Abgrenzungsbestrebungen, tiefgreifenden sozialen Spannungen und grundlegenden kulturellen Eigenständigkeiten. Im allgemeinen entstehen alle Häresien in den Provinzen des Orients. Dort hat ein höheres kulturelles Niveau seit altersher die natürliche Neigung gefördert, philosophische Regeln auf Glaubensdinge zu übertragen; allerdings sind auch die sozialen und ethnischen Spannungen hier am ausgeprägtesten.

Unter Konstantin wurde die Spaltung unübersehbar: Der Osten zeigt schon in der Nachfolge des Arius, eines alexandrinischen Presbyters, seine tiefgreifende Tendenz, den christlichen Monotheismus zu radikalisieren, indem die Wesensgleichheit von Vater und Sohn abgelehnt wird. Der Arianismus stellt somit das Dogma der Dreieinigkeit in Frage: Wenn der Sohn dem Vater nicht gleich ist, so ist er ihm notwendigerweise nachgeordnet und somit nicht von gleichem Rang. Doch es sind sicher keine dogmatischen Gründe, die Konstantin zum Handeln treiben, sondern er muß sich entscheiden, um die Einheit und den Zusammenhalt des Reiches zu sichern. Daher trifft er die historisch bedeutsame Entscheidung, im Jahre 325 in Nikaia das erste ökumenische Konzil einzuberufen, zu dessen Leiter und Schiedsrichter er sich selbst bestimmt. Nikaia ist also in doppelter Hinsicht von Bedeutung: durch die Verurteilung des Arianismus wird einerseits das christliche Glaubensbekenntnis gefestigt und die Tradition begründet, die dem Kaiser allein das Recht zubilligt, allgemeine Konzile einzuberufen und zu leiten. Doch die Staatsmacht geht noch weiter: Trotz des Konzils behält sie sich das Recht vor, ihre Entscheidung zu widerrufen. Konstantin selbst näherte sich dem Arianismus an und entmachtete Athanasios, den Patriarchen von Alexandreia und Wortführer des

Die Theotokos mit dem Kind (Mosaik aus der Basilika
von Porec, Istrien).

Konzils von Nikaia. Während die Kaiser des Westreichs Nikaia treu blieben, waren
im Ostreich Konstans II. und Valens überzeugte Arianer, was zumindest in einer
Hinsicht von Bedeutung ist: die zeitweilige politische Unterstützung des Arianis-
mus ist die Ursache für den Übertritt der Goten unter ihrem 343 geweihten Bischof
Ulfila, dem Übersetzer der Bibel ins Gotische, und Goten und Vandalen brachten
den Arianismus nach Afrika, nach Italien und nach Spanien. Der Tod des Valens im
Jahre 378 besiegelt im Ostreich das Ende der Häresie: Auf dem zweiten ökumenischen Konzil in Konstantinopel, das Theodosios im Jahre 381 leitet, wird das
Dogma von Nikaia bestätigt. Damit scheint die Entscheidung für eine offizielle
Lehre getroffen, die nun durch die endgültige Ausrottung des Heidentums unter-
stützt werden soll.

Das Gleichgewicht zwischen Orthodoxie und der Lehre von Nikaia ist damit
allerdings noch nicht gesichert: Bis ins 7. Jahrhundert bleibt es unklar, ob die
meisten Herrscher aufgrund ihrer persönlichen Meinung oder aus Sorge um ihre
Autorität – gerade im Osten – zwischen verschiedenen asiatischen Theologenschu-

len schwanken, die sich nun mit dem Wesen Christi beschäftigen. Es wäre jedenfalls falsch, in den entbrennenden Streitigkeiten nur theologische Haarspaltereien zu sehen: zwar hat das Konzil von 381 Konstantinopel den Vorrang unter den östlichen Patriarchaten Antiocheia, Alexandreia und Jerusalem zuerkannt und der Osten revanchiert sich, indem er sich als im Besitz der Wahrheit ausgibt. Aber dadurch, daß der Osten den geistigen Führungsanspruch Konstantinopels bestreitet, wird er auch zum Gegner des Reichs, dessen religiöses und politisches Zentrum identisch sein muß.

Im Osten stehen sich mehrere Theologenschulen gegenüber, was der Staatsgewalt erlaubt, mittels einer Politik der Spaltung den endgültigen Triumph einer Schule zu verhindern. Zunächst wird die Schule von Antiocheia favorisiert: Sie vertritt die These von zwei streng getrennten Naturen Christi, seines göttlichen Wesens und seiner menschgewordenen Gestalt; Maria ist dementsprechend Mutter Christi *(christotokos)* und nicht Mutter Gottes *(theotokos)*. Im Grunde beinhaltet diese Lehrmeinung eine neuerliche Hinwendung zu einem strengen Monotheismus, der jede Kompromittierung Gottes durch die Welt seiner Geschöpfe vermeidet. Als im Jahre 428 mit Nestorios einer ihrer Wortführer den Thron des Patriarchen in Konstantinopel besteigt, scheint sie sich durchgesetzt zu haben. Doch trotz aller Unterstützung wird der Nestorianismus nicht als vollendete Form der Orthodoxie anerkannt: Massiver Widerstand kommt vom ägyptischen Klerus hinter seinem Patriarchen Kyrill, der bald auch aus Rom volle Unterstützung erhält. Theodosios II. muß 431 ein Konzil nach Ephesos einberufen, das den Nestorianismus als Häresie verurteilt. Das Reich mußte sich damit Alexandreia beugen, dem neuen geistigen Zentrum des Ostreichs: Nach Kyrills Tod im Jahre 444 unterhält sein Nachfolger Dioskoros in Konstantinopel sogar eine regelrechte Gesandtschaft, geleitet von dem Mönch Eutyches, der dort entscheidend mitreden kann. Doch dieser allzu eindeutige Triumph führt in Rom und am Hof zu Verstimmungen und verleitet die Alexandriner zu so starker Ablehnung des Nestorianismus, daß sie einer entgegengesetzten Häresie verfallen: Der Monophysitismus behauptet, daß die beiden Naturen Christi, nach der Inkarnation, zu einer göttlichen verschmelzen. Die neue Lehrmeinung wird allgemein als dogmatischer Irrtum gewertet, vielleicht noch mehr jedoch als Versuch, die westlichen Patriarchate Konstantinopel und Rom endgültig an die Kette zu legen. Entsprechend wird sie zweimal verurteilt, von der Synode der Hauptstadt und von Papst Leo I. Die Monophysiten besitzen jedoch noch genügend Einfluß, um den Kaiser zur Einberufung eines weiteren Konzils zu zwingen, das 449 in Ephesos stattfindet, wo Dioskoros durch Gewalt und Einschüchterung ein monophysitisches Glaubensbekenntnis durchsetzen kann. Doch nach dem Tod von Theodosios II. im Jahre 450 beruft sein Nachfolger Markian 451 ein neues Konzil nach Chalkedon ein, das die Präsenz von westlichen Bischöfen verstärkt. Mehr als je auf einem Konzil zuvor wird hier mit dem Dogma der zwei vollkommenen, jedoch untrennbaren Naturen in Christo eine für Konstantinopel und Rom auf immer verbindliche Formel gefunden. Dennoch wenden sich bis zur Eroberung durch die Araber noch zahlreiche Herrscher dem

Monophysitismus zu, um den orientalischen Provinzen entgegenzukommen, die die Beschlüsse von Chalkedon durchweg ablehnen. Zenon unternimmt mit seinem Unionsedikt *(henotikon)* den Versuch, beide Parteien zu versöhnen, doch er verschlimmert den Hader nur. Ähnlich ergeht es Justinian, der die Monophysiten zu besänftigen sucht, indem er auf dem 5. ökumenischen Konzil die Schriften dreier des Nestorianismus verdächtigen Gelehrten verurteilen läßt (Verdammung der *Drei Kapitel*). Ähnlich ergeht es Herakleios und dem Patriarchen Sergios von Konstantinopel: Um den unter den Schlägen der persischen Invasion leidenden Osten zu einigen, unterbreiten sie nacheinander zwei Kompromißvorschläge, den Monoenergetismus, der den beiden Naturen Christi eine einzige Wirkung zuordnet *(energeia)*, sowie den Monotheletismus, der beide Naturen von einem einzigen Willen *(thelema)* bestimmt sieht. Tiefgreifende Verstimmungen mit Rom sind die Folge, und der Osten wird dadurch auch nicht zurückgewonnen. Darüber hinaus wird die *Ekthesis* als Definition des Monotheletismus erst 638 veröffentlicht, als ein Teil des Ostens schon von den Moslems beherrscht wird. Das Zentrum des Reiches ist endgültig für die Beschlüsse von Chalkedon gewonnen, die fortan als die wahre Orthodoxie gelten. Seit Athanasios die Grundlagen definiert hat, haben selbst die autoritärsten Herrscher es niemals vermocht, die Lehre zu beugen. Sie werden gezwungenermaßen zu ihren Wächtern, als die arabische Eroberung des Ostens die Bedeutung der Häresien im verbliebenen Reich verringert.

Wirtschaftliches und soziales Ungleichgewicht

Das flache Land

Bodennutzung durch Sklaven, Kolonen und Dauerpächter

Schon zur Zeit des Römischen Spätreichs unterscheidet sich der östliche Reichsteil beträchtlich vom westlichen, da die Zahl der Latifundien im Osten relativ gering und die Bestellung der Felder durch zahlreiche Sklaven eher selten ist. Dagegen hat sich dort das kleine Landgut so gut behauptet, daß es mancherorts als privilegierte Form des Landbesitzes angesehen wird. Dies bewahrt jedoch das flache Land im Osten nicht vor einem Übel, das zweifellos den Tod des Westreichs verursacht hat: ein chronischer Mangel an Menschen. Alle staatlichen Maßnahmen zielen darauf ab, die Folgen dieses Mangels an Arbeitskräften – weniger Steuern für die öffentlichen Finanzen, geringere Pachterträge für die Grundeigentümer – zu beseitigen.

Einige Indizien sprechen jedoch für den Fortbestand der Sklavenarbeit in geringem Ausmaß. So untersagt noch Justinian der Kirche, ihre Sklaven in der Landwirtschaft zu verkaufen – demnach hat die Kirche einen Teil ihrer Felder auf diese Weise bestellen lassen. Die Spuren in einigen Gebäuderesten, etwa der Ruinen des Klostergutes im palästinensischen Shelomi, lassen eine imposante Ausstattung des Zentrums eines großen Gutes erkennen. Da die Lohnarbeit wohl nur am Rande eine Rolle spielt, kann man daraus schließen, daß solche Güter von der Sklavenarbeit gelebt haben, zumindest was den nicht parzellierten Teil betrifft; im wesentlichen wurden diese großen Güter durch kleine bäuerliche Betriebe genutzt, vor allem von Kolonen.

Der Kolonat bietet ein sehr komplexes Bild, das die umfangreiche Literatur eher verdunkelt als erhellt hat. An dieser Stelle soll eine möglichst einfache Definition des Kolonen folgen: Der Kolone ist ein Pächter. Gegenüber dem Besitzer hat er lediglich die Pflicht, diesen mit Naturalien oder mit Geld zu bezahlen. Der Besitzer darf weder die vereinbarte Pacht erhöhen, noch für eine in Geld zu entrichtende Pacht Feldfrüchte verlangen oder umgekehrt. Der Pachtvertrag ist beidseitig auf ewig bindend. Der Besitzer kann den Kolonen weder verjagen noch den Pächter wechseln. Überschreibt er im Falle eines Besitzerwechsels ein verpachtetes Landstück, so überschreibt er damit auch den Kolonen. Im Gegenzug darf auch der Kolone nicht das Weite suchen. Er muß die Übertragung seiner Person mit dem dazugehörenden Stück Land hinnehmen, und diese Bedingung wird weitervererbt. Der Kolone steht also nach außen hin wie ein unabhängiger Landwirt da, weist auch wirtschaftlich dessen Status auf, ist jedoch erblich an sein Land gebunden und kann seinen Landanspruch nicht veräußern.

Innerhalb des Kolonats gibt es jedoch eine viel diskutierte Unterscheidung zwischen adskribierten Kolonen und solchen, die es nicht sind. Sie unterscheiden sich in zwei Punkten. Die adskribierten Kolonen können nicht über ihr erwirtschaftetes Geld verfügen und sind auch nicht unmittelbar steuerpflichtig; hier rührt auch die Bezeichnung »adskribiert« her, denn sie werden in der Steuerrolle gemeinsam mit ihrem Herrn aufgeführt. Die anderen Kolonen stehen dort unter ihrem eigenen Namen. Diese Unterschiede sind in doppelter Hinsicht von Bedeutung: Der adskribierte Kolon ist kein vollwertiger Untertan, da er keine Steuern zahlt, und er ist wirtschaftlich abhängig, weil er über seine eigenen Güter wie sein erwirtschaftetes Kapital nicht frei verfügen kann. Da er niemals imstande sein wird, Besitzer seines Landes zu werden, kann er schwerlich seine Lage ändern.

Der Stand des adskribierten Kolonen taucht, zumindest im Ostreich, erst spät, etwa um die Mitte des 5. Jahrhunderts auf. Das berühmte Edikt des Anastasios, das zwischen adskribierten und nicht adskribierten Kolonen unterscheidet, stammt aus den letzten Jahren dieses Jahrhunderts. Nicht einmal 50 Jahre später stellt Justinian in der Novelle 128 klar, daß man von den Grundbesitzern keine Steuern eintreiben darf, die ein adskribierter Kolone auf seinen persönlichen Besitz schuldet. Das wichtigste Unterscheidungsmerkmal – Recht auf Besitz oder nicht – existiert bereits nicht mehr. Damit ist der steuerlichen Unterscheidung ebenfalls die Grundlage entzogen: Wenn ein Kolone, ob adskribiert oder nicht, Besitz hat, unterliegt er der Steuerpflicht. Faktisch sind von nun an alle Kolonen frei, lediglich die Bindung an ihr Land bleibt bestehen.

Einfache Verpachtung ist in etwa das Gegenstück zum Kolonat. Auch hier kann der Vertrag, solange er währt, zwar nicht einseitig geändert werden, doch seine

Dauer ist begrenzt, die Frist liegt allgemein bei 29 Jahren. Ein Käufer kann durch Kauf des Landes den darauf liegenden Pachtvertrag beenden. Mindestens alle 29 Jahre muß der Vertrag erneuert werden; hier kann der Grundbesitzer die Pacht ändern oder den Pächter wechseln. Zwei weitere Hinweise mögen dieses Bild präzisieren. Zum einen ist der Pächter meist Halbpächter; der Fruchtzins ist zwar niedrig (ein Zehntel), aber der Pächter ist steuerpflichtig. In Ägypten – dem einzigen Land, wo die Quellenlage Hinweise auf die Pachtverträge erlaubt – ist der Anteil der Pracht sehr niedrig: Er schwankt zwischen 20% und 25% der erfaßten Verträge.

Überträgt man diese Angabe auf andere Länder, was vor allem juristische Quellen nahelegen, so scheint eine geringere Pachtdauer als 29 Jahre die Ausnahme und der Langzeitpachtvertrag die Regel. Zum Kolonat kommt bald die *Emphyteuse*. In den ersten Jahrhunderten des Ostreichs entwickelt sich vor allem diese zweite Pachtform, die zwei Varianten kennt: die zeitlich zumeist auf drei Generationen begrenzte Emphyteuse und die zeitlich unbegrenzte Erbpacht. Drei Bedingungen sind an die Emphyteuse geknüpft: eine wirtschaftliche – das Land muß bestellt und je nach Vertrag hergerichtet oder gerodet werden –, eine finanzielle – die Pacht, Kanon genannt, muß entrichtet werden – und eine steuerliche – der Pächter muß dem Grundbesitzer die Steuerquittungen überlassen, damit dieser der Finanzverwaltung nachweisen kann, daß der Emphyteut für das auf den Namen des Besitzers eingetragene Land Steuern entrichtet hat. Unter diesen und den im Vertrag festgehaltenen Bedingungen besitzt der Emphyteut tatsächlich ein Anrecht auf sein Land; er kann diesen Anspruch vererben oder sogar veräußern, ohne daß der Grundeigentümer wirklich etwas dagegen unternehmen könnte, es sei denn über ein Vorkaufsrecht. Der Emphyteut ist im vollen Umfang Nutznießer des

Kind und Esel – eine Szene aus dem Landleben. (Detail aus einem Bodenmosaik im Großen Palast, Konstantinopel, 5. Jahrhundert).

Wertzuwachses. Er hat also einen sehr lange laufenden Pachtvertrag, genießt weitgehende Rechte und den starken Schutz einer umfangreichen und lebendigen Gesetzgebung.

Die zu entrichtende Pacht ist darüber hinaus meist äußerst niedrig, mit zunehmender Tendenz: Justinian ergreift in seiner Verzweiflung drakonische Maßnahmen gegen die kirchlichen Ländereien, um zu verhindern, daß diese zeitlich unbegrenzte Emphyteusen abschließen und dabei auch noch den Pachtzins drastisch herabsetzen. Die Bereitschaft der Kirche zu solchen Konzessionen belegt, daß die Suche nach geeigneten Emphyteuten offensichtlich sehr schwierig ist. Diese Art von Pachtvertrag herrscht während der gesamten Epoche vor. Die ägyptischen Dokumente belegen, daß diese Form der Bewirtschaftung bei den großen Landgütern überwiegt; die kirchlichen Domänen spielen hier die Vorreiter, andere Güter folgen dem Beispiel bald. Im gesamten Reich ist die Bauernschaft auf dem Weg in eine bessere Zukunft. Obgleich die Kolonen im Osten noch lange Einschränkungen unterliegen, so verbessert sich doch auch ihre Lage rapide. Unvoreingenommen erkennt Justinian, daß der rechtlich geschehen adskribierte Kolone einen Teil seines Landes besitzt: ohne seinen Besitz bedroht zu sehen, versucht der Adskribierte seine Lage auszunützen und seinen Herrn auch die Steuern entrichten zu lassen, die er für sein persönliches Eigentum schuldet.

Zur Zeit des Justinian werden die antiken Lebensbedingungen durch typisch

Frau mit Krug (weiteres Detail aus demselben Mosaik im Großen Palast, Konstantinopel).

Eine Ziege wird gemolken (weiteres Detail aus demselben Mosaik im Großen Palast, Konstantinopel).

byzantinische abgelöst. Die Emphyteuse besteht zwar fort – noch in der *Ekloge* der Isaurier und in späteren Gesetzessammlungen wird sie ausführlich beschrieben –, doch sie verliert an Substanz. Einesteils ist die Pacht teilweise sehr gering, und die Grundbesitzer sind kaum in der Lage, säumige Zahler von ihrem Boden zu verjagen, so daß ein Teil der Emphyteuten, der ohnehin für den genutzten Boden steuerlich erfaßt ist, zu der schon recht hohen Zahl der unabhängigen Grundbesitzer stößt. Die übrigen Emphyteuten, zu denen auch jene Kolonen gehören, die es nicht bis zum Emphyteuten brachten, erreichen einen neuen Zwischenstatus, der sie zu den schönsten Hoffnungen berechtigt, sie werden Paroiken. Justinian versucht vergebens, die Festigung dieses Status zu verhindern und verbietet sogar den Namen. Gleich dem Kolonen und dem Emphyteuten ist auch der Paroike auf ewig erbberechtigter Inhaber seines Landes; er zahlt Steuern und hat theoretisch wie der Kolone kein Recht zu fliehen. Aber er hat wie der Emphyteut rechtlichen Anspruch auf sein Land, von dem er nicht verjagt werden darf; er kann dieses Recht nicht nur vererben, sondern sogar veräußern. Im 9. und 10. Jahrhundert befindet sich die Entwicklung des Status der Paroiken auf dem Höhepunkt, doch die Anfänge gehen mindestens bis auf Justinian zurück, während der Begriff des Kolonen schon Ende des 6. Jahrhunderts allmählich aus dem Rechtswesen wie auch aus dem allgemeinen Sprachgebrauch verschwindet.

Diese tiefe Umwälzung kennt natürlich erhebliche regionale, ja sogar lokale

Varianten. In Ägypten ist der kleine Grundbesitz recht selten, doch die Pächter der großen Güter sind zum allergrößten Teil Emphyteuten, die weitreichende Unabhängigkeit genießen. Im Negev begünstigen zwar die erheblichen Investitionen zur Bewässerung die wohlhabenderen Grundbesitzer, große Domänen entstehen dennoch nicht. Daneben lassen sich unabhängige Bauern nachweisen. In Palästina gibt es noch Sklavengüter, aber auch Wehrdörfer unabhängiger Bauern oder Grundbesitzer. In Syrien unterscheidet man »große und dichtbesiedelte Gemeinden«, deren Bewohner meist selbst nutzende Grundeigentümer sind, der Domänenverwaltung unterstehende Dörfer der Kolonen und Emphyteuten und »kaiserliche Domänen«, die eine ähnliche Struktur aufweisen. Kappadokien verdankt seine Berühmtheit den kaiserlichen oder »heiligen« Domänen; letztere sind an einfache Pächter, Kolonen oder Emphyteuten vergeben, während Justinian kleine Grundbesitzer gegen das Vorgehen mächtiger und übel beleumundeter Personen schützen muß, die deren Güter durch das Aufstellen von Schildern mit dem eigenen Namen enteignen. In Galatien schließlich, etwa 100 Kilometer westlich von Ankyra, macht der Autor der *Vita des Theodoros von Sykeon* keinen Unterschied zwischen Dörfern, die überwiegend aus absolut unabhängigen Bauern bestehen, ob diese nun Grundbesitzer sind oder nicht, und solchen, die Eigentum des Bistums Anastasiupolis sind. Im Alltag scheinen derartige Unterscheidungen überholt.

Ehemalige Großgrundbesitzer und neue Machthaber

Während sich das freie Bauerntum zumindest wirtschaftlich entwickelt, wird dem traditionellen Großgrundbesitz der Boden entzogen – ob er nun antiker Herkunft wie der kaiserliche, senatorische und städtische ist oder jüngerer Herkunft wie die kirchlichen Güter. Da es überall an Sklaven mangelt, werden die großen Güter schon seit langem nicht mehr direkt genutzt, falls dies je der Fall gewesen ist. Der Kleinbetrieb ist ohne jeden Zweifel die am meisten verbreitete, ja fast die einzige Form der Landwirtschaft, während die Großgrundbesitzer von den Pachteinkünften leben. Sobald ein Großgrundbesitzer einem Bauern – gleichgültig ob einem Kolonen, einem Pächter auf Zeit oder einem Emphyteuten – eine Parzelle übertragen hat, verliert er das Interesse an der Landwirtschaft. Er beteiligt sich nicht an den Investitionen, sondern erwartet von seinem Pächter lediglich ein möglichst hohes Entgelt, in Naturalien oder – was ihm lieber ist – in klingender Münze. Damit zeichnet sich eines der dominierenden Merkmale der ländlichen Regionen des byzantinischen Reiches ab: für die Großgrundbesitzer zählt nur noch die Pacht, gleich wie sie zustandekommt. Die Gewalt über die Menschen ist kein Selbstzweck, sondern nur ein Mittel zur Sicherung des Pachtzinses, wie es bei der Landbindung des Kolonen und später der des Paroiken der Fall ist.

Die Struktur der großen Güter hat also eher einen administrativen als einen sozialen und wirtschaftlichen Hintergrund. Der Großgrundbesitz, ob kaiserlich, kirchlich oder privat, wird von einer Reihe von Angestellten betrieben, die eher Pfleger als im wirtschaftlichen Sinne Verwalter sind. Die Hauptaufgabe ist die

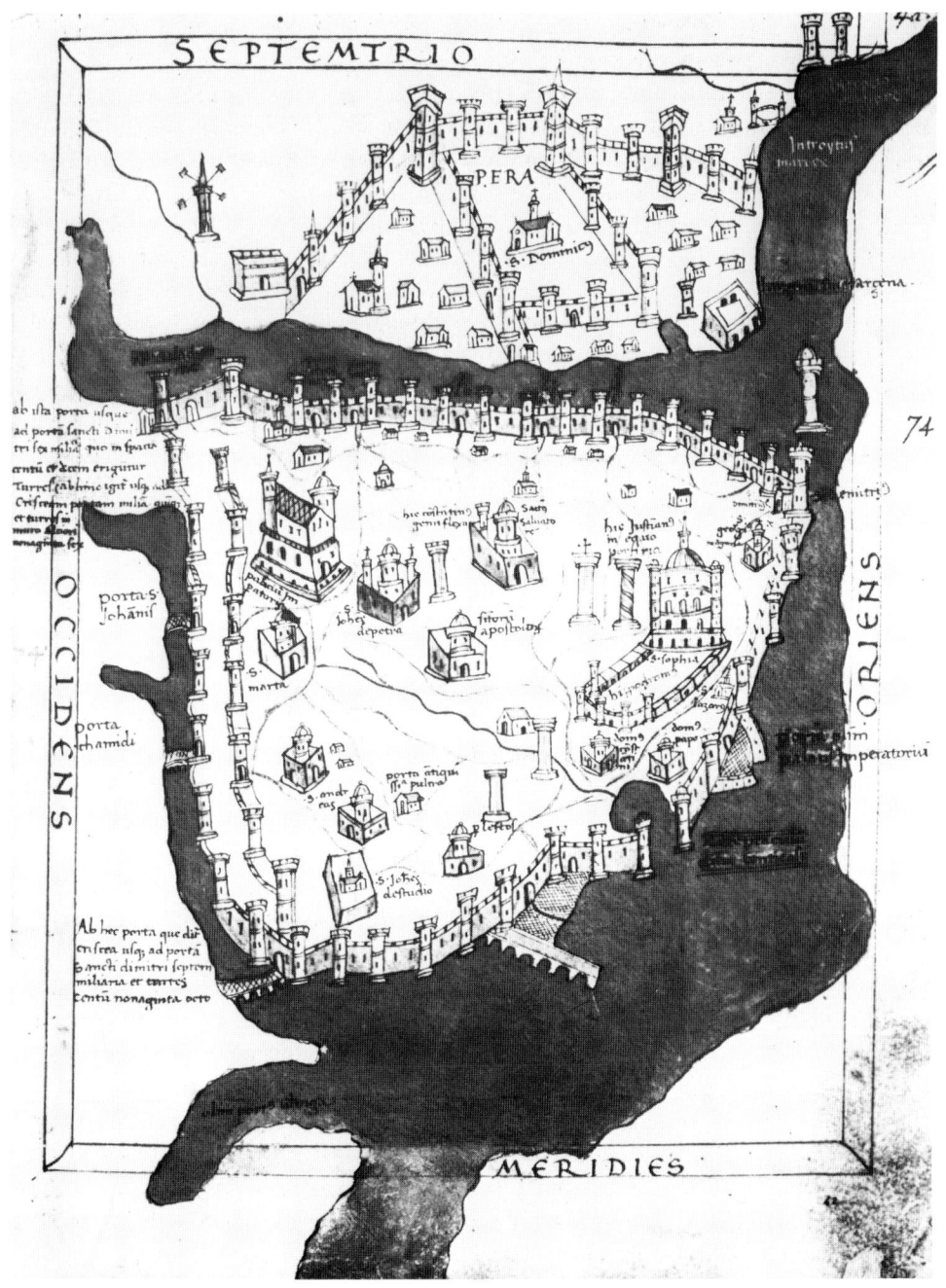

Die Stadt Konstantinopel im 15. Jahrhundert (Cristoforo Buondelmonti: Beschreibung der Inseln des Archipel, Biblioteca Laurentiana, Florenz).

Pachterhebung, wobei es manchmal schwierig ist, zwischen staatlicher (Steuer-) und privater (Pacht-)Erhebung zu unterscheiden: Struktur, Bezeichnung und manchmal das Personal sind identisch. Die exzessive Ausrichtung des Großgrundbesitzes auf Konstantinopel – als Pfründe des Kaisers, der Hagia Sophia oder eines reichen Senators – entfremdet den Grundbesitzer noch mehr seinem eigenen Land und dem, der es bewirtschaftet.

Doch selbst innerhalb der großen Güter stellt sich die Lage sehr unterschiedlich dar. Zwei Verwaltungsformen gehen offensichtlich ihrem Ende entgegen: die provinzstädtische Aristokratie verliert ihre Elite durch den *cursus honorum* in der Hauptstadt; sie hat zu viele Pflichten, und die sich entwickelnde Schutzherrschaft über die Bauern bringt sie um einen Teil ihrer Einkünfte. Da sie keine wirkliche Macht hat, kann sie die Bauern nicht auf dem Land festhalten, es sei denn, sie bietet ihnen deutlich bessere Bedingungen. Auch die Kirche hat Probleme, weniger die Klöster, die noch über ein erträgliches Auskommen verfügen, als die weltlichen Kirchen und die karitativen Einrichtungen (Hospize, Waisenhäuser, Altersheime). Anfangs sind die Kirchen, dank frommer Legate, zahlreicher Konfiskationen und ihnen anheimfallender Besitzungen, noch recht vermögend. Da sie jedoch über keine unmittelbaren Zwangsmaßnahmen verfügen, sind sie noch weniger als die anderen Betroffenen in der Lage, den Auswirkungen des Menschenmangels zu begegnen: Die Ländereien sind verlassen, die Einkünfte fallen rapide. Dagegen verbieten den Kirchen die eigenen Regeln, sich die zur Bewirtschaftung notwendigen Geldmittel durch die Veräußerung eines Teils ihrer Besitzungen zu beschaffen. Schließlich muß Justinian die Gesetze ändern. Er gestattet eine Versteigerung von Kirchenbesitz zum Zweck der Schuldenbegleichung und gesteht der Kirche das Recht auf zeitlich unbegrenzte Emphyteusen zu; diese Pachtform ist die einzige Möglichkeit, Bauern anzulocken, die die verlassenen Güter wieder bewirtschaften.

Das kaiserliche Vermögen wird zu dieser Zeit weitgehend neu organisiert. Um der Tendenz entgegenzuwirken, ständig die Löcher im Staatshaushalt aus dem Ertrag kaiserlicher Besitzungen zu stopfen, läßt der Kaiser einen Teil davon straff organisieren, die »heiligen« Domänen. Die berühmtesten von ihnen liegen in Kappadokien,

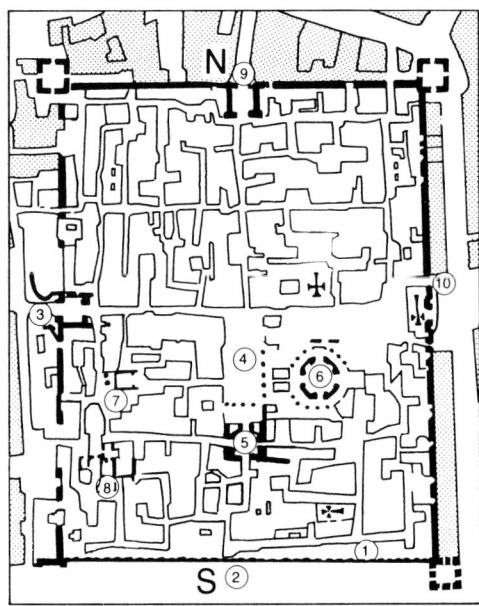

Der Palast des Diokletian und die Altstadt von Split (Spulatum) 1 Säulenhalle 2 Porta Aenea 3 Porta Ferrea 4 Peristyl 5 Vorhalle 6 Kuppelbau 7 Baptisterium 8 Thermen 9 Porta Aurea 10 Porta Argentea.

während die übrigen zentral von Konstantinopel aus verwaltet werden, da dort zumeist der jeweilige *curator* ansässig ist und die Ländereien in den Provinzen manchmal weit verstreut liegen. Das Personal dieser »heiligen« Domänen, an erster Stelle die Kuratoren, führen sich bei der Verwaltung der Güter oft wie die schlimmsten lokalen Potentaten auf.

Dies ist die Wachablösung durch eine neue Schicht von Großgrundbesitzern. Ein gutes Beispiel stellt im 6. Jahrhundert Magnus der Syrer dar. Dieser syrische Großgrundbesitzer wird zum Feldherrn ernannt, um dem Ansturm der Perser entgegenzutreten; er übt das Amt eines Zollverwalters in Antiocheia aus und ist Kurator von zwei reichen »heiligen« Domänen in Syrien und Pamphylien. Wichtiger als Reichtum ist für Menschen seines Schlages die Macht, jene sehr konkrete Machtfülle, die die öffentliche Amtsgewalt den sogenannten *Archonten* verleiht. Diese Macht erwächst aus der offensichtlichen und anerkannten Bindung an den Kaiserthron, soweit es sich um Angestellte der »heiligen« Domänen handelt, sowie aus der Anwendung direkter Gewalt mit Hilfe angeworbener privater Milizen und durch direkten physischen Druck auf die Bauern. Da es gilt, Ländereien und Bauern ihren »legitimen« Herren zu entreißen, versuchen diese Mächtigen nicht nur den unabhängigen Bauern zu schaden, sondern auch der früheren »Generation« von Großgrundbesitzern, deren bürokratische Verwaltung schlecht auf die offene und dezentralisierte Gewalt dieser lokalen Potentaten vorbereitet ist. Zudem kann es sich dabei durchaus um in Konstantinopel angesehene Leute handeln, die ihre Strohmänner an der Spitze der eigenen Milizen vorschicken. Der Kampf gegen diese Fehlentwicklung ist einer der Auslöser der Provinzreformen, die Justinian und Johannes von Kappadokien in den Jahren 535/536 anstreben. Die Stärkung der Provinzgouverneure durch die Vereinigung von ziviler und militärischer Gewalt in ihren Händen sollte dem Vorgehen gegen solche lokalen Potentaten Wirkung verleihen. Aber das vorübergehende Scheitern der Reform von 535/536 hätte bei den Potentaten weitere Energien freisetzen müssen; dennoch läßt ihr Triumph schließlich bis zum 10. Jahrhundert auf sich warten.

Diese Verzögerung läßt sich zum Teil erklären. Die Mächtigen, die sich im 6. Jahrhundert in den Vordergrund drängen, haben nur ein Ziel: sie wollen sich die Pachterlöse der bisherigen Grundbesitzer und weniger deren Grund und Boden sichern, auch wenn letzteres die Voraussetzung ist. Sie lassen ihre Güter bewirtschaften wie die alte Aristokratie und greifen weder den Vorrang des Pachtzinses noch die absolute wirtschaftliche Unabhängigkeit des Bauern an. Und die bei den kleinen Bauern freigesetzten Energien gleichen letztlich den Druck dieser Mächtigen aus.

Ein wesentliches Merkmal der ländlichen Gebiete in der Zeit des 6. Jahrhunderts ist in der Tat die steigende wirtschaftliche Unabhängigkeit des Bauern. Das Kolonat wird durch die Emphyteuse zurückgedrängt. Das Kolonat kommt in der eigentlichen Justinianischen Gesetzgebung praktisch nicht mehr vor, während die Emphyteuse breiten Raum einnimmt. Und das Kolonat ist auf dem Weg, von der Parokie absorbiert zu werden, die der Emphyteuse nahesteht. Dagegen ist der Emphyteut sein eigener Herr, vorausgesetzt, er entrichtet pünktlich Pacht und Steuern; er bewirtschaftet den Boden nach eigenem Gutdünken, was er investiert, kommt nur ihm zugute. Der Abstand zum Grundbesitz wird geringer, als die Pacht des Emphyteuten im 6. Jahrhundert unaufhaltsam absinkt. Das Kleinbauerntum wird immer stärker. Lokale Potentaten und unabhängige Kleinbauern wachsen beide auf Kosten der früheren Latifundien; obwohl die Kleinbauern häufig genug das Opfer der Mächtigen sind, bleibt eine allgemeine Konfrontation aus – noch gibt es genügend Raum für beide. Ohne immer offensichtlich zu sein, ist im 6. Jahrhundert der Aufstieg der in Dorfgemeinschaften lebenden unabhängigen Kleinbauern das wichtigste Phänomen.

Die Welt der Städte

Beständigkeit oder Diskontinuität?

Die Darstellung des Übergangs vom antiken Gemeinwesen zur mittelalterlichen Stadt ist hier sowohl einfacher als auch komplexer als im Westen. Obwohl sicher allein die Archäologie eines Tages den Nachweis dafür erbringen kann, darf man eine gewisse Kontinuität schon durch die Tatsache annehmen, daß die städtischen Gemeinwesen im Orient Ausgrabungen deswegen so schwierig machen, weil sie bis in unsere Zeit nie unbewohnt waren. Natürlich darf man dabei die jeweilige geographische Lage nicht außer acht lassen; es ist unvorstellbar, daß von der Adria bis nach Ägypten die gleichen Beweggründe der Entwicklung der Stadt zugrunde liegen. Gerade die demographische Entwicklung, die in Asien und in Europa unterschiedlich verläuft, unterstreicht die Bedeutung lokaler Unterschiede.

Dennoch können für diese Epoche zwei Fakten als gesichert gelten: das von Rom hinterlassene Städtenetz hat zwischen dem 4. und dem 7. Jahrhundert Veränderungen nur im Detail erfahren, und es ist in den asiatischen Provinzen weniger gefestigt als in den westlichen. Das bedeutet jedoch nicht, daß alle Städte die Bedeutung behalten, die sie in der römischen Epoche hatten: Blüte und Verfall stehen nebeneinander; die Städte ganzer Regionen dämmern dahin, während andere – aus unterschiedlichen Gründen – mehr Dynamik entwickeln als in der Antike. Solche Verschiebungen sind vorwiegend in den im 6. Jahrhundert zurückeroberten Gebieten festzustellen: so verdrängt in Südspanien durch die Wiederaufnahme der maritimen Verbindungen mit dem Osten die Küstenregion das Landesinnere – Cordoba dämmert dahin, während Malaga aufblüht. In Afrika kommt mit den Berberaufständen noch ein weiterer Grund hinzu: auf dem flachen Land reduzieren die Städte ihre Ausdehnung und ziehen sich hinter ihre Mauern zurück. In Italien ändert sich an dem vorhandenen römischen Stadtnetz kaum etwas; am besten halten sich die Städte in den Gebieten, die eng an das Reich gebunden sind, in Sizilien, Kalabrien, Kampanien, Apulien, auf dem Gebiet des späteren Exarchats und der Pentapolis (Rimini, Pesaro, Fano, Senigallia und Ancona). Im übrigen Reich bleibt das Stadtwesen recht stabil; die Angaben der bischöflichen Listen schwanken Ende des 6. Jahrhunderts zwischen 145 und 197 Städten, was den Schluß zuläßt, daß sich die Zahl der Städte seit der römischen Epoche kaum verändert hat. Diese Stabilität wird verständlich, wenn man bedenkt, daß das Reich allein aus strategischen Erwägungen immer um den Erhalt der Landverbindungen bemüht gewesen ist, so daß selbst in dunkelsten Zeiten die Verkehrsverbindungen nie völlig unterbrochen waren. Dadurch konnten sich die Städte behaupten, an den großen Verkehrswegen besser als an zweitrangigen. Die hervorragende Bedeutung der Seewege in einer Zeit der Invasionen und der Landkriege erklärt, warum andererseits fast alle Seehäfen erhalten blieben.

Die Landkarte verzeichnet am häufigsten jene Städte, die am ursprünglichen Platz weiterbestehen und ihren Namen nicht geändert haben. In Anatolien, in Syrien und in Ägypten wurden seit Urzeiten fast alle günstigen Standorte genutzt. Dieses traditionelle Städtemuster wird weder von den arabischen Eroberern noch durch die türkischen Invasoren wesentlich verändert: seit der Zeit der Hethiter bis zu Mustafa Kemal (Atatürk) liegt Ankyra-Ankara auf dem gleichen Hügel. Ähnlich stark ist die Tradition in Europa, doch zahlreiche Invasionen und eine weniger dynamische Bevölkerungsentwicklung führen teilweise doch zu empfindlichen Veränderungen. In Griechenland, insbesondere auf der Peloponnes, findet ohne Zweifel ein allgemeiner Rückzug vor den Eroberern in die Küstenregionen statt, doch nur wenige Städte im Landesinnern verschwinden völlig von der Landkarte: Mantineia in Arkadien und Koroné in der Argolis, deren Bewohner an der Küste neue Siedlungen gleichen Namens gründen. Umgekehrt sind Stadtgründungen äußerst selten: Erdbeben und die Invasionen der Avaren vertreiben die Bewohner von Salona und Epidauros in Illyrien (Cavtat); sie flüchten auf den Felsen von Ragusa (Dubrovnik).

Andere Städte hingegen bleiben erhalten, ändern jedoch den Namen – in Europa häufiger als in Asien. Bei der Erklärung dieses Phänomens wurden die slawischen Invasionen zu stark betont, denn die Umbenennung einer Stadt zu Ehren eines Herrschers ist auch eine antike Tradition: Aus Orestia wurde Adrianupolis, und das denkwürdigste Beispiel ist ohne Zweifel Byzanz selbst – Septimus Severus tauft die Stadt Colonia Antoninia, seit 330 heißt sie Konstantinopel. Zu Beginn des 6. Jahrhunderts führt das Reich die Tradition fort: Kaiser Anastasios baut Dara in Mesopotamien wieder auf und nennt es Anastasiupolis; 1281 läßt der spätere Andronikos II. Tralleis neu aufbauen und gibt ihm den Namen Andronikupolis. Mit dem Triumph des Christentums in der ersten Hälfte des 5. Jahrhunderts verschwinden darüber hinaus auch viele Namen, die zu offensichtlich ihren heidnischen Ursprung verraten, etwa die vielen »Apollonien«: Das des Pontus wird zu Sosopolis, der »Stadt des Heils«. Dagegen wird aus Aphrodisias in Karien Stauropolis, die »Stadt des Kreuzes«, und aus dem nach einem thrakischen Gott benannten Serdica wird Sofia, die »Stadt der Weisheit«. In anderen Fällen geht die Namensänderung auf die Entwicklung einer Vorstadt zurück, die an die Stelle der ursprünglichen Stadt tritt; genaue Jahreszahlen sind hier schwer zu ermitteln. So wird Nikopolis in Epiros zu Prewesa, Demetrias zu Volos. Es ist nicht zu leugnen, daß auch Invasionen eine Rolle gespielt haben wie bei der großen Zahl slawischer Namen in Griechenland: Aus Aigion wird Vostitza, aus Edessa Vodena. Daß die Stadt Lamia im Mittelalter Zeïtoun hieß, ist vermutlich auf eine kurzzeitige arabische Niederlassung zurückzuführen; genaueres ist nicht bekannt.

Gesellschaftliche Umwälzungen

Diskontinuitäten treten eher im wirtschaftlichen und gesellschaftlichen Bereich auf, was schon in den verwendeten Begriffen deutlich wird. So ist das Wort *civitas* (Stadt) rechtlich ein eindeutig umrissener Begriff: es handelt sich dabei um eine größere, im allgemeinen von Mauern umschlossene Ansiedlung und um ein Territorium unter der Zuständigkeit des Stadtrates, des *collegium decurionum*. Die Stadt ist demnach eine juristische Person, wobei der *codex Justinianus* deutlich unterscheidet zwischen Stadt und dem flachen, von Dörfern *(vici)* übersäten Land. Doch aus dieser Unterscheidung entsteht Verwirrung: aus dem Codex geht deutlich hervor, daß die Bewohner der Umgebung häufig als Bürger der Stadt verstanden werden. Darüber hinaus hatte das römische Recht die Kompetenzen der Stadtverwaltungen schon vor langer Zeit begrenzt und alle wichtigen Befugnisse dem Provinzgouverneur übertragen. Es existiert zwar ein spezifisches Stadtrecht, doch in der Praxis erweisen sich die juristischen Begriffe als schwammig. Mit rein deskriptiven Kriterien wird bestimmt, ob eine Ansiedlung Stadt- oder Dorfrecht hat. In Anastasiupolis, der Neugründung des Anastasios, machen die Kirche, die Kornspeicher, die Zisternen und die Bäder, die Anastasios errichten läßt, die Stadt aus und begründen allein die Verleihung der Stadtrechte. Eine Stadt besteht damit vor allem aus einer Reihe von Bauwerken, die es auf dem Land nicht gibt, und ist dichter besiedelt als das Umfeld: die Vita Symeons des Styliten verzeichnet, daß das Dorf des Heiligen durch den Pilgerstrom »sogleich wie eine Stadt aussieht«. Die rechtlichen Unterschiede zwischen Stadt und Land verschwinden offiziell erst im 10. Jahrhundert, das Recht hinkt den Tatsachen mindestens vier Jahrhunderte hinterher.

Dies vor allem durch den gesellschaftlichen Umbruch, den die Städte zwischen dem 4. und dem 7. Jahrhundert erleben. Auslöser ist die Staatsgewalt, die den Partikularismus der lokalen Eliten wenig schätzt, am Prinzip der Stadtregierung aber nichts ändern möchte. Anastasios und später Justinian behalten das System der *curiales* zwar bei, beauftragen mit deren Ernennung allerdings die Bischöfe, obwohl auch diese den *curiales* jener städtischen Elite aus hohen Würdenträgern *(proteuontes)* zuzurechnen sind. Die Zentralgewalt sieht darin eine bequeme Möglichkeit, die Unterordnung dieser örtlichen Gruppen zu vereinfachen und zu verstärken, selbst auf die Gefahr hin, den Grundsatz der Trennung von Kirche und Staat zu verletzen. Die Folge ist eine fortschreitende Auszehrung der alten Stadtverwaltungen, deren Rolle folgerichtig als Amtsmißbrauch betrachtet wird; nicht nur daß der Bischof Klagen und Anträge der Bürger jetzt unmittelbar nach Konstantinopel richten kann, Justin II. verleiht 569 eben diesen Bischöfen und ihren Ämtern sogar das Recht, die städtischen Beamten *(praesides)* dem Kaiser zur Ernennung vorzuschlagen. Weit von einer besseren Kontrolle der Städte entfernt überläßt der Kaiser ihre Verwaltung den Bischöfen und den nunmehr von diesen abhängigen lokalen Würdenträgern. Nur die Kontrolle über die Armee und das Steuerwesen gibt Konstantinopel nicht aus der Hand. In Zeiten schwerer Krisen führen diese Selbstbestimmung der Städte und die vor allem in den asiatischen Provinzen wirksamen Zentrifugalkräfte manchmal sogar zur Entscheidung für oder gegen den Verbleib im Reich. Während der moslemischen Eroberungen handeln daher im allgemeinen die Bischöfe im Namen ihrer Mitbürger mit den Arabern die Kapitulationsbestimmungen der syrischen Städte aus.

Doch damit verstärkt die Zentralgewalt lediglich die wirtschaftlich und gesellschaftlich begründete Schwäche der lokalen Eliten. Die *curiales* fallen dem zuvor beschriebenen System zum Opfer: sie verarmen, langsamer als im Westen, doch ebenso unaufhaltsam. Gewalttätige Übergriffe der Herren und gestärkte Besitzrechte der Bauern führen darüber hinaus zu einer Landflucht, deren Ziel die Städte sind. Im 5. und 6. Jahrhundert bewirken Invasionen und Kriege ein übriges. Noch mehr erschüttert die Pest von 541 die traditionelle Hierarchie in den Städten: nicht nur daß ganze Familien der *curiales* ihr zum Opfer fallen; die dicht bevölkerten Städte erleben zudem durch die erhöhte Ansteckungsgefahr einen schlimmeren Aderlaß als ländliche Gebiete. Nach und nach füllen sich die entvölkerten Städte

Hagia Sophia, erbaut im 6. Jahrhundert; die Gesamtansicht zeigt die Mittelkuppel, die vier Pfeiler und ihre Strebepfeiler.

dann mit Neuzuwanderern vom Land, denen die städtischen Traditionen jedoch fremd sind. Bereits im 6. Jahrhundert ist das soziale Gefüge in den Städten in seinen Grundfesten erschüttert. Der Machtelite mit dem Bischof an der Spitze stehen nur einige Beamte und eine Bevölkerung gegenüber, die Anweisungen entweder folgt oder mit anarchistischen Zusammenrottungen darauf reagiert. Nicht zu Unrecht definieren die Digesten die *Plebs* als »alle Bürger mit Ausnahme der Senatoren«, die in den Provinzstädten selten waren. Doch es bilden sich andere Eliten: Beamte, die ihre Stellung ausnutzen, um in einem Gebiet Güter zu erwerben, Grundbesitzer, die sich in die Stadt zurückgezogen haben, Händler oder neureiche Handwerker, die ebenfalls in Grund und Boden investieren: der ehemals offizielle Begriff des *territorium civitatis* weicht dem Begriff des »Stadtgebiets«, das nur noch das von den Bewohnern der Stadt wirtschaftlich beherrschte Gebiet umfaßt.

Die Entwicklung der Stadt

Doch die eigentlich städtischen Strukturen haben sich schon seit langem verändert. Schon die Stadt des Frühreichs hat nur noch wenig gemein mit der *civitas* der Antike, die nur selten geometrisch angeordnet, jedoch immer auf einen öffentlichen und kulturellen Mittelpunkt – Agora und Tempelgebäude – ausgerichtet war, in dem auch die Hauptverkehrsadern zusammenliefen. Diese Stadtstruktur löst sich auf, verliert jeden logischen Zusammenhalt; die Einheit der *civitas* wird abgelöst durch die ungleiche Entwicklung ursprünglich getrennter Viertel, die aufgrund ihrer Beziehungen untereinander allmählich eine komplexe Stadt bilden, in der winklige Straßen und Sackgassen vorherrschen. Eine derartige Entwicklung hat soziale Grundlagen: die alten Klientel-Beziehungen fördern um die Häuser der Begüterten *(domus)* herum die Entstehung bescheidener Wohnungen und Läden, für die die Besitzenden die Mieten kassieren. In einer Stadt wie Konstantinopel, wo die Bevölkerung stark zunimmt, blüht zudem die Immobilienspekulation: um einen gemeinsamen Hof herum, der nur einen Zugang zur Straße (*scala* oder Treppe) hat, entstehen immer höhere Mietshäuser; Mitte des 5. Jahrhunderts beschränkt Leon I. ihre Höhe auf 100 Fuß (29,5 Meter), während Zenon diese Begrenzung schon Ende des Jahrhunderts wieder aufhebt. Der Mindestabstand zwischen den einzelnen Gebäuden wird ebenfalls immer kleiner, und das Gesetz schützt jene, die öffentlichen Grund zu Bauzwecken erwerben. Im 4. Jahrhundert haben in Antiocheia selbst Häuser von Reichen bis zu drei Stockwerke; die Wohngebäude des gemeinen Volks sind um vieles höher, und ähnliche Verhältnisse hat es wohl in allen wichtigen Städten des Reichs gegeben. Das *domus* (griechisch *oikos*) wird zum Zentrum eines Gebäudekomplexes, der oft den Namen der Erbauerfamilie trägt: Es entsteht die *oikia*, die Wohnsiedlung. In Konstantinopel gibt es noch Jahrhunderte später Namen wie »Ta Elebichu«, »Ta Dalmatu«, »Ta Narsu« für Wohnviertel, die ursprünglich um den Besitz von Elebichos, Dalmatos und Narses herum gebaut wurden.

Es ist zu Recht bemerkt worden, daß solche Viertel nur dann von Dauer waren, wenn sich unter den Gebäuden zumindest ein religiöses befand, eine Kirche, ein Hospiz oder ein Kloster. Seit dem 4. Jahrhundert stellen die großen Familien einen Teil ihres Vermögens für solche Gründungen zur Verfügung. Sorge um das Seelenheil kann bei der Stiftung eines geweihten Gebäudes, das später das Grab der Familie beherbergen soll, ein Motiv sein. Der Kirche einen Teil der Vermögenswerte zu überantworten, heißt aber auch, sie vor dem Zugriff der weltlichen Macht zu schützen, die mit leichter Hand die Konfiszierung von Gütern betreibt; Justinian ist hier ein gutes Beispiel. Man kann also festhalten, daß seit dem 5. Jahrhundert fromme Stiftungen zur Bewahrung von Grund- und Hausbesitz dienen. Hinzu kommt die Struktur der orthodoxen Kirche, die keine Pfarreien kennt; sie trägt somit zur Unabhängigkeit der neuen Wohneinheiten bei, da jede Stiftung ihre Güter selbst verwaltet und niemandem Rechenschaft schuldet.

Die sozialen Ursachen der städtischen Zersplitterung haben uns unweigerlich zur Kirche geführt. Das Christentum spielt bei der Wandlung der antiken *civitas* zur mittelalterlichen Stadt eine wesentliche Rolle; es löst sie nicht aus, sondern es beschleunigt und bestimmt die sozio-ökonomischen Veränderungen; vor allem aber verleiht es ihnen die ideologische Rechtfertigung. Man darf nicht vergessen, daß die Städte in der Frühzeit des Reichs religiös schon sehr weit entwickelt sind; nur noch selten findet man die alte Anordnung aller Kultstätten um ein Kapitol. Alexandreia verfügte zum Beispiel seit hellenistischer Zeit über mehrere weit auseinanderliegende Kulturzentren: Pantheon und Sema in der Nähe des Forums im Norden, das Serapeum im Südwesten, die Tempel des Poseidon und vor allem der Isis auf der Insel Pharos. Das Vordringen neuer orientalischer Kulte zur Zeit des Kaiserreichs hatte die Zahl der Heiligtümer weiter vergrößert und noch mehr verstreut; es kommen die christlichen Kultstätten hinzu, die meist in den Außenbezirken in Katakomben oder Privathäusern untergebracht sind. Im Westen ist der Niedergang der Städte im 5. Jahrhundert – mit Ausnahme einiger weniger in Italien – so groß, daß erst das Christentum den sich erholenden Städten wieder Halt und Sinn gibt: Das städtische Gefüge gliedert sich nun um die Kathedrale. Im Osten trifft das Christentum auf zwar stark geschwächte, doch immer noch lebendige Strukturen, die seinen Reformbestrebungen noch lange widerstehen.

Ist die Inbesitznahme der heidnischen Tempel der Prüfstein der Christianisierung? Häufig genug ist es so, gilt es doch, bis hinein in die Kultstätten der falschen Götter, der Wahrheit zum Durchbruch zu verhelfen. Im 4. Jahrhundert findet jedoch noch kein abrupter Besitzerwechsel statt; häufig übernimmt die Kirche den Tempel erst, nachdem er völlig verlassen ist. So beispielsweise in Griechenland, wo in Athen die meisten Kirchen schon erbaut sind, als das Christentum zwischen dem 6. und 8. Jahrhundert auch Parthenon, Erechtheion und Hephaisteion für sich nutzt. In den asiatischen Provinzen hingegen, wie in Damaskus oder gar in Alexandreia, scheint dieser Wechsel schnell erfolgt zu sein. Dennoch bedeutet selbst die Nutzung des Kapitols, der bedeutendsten Kultstätte der Heiden, durch die Christen nur in einigen Fällen, daß dieser Kirche gegenüber anderen ehemaligen heidnischen Heiligtümern eine herausragende Stellung zukommt. Der Zersplitterung des späten Heidentums entspricht eine Zersplitterung der ersten Kirchen, vor allem aufgrund der so weitgehenden Unabhängigkeit voneinander, daß nicht einmal bischöfliche Kirchen eine wirkliche Steuerfunktion haben. Hie und da läßt sich der Bischof zwar im Zentrum der Städte nieder: beispielsweise im 4. Jahrhundert im palästinensischen Gerasa. Gleiches gilt für die großen Basiliken, die zwischen dem 4. und dem 6. Jahrhundert in Philippi, Nea Anchialos und Thessalonike errichtet werden. Mit dem Bau der Hagia Sophia in der Nähe des Kaiserpalastes wird auch in der Hauptstadt der Wille deutlich, der Stadt einen neuen Mittelpunkt zu geben. Dagegen konkurrieren in Ravenna seit dem 5. Jahrhundert die weit auseinander liegenden Bauwerke der Galla Placidia – ihr Mausoleum, Sant' Agata Maggiore und Santa Maria Maggiore – mit dem Episkopalzentrum der Petrusbasilika, die Ende des Jahrhunderts dann doch zum zentralen Versammlungsort der Christengemeinde wird. Unter der Herrschaft der arianischen Ostgoten kommt mit dem Bau von Sant' Apollinare Nuovo und der Häretiker-Kathedrale, der heutigen Kirche Spirito Santo, im Osten ein weiteres Zentrum hinzu. In jedem Fall ist das städteplanerische Konzept der Christen, das von einem vorherrschenden geistigen Mittelpunkt ausgeht – sofern es so etwas gegeben hat –, im 6. Jahrhundert gescheitert: in Gerasa entstehen im 5. und 6. Jahrhundert weit auseinander liegende Kultstätten; im isaurischen Seleukeia befindet sich der Bischofssitz auf einem der äußeren Hügel,

wo es nie eine heidnische Tradition gegeben hatte, und steht in Konkurrenz zu zahlreichen Kirchen in ursprünglich heidnischen Kultstätten.

Die großen Basiliken verlieren hingegen überall ihre Funktion als städtischer Mittelpunkt, außer vielleicht die Kirche des heiligen Demetrios in Thessalonike. Es ist zudem ein Widerspruch zur christlichen Lehre, einem Bauwerk eine einigende Rolle zuzubilligen, denn Gott ist und wirkt überall. Er läßt seine Heiligen und seine Märtyrer sterben, wo es ihm gefällt, und um diese bedeutungsschweren Orte herum, die ohne Bezug zu bestehenden räumlichen

Wettrennen im Hippodrom, finanziert von einem Konsul, der über dem Obelisken dargestellt ist (Diptychon-Fragment aus Elfenbein, 5. Jahrhundert; Museo Cristiano, Brescia).

Strukturen sind, entstehen nun Kirchen, Kapellen und Klöster. Die christliche Stadt wird somit zum Abbild einer göttlichen Ordnung, die dem Menschen ungereimt erscheinen mag. Außer den eigenwilligen Standorten der Kirchen bringt das Christentum ein weiteres störendes Element ins Stadtbild: während ein antikes Verbot den Friedhof aus der Stadt verbannt hatte, werden nun durch die Verehrung der Märtyrer und der Heiligen privilegierte Tote in der Stadt begraben; ihre sterblichen Überreste dürfen nicht verlegt werden, und jeder Bewohner will nun in ihrer Nähe begraben werden, um in den Genuß der damit verbundenen Gnade zu kommen. Der Gesetzgeber wehrt sich lange Zeit: In Konstantinopel erkennt Justinian in einer Novelle zwar die Rechtmäßigkeit der Gräber zwischen der Mauer Konstantins und der von Theodosios II. an, doch gibt es innerhalb der Konstantinischen Mauer bis zum 8. Jahrhundert keine Gräber. Die Entwicklung verläuft jedoch nicht überall gleich. In Tyros, Antiocheia und Justiniana Prima bleibt das alte Verbot mindestens bis zum 6. Jahrhundert erhalten, während die Tradition in afrikanischen Städten wie Setif, Sabratha oder Djemila schon vor der byzantinischen Wiedereroberung in Vergessenheit gerät. Die Entwicklung ist einfach zu stark; das wird besonders deutlich, sobald eine Stadt aus irgendwelchen Gründen die Kontrolle über ihr Gebiet verliert. In den durch Invasionen ausgebluteten griechischen Städten erobern die Friedhöfe jeden aufgegebenen öffentlichen Platz; als Folge der slawischen Invasionen des Jahres 580 etwa entsteht auf der Athener Agora alsbald ein Friedhof. Da die Erde um zerstörte Kultstätten als geweiht gilt, scheint sie für die Anlage von solchen Grabmälern besonders geeignet; im 6. Jahrhundert ereilt die Basilika in Philippi dieses Geschick. Und wie die Schrumpfung der Städte ein Grund dafür ist, daß Friedhöfe innerhalb der Mauern entstehen, so kann auch das Bevölkerungswachstum über die Vorstadtbereiche hinaus häufig ein weiterer Grund dafür sein, daß Grabstätten, die früher vor der Stadt lagen, nunmehr innerhalb liegen; in der Hauptstadt ist dies seit dem 4. Jahrhundert der Fall, seit dem Aufschwung im 8. Jahrhundert fast überall.

Das Zusammenwirken gesellschaftlicher und religiöser Faktoren führt dazu, daß die christliche Stadt im Osten ursprünglich eine Zusammenballung zwischen mehreren Entwicklungspolen darstellt, wo das Gemeinschaftsgefühl zweifelsohne viel schwächer als in der antiken *civitas* ist, umsomehr, als auf den allgemeinen Zusammenbruch der traditionellen gesellschaftlichen Strukturen eine harte Konfrontation zwischen dem Volk und den Besitzenden folgt.

Die Bevölkerung der Städte wird das Opfer vielfältiger Spaltungen, die manchmal gesellschaftlicher Natur sind. Doch gerade in den Provinzen des Ostens haben sie vornehmlich ethnische und religiöse Hintergründe und drücken sich in der Haltung zur Zentralgewalt – Zustimmung oder Ablehnung – aus. Im 4. und 5. Jahrhundert vergrößert ein steuerliches Problem die tiefe Unruhe in den Städten: Den Bewohnern wird eine Zwangsabgabe auferlegt, die sie nur widerwillig hinnehmen, die *auri lustralis collatio*, später *chrysargyron* genannt, die erst Kaiser Anastasios wieder aufhebt. Auf die Aufstände reagiert die Zentralgewalt häufig mit erbarmungsloser Härte: Die Erhebung von Antiocheia im Jahr 387, in deren Verlauf sogar die kaiserlichen Statuen umgestürzt werden, beendet Theodosios mit einem Blutbad. 532 ist auch Konstantinopel betroffen: Der berühmte Nika-Aufstand – das griechische Wort für Sieg ist die Parole der Aufständischen – ist in Wirklichkeit ein Bürgerkrieg, den Justinian nur sehr schwer niederkämpft. Derartige Aufstände verdeutlichen auch die neuen Strukturen der städtischen Bevölkerung. Schon in der Frühzeit konzentrieren sich die Leidenschaften der breiten Masse auf die privaten Rennställe, die im Hippodrom miteinander wetteifern und von lukrativ arbeitenden Gesellschaften geführt werden. Nach den Farben, die die jeweiligen Wagenlenker tragen, lassen sich vier »Parteien« oder Demen unterscheiden, die den verschiedenen Abstufungen der Volksmeinung entsprechen. Es wäre dennoch falsch, von permanenter Agitation in den Städten zu sprechen oder von systematischer Opposition zwischen den einzelnen Parteien: seit dem 5. Jahrhundert haben zwar die Grünen und die Blauen die beiden anderen Demen, die Weißen und die Roten, in sich aufgenommen, und der Gegensatz zwischen den beiden wird in den Quellen wiederholt unterstrichen. Doch wirkliche Feindschaft wird daraus nur in Krisenzeiten; unter normalen Bedingungen bleibt die Konfrontation auf den Sport begrenzt. Unterschiedliche religiöse Ansichten können diesen Gegensatz natürlich unterschwellig anheizen: Die Grünen sind eindeutig Anhänger des Monophysitismus, während die Blauen gemeinhin die Lehre von Chalkedon vertreten. Viel wesentlicher ist jedoch, daß die Demen gegensätzliche Arten von Beziehungen zwischen Kaiser und Stadtbewohnern ausdrücken. Es wäre falsch, von Absolutismus und Demokratie zu sprechen, zumal letztere damals eindeutig negativ interpretiert und mit Demagogie auf eine Stufe gestellt wird. Man kann dennoch festhalten, daß die Grünen überwiegend dafür sind, der Kaiser möge auf sein Volk hören, während die Blauen für eine autoritäre Herrschaft eintreten. In einer inzwischen konturlosen Stadtgesellschaft stellen die Demen in gewisser Weise die psychologische Kontrolle des Staates über die Städte wieder her: Sie rücken gerade den Zusammenhang zwischen Volk und Herrschaft in den Mittelpunkt, sei es um ihn anzunehmen oder ihn abzulehnen.

Nicht-römische Kulturen im Osten

Ursachen der Ablösung

Selbst auf dem Gipfel seiner Macht hat das Reich den Osten nie romanisiert, es nicht einmal versucht. Die Komplexität der Beziehungen Roms zu seinen östlichen Provinzen wird im sprachlichen Bereich am deutlichsten: die Verwaltung benutzt die lateinische Sprache, während die zumeist aus hellenistischer Tradition kommende Oberschicht häufig griechisch und das Volk weiter die Sprache der Vorfahren spricht: armenisch, syrisch, hebräisch, arabisch, koptisch. Im Grunde sollte das neue Zentrum des Reiches in Konstantinopel das Problem vereinfachen, denn das Lateinische wird dadurch im Osten schnell abgelöst: seit dem 5. Jahrhundert ist

Griechisch die Sprache vieler offizieller Urkunden und der Kirche. Seit 535 werden nur noch Gesetze für die westlichen Provinzen lateinisch abgefaßt. Auch im Handel ist Griechisch allgemeine Verkehrssprache. Doch genau hier liegt die Gefahr: für die orientalischen Bevölkerungsteile sind Griechen reiche Leute, Grundbesitzer, städtische Oberschicht, Beamte, auch Ausbeuter, Händler und Steuereintreiber; Griechisch wird als die Sprache des Fremden empfunden. Die größten Siege des Hellenismus im Orient sind gleichzeitig die Grundlage seiner größten Schwächen. Alexandreia erlebt zum Beispiel im 5. Jahrhundert eine rein hellenische kulturelle Blüte, die auf alle Städte im Delta übergreift: Nonnos von Panopolis ist einer der größten griechischen Dichter jener Zeit, und eine ganze Schule eifert seinen Vorstellungen nach. Eunapes nennt die Alexandriner »vernarrt in die Dichtung«, doch auch Romane finden allergrößten Anklang: *Leukippe und Kleitophon* von Achilleus Tatios steht hoch im Kurs. Ähnliches gilt für Antiocheia und alle

Stadtansicht von Alexandreia (Kosmographie des Ptolemaios, Cod. Urb. lat. 277, Biblioteca apostolica Vaticana, Rom).

großen Städte des Ostens. Diesem exklusiven und arroganten Hellenismus begegnet auch in so »griechischen« Städten wie Alexandreia der Großteil der Bevölkerung mit tiefem Unverständnis und pflegt weiterhin die eigene Kultur. Die Kirche verstärkt diese Isolierung nicht nur durch die Einführung einer griechischen Liturgie, sie pflegt die griechische Tradition sogar in der sakralen Kunst, die das Volk tagtäglich vor Augen hat. Eindrucksvolle Zeugnisse dafür finden sich für das 4. und 5. Jahrhundert in der Nekropole von al-Bagawat und vor allem in der von Bawit für das 6. Jahrhundert.

Angesichts des offensichtlichen Triumphs dieser hellenischen Kultur wird alles, was nicht griechisch ist, mit stiller Verachtung gestraft. Einige wenige Intellektuelle suchen wohl in der alten ägyptischen Religion die Quellen einer anderen Mystik, doch hat das wenig Bedeutung gegenüber einem Anastasios Sinaites, in dessen Augen die ägyptischen Theologen »typisch ägyptische Geister sind, die nichts wissen und nichts verstehen«. In Syrien ist die Lage ähnlich: Antiocheia, Seleukeia, Tyros, Gaza, Bostra und Gerasa wirken aufgrund der archäologischen Funde wie rein griechische Städte. Doch schon im 4. Jahrhundert, zu Lebzeiten des Libanios und des hl. Johannes Chrysostomos, ist die Mehrheit der Bewohner Antiocheias wohl schon syrisch, und alle Vororte der Stadt tragen syrische Namen. Die Verachtung gegenüber den Syrern steht der gegenüber den Ägypter in nichts nach. Vielmehr betrachtet man in den christlichen Gebieten, die sich der direkten Kontrolle Konstantinopels entziehen, den griechischen Einfluß sogar mit einigem Wohlwollen, zum Beispiel in Armenien, das sich nach der Teilung von 387 größtenteils unter persischer Vorherrschaft befindet: Der dortige Bischof Sahak steht so sehr unter dem Einfluß der Metropole Kaisareia, daß Armenien sogar seine traditionell engen Bindungen mit Antiocheia und Edessa lockert. Sogar das weit entfernte Äthiopien nimmt um 340, als es von syrischen Mönchen bekehrt wird, Beziehungen zum Reich auf; diese sind lange Zeit schon allein deshalb ausgezeichnet, weil die Äthiopier den drückenden Einfluß Ägyptens verabscheuen. Eine ähnliche Haltung nimmt auch Nubien ein, das sich zwischen 542 und 545 dem Christentum zuwendet.

Im eigentlichen Reichsgebiet sind die Griechen nur in den Häfen und an der Küste zahlenmäßig stark vertreten; außerhalb der Tore von Alexandreia oder Antiocheia sind die Griechen in der Minderheit, bilden nur noch kleine Inseln in einem fremden Meer. Noch im 6. Jahrhundert ist Gerasa eine ganz und gar griechische Stadt in rein semitischer Umgebung. Zur gleichen Zeit lebt in Antinous, Hauptstadt der Epistrategie Thebais und zweitwichtigste ägyptische Stadt, eine sehr gebildete griechische Oberschicht, deren etwas lächerliche Pedanterie sich in den Werken ihres Lieblingsdichters Dioskoros von Aphrodite widerspiegelt, während die überwältigende Mehrheit der Thebais koptisch ist.

Die Juden sind auch hier ein Sonderfall. Verstreut über das ganze Reich werden auch sie durch das Edikt Caracallas im Jahre 212 dessen Bürger, doch schon im 5. Jahrhundert werden sie von der Gesetzgebung wie die Heiden entrechtet. So bestimmt eine Novelle Justinians 537 über die bis zu diesem Zeitpunkt geduldete

Kreuz Justins II. (6. Jahrhundert, Schatz von St. Peter).

Beteiligung von Juden in den Stadtverwaltungen, daß sie die Vorteile eines *officiums* niemals genießen dürfen, sondern nur dessen Lasten und Strafen zu tragen haben. Dennoch stehen die Juden unter dem Schutz des Gesetzes: Es ist verboten, sie unter Zwang zu bekehren, sie genießen Religionsfreiheit, dürfen ihre Synagogen und sogar ihre eigene Gerichtsbarkeit unterhalten. Doch manchmal besinnt sich der Staat anders und versucht, sie auf Umwegen oder direkt zu bekehren. Justinian hat wohl keine Zwangskonvertierung versucht, doch mit vielen Schikanen macht er den Juden das Leben schwer. Auch wenn es nicht erwiesen ist, daß er die Juden gezwungen hat, ihr Pessach nach dem christlichen Osterfest zu begehen, so verbietet doch eine Novelle aus dem Jahr 553 den Gebrauch des Hebräischen als Kultsprache und verbietet strikt die Mischna, jenen Kommentar, den die Rabbiner allgemein nach der Tora vorlesen. Justinian argumentiert dabei, daß jede nachbiblische jüdische Schrift notwendigerweise Verleumdungen gegen die Christen enthalte. Diese Zwangsmaßnahmen wiegen sicher weniger schwer für die Juden in den europäischen Provinzen, die meist griechisch sprechen, doch im Nahen Osten, wo das Hebräische äußerst lebendig geblieben ist, treffen sie die Menschen hart. Von diesem Zeitpunkt an verschlechtern sich ohne Zweifel die Beziehungen der Juden des Orients zum Reich. Vorher waren diese Beziehungen nicht unbedingt schlecht – immerhin hat sogar Theodosios II. auf Empfehlung eines örtlichen Beamten die

Gruppe von Juden (Fresko aus der Sophienkirche in Kiev).

Eröffnung einer neuen Synagoge in Antiocheia gestattet. Doch nach 550 ändert sich alles. Die Juden vergessen darüber sogar ihre alte Rivalität gegenüber den Samaritanern und machen Front gegen die Behörden. Allein das Festhalten an der eigenen Religion erweckt bei Juden wie bei anderen Völkern im Nahen Osten gegenüber einer schikanösen Orthodoxie den Anschein einer Abspaltung.

Häresie und Schisma

Es galt als absolute Pflicht, alle Völker des Reichs zum Christentum zu führen; im Gegensatz zum Westen hat die orthodoxe Kirche immer die Predigt in den Landessprachen gefördert, da die überwältigende Mehrheit im Osten die griechische Sprache nicht beherrschte. Auch die Übersetzung der heiligen Schriften war niemals ein Sakrileg. Man kann feststellen, daß die Christianisierung im Osten mit einer allgemeinen Rückkehr zu den Landessprachen einherging, die ihrerseits die Wiederbelebung bis dahin verachteter Kulturen in Gang setzte. Die neue Religion gibt nun den Völkern das Gefühl ihrer Identität zurück und legt damit den Grundstein für jene »nationalen Entrüstungen«, die das 5. und 6. Jahrhundert prägen.

In Ägypten wird die Heilige Schrift schon im 3. Jahrhundert ins Koptische übersetzt, als sich aus dem griechischen Alphabet und demotischen Elementen auch die koptische Schrift herausbildet. Zum besseren Verständnis werden einige Texte sogar in den jeweiligen Dialekt übersetzt: In Arsinoë in der Region Fayoum sind in die Lokalsprache übersetzte Bibelfragmente entdeckt worden. Im Gegensatz zur sophistischen Religionsausübung in den hellenisierten Städten ist das koptische Volk durchdrungen von einer einfachen und warmherzigen, fast mystischen Religiosität, die sich in der Verehrung ihrer Heiligen ausdrückt und getragen wird von eifrigen und theologisch wenig gebildeten Mönchen. Gerade sie übermitteln den Kopten die Tradition der alexandrinischen Kirche und auch den Haß auf alles, was von dieser abweicht. Der Staat trägt dieser nationalen Renaissance Rechnung: Seit der Mitte des 4. Jahrhunderts müssen alle offiziellen Dokumente, die nach Ägypten gesandt werden, ins Koptische übersetzt werden.

Noch glänzender entwickelt sich das Syrische zwischen Mittelmeer und Euphrat. Im Gegensatz zur wenig begüterten koptischen Oberschicht haben es viele Syrer zu Reichtum gebracht, vor allem Kaufleute im Mittelmeerhandel. Sie sind ihrer Muttersprache sehr verbunden und haben die Möglichkeit, sie an den bedeutenden Schulen von Edessa und Kaisareia zu erlernen. Das Syrische überschreitet sogar die Grenzen in Richtung Persien und vor allem Armenien; hier fördern die Sassaniden seinen Unterricht, als Gegengewicht zur griechischen Sprache. Doch Armenien hat bereits eigene Traditionen entwickelt: der griechische Einfluß wird hier als Befreiung empfunden, denn das Reich fördert die von den Persern mit Argwohn betrachtete armenische Sprache. Zwischen 391 und 439 wirken Bischof Sahak und sein Schüler Mesrop gleichzeitig als Förderer griechischer Tradition und als Initiatoren einer nationalen Kultur: In Obermesopotamien, der am stärksten

Christus als Herrscher (Detail eines Reliquienschreins mit Deësis, Katharinenkloster, Sinai, 11. Jahrhundert: Eremitage-Museum, Leningrad).

Der heilige Kaiser Konstantin und seine Mutter, die hl. Helene
(bulgarische Ikone, 16.–17. Jahrhundert, Museum von Nesebar).

hellenisierten Region, entwickelt Mesrop das armenische Alphabet. In kürzester Zeit entstehen Übersetzungen religiöser Texte aus dem Syrischen und vor allem aus dem Griechischen; es ist auch die Geburtsstunde einer eigenen armenischen Literatur.

Es kann kaum verwundern, daß sich die orientalische Persönlichkeit auf religiöse Weise am besten ausdrücken kann. Ihr kompromißloser Monotheismus ist wohl eine Reaktion auf das hier tiefer als anderswo verwurzelte Heidentum, vielleicht jedoch mehr noch das Bedürfnis dieser unterdrückten Völker nach einem klar erkennbaren Erlöser, dem sie sich uneingeschränkt hingeben können. Letztlich sind Nestorianismus und Monophysitismus, die beiden großen orientalischen »Häresien«, Ausdruck ein- und derselben Tendenz: Entweder ist Christus ganz Mensch, oder er ist ganz Gott. Syrer und Ägypter erkennen sich unmittelbar in den Lehren wieder, die heimische Gelehrte in Antiocheia und in Alexandreia definieren; im Gegensatz dazu bleiben die Armenier, die unter den Griechen kaum zu leiden haben, lange Zeit orthodox und mindestens bis zum Beginn des 6. Jahrhunderts auf dem Boden der Beschlüsse von Chalkedon, da sie eine syrische Expansion unter der Flagge der nestorianischen Häresie befürchten, die 506 auf der Synode von Dvin noch einmal verurteilt wird.

Nichtsdestoweniger wird die Häresie mit Beginn des 5. Jahrhunderts in den östlichen Provinzen zur vorherrschenden Lehre. Dabei geht es dem Volk und den Mönchen, die ihm zur Seite stehen, darum, sich der politischen und religiösen Kontrolle Konstantinopels zu entziehen, den eigenen Charakter nicht wie den anderer Völker beugen zu lassen, sondern ihm ungehindert Ausdruck zu verleihen; dem hohen Klerus geht es dagegen eher darum, durch Kontrolle über den Patriarchenthron in der Hauptstadt dessen Bedeutung zu schmälern. Auf dieser hohen Ebene kommt es zwischen Antiocheia und Alexandreia zu erbittertem Wettbewerb: mit der Ernennung des Nestorios zum Patriarchen von Konstantinopel siegt Antiocheia im Jahr 428, und es ist bedeutsam, daß die Opposition vor allem aus Alexandreia kommt, das zwischen den Konzilen von Ephesos und Chalkedon Konstantinopel regelrecht am Gängelband führt. Nach 451 spricht natürlich niemand mehr von einer Oberhoheit der östlichen Kirchen, doch die Sehnsucht danach bleibt. Ende des Jahrhunderts sind in Ägypten gefälschte Briefe im Umlauf, in denen es heißt, der Patriarch von Konstantinopel habe sich dem von Alexandreia gebeugt. Diese Illusionen können sich halten, weil der Monophysitismus auch in der Hauptstadt sehr lebendig ist und eine Reihe von Herrschern ihm zuneigen, von Zenon über Justinian bis hin zu Herakleios.

Wir haben jedoch schon ausgeführt, daß alle Vermittlungsversuche scheitern, weil die Völker des Ostens nun eine Ausdrucksform gefunden haben, die sie nicht zu ändern beabsichtigen. Es geht dabei nicht so sehr um Theologie als vielmehr um eine dem gesamten Orient eigene Empfindlichkeit. Das wird deutlich, als der Nestorianismus nach seiner Verdammung in Ephesos nach Osten abgedrängt wird, während Syrien sich voll und ganz dem Monophysitismus verschreibt. Von nun an steht der gesamte Orient gegen die Orthodoxie von Chalkedon, die schon kurz nach dem Konzil in Syrien ebenso wie in Ägypten abgelehnt wird. In Alexandreia lehnt sich das Volk auf gegen die Entmachtung seines Patriarchen Dioskoros und die Ernennung des orthodoxen Proterios; als Dioskoros 454 stirbt, wählen die Monophysiten mit Timotheos Eluros (»die Katze«) ihren eigenen Patriarchen. Wie in Antiocheia existieren nun zwei Hierarchien, eine »nationale« monophysitische und eine orthodoxe, die als Werkzeug einer fremden Macht betrachtet wird. Von diesem Zeitpunkt an werden die Orthodoxen nach dem syrischen Wort *melk* für König nur noch verächtlich Melkiten, Kaisertreue, genannt. Auf beiden Seiten kommt es ständig zu Gewalttätigkeiten: 457 wird Proterios beim Gottesdienst ermordet, die heftigen kaiserlichen Strafaktionen des Jahres 460 fordern annähernd 10 000 Tote. Bestimmender Faktor ist jedoch eine von den Mönchen aufgestachelte Masse: der koptische Patriarch Petros Mongos muß als Anhänger des von Kaiser Zenon erlassenen *Henotikon* über Chalkedon den Bannfluch aussprechen, denn, so gesteht er, seine Gläubigen »wollten ihn regieren, anstatt ihm zu gehorchen«. In Antiocheia herrscht eine ähnliche Stim-

mung: Dank der Unterstützung durch Kaiser Anastasios besteigt im Jahr 512 Severos, der Kopf der Monophysiten, unter den Ovationen der Massen den Patriarchenthron. Sein Empfang in Alexandreia, wohin er sich 518 nach seiner Absetzung zurückzieht, ist nicht weniger enthusiastisch. Trotz Zeiten des Entgegenkommens setzt Justinians Herrschaft nur die Orthodoxie in Ägypten und in Syrien durch; blutige Strafaktionen wie jene aus dem Jahr 551 löschen auch in Alexandreia bis zum Jahr 575 die gesamte monophysitische Hierarchie aus. Hie und da findet der Monophysitismus Zuflucht in den Klöstern, von wo aus er das Volk beherrscht. So erzwingt dieses Volk 575 mit Petros einen neuen monophysitischen Patriarchen; nun folgt bis 631 eine lange Zeit des Ausgleichs. Die Monophysiten können frei handeln – Damian, der koptische Patriarch von Alexandreia (578–604), inthronisiert sogar selbst den Patriarchen Petros von Antiocheia. Mittlerweile scheinen auch die Melkiten ihren Minderheitenstatus anzuerkennen, so daß zwischen den Gemeinden häufig von gegenseitiger Achtung getragene Beziehungen möglich werden, zumal einige der melkitischen Patriarchen wie Johannes Eleemon

Den Fortbestand magischer Bräuche belegt diese kleine koptische Figur aus dem 4. Jahrhundert: Sie stellt eine von Nadeln durchbohrte Frau dar.

(612–619) bemerkenswerte Persönlichkeiten sind. Die wiedergewonnene Eintracht ist in den Jahren 618/619, als die Perser einfallen, deutlich spürbar. Die syrischen und koptischen Monophysiten empfangen den Eroberer nicht, wie man eigentlich erwarten könnte, mit offenen Armen; die Ereignisse enden für Häretiker und Orthodoxe gleichermaßen blutig. Die Lage ändert sich jedoch, sobald die Melkiten sich wieder eindeutig zur zentralen Macht bekennen. 631 beginnt mit Herakleios' Vorhaben, im Osten den Monoenergetismus durchzusetzen, eine zehn Jahre anhaltende Repression und Verfolgung. Dies ist sicher mit ein Grund, warum die arabische Eroberung so schnell Erfolg hatte, denn unter der Oberfläche schwelten die Leidenschaften weiter: Es sei an Antiocheia im Jahre 609 erinnert, als orthodoxe Aufständische den monophysitischen Patriarchen Anastasios II. ermordeten.

Angesichts dieser komplexen Lage ist es natürlich schwierig zu sagen, wem die Juden am meisten zuneigen: im Jahr 577 begrüßen sie begeistert den aus dem Exil heimkehrenden chalkedonensischen Patriarchen Eutychios, 578 erheben sie sich, wohl aus wirtschaftlichen Gründen, und müssen schwer dafür büßen. 579 nehmen sie an einem Aufstand strenggläubiger Christen teil, brennen Kirchen nieder und werden dennoch vergleichsweise milde bestraft. Man darf jedoch annehmen, daß sich diese Minderheit insgesamt den Orthodoxen näher fühlt, die ebenfalls in der Minderheit sind. Zahlreiche fromme Geschichten belegen die recht herzlichen Beziehungen zwischen beiden, ob in Konstantinopel, Antiocheia oder Alexandreia. Darüber hinaus stehen die Juden nach wie vor unter dem Schutz der Zentralgewalt, obgleich sich die Lage Ende des 6. Jahrhunderts zu verschlechtern scheint: 592 wird in Antiocheia ein Jude beschuldigt, eine Ikone der Jungfrau Maria entweiht zu haben, worauf Maurikios die jüdische Gemeinde gezwungen haben soll, die Stadt zu verlassen. Dies geschieht vollständig allerdings erst unter Phokas zwischen 602 und 610, und mit letzter Sicherheit nach der den Juden untergeschobenen Ermordung des Patriarchen Anastasios. Kurz darauf sind Gerüchte im Umlauf, die Juden wollten unter den Christen ein Massaker veranstalten. Dem kommen die Christen zuvor, indem sie eine Reihe von Juden niedermetzeln. Die Invasion der Perser gibt den Gerüchten neue Nahrung; doch wenn auch Juden auf der Seite der Eroberer kämpfen, wenn auch einige Extremisten, etwa in Jericho, den Augenblick zur Rache an den Christen nutzen, so gibt es dennoch nicht den geringsten Beweis für eine »jüdische Verschwörung« gegen das Reich. Es ist aber erwiesen, daß viele Juden die Gelegenheit benutzen, um aus dem Exil nach Syrien, Palästina und Ägypten zurückzukehren, wodurch die dortigen Gemeinden anwachsen. Dennoch kursieren diese Gerüchte über die Juden nur im Osten: Nach der Eroberung Edessas im Jahr 628 weigert sich Herakleios, die Juden ermorden zu lassen, und beläßt ihnen volle Bewegungsfreiheit; 629 nimmt er in Tiberias sogar die Gastfreundschaft des Juden Benjamin an, und erst nachdem Mönche ihm von angeblichen Greueltaten der Juden berichten, beschließt er, sie aus Jerusalem zu vertreiben. Daher rührt auch das in Karthago im Jahr 632 veröffentlichte Dekret, das die Konvertierung der Juden befiehlt. Der Hintergrund ist politischer Natur: Das Reich, das sich in einem

Proklamation Michaels I. Rangabe im Jahr 811 (Miniatur aus der Chronik des Johannes Skylitzes, 13. Jahrhundert, Nationalbibliothek Madrid).

Kampf auf Leben und Tod befindet, braucht die Einmütigkeit seiner Untertanen. In diesem Sinn stellt der Gouverneur von Karthago den Juden die Frage: »Seid ihr Untertanen des Kaisers? Wenn ja, so müßt ihr euch bekehren lassen.« Das Ausmaß der nun einsetzenden Verfolgungen wurde sicher übertrieben, doch den Juden bleiben die harten Ausschreitungen in unauslöschlicher Erinnerung. Apokalyptische Texte wie *Die Zeichen des Messias* oder *Das Buch des Zorobabel* zeigen, daß Herakleios mit dem Feind des Messias gleichgesetzt wird. Wie die Monophysiten haben auch die Juden durch die arabische Eroberung nichts zu verlieren.

Die Armenier, die Chalkedon lange Zeit die Treue halten, ertragen es nur schwer, daß Justinian dem kaiserlichen Armenien alle byzantinischen Gesetze aufzwingt; hatte denn der gleiche Kaiser nicht alle Armenier als »Barbaren« beschimpft? Jedenfalls lehnt ein großer Teil des Klerus 551 Chalkedon ab und nähert sich der syrischen Kirche an, auch wenn einige Provinzen – Vaspurkan, Tayk und Siunia – noch in der Orthodoxie verbleiben; der Katholikos (Patriarch) von Dvin predigt heftig gegen die Anhänger von Chalkedon. In Siunia bricht Bischof Vrthanes sogar mit Dvin und geht eine unmittelbare Verbindung mit dem orthodoxen Patriarchat von Jerusalem ein. Die Hilfe, die die Griechen den Armeniern gegen Persien leisten, führt auf Dauer zu einer zweideutigen Lage: Der gewaltsam vertriebene Katholikos Johannes II. Gabeghian muß nach Konstantinopel fliehen,

Justinian führt Ägypten und Syrien zur Orthodoxie – Christus auf einem Fresko aus dem 10. Jahrhundert im nubischen Faras.

wo er vor seinem Tod einwilligt, mit den Orthodoxen die heilige Kommunion zu teilen. Einen weit schlimmeren Bruch verursacht Chosrau II., der dem Reich einen Teil Armeniens abtritt: die noch ausreichend starke Orthodoxie läßt es im Jahre 593 zum Schisma kommen, aus dem zwei miteinander rivalisierende Patriarchen hervorgehen. Der Haß auf die Griechen geht jedoch nicht so weit, daß die Armenier sich bei der Invasion von 607 mit den Sassaniden verbünden. Extremistische Monophysiten nutzen zwar die Gelegenheit, den Chalkedonsern nachzustellen, doch das gesamte Armenien beteiligt sich aus Überzeugung an der Rückeroberung durch Herakleios, und die griechisch-armenische Synode in Karin (Erzerûm) erkennt 632 sogar die Orthodoxie der Thesen von Chalkedon an. Armenien war ein geteiltes Land und hatte kaum unter griechischen Verfolgungen zu leiden; insofern ist verständlich, daß es dem arabischen Eroberer gegenüber eine andere Haltung einnimmt wie die restlichen orientalischen Provinzen.

Zweifelhaftes Römertum im Westen

Die byzantinischen Provinzen Italiens

Italien, das zu drei Vierteln von Langobarden besetzt ist, bleibt offiziell Teil des Reiches. Rom ist noch immer die Hauptstadt, auch wenn die besetzten Provinzen von Ravenna aus regiert werden. Byzanz vertritt gerade in Italien äußerst zäh seinen »römischen« Anspruch: 597 bestimmt Maurikios in seinem Testament eine Rückkehr zur Tetrarchie, seine beiden ältesten Söhne sollen in Konstantinopel und in Rom herrschen, während die beiden jüngeren sich das Illyricum und Afrika teilen.

Die Lage ist allerdings alles andere als gut. Seit dem Fall von Mailand im Jahr 572 haben die Langobarden 575 eine byzantinische Expedition vernichtet, 578 Classis, den Hafen von Ravenna, eingenommen, und seit 579 stehen sie vor Rom. Die Einrichtung eines Exarchats reicht gegen einen solchen Ansturm nicht aus, zumal das Reich Wirklichkeit und Idee zur Übereinstimmung bringen will – ganz Italien zurückzuerobern. Dazu braucht es Hilfe, zumal der Druck der Avaren und Slawen die größte Sorge darstellt. Maurikios wendet sich an den fränkischen König Childebert II. von Austrasien, doch ein gemeinsames Vorgehen scheitert seit 584 gleich viermal. 590 sollen die Franken dem byzantinischen Exarchen bei der Rückeroberung Mailands helfen; sie plündern aber nur die Lombardei und ziehen sich wieder über die Alpen zurück, bevor ihr Verbündeter überhaupt eingetroffen ist. Das Exarchat ist in der Defensive; nur durch die Spaltung der bestechlichen Langobardenführer kann es seine Position halten und 589 sogar Classis zurückerobern.

Die langobardische Invasion in Italien stellt im Kern ein politisches Problem dar, vor allem nach der Wahl Gregors des Großen zum Papst im Jahr 590. 592 greifen die Langobarden von Spoleto Rom an, die von Benevent bedrohen Neapel.

Der rhomäische Exarch ist machtlos, seine Truppen reichen kaum zur Verteidigung von Ravenna. Der Papst nimmt daraufhin die Verteidigung Roms in seine Hände, unterzeichnet nach Einschätzung der Lage einen Waffenstillstand mit König Agilulf und willigt sogar ein, ihm Tributzahlungen zu leisten. Diese mit den Prinzipien kaiserlicher Macht unvereinbare Demonstration der Unabhängigkeit beantwortet Maurikios zwar mit heftigem Protest; da er jedoch außerstande ist, im Westen einzugreifen, muß er die Dinge nehmen wie sie sind: 598 unterzeichnet der Exarch Kallinikos seinerseits einen Waffenstillstand mit den Langobarden, der im Jahr 603 erneuert wird. Das byzantinische Italien macht keine territorialen Konzessionen, und die Rechte des Reiches werden trotz lang anhaltender Religionsstreitigkeiten zwischen Rom und Konstantinopel nicht angezweifelt. Dafür wird insgeheim dem römischen Pontifex eine Entscheidungsbefugnis zugebilligt, die über seine Funktion als geistiger Führer hinausgeht. Die Entwicklung wiegt umso schwerer, als der kulturelle Einflußbereich der Griechen sich immer mehr auf die südlichen Provinzen der Halbinsel beschränkt.

Nach außen erleben das Exarchat und die zugeordnete Pentapolis die gleiche gesellschaftliche Entwicklung wie die anderen Provinzen: die im 5. Jahrhundert noch lebendige Aristokratie der *curiales* wird zusehends schwächer und weicht einer Oberschicht, die sich aus Staatsbeamten und Angehörigen des Heeres rekrutiert. Gerade letzteres, ursprünglich aus fremden und einheimischen Einheiten zusammengewürfelt, wird im Laufe des 6. Jahrhunderts zu einer einheitlichen Streitmacht, die sich stark dem Reich verpflichtet fühlt, aber dennoch immer häufiger »territoriale« Ansprüche äußert.

Die erschreckende Verringerung der Bevölkerung infolge der Pest macht aus den Beamten und deren Nachkommen Grundbesitzer, die in Italien verwurzelt sind, zumal sie seit Ende des 6. Jahrhunderts wie das Volk nur noch die lokalen lateinischen Dialekte sprechen. Die Bevölkerung ist sicherlich zunächst quer durch alle Schichten sehr heterogen, und es gibt dort Lateiner, Griechen, Syrer, Goten und Armenier. Man sollte sich jedoch auf die in notariellen Urkunden und anderen Quellen belegten Namen nicht allzusehr verlassen, denn ein Grieche kann natürlich auch einen lateinischen Namen tragen – das gilt auch für andere Gruppen. Da wir diese Quellen darüber hinaus nur dem Zufall verdanken, können wir sie kaum als getreues Abbild der damaligen Gesellschaft werten.

Wir können daher auch nicht der These folgen, die auf dieser Grundlage von einer Rehellenisierung in Mittel- und Ostitalien nach der Gründung des Exarchats spricht. Danach bilden zu Beginn des 6. Jahrhunderts die Lateiner 70% der Bevölkerung, und ihr Anteil sinkt nach 584 auf etwa 50%, während im gleichen Zeitraum der Anteil an »Orientalen«, zu denen natürlich auch Syrer, Armenier und Griechen gehören, von 16% auf 40% gewachsen sei. Die Entwicklung ist ohne Zweifel umgekehrt verlaufen: Schon in der ersten Hälfte des 7. Jahrhunderts spricht in Ravenna, der Hauptstadt des Exarchats, niemand mehr Griechisch und es fällt ausgesprochen schwer, dort griechisch sprechende Schreiber zu finden, die den Schriftwechsel mit dem kaiserlichen Hof besorgen. Die Kirche ist in Ravenna ein

gutes Beispiel für die Latinisierung. Ravenna hat der ursprünglichen Kirchenstruktur zufolge natürlich einen Metropoliten, der dem Patriarchen in Rom unterstellt
ist. Doch es sind nicht nur geographische Gründe, die hier die Entstehung einer
lateinischen Kirche fördern: Mit dem 5. Jahrhundert entsteht hier eine eigenständige Liturgie, doch der Unterschied zur römischen ist nicht größer als der des
Ambrosianischen Ritus in Mailand; die Adventsbräuche der Kirche Ravennas,
deren Überlieferung wir dem berühmten *Rotulus* verdanken, geben einigen Aufschluß darüber. Seit dieser Zeit spielt die griechische Kirche in Ravenna und im
Exarchat kaum noch eine Rolle. Die Stadt kann gerade vier griechische Klöster
aufweisen, die noch dazu kaum von sich reden machen.

Bis zur Mitte des 7. Jahrhunderts genießt Süditalien, das Festland ebenso wie die
Inseln, nur beschränkte Autonomie und ist insgesamt griechischer, allerdings in
unterschiedlichem Ausmaß: auf Sizilien und in Kalabrien bilden Griechen die

Hellenismus in Süditalien: das Urteil des Pilatus (Codex Purpureus, 6. Jahrhundert;
Kirchenschatz der Kathedrale in Rossano).

Mehrheit, ebenso in der Region um Otranto, während sie in Lukanien, Zentral- und Nordapulien zwar vorzugsweise die Städte und die Küstenregionen bevölkern, das flache land aber schon mehrheitlich lateinisch ist. Dies gilt auch für Neapel, wo die Zahl der griechischen Einwohner jedoch recht niedrig ist. Auf Sardinien leben sehr wenige Griechen; erwähnenswert sind nur die Städte Cagliari und Porto Torres. Gregor der Große spricht in seinen Briefen von etwa zehn Klöstern basilischer Ausrichtung. Zwischen Sardinien und den übrigen byzantinischen Territorien in Italien verläuft außerdem eine Verwaltungsgrenze: Letztere unterstehen dem Exarchat von Ravenna, Sardinien gehört zum Einflußbereich des Exarchats von Karthago und somit zum »lateinischsten« Teil des Reiches. Der Papst, der seit Ende des 5. Jahrhunderts über größere Autonomie verfügt, macht durch seine Initiativen bezüglich der Insel diese Grenze noch deutlicher, so etwa 603 durch den Einsatz einer von Rom entsandten pisanischen Flotte. Alle diese Territorien sind wie das Exarchat ständig Ziel langobardischer Übergriffe: Ende des 6. Jahrhunderts fällt Lucera, das Tor nach Apulien. Nur die Wirren in den langobardischen Ständen

Die Kirche des hl. Johann Bogolov aus dem 13. Jahrhundert am See von Ochrid (Makedonien).

schieben die unmittelbare Gefahr noch bis zur Mitte des folgenden Jahrhunderts hinaus.

Bleibt ein Sonderfall: der italienische Nordosten. Nach der langobardischen Invasion kann sich das Reich dort nur in Istrien und den Lagunen Venedigs halten: die kaiserliche Verwaltung hat sich nach Oderzo zurückgezogen, doch auch dort wird die Lage nach dem Fall von Monselice und Padua im Jahre 602 unhaltbar. 639 fällt dann auch Oderzo und der Verwaltungssitz wird auf die nächstgelegene Laguneninsel verlegt. Dort wird eine »neue Stadt«, die *Cittanova*, errichtet, die dem regierenden Kaiser zu Ehren auch den Namen *Eracliana* trägt. Von Eracliana und Grado – wo sich eine neue kirchliche Struktur herausbildet – ausgehend, beginnt sich das spätere Venedig herauszukristallisieren.

Ist dieser Westen aber noch »römisch« im Sinne der Anhänger des byzantinischen Reiches? Das Exarchat, das im 6. Jahrhundert stark nach Autonomie strebt, ist es sicher nicht. Die Haltung der Ravennater Erzbischöfe verschleiert lediglich die wahre Lage: Um einem direkten Zugriff Roms auf ihren Geltungsbereich zu entgehen, sehen sie in Konstantinopel ein nützliches Gegengewicht. Dessen Herrschaft wird insoweit anerkannt, als sie eine gewisse Selbstverwaltung des Exarchats durch die Ravennater Kirche als Inhaberin der realen Macht sicherstellt: 589 erreicht Erzbischof Johannes die Ablösung des Exarchen Smaragdos, der bereit war, dem Papst größeren Einfluß zuzugestehen. Das Beibehalten der griechischen Sprache und des östlichen Ritus, die günstigeren Seewege und die langobardische Gefahr, der nur Byzanz begegnen kann, all das sind Gründe für ein eindeutig loyales Verhalten der übrigen Territorien, mit Ausnahme von Sardinien, über das man nur sehr wenig weiß. Dieses Phänomen wird Mitte des 7. Jahrhunderts vollends deutlich, als die Eroberung Siziliens scheitert und der bei Benevent geschlagene Konstans II. in Neapel Zuflucht findet. Beunruhigend ist dabei nur, daß Loyalität und Hellenismus mehr und mehr zu Synonymen werden, Italien selbst jedoch auf dem Weg zu neuem Romanentum ist, das wieder von Rom ausgeht und dessen Symbolfigur der römische Pontifex ist.

Die Balkanfrage

Die Wende auf dem Balkan im Verlauf des 6. Jahrhunderts ist von großer historischer Bedeutung. So schwer auch ein Jahrhundert zuvor die Überfälle der Germanen und der Hunnen waren, so führten sie doch nicht zu radikalen Veränderungen. Die Halbinsel blieb nach wie vor in byzantinischer Hand, die Donau war immer die Grenze des Römischen Imperiums. Eine Umwälzung kündigte sich jedoch im 6. Jahrhundert an: Die Barbaren, die die Halbinsel in diesem Jahrhundert immer wieder verwüsteten und sich schließlich dort niederließen, leiteten eine radikale Veränderung der ethnischen und politischen Struktur ein.

Den größten Teil der Balkanhalbinsel nahm die *praefectura praetorio per Illyricum*, die Präfektur Illyrien, ein, die das Gebiet südlich von Donau und Drina,

Montenegro, Albanien und Griechenland mit der Insel Kreta umfaßte, während die nördlichen Provinzen Dalmatien, Pannonien und Savia weiter zur Präfektur Italien gehörten und das östlich liegende Thrakien bei der des Orient verblieb. Hier trafen die hellenische und die lateinische Welt aufeinander, eine Sprach- und Kulturgrenze teilte die Halbinsel, entlang einer Linie von Lyssos nach Nordmakedonien verlaufend, zwischen Stoboi und Skopoi, dem lateinischen Naïssus (Nis) und dem schon griechischen Serdica (Sofia) und entlang des Hemus bis zu dessen Mündung in die Donau. Nach der Niederlassung der Slawen im 7. Jahrhundert treffen auf dem Balkan auch weiterhin zwei Zivilisationen aufeinander: Die Grenzlinie zwischen der griechischen und der slawischen Kultur verläuft wie früher durch das Zentrum der Halbinsel. Diese Grenze erklärt nur zum Teil die historische Rolle, die der Balkan vom 4. bis zum 6. Jahrhundert als Brücke zwischen Orient und Okzident, zwischen der *pars Orientis* und der *pars Occidentis* spielt, zwischen zwei Kulturen und zwei Sprachen, zwischen zwei großen Verwaltungseinheiten und nicht zuletzt zwischen zwei kirchlichen Bereichen – eine einzigartige Stellung zwischen Rom und Byzanz.

Das Straßensystem verdient in diesem Zusammenhang besondere Aufmerksamkeit, da es einerseits die verschiedenen Teile des Reichs miteinander verbindet, andererseits aber auch den Eroberern den Weg weist. Die wichtigen Landwege zwischen den östlichen und westlichen Provinzen durchziehen von Konstantinopel aus den Balkan in nördlicher und westlicher Richtung. Die nördliche Verbindung durch das Donautal erreicht die Hauptstadt über eine Küstenstraße entlang des Schwarzen Meeres. Im 4. Jahrhundert gewinnt jedoch die weit südlich verlaufende große Straße nach Italien und dem Westen, die über Adrianupolis (Andrianopel), Philippupolis (Plovdiv), Serdica (Sofia), Naïssus (Niš), Viminacium (Kostolac), Singidunum (Belgrad), Sirmium (Mitrovica) und Poetovio (Ptuj) führt, zunehmend an Bedeutung. Die zur Blütezeit des Imperium Romanum wichtigste Ost-West-Verbindung, die *Via Egnatia*, die über Traianopolis (Tuzla), Akontisma, Neapolis (Kavalla), Philippi, Amphipolis, Thessalonike, Herakleia, Lynkestis (Bitola) und Lychnida (Ochrida) nach Dyrrhachion (Durresi) und Brundisium (Brindisi) führt, hat dagegen an Bedeutung verloren. Durch die Verlagerung der Hauptverkehrsachse zwischen Ost- und Westreich, aber auch infolge der Barbareninvasionen durchschneiden drei Straßen die Halbinsel von Norden nach Süden, die zunehmend an Bedeutung gewinnen: Die erste führt von Naïssus durch das Tal des Margus (Morava) und des Axios (Vardar), die zweite von Serdica durch das Tal des Strymon (Struma) und die dritte durch das Tal des Nestos (Mesta). Diese Verkehrswege ermöglichen den Vorstoß der Barbaren von der Donau bis zur Ägäis. Die Balkanhalbinsel wird also sowohl von Osten nach Westen als auch von Norden nach Süden von Verbindungsstraßen durchzogen – die einen haben der Zivilisation und der Ausbreitung friedlichen Gedankenguts gedient, die anderen wurden von den Barbaren zur Invasion genutzt.

Durch die Reformen Diokletians blieb der Balkan trotz seiner wirtschaftlichen und militärischen Bedeutung weiterhin zwischen den Präfekturen Italiens und des

Ostens aufgeteilt; die Neuorganisation beschränkte sich Ende des 4. Jahrhunderts auf die Einrichtung der Präfektur Illyricum. Trotz dieser Maßnahme blieben die Überfälle der Barbaren bis zum Ende des 5. Jahrhunderts eines der zentralen Probleme auf dem Balkan. Der *limes* an der Donau konnte weder die Hunnen noch die Ostgoten aufhalten. Viele Städte wie Singidunum, Viminacium und Acquae blieben für lange Zeit Ruinenfelder. Als Sitz der Präfektur wurde Sirmium bestimmt, allerdings nur für kurze Zeit, denn nach der Einnahme der Stadt durch Attila (441) mußte man nach Thessalonike ausweichen. Zu Beginn des 6. Jahrhunderts war der *limes* also alles andere als eine wirkungsvolle Verteidigungslinie; die Barbaren, seien es gewaltsam eindringende Ostgoten und Gepiden oder verbündete Heruler, passierten ihn, wann und wie sie wollten. Man konnte also feststellen, daß »die Überfälle der Barbaren das südliche Donaugebiet mehrmals in Angst und Schrecken versetzt haben, sie haben das Land geplündert und sogar einige Städte zugrundegerichtet, aber sie haben kaum Spuren hinterlassen (...). Die Bevölkerungsstruktur auf dem Balkan wurde erst durch die Ankunft der Slawen grundlegend verändert.« Hier wird der Unterschied zwischen germanischen Raubzügen und slawischer Invasion deutlich, aber auch die nachhaltige historische Bedeutung der slawischen Siedlung auf dem Balkan hervorgehoben.

Auf ihrem Zug nach Westen erreichten die Slawen Ende des 5. Jahrhunderts die Donau, bis dahin die Grenze zwischen Byzanz und der Welt der Barbaren. Die nördlich und nordöstlich des Flusses liegenden Gebiete – das heutige Ungarn und Rumänien, sowie ein Teil der Ukraine – befinden sich schon in ihrer Hand. Von dort dringen die Slawen oder Sklavinien, wie sie in zeitgenössischen Quellen genannt werden, in den ersten Jahrzehnten des 6. Jahrhunderts immer wieder auf byzantinisches Territorium vor. Sie tun dies nicht allein, sondern zusammen mit ihren Verbündeten, ganzen Völkern, Stämmen oder kleinen ethnischen Gruppierungen: slawische Stämme wie die Anten, aber auch Protobulgaren, Gepiden, Heruler etc. Unter der Herrschaft des Anastasios stoßen die Protobulgaren in Gebiete des südlichen Donauraums vor, nach Thrakien, Makedonien, Thessalien. In dieser Zeit läßt der Kaiser neben anderen Verteidigungsmaßnahmen die berühmte Befestigungsanlage der »Langen Mauern« errichten, die vom Marmarameer zum Schwarzen Meer reicht und den Zugang nach Konstantinopel schützen soll. Die Anten dringen erstmals unter Justin I. auf byzantinisches Gebiet vor. Seit Justinian häufen sich dann die Überfälle der getrennt oder vereint operierenden Protobulgaren, Sklavinien und Anten: Um 536 besetzen die Gepiden das Gebiet von Sirmium, während die anderen nur auf Plünderungen aus sind und sich mit ihrer Beute hinter die Donau zurückziehen – sie lassen Tote und Verwüstungen hinter sich. Die wenigen verfügbaren Truppen können gegen diese massiven Vorstöße nichts ausrichten; Justinian entschließt sich daraufhin für eine Verteidigungsstrategie, die sich einerseits auf den Donaulimes und andererseits auf einen Gürtel von Festungen im Hinterland stützt, die an den neuralgischen Punkten der Halbinsel, an wichtigen Verkehrswegen, Pässen und Furten, erbaut werden.

Etwa ab 550 wächst das Interesse der Slawen am Balkan. Im Winter 550/51 verweilen sie dort erstmals länger als üblich. Im Jahr 568 ändern sich durch die Niederlage der Gepiden, den Aufbruch der Langobarden nach Italien und vor allem die Niederlassung der Avaren in der pannonischen Ebene die Bedingungen an der Donaugrenze grundsätzlich. Mit Sirmium haben die Byzantiner zwar eine Schlüsselstellung im nördlichen Verteidigungssystem zurückerobert, dennoch hat sich ihre Lage verschlechtert, da die Avaren zusammen mit den Slawen, die sie im mittleren Donaugebiet unterworfen haben, immer wieder auf byzantinisches Territorium vorstoßen. Im Jahre 579 sammeln sie ihre Streitkräfte vor Sirmium; 582 kapituliert die Stadt nach dreijähriger Belagerung. So öffnet sich den Barbaren der Weg nach Westen, nach Noricum und Italien, aber auch nach Dalmatien und in den mittleren und südlichen Teil des Balkan. Die »Wunder des hl. Demetrios« und jüngste archäologische Funde lassen heute die Umrisse der slawischen und avarischen Eroberungen recht deutlich werden: zwischen 578 und 584 gründen sie landeinwärts in den Tälern von Thessalien, Hellas und Achaia erste größere Siedlungen. Zwei Jahre nach dem Fall von Sirmium erobern die Avaren zeitweilig einige Städte am Limes, so Singidunum (Belgrad), Viminacium (Kostolac) und Augustae bei Orjahovo. Zwischen 585 und 587 kommen andere dazu, insbesondere Bononia (Vidin) und zwei nahegelegene Ansiedlungen nördlich und südlich des Flusses, Ratiaria und Aquis. Die Avaren sind damit Wegbereiter des ersten slawischen Überfalls auf Thessalonike im Jahre 586, an dem sie allerdings nicht teilnehmen. Die Slawen lassen sich, gedrängt von den Avaren oder auch aus eigenem Antrieb, in Makedonien und in Griechenland nieder. In der berühmten »Chronik von Monemvasia« wird berichtet, daß sie ganz Thessalien, Griechenland, Alt-Epirus, Attika und Euboia besetzt haben und bis zur Peloponnes vorstießen – lediglich ihr östlicher Teil von Korinth bis zum Kap Malea blieb aufgrund seiner rauhen und unzugänglichen Landschaft verschont. Thessalonike war nur noch eine Insel in einem slawischen Meer.

Die Schnelligkeit dieser Besetzung kann durch die militärische, administrative und vor allem demographische Schwäche der Halbinsel erklärt werden, auf die die Eindringlinge fast überall stoßen. Zahlreiche Schatzfunde und das Ende des Geldumlaufs in den Festungen (castella) zwischen 593 und 596 machen deutlich, daß das byzantinische Verteidigungssystem entlang der Donau in diesem Zeitraum zusammenbricht. Byzanz behält nur die großen befestigten Städte, Singidunum, Justiniana Prima, Naïssus und Serdica; doch auch der byzantinische Gegenangriff gegen Avaren und Sklavinien an der unteren Donau in den Jahren 592 und 602 kann die Entwicklung nicht lange aufhalten. Im Herbst des Jahres 602 erheben sich die Truppen an der Nordgrenze gegen Kaiser Maurikios, heben Phokas auf den Schild und beginnen ihren Marsch auf die Hauptstadt.

Dank jüngster Arbeiten, neuer Quellenausgaben und archäologischer Funde läßt sich die sklavinische Siedlung auf dem Balkan in folgende Etappen gliedern: die Bildung der ersten sklavinia in Makedonien nach der Belagerung Thessalonikes im Jahr 586 ist im Grunde schon die letzte Stufe der großen 578 beginnenden slawischen Invasion, dem Ausgangspunkt der Slawisierung eines großen Gebietes, das Achaia, Hellas, Thessalien, die beiden Teile des Epeiros und Makedonien umfaßt. Dagegen bleiben die nördlichen Provinzen bis nach 590, als der Limes unter dem Druck der Avaren zusammenbricht, in byzantinischer Hand. Doch erst mit Beginn der Regierung des Herakleios, als die großen befestigten Städte des nördlichen Illyricums und der Diözese Thrakien verschwinden, dringen die Slawen in Massen in die Nordprovinzen des Balkan ein. Es scheint fast paradox, daß sich die Slawisierung des Balkan von Süden nach Norden vollzogen hat.

Der religiöse Gegensatz: Papst und Kaiser

Anfänglich waren staatliche Strukturen Vorbild für den Aufbau der Kirche, deren Botschaft im Rahmen der Verwaltungsbezirke verkündet wird. Als das Imperium christlich wird, richtet sich die Kirche also ganz natürlich nach dem Aufbau des Staates. Nach diesem »Grundsatz der Angleichung« sitzt in jeder Provinzhauptstadt auch ein Metropolit oder Erzbischof, dem alle Bischöfe der Provinz unterstehen, so wie die Provinzialbeamten dem Vertreter des Kaisers in der Provinzhauptstadt unterstehen. Das Konzil von Nikaia legt deshalb fest, daß der Metropolit die Ernennung eines Bischofs in seinem Bereich jeweils bestätigen muß. Nach dem gleichen Grundsatz verleiht es auch den in den Diözesanzentren sitzenden Metropoliten weitergehende Rechte: so erklärt sich die Sonderstellung der Patriarchen von Alexandreia, Rom, Antiocheia und »anderer Eparchien«. Für die neue Hauptstadt Konstantinopel ist in dieser Provinzhierarchie kein Platz: Sie hat im Prinzip nur einen Bischof, der dem Metropoliten von Herakleia untersteht. Dennoch besteht von Anfang an kein Zweifel, daß der wichtigste Bestandteil des Angleichungsprinzips, die Gegenwart des Kaisers, der Hauptstadt einen Sonderstatus einräumt, der ihrer Provinzmetropole nicht einmal durch einen besonderen gesetzgeberischen Akt weggenommen werden muß.

So alt wie die Kirche selbst ist ein anderer, meist stillschweigend hingenommener Grundsatz, das »Prinzip der Apostolizität«, das den von den Aposteln begründeten Bischofssitzen einen besonderen Rang einräumt. Doch nur wenige Provinzmetropolen können sich einer solchen Vergangenheit rühmen; neben Alexandreia, Rom und Antiocheia gilt dies noch für Ephesos, Korinth und Thessalonike. Darüber hinaus zählt die Dynamik, die dieser oder jener Bischofssitz entwickelt, mehr als die eigentliche Apostolizität. So findet im Ostreich im 5. Jahrhundert eine Art natürlicher Auslese statt, aus der zunächst Alexandreia und Antiocheia hervorgehen; nach 451 kommt Jerusalem dazu, das zwar keine apostolische Tradition, dafür aber mit Juvenal einen rührigen Pontifex besitzt, der Jerusalems Vergangenheit als Heilige Stadt und seine Vielzahl an Reliquien und an heiligen Stätten ins rechte Licht zu rücken versteht. Daher erweist sich auch im Ostreich am schnellsten die Unvereinbarkeit der beiden Prinzipien: wie läßt sich der Anspruch von Konstantinopel, in der Kirche wie im Staat an der Spitze zu stehen, mit Alexandreias apostolischem Prestige vereinbaren, das durch die dortige Theologenschule seit

dem 4. Jahrhundert noch gefördert wird? Als Theodosios 381 das Konzil von
Konstantinopel einberuft, das der Hauptstadt nach Rom den zweiten Platz in der
Kirche einräumt, will er vor allem diesen Vorrang Alexandreias beenden.

Da Rom von dieser nur das Ostreich betreffenden Angelegenheit kaum berührt
ist, erhebt der Papst keine Einwände gegen die Beschlüsse von 381. Zu Beginn des
5. Jahrhunderts unterstützen auch die Päpste Bonifatius I. und Innozenz I. das
Prinzip der Angleichung: in diesem Sinn fordert Bonifatius auch lautstark für Rom
die Oberhoheit über die ehemalige Diözese Illyricum. Dennoch trifft es zu, daß
Rom – nicht mehr kaiserliche Residenz – seitdem das verlorene politische Prestige
dadurch auszugleichen sucht, daß es seine apostolischen Wurzeln noch eindringli-
cher herausstellt. Hatte man bislang besonderes Gewicht auf die universelle Botschaft der Apostel und gerade in Rom auf die unteilbare Rolle von Petrus und
Paulus gelegt, so wird nun immer wichtiger, was der hl. Kyprian schon im
3. Jahrhundert gesehen hat: die *cathedra* Petri, der Stuhl Petri. Rom steht dabei mit
dem Rücken zur Wand: Inmitten eines verfallenden Westreichs selbst dem Zusammenbruch nahe, hält es um so strikter an den beiden Gründungsprinzipien der
Kirche fest, an der Angleichung an die politischen Strukturen und an der Apostolizität. 451 spitzte sich die Lage auf dem Konzil zu Chalkedon zu. Hier sollte der
Vorrang Alexandreias gebrochen werden, und deshalb wurde im 38. Kanon noch
einmal der Vorrang von Konstantinopel aus dem Jahr 381 unterstrichen. Dieses Mal
widerspricht Papst Leo I. – jedoch nicht grundsätzlich, sondern weil ihm die beiden
Prinzipien in Frage gestellt zu sein scheinen. Das Konzil hat in der Tat die
apostolische Herkunft Roms nicht erwähnt und die Gerichtsbarkeit Konstantinopels auf die Diözesen des Pontus, Asiens und Thrakiens ausgedehnt. Darüber
hinaus waren diese Entscheidungen in Abwesenheit der päpstlichen Legaten gefällt
worden, was allen Konzilstexten widerspricht, die Rom den ersten Platz einräumen. Papst und Kaiser sind tatsächlich mit dem einverstanden, was in Justinians
Novelle 131 als eindeutiger Kompromiß formuliert wurde: der Papst ist der erste
unter allen Bischöfen, der von Konstantinopel folgt ihm unmittelbar und hat
Vorrang vor den übrigen. Die Justinianische Gesetzgebung beschränkt außerdem
die apostolische Würde auf fünf Bischofssitze, deren Inhaber nunmehr »Erzbischöfe und Patriarchen« heißen: Rom, Konstantinopel, Alexandreia, Antiocheia
und Jerusalem.

Rom hat damit weder politische noch disziplinarische Gründe, sich von Konstantinopel zu trennen. Es erkennt den Vorrang der fünf Patriarchensitze, der
Pentarchie, an, die noch im 9. Jahrhundert vom päpstlichen Bibliothekar Anastasius
mit den fünf Sinnen verglichen wird, unter denen Rom den Gesichtssinn darstellt.
So können die unvermeidlichen Ansprüche Konstantinopels Gregor den Großen,
eine starke Persönlichkeit und nach eigenem Bekenntnis Untertan des Reichs, auch
kaum aus der Ruhe bringen: als Patriarch Johannes Nesteutes (582–595) sich den
Titel *ökumenisch* (universal) zulegt, den auch alle seine Nachfolger tragen, protestiert der Papst vor allem aus moralischen Gründen gegen diesen Mangel an
Bescheidenheit; solche moralischen Erwägungen prägen seinen Einspruch, zumal

er der erste Papst ist, der sich »Sklave der Sklaven Gottes« *(servus servitorum Dei)* nennt.

Rom kann sich eine gewisse Geltung nur erhalten, indem es die Orthodoxie respektiert und gleichzeitig als deren Garantin gegenüber einem Osten auftritt, der von Häresien heimgesucht wird und dazu noch Ziel von Interventionsgelüsten des Kaiserthrons ist, der nacheinander verschiedenen Wahrheiten Geltung verschaffen will und sich dabei über das tradierte Prinzip der Teilung zwischen weltlicher und geistlicher Macht hinwegsetzt. In der Regel unterstützt Rom den Kaiser in allen Bemühungen, die Orthodoxie durchzusetzen, und ist sogar bereit, ihm Befugnisse zuzubilligen, die er herkömmlicherweise nicht hat. Weicht er jedoch vom Weg ab, ist Rom unerbittlich. Als Konstantios den Arianismus als offizielle Lehre einführt, widersetzt sich Papst Liberius, und selbst die Berufung eines Gegenpapstes in Rom verhilft der Häresie hier nicht zum Durchbruch. Während der Auseinandersetzun-

Die alte und die neue Hauptstadt des Römischen Reiches, Rom und Konstantinopel, symbolisch auf einem elfenbeinernen Diptychon vereint (Ende 5. Jahrhundert; Kunsthistorisches Museum Wien).

gen des 5. Jahrhunderts verdammt der Inhaber des Stuhles Petri in gleicher Weise Nestorianismus und Monophysitismus, selbst als die Zentralgewalt der einen oder anderen Lehre zuneigt. Das Konzil von Ephesos setzt den vom Hof unterstützten Nestorios ab, das Konzil von Chalkedon, für dessen Glaubenslehren Papst Leo I. verantwortlich zeichnet, schleudert den Bannfluch gegen den Monophysitismus zu einem Zeitpunkt, als er die Lehre des Hofes ist. Gerade das Ringen um einen Kompromiß mit dem monophysitischen Osten führt zur ersten schwerwiegenden Kirchenspaltung zwischen Rom und Konstantinopel: 484 verurteilt der Papst Zenons Unionsedikt *(henotikon)*, das der Patriarch Akakios unterstützt hat, und belegt letzteren mit dem Bann. Der Bruch zwischen den beiden Metropolen währt 34 Jahre, bis zum Jahr 518. Ähnliches geschieht zur Zeit Justinians, der wohl unter dem Einfluß Theodoras erneut den Ausgleich sucht und in Konstantinopel die Nominierung eines anerkannt monophysitischen Patriarchen zuläßt: Papst Agapet, der auf einer Gesandtschaft in der Hauptstadt weilt, läßt 536 den Patriarchen absetzen und die Häretiker aus Konstantinopel verjagen. Der Kaiser aber setzt dann seinen Nachfolger Silverius ab und glaubt, in dem Diakon Vigilius einen fügsamen Diener zu finden. Doch als Justinian sich anmaßt, persönlich drei des Nestorianismus verdächtigte Gelehrte zu verurteilen (Verurteilung der Drei Kapitel), um die gemäßigten Monophysiten für sich zu gewinnen, erhebt gerade dieser Papst sich nach anfänglichem Stillhalten gegen ihn und droht sogar, dem ökumenischen Konzil von 553 fernzubleiben, zu dessen Einberufung er zuvor geraten hatte. Getreu seinen Grundsätzen unterstützt Rom jeden orthodoxen Herrscher ungeachtet seiner ethischen Qualitäten: Gregor dem Großen fällt es deshalb nicht schwer, von Maurikios zu dessen Mörder Phokas überzuwechseln, zumal dieser ihm zubilligt, was kaum zu hoffen stand – er verbietet dem Patriarchen von Konstantinopel, den Zusatz ›ökumenisch‹ zu tragen. Als sich durch die Rückeroberungen des Herakleios das monophysitische Problem erneut in aller Schärfe stellt, geht Papst Honorius so weit, den Monoenergetismus zu billigen, doch Rom ist sich der Unterstützung des gesamten Westens sicher, als es die *Ekthesis* von 638 scharf zurückweist. Der eigentliche Bruch ist dann eine Folge der Auseinandersetzung um den Monotheletismus; hier offenbart sich der kulturelle Graben zwischen Rom, dessen Macht rein geistiger Natur ist, und einem Römischen Reich, das die Ideologie den politischen Erfordernissen anpaßt.

Unruheherde im Reich

Selbst wenn Latinisierung und Hellenisierung im Westen seit dem 6. Jahrhundert große Fortschritte machen, so gibt es doch noch Krisenherde, die eine Rolle beim Verfall des Reichs spielen. Den aktivsten Widerstand leisten die Berber in Afrika, die nicht einmal von den Vandalen unterworfen werden konnten. Schon im Jahr der Rückeroberung erheben auch diese Stämme sich; der Präfekt Salomon muß ein Befestigungssystem errichten lassen, um sie in Schranken zu halten. 539 sind die

Arbeiten daran zwar beendet, doch 544 erheben sich die Berber erneut und bedrohen zwei Jahre später sogar Karthago. Der Gegensatz zwischen den wirtschaftlich blühenden Küstentälern und den Bergmassiven, aus denen die Berber regelmäßig kommen – so beispielsweise 563, vor allem aber zwischen 569 und 578 –, wird immer größer. Bei der Abreise des Exarchen Gennadios im Jahr 591 ist das byzantinische Afrika nur dem Anschein nach befriedet und bietet ein schmeichelhaftes Bild: das Land ist nicht nur wohlhabend, es ist auch unerschütterlich der Orthodoxie verbunden. Bekanntermaßen findet Herakleios in Karthago die Kräfte, die ihm zur Herrschaft über das Reich verhelfen, hier erläßt er sein Dekret über die Zwangskonvertierung der Juden. Auch die ägyptischen Monophysiten, die vor den arabischen Eroberern nach Karthago flüchten, werden Opfer einer breitangelegten Zwangskonvertierung. Davon bleibt nur, daß das »kultivierte« Afrika lateinisch spricht, auch wenn Inschriften von der Existenz einer griechischen Volkssprache zeugen, während die Berberstämme ihren Sprachen und in der Mehrzahl auch dem heidnischen Glauben treu bleiben. Das neue Festungssystem spricht eine deutliche Sprache – es gibt keinen römischen Limes mehr, der Karthago isoliert, indem er die Wüste abriegelt. Vielmehr ist ein komplexes System aus befestigten Städten und Stützpunkten entstanden, das die großen Gebiete zu umfassen sucht, in die immer wieder Berber eindringen und die – etwa in Khroumiria – sogar bis zur Küste reichen.

Ganz anders ist die Lage im albanischen Gebiet auf dem Balkan: die Archäologie kann inzwischen im Zentrum und im Norden des heutigen Albanien sowie im Kosovo einen albanischen Schwerpunkt nachweisen, den die Quellen jedoch ebenso verschweigen wie die Dako-Rumänen, die späteren Walachen, die zweifellos südlich der Donau siedeln. Dieses Schweigen kann nur eine Erklärung haben: im Gegensatz zu den Berbern handelt es sich hier um sehr kleine Gruppen, die sich nie gegen den Kaiser erheben und somit auch kein Problem darstellen. Darüber hinaus wird die Folgezeit zeigen, daß sich diese Siedlungskerne fremder Herkunft angesichts der slawischen Invasionen der Gemeinschaft der Griechen annähern, der sie häufig schon durch die Religion verbunden sind.

Invasion und Anpassung

Die moslemischen Eroberungen

Das Reich entspricht um 630 in Wirklichkeit kaum noch seiner offiziellen geographischen Ausdehnung. Anatolien, die Ägäis, Thrakien, die griechische Ostküste, die großen Inseln zwischen Sizilien und Zypern und die süditalienischen Provinzen bilden ein kleines stabiles Zentrum eines riesigen Territoriums, das von inneren Spannungen zerrissen wird: in Syrien und Ägypten von »nationalen« und religiösen, in Afrika von ethnischen und kulturellen, in Italien von kulturellen und politischen. Dazu kommen noch der slawische Druck auf dem Balkan und die Langobarden, die das Exarchat, Apulien und mit ihrer beachtlichen Flotte auch Sardinien bedrohen. Darüber hinaus gleicht das Reich – mit gewichtigen lokalen Unterschieden – seit der Pest im 6. Jahrhundert einem großen, demographisch ausgebluteten Leib, der immer wieder von der furchtbaren Seuche heimgesucht

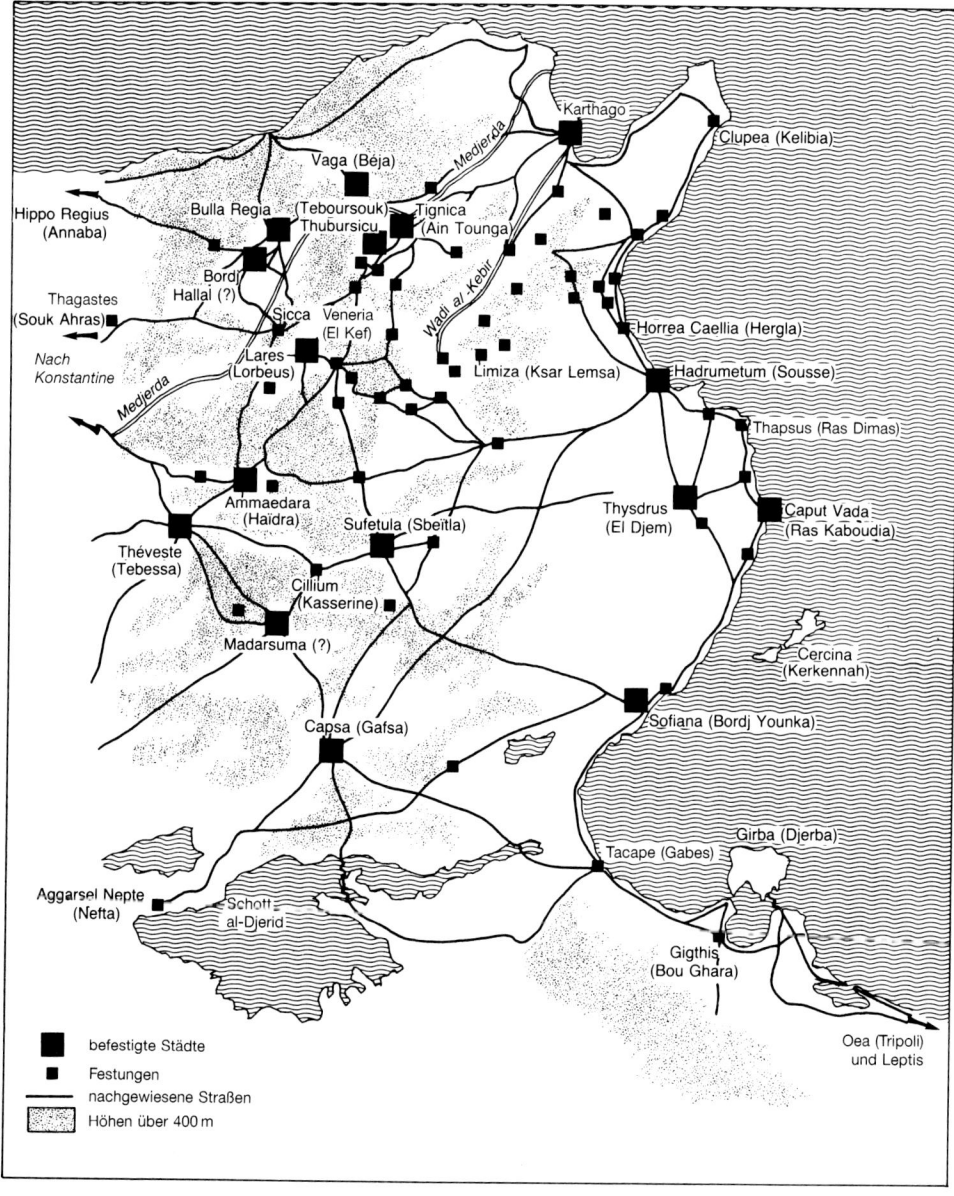

Der byzantinische Verteidigungsriegel gegen die Berber im 6. Jahrhundert.

wird: 558 sprechen die Chronisten von Zehntausenden von Toten in Konstantinopel, wo die Pest wie auch in Kilikien und in Antiocheia 560/561 erneut zuschlägt.
Auch 585 ist die Hauptstadt betroffen, im Jahr 601 wütet die Seuche dann im
unteren Donauraum, 610 erneut in Konstantinopel. In Syrien folgt kurz vor der
arabischen Invasion eine Epidemie auf die andere: Nach der Eroberung Jerusalems
durch die Perser im Jahr 614 schreibt Nikephoros, daß »das römische Imperium
dem Seuchentod erlegen ist«. In den Jahren 628 und 638 suchen weitere Epidemien
dieses Gebiet heim. Der Bevölkerungsschwund ist allgemein: etwas weniger ausgeprägt in Italien, beträchtlich im byzantinischen und westgotischen Spanien sowie in
Afrika, wo viele Menschen wegen der Seuche ihre Siedlungen verlassen. Es wäre
gewagt, die Verluste genau beziffern zu wollen, doch darf man davon ausgehen, daß
der gesamte Mittelmeerraum in den Jahren 541 bis 650 rund 25% seiner Bevölkerung eingebüßt hat. Anfang des 7. Jahrhunderts gibt es Anzeichen für einen
Wiederaufschwung, allerdings nur im Westen; im Osten wird er vor allem in Syrien
und Ägypten durch die Verluste und die Folgen der persischen Kriege stark
gedämpft. In dem ohnehin zerbrechlichen Gefüge sind die syrisch-ägyptischen
Provinzen mit Abstand am meisten ausgeblutet.

Die an die Randbezirke des römischen und des persischen Reiches stoßende
arabische Welt scheint bis zu diesem Zeitpunkt wenig gefährlich. Zumindest ist es
keine fremde Welt, denn es bestehen enge Beziehungen zu beiden Reichen, vor
allem seit diese im 6. Jahrhundert je ein arabisches »Königreich« unter ihren Einfluß
bringen: die Lakhmiden von Hira am äußersten Rand Mesopotamiens sind Verbündete der Perser, der König der Ghassaniden von Bostra am Saum des byzantinischen
Syrien erhält von Justinian den Titel eines Phylarchen, eines »Volksführers«, womit
das »Vasallentum« des kleinen arabischen Königreiches mit seiner mehrheitlich
monophysitischen Bevölkerung unterstrichen wird. Aus diesen Randzonen breitet
das Christentum sich auf der arabischen Halbinsel aus: Christen gibt es nicht nur in
den Oasen bis tief in den Süden, auch große Stämme im Norden, etwa die Banû
Taghlib sind Ende des 6. Jahrhunderts christianisiert. Neben diesen politischen und
kulturellen Beziehungen existieren natürlich wirtschaftliche Verflechtungen. Schikanen durch die Perser und vor allem durch ihr Steuersystem verändern seit dem
5. Jahrhundert die Handelswege der südarabischen Kaufleute. Um das Reich mit
Gütern aus Ostafrika und Asien zu versorgen, hatten sie bisher die Handelswege am
Persischen Golf und entlang des Euphrat benutzt; nunmehr weichen sie auf den
Karawanenweg im Westen mit Mekka als wichtigem Handelsplatz aus. Die neue
Route führt direkt ins römische Syrien, so daß das Reich begehrte Produkte zu
geringeren Preisen erhält. Städte wie Hidjâz, Mekka und Jathrîb, das spätere
Medina, entwickeln sich dadurch zu bedeutenden Handelszentren; ihre alten
Heiligtümer, allen voran die Kaaba von Mekka, werden in ganz Arabien bekannt.
So hat auch Muhammed, um 580 in Mekka geboren, als Junge die Karawanen seines
Onkels nach Syrien begleitet, wo er nicht nur seine Kaufmannslehre absolviert,
sondern gleichzeitig in vielfältiger Weise die jüdisch-christliche Welt kennenlernt,
deren Anhänger sogar in seiner Geburtsstadt zu finden sind. Erste Offenbarungen

erlebt er um 610; Mekka weist ihn ab, er flieht 622 nach Jathrîb *(Hedschra).* So ist es verständlich, daß er 630, im Jahr seines Einzugs in Mekka, einen ersten Zug auf Syrien unternehmen läßt, dem allerdings wenig Erfolg beschieden ist.

Zur selben Zeit triumphiert Herakleios über die Sassaniden, deren Reich im Chaos versinkt, und an den Grenzen zur arabischen Welt werden die römischen Auseinandersetzungen durch die persische Anarchie noch verstärkt. Bedenkt man dann noch, daß die arabische Halbinsel im 6. Jahrhundert durch die Wüste vor der Pest bewahrt worden ist, so daß die zahlenmäßig geringe Bevölkerung eine Dynamik entwickelt, die den angrenzenden Ländern seit langem fremd ist, so hat man eine Reihe von Gründen, die zusammen mit der religiösen Begeisterung der Eroberer eine Entwicklung ausreichend erklären können, die man allzu lange als überraschend oder gar wunderlich beurteilt hat: den plötzlichen Zusammenbruch des persischen Reichs und des gesamten afro-asiatischen Territoriums von Byzanz.

Nach der Zerstörung des persischen Reichs zwischen 636 und 644 benötigen die Araber in der Tat nur sieben Jahre zur Eroberung der römischen Territorien im Osten. Im Juli 634 wurde die römische Armee in Rabbath-Moab bei Jerusalem vernichtend geschlagen, obwohl Herakleios von Emesa (Hims bzw. Homs) aus, wo er damals residierte, unter dem Oberbefehl seines Bruders Theodoros eiligst Hilfstruppen in Marsch gesetzt hatte. Damaskus, das seit Februar 635 abgeriegelt war, kapitulierte im September auf Vermittlung seines Bischofs. An den Ufern des Jarmuk östlich des Sees Genezareth hatte General Khalid ibn al-Walid ein befestig-

Ruinen der Basilika von Tebesse, dem antiken Theveste, in Algerien.

tes Lager errichtet, hier machte er im Sommer 636 die letzte byzantinische Verteidigungsanstrengung zunichte. Mit dem Fall Jerusalems im Jahr 638 haben die Araber ganz Syrien bis zu den Ausläufern des Tauros in der Hand; nur Kaisareia in Palästina leistet noch Widerstand und fällt erst 640. Schon Ende des vorhergehenden Jahres war 'Amr ibn al-'As am Nildelta in Ägypten aufgetaucht und hatte die Eroberung des gesamten Niltals begonnen. Die dortigen kaiserlichen Truppen leisten fast nur im Gebiet um Heliopolis Widerstand: 641 fällt das ägyptische Babylon in der Nähe des heutigen Kairo, Alexandreia wird im September 642 nach zähen Verhandlungen von Kyros übergeben, der Muqawqîs der orientalischen Quellen, bevollmächtigter Gouverneur des Herakleios. Schon 643 ist die Kyrenaika erreicht, Barqa und Tripoli sind in arabischer Hand. 647 stürmen die Araber von hier nach Karthago, wo der Exarch Gregorios sich gerade gegen Konstantinopel erhoben hat: das byzantinische Heer wird geschlagen, sein Feldherr in der Schlacht von Sufetula (Sbeïtla) getötet; doch die Eroberer begnügen sich mit einem Lösegeld, so daß die eigentliche Eroberung Afrikas erst zehn Jahre später einsetzt. Zwischen 639 und 643 unterwerfen die Moslems jedoch schon Obermesopotamien und Armenien, stoßen bis nach Tiflis vor und erreichen über die Kaukasische Pforte das Kaspische Meer.

Die bisher genannten Gründe reichen als Erklärung für einen derartigen Zerfall nicht aus: militärisch sind die Christen in der Übermacht. Am Jarmuk kämpfen 50 000 gegen weniger als 25 000 Moslems, und vor allem in der Gegend von

Reste der römischen Villa von Sufetula (Sbeïtla) in Tunesien.

Antiocheia finden erbitterte Kämpfe statt. Gibt es vielleicht bei den durch die griechische Vorherrschaft verbitterten Orientalen eine allgemeine Verbrüderung mit den Arabern? Die Behauptung wäre übertrieben, denn es hat verzweifelten Widerstand gegeben, nicht nur bei den Melkiten, sondern auch bei Syrern und Kopten. Dennoch konnten die Völker im allgemeinen leicht unterworfen werden, um so mehr, als häufig die militärische, zivile und kirchliche Elite mit ihrem ausgeprägten Griechenhaß zum Feind überläuft. Die Bevölkerung hofft ohne Zweifel auch, daß die Eroberer der Erpressung durch die lokalen Aristokratien ein Ende setzen. Widerstand leistet nur Armenien, das die Moslems nie wirklich unterwerfen können; es ist dies auch das einzige Gebiet, in dem ›Grieche‹ nicht unbedingt mit ›Unterdrücker‹ gleichgesetzt wird.

Invasionen von Slawen und Bulgaren auf dem Balkan

Der Zusammenbruch des Donaulimes Ende des 6. Jahrhunderts, das Scheitern der byzantinischen Offensive, das Schreckensregiment des Phokas und die Kriege gegen Persien entblößen die Front auf dem Balkan fast völlig und öffnen die Halbinsel der slawischen und avarischen Invasion. Der Beginn der Herrschaft des Herakleios ist deshalb der Höhepunkt einer langen Entwicklung: während sich die Avaren nach ihren Beutezügen hinter die Donau zurückziehen, lassen sich die Slawen endgültig auf dem Balkan nieder. Aber die Avaren haben mit ihren starken militärischen Kräften die Niederlassung der Slawen auf byzantinischem Territorium erst ermöglicht oder zumindest erleichtert.

Doch in der Folgezeit erlahmt die Kraft der Avaren rasch. Die Erklärung liegt ohne Zweifel in der schweren Niederlage, die sie 626 vor den Festungsmauern von Konstantinopel einstecken müssen, vermutlich aber auch im Aufstand von Samo in Mitteleuropa und in der Ansiedlung der Serben und Kroaten im Herzen der Halbinsel. Noch heute ist nicht ganz geklärt, ob die Wanderung der Serben und Kroaten mit Zustimmung von Herakleios zustande gekommen ist: erwähnt wird dies nur in einer einzigen Quelle, dem *De Administrando Imperio* des Konstantin VII. Porphyrogennetos, aber heute neigt man mehr und mehr zur Anerkennung dieser Tatsache. Sicher ist jedenfalls, daß die Südslawen sich in der ersten Hälfte des 7. Jahrhunderts endgültig auf dem Balkan niedergelassen haben.

Die Wanderungsbewegungen der Slawen bei ihren Invasionen und ihrer Landnahme sind nur in groben Umrissen bekannt; die Quellen sind spärlich, und die Archäologie kann hier bisher nur Teilerfolge verbuchen. Diejenigen, die sich im heutigen Rumänien niedergelassen hatten, überquerten dabei den Unterlauf der Donau, die pannonischen Slawen setzten bei Singidunum (Belgrad) über Donau und Save. Nach Überwindung der Flußgrenzen ziehen sie von der unteren Donau entlang der Küste des Schwarzen Meers in Richtung Konstantinopel und in die Gebiete zwischen der Hauptstadt und dem Haemus. Westlich dieses Weges öffnen sich ihnen die Täler der Morava und des Vardar nach Thessalonike, doch manchmal

Byzantinischer Palast (Miniatur aus Konstantinopel, 11. Jahrhundert;
Biblioteca apostolica Vaticana, Rom).

ändern sie die Richtung, ziehen wieder Richtung Konstantinopel oder in südwestlicher Richtung nach Griechenland, zur Peloponnes und nach Epeiros bis an die Küsten des Ionischen Meeres. Schließlich ziehen diejenigen, die über den Mittellauf der Donau setzen, durch das heutige Bosnien nach Dalmatien und zur adriatischen Küste.

Von den Stämmen, die unmittelbar an diesen Wanderungen beteiligt waren, ist kaum etwas bekannt: ein zufällig in Quellen auftauchender Name und rekonstruierte andere ergeben kein zusammenhängendes Bild. Dragubiten, Sagudaten, Velegeziten, Vajuniten, Verziten und andere Stämme um Thessalonike herum, deren Namen die *Miracula Demetrii* nicht nennen, greifen 616 die Stadt an; in derselben Region werden in den Jahren 675–678 noch Rhynchinen und Strymoniten erwähnt. Eine Quelle aus dem 10. Jahrhundert bestätigt auf der Peloponnes die Anwesenheit der Melingen und Ezeriten. In Moesien und Skythien stoßen die Protobulgaren auf die Severen und die sogenannten *Sieben Stämme*. Neben Serben und Kroaten erwähnt Konstantin VII. noch die Diokleier, Terbunier, Zachlumier, Kanaliten und die Narentaner oder »Pagani«. Genaue Zahlen lassen sich ebensowenig anführen: Die nachgewiesene unterschiedliche Bevölkerungsdichte in den verschiedenen Regionen erklärt lediglich das Auf und Ab der ethnischen Zusammensetzung und die wechselvolle Geschichte in den verschiedenen besetzten Gebieten. Eine Ge-

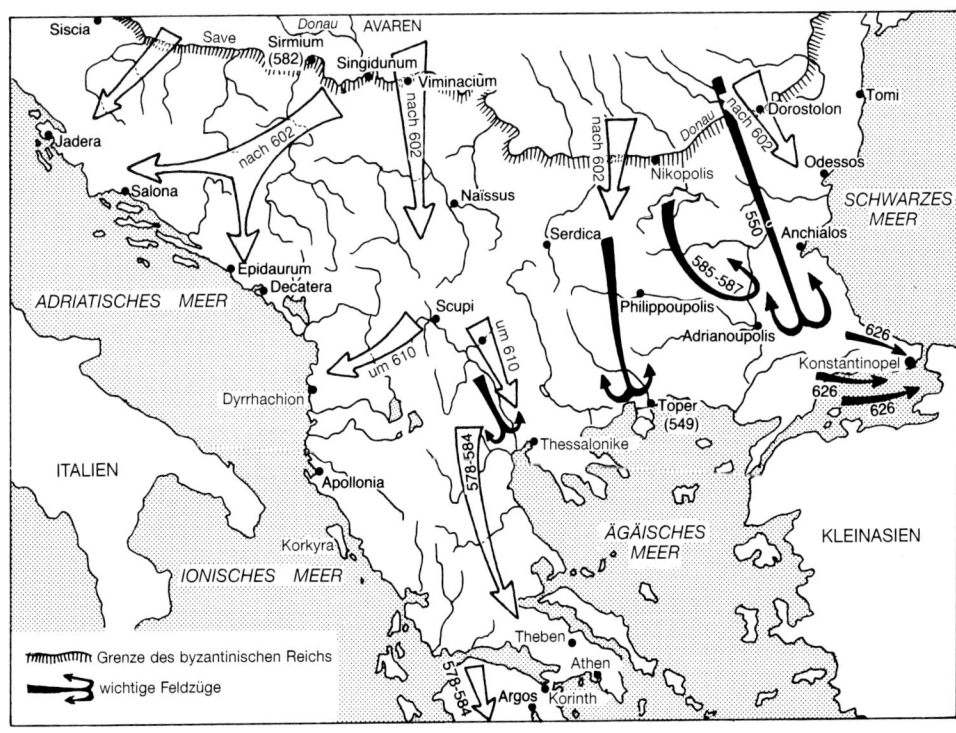

Slawische Besiedlung des Balkan.

samtschau der slawischen Besetzung des Balkan ist allein deshalb problematisch, weil wir nichts über die ursprüngliche Bevölkerung und über die Städte im Landesinnern wissen. Wir können nur feststellen, daß das obere und untere Moesien, Scythia minor, Makedonien, ein Teil Albaniens, Nord-, Mittel- und Südgriechenland und fast das gesamte Thrakien slawisiert worden sind, nicht zu rechnen Dalmatien, Epeiros und die nordwestliche Peloponnes.

Doch selbst ohne präzise Kenntnis dieser komplexen Landnahme darf man sagen, daß die ethnische Struktur der Halbinsel sich radikal geändert hat, auch wenn die alten Völker nicht völlig von der Bildfläche verschwunden sind. Etliche können sich im Landesinnern behaupten, andere fliehen vor den Barbaren und verstärken in einigen Küstenregionen die dort ansässige Bevölkerung. Die fast völlige Zerrüttung der byzantinischen Vormachtstellung lähmt die gesamte Halbinsel, von der Donau bis zur Südspitze Griechenlands, sowohl militärisch als auch verwaltungstechnisch. Eine Liste der Regionen und Siedlungen, die weiter in der Hand von Byzanz, genauer: unter seiner Kontrolle verbleiben, gibt Aufschluß über die Beziehungen zwischen Byzanz und den Slawen. Abgesehen von den Enklaven im Landesinnern kann Byzanz durch die Überlegenheit seiner Seemacht eine Reihe alter Küstenstädte, Häfen sowie neuerer Rückzugsgebiete behaupten, deren natürliche Lage wie im Fall von Ragusa und Monemvasia die Verteidigung erleichtert. Diese Bilanz gilt für die gesamte Küste von der Adria bis zum Schwarzen Meer: Byzanz hat fast alle Besitzungen im Landesinnern verloren, und seine Vormacht beschränkt sich auf eine Küste, wo es häufig nur Städte beherrscht, die durch slawische Eroberungen voneinander getrennt sind. Ein weites Gebiet bleibt jedoch von massiver Slawisierung verschont: der Großraum Konstantinopel, die Schwarzmeerküste, Attika, Böotien und die Argolis. Thessalonike ist von Slawen fast gänzlich eingeschlossen, während Dyrrhachion einen Teil seines Hinterlandes für sich behaupten kann; in Dalmatien, Epeiros und der nordwestlichen Peloponnes widersetzen sich einige Küstenstädte und vorgelagerte Inseln.

Im Landesinnern bilden sich eine Reihe von *Sklavinien* – so bezeichnen byzantinische Quellen slawisch besetzte Territorien, über die Byzanz jede Kontrolle verloren hat. Der politische Hintergrund und das monarchische Konzept von Byzanz lassen diese Stammesgebilde wesensfremd erscheinen; daher bezeichnet man mit diesem Begriff in Byzanz auch jene politischen Gebilde der Slawen, die auf dem Weg zur Staatenbildung sind. Diese Sklavinien sind für das Landesinnere des Balkan charakteristisch und bestimmen bis zur Mitte des 19. Jahrhunderts die Entwicklung.

Kurz nach 680 erfährt die neue Lage eine äußerst gewichtige Veränderung: ein Teil der Bulgaren verläßt unter ihrem Anführer *Khan Asparuch* seine bisherigen Wohnsitze und gründet weiter westlich, zwischen Donau und Balkangebirge, einen Staat. Nach einer militärischen Niederlage ist Byzanz schon 681 gezwungen, diesen Staat nicht nur anzuerkennen, sondern ihm sogar jährlich Tribut zu entrichten: Eine byzantinische Chronik vermeldet dieses »Unglück«. Die Bulgaren unterwerfen die »sieben Stämme« und zwingen sie zum Abschluß eines *pactum*, während die

Severen nur an die byzantinische Grenze umgesiedelt werden. Auf dem Territorium des Reichs ist somit ein neuer Staat entstanden, dessen bulgarische Herrscher sich mit einer absoluten Mehrheit von Slawen abfinden müssen. Aus diesem ethnischen Dualismus wird schnell ein politischer, der fortan die Entwicklung des bulgarischen Staats prägt und erst um die Wende des 9. zum 10. Jahrhundert überwunden ist; seit diesem Zeitpunkt kann man von einem rein slawischen Staat sprechen. Dreieinhalb Jahrhunderte lang bestimmen die Beziehungen zu dem bulgarischen Staat die byzantinische Balkanpolitik; auch für die im Herzen der Halbinsel ansässigen Slawen ist Bulgarien die neue Kraft, die ihre eigene Entwicklung und ihre Beziehungen zu Byzanz entscheidend beeinflußt.

Rückzug des Reichs

Wer sich die Karte des byzantinischen Reichs im 7. Jahrhundert nach der ersten arabischen Eroberungswelle und der slawischen Überflutung des Balkan ansieht, muß sich fragen, wie ein derart amputierter Staat zu einem neuen Gleichgewicht finden kann. Das Reich besteht nur noch aus einem schmalen Küstenstreifen entlang der Ägäis (von Konstantinopel bis zum Kap Malea), aus den ägäischen Inseln, aus Süditalien und Sizilien; hinzu kommt in Europa nur noch das Gebiet um Ravenna, in Asien verbleibt dem Reich nur Kleinasien bis zum Tauros, jedoch ohne Kilikien. Für einige Jahre gehört auch noch Nordafrika dazu, das jedoch wegen der Entfernung keine große Bedeutung hat und zudem von den unerbittlich vorrückenden Arabern bedroht ist.

Noch zu Beginn der Herrschaft des Herakleios stellte sich die Frage, an welchem Teilstück des Limes die wichtigsten Kräfte gesammelt werden müssen; sie ist ohne Bedeutung, seit die Avaren 626 und danach die Araber 674 bis zu den Mauern der Hauptstadt vorstoßen. Doch nicht nur feindliche Heere bringen Gefahr: die Slawen, die sich der byzantinischen Kontrolle entziehen, haben sich bis weniger als 100 Kilometer von Konstantinopel entfernt niedergelassen; Thessalonike steht ständig unter avaro-slawischem Druck. In Kleinasien taucht jedes Jahr eine arabisch-moslemische Armee auf, wenn nicht gerade interne Schwierigkeiten des Kalifats das verhindern. Sicherlich handelt es sich dabei nur um Überfälle, doch es herrscht eine ständige Furcht, Kleinasien könne das Schicksal der Orientprovinzen widerfahren und Konstantinopel in einer Art Überraschungsschlag durch das Heer des Kalifen eingenommen werden. Das byzantinische Reich steht mit dem Rücken zur Wand. Sein Überleben hängt von zwei Bedingungen ab: erstens von der Aufrechterhaltung der Verkehrsverbindung durch die Meerenge nach Norden und nach Süden – ohne sie kann die Hauptstadt nicht versorgt werden, die trotz der ständigen Abnahme ihrer Bevölkerung viel zu groß ist –, und zweitens von einer zumindest minimalen Kontrolle über Kleinasien, um ein möglicherweise angreifendes arabisches Heer von seinen Nachschubbasen abzuschneiden und eine Belagerung der Hauptstadt durch Heer und/oder Flotte des Feindes wirkungslos zu machen.

Feldarbeit (Miniatur aus Konstantinopel, 11. Jahrhundert; Privatbesitz).

Versuchen wir zu ermessen, wie weit das Imperium Justinians von dem Reich entfernt ist, das wir einhundert Jahre danach vorfinden. Seit 451 ist Konstantinopel bemüht, einen vollständigen Bruch zwischen Chalkedonensern und Monophysiten zu verhindern: Zenon (Henotikon), Justinian (Drei Kapitel) und Herakleios (Monoenergetismus), um nur die bedeutendsten Bemühungen anzusprechen, versuchen, das Gleichgewicht zwischen Konstantinopel und den beiden großen orientalischen Metropolen Antiocheia und Alexandreia zu wahren. Dieses Problem haben die Araber auf allerdings radikale Weise gelöst; Konstantinopel bleibt alleiniger geistlicher und intellektueller Mittelpunkt eines Reichs, in dem es kein Gegengewicht mehr findet. Daraus ergibt sich ein neues Gleichgewicht zugunsten des griechischen und orthodoxen Elementes und zu Lasten der Pluralität. Mehr als vier Fünftel der Bevölkerung und somit auch der Steuereinnahmen sind auf Kleinasien konzentriert; der gesamte noch verbliebene Handel des Reichs wird nunmehr über die Hauptstadt abgewickelt, für die Küstenstädte Kleinasiens, die sich bislang nach Osten orientiert haben, ist jetzt sie der einzige Absatzmarkt. Auch die Seewege ändern sich grundlegend, ebenso der Verlauf der Verbindungen zu Lande; die administrativ und politisch schon latent vorhandene Zentralisierung weitet sich auch auf das wirtschaftliche, geistige und geistliche Leben aus.

Zusammenbruch des Handels

Gewisse wirtschaftliche und soziale Veränderungen sind eine unmittelbare Folge der territorialen Anpassung. Der internationale Handel hat sich grundlegend gewandelt, wobei Widersprüchlichkeiten nicht ausbleiben. Die Verkehrsverbindungen ändern sich in der Tat wesentlich langsamer als man glaubt. Dazu ein Beispiel: Das nordsyrische Bergland erlebte im 6. Jahrhundert dank des wichtigen Absatzmarktes, den der östliche Mittelmeerraum ebenso wie die Ost-West-Verbindung durch das Gebirge bot, eine bemerkenswerte Blüte, die sich während des 7. Jahrhunderts und bis weit ins 8. hinein fortsetzt. Der Verfall von Städten wie Antiocheia und Alexandreia, denen Damaskus oder Fustat allmählich den Rang ablaufen, vollzieht sich äußerst langsam. Die arabische Marine, die Mitte des 7. Jahrhunderts auf Veranlassung von Muawijah entsteht, stellt die byzantinische Vorherrschaft zur See zunächst nicht in Frage und behindert auch den Handel im östlichen Mittelmeer nicht merklich. Man könnte sich zurecht fragen, ob die ersten Veränderungen nicht letztlich sogar Konstantinopel nützen, da Städte, die früher eine Konkurrenz waren, an Bedeutung verlieren und der gesamte Handel sich auf die nunmehr einzige Metropole konzentriert.

Eine sorgfältige Untersuchung ergibt jedoch im 7. Jahrhundert einen starken Rückgang des Fernhandels; das beste Indiz dafür ist neben dem Bevölkerungsschwund in der Hauptstadt die seltener werdende Goldwährung. Da letztere die Voraussetzung für den internationalen Großhandel darstellt, spiegelt ihr Rückgang dessen Auszehrung wider. Anderseits lassen Funde von Bronzemünzen in Provinzstädten wie Korinth, Athen und Sardeis darauf schließen, daß kaufmännische Aktivitäten zumindest bis ins letzte Drittel des 7. Jahrhunderts hinein aufrechterhalten werden. Der nachfolgende Zerfall ist umso radikaler, als ob nach 668 plötzlich kein Handel mehr stattgefunden hätte, oder als ob die Kaiser dieser Zeit es wie jene im 8. Jahrhundert nicht mehr für notwendig gehalten hätten, Bronzemünzen prägen zu lassen. Aus diesen Beobachtungen ergeben sich zwei Schlußfolgerungen: In den Provinzstädten blüht der mittlere Handel mit wenig hochwertiger Ware, die in Bronze bezahlt wird, noch in den beiden ersten Dritteln des 7. Jahrhunderts; die Provinzstädte fungieren als Regionalmärkte, während der internationale, in Goldwährung zahlende Handel sich mehr auf die großen (verlorengegangenen) Metropolen und auf die (noch bestehende) Hauptstadt konzentriert hatte. Zweitens verzeichnet der Handel innerhalb der mittelgroßen Städte im letzten Drittel des Jahrhunderts empfindliche Einbußen.

Der deutliche Rückgang des großen Handels hat auch für Konstantinopel Konsequenzen, obwohl die Hauptstadt ihren Anteil am insgesamt allerdings geringer gewordenen Handelsvolumen steigert. Der Niedergang der großen, im Reich verbliebenen Provinzstädte wirkt sich stärker aus. Im von Slawen belagerten Thessalonike, an der Handelsstraße in den niedergehenden Westen gelegen, das im 7. und 8. Jahrhundert aber noch die Mittel zum Bau einer imposanten Stadtmauer aufbringt, ist das paradoxerweise weniger spürbar als etwa in Ephesos, dessen Markt auf ein Mittelmaß zurückgegangen ist. Jüngste Studien über die Städte in

Inschrift des Bulgarenkhans Tervel (705–707) auf einem Flachrelief in Madara, Bulgarien (Gesamtaufnahme).

Kleinasien belegen, daß der Niedergang hier schon seit dem 6. Jahrhundert deutlich spürbar war; er wurde durch die arabischen Einfälle lediglich beschleunigt, da sie den Verkehr auf den Straßen Kleinasiens zum Wagnis machten. Die Erklärung liegt also doch in der tiefen Umwälzung, die die großen Handelswege und die großen Märkte erfahren.

Daß Justinian die Zucht der Seidenraupe im Reich einführt, hat seinen Grund in der prekären Rohstofflage; die Seidenstraße ist unterbrochen, allerdings weniger durch böse Absichten des persischen Reichs als durch jene tiefgehenden Umgestaltungen, die sich im entfernten Zentral- und Südostasien abspielen. Die Schwäche des persischen Reichs Anfang des 7. Jahrhunderts und seine Zerstörung durch die arabischen Eroberer haben die Lage nicht verbessert. Erst mit dem Abbasidenreich und der Entwicklung von Bagdad kommt es wieder zu einigermaßen regelmäßigen Handelsströmen. Gerade die im Landesinnern liegenden Städte Kleinasiens sind die Opfer des verminderten Handels geworden. Ehemals blühende Städte wie Ankara oder Sardeis müssen einen Teil ihrer inzwischen viel zu weiten Stadtmauern aufgeben; Ephesos beschränkt sich auf seine Akropolis und läßt seinen Hafen versanden. Diese Städte sind bald nur noch als Festungen, *kastra*, von Bedeutung, die zur Landesverteidigung unerläßlich sind. Eine wirtschaftliche Rolle spielen sie kaum noch.

Übergewicht des ländlichen Raumes

Der Niedergang der Städte und der unwiderrufliche Verlust ihres Einflusses, den sie zu Zeiten einer funktionierenden Verwaltung auf das umliegende Land ausübten, bezeichnen und erklären in gewisser Weise die tiefgreifende Verländlichung des Reichs. Nicht nur, daß die im wesentlichen städtische Wirtschaft ländlich wird, denn rein wirtschaftlich hatte das Land schon immer einen überwältigenden Anteil der Produktion geliefert; es geht vielmehr um jene lebendigen Kräfte, die für das Überleben des Reichs sorgen und die im wesentlichen auf dem Land zu finden sind. Der Übergang vom Reich der Städte zum Reich der Dörfer symbolisiert diese Veränderung, die so weit geht, daß sogar das Steuerwesen seine bislang städtische Grundlage auf die Dörfer verlegt. Das Dorf *(chorion)* wird zum Steuerbezirk, die Stadt bleibt lediglich Verwaltungszentrum eines größeren Steuerbezirks *(enoria)*, dessen einzige Aufgabe in der Zusammenfassung der Dörfer besteht.

Hier hält die sprachliche Entwicklung mit der gesellschaftlichen Schritt. Noch im 6. Jahrhundert wird das Dorf mit dem antiken Begriff *kome* bezeichnet. Einige »große und bevölkerte« *komai*, vor allem in Syrien und im südlichen Kleinasien, haben die Funktion von Städten und kopieren deren Institutionen; ein Großteil ihrer Bewohner sind Bauern auf eigenem Grund. Es handelt sich um große Marktflecken mit dörflichem Charakter. Die übrigen *komai* sind wirkliche Dörfer mit einem höheren Anteil an Bauern ohne Landbesitz. Im Gegensatz dazu bezeich-

Mönche bei der Arbeit: bei der Feldarbeit mit der Hacke und beim Kopieren von Handschriften
(Miniatur der Licevoj-Handschrift, 2. Hälfte 11. Jahrhundert).

net *chorion* das Landgut, und hier setzt der Neubeginn ein. Wir wissen, daß die Mehrzahl der großen Landgüter an Kolonen, Pächter und andere Emphyteuten verpachtet wurden; daraus entsteht ein gutsherrschaftliches Dorf aus Landnutzern. Sobald der Bauernstand sich soweit entwickelt hat, daß in den *choria* eine nennenswerte Anzahl bäuerlicher Landbesitzer zu finden ist, unterscheidet sich das normale *kome* nicht mehr vom *chorion*, das nun die Wortbedeutung Dorf übernimmt. Die großen *komai*, die Marktplätze, geraten teilweise in jenen Strudel, der die Städte ruiniert, und sinken auf den Stand einfacher Dörfer ab; zahlreiche *choria*, die auch den Begriff *kome* in ihrem Namen führen, belegen dies. So stammt beispielsweise der Patriarch Eutyches im 6. Jahrhundert aus einem phrygischen *chorion* namens *Theiou Kome*. Die galatische Stadt Juliopolis, Bischofssitz im 6. Jahrhundert, wird zu Gordion Kome; im 11. Jahrhundert ist damit ein *chorion* gemeint. Die immer pragmatische Steuerverwaltung erhebt das *chorion* zum Basisdistrikt. Der frühere Begriff für Landgut steht nun ganz allgemein für ein Dorf, das im wesentlichen von unabhängigen Bauern bewohnt ist.

Dies ist das Ergebnis einer Entwicklung, die wir seit der Zeit Justinians verfolgen: die wachsende wirtschaftliche Selbständigkeit und die sich daraus ergebende soziale Unabhängigkeit der kleinen Bauern gegenüber einem Landadel, der unfähig zur Kontrolle ist, und gegenüber einem Staat, der im Grunde den Bauernstand begünstigt, sei es unmittelbar durch Steuersenkungen oder mittelbar durch verstärkten Schutz. Viele Kolonen erreichen die höhere Stellung eines Pächters und vor allem die eines Emphyteuten; letzterer hat gute Aussichten auf volle Inbesitznahme des Bodens. Die Invasionen beschleunigen diese Entwicklung. Auf der einen Seite führt das byzantinische Reich seine traditionelle Siedlungspolitik weiter und greift sogar zum Mittel der Umsiedelung. Justinian II. zum Beispiel weist im Jahr 688 30 000 Bulgaro-Slawen ein Gebiet in Bithynien zu, weitere 30 000 siedelt er am Strymon an; noch 762 soll Konstantin V. 208 000 Slawen nach Bithynien umgesiedelt haben. Selbstverständlich bleiben diese Menschen, die als Freie in das Reich kamen, auch als Landbesitzer frei. Dasselbe gilt für die vor der arabischen Invasion wieder eingegliederten Bevölkerungsteile aus dem Osten, so die unter Justinian II.

in Thrakien, Kilikien und Pamphylien angesiedelten Mardaiten aus dem Libanon. Und Land gibt es im Reich genug.

Hinzu kommt, daß die Konjunktur den Bauernstand ebenfalls begünstigt. Um die Mitte des 6. Jahrhunderts verringern massive Steuernachlässe die Einnahmen; mit dem neuen Steuersystem, das das *jugum* durch den *stichos* ersetzt, gilt eine relativ niedrige Steuer, soweit man das aus später bekannt gewordenen Steuersätzen schließen kann. In der zweiten Hälfte der Regierungszeit Justinians verbessert sich das Verhältnis zwischen verfügbaren Ressourcen und Ausgaben; der Staat greift verstärkt auf die Einnahmen aus den Krongütern zurück, während sein Finanzbedarf kleiner wird, nachdem die Restaurationskriege vorüber sind, deren Kosten erheblich waren. Mit dem Verzicht auf Repräsentationsbauten Ende des 6. Jahrhunderts und dem Übergang zu einem defensiven Militärsystem, das auf Organisation in den Provinzen beruht, sinken die Bedürfnisse des Staates schneller als das Steuervolumen.

Der Verlust von Regionen, die vorher die Versorgung Konstantinopels sichergestellt hatten, wirkt sich im gleichen Sinn aus. Die Hauptstadt, die einen deutlichen Rückgang ihrer Einwohnerzahl verzeichnet, muß sich um andere Quellen bemühen. Thrakien und Kleinasien treten an die Stelle Ägyptens, obwohl die Handelsbeziehungen zum nunmehr arabischen Orient nicht völlig unterbrochen sind. Das erklärt den anhaltenden Wohlstand der Dörfer im Norden Syriens. Noch im 9. Jahrhundert wird die Kaiserin Theodora, die Gattin des Theophilos (829–842), der gegen das Kalifat einen verbissenen und nicht immer glücklichen Kampf führt, angeklagt, Schiffe für den Transport syrischen Getreides nach Konstantinopel angeheuert zu haben. Was nun Thrakien und Kleinasien betrifft, so tritt die

Der einst blühende Handel auf dem Mittelmeer befindet sich im Niedergang (Mosaik, 4. Jahrhundert; Bardo-Museum, Tunis).

Die Waage – Symbol des Handels (Miniatur aus den Bibelkommentaren, Par. Graec. 923; Bibliothèque nationale, Paris).

Hauptstadt mit ihrem Bedarf an die Stelle der ausgezehrten Städte. Die Kleinbauern, die den Löwenanteil der Produktion tragen, werden ermutigt, ihre Produktion so weit wie möglich zu steigern und ihr Land auf Kosten des reichlich vorhandenen Brachlandes zu erweitern. Dadurch können sie immer mehr Menschen und vor allem Kinder ernähren und so über Generationen hinweg eine starke Vermehrung der bäuerlichen Kleinbetriebe sichern.

Die Rolle der Themen

Die Kleinbauern werden zur Hauptstütze des Reichs: ihnen kommt auch bei der Landesverteidigung, die inzwischen nicht nur im Westen in den Exarchaten, sondern im ganzen Reich dezentralisiert ist, eine entscheidende Funktion zu. Es lag nahe, Herakleios, dem Sohn des Exarchen von Karthago, die Erfindung der Themenverfassung zuzuschreiben; in Wahrheit setzt diese Heeres- und Verwaltungsordnung sich wohl eher in der zweiten Hälfte des 7. Jahrhunderts nach und nach durch. Das Prinzip, das schon unter Justinian erprobt worden war, besteht darin, einem gut bezahlten Beamten – dem Strategen –, der aber zu jeder Zeit abgelöst werden kann, die gesamte militärische und zivile Gewalt zu übertragen. Lediglich ein Teil des Steuerwesens entzieht sich seiner Befugnis. Das erste bekanntgewordene Thema, das der *Armeniaken* (667), bildet sich auf dem Territorium des nordöstlichen Kleinasien. In seinem Buch *Über die Themen* nennt Konstantin Porphyrogennetos im 10. Jahrhundert dagegen als erstes Thema das der Anatoliken, dessen Stratege erst 669 erwähnt wird. Die Anatoliken sind in Zentralkleinasien angesiedelt; südwestlich davon ist 732 das maritime Thema der Kibyrraioten bezeugt. Thrakien wird 679/680 einem Strategen unterstellt, Hellas – so weit noch byzantinisch – folgt zwischen 687 und 695. Die kleinasiatischen Distrikte sind weitläufige Territorien, die den jeweiligen Strategen mit einer Macht ausstatten, die manchmal bis zum Kaiserthron führt, wie bei Leon III. im Jahr 717.

Diese Macht erwächst ihnen vor allem aus dem Heer, über das sie befehlen – das Thema, die militärische Einheit, die dem Verwaltungsdistrikt seinen Namen gibt. Unter Justinian und Herakleios bestand das Heer aus Söldnern, die von Konstantinopel angeworben, bezahlt und befehligt wurden, die noch verbliebenen *limitanei* waren militärisch nutzlos. Da die Araber bei ihren Überfällen die Städte mieden, erwies sich auch das Festungssystem und ein Zentralheer, das erst nach dem Feind eintrifft, als wirkungslos. Hier war ein Heer, das an Ort und Stelle ausgehoben, aufgestellt, befehligt und stationiert wurde, vorzuziehen. Um die Kosten zu begrenzen, hat man auf Bauern-Soldaten zurückgegriffen, über deren genauen Status vor dem 10. Jahrhundert wenig bekannt ist. Das Heer kennt dennoch keine Wehrpflicht; die Anwerbung, die steuerliche Vorteile verschafft, jedoch eine schwere und erbliche Verpflichtung beinhaltet, erfolgt auf freiwilliger Basis. Anfänglich bestehen die Truppen im wesentlichen noch aus Einheiten, die aus den verlorenen Gebieten zurückgekehrt sind: Die Anatoliken bilden sich aus dem

Samson rächt sich an den Philistern, indem er mithilfe von Füchsen die Ernte in Brand setzt (Buch der Richter, Cod. Vat. Graec. 747, 11. Jahrhundert; Biblioteca apostolica Vaticana, Rom).

Ikone mit den Heiligen Sergios und Bacchus (7. Jahrhundert; Kiev, Museum für abendländische und orientatische Kunst).

Kontingent des Orients (Syrien, Palästina); die Armeniaken, deren Territorium Armenien nur ganz wenig berüht, sind das aus Armenien zurückgezogene Kontingent. Die Soldaten der Themen sind deshalb zumeist kleine und mittlere Bauern, die mit ihren Waffen ihren Besitz und ihre Familie verteidigen. Damit bewahrheitet sich der berühmte Satz des Romanos Lakapenos aus dem Jahr 934: »Die große Zahl der Bauern ist eine Quelle des Überflusses in der Produktion von Lebensmitteln, bei der Einnahme von Steuern und bei der Ableistung von militärischen Verpflichtungen.«

Kultureller Wandel: wachsende Gräzisierung

Die moslemischen und slawischen Eroberungen unterstreichen nur eine altbekannte Tatsache: aus dem römischen Imperium ist ein griechisches geworden. Griechisch ist seit der Veröffentlichung der Justinianischen Novellen im Jahr 535 offizielle Amtssprache; Ausnahmen bilden nur die Exarchate von Ravenna und Afrika. Es ist bedeutsam, daß diese Wende unter der Herrschaft eines Mannes erfolgt, dessen Muttersprache das Lateinische ist: Justinian nimmt damit eine unumstößliche Tatsache zur Kenntnis und schmiedet darüber hinaus aus der Gräzisierung eine politische Waffe. Mit Hilfe dieser Sprache, die in der Mehrheit der Reichsprovinzen gesprochen wird, will er sein Einigungswerk vorantreiben. Unbewußt arbeitet Justinian jedoch auf einen anderen Reichstyp als den von ihm angestrebten hin: Er geht von einem griechischsprachigen Kern auf dem Balkan und in Anatolien aus, mit einem Anhängsel im Westen, dem man noch in lateinischer Sprache verfaßte Gesetze zubilligt, und einem großen Territorium im Osten, wo lediglich die abgespaltenen Kirchen die Volkssprache zu benutzen wagen. Selbst wenn gegenüber den westlichen Untertanen, die die meisten Gründe haben, sich Römer zu nennen, der Schein gewahrt wird, so wird doch im Grunde alles, was nicht griechisch ist, mit an Verachtung grenzender Herablassung betrachtet. So schreibt Justinian im Jahr 537 über die Datierung notarieller Urkunden voller Hochmut: »Wenn unter den Bewohnern der westlichen Provinzen oder bei anderen Völkern *(ethne)* andere Methoden zur Zählung der Jahre ihrer Städte in Gebrauch sind, so tadeln wir das nicht« – unter der Voraussetzung, daß die Datierung nach dem System des Kaisers immer an erster Stelle aufgeführt wird. Bedenkt man zudem, daß *ethnos* (Rasse) zu dieser Zeit schon fast mit dem Wort »Heide« in der Heiligen Schrift gleichgesetzt ist, so kann man ermessen, welche Achtung jene genießen, die des Griechischen nicht mächtig sind. Diese Verachtung

Männergesicht (Ausschnitt aus dem Kuppelmosaik
der Georgskirche in Thessalonike, 5. Jahrhundert).

steht auch hinter einer vorwiegend im Orient spürbaren Haltung der hellenisierten Eliten, die sich weigern, die lokalen Sprachen zu erlernen und auch nicht gewillt sind, die griechische Kultur in ihrem Umfeld zu verbreiten: in Syrien und Ägypten bedienen sich Beamte, Kaufleute und Geistliche im Gespräch mit Einheimischen ganz allgemein eines Dolmetschers. Die religiöse Komponente kommt hinzu: vom 5. Jahrhundert an steht jeder, der eine orientalische Sprache spricht, im Verdacht des Irrglaubens und möglicherweise gar eines Bündnisses mit dem Teufel. Als Daniel Stylites in Anaplus bei Konstantinopel Dämonen aus einem heidnischen Tempel vertreibt, zeigen die Priester des Ortes ihn beim Bischof mit den Worten an: »Er versammelt Gläubige um sich, obwohl er nicht den rechten Glauben hat, denn er ist syrischer Abstammung und wir verstehen nicht, was er sagt.«

Das Sprachenproblem führt somit zu einem schwerwiegenden kulturellen Mißverständnis, das allerdings im Orient kaum Konsequenzen hat, da dieser durch die moslemische Eroberung seine Autonomie zurückerhält. Wesentlich bedeutender ist der Graben, der durch die auseinanderstrebenden kulturellen Entwicklungen zwischen dem griechischen Imperium und dem christlichen Westen entsteht, da sich Rom immer als das Gewissen der Orthodoxie verstanden hat. Man muß jedoch feststellen, daß sich jenseits der Sprache allmählich zwei orthodoxe Christenheiten herauskristallisieren; aufgrund unterschiedlicher wirtschaftlicher und gesellschaftlicher Voraussetzungen entwickeln sich Traditionen, geistige Haltungen und Werte so weit auseinander, daß sie kaum noch eine gemeinsame Sprache finden. In einer Welt, in der dogmatische Unterschiede häufig nur in winzigen Begriffsnuancen bestehen,

Seit der Zeit Konstantins und vor allem im 6. Jahrhundert werden die Gesichtszüge der Heiligen festgehalten, hier die von Bischof Euphrasius als Stifter (Mosaik, 6. Jahrhundert; Basilika von Poreč [Parenzo], Istrien).

wiegt es natürlich schwer, daß die Kenntnis der lateinischen Sprache im Osten und der griechischen in Rom fortan auf Experten, Juristen, Sekretäre und Archivare beschränkt ist, die aus einer einfachen Sinnwidrigkeit absichtlich oder unabsichtlich eine Häresie konstruieren können. Dabei genügt es, die Machthaber zu überzeugen, die den Inhalt selbst nicht mehr nachprüfen können: Ein Papst wie Gregor der Große, ein hochgebildeter Mann, der sogar Botschafter in Konstantinopel gewesen ist, konnte niemals griechisch sprechen, ebensowenig beherrschten die byzantinischen Patriarchen Latein. Und im 8. Jahrhundert findet der Patriarch Germanos nur mühsam griechische Entsprechungen für gewisse in der Theologie geläufige lateinische Begriffe.

Trotz aller Grundsätze kommt die Kirche in Byzanz nur schwer an der Einstellung des Kaisers vorbei, der – wie wir schon gesehen haben – ein Dogma unmittelbar beeinflussen kann. Der Patriarch ist seinerseits bei wichtigen Entscheidungen auf die Zustimmung eines Rates angewiesen, der – nach den Bestimmungen von Chalkedon – die in der Hauptstadt anwesenden Bischöfe immer dann zusammenruft, wenn eine für die Kirche lebenswichtige Frage entschieden werden muß: Die ständige Synode *(synodos endemousa)* ist inzwischen schon zu einer stabilen Institution geworden. Ihre Befugnisse auf dem Gebiet der Gesetzgebung, der Rechtsprechung und der Verwaltung lassen dem Patriarchen häufig nun wenig Spielraum. Der Papst hingegen hat seinen Sitz weit von der kaiserlichen Zentralgewalt entfernt, die nur in Ausnahmefällen einschreitet, und muß auch keine kanonisch fundierte Bevormundung hinnehmen. Er erscheint im Westen als alleiniger Herr über Dogma und Disziplin, wartend auf die Verwirklichung einer pontifikalen Monarchie. Auf dem Gebiet des kanonischen Rechts entstehen auf einem gemeinsamen Fundament zwei Gebäude: Die griechische Kirche erkennt die auf dem Konzil von Serdica im Jahr 343 erlassenen Beschlüsse als Grundlage ihrer Disziplinarstruktur an, während sie im Westen nie bestätigt worden sind. Der Papst seinerseits erläßt Dekretalen, die Byzanz wiederum nicht in sein kanonisches Recht aufnimmt. Vom 5. Jahrhundert an entwickeln sich Riten und liturgischer Kalender auseinander, und neben von beiden verehrten Heiligen werden mit Inbrunst betriebene Kulte spezifisch für die eine oder die andere Kirche.

Der Unterschied wird vor allem im religiösen Gefühl deutlich, weit mehr als im Dogma oder im Disziplinarrecht, wo Justinian beispielsweise die Priesterehe regelt und damit legitimiert.

Stein des Anstoßes ist jedoch zweifellos die Ikone. Die Kunst der Urkirche hatte eine figürliche Darstellung göttlicher Personen immer abgelehnt und eine rein symbolische vertreten: Lamm, guter Hirte, Kelch des Lebens. Aber die römische Tradition des Portraits wurde – obgleich suspekt – doch rasch übernommen, um die Gesichtszüge der Heiligen festzuhalten, und seit Konstantin verstärkt sich diese Bewegung. Heiligenbilder, ja selbst Gottesdarstellungen verzieren nun Handschriften und liturgische Gewänder. Als eigenständiges Bild verbreitet sich die Ikone vor allem im 6. Jahrhundert; die ältesten Beispiele sind orientalischen Ursprungs und stammen aus dem Katharinenkloster auf Sinai. Vom 4. Jahrhundert an

Chor der Hagia Sophia in Konstantinopel (Stich von P. Ganchis, 19. Jahrhundert).

wandelt sich das religiöse Gefühl spürbar: Das Bild zur reinen Erinnerung weicht einem regelrechten Kult mit Bildern, denen das Volk schützende oder wundertätige Wirkung zuschreibt. Zu dieser Zeit verfaßt Epiphanios von Zypern eine Abhandlung gegen das, was er neue Götzenverehrung nennt; doch schon im folgenden Jahrhundert berichtet Theodoret von Kyrrhos, daß die Syrer in Rom in ihren Läden Heiligenbilder von Symeon dem Styliten aufhängen. Dennoch hat die bildhafte Darstellung immer noch Gegner, gerade im Osten, wo im 6. Jahrhundert armenische Texte die Bilder zu rechtfertigen suchen. Doch die Ikonen sind nun überall zu finden, in Kirchen, Häusern und Geschäften; sie werden sogar auf Reisen mitgenommen. Die eifrigsten Verfechter des neuen Kults sind die Mönche, die der religiösen Inbrunst des Volks besonderes Gehör schenken, und deren Einfluß weit größer ist als der der westlichen Orden. Als es Brauch wird, auf Prozessionen Bilder mitzuführen, muß die geistliche Obrigkeit zustimmen; so wird in Anatolien zwischen 554 und 560 auf diese Weise Geld für den Neubau von Kirchen gesammelt. 626 bestätigt der Patriarch selbst die Wunderwirkung der Ikonen offiziell: Er läßt an den westlichen Toren Konstantinopels, gegen die die Avaren anrennen, Bilder der Jungfrau Maria anbringen. Von nun an heilen Ikonen und vervielfältigen sich durch einfache Berührung, wie alle Reliquien, die ebenfalls eine immer glühendere Verehrung erfahren. Sie können bluten und sogar handeln, wie jenes Bildnis, das einen abgeschossenen Pfeil auf seinen arabischen Schützen zurückschleudert, und sie sprechen schließlich, wie es die Ikone auf der Chalke mit Kaiser Maurikios tut. Die neue Religiosität beruht zwar auf keinem einzigen konkreten Text, doch sie überflutet alles und wird in den Augen des Westens zum Charakteristikum der orthodoxen Kirche, dem dieser im allgemeinen ablehnend gegenübersteht: Rom hüllt sich zwar in Schweigen, doch in Marseille und Narbonne treten Feindseligkeiten gegen Bilder seit dem 6. Jahrhundert offen zu Tage.

Zu diesem Zeitpunkt haben Osten und Westen gleiche heilige Orte: dreischiffige, »konstantinische« Basiliken, von Balkengerüsten überwölbt, erheben sich in Konstantinopel wie in Ravenna, in Thessalonike wie in Rom; ein und dieselbe Mosaikkunst erhellt die Räume. Doch es wird darin nicht mehr derselbe Kult gefeiert, und Gott ist in Byzanz dem Menschen näher als im Westen. Denn während die lateinischen Kirchen selten sind, wenn es sie überhaupt gibt, so daß die Predigt den wichtigsten Rahmen der westlichen Christenheit bildet, vereint die feierliche Zelebrierung des Ritus die Gemeinden des Ostens fast überall und viel häufiger, da für sie die kollektive Feier der sicherste Weg zu Gott ist. Diese Einstellung prägt auch die Kunst, ermöglicht etwa den architektonischen Siegeszug der Kuppel. Die Kuppel ist der Brennpunkt, zu dem sich die Gebete erheben, ein Ort der Anrufung, wo Bilder aus einer anderen Welt die Andacht aller vertiefen und gleichzeitig einen Weg zum Himmel weisen. Wenig zählt seither, worauf die Kuppel ruht, ob auf einem Rundbau wie in San Vitale in Ravenna oder in der Kirche der heiligen Sergios und Bacchos in Konstantinopel, auf einer Kreuzesform wie im kaiserlichen Mausoleum der Apostelkirche – ebenfalls in der Hauptstadt –, auf einem Modell, nach dem später die Markuskirche in Venedig erbaut werden wird, oder aber auf dem alten, modifizierten Basilikakonzept. Diese architektonische Ausdrucksform kann im 6. Jahrhundert für Byzanz als spezifisch gelten; auch wenn sie nicht einzigartig ist, so stellt die Hagia Sophia, die 537 unter Justinian fertiggestellt wird, deren vollkommenste Vertreterin dar. Man rückt zwar bald davon ab, doch das Thema Kuppel bleibt in der byzantinischen Kunst präsent. Eine Kirche mag nur die bescheidenen Ausmaße eines Wohnhauses haben, doch sie wird immer mit einer Kuppel geschmückt sein, die sie überhöht: als Bild und als Tor zum Himmel.

In Konstantinopel gefertigter Seidenstoff aus dem 11. Jahrhundert mit Adlerkopfmotiv (Eusebios-Kirche, Auxerre).

Zweites Buch

Das orthodoxe Reich Byzanz (7.–12. Jahrhundert)

KAPITEL 3
KRIEG UND AUSSENPOLITIK

Ein Bild des Unglücks: Herakleios, einst strahlender Sieger, nun selbst besiegt, weilt in Hiereia auf der kleinasiatischen Seite des Bosporus und klammert sich an diesen Kontinent, der im Begriff ist, sich vom Reich zu lösen. Nach Konstantinopel kehrt er nur zurück, um dort zu sterben. Sein Tod am 11. Februar 641 stürzt das Reich in eine Krise, da Herakleios seinen ältesten Sohn Konstantin und den jungen Heraklonas, Sohn seiner Nichte und zweiten Ehefrau, der allgemein verhaßten Martina, zu gleichberechtigten Erben des Reichs macht. Doch Konstantin stirbt, Martina und Heraklonas werden wenig später gestürzt und verbannt, so daß der Thron im September 641 einem Kind, dem gerade elfjährigen Konstans II. zufällt. Streitigkeiten um Thronerbe und Minderjährigkeit begünstigen das schnelle Vordringen der Araber; im Jahr 645 können die Griechen Alexandreia zwar zurückerobern, doch schon 646 werden sie wieder verjagt, diesmal endgültig. Im darauffolgenden Jahr wird Anatolien überrannt: Der spätere Kalif Muawijah besetzt Kappadokien, nimmt Kaisareia ein und unternimmt einen Zug bis nach Phrygien, von wo er mit unermeßlicher Beute heimkehrt. Selbst das Meer läßt Byzanz im Stich: Muawijah verfügt inzwischen über eine Flotte, die 649 Zypern und 654 Rhodos sowie Kos einnimmt. Der Versuch einer Antwort zur See endet 655 mit einer furchtbaren Niederlage, in deren Verlauf der Kaiser fast in Gefangenschaft gerät.

Kampf ums Überleben und das neue Reichsgebiet

Verteidigung gegen die Araber

Zweifellos haben die Moslems Konstantinopel im Visier, zumal die armenische Bastion 653 fällt und dem Reich nur das ehemalige Persarmenien im Westen des Landes verbleibt. Nach 656 bricht jedoch in der jungen moslemischen Gemeinschaft ein Bürgerkrieg aus, der nach dem Tod des Kalifen Ali im Jahr 661 mit Muawijah der Dynastie der Omajaden zur Macht verhilft. Für das Reich bedeutet dies eine Atempause, doch Konstans wendet sich nach Westen und unternimmt nichts zur Verteidigung des Ostens: Schon 663 bewegen sich die Araber wieder frei in Anatolien, nehmen eine nach der anderen Stellung am Meer ein und sichern sich so einen wahren Königsweg nach Konstantinopel. Im Jahr 668, als Konstans auf Sizilien stirbt, haben sie Chios eingenommen, 670 folgt die Halbinsel Kyzikos in unmittelbarer Nähe der Hauptstadt und 672 die ganze Südküste Kleinasiens. Die Bedrohung wird greifbar, als die moslemische Flotte 674 vor den Mauern Konstantinopels auftaucht.

Doch das Blatt scheint sich zu wenden. Die Verteidigungstreitkräfte des Reichs zu Land und zu Wasser, die der neue Kaiser Konstantin IV. gründlich reformiert hat, können den arabischen Ansturm endlich zurückschlagen. Die Araber bestürmen die Festung zwar Jahr für Jahr mit aller Kraft, doch 677 müssen sie sich zurückziehen, nachdem die Flotte zum ersten Mal mit dem »griechischen Feuer« in Berührung gekommen war. Die Araber büßen ihren Brückenkopf Kyzikos ein, und ihre Flotte wird durch einen Sturm und wirkungsvolle Gegenangriffe der kaiserlichen Streitkräfte aufgerieben. Byzanz kann sogar auf moslemischem Territorium

Das aus Schwefel, Pech und Salpeter hergestellte griechische Feuer stärkt die byzantinische Verteidigung zur See gegen die Araber (Miniatur aus der Chronik des Johannes Skylitzes, 13. Jahrhundert, Nationalbibliothek Madrid).

Moslemische Soldaten mit Standarten und Posaunen (al-Hariri,
13. Jahrhundert; Par. Ar. 5847, Bibliothèque nationale, Paris).

für Unruhe sorgen: Wohl infolge der heftigen Mardaiten-Aufstände im Libanon
unterzeichnet Muawijah einen Friedensvertrag, der trotz gegenteiliger Meinung der
Mehrzahl der moslemischen Rechtsgelehrten 30 Jahre halten wird.

Das Reich muß sich nun von innen erneuern, um in Zukunft gegen offensichtlich unvermeidliche Angriffe gewappnet zu sein. Von 685 an nutzt Justinian II. die
ersten Jahre seiner Herrschaft, die Verwaltungsreform zu vollenden und die
verheerten Gebiete wieder zu bevölkern. Ein Gegenschlag wird vorbereitet, doch er
kommt zu früh: Man ist der Versuchung erlegen, die inneren Wirren, die den Islam
nach dem Tod von Muawijah im Jahr 680 erschüttern, auszunutzen. 688 wird der
Friedensvertrag erneuert, doch Byzanz bricht ihn und erleidet 693 in Armenien eine
empfindliche Niederlage. Neue Kriege stehen bevor, zu einem Zeitpunkt, als die
herakleianische Dynastie in den allgemeinen Wirren untergeht. Nun nutzen die
Moslems die Gelegenheit. In Afrika hatte Okba ibn Nafi schon 670 in Kairawan
(Kairouan) ein stark befestigtes Lager errichtet, Karthago wird 695 angegriffen und
698 besetzt. Byzanz büßt damit das gesamte Afrika ein, und seine ehemals äußerste

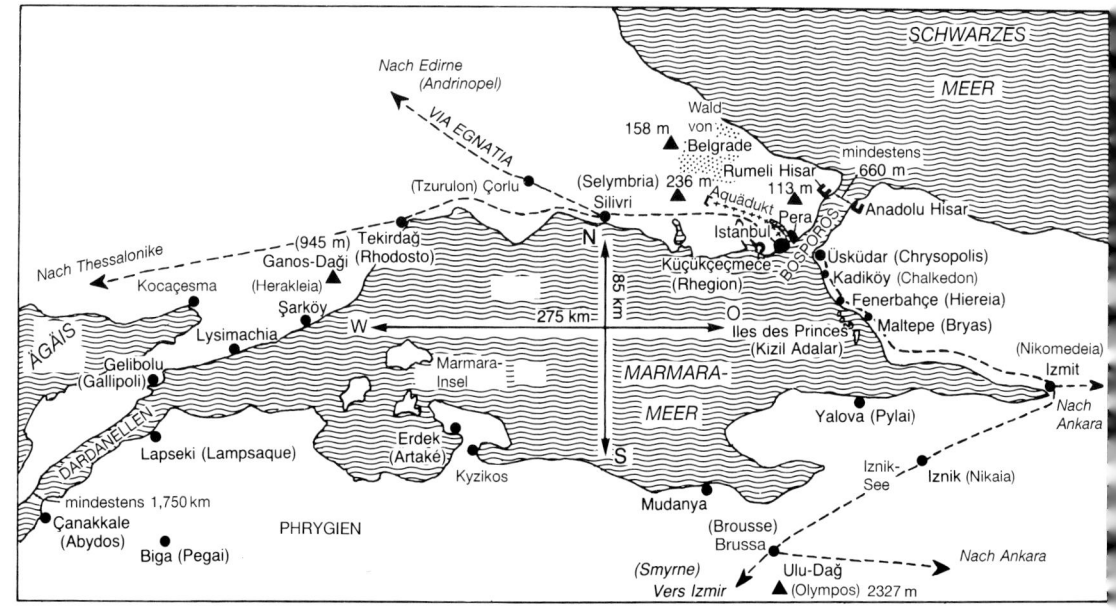

Die Meerengen.

Bastion Septem (Ceuta), die 708 fällt, wird zum Ausgangspunkt für die Eroberung Spaniens. Die orientalischen Randgebiete leisten stärkeren Widerstand: Unter Tiberios III. deutet sich zwischen 698 und 705 sogar eine Rückeroberung Armeniens an. Doch der zweite Sturz Justinians II. im Jahr 711 veranlaßt Araber wie Bulgaren zum Sturm auf Byzanz: zwischen 712 und 713 erreichen sie das Schwarze Meer sowie Pisidien und Galatien. Konstantinopel, wo ein Kaiser den anderen ablöst, wird wieder Angriffsziel der Araber: Leon III., der Begründer der syrischen Dynastie, kann sich am 25. März 717 nur auf Kosten einer Einigung mit den moslemischen Streitkräften, die in Anatolien allgegenwärtig sind, in der Stadt festsetzen. Im August vereint der Emir Maslamas, der Sohn des Kalifen Abd al-Malik, vor der Hauptstadt die Spitze seiner von Galatien her anmarschierenden Truppen mit einer riesigen Flotte. Die Belagerung zu Lande und zu Wasser gleicht der von 626, und Konstantinopel besteht den neuerlichen Existenzkampf so gut, daß die durch die Pest dezimierten Araber, die noch dazu durch einen geschickten und unaufhörlichen Kleinkrieg von ihrem Nachschub abgeschnitten sind, nach einem Jahr, am 15. August 718, aufgeben müssen.

Das ist die Wende: Von nun an ist der Islam keine Gefahr mehr für die Existenz von Byzanz, das vielmehr dank der inneren Regeneration zum Gegenangriff übergehen kann. Zusammen mit den verbündeten Chazaren, die den Kaukasus berennen, bedroht Byzanz die Nordflanke der Moslems, die im Jahr 731 Derbend verlieren. Noch entscheidender ist der große Feldzug von 740, in dessen Verlauf Leon und sein Sohn Konstantin V. die Araber bei Akroïnon in Phrygien vernichtend schlagen, eine reale Parallele zu der sagenumwobenen Schlacht von Poitiers. In den Jahren 745 bis 751, während der Bürgerkriegswirren, aus denen die Abbasiden siegreich hervorgehen, erobert Konstantin wichtige Städte am Euphrat: Germanikeia (Marash), Theodosiupolis (Erzerûm) und Melitene (Malatya). Nun kann er eine Reichsgrenze vom Kaukasus bis nach Kilikien ziehen, die fortan jede dauerhafte moslemische Festsetzung in Anatolien unterbindet, auch wenn die Region noch im 9. Jahrhundert unter manchmal weit hineinreichenden Raubzügen zu leiden hat.

Slawenfrage und Bulgarenkriege

Sobald die Lage an den Grenzen es gestattete, suchte Byzanz die militärische Lösung des bulgarischen Problems. Der junge bulgarische Staat, der sich beidseits der unteren Donau von der Mündung des Dnjestr bis zur Kette des Haemus erstreckte, überstand jedoch alle byzantinischen Angriffe: weder die siegreichen Unternehmungen des Justinian II. im Laufe seiner ersten Regierungszeit (685–695), noch die neun Feldzüge von Konstantin V. zwischen 756 und 775 bringen ein endgültiges Ergebnis, obwohl Bulgarien durch innere Wirren geschwächt ist. Nach Überwindung der schweren Krise können die Bulgaren im Gegenteil Ende des 8. und Anfang des 9. Jahrhunderts den Byzantinern sogar eine Reihe von Niederlagen bereiten. Den Höhepunkt bildet am 26. Juli 811 die Vernichtung des byzantinischen Heeres durch *Khan Krum*: Kaiser Nikephoros I. wird in der Schlacht getötet, sein Nachfolger Staurakios erliegt wenige Monate später seinen schweren Verletzungen. Aus dem Schädel des byzantinischen Kaisers läßt sich der Bulgarenkhan eine silberbelegte Schale fertigen, aus der er mit seinen Bojaren auf seine Siege trinkt. Erst nach Krums Tod im Jahr 814 kommt es zum Abschluß eines dreißigjährigen Friedensvertrags, der die Beziehungen zwischen Byzanz und Bulgarien regelt. Das Verhältnis zwischen den beiden Staaten ist nicht immer feindlich, sondern kennt durchaus friedliche, ja fast freundschaftliche Phasen: die Khane leisten den byzantinischen Herrschern in schwieriger Lage mehrere Male militärischen Beistand und werden dafür mit hohen Würden belohnt. Schon 716 waren in einem Vertrag Grenzverlauf und Handelsbeziehungen zwischen beiden Staaten festgelegt worden: Die Bulgaren importierten wertvolle Stoffe, Luxusartikel und andere bearbeitete Produkte und exportierten Getreide, Honig, Wachs, Leder usw.

Byzanz mußte es nicht nur mit Bulgarien aufnehmen, sondern auch die Slawenfrage lösen. Erste Schritte zur Wiedergewinnung der Vormachtstellung auf dem Balkan wurden Mitte des 7. Jahrhunderts unternommen: 658 zieht Kaiser Konstans II. gegen die Sklavinien, wahrscheinlich in Makedonien, wo »er viele Gefangene macht und viele Menschen unterwirft«. 688/689 stellt Justinian II. in einem Feldzug gegen die Sklavinien, aber auch schon gegen Bulgarien, die Verbindungen zwischen der Hauptstadt und Thessalonike wieder her; Thessalonike ist die zweite Stadt im Reich und von großer Bedeutung für den Erhalt der Macht auf dem Balkan.

Die Slawen verlieren die gesamte Küstenregion an der Via Egnatia. Bis Ende des 8. Jahrhunderts wird nun jedoch die byzantinische Regierung einerseits im Inneren durch den Bilderstreit, andererseits nach außen durch die Araber und die Bulgaren gelähmt. 783 entsendet dann Kaiserin Irene den Logotheten Staurikios nach Griechenland; dieser unterwirft im Gebiet von Thessalonike, Hellas und auf der Peloponnes die dortigen Slawenstämme, die sich verpflichten, dem byzantinischen Kaiser Tribut zu zahlen. In den Jahren 805, 841/842 und 921/922 gibt es zwar Aufstände von Slawen auf der Peloponnes, die jedoch schnell niedergeschlagen werden; lediglich die Stämme der Melingen und der Ezeriten im Taygetos können bis ins 15. Jahrhundert einen Teil ihrer Autonomie bewahren.

Den militärischen Expeditionen folgen andere Maßnahmen zur Wiederherstellung der byzantinischen Macht vorwiegend im südlichen Teil der Balkanhalbinsel. Während der ersten Intervention im Jahr 658 sowie im Verlauf der weiteren zahlreichen Feldzüge gegen die Sklavinien und gegen Bulgarien setzt Byzanz ein altbekanntes Mittel der Innenpolitik ein: die Umsiedlung von Teilen der Bevölkerung. So werden im 8. und 9. Jahrhundert Slawen aus dem Balkan nach Kleinasien umgesiedelt, vor allem ins Thema Opsikion, dem früheren Bithynien.

Unter den zahlreichen Maßnahmen der Regierung von Konstantinopel, die dauerhafte Folgen hatten, spielt die Themenorganisation sicher eine große Rolle.

Auf der Balkanhalbinsel sind bis Ende des 7. Jahrhunderts erst zwei Themen gebildet worden: Thrakien als Bollwerk gegen die neue Gefahr der Bulgaren und Hellas unter Einschluß Mittelgriechenlands, wo keine Slawen siedeln. Zur selben Zeit war wohl auch der Strymon im Flußtal gleichen Namens als unterhalb des Thema stehende Militär- und Verwaltungseinheit entstanden. Vom Ende des 8. bis zur Mitte des 9. Jahrhunderts wurden dann auf dem Balkan die Themen Makedonien, Peloponnes, Kephallenia, Thessalonike, Dyrrhachion, Strymon und wenig später Dalmatien und Nikopolis gebildet. Die Themenorganisation führte wieder zur Byzantinisierung und schließlich zu einer neuerlichen Hellenisierung dieser Region, denn der Militär- und Zivilverwaltung geht es um eine Verschmelzung der unterschiedlichen Bevölkerungsgruppen mit dem Ziel, den byzantinischen Charakter zu stärken.

Auch die Kirche wirkt in diesem Sinne, denn den militärischen Expeditionen folgt die Mission und alsbald eine neue kirchliche Organisation.

Mitte des 9. Jahrhunderts ist die erste Phase byzantinischer Restauration auf dem Balkan abgeschlossen. Der südliche Teil der Halbinsel ist nach zwei Jahrhunderten slawischer Dominanz wieder fest in byzantinischer Hand, schon byzantinisiert oder auf dem Weg dahin. Die Zeit der *Sklavinien* ist vorüber; sie sind teilweise in der neuen Themenorganisation aufgegangen, teilweise aber auch im bulgarischen oder auch in den jungen slawischen Staaten, die sich im Nordwesten der Halbinsel herausbilden. Auf diesem Weg sind zwei Kulturregionen entstanden: zum einen die graeco-mediterrane, die den Themen in den zurückeroberten Gebieten entspricht, und die slawo-bulgarische im Herzen des Balkan.

Verlorene und gehaltene Positionen im Westen

Afrika und Italien

Im Westen fördert die Schwäche des Kaisertums die Zerfallstendenzen. Im Exarchat Karthago unterstützen Bischöfe und Konzilien hartnäckig die Orthodoxie gegen den offiziellen Monotheletismus. Gestützt auf diese tiefgreifende Bewegung läßt sich der Exarch Gregorios 646 zum Kaiser proklamieren und kann sogar die Berber für sich gewinnen. Noch bevor er sich mit ihnen vereinigen kann, trifft Gregorios 649 bei Sufetula (Sbeïtla) auf die Araber und stirbt auf dem Schlachtfeld. Aber wirkliche Kontrolle über Afrika erreicht Byzanz erst wieder ab 660, nachdem Konstans II. dem Monotheletismus abgeschworen hat. Die Ordnung wird jedoch nur äußerlich wiederhergestellt, denn kurz vor dem zweiten Angriff der Moslems von Ägypten aus in den Jahren 666/667 kommt es in Karthago zu einem neuen Aufstand. Afrikaner und seßhafte Berber des Ostens bieten damit dem Eroberer kaum überzeugenden Widerstand. Um 678–680 überläßt ein Vertrag das Kap Bon den Moslems. Lediglich die westlichen Berberstämme leisten hartnäckigen Widerstand; doch sie verteidigen eigene Interessen und nicht die des Reichs, auch wenn der gemeinsame Feind sie oft veranlaßt, ihre Truppen mit denen von Byzanz zu vereinigen, wie es 682/683 im Zâb geschieht. 695, nach dem ersten Fall Karthagos, wird diese Zusammenarbeit in den Kämpfen zwischen Bizerta und Beja noch enger; eine Verbindung zwischen der kaiserlichen Streitmacht und dem großen Berberaufstand von 695/696 in der Kahena gegen die Araber läßt sich jedoch nicht feststellen. Auch wenn der endgültige Fall Karthagos im Jahr 699 die Spuren byzantinischer

Byzantinischer Sieg und Rückzug Krums (813; Miniatur aus der Chronik des Johannes Skylitzes).

Präsenz im Gebiet der Berber nicht endgültig auslöscht, so hat das Reich doch das letzte Stückchen Afrika verloren.

Die gleiche Politik führt in Italien zu den gleichen Ergebnissen – mit dem Unterschied, daß das Reich aufgrund seiner mächtigen Stellung in Ravenna hier aktiv eingreifen kann. Als Papst Martin I. im Jahr 649 den Monotheletismus in aller Form verurteilt, eilt der Exarch Theodoros Kalliopas nach Rom, verhaftet den Papst und bringt ihn im Juni 653 nach Konstantinopel, wo man schändlich mit ihm umgeht. Martin stirbt 655 auf der Krim. Diese Episode zeigt vor allem, daß man sich in Konstantinopel auch in einem Moment nachlassenden arabischen Drucks auf die östlichen Grenzen darüber bewußt ist, daß jeder Plan zur Rückeroberung Asiens unrealistisch wäre und daß damit dem Balkan wie Italien wachsende Bedeutung zukommt. Das wird auch unter Konstans II. deutlich, der nach dem Feldzug von 658 gegen die Slawen um Thessalonike 660 nach Tarent aufbricht und die Langobarden in die Schranken weist, indem er ihnen 663 Benevent abnimmt. Er begibt sich nach Rom, um sich feierlich mit dem Papst zu versöhnen, und bezieht in Syrakus unweit von Afrika Stellung, welches Byzanz zu entgleiten droht. In diesem Vorgehen drückt sich der klare politische Wille aus, die kaiserliche Macht im Westen besser zu festigen, wo die arabische Drohung nicht unbegründet ist. Dem Kaiser kommt dennoch niemals der Gedanke, Konstantinopel zugunsten von Rom aufzugeben – eine Legende in Texten seiner Gegner, die jedoch immerhin auf eine allmähliche Verschiebung der Achse des Kaiserreichs nach Westen hinweist und auf die Klarheit, mit der dieser außergewöhnliche Herrscher dies einsieht. Eine gewaltsame Wiederherstellung früherer Verhältnisse in Italien kam nicht in Frage; somit war die Verständigung mit dem Papst, der auch auf langobardischer Seite allgemein die größte Autorität genoß, die einzig mögliche Lösung; gleichzeitig konnten dadurch die allzu partikularistischen Tendenzen Ravennas und seiner Erzbischöfe gezügelt werden. Deshalb versöhnt sich Konstans mit dem Papst, deshalb pflegt auch sein Sohn Konstantin IV. gute Beziehungen zu Rom, und aus dem gleichen Grund setzt auch Justinian II., obwohl es nicht so aussieht, diese Politik fort. Letzterem war es 692 nicht gelungen, den Papst zur Annahme der Beschlüsse des Quinisextums zu veranlassen; erbost war er jedoch vor allem, weil die römischen und die Ravennater Milizen die geplante Entführung des Pontifex maximus verhindert hatten. Als im Jahr 709 der Erzbischof Felix von Ravenna sich weigert, sich dem Heiligen Stuhl in Rom zu unterwerfen, und als Papst Konstantin selbst in Rom von einem Aufstand bedroht wird, kann auf einer Reise des Papstes nach Konstantinopel das kanonische Problem durch einen Kompromiß gelöst werden, während der Exarch Johannes gnadenlos gegen die Aufständischen von Rom vorgeht und anschließend nach Ravenna aufbricht. Die entsetzten Ravennater kommen ihm zuvor und lassen ihn bei seiner Ankunft Ende des Jahres 710 ermorden. Die nachfolgende militärische Strafexpedition leitet der Stratege Theodoros von Sizilien: Er läßt 711 den Erzbischof von Ravenna blenden und eine Reihe hochgestellter Bürger der Stadt hinrichten, ohne daß der Papst in der Hauptstadt sich darum kümmert – zu gewichtig sind die gemeinsamen Interessen.

Auch der Bilderstreit ändert nichts an dieser Politik. Italien nimmt dabei zwar eine prinzipiell feindliche Haltung ein, doch die Treue wird durch die von Arabern und Langobarden ausgehenden Gefahren verstärkt. Im Süden proklamieren der Stratege und das Heer zwar 726 einen neuen Kaiser, doch die Bevölkerung folgt ihnen nicht. Selbst Papst Gregor II., der Leon III. keinerlei religiöse Zugeständnisse macht, schaltet sich wiederholt ein, um die in Mittel- und Norditalien aufflackernden antikaiserlichen Bewegungen zu besänftigen. Diese Verständigungspolitik wird unter Konstantin V. immer vordringlicher, denn die mit König Luitprand beginnende langobardische Offensive tritt in ihre entscheidende Phase. 728 hat das Exarchat mit Bologna seine wichtigste Grenzstadt verloren, und allein Papst Zacharias, dessen Treue zum Reich beispielhaft ist, gelingt es im Namen des Kaisers in den Jahren 741–743, einige Waffenstillstände auszuhandeln. Aber das Schicksal von Byzanz entscheidet sich in Anatolien und auf dem Balkan: Als die Langobarden um 729 erstmalig Ravenna einnehmen, kann die Stadt nur mit venezianischer Hilfe zurückgewonnen werden. Aber danach wird kein ernsthafter Versuch zur Verteidigung des Exarchats unternommen, das Byzanz 751 endgültig verloren geht. Theoretisch gehören Venedig, Rom, Neapel und Gaeta noch immer zum byzantinischen Hoheitsbereich, doch wirkliche Macht hat Byzanz in Italien nur noch über Apulien, Kalabrien, Lukanien und Sizilien, die Leon III. aus dem römischen Patriarchat gelöst hatte, um sie Konstantinopel zu unterstellen.

Die Lage in Dalmatien

Zu Beginn des 7. Jahrhunderts drangen Avaren und Slawen in Dalmatien ein; Salona, das Verwaltungs- und Kirchenzentrum der Provinz, wurde ebenso wie einige andere bedeutende Städte im Landesinnern zerstört. Invasion und Ansiedlung der Slawen sowie der Serben und Kroaten führten in Dalmatien zu tiefgreifenden Änderungen, sowohl in territorialer als auch in ethnischer, strategischer und verwaltungstechnischer Hinsicht. Die Bevölkerung flüchtete teilweise in die bergigen Regionen, zum Teil in die befestigten Küstenstädte und auf die Inseln. Die Provinz Dalmatien, die sich zur Zeit des späten Kaiserreichs von der Küste bis zu den Flüssen Save (Savus) und Drina (Drinus) und vom istrischen Arsia im Norden bis nach Kotor im Süden erstreckt hatte, gab es nicht mehr. Byzanz blieben nur noch die Küstenstädte mit ihrem unmittelbaren Umland – Kotor (Cattaro), Dubrovnik (Ragusa), Split (Spalato), Trogir (Traù) und Zadar (Zara) –, die wichtigen Inseln im Norden – Rab (Arbe), Krk (Veglia) und Osor (Ossero) – sowie einige kleinere Städte und Inseln.

Diese Teilstücke bildeten nunmehr die byzantinische Provinz, das kaiserliche Dalmatien. Vom 4. Jahrhundert an, jedoch vorwiegend im Verlauf des 7. Jahrhunderts hatten Überfälle und Invasionen der Barbaren in den Städten und auf den Inseln zu einer beträchtlichen Bevölkerungszunahme geführt, die den römischen Anteil in der Küstenregion spürbar erhöhte.

Diese nun neugebildete byzantinische Provinz hatte ihre territoriale Kontinuität eingebüßt, nicht aber ihre politische, ideologische und administrative. Den Erhalt Dalmatiens hat Byzanz der Treue der Küstenstädte und der Seeherrschaft zu verdanken. Im 7. Jahrhundert mußte die kaiserliche Regierung zu Wasser und zu Lande einen Existenzkampf ohnegleichen gegen die Araber bestehen und hatte daher keine Zeit, sich um eine so weit entfernte Provinz zu kümmern, die sich selbst überlassen blieb. Im 7. und 8. Jahrhundert verlagerte sich dann der Schwerpunkt innerhalb der Provinz auf die Inseln, wo ein Großteil der Bevölkerung Zuflucht gesucht hatte, und die Küstenstädte gewannen ihren maßgeblichen politischen Einfluß erst Ende des 8. und Anfang des 9. Jahrhunderts zurück. Seit Mitte des 6. Jahrhunderts wurde Dalmatien durch einen Prokonsul regiert, der von der örtlichen Aristokratie gewählt wurde, danach – Anfang des 9. Jahrhunderts – durch einen Gouverneur, der in einer Quelle Mitte des Jahrhunderts Archon genannt wird. Wahrscheinlich war der Archon ein aus Konstantinopel nach Dalmatien entsandter Beamter, doch ist auch nicht auszuschließen, daß es sich dabei um den *prior* der Stadtverwaltung von Zadar oder sogar um einen örtlichen Magnaten gehandelt hat. Durch die fehlende territoriale Kontinuität entwickelte sich jede Stadt aus ihrer je spezifischen römischen Tradition heraus und entsprechend ihrer besonderen Lage in diesen bewegten Zeiten; dadurch erlangten die Stadtverwaltungen und insbesondere die *priores* als deren Leiter zunehmend an Bedeutung. Im 10. Jahrhundert nennen Quellen erstmals einen *prior* in Dalmatien, den von Zadar, doch es hat sie unstreitig schon vorher gegeben, wie andere städtische Beamte auch, etwa die Tribune.

Dalmatien war seit Justinian I. für lange Zeit der Kirchengerichtsbarkeit von Konstantinopel unterstellt. Nach den Umwälzungen des 7. Jahrhunderts und der Zerstörung Salonas war keines der dalmatinischen Episkopate in der Lage, sich als neues kirchliches Zentrum der kaiserlichen Provinz zu profilieren – schließlich entwickelte sich möglicherweise seit Mitte des 8., doch wahrscheinlich erst Anfang des 9. Jahrhunderts Split zur Kirchenmetropole.

Im Jahre 805 wird Zadar in den *fränkischen Annalen* als zivile Hauptstadt Dalmatiens erwähnt, was es auch bis zum 10. Jahrhundert bleibt. Anfang des 9. Jahrhunderts erobern die Franken fast das gesamte byzantinische Dalmatien, und Paulus, dux Jaderae, erscheint als fränkischer Gouverneur. Doch die byzantinische Flotte bereitet diesem kurzen Intermezzo bald ein Ende; im Frieden von Aachen (812–814) erhält Karl der Große dann Istrien, Liburnien (Liburnia) und Dalmatien in den römischen Grenzen, nicht aber die Küstenstädte und Venedig, die byzantinisch bleiben.

Will man den Quellen glauben, so erreichen die Städte an der Adriaküste und die slawischen Herzogtümer des Hinterlandes unter der Herrschaft Michaels II. des Stotterers (820–829) ihre »Unabhängigkeit« von Byzanz; Dalmatien genießt in der Tat in der ersten Hälfte des 9. Jahrhunderts unter seinen Archonten weitgehende Unabhängigkeit.

In der zweiten Hälfte dieses Jahrhunderts geht Byzanz im Westen zum Angriff über, bietet den Arabern an der Adria energisch die Stirn und dehnt seinen Einflußbereich auf die slawischen Herzogtümer im Nordwesten des Balkans, auf Diokleia, Trebunien, Zachlumien und Kroatien aus. Um 870 wird Dalmatien in den Rang eines Themas erhoben; an seiner Spitze steht ein aus Konstantinopel entsandter Stratege, der aber nur noch von einem Stab unterstützt wird, da dieses Thema andere militärische, soziale und wirtschaftliche Strukturen aufweist als die übrigen: Bauernsoldaten auf eigenen Soldatengütern gibt es hier nicht. Die Adriaküste ist für Byzanz von besonderer Bedeutung für die Kontrolle über den Seeweg nach Osten; vor allem angesichts der bulgarischen Gefahr setzt das Reich alles daran, die eigene Vormacht in diesem Teil der Halbinsel auszubauen. Als erstes regelt die neue Verwaltung die Beziehungen der kaiserlichen Provinz zu den slawischen Nachbarn. Der Druck auf die Provinz nimmt mit Beginn des 7. Jahrhunderts zu, vor allem seit die Slawen die schmalen Gewässer vom Festland zu den vorgelagerten Inseln zu überqueren beginnen, um sich dort niederzulassen. Daraus resultieren zahlreiche Streitigkeiten und blutige Kämpfe, die erst in den Jahren 878/879 enden. Die Städte leisten den kroatischen Fürsten – als erstes dem byzantinischen Schützling Zdeslav (879/879) – Tribut: 200 Goldstücke für Split, 110 für Zadar, je 100 für Trogir, Osor, Rab und Krk, insgesamt also fast zehn Pfund Gold, dazu noch Naturalien wie Wein.

Die Ragusaner müssen für ihre Weinberge 36 nomismata an den Herrscher von Zachlumien und ebenso viele an den von Trebunien entrichten, insgesamt also ein Pfund Gold. Der auf diese Weise erreichte Frieden hält im wesentlichen bis zum Beginn des 10. Jahrhunderts.

Ringen um territoriales Gleichgewicht

Zögern und Rückschläge

Letzte Erfolge der Moslems und Häresien in den Grenzregionen

Nach 750 ändern sich die islamisch-byzantinischen Beziehungen von Grund auf. Die Nahtstelle zum Kalifat, bislang nur veränderliche Front für gegenseitige Eroberungsversuche im Grenzgebiet, wird zur festen Grenze mit Festungsgürteln, hinter denen sich auf beiden Seiten ein mehr oder minder bevölkertes Niemandsland erstreckt. Von der kilikischen Küste zwischen Tarsos und Seleukeia führt die Grenze am Taurus entlang zwischen schwerbefestigten Verteidigungsstellungen wie denen von Podandos, entlang des Anti-Taurus bis zur Euphratschleife mit dem arabischen Malatya (Melitene) auf der einen und dem byzantinischen Kamachon auf der anderen Seite, und endet schließlich östlich von Trapezunt am Schwarzen Meer. Diese Grenzziehung ist das Ergebnis der weitreichendsten inneren Reformen, die Byzanz und das Kalifat je erlebt haben. Auf griechischer Seite wird unter

Konstantin V. die Themenorganisation als neues Verwaltungssystem in den Provinzen vollendet, und nach dem Sturz des Usurpators Artabasdos im Jahr 742 ist auch das Zentralheer, die *tagmata*, wieder fest in kaiserlicher Hand. Das abbasidische Kalifat hingegen verlagert seinen Schwerpunkt nach Osten, was in der Gründung der neuen Hauptstadt Bagdad im Jahr 762 seinen Ausdruck findet. Mit der Neuorganisierung der Grenzdistrikte *(thugûr)*, deren Hinterland nun als breiter Verteidigungsgürtel *(awâsim)* ausgebaut wird, schreibt Harun al-Rashid implizit auch die Grenze zu Byzanz fest, die in Zukunft nie wieder ernstlich in Frage gestellt wird. Natürlich unternehmen die Moslems auch weiterhin manchmal beeindruckkende Feldzüge, die zwar unter Konstantin V. und unter seinem Sohn Leon IV. bis zum Jahr 780 immer wieder scheitern, so in den Jahren 756, 778 und 780. Aber die Überfälle auf Kleinasien bringen das Reich in Bedrängnis, und Byzanz muß unter Konstantin VI., Irene und Nikephoros mehrere erniedrigende, mit Tributzahlungen verbundene Verträge abschließen, so etwa im Jahr 806. In den Jahren 813 bis 842 – es ist die Zeit der Kalifen Mamun und Mutasim – veranlassen die neuerliche ikonoklastische Krise in Byzanz wie auch die inneren Wirren des Kalifats letzteres wieder zu aggressiver Politik; es unterstützt wirksam den Bürgerkrieg, den Thomas der Slawe zwischen 820 und 822 entfesselt, und es unternimmt einen furchtbaren Feldzug, der 838 mit der Erstürmung und Zerstörung Amorions endet, der Wiege des seit 820 regierenden Herrscherhauses. Aber die Initiative liegt jetzt häufiger bei Byzanz: schon der Feldzug, den Theophilos 837 gegen Sozopetra unternimmt, beeindruckt die moslemischen Zeitgenossen, und die byzantinische Offensive wird

Kaiser Theophilos und sein Hofstaat (nach einer Miniatur aus der Chronik des Johannes Skylitzes).

nach 850 noch deutlicher, als Petronas, einer der Brüder der Kaiserin Theodora, 856 vor Tephrike steht und Kaiser Michael III. seine militärische Offensive 859 gegen Samosata richtet. Noch wichtiger ist das Scheitern des Emirs Omar ibn Abdallah al-Aqta, das den Byzantinern ermöglicht, bis nach Mesopotamien vorzudringen.

Der Islam ist deshalb für Byzanz so gefährlich, weil er sich in autonome Teilkräfte aufspaltet, die teilweise sehr offensiv handeln. Das ist unter Harun al-Rashid mit dem Korsarenemirat von Tarsos der Fall, dem andere entlang der levantinischen Küste, vor allem in Tripoli, folgen. Doch der moslemische Angriff auf das Zentrum des Mittelmeers hat weitaus schwerwiegendere Konsequenzen: 827 besetzen andalusische Moslems Kreta, während die tunesischen Aghlabiden mit der Eroberung Siziliens beginnen, dessen Eroberung sie bis 902 abschließen. Italien und die Balkanhalbinsel sind in Reichweite des Feindes gerückt. Brindisi wird angegriffen, und im Jahr 838 entstehen in Apulien zwei kleine Emirate, das eine von 840 bis 880 in Tarent, das andere von 847 bis 871 in Bari. Die Adria, schon von slawischen Piraten heimgesucht, steht nun auch den Moslems offen. Selbst Venedig fühlt sich bedroht und unterzeichnet deshalb im Jahr 840 einen Bündnisvertrag mit dem karolingischen Kaiser Lothar I. Als jedoch 867 Budva, Cattaro (Kotor) und Ragusa (Dubrovnik) eingeschlossen werden, werden sie von Byzanz aus der moslemischen Umklammerung befreit. Byzanz hat damit infolge der unmittelbaren Bedrohung durch die kretische und die levantinische Flotte auch zur See reagiert, obwohl der Erfolg hier allerdings auf sich warten läßt: 839 wird eine griechische Flotte bei Thasos auf hoher See zersprengt und 843 kann eine zweite nicht einmal auslaufen. Dennoch erscheint die byzantinische Flotte 853 vor Ägypten und plündert Damiette. Damit ist das Ägäische Meer jedoch noch nicht in Sicherheit: 862 überfallen die Araber Mytilene und verwüsten den Berg Athos, 866 verfügen sie in Neon auf der Halbinsel Chalkidike sogar vorübergehend über einen Stützpunkt. Doch die Moslems verfolgen keine einheitliche maritime Politik mehr und machen keine Miene mehr, Konstantinopel anzugreifen.

Gerade das Leben im anatolischen Grenzgebiet verrät am meisten über die neuen byzantinisch-islamischen Beziehungen. Durch das Gleichgewicht der Kräfte entstehen hier »periphere«, meist religiös geprägte autonome Gebiete, die häufig auf zwei Hochzeiten tanzen. In den Jahren 833/834 erleidet die *Khurramiya*, eine sezessionistische Bewegung innerhalb des Islam, mehrere Niederlagen, und etwa 2000 ihrer Kämpfer fliehen nach Byzanz, an ihrer Spitze Nasir Theophobos, der 837 beim griechischen Feldzug gegen Sozopetra eine wichtige Rolle spielt. Im selben Jahr ersucht Babak, der Anführer der Khurramiten, Byzanz vergeblich um Hilfe. Zur gleichen Zeit hat sich die dualistische Sekte der Paulikianer, die 820 von byzantinischem Territorium in ein Gebiet westlich des Euphrat geflüchtet war, mit dem Emir von Malatya verbündet, und ihre Anhänger durchstreifen immer wieder die anatolischen Themen. Die Paulikianer, die sich zunächst in dem vom Emir zugewiesenen Argauth (Argaun) niedergelassen hatten, gründen unter ihrem Anführer Karbeas um 845 die Festung Tephrike und bauen sie zum Mittelpunkt eines richtiggehenden Staates voll militärischem Geist aus, der während der byzantinischen Offensiven von 856, 859 und 861 den Moslems eine gewichtige Stütze ist. Bezeichnend für die Autonomiebewegungen im Grenzgebiet ist jedoch, daß die Paulikianer nicht an jenem großen Feldzug teilnehmen, der 863 mit der Niederlage und dem Tod des Emirs endet. Hier ist auch der Nährboden einer epischen Tradition beider Welten: Im Gewand heftiger religiöser und kultureller Antagonismen besingt das griechische Epos des Digenis Akritas (Grenzer aus zwei Völkern) jene manchmal miteinander verwandten und häufig miteinander verbündeten »Männer von der Grenze«, wie es auch die moslemischen Epen von Antar, Sayyid Battâl und Dhat al-Himma tun.

Die bulgarische Gefahr

Mitte des 9. Jahrhunderts begann auf dem Balkan ein neuer Abschnitt der Geschichte. Im Osten der Halbinsel bedrohte der politisch und ethnisch im Wandel begriffene Bulgarenstaat Byzanz und die Slawen gleichermaßen. In der ersten Jahrhunderthälfte hatte er die *Sklavinien* bis zu den Seen von Prespa und Ochrid sowie die serbischen Gebiete bis zur Donau annektiert und so sein Staatsgebiet auf das Doppelte vergrößert: im Süden auf Kosten des Reichs, vor allem aber über die Donau hinaus bis zu den Karpaten und zur ungarischen Tiefebene. Die im Westen

Bekehrung der Bulgaren: Byzantinische Missionare taufen einen Bekehrten in Anwesenheit des bulgarischen Königspaares (Miniatur aus der Manasses-Chronik, 14. Jahrhundert; Biblioteca apostolica Vaticana, Rom).

der Halbinsel angesiedelten jungen slawischen Staaten – Kroatien, Serbien, Diokleia, Trebunien, Zachlumien und Pagania – können sich dagegen der bulgarischen Vorherrschaft entziehen. Unterschiedliche Gründe hatten ihnen einen Wandel von der Stammesorganisation zu staatlichen Strukturen ermöglicht, vor allem der soziale Wandel im Innern, der sich vollzieht, während Byzanz mit der Rückeroberung des südlichen Teils der Halbinsel und der Bekämpfung des bulgarischen Feindes befaßt ist. Die bulgarischen und byzantinischen Kriegszüge haben die Entwicklung der *Sklavinien* im südlichen Balkan unterbrochen, während Byzanz auf die im Nordwesten entstehenden jungen, noch schwachen slawischen Staaten fast keinen Einfluß hat.

Um 850 hat das Christentum sich weit ausgebreitet – vor allem in Bulgarien, das seit 870 endgültig zum Lager der byzantinischen Orthodoxie zählt. Viele Serben und andere slawische Stämme des dalmatinischen Hinterlandes werden ebenfalls von den Legaten Konstantinopels getauft. Diese Bekehrungen und eine Verstärkung der politischen und militärischen Präsenz auf dem Balkan vergrößern merklich den byzantinischen Einfluß in Bulgarien und in den jungen slawischen Staaten und stärken so auch die Macht der dortigen Herrscher.

Die Bekehrung der Bulgaren unter der Regierung des Khan Boris festigt auch die Position der herrschenden Familie und der nach byzantinischem Modell gebildeten Zentralregierung. Gleichzeitig wächst die Bedeutung des slawischen Elements, und der bulgarische Staat überwindet den ethnischen und politischen Dualismus, der ihn seit seiner Gründung im 7. Jahrhundert geprägt hat. Doch im Innern wächst die Opposition: Schon 866 läßt Boris 52 Bojaren, die sich der Bekehrung zum Christentum widersetzen, enthaupten. Im Jahr 893 verläßt er das Kloster, in das er sich nach seiner Abdankung zurückgezogen hat, und ertränkt den Versuch der Rückkehr zum heidnischen Glauben durch seinen Nachfolger Vladimir und eine Schar Bojaren in einem Meer von Blut. Eine unmittelbar darauf einberufene Versammlung bestimmt Boris' jüngsten Sohn Symeon zu seinem Nachfolger und verlegt die Hauptstadt von Pliska nach Preslav. Außerdem soll das Slawische fortan Griechisch als Amtssprache ablösen. Die unter Boris begonnene Politik wird bestätigt und von seinem Nachfolger weiterverfolgt.

Mit Symeon (893–927) beginnt ein neues Kapitel der Beziehungen zwischen Byzanz und Bulgarien: ein langer Kampf um die Vorherrschaft auf dem Balkan. Zur ersten Auseinandersetzung kommt es 894, nachdem Byzanz Maßnahmen ergriffen hat, die für den Handel Bulgariens wirtschaftlich ungünstig waren: Die Abwicklung des Handels wird zwei byzantinischen Kaufleuten übertragen und der Markt für bulgarische Waren von der Hauptstadt nach Thessalonike verlegt. Der Krieg endet 896 mit einem Vertrag, der die frühere Situation wiederherstellt. Byzanz muß dazu noch jährlich Tribut leisten. 912 kommt es zu einem zweiten Konflikt, als der für seinen leichten Lebenswandel und seinen Leichtsinn bekannte Kaiser Alexander (912–913) die Tributzahlung verweigert. Der Kriegszustand zwischen Bulgarien und dem Reich dauert nun fast ununterbrochen fort bis zum Ende von Symeons Herrschaft. Es geht dabei jedoch nicht um einen klassischen Eroberungskrieg, sondern um die Vorherrschaft auf dem Balkan, um die Schaffung eines universalen bulgarisch-byzantinischen Reichs unter Symeon als *basileus* und mit Konstantinopel als Hauptstadt. Unter dem »Halb-Griechen« Symeon, der einen Teil seiner Jugend am kaiserlichen Hof verbracht hat, löst sich Bulgarien politisch und kirchlich völlig von Byzanz. Dennoch bleibt das Reich mehr denn je sein Vorbild, Bulgarien will sogar an seine Stelle treten. Es ist das erste Mal, daß ein von Byzanz als Barbar angesehener Fürst auf urbyzantinischem Territorium und dazu noch so nah der Hauptstadt und dem Herzen des Reichs derart weitgehende und gefährliche Ambitionen äußert. Doch Symeon kann seinen Traum nicht verwirklichen; seine militärische Überlegenheit und seine Siege (Anchialos, 917), das Vordringen bis Dyrrhachion, Thessalonike und an den Golf von Korinth, die Eroberung wichtiger byzantinischer Städte wie Adrianopel (923), sein Vorstoß bis vor die Mauern der Hauptstadt (914 und 924) – all das bringt ihn seinem Ziel zwar sehr nahe, aber auf den Kaiserthron in Konstantinopel gelangt er damit nicht.

Symeon und seine bulgarischen Truppen demonstrieren ihre militärische Überlegenheit: das byzantinische Heer auf dem Weg zur Niederlage bei Anchialos 917 (Miniatur aus der Chronik des Johannes Skylitzes).

Während der Minderjährigkeit von Konstantin VII. Porphyrogennetos reagieren die Regenten unterschiedlich auf Symeons Ambitionen. Der Patriarch Nikolaos Mystikos empfängt ihn feierlich – eine Tochter des Bulgarenfürsten soll die Ehefrau des jungen byzantinischen Herrschers werden – und übergibt Symeon eine Krone, genauer »einen Lorbeerkranz«, womit vermutlich der Titel eines *basileus* von Bulgarien verbunden gewesen ist. Nach dem Patriarchen übernimmt Zoe, die Mutter des minderjährigen Kaisers, die Regentschaft. Sie verwirft alle Pläne ihres Vorgängers. Doch ihre unnachgiebige und kriegerische Politik führt zu mehreren Niederlagen; so gelingt Romanos Lakapenos der Aufstieg, um die Situation zu

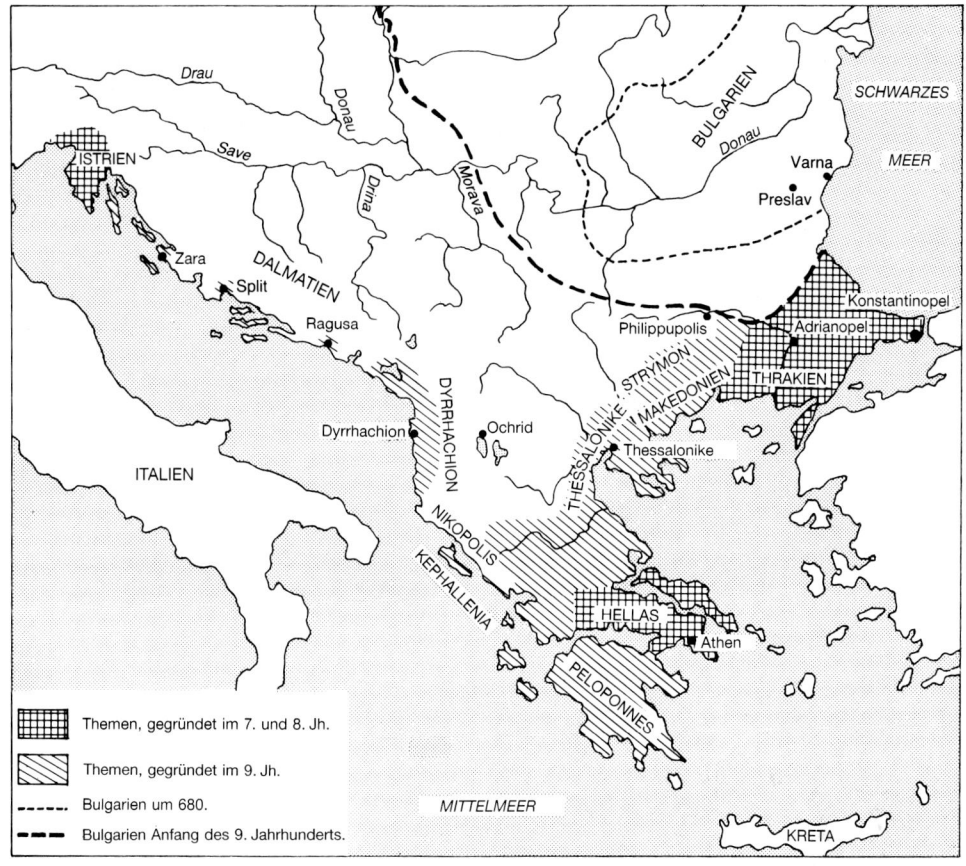

Die Balkanhalbinsel Mitte des 9. Jahrhunderts.

retten. Seine Tochter heiratet Konstantin VII., er selbst wird Mitkaiser und erkennt Symeon den Titel eines *basileus* von Bulgarien zu. Doch Symeon ist damit nicht zufrieden und führt den Krieg bis zu seinem Tod im Jahr 927 weiter. Danach ändert sich die Lage vollkommen.

Der Kampf um die Vorherrschaft auf dem Balkan hat vor allem Rückwirkungen auf Serbien, mit dem sich sowohl Byzanz wie Bulgarien zu verbünden suchen; dabei wird es jedoch eher zum Spielball der politischen Interessen beider Mächte. Die beiden Rivalen unterstützen je nach Erfordernis den herrschenden Fürsten oder einen Mitbewerber um die Macht, die die sichere Hilfe der einen oder der anderen Seite jeweils weidlich ausnutzen. Der bulgarisch-byzantinische Krieg wirkt sich allerdings auch auf die slawischen Fürstentümer des dalmatinischen Hinterlandes aus. In der zweiten Hälfte des 9. Jahrhunderts, nachdem die byzantinische Regierung ihre internen Schwierigkeiten durch einen Sieg über die Ikonoklasten überwunden hat und auch die arabische Gefahr abgewendet ist, geht sie gegenüber

Bulgarien mit dem Ziel in die Offensive, das Land in die Zange zu nehmen. In den Jahren um 870 entsteht so das Thema Dalmatien, und die slawischen Stämme des Hinterlandes erkennen die Oberhoheit von Byzanz schnell an. Der Einfluß des Kaiserreichs ist dort stärker als im Landesinnern, so wie er auch von Süden nach Norden abnimmt. Nach der kurzen Herrschaft des byzantinischen Schützlings Zdeslav (878/879) trennt sich Kroatien ziemlich rasch von Byzanz und bleibt damit in der römischen beziehungsweise fränkischen Sphäre des Westens. Aber auch Symeons Versuch, Kroatien zu unterwerfen, endet mit einer Niederlage. In diesem Teil des Balkan ändert sich die Lage nach Symeons Tod ebenfalls in vieler Hinsicht. In Serbien kommt Caslav an die Macht und erkennt die byzantinischen Hoheitsrechte an; Byzanz unterstützt ihn beim Wiederaufbau des verwüsteten und entvölkerten Landes. Auch Michael von Zachlumien wendet sich von Bulgarien ab und unterwirft sich Byzanz, erhält dafür den Titel eines *patrikios* und *anthypatos* und wird damit in die byzantinische Staatshierarchie aufgenommen. Da sich fast alle Quellen über die slawischen Staaten im 10. Jahrhundert ausschweigen, wissen wir äußerst wenig über sie. Nach Symeons Tod wird sein Sohn Peter Nachfolger und damit *basileus* von Bulgarien, und Byzanz erkennt das bulgarische Patriarchat an. Peters Ehe mit einer Nichte des Romanos Lakapenos vertieft den Frieden. Seitdem entwickeln sich freundschaftliche Beziehungen zwischen beiden Staaten. Der byzantinische Einfluß war nie größer wie während der Regierungszeit Peters (927–969). Doch obwohl in dieser Zeit keine Gefahr von außen droht, erlebt das Land dennoch finstere Jahre in der Folge eines langen und kostspieligen Krieges, erlebt es das Elend des Volkes und die Herausbildung des Feudalsystems, das zu verschärften sozialen Spannungen führt, die sich häufig in häretischen Lehren niederschlagen wie bei den Bogomilen, die die offizielle Kirche ebenso wie den Staat ablehnen.

Der Westen und das Zweikaiserproblem

Ravenna ist gefallen und Byzanz nur noch im südlichen Italien präsent: am 6. Januar 754 trifft Papst Stephan II. in Ponthion mit dem Frankenkönig Pippin zusammen, da er nicht mehr mit der Hilfe des Kaisers rechnet und Byzanz mißtraut, das im selben Jahr seine bilderfeindliche Haltung auf dem Konzil von Hiereia bekräftigt. Zwar verdammt das zweite Konzil von Nikaia dann 787 den Ikonoklasmus, aber es bleiben dennoch politische Barrieren. Unter Konstantin VI. und unter Irene erlebt Byzanz nicht nur eine Periode der Schwäche, sondern zeigt sich auch unnachgiebig gegenüber einem Papsttum, das ihm fast nichts mehr schuldet: das Konzil des Jahres 787 erörtert nicht einmal die Frage des Illyrikons und Süditaliens, deren Rückkehr unter die römische Jurisdiktion der Papst fordert. Man geht sogar so weit, im Brief des Papstes an das Konzil alle Stellen, in denen er den Vorrang Roms und den Primat des hl. Petrus unterstreicht, zu unterdrücken.

Dennoch währt die Treue des Papstes lange. Es ist sogar wahrscheinlich, daß er noch in Ponthion im Einvernehmen mit Byzanz Pippin den vormaligen Exarchen-

Titel eines »patrikios der Römer« verleiht, den der fränkische Monarch aus genau diesem Grund nie zu tragen bereit war. Dieses Vorgehen entspricht der Politik, die das Reich gegenüber dem Westen praktiziert: Zwischen 757 und 767 reisen griechische Delegationen reihenweise nach Gallien, und man spricht sogar von einer Eheschließung zwischen dem späteren Leon IV. und Pippins Tochter Gisela. Doch das Blatt wendet sich, als Karl der Große im Jahr 774 dem langobardischen Königreich in Pavia den Todesstoß versetzt. Schon Pippin hatte sich geweigert, Byzanz die Städte der Pentapolis zurückzugeben, und Karl, der nun auch König der Langobarden ist und in Rom feierlich empfangen wird, bekräftigt jenen territorialen Herrschaftsanspruch des Papstes auf »das Erbe des hl. Petrus«, den die angebliche »Konstantinische Schenkung« begründet. In den Jahren zwischen 781 und 787 zwingt die eigene Schwäche Byzanz, die faktische Macht Karls offiziell anzuerkennen. Karl bricht jedoch das Bündnis mit Byzanz, das daraufhin 788 den unglückseligen Versuch unternimmt, König Desiderius' Sohn Adelchis wieder zum langobardischen Thron zu verhelfen. Um das Jahr 800 sieht Byzanz deshalb in Karl bestenfalls einen treulosen Verbündeten, schlimmstenfalls einen aufständischen Untertan.

Insoweit nimmt der Osten auch den Kaisertitel, den Karl am 25. Dezember des Jahres 800 aus den Händen des Papstes empfängt, nicht ernst. Für die Orthodoxen gibt es nur ein Reich, das die Verwirklichung des göttlichen Ratschlusses auf Erden darstellt. Die päpstliche Salbung des Kaisers ist in ihren Augen denn auch nicht mehr als ein barbarisches Volksschauspiel, erzählt doch Theophanes, Papst Leo III. habe Karl »vom Kopf bis zu den Füßen« gesalbt. Aber das unerträglichste ist der

Zweimal – 914 und 924 – belagern die Bulgaren Konstantinopel (Miniatur aus der Manasses-Chronik).

Titel: In Byzanz, wo der neue Kaiser nur als *basileus* bezeichnet wird, sieht man in der Tatsache, daß Karl sich *imperator Romanorum* nennt, den Versuch, dem »alten Rom« das Recht der Kaiserernennung zurückzugeben. Um die rechtliche Anerkennung seiner Kaiserwürde zu erwirken, müßte Karl Konstantinopel erobern und sich dort akklamieren lassen; da er das nie beabsichtigt, sind auch seine langen Verhandlungen mit Byzanz nur wenig von Interesse, ebenso wie sein zweifelhafter Plan einer Heirat mit Irene, den er in den Jahre 801/802 verfolgt. Nur um ein territoriales Problem aus der Welt zu schaffen, erkennt Michael I. ihn 812 als Kaiser, nicht aber als römischer Kaiser an: Byzanz läßt sich in Aachen die Hoheitsrechte über Dalmatien und Venedig bestätigen, während Kroatien unter fränkische Herrschaft kommt. Die Anerkennung dieser Würde ist im übrigen an Karls Person gebunden, den Nachfolgern gegenüber verhält sich Byzanz diplomatisch unentschlossen, denn beide Kaiserreiche sind angesichts ihrer besonderen Beziehungen zu Rom und der Gefahr, die beiden in Italien von den Moslems droht, natürliche Verbündete: Nachdem die Griechen 868 den Belagerungsring um Ragusa gesprengt haben, unterstützen sie mit ihrer Flotte Ludwig II. bei der Einnahme von Bari 871.

Doch nach dem gemeinsamen Sieg steht auch die Kaiserfrage wieder im Raum, denn vor der Vermählung seiner Tochter Irmengard mit Konstantin, dem Sohn Basileios' I., fordert Ludwig II. die eindeutige Anerkennung seiner Kaiserwürde. Und es kommt einer schweren Beleidigung gleich, als der Karolinger, der sich selbst »römischer Kaiser« nennt, Basileios in einem Brief mit »Kaiser des neuen Rom« anspricht, womit eine Idee Karls des Großen, die Wiederauferstehung der beiden Bruderreiche des 4. Jahrhunderts, wiederaufgegriffen wird. Doch zu lange schon ist das universale Kaisertum Teil des orthodoxen Erbes, und so vollzieht Basileios mit seiner Antwort denn auch den Bruch: die Kaiserwürde kann nur in Konstantinopel, dem »Sitz des Reiches« *(sedes imperii)* getragen werden, es kann nur einen Kaiser geben und im übrigen erkennt die Kirche auch nur einen Kaiser an. Andere, oft mächtige Herrscher begnügten sich mit bescheideneren Titeln, und das Reich, so schreibt Basileios weiter, das nicht erblich ist, gebührt keinem »fremden« Volk *(ethnos).* Jedenfalls könne Ludwig, der ja nicht einmal über das ganze Frankenreich gebiete, höchstens den Titel eines »Kaisers der Franken« *(basileus ton Phrangon)* für sich beanspruchen. Trotz des Gewichts der Argumente, die noch lange nachwirken, hat der Bruch von 871 kaum unmittelbare Konsequenzen: Die Karolinger verlieren an Bedeutung, und in byzantinischen Quellen sind die dortigen Kaiserkrönungen nicht einmal mehr verzeichnet. Bleibt festzuhalten, daß Rom den Kaiserzwist zur Stärkung der eigenen Selbständigkeit genutzt hat: Schon zu Beginn des 9. Jahrhunderts beruft sich der Papst auf die angebliche »Konstantinische Schenkung«, mit der jener große Kaiser, als er die Hauptstadt des Reichs nach Konstantinopel verlegte, Rom nicht nur den Vorrang vor allen anderen Bischofssitzen eingeräumt, sondern auch weltliche Macht in seine Hände gelegt habe. Aber über die rein religiösen Aspekte hinaus steht in der Krise von 858 bis 886 zwischen Rom und Byzanz vor allem die Legitimität des Reichs in Frage.

Byzantinische Wiedereroberungen

Sichere Grenzen?

Ein Jahrhundert lang ist die byzantinische Offensive vor allem Rückeroberung, um ein den wirklichen Machtverhältnissen angepaßtes Reichsterritorium zu schaffen – was um 963 erreicht ist – und für sichere Grenzen zu sorgen; dieses Ziel verfolgt Byzanz an allen Fronten. Schon unter Basileios I. gelingt es, die Pässe des Tauros soweit zu sichern, daß sie sich hinter den eindringenden Moslems wie eine Falle schließen; dieses Ziel ist schon 877/878 mit der Einnahme Lulons (Lu'lua) und der Vernichtung des paulikianischen Staates von Tephrike erreicht. Die bedeutende Festung Melitene (Malatya) widersetzt sich lange Zeit: Trotz der inneren Probleme des Kalifats muß Byzanz sich anderen Feinden zuwenden, so daß der Krieg im Osten bis etwa 930 nur eine Art Routine ist. Mit Hilfe der verbündeten Bulgaren und Armenier und dank der Verdienste des Johannes Kurkuas, des größten Strategen seiner Zeit, kann Romanos Lakapenos dann in den Jahren 931 bis 934 das Werk mit der Eroberung von Theodosiupolis und Melitene krönen. Doch aus den Trümmern des Kalifenreichs erhebt sich 934–967 die Doppel-Dynastie der Hamdamiden von Mossul und Aleppo und mit ihr einer der glänzendsten Gegner des Reichs, Saif ad-Daulah, der 938 Armenien und Ostanatolien verwüstet. Doch Kurkuas führt seinen Kampf weiter: 942 erobert er die ehemaligen Grenzgebiete um Djezira, Mayyafarikin, Diyarbakir, Dara, Nisibis und vor allem Edessa, von wo die wunderwirkende Ikone Christi im Triumph heimgeführt wird; weiter westlich schließt sich mit dem Fall von Marash (Germanikeia) die letzte Lücke im Grenzsystem. Aber seit 945 ist Saif ad-Daulah in Aleppo unangefochtener Herr; er besetzt mehrmals Schlüsselpositionen wie Germanikeia und Theodosiupolis und überrennt 950 Kappadokien. Sein offenkundiges Ziel ist Konstantinopel. Die großen Feldherren Bardas Phokas und Johannes Tzimiskes können jedoch zwischen 952 und 959 die alte Grenzlinie wieder herstellen. Nach der Erstürmung von Samosata im Jahr

Romanos Lakapenos empfängt die ägyptischen Gesandten (Miniatur aus der Chronik des Johannes Skylitzes).

958 kann so westlich des Euphrat ein neues Thema gebildet werden. Kurze Zeit darauf gewinnt Nikephoros Phokas den Kampf um die kilikischen Pässe und überschreitet die syrische Grenze; 962 fällt Aleppo. Saif ad-Daulah stirbt zwar erst 967, aber sein verzweifelter Widerstand scheitert an einer fast hermetischen Grenze.

Währenddessen wird der Kampf gegen die Moslems auch zur See geführt. 904 hat ein griechischer Renegat, der waghalsige Leon von Tripolis, Thessalonike erobert und geplündert, und die byzantinische Flotte scheitert zweimal, 910 und 949, bei dem Versuch, Kreta zurückzuerobern. Erst 961 kann Nikephoros Phokas die bedeutende Insel einnehmen und die Ägäis von den Piraten befreien. Zwar ist Sizilien nach dem Fall von Taormina im Jahr 902 endgültig verloren gegangen, doch gelingt es auf dem italienischen Festland, die Langobarden durch stabile Grenzen von Kalabrien bis zur Adria in Schach zu halten, so wie auch die Moslems im Tauros und entlang des Euphrat in Schach gehalten werden.

Kämpfe zwischen Russen und Bulgaren im 10. Jahrhundert
(Miniatur aus der Manasses-Chronik).

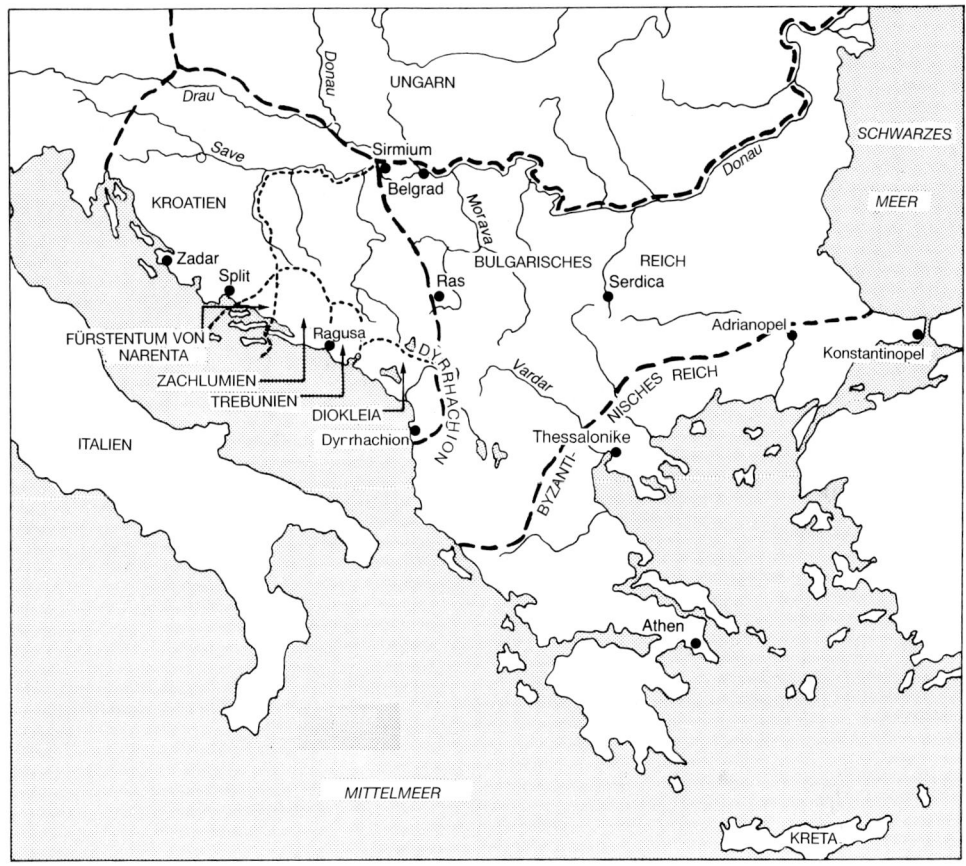

Die Balkanhalbinsel Mitte des 10. Jahrhunderts.

Das Werk der großen Usurpatoren

Der Friede, der Mitte des 10. Jahrhunderts auf dem Balkan herrschte, war nur von kurzer Dauer. Das geschwächte Bulgarenreich, dem Byzanz einen jährlichen Tribut entrichten muß, bricht durch die Expansionspolitik der Kaiser Nikephoros II. Phokas (963–969) und Johannes I. Tzimiskes (969–976) zusammen. Nikephoros ist nach seinen Siegen über die Araber entschlossen, das Bulgarenreich zu vernichten. Er weigert sich, den 927 vertraglich festgelegten jährlichen Tribut zu zahlen, verjagt die bulgarischen Abgesandten aus Konstantinopel und dringt mehrmals in bulgarisches Territorium vor. Angesichts möglicher neuer Feldzüge gegen die Araber will er jedoch die eigenen Streitkräfte zurückhalten und wendet sich an die Russen, denen er die Besetzung Bulgariens vorschlägt. Der russische Fürst Svjatoslav kann das geschwächte Bulgarien schnell unterwerfen und setzt Boris ab, den Sohn und Nachfolger Peters. Doch Svjatoslav hat auf eigene Rechnung gehandelt – zu spät bemerkt Kaiser Nikephoros seinen Irrtum, und erst sein Nachfolger Johannes Tzimiskes wird wieder Herr der Lage. Es kostet ihn allerdings einige Mühe, die Russen 971 zu schlagen; eingeschlossen in der Donaufestung Silistria kapitulieren sie schließlich und verpflichten sich zur Aufgabe des bulgarischen Territoriums. Byzantinische Truppen besetzen Bulgarien, doch der bulgarische Staat wird nicht wiederhergestellt und Peters Söhne Boris und Romanos werden als Geiseln nach Konstantinopel gebracht. Das Patriarchat wird aufgehoben.

Nach den Siegen über Bulgaren und Russen kann Byzanz seine Position im Herzen des Balkan merklich festigen, wenn auch nur für eine gewisse Zeit. Die Byzantiner hatten 971 vermutlich nur den Ostteil des bulgarischen Königreichs unterworfen; tatsächlich kommt es im westlichen Teil zu einem Aufstand gegen die bulgarische Herrschaft. Es besteht allerdings Unklarheit über das Datum dieser Revolte und ob es davor schon – im Jahr 969 – einen Aufstand gegeben hat. Vermutlich hat jedoch nur ein Aufstand – im Jahr 976 nach dem Tod des Johannes Tzimiskes – stattgefunden. Viel wichtiger und ebenfalls kontrovers ist die aus der Erhebung von 976 hervorgegangene Staatsform. Inszeniert hatten den Aufstand gegen die bulgarische Herrschaft die Söhne des *komes* Nikolaos (daher auch *kometopuli* – Söhne des *komes*), die vier Brüder David, Aaron, Moses und Samuel. Auch die Herkunft der Brüder ist umstritten, man nimmt an, daß sie Armenier gewesen sind. Aus der Erhebung entsteht ein in Wesen und Form neuer Staat. Sein Zentrum ist Makedonien mit den Hauptstädten Prespa und Ochrid. Die Anführer des Aufstands bleiben in staatlicher und religiöser Hinsicht der alten bulgarischen Tradition verbunden, die einzige, auf die sie sich berufen können. Samuel wird schnell zum alleinigen Anführer und läßt sich unter unbekannten Umständen zum Zaren krönen. In den folgenden Jahrzehnten kann er seinen Herrschaftsbereich im Süden bis nach Mittelgriechenland, im Osten bis zur Donau und im Westen bis zur Adriaküste ausdehnen. Aufgrund mehrerer Erhebungen der kleinasiatischen Aristokratie (976–979 und 987–989) und nach der Niederlage in der ersten Schlacht gegen Samuel am südlich von Serdica gelegenen Trajanischen Tor muß Byzanz den Gedanken an eine neue Offensive für lange Zeit aufgeben. Aber sobald die Lage im

Inneren und an der Front im Osten es erlaubt, geht Basileios II. diplomatisch und militärisch in die Offensive. Mit Fürst Vladimir von Diokleia schließt er einen Pakt und veranlaßt erste Angriffe gegen Samuels Imperium. 997 gelingt dem byzantinischen Feldherrn Nikephoros Uranos der erste große Sieg: Samuels Heer, das gerade von einem Feldzug in Mittelgriechenland heimkehrt, wird am Spercheios aufgerieben. Trotz dieser Niederlage kann Samuel Serbien und Diokleia sowie den wichtigen Hafen Dyrrhachion erobern. Im Jahr 1001 beginnt dann Byzanz eine Großoffensive, die bis 1004 andauert und in deren Verlauf Basileios II. die Gebiete zwischen Donau und Balkan mit den früheren Hauptstädten Pliska und Preslav zurückgewinnen kann, ebenso wie Makedonien und Thessalien mit Berrhoia, Serbia und Voden (Bodena), die Donaufestung Vidin (Bidine), das am Vardar liegende Skopje und – im Jahr 1005 – Dyrrhachion. Die byzantinischen Streitkräfte haben Samuels Imperium eingekreist. Im Jahr 1014 folgt der vernichtende Schlag in der Schlacht am Kleidion-Paß. Wie die Quellen berichten, werden die 14 000 Gefangenen von den Byzantinern geblendet – unter je hundert Soldaten wird jeweils einem nur ein Auge ausgestochen, der den traurigen Zug zu Samuel zu führt. Dieser erleidet angesichts des schrecklichen Schauspiels einen Herzanfall und stirbt wenige Tage danach. Seine Nachfolger Gabriel Radomir (1014–1015) und Johannes Vladislav (1016–1018) kämpfen zwar weiter, doch das Schicksal ihres Reichs ist besiegelt. Kaiser Basileios (976–1025) triumphiert letztendlich, nachdem er gegen Samuel und seine Nachfolger einen mehr als vierzigjährigen Krieg – von 976 bis 1018/19 – durchgestanden hat. Wie schon drei Jahrhunderte zuvor erstreckt sich das byzantinische Reich wieder bis zur Donau und zur Save. Anfang des 11. Jahrhunderts sind die im südlichen Balkanraum angesiedelten Slawen, die vier Jahrhunderte zuvor einen Großteil der Halbinsel erobert hatten, fast völlig im byzantinischen Staat aufgegangen. In den zentralen Regionen können sie dennoch – eingekreist durch die Themen – ihre ethnische Eigenständigkeit bewahren. Die Fürsten im Nordosten sind zwar ebenfalls vorübergehend von Byzanz unterworfen, gehen jedoch keine ihnen fremden Vasallenbeziehungen ein. Bulgarien, dessen ethnische Entwicklung abgeschlossen ist, ist nach unendlicher Mühe unterworfen: Erst nach zwei Jahrhun-

Marsch des Zaren Samuel auf Thessalonike (Miniatur aus der Chronik des Johannes Skylitzes).

Belagerung Konstantinopels im Jahr 850 (Miniatur aus der Chronik des Johannes Skylitzes).

derten der Besetzung wird es wieder zum unabhängigen Staat. Die Grenzen zwischen der griechischen und der slawischen Welt sind nunmehr in groben Zügen festgeschrieben, so wie jene zwischen dem römischen Katholizismus und der Orthodoxie von Konstantinopel – sie haben sich bis heute nicht wesentlich geändert. Dadurch waren für die Slawen der Balkanhalbinsel auch die Wege der weiteren kulturellen und religiösen Entwicklung vorgezeichnet.

Die Russen

Seit dem 6. Jahrhundert bevölkern unterschiedliche Stämme, die man unter dem gemeinsamen Begriff Slawen zusammenfaßt, die weite Ebene Osteuropas, die eine riesige geographische Einheit mit großen Unterschieden in den klimatischen Bedingungen darstellt.

Die Einheit dieser Ebene wird auch durch zahlreiche Hügel niemals durchbrochen; die Gebirge – die Karpaten im Südwesten, der Kaukasus zwischen dem Schwarzen und dem Kaspischen Meer und der Ural im Osten – sind auf die Randzone dieses Gebietes begrenzt und geben ihm die Form eines Amphitheaters, das sich zum Arktischen Eismeer hin öffnet.

Mächtige Flüsse durchschneiden die Ebene entlang der Nord-Süd-Achse, wobei die einen in die Ostsee münden wie die westliche Dvina (Duna), andere wie Dnjepr und Don ins Schwarze Meer oder ins Kaspische Meer wie die Wolga. Sie entspringen alle in den Waldai-Höhen, dem Wasserspeicher des europäischen Rußland.

Klimatisch hatten sich zwei Großzonen herausgebildet: Im nördlichen Laubwaldgebiet vom mittleren Dnjepr bis zur mittleren Wolga lebten patriarchalisch organisierte slawische und finnisch-ugrische Stämme als Sammler, Jäger und Fischer unter der Tributherrschaft der Varäger, in der südlichen Steppe dagegen vom Chazarenreich abhängige slawische Bauern und zahlreiche turko-mongolische Nomadenstämme als Viehzüchter.

Zwischen beiden Großräumen findet ein fruchtbarer Austausch statt. Gefördert wird er durch ein großes Netz aus Wasserstraßen und die lebendigen Siedlungen (grady), die an ihren Ufern entstanden sind.

Der Glaube an die Kräfte der Natur, deren Beschwörung den Stammesfürsten und Zauberern obliegt, ist die einzige Gemeinsamkeit der ansonsten sehr unterschiedlichen slawischen Stämme – so wird von einem Appell an die Varäger im Jahr 862, die Ordnung einzuhalten, berichtet.

Aber wer sind die Russen, die die Byzantiner Rhos nennen und deren Herkunft zu ernsten Meinungsverschiedenheiten unter den Historikern geführt hat?

Ein aufmerksames Studium der russischen, byzantinischen, moslemischen und abendländischen Quellen des 9. Jahrhunderts belegt, daß die Russen, die in der zweiten Hälfte des 9. Jahrhunderts in Osteuropa auftauchen, aus Skandinavien kommen, wo sie ein eigenständiges Volk gebildet hatten. Sie durchqueren die Region zunächst als Söldner im Dienste der Chazaren und der Byzantiner, später auf eigene Rechnung. Sie überfallen Städte an der Nordküste des Schwarzen Meeres und stehen am 18. Juni 860 sogar vor Konstantinopel, der Anlaß für zwei berühmte Homilien des Patriarchen Photios.

Die russischen Fürsten und ihre *druzina* unterwerfen die Stämme entlang der Flußlinie Wolchow-Lovat-Dnjepr: Das ist der berühmte Varägerweg zu den Griechen, der die Ostsee und das Schwarze Meer verbindet. Die Bildung dieser neuen politischen Einheit mit der Hauptstadt Kiev war das Werk des Fürsten Oleg, der von 882–913 herrschte.

Die nördlich des Schwarzen Meeres entstehende militärische und wirtschaftliche Macht weckt natürlich das Interesse von Byzanz, das in dieser Region gern ein Gleichgewicht zu seinen Gunsten aufrechterhalten möchte. Das Reich und die Fürsten von Kiev sind zur Verständigung miteinander gezwungen; die Byzantiner suchen einen starken militärischen Verbündeten, zu einem Zeitpunkt, als die Macht der Petschenegen Zeichen der Schwäche zeigt, während die Fürsten Zugang zum Markt von Konstantinopel suchen, um die Waren aus den slawischen Tributzahlungen (Pelze, Wachs, Honig und Sklaven) verkaufen zu können.

Nach einem militärischen Zusammenstoß im Jahr 907 verständigen sich Russen und Byzantiner 911 auf ein Handelsabkommen, das 944 und 971 nach unglücklichen Feldzügen gegen das Reich erneuert wird. Die Russen erhalten vorteilhafte Bedingungen für den Absatz ihrer Waren auf dem byzantinischen Markt und müssen im Gegenzug den Status Quo in den Gebieten nördlich des Schwarzen Meeres garantieren. Diese Einbindung der Russen wird im Sommer 957 anläßlich des Empfangs der Prinzessin Olga durch Konstantin VII. Porphyrogennetos in Konstantinopel offiziell bestätigt und stellt die erste Phase der Eingliederung der *Rus* in die byzantinische *oikumene* dar, die 989 mit der Taufe des Fürsten Vladimir und der Kiever Bevölkerung ihren Abschluß findet.

Basileios II. und seine Nachfolger

Bulgarien – eine gefährdete Eroberung

Mit großer Umsicht macht sich Basileios II. früh an die Organisation der eroberten Gebiete. Mit Rücksicht auf die schwierige Lage der Bevölkerung nach den langen und schrecklichen Kriegen läßt er das Steuerwesen unangetastet; wie unter Samuel sind die Abgaben in Naturalien und nicht in Geld zu entrichten. Das Kerngebiet des früheren Reiches Samuels bildet für die Verwaltung das Katepanat Bulgarien, das mit dem heutigen Bulgarien nichts zu tun hat – Skopje war der Hauptort. Mit der Schaffung einer so bedeutenden Verwaltungseinheit ist das Schicksal der örtlichen Aristokratie besiegelt: Ein Teil wird gewaltsam eliminiert, ein anderer erhält Titel und Funktionen weit entfernt vom eigenen Land, besonders in Anatolien. Nur wenige Adlige bleiben, doch berichten die Quellen darüber so wenig, daß nichts über ihre Rolle im Rahmen der neuen, nach Themen organisierten Verwaltung bekannt ist.

Südlich der Donau entsteht schon vor Kriegsende das Thema Paristrion oder Paradunavon, während das Grenzgebiet zwischen Donau und Save das Thema Sirmium bildet. Basileios schafft auch ein Thema Serbien, doch über seine Ausdehnung und die Art seiner Organisation ist nichts bekannt. Die Themen Dyrrhachion und Dalmatien erstehen wieder, wobei letzteres das Gebiet um Ragusa einbüßt, das ein eigenes Thema mit gesonderten Verpflichtungen gegenüber den benachbarten slawischen Fürstentümern wird.

Ausgedehnte, von Slawen bewohnte Gebiete stehen somit unter der direkten Herrschaft von Byzanz, während Kroatien, Bosnien, Serbien, Diokleia, Zachlumien und Terbunien die »Oberhoheit« des Reichs anerkennen. Es besteht demnach ein eindeutiger Unterschied zwischen Gebieten unter direkter byzantinischer Hoheit und den »Vasallen« des Reichs. Basileios II. gibt auch der Kirche in den eroberten Ländern eine neue Struktur: Das alte Patriarchat wird aufgelöst und durch die Autokephalie des Erzbistums von Bulgarien mit Sitz in Ochrid ersetzt.

Als Basileios II. im Jahr 1025 stirbt, scheint das Reich auf dem Gipfel seiner militärischen und politischen Macht; doch schon unter seinen unmittelbaren Nachfolgern erheben sich im Innern der Balkanhalbinsel unzufriedene Völker, die vor allem unter der erdrückenden Steuerpolitik der Zentralregierung und der örtlichen Verwaltung stöhnen.

1040 kommt es in den unlängst unterworfenen Gebieten im Herzen des Balkan zum Aufstand. Anführer ist Peter Deljan, der sich als Sohn des Zaren Gabriel Radomir (1014–1015) ausgibt, wahrscheinlich aber Slawe einfacher Herkunft ist. Nach seiner Proklamation zum Kaiser der Bulgaren marschiert er nach Süden und erobert die Städte Niš und Skopje. Der Stratege von Dyrrhachion greift mit den Truppen seines Themas ein, die jedoch – ausgebeutet durch eine erbarmungslose Verwaltung – revoltieren und ihren Anführer Tichomir zum »Zaren der Bulgaren« ausrufen. Der Aufstand breitet sich nach Süden bis nach Thessalien und im Westen bis nach Dyrrhachion aus; Thessalonike wird jedoch nicht eingenommen und bleibt Ausgangspunkt aller Angriffe gegen die Rebellen. Peter Deljan entledigt sich auf recht brutale Art seines Rivalen, doch bald erwächst ihm in Alusianos, dem nachgeborenen Sohn des Johannes Vladislav (Zar 1015–1018), ein neuer Widersacher. Alusianos, nach seiner Flucht in Kleinasien Stratege von Thedosioupolis (Erzerum), läßt Peter blenden und liefert ihn Kaiser Michael IV. aus. Der Aufstand wird danach schnell niedergeworfen, doch die byzantinische Macht auf dem Balkan ist erschüttert.

Der Aufstand scheitert nicht zuletzt daran, daß der Kampf gegen das byzantinische Joch mehr und mehr zum Kampf gegen die Feudalschicht wird. Der Adel, der seine Existenz bedroht sieht, sucht sein Heil in Fahnenflucht und Kapitulation; dennoch hat kein anderer Aufstand im 11. Jahrhundert die Volksmassen des Balkan derart massiv mobilisiert.

Einen anderen Verlauf nehmen die antibyzantinischen Erhebungen in Diokleia, jenem Gebiet, das um den Skadarsee und die Bucht von Kotor, entlang der Küste bis zur Halbinsel Pelješac und im Landesinnern bis zu den Bergen Albaniens und Montenegros reicht, und das seit dem 11. Jahrhundert Zeta und seit dem 15. Jahrhundert Montenegro heißt. Nach einem ersten Mißerfolg in den Jahren 1034–1035 erreicht Stephan Vojislav dort die Unabhängigkeit von Byzanz und kann seinen Machtbereich sogar auf die benachbarten Provinzen Trebunien und Zachlumien ausdehnen. Zwei Strafexpeditionen, die die Strategen von Dyrrhachion 1040 und 1042 durchführen, enden im unwirtlichen Gebiet von Diokleia mit einem Debakel. Die Regierung von Byzanz muß die Existenz eines autonomen slawischen Staates im Herzen des Balkan hinnehmen. Stephan Vojislavs Nachfolger Michael (um 1050–1082) erhält als »Freund und Verbündeter« des Reichs den Titel eines

Basileios II., der »Bulgarenschlächter« (Psalter des Basileios, Marc. Graec. 17, 11. Jahrhundert; Biblioteca Marciana, Venedig).

»Protohypertatos«, womit Byzanz Diokleias Unabhängigkeit offiziell anerkennt. Gegen Ende seiner Regierung empfängt er wohl aus Rom sogar die Königskrone.

1066 erheben sich in Thessalien Griechen, Walachen und Slawen, die unter der großen Steuerlast von Byzanz leiden. Der Aufstand währt nur kurze Zeit, ist jedoch insoweit aufschlußreich, als die Massen radikaler sind als ihre Anführer, da die Feudalisierung inzwischen beträchtliche Ausmaße angenommen hat.

In Belgrad wird der Aufrührer Peter Deljan zum Kaiser der Bulgaren erhoben (Miniatur aus der Chronik des Johannes Skylitzes).

Druck von außen verschärft nach 1070 die innere Krise des Reichs: 1071 ist Kleinasien fast völlig verloren, Italien bereits aufgegeben. Auf dem Balkan erschüttert kurz nach dieser Katastrophe, im September oder Oktober 1072, eine neue Erhebung das bulgarische Thema, auch hier hervorgerufen durch die Steuerpolitik beziehungsweise die Mißbräuche durch den Logotheten Nikephoritzes. Der Anführer der Aufständischen, Georgios Voitachos, und eine Gruppe einflußreicher Adliger wenden sich mit der Bitte um ein Bündnis und Hilfe an Michael von Diokleia, der ihnen seinen Sohn Konstantin Bodin an der Spitze von dreihundert Mann schickt. Dieser wird in Prizren zum bulgarischen Zaren ernannt und erhält in Erinnerung an das frühere Bulgarenreich den Namen Peter. Nach anfänglichen Erfolgen werden die Aufständischen jedoch bei Taonion (heute Paun in Serbien) endgültig geschlagen, und normannische und deutsche Söldner in byzantinischen

Diensten plündern und brandschatzen das gesamte Land. Dieser Aufstand ist anders verlaufen als die Erhebung von 1040; an der Spitze stand eine Gruppe örtlicher Feudalherren, die Organisation war schlecht und der Aufstand beschränkte sich auf ein kleines Gebiet. Die Gründe für sein Scheitern liegen allerdings noch tiefer: angesichts der weit verbreiteten Feudalisierung bleibt ein Teil der Großgrundbesitzer dem Kaiser treu und nimmt an der Erhebung gar nicht teil. Die Interessen dieser lokalen Gruppe decken sich eher mit denen der Feudalherren aus Byzanz: Eine Teilnahme an der Revolte hätte die Grundlagen ihrer Macht gefährdet.

Auf dem Balkan muß sich Byzanz nicht nur mit den Slawen, sondern auch mit zahllosen Nomaden auseinandersetzen, die nach dem Wegfall des bulgarischen Riegels über die Donau setzen und unmittelbar das Reichsterritorium angreifen. Zu den gefährlichsten gehören von 1034 an die Petschenegen; dem byzantinischen Staat bleibt nichts weiter übrig, als einen Teil von ihnen in den Festungen südlich der Donau anzusiedeln und ihnen die Grenzsicherung gegen ihresgleichen zu übertragen. Um sie stärker ans Reich zu binden, werden sie zusammen mit ihrem Anführer getauft.

Doch schon bald erschüttert eine neue Invasion den Balkan: 1064 überschreiten die Uzen, türkischstämmige Nomaden wie die Petschenegen, in Massen die Donau und fallen plündernd in Bulgarien, Thrakien, Makedonien und sogar in Griechenland ein. Aber eine Seuche rafft viele von ihnen dahin, womit die Gefahr für das Reich glücklicherweise schnell vorüber ist. Seit 1070 erheben sich zudem in den europäischen Gebieten reihenweise die Heerführer. Diese Rebellionen schwächen die Stellung des Reichs so sehr, daß man zurecht von einem Reich sprechen kann, das seine beiden Flügel – Kleinasien und Italien – verloren hat und nun im Herzen bedroht ist – auf der Balkanhalbinsel.

Der Osten und das Überschreiten der Grenzen

Die Prophezeiung, Nikephoros Phokas werde sterben, wenn er Antiocheia einnehme, hat eine tiefe Bedeutung: Das Reich überschreitet seine Grenzen so weit, daß es Gefahr läuft, die Kontrolle über sein Gebiet zu verlieren, zumal das byzantinische Bürgertum in Frieden die vorhandenen Ressourcen ausbeuten möchte. Die großen Herrscher des 10. und 11. Jahrhunderts sind sich dessen wohl bewußt, denn bis zum Jahr 1040 nehmen sie an der Ostgrenze allenfalls kleine Korrekturen vor. So erobert Tzimiskes 973/974 Melitene, Mayyafarikin und Nisibis zurück und macht die Emire von Mossul tributpflichtig, aber er stellt damit lediglich die ehemalige Grenzlinie wieder her. Sein militärischer Ausflug nach Syrien im Jahr 975 ist dagegen vor allem eine Frage des Prestiges: Damaskus, Jerusalem und Beirut erhalten nun zwar christliche Garnisonen, doch die Drohung durch das Fatimidenkalifat macht eine wirkliche Annexion unmöglich, so daß die Grenze auch weiterhin südlich von Antiocheia verläuft. Einziger Vorposten bleibt das seit 969 unterworfene Emirat von Aleppo, in dem es allerdings häufig gärt. Basileios II. unterzeichnet im übrigen 986 mit dem Kalifen al-Muiss ein Abkommen, das den bisherigen Zustand wiederherstellt; als die Ägypter 991 den Waffenstillstand brechen, bekräftigt er 994/995 lediglich mit Nachdruck seine Hoheitsrechte über Aleppo. Selbst der Vorstoß des Kaisers nach Hims im Jahr 999 dient im Grunde nur der Befreiung des von den Fatimiden eingeschlossenen Antiocheia. Gefahr herrscht vielmehr im armenisch-kaukasischen Gebiet, das von den vordringenden türkischen Seldschuken bedroht ist. Im Jahr 1000 annektiert Byzanz das von König David überlassene obere Georgien und 1014 unter ähnlichen Bedingungen einen Teil Abasgiens (Abchasien). Um den Aufstand der um ihren Besitz gebrachten Erben niederzuschlagen und die vorwärtsdrängenden Seldschuken zu bekämpfen, eilt Basileios 1021 ins Araxes-Tal, annektiert das armenische Königreich von Vaspurakan, das sich gegen die Seldschuken nicht zur Wehr setzen kann, bringt den großarmenischen König Johannes Smbad dazu, Byzanz zum Erben seines Reiches zu machen und unterwirft 1022 schließlich Abasgien. Byzanz annektiert diese Gebiete, um einen Puffer gegen die Türken zu haben, doch es kommen dadurch auch Völker zum Reich, die diesem nicht unbedingt wohlgesonnen sind. Die Expansionspolitik macht Schule und veranlaßt einige Herrscher auch zur Unbesonnenheit: 1030 wird Romanos Argyros vertragsbrüchig und greift Aleppo an; seine schwere Niederlage wird als Strafe angesehen. Auch die Versuche, in den Jahren 1027 bis 1042 Georgien und Armenien zu besetzen, enden mit

Dieser niedrige Durchlaß in Mossul sollte feindliche Reiter behindern.

Niederlagen. Nur ein wenig rühmliches Bündnissystem mit dem moslemischen Emir von Dvin ermöglicht es Konstantin Monomachos, im Jahr 1045 das Erbe des Johannes Smbad anzutreten und sich zur Schutzmacht über Georgien aufzuschwingen.

Wenig später bezeichnet Isaak I. Komnenos diesen Zuwachs als Verlust: Byzanz trifft nun direkt auf die Türken, die seit 1048 das Gebiet von Vaspurakan überfallen. Es muß nun in Eile eine neue Verteidigungslinie in einem Gebiet aufgebaut werden, in dem kaum Griechen wohnen und viele Armenier das Reich mit Nachdruck ablehnen.

Rußland vor dem Tod Jaroslavs

Nach dem Feldzug des Jahres 907 erkennen die Byzantiner sehr schnell die strategische und handelspolitische Bedeutung des jungen russischen Staates und schließen mit ihm schon 911 in Konstantinopel einen Vertrag. Damals kann noch nicht die Rede davon sein, Rußland in die byzantinische *oikumene* aufzunehmen. Dieser bedeutende Schritt wird nach dem Feldzug von 941 in den Verhandlungen von Kiev vollzogen: eine Klausel des Vertrages von 944 sieht die Beteiligung russischer Truppen am Kampf gegen die Feinde des Reiches vor.

Fortan steht der Weg nach Konstantinopel nicht nur den Kaufleuten, sondern auch offiziellen russischen Vertretern offen. Im Sommer 957 etwa macht sich Prinzessin Olga auf die lange Reise und wird von Kaiser Konstantin VII. Porphyrogennetos empfangen. Olga verbindet mit der Reise ein konkretes Ziel: sie will das politische und militärische Bündnis aus dem Jahr 944 durch die Ehe des russischen Fürsten Svjatoslav mit einer der Töchter Konstantins besiegeln. Obwohl die Heirat mit einer Kaisertochter noch etwas verfrüht scheint, bereitet der Kaiser zu Olgas Ehren doch zwei Empfänge, die den außerordentlichen Stellenwert Rußlands für die byzantinische Außenpolitik unterstreichen. Nikephoros Phokas wendet sich beispielsweise an Rußland, um jene Armee aufzustellen, an deren Spitze er den Moslems Kreta wieder abnimmt. Ganz im Geist des Vertrags von 944 greift Svjatoslav 967 in den Kampf gegen die Chazaren ein. Svjatoslav nutzt seine Erfolge zwar zum Ausbau der eigenen Position an der Donau, aber das energische und schnelle Eingreifen von Johannes Tzimiskes drängt den russischen Fürsten nach Kiev zurück. Dennoch kommt 971 ein weiteres Abkommen zustande, das Rußland als privilegierten Verbündeten des Reichs bestätigt, und sein Eingreifen im Fall eines Angriffs auf byzantinisches Gebiet vorsieht.

Rußlands endgültige Eingliederung in die *oikumene* war das Werk von Vladimir. Er entsendet ein Expeditionskorps von 6000 Mann in jenen Bürgerkrieg, in dem die legitimen Kaiser Basileios II. und Konstantin VIII. gegen die Usurpatoren Bardas Skleros und Bardas Phokas kämpfen. Vladimir nutzt dabei die günstigen Umstände und setzt seine Aufnahme in die Hierarchie der christlichen Staaten durch, an einer Stelle, die seiner militärischen Bedeutung gerecht wird. Vladimir wird höchstwahrscheinlich am 19. Mai, dem Pfingstsonntag des Jahres 989, in

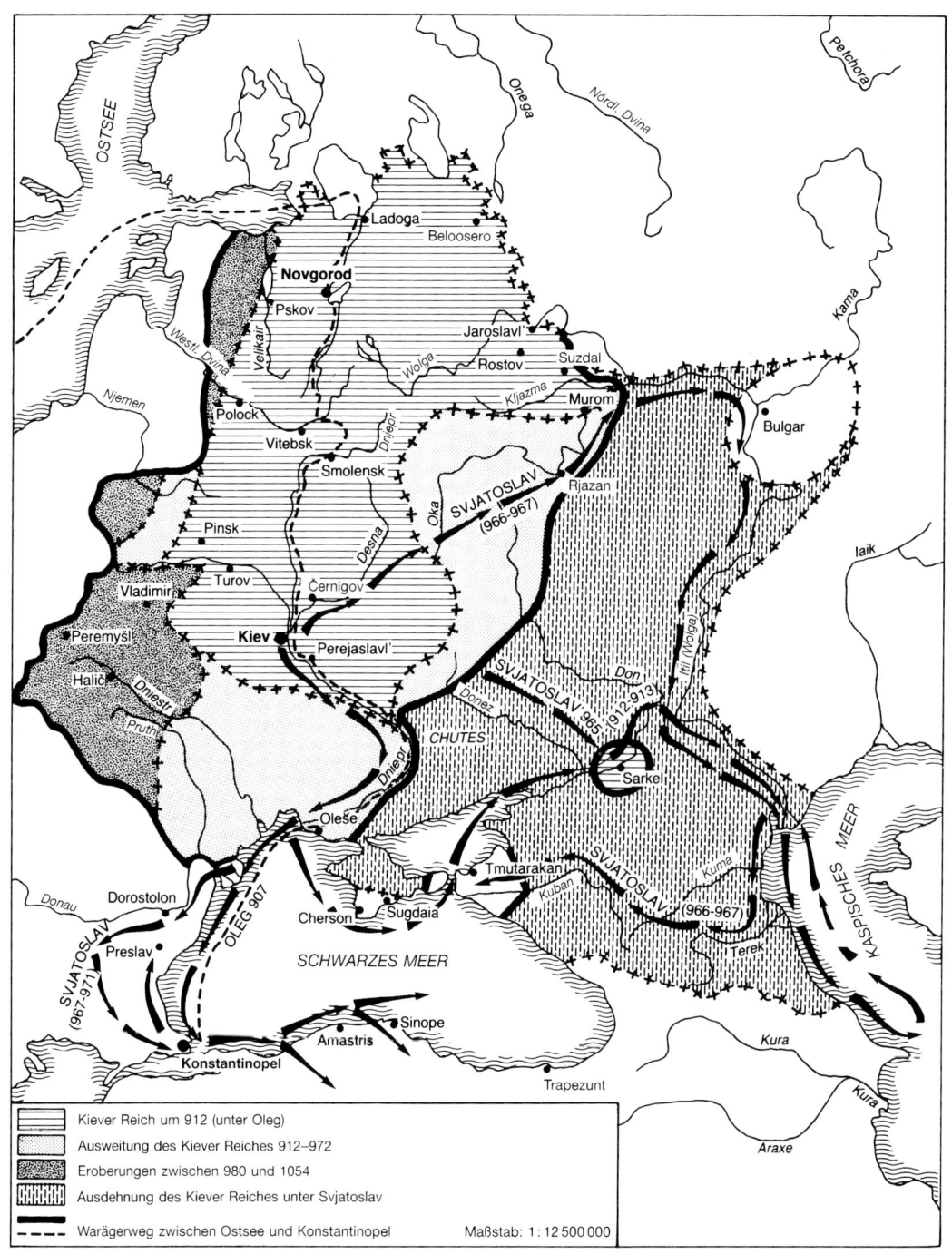

Rußland in Kiever Zeit.

Cherson getauft. Rußlands Aufnahme in die Reihe der christlichen Staaten wird am 15. August durch die Taufe der Kiever Bevölkerung in den Fluten des Dnjepr besiegelt. Durch die Vermählung mit Anna, der Schwester Basileios' II., rückt Vladimirs Dynastie in den kaiserlichen *genos* auf, genießt in Rußland als einzige das *jus regnandi* und kann sogar Ansprüche auf den Kaiserthron geltend machen, wenn in Byzanz das Herrscherhaus wechselt.

Um 1040 stürzen die Intrigen um die makedonische Thronfolge Konstantinopel in eine Krise. Die Kaiser beziehen ihren Thronanspruch nur aus ihrer Eheschließung mit Zoe, der Nichte Basileios' II., die keine Kinder mehr gebären kann. Georgios Maniakes bestreitet die Rechtmäßigkeit Konstantins IX. und erhebt sich gegen den Kaiser. Im Namen der kaiserlichen Legitimität, die Jaroslav seit Vladimirs Eintritt in das *genos* zukommt, fordert ihn Georgios Maniakes zur Unterstützung auf. Jaroslav schickt unter seinem Sohn Vladimir eine bedeutende Flotte nach Konstantinopel, die jedoch am Bosporus vernichtend geschlagen wird. Es war die letzte russische Expedition gegen das Reich, das dennoch Rußlands Privileg innerhalb der *oikumene* nicht antastet, was die Hochzeit des zweiten Sohnes von Jaroslav, Vsevolod, mit der Tochter des Konstantin Monomaches belegt. Solche Verbindungen sind Bestandteil einer aktiven Heiratspolitik, die auch Anna, eine der Töchter Jaroslavs, mit Heinrich I. von Frankreich vermählt.

Zwischen der Mitte des 10. und der Mitte des 11. Jahrhunderts ist Rußland ein fester Bestandteil, ja der solideste Kern der *oikumene*. Sein Niedergang, der in der zweiten Hälfte des 11. Jahrhunderts einsetzt, ist mit dem von Byzanz verknüpft.

Schicksal des byzantinischen Italien

Nach 875/880 hat das Reich in Italien keinen ernstzunehmenden christlichen Gegner mehr: Seit dem Tod Ludwigs II. im Jahr 875 verlieren die Karolinger ihren Einfluß, und auf dem Konzil von 879/880 verzichtet Rom angesichts der fehlenden Unterstützung auf eine Vielzahl disziplinarischer und dogmatischer Ansprüche. Für mehr als einhundert Jahre sind die Päpste, die ihre moralische Autorität durch Intrigen und nicht endende Korruption verspielt haben und den gleichen äußeren Gefahren wie Byzanz ausgesetzt sind, erneut auf die Hilfe des Reichs angewiesen.

Obwohl das Emirat von Bari 871 zusammenbricht, bleibt der moslemische Einfluß gewichtig und erklärt manche Handlungen, vor allem auf langobardischem oder langobardisch beeinflußtem Gebiet. Während Neapel, Capua und Salerno gute Verbündete der Araber sind, stellt sich Fürst Adelchis von Benevent 873 unter das Protektorat von Byzanz. Wie im Osten steht das Reich auch hier vor der Aufgabe, den Islam zurückzudrängen, der Sizilien, seitdem Syrakus 878 gefallen ist, fast völlig in der Hand hat. 879/880 vernichtet eine Seestreitmacht, die auf Bitten von Papst Johannes VIII. aufgestellt wurde, die Moslems und drängt sie bis vor Palermo zurück, erscheint vor Neapel und festigt die byzantinische Hoheit über Kalabrien und Südapulien. Während Neapel und Amalfi im moslemischen Lager bleiben, kehrt Benevent zu Byzanz zurück. Doch der Islam wahrt seine Stellungen auf dem italienischen Festland, auch wenn die Verbindungen mit Sizilien schwerer geworden sind, da Basileios den Moslems den Zugang zur gesamten Adria fast unmöglich macht: Er hält die Festungen Santa Severina und Amantea, verfügt über Stützpunkte bis in den Kirchenstaat hinein und zerstört 883 das Kloster auf dem Monte Cassino. Die byzantinischen Bemühungen gehen noch weiter. An der Spitze von zumeist orientalischen Einheiten stürmt Nikephoros Phokas der Ältere die moslemischen Festungen. Nachdem er um 890 die Küstengebiete am Golf von Tarent unter seine Kontrolle gebracht hat, gelingt ihm die Vereinigung zwischen den bis zu diesem Zeitpunkt isolierten griechischen Besitzungen in Kalabrien und Apulien, obwohl die Herren von Benevent zeitweilig mit den Moslems paktieren und trotz großer Aufstände wie etwa 887 in Bari. Während Sizilien sich im Niedergang befindet, und nach verschiedenen langobardischen Winkelzügen verpflichten sich die Fatimiden von Palermo 914, Kalabrien nicht mehr anzugreifen. Sie richten ihr Augenmerk nun auf Mittelitalien, wo am Ufer des Garigliano ein moslemisches Militärlager entstanden ist. Auf Bitten des Papstes Johannes X. schickt die byzantinische Regierung, die 909 den Fürsten von Capua-Benevent zur Anerkennung seines Klientelstatus gezwungen hatte, ihre Streitkräfte nach Kampanien, zwingt Neapel und Gaeta zum Bruch mit den Moslems und vernichtet schließlich mit der Unterstützung örtlicher Christen-Milizen 915 das Lager am Garigliano. Nach dem Tod des Karolingers Arnulf im Jahr 899 fehlt jede Konkurrenz – es scheint eine Restauration des Kaisertums bevorzustehen, in die sich der Papst gezwungenermaßen schicken muß.

Für Byzanz ist Italien ein weiteres Territorium, das es zurückzuerobern gilt: 892 entsteht das Thema Langobardien mit dem Zentrum Bari, von wo die Expansion nunmehr gesteuert wird. Wie im Osten gibt es auch hier keine eindeutige Front; zwischen den Küstenabschnitten, die die Hoheitsrechte von Byzanz gemeinhin

Fürst Jaroslav rückt nach Černigov vor (Miniatur aus der Radziwill-Chronik).

Rußland dringt endgültig in den byzantinischen Raum ein: Silbermünzen von Jaroslav und Vladimir.

anerkennen, und langobardischen Gebieten, wo die Duldung griechischer Offiziere von der Laune der Fürsten abhängt, liegt ein undefinierter Grenzbereich, der unter dem doppelten Einfluß des Reichs und der Langobarden steht, etwa um Matera. Doch die Restauration wird durch neue Überfälle der Moslems gelähmt, die nach der Auflösung des Emirats von Palermo durch die Fatimiden von Kairouan im Jahr 917 nunmehr direkt von Afrika aus gesteuert werden. Man entrichtet den Moslems

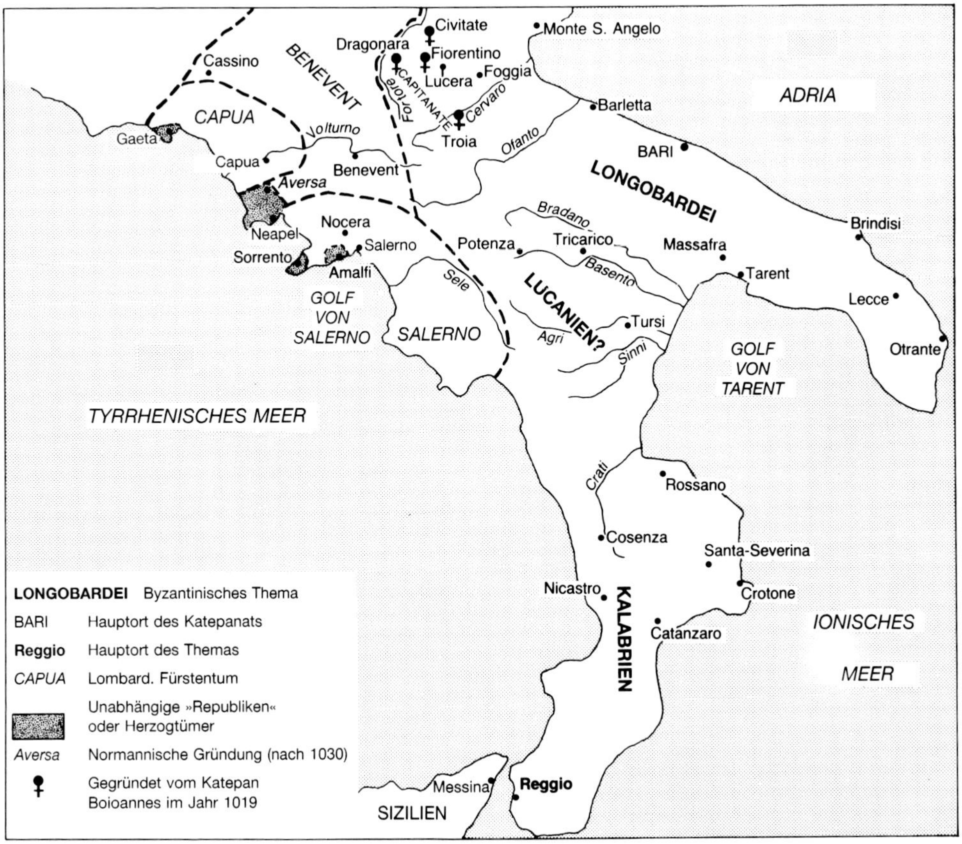

Das Katepanat Italien um 1035.

Tribut, die dennoch 926 Tarent erobern und dann Otranto angreifen; die langobardischen Fürsten nutzen die Gelegenheit und revoltieren 929 und 934. Byzanz unterstützt seinerseits die Moslems auf Sizilien, die gegen die aus Afrika revoltieren, jedoch 947 von letzteren unterworfen werden. 950 fällt den Afrikanern Reggio in die Hände, 952 zwingen sie Byzanz einen Waffenstillstand auf, der eine Verpflichtung zum Bau einer Moschee in der Stadt enthält. Danach scheint die moslemische Gefahr gebannt zu sein, und Nikephoros Phokas träumt nach Kreta von einer Rückeroberung Siziliens. Aber ein Feldzug zur Entlastung der christlichen Enklave von Rametta endet 964 mit einer furchtbaren Niederlage: 967 muß mit den Fatimiden ein Friedensvertrag geschlossen werden.

Schwerer wiegt jedoch die Kaiserkrönung Ottos I. am 2. Februar 962, die die karolingischen Ziele in Italien wieder zum Leben erweckt. Nikephoros kann zwar den Fürsten von Benevent in die Knie zwingen, seine Verpflichtungen im Osten und die Niederlage in Rametta lassen ihm einen Frieden aber wünschenswert erscheinen. Doch die deutschen Ansprüche führen 968 zum Bruch und in der Folge zu kleineren Kämpfen in Kalabrien und Apulien. 972 kommt es dann zum Friedensvertrag, doch weitere moslemische Angriffe in den Jahren 976 bis 981 zwingen Otto II. einzugreifen; bei Stilò wird er im Juli 982 von den Sarazenen vernichtend geschlagen. Angesichts dieser doppelten Gefahr konzentriert Byzanz noch vor 975 seine Streitkräfte durch die Schaffung des Katepanats Italien. Während der deutsche Druck nachläßt, kann man sich den um so heftiger angreifenden Moslems zuwenden; aber nur durch die Hilfe Venedigs kann im Jahr 1003 die Belagerung von Bari beendet werden, und Pisa ist bei der Befreiung von Reggio im Jahr 1006 behilflich. Doch schon im Jahr 1002, als Otto III., der sich weder in Rom noch in den langobardischen Fürstentümern durchsetzen konnte, stirbt, ist auch die byzantinische Restauration im Westen als gescheitert anzusehen: Salerno, Benevent, Neapel, Gaeta und Amalfi stehen so fest unter der Autorität ihrer Fürsten, daß Byzanz nichts dagegen unternehmen kann. Selbst im Katepanat ist die Herrschaft

Seeschlacht (nach einer griechischen Handschrift; Biblioteca Marciana, Venedig).

von Byzanz nicht einhellig anerkannt, wie der Aufstand des Langobarden Meles in den Jahren 1009/1010 beweist. Seine Rückkehr im Jahr 1017 an der Spitze normannischer Hilfstruppen bringt neue, tödliche Gefahr. Sein Bezwinger, der Katepan Basileios Boioannes, überzieht zwischen 1017 und 1021 ganz Apulien mit einer Festungslinie, deren Zentrum die neue Stadt Troja bildet – das Reich ist damit in die Defensive gegangen. Nicht so in Sizilien: 1025 besetzt Boioannes Messina, doch dann stellt der Tod Basileios' II. wieder alles in Frage, und 1028 fällt der Katepan in Ungnade.

Die Katastrophe von 1071 und das Ägäische Reich

Türkische und normannische Invasionen

Mitte des 11. Jahrhunderts dominiert ein Phänomen: Das Reich unternimmt – mit scheinbarem Erfolg im Osten und großen Schwierigkeiten im Westen – den Versuch, die Grenzen seiner Rückeroberungen zu überwinden. Doch gerade mit diesem Versuch, der in schlechtem Verhältnis zu den Möglichkeiten steht, schafft sich das Reich neue und viel gefährlichere Feinde.

Im 10. Jahrhundert beginnen die Türken, aus Zentralasien kommend, ihre Wanderung nach Westen. Sie stoßen an die Ostgrenzen des islamischen Machtbereichs, wo sie der Kontakt mit den Kämpfern des Glaubens, den *ghâzi*, teilweise zur Bekehrung führt. Häufig stellen sie sich in den Dienst der lokalen moslemischen Fürsten, vor allem der Ghasnaviden im östlichen Iran. Zu Beginn des 11. Jahrhunderts versuchen wenig disziplinierte Scharen, die entweder Heiden geblieben sind oder wie ihre Bekehrer eifrige Moslems wurden, ihren Herren zu entkommen, indem sie nach Westen ausweichen: 1029 greift eine türkische Horde, die von den Ghasnaviden Aserbaidschans gejagt wird, wahrscheinlich das armenische Königreich von Vaspurakan an. Im Jahr 1040 vernichten sie die Ghasnaviden bei Dandangan und überfluten den Iran, dessen Westteil sich dem Anführer Toghrul-Beg aus der Familie der Seldschuken öffnet. Toghruls Ziel ist seitdem Bagdad, das er 1055 erobert, und es ist durchaus in seinem Sinn, daß die undiszipliniertesten seiner Turkvölker über Armenien herfallen, das Byzanz unlängst annektiert hatte, dessen Eroberung Toghrul jedoch nicht geplant zu haben scheint. Um die überschäumenden Kräfte zu kanalisieren, läßt er seinen Bruder Ibrahim Inal in Georgien eindringen, 1048 Theodosioupolis plündern und auf dem Rückweg byzantinische Grenzbefestigungen zerstören. Im übrigen schließt wenig später Toghrul ohne Zögern Frieden mit Konstantin Monomachos, was die Türken nicht daran hindert, ständig Überfälle auf Reichsgebiete zu verüben. 1054 führt er selbst einen kaum ernstzunehmenden Feldzug gegen Armenien an, der sich in der vergeblichen Belagerung von Mantzikert (Malazgird) erschöpft und das byzantinische Verteidigungssystem unbeschädigt läßt. Auch ein zweiter Vertrag mit Byzanz aus dem Jahr 1055 beendet die türkischen Raubzüge nicht. Nachdem er Bagdad zu seinem Protektorat gemacht hat, versucht der orthodoxe Moslem Toghrul, das häretische Kalifat von Kairo zu vernichten. Dieses Ziel sieht er allerdings durch die Umtriebe der Turkvölker im kaukasisch-armenischen Raum gefährdet; aber sein Vorgehen gegen sie in den Jahren 1056/57 treibt lediglich eine wachsende Zahl von Aufrührern nach Armenien, wo lokale Potentaten und christliche Heerführer sich nicht einmal ungern ihrer Dienste versichern: 1057 verwüsten die Türken das Hinterland von Trapezunt. Dabei ist die Politik der Seldschuken-Sultane nicht immer offensiv: Alp Arslan, der 1062 die Macht übernimmt, bricht nach Armenien auf, jedoch vor allem, um die Grenze seines Reichs zu festigen und sich der Treue der ortsansässigen Turkvölker zu versichern; zu dieser Politik gehört auch die Einnahme von Ani in den Jahren 1064/65 sowie die Heiratsallianz mit Georgien. Dennoch ist Armenien zwanzig Jahre nach seiner Annexion für Byzanz verloren.

Aber die untergeordneten türkischen Anführer gehen weiter: Während die »offiziellen« Feldzüge an den Grenzen entlang verlaufen und nur hie und da auf christliches Territorium übergreifen, verwüstet der aufsässige Afshin in den Jahren 1067–1068 Kaisareia und das Gebiet um Antiocheia; er dringt bis nach Amorion vor und ruft finstere Erinnerungen an das Jahr 838 wach. Zwar greift Byzanz, wo der energische Romanos Diogenes seit 1067 herrscht, sofort ein, doch die Truppen, die nach Kappadokien ziehen, können nur die verheerenden Folgen der Plünderungen durch die Türken feststellen, die ein fast wüstes Land hinterlassen haben. Die Truppen sind zudem überhaupt nicht für den Kleinkrieg ausgebildet, den die äußerst beweglichen türkischen Reiter, die überall und nirgends auftauchen, ihnen aufzwingen. Ohnmächtig müssen sie miterleben, wie Afshin 1070 das bedeutende Heiligtum des hl. Michael in Chonai plündert, was die Orthodoxen als Beweis des göttlichen Zorns betrachten. Byzanz antwortet 1071 mit einer großangelegten Offensive in Armenien, während Alp Arslan versucht, die unruhigen Grenzgebiete zu befrieden, um endlich sein höchstes Ziel verwirklichen zu können: die Zerstörung des häretischen Kalifats von Ägypten. Im August 1071 kommt es dann bei Mantzikert zum Zusammenstoß, der für Byzanz in einer Katastrophe endet: Das Unerhörte geschieht, daß der Kaiser selbst in die Hände der Moslems fällt. Doch damit nicht genug: Kaum ist zwischen dem Sultan und dem Kaiser, den Alp Arslan sofort freiläßt, ein Vertrag zustandegekommen, der die bisherige Lage in etwa festschreibt, da reißt in Konstantinopel Michael Dukas den Thron an sich. Seine Truppen nehmen Romanos gefangen, der nach wenigen Tagen den schrecklichen Mißhandlungen erliegt. Kein Vertrag kann nun die türkischen Rebellen noch aufhalten, die von Alp Arslans Tod im Jahr 1072 und der Minderjährigkeit seines Sohnes Malik Shah profitieren. Revoltierende griechische und fränkische Heerführer, die im byzantinischen Anatolien gegeneinander um die Vorherrschaft kämpfen, bitten die Türken um Unterstützung, so daß diese unter der Führung von Vettern Arslans in kurzer Zeit so weit in Kleinasien vordringen können, daß sie um 1080 in Phrygien, Galatien und in der Region von Nikaia anzutreffen sind. Von dort kontrollieren sie die Küsten des Bosporus und des Marmara-Meeres. Ihr Anführer

Sulaiman, der seither den Titel eines Sultans trägt, begründet einen neuen türkischen Staat, das Sultanat Rum, das zwei Drittel der Halbinsel kontrolliert.

Im Westen ist der Niedergang weniger spektakulär, doch nicht weniger gravierend. Das Fehlen eines Konkurrenten – mit Ausnahme des Islam auf Sizilien – beruhigt das Reich, das seine Politik im Osten verfolgt und nicht merkt, wie die Normannen im Dienst der langobardischen Fürsten immer mehr Besitztümer beherrschen und so allmählich zur Gefahr werden. Byzanz schätzt diese Gefahr so gering ein, daß der Heerführer Georgios Maniakes den Plan von Basileios II. wieder aufnimmt und 1038 mit überwiegend normannischen Truppen auf Sizilien landet, während der Katepan von Italien Normannen, deren Anführer Arduin in enger Verbindung zu seinen Landsleuten aus Aversa steht, innerhalb der befestigten Siedlung Melfi ansiedelt, dem Schlüssel zum Olfanto-Tal und damit zu Apulien. Als Maniakes 1041 zurückgerufen wird, bricht alles zusammen: Sizilien ist verloren, und eine von den Normannen in Melfi angestiftete Empörung greift auf die langobardische Bevölkerung in den byzantinischen Provinzen über, die durch Argyros, den Sohn des früheren Rebellen Meles, zum Aufstand gerufen wird. Im Jahr 1042 hält das Reich nur noch Tarent, Brindisi und Otranto. Zwar kann die byzantinische Diplomatie Argyros und die Lombarden entzweien, doch der nach Italien zurückbeorderte Maniakes bringt mit seinem Schreckensregiment gegen jene Städte, die Sympathien für die Rebellen gezeigt haben, selbst die treuesten Anhänger gegen sich auf, bevor er erneut in Ungande fällt und nun selbst revoltiert.

Das Wichtigste für Byzanz ist dennoch die Erneuerung des deutschen Reiches: Heinrich III. erzwingt 1047 mit Clemens II. die Wahl eines integren Papstes und setzt so den unhaltbaren Zuständen in Rom ein Ende. Er läßt die Langobarden fallen und wendet sich den Normannenführern zu, die er mit jenen Gebieten

Türkische Raubzüge in Anatolien: Das Vieh wird zerstreut, das Land verwüstet
(Par. Graec. 135; Bibliothèque nationale, Paris).

belehnt, die sie de facto schon längst besetzt haben, und überträgt ihnen sogar Benevent, was eine unmittelbare Bedrohung des byzantinischen Territoriums bedeutet. In Italien stehen dem Reich damit ein reformiertes Papsttum und in ihrem Ehrgeiz bestätigte Normannen gegenüber und hinter allem der wiedererstarkte deutsche Rivale. Dennoch stehen die unruhigen und räuberischen Normannen so ziemlich allen im Weg; 1051 erneuern deshalb die beiden Kaiserreiche und Rom den Dreibund, der im 9. Jahrhundert gegen die Moslems erfolgreich gewesen war. Unglücklicherweise haben die byzantinischen Streitkräfte und die Truppen, die Leo IX. aus Deutschland hat heranführen lassen, keine gemeinsame Strategie und werden nacheinander geschlagen; im Juni 1053 nehmen die Normannen in Civita sogar den Papst gefangen. Wie schon im 8. Jahrhundert gelangen auch die Nachfolger Leos IX. widerwillig zu der Erkenntnis, daß sie von Byzanz nichts zu erwarten haben und müssen so um Unterstützung durch die Normannen nachsuchen, die seit 1057 von Robert Guiskard angeführt werden und schon ein Jahr später die Herren von Capua sind. Nikolaus II. entscheidet dann endgültig über die noch verbliebenen byzantinischen Provinzen, indem er im Jahr 1059 Richard von Aversa mit dem Fürstentum Capua und Guiskard mit dem Herzogtum Apulien und Kalabrien belehnt. Die normannische Eroberung kommt dennoch nur langsam voran, denn Guiskard, der 1060 Kalabrien einnimmt, unterstützt anschließend seinen Bruder Roger bei der Eroberung Siziliens. Durch das wiederholte Eingreifen von Byzanz und einen Vasallenaufstand verliert Roger mehrmals Städte wie Brindisi und Tarent. Doch im Jahr 1068 ist die Lage des moslemischen Sizilien dann so aussichtslos, daß Guiskard nun die byzantinische Bastion Apulien angreifen kann: am 5. August schließt er Bari ein und nach dreijähriger Belagerung fällt die Hauptstadt der Provinz im April 1071, als das Reich seine ganze Kraft gegen die Türken richten muß. Italien ist verloren und Byzanz hat endgültig aufgehört, eine westliche Macht zu sein.

Versuchung in Asien: Alexios und Johannes Komnenos

Zwischen 1071 und 1081 ist die Verwirrung groß: Befehlshaber der normannischen Söldner wie Ursel von Bailleul 1073/1074 und die ehrgeizigsten griechischen Heerführer wie Nikephoros Bryennios und Nikephoros Botaneiates 1077/1078 sorgen für ständigen Aufruhr; letztere ziehen die Streitkräfte in Europa und in Asien auf ihre Seite und führen dadurch den Sturz des Michael Dukas herbei. Doch der siegreiche Botaneiates wird 1081 seinerseits von dem Heerführer beseitigt, der sich in dieser wenig ruhmvollen Zeit am meisten hervortut: Alexios Komnenos. Die inneren Wirren rufen alle Feinde von Byzanz auf den Plan, denn im Angesicht des Bürgerkrieges kann man an den Grenzen, die häufig nicht mehr der Wirklichkeit entsprechen, nur noch den Schein wahren.

Die unmittelbare Gefahr geht nicht von Anatolien aus, wo der Sultan von Rum und der armenische Fürst Philaretos, der südlich von Antiocheia den Tauros bei

Melitene hält, theoretisch im Namen des Kaisers herrschen. Dies gibt der Eroberung der Gebiete des rebellierenden Armeniers 1083/84 durch die Türken den Anschein von Legitimität, und Byzanz hält so sehr daran fest, daß es 1085 Sulaiman zu Hilfe kommt, als Malik Shah ihn zu unterwerfen versucht. Damit hat sich das Reich im Gegner geirrt und seinem Todfeind das Leben gerettet. Aber Byzanz vertraut auf eine Spaltung der Türken, und nachdem Malik Shah 1086 Sulaiman beseitigt hat, spaltet sich das türkische Anatolien in der Tat in miteinander rivalisierende kleine Emirate auf. Sicherlich können diese Emirate die Politik des Reiches behindern, vor allem das Emirat von Smyrna, wo der Emir Tzacha eine Flotte unterhält und damit 1089/90 Raubzüge im Ägäischen Meer unternimmt. Aber sie werden nie zu einer Bedrohung, auch nicht als nach Malik Shahs Tod im Jahr 1092 Sulaimans Sohn Kilidsch Arslan versucht, sein Sultanat wieder zu einigen: Er stößt nun mit den Danischmandiden zusammen, einem Turkvolk, das das Gebiet von Sivas (Sebasteia) bis Ankara (Ankyra) beherrscht. Um 1095 kann Alexios zu Recht davon ausgehen, daß die Türken mit einer ernsthaften Gegenoffensive besiegbar wären.

Das Fehlen einer tatsächlichen türkischen Bedrohung im Osten erlaubt es Alexios, seine Kräfte gegen zwei drängendere Gefahren zu sammeln. Zunächst die Normannen: Alexios ist noch nicht einmal gekrönt, als Guiskard im Frühling 1081 von Otranto aus Albanien überfällt, um endlich beide Ufer der Adria zu beherr-

Kaiser Nikephoros III. Botaneiates (1078–1081) zwischen dem heiligen Johannes und dem Erzengel Michael (Fragment des Frontispiz der Redensammlung des heiligen Johannes Chrysostomos; Bibliothèque nationale, Paris).

schen. Obwohl die Flotte von Venedig eingreift, besetzen die Normannen Aulona (Vlores) und Dyrrhachion (Durrës) und stoßen unter der Führung von Bohemund bis nach Makedonien vor. Erst als Guiskard 1085 stirbt, können sie aus den eroberten Stellungen wieder vertrieben werden, aber die unerwartete lateinische Bedrohung auf dem Balkan wird für das Reich zur Zwangsvorstellung, zumal ihm weitere Gefahr von Norden her droht. Die Petschenegen, ein nomadisches Turkvolk, durchbrechen 1086 den Verteidigungsriegel an der Donau, fallen nach Thrakien ein und stehen ein Jahr später weniger als einhundert Kilometer vor Konstantinopel: in der Schlacht am Berg Levunion werden sie jedoch von Alexios' Heer im April 1091 völlig aufgerieben. Nach zehnjähriger geduldiger Defensive scheint das Reich im Jahr 1095 gerettet.

Zu diesem Zeitpunkt denkt Alexios dennoch an eine Wiedereroberung im Osten; selbst kleinasiatischer Herkunft, glaubt er auch weiterhin, daß das Fundament des Reichs immer noch in Kleinasien sei. Und als sich im Westen die Bewegung der Kreuzzüge abzeichnet, sieht er in diesem riesigen Unternehmen vor allem die Möglichkeit, Verbündete zu gewinnen; deshalb entsendet er im Jahr 1095 Beobachter zum Konzil von Piacenza. Das Prinzip der Kreuzzüge widerspricht zwar grundsätzlich der orthodoxen Seele, aber Alexios ist Pragmatiker: er betrachtet die Kreuzritter als eine neue Art von Söldnern, die man nur unter Berufung auf ihr feudales Denken an sich binden kann. Bei ihrem Aufenthalt in Konstantinopel kann Alexios sie nach erstem Zögern alle zum Vasalleneid verpflichten; nur Raymund von Toulouse weigert sich. In Alexios' Augen haben die ›Lateiner‹ lediglich die Aufgabe, in seinem Namen die von Türken besetzten orientalischen Provinzen zurückzuerobern, doch er begegnet seinen Vasallen mit Mißtrauen: die Erinnerung an die Angriffe der Normannen ist noch frisch, und Bohemund gehört zu den Anführern der Kreuzritter. Die Befürchtungen sind berechtigt: nicht nur, daß die Kreuzritter die europäischen Provinzen auf ihrem Weg ausplündern,

Gegen den zunehmenden Druck der Kreuzfahrer mobilisieren die Seldschuken ihre Kräfte und blockieren den Landweg, so daß den Kreuzfahrern Anfang des 12. Jahrhunderts nur noch der Seeweg ins Heilige Land offen bleibt (französische Handschrift 4147, 13. Jahrhundert, Bibliothèque nationale, Paris).

sondern es wird auch allzu schnell deutlich, daß sie Anatolien, wohin der Kaiser ihnen den Weg ebnet, zum eigenen Nutzen erobern wollen. Sie helfen zwar mit, die Türken zu schwächen, doch die beiden Fürstentümer Edessa und Antiocheia, die sie im Orient gründen, bauen auf Provinzen auf, die noch vor zwanzig Jahren byzantinischer Besitz waren. Darüber hinaus wird Bohemund Fürst von Antiocheia und führt von 1099 bis 1104 offen Krieg mit dem Reich. Der Fürst von Antiocheia erkennt, daß er nicht siegen kann, und kehrt ins Abendland zurück, wo er einen wahren Werbefeldzug gegen die Griechen führt, der in den Jahren 1107/1108 in einen zweiten Feldzug gegen Albanien mündet. 1111 muß er sich geschlagen geben und im Vertrag von Deabolis (Devol) einen Teil des Fürstentums Antiocheia als kaiserliches Lehen entgegennehmen. Doch die lateinische Frage im Orient ist dadurch nicht gelöst, denn nach dem Tod Bohemunds lehnt Tankred, der für Bohemunds kleinen Sohn die Regentschaft übernimmt, die Einhaltung des Vertrages ab.

Der Ausgang des Kreuzzugs macht Alexios ohne Zweifel klar, daß er Anatolien nicht als Ganzes zurückgewinnen kann; er muß dem Reich auf dem Balkan und in den nördlichen und westlichen Provinzen Kleinasiens ein neues Gleichgewicht geben und sich mit den Kriegsfolgen im Orient abfinden. Er beginnt mit der Konsolidierung der Grenzen, die am Ende seiner Herrschaft das Dukat Trapezunt und alle Provinzen westlich der Linie zwischen den Häfen Sinope im Norden und Attalia im Süden umfassen. Diese Linie ist so gut befestigt, daß Alexios die Angriffe der Türken 1113 und vor allem 1115/1116 erfolgreich zurückschlagen kann.

Die schlechte Erfahrung mit den Lateinern hat den Kaiser gelehrt, daß er Verbündete im Abendland braucht: In den Jahren 1082–1084 gewährt er Venedig ein Privileg, 1111 erhält auch Pisa ein solches. Im Januar 1112 protestiert er gegen die Inhaftierung des Papstes Paschalis II. durch Heinrich V. und bietet sogar an, sich in Rom krönen zu lassen. Alexios unterstreicht mit dieser anachronistischen Geste die Bedeutung, die er dem Bündnis mit dem alten Rom beimißt, obwohl die Gespräche über die Wiedervereinigung der beiden Kirchen scheitern.

Auf dieser Grundlage muß das Werk von Johannes II. Komnenos, der 1118 seinem Vater auf den Thron folgt, neu interpretiert werden. Es ist nur wenig bekannt, da sich die bedeutenden Geschichtstexte aus der Zeit darüber ausschweigen, was einige Probleme aufwirft: möglicherweise wurde Johannes, der als der glänzendste Vertreter seiner Dynastie gilt, von seinen Zeitgenossen abgelehnt. Ein Grund dafür könnte seine völlig unrealistische Außenpolitik sein, die jenem alten asiatischen Traum nachhängt, den Alexios wohlweislich aufgegeben hatte. Im Westen und auf dem Balkan, wo das Reich nicht mehr bedroht wird, begeht Johannes langfristig gesehen einen schweren Fehler nach dem anderen. 1122 weigert er sich, die Privilegien Venedigs zu erneuern – mit dem Erfolg, daß die ägäischen Inseln wie auch Dalmatien drei Jahre lang ständig geplündert werden und er sich 1126 dann gezwungen sieht, den umstrittenen Vertragstext sogar noch zu erweitern. 1128 mischt er sich in einen ungarischen Thronfolgestreit ein, 1137 in einen serbischen; beide Male hofft er, den jeweiligen Thron mit eigenen Kandidaten besetzen zu können. Es gelingt ihm zwar, die zwei serbischen Provinzen Diokleia und Rascien auseinanderzubringen, doch nur auf Kosten einer gefährlichen Annäherung Rasciens an Ungarn. Im Grunde denkt Johannes nur an Asien und er erkämpft dort auch wichtige Siege gegen das Sultanat Rum und gegen dessen Rivalen, die Danischmandiden, deren Reich immer wieder von Aufständen erschüttert wird. In mehreren Feldzügen zwischen 1119 und 1134 kann Johannes die gesamte Schwarzmeerküste bis östlich von Trapezunt zurückerobern; mit der Einnahme des Maiander-Tals ist endlich auch die Landverbindung zur südanatolischen Küste wieder gesichert. Jetzt wird seine wahre Absicht klar: Er will die Grenzen von 1045 wiederherstellen. 1137 besiegt Johannes den kleinarmenischen Fürsten Leo, der mit Tarsos, Adana und Mopsuestia über ganz Kilikien gebietet. Nun, da die Tauros-Pässe genommen sind, will das Reich die fränkischen Fürsten zur Annahme der Bestimmungen von Deabolis zwingen. Nachdem die Absicht einer Eheschließung mit der Dynastie des Bohemund gescheitert ist, besetzt Johannes Antiocheia, dessen Fürst Raymund von Poitiers ihm Treue schwört. Wie vor ihm Nikephoros Phokas, so greift auch er das moslemische Reich in Syrien an, das in den Händen des Atabeg Zengi von Mossul ist. Doch sein Vorgehen gegen Aleppo im Jahr 1138 endet mit einer empfindlichen Niederlage, selbst Antiocheia entgleitet ihm wieder nach einem Aufstand der Franken. Zu allem Übel muß er schnell zum Pontos zurück, wo die Danischmandiden wieder angreifen; auch hier ist ihm kein Sieg beschieden. Vor Antiocheia taucht er erst 1142 wieder auf; der Einzug in die Stadt bleibt ihm jedoch verwehrt, er erliegt 1143 den Folgen eines Jagdunfalles.

Manuel Komnenos errichtet das Ägäische Reich

Die innere Krise, Aufstände der Heerführer und der Druck von außen hatten das byzantinische Reich nach 1070 in eine schlimme Lage gebracht, im Osten nicht weniger als auf dem Balkan. Mit entschlossenem militärischem Eingreifen und geschickter Diplomatie gelang es Alexios I. Komnenos, in Kleinasien den Seldschuken die Stirn zu bieten und bis zum Ende des Jahrhunderts die frühere Lage wiederherzustellen, während auf dem Balkan die Donau für fast ein Jahrhundert noch eine sichere Grenze war. Tatsächlich hatte Alexios mit Venedigs Hilfe 1085 die erste große Invasion der aus Italien kommenden Normannen zurückschlagen und 1108 einen zweiten, nicht minder gefährlichen Ansturm abwehren können. Er konnte 1091 mit Hilfe der Kumanen, türkischen Nomaden aus der russischen Ebene, am Fuß des Levunion an der Mündung der Maritsa (Marica) den entscheidenden Sieg gegen die Petschenegen erringen; 1094 hat er dann die Kumanen geschlagen, die Thrakien plünderten. Mit diplomatischem Geschick ist es ihm gelungen, die zahllosen Kreuzritter, die 1096/1097 bei Belgrad und Dyrrhachion Reichsboden betreten hatten, schnell nach Kleinasien abzuschieben.

An der Nord-West-Grenze wurden ständig Überfälle auf Reichsgebiet verübt, die zunächst nur von Diokleia, dann aber auch von Rascien aus gesteuert wurden – dadurch kündigte sich die Verlagerung des Schwerpunkts der serbischen Fürstentümer in das Zentrum des Balkan und die künftige Richtung ihrer Expansion an. Schon Alexios I. hatte den Kampf gegen den Župan von Rascien, Vukan, aufgenommen, doch ohne großen Erfolg. Auch Johannes II. Komnenos, der 1122 die Petschenegen endgültig vernichtete, konnte die serbische Gefahr trotz glänzender Siege nicht endgültig ausschalten.

Unter Manuel I. Komnenos erschien Byzanz als europäische Großmacht, und das Reich erlebte noch einmal eine glanzvolle Epoche. Manuel führte die Außenpolitik seines Großvaters und seines Vaters weiter, doch die allgemeine Lage betonte immer stärker das Gewicht des Westens, aufgrund der noch immer drohenden Normannengefahr in Italien, aber auch vor allem in Folge der Politik des deutschen Kaiserreichs im Mittelmeerraum. Als Großmacht konnte Byzanz den Ereignissen nicht tatenlos zusehen; unter Manuel, der von dem alten Gedanken der kaiserlichen Universalität durchdrungen ist, übernahm das Reich an allen Fronten die politische Offensive, im Westen, in Italien und insbesondere auf dem Balkan.

Das militärische Eingreifen in Italien war nur von kurzer Dauer, aber symptomatisch für den Zustand des Reichs. Befreit von Sorgen im Osten und auf dem Balkan, konnte Manuel I. 1155, ein Jahr nach dem Tod Rogers II., eine Flotte nach Ankona entsenden: Von dort eroberten seine Streitkräfte dank großer finanzieller Aufwendungen und geschickter Diplomatie, aber auch von aufständischen normannischen Feudalherren unterstützt in kurzer Zeit ganz Italien bis nach Apulien und Tarent. Die Restauration des Römischen Reichs scheint nahe, doch die Mittel entsprechen nicht der Realität: Vor Brindisi müssen die Byzantiner eine schwere Niederlage einstecken; damit ist die Vormacht von Byzanz in Italien mit einem Schlag für immer dahin, und die universalistischen Ambitionen Manuels I. erleiden einen schweren Rückschlag.

Auf dem Balkan setzt sich Byzanz wesentlich stärker ein. Zu Beginn des 12. Jahrhunderts taucht im Westen mit Ungarn ein neuer Machtfaktor auf. Ein Jahrhundert lang kämpfen Byzanz und Ungarn um die Vorherrschaft auf der Balkanhalbinsel, manchmal als Gegner, manchmal als Verbündete; zwischen den beiden versucht Serbien seine Unabhängigkeit zu bewahren. Da Manuel I. Ungarn unterwerfen und dem Reich einverleiben will, mischt er sich wie schon sein Vater Johannes II. in die Thronstreitigkeiten des Landes ein. Die Kronprätendenten Ungarns finden in Konstantinopel wohlwollende Aufnahme, Geld, diplomatische und militärische Hilfe werden zur Verfügung gestellt. Byzanz unternimmt mehrere Strafexpeditionen zum einen gegen Aufständische, zum andern auch zur Unterwerfung des Landes. Um die Jahrhundertmitte scheint Byzanz seinem Ziel in Ungarn sehr nahe zu sein. Als Geza II. 1161 stirbt, stellt sich Manuel I. offen gegen Stephan III., den Sohn und Nachfolger des verstorbenen Königs, und unterstützt dessen Oheime Stephan IV. und Ladislaus. Byzantinische Streitkräfte überschreiten mehrmals die Donau, bis ihnen 1167 bei Zemun ein glänzender Sieg gelingt. Ungarn muß kapitulieren: Dalmatien, Kroatien, Bosnien und das Gebiet von

Sirmium gelangen unter byzantinische Hoheit. Die ungarische Kirche erkennt die Vorrangstellung von Konstantinopel an, und das Land wird Byzanz tributpflichtig. Bela, der Bruder des Königs Stephan III., wird zum Thronfolger ernannt und an den kaiserlichen Hof geschickt, wo er den Namen Alexios annimmt. Das Gewicht Ungarns für die byzantinische Politik wird darin deutlich, daß Manuel I. seine Tochter mit Alexios / Bela vermählt, letzteren zu seinem Erben macht und damit Ungarn dem Reich einverleibt. Er verleiht ihm sogar den Despotes-Titel, der bislang ausschließlich den Kaisern vorbehalten war, von nun an aber dem mutmaß-lichen Erben zusteht. Nach der Geburt eines eigenen Sohnes gibt der Kaiser jedoch den Gedanken auf, die beiden Kronen auf dem Haupt des Schwiegersohnes zu vereinigen. Der ungarische Fürst erhält aber dennoch die außerordentliche Würde eines Cäsaren und heiratet die Schwägerin des Kaisers, Anna von Châtillon. 1174 besteigt er den ungarischen Königsthron und bleibt, solange Manuel herrscht, ein treuer Verbündeter des Reichs.

Die Serben lehnen sich auch weiterhin gegen das byzantinische Joch auf. Ihre *Großžupane* stützen sich auf die italienischen Normannen und vor allem auf das benachbarte Königreich Ungarn; damit schließen die Serben erstmals nach Europa ausgerichtete Bündnisse. Manuel I. greift einige Male mit seinen Streitkräften im Land selbst ein und kann die Rebellen mehrmals besiegen. Er ernennt Großžupane seiner Wahl, die dem Reich als »Vasallen« zu Tribut verpflichtet sind; doch bei der ersten sich bietenden Gelegenheit kommt es zu Aufständen – sei es nach dem Abzug der byzantinischen Truppen, im Falle eines Krieges mit den Normannen oder den Ungarn oder in Folge anderer Probleme der kaiserlichen Herrschaft. Als der Großžupan Stephan Nemanja um 1166 den Thron besteigt, beginnt in der Ge-schichte Serbiens ein neues Kapitel. Er ist der Begründer einer Dynastie, die fast zweihundert Jahre über das Land herrschen wird; unter ihr steigt Serbien zur Großmacht auf, obwohl die Anfänge nicht gerade als glücklich zu bezeichnen sind. Nemanja ist nämlich gezwungen, wie seine Vorgänger die Unabhängigkeit von Byzanz anzustreben, so daß Manuel ihn sehr schnell zu seinen Feinden zählt. Schließlich greift der Kaiser 1173 nach der Lösung des ungarischen Problems in Serbien ein. Nemanja muß sich unterwerfen und sich wie vor ihm der Fürst von Antiocheia, Rainald von Châtillon, als Bittsteller ins kaiserliche Lager begeben – um den Hals einen Strick und das Schwert an der Schneide haltend unterwirft er sich der kaiserlichen Gnade. Bis zu Manuels Tod im Jahr 1180 bleiben Serben und Ungarn treue »Vasallen« des Reichs, und selbst nach der Katastrophe, die Manuel bei Myriokephalon ereilt, herrscht Frieden auf dem Balkan.

Manuel Komnenos, der von 1143 bis 1180 herrscht, hat sich im Westen ohne Zweifel politisch wie militärisch übernommen; es wäre jedoch ungerecht, ihm eine Vernachlässigung des Ostens vorzuwerfen. Wie sein Großvater Alexios hält er am Status quo fest, solange die Grenzen sicher sind, was während seiner Herrschaft überwiegend der Fall ist. Da er auf das Wohlwollen der fränkischen Fürsten im Orient bauen kann, reagiert er weder auf die Einnahme Edessas durch Zengi noch auf die Eroberung der ganzen Grafschaft durch Nur al-Din zwischen 1144 und

1146. Gleichzeitig schlägt er Sultan Mas'ud von Rum zurück, verwüstet die Umgebung von Ikonion und zwingt dem Sultan 1147 Verhandlungen auf. Die Ausschreitungen der Kreuzfahrer bei ihrem Zug durch das Reichsgebiet 1147 lassen Manuel kaum noch eine Möglichkeit, sich selbst am zweiten Kreuzzug zu beteiligen; er stellt Ludwig VII. lediglich eine Flotte zur Verfügung, die dessen Truppen von Attalia nach Antiocheia befördert. Genau in diesem Moment entschließt sich Roger II. zu einem direkten Angriff auf das Reich. Seit 1152 wankt auch die kilikische Grenze: die Armenier erheben sich unter ihrem Anführer Thoros und verbünden sich mit dem Fürsten von Antiocheia, Rainald von Châtillon. 1156 verwüsten Franken und Armenier gemeinsam die Insel Zypern; zur gleichen Zeit schließen Nur al-Din und der Sultan von Rum ein Bündnis, das dem Reich wie auch den fränkischen Staaten gefährlich wird.

1158 greift Manuel schließlich ein und siegt. Die Armenier werden zerstreut, und Rainald erkennt die Oberhoheit des Reichs an. 1160 besiegt Manuel auch den Sultan von Rum, Kilidsch Arslan II., der sich dem Reich unterwirft und dies 1162 mit einem feierlichen Besuch in Konstantinopel unterstreicht. Im Orient erscheint Byzanz unverwundbar: 1165 heiratet Bohemund III. von Antiocheia eine griechische Prinzessin und setzt in seiner Hauptstadt einen orthodoxen Patriarchen ein. Das Reich hat die Rolle eines Schutzherren der fränkischen Gebiete übernommen, bis Amalrich I. von Jerusalem 1164 seine Hände nach Ägypten ausstreckt, um eine

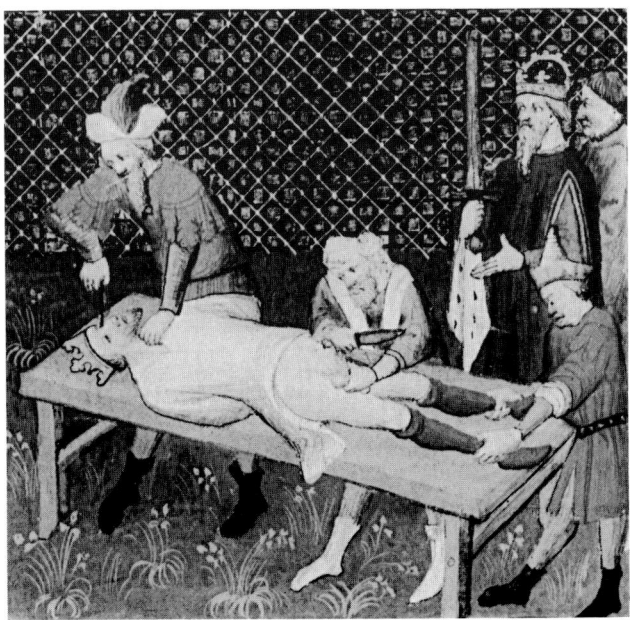

Abendländische Darstellung der Wirren in Byzanz am Vorabend des 4. Kreuzzugs: 1185 wird Andronikos I. Komnenos von seinen Untertanen auf gräßliche Weise umgebracht (Miniatur aus dem Decamerone des Boccaccio, Bibliothèque nationale, Paris).

Eroberung des Landes durch Nur al-Din zu verhindern. Da er sich in Ägypten aus
eigener Kraft nicht halten kann, vermählt auch er sich 1167 mit einer byzantinischen
Prinzessin und sichert sich so die Unterstützung des *basileus*, der 1169 eine große
Flotte aufbietet, um den König bei der Belagerung von Damiette zu unterstützen.
Das Unternehmen endet als Fiasko, denn Nur al-Dins Neffe Salah al-Din (Saladin)
ist dem Kaiser zuvorgekommen; Streitigkeiten zwischen den Verbündeten bewirken ein übriges, und eine Neuauflage des Bündnisses mit Amalrich bleibt ohne
Auswirkungen. Neue Gefahr geht vielmehr seit 1172 von Kilidsch Arslan aus, der
die anatolische Grenze überschreitet; auf die ultimative Forderung im Jahr 1175, die
besetzten Städte herauszugeben, reagiert er so unwillig, daß Manuel 1176 gegen
Ikonion aufbricht. Doch nahe den Quellen des Maiander bei Myriokephalon ereilt
den Kaiser die Katastrophe. Dennoch beschränken sich die Forderungen des
siegreichen Sultans auf eine Wiederherstellung des Status quo: Byzanz muß lediglich
die Festungen Dorylaion und Sublaion schleifen. Die Grenze wird jedoch nun
von einem Gegner bedroht, der die Spaltung im eigenen Lager überwunden hat; die
1180 einsetzende innere Krise des Reichs macht sie noch durchlässiger.

Der erste Zusammenbruch des Reiches

Slawenaufstände und dritter Kreuzzug

Die glänzenden Resultate der Herrschaft der Komnenen entbehren einer soliden
Grundlage: die Katastrophe von Myriokephalon und das mehrmalige Scheitern im
Westen kündigen die Wirren an, die das Reich Ende des 12. Jahrhunderts erschüttern. Innere Unruhen nach Manuels Tod bieten Ungarn und Serbien die willkommene Gelegenheit, die byzantinische Vorherrschaft abzuschütteln. Schon 1181 hält
Bela III. (1174–1196) erneut Dalmatien, Kroatien und das Gebiet von Sirmium
besetzt; Stephan Nemanja schüttelt gleichfalls die byzantinische Oberhoheit ab,
stößt 1183 mit den Ungarn nach Niš und Serdica vor und dehnt das serbische Reich
nach Süden aus. Nemanja annektiert außerdem Zeta (Diokleia) und mehrere Städte
der Adriaküste, vor allem Kotor. Stadt und Festung Niš sind von nicht zu
unterschätzender strategischer Bedeutung, da sie die Beherrschung der Straße nach
Konstantinopel und in den Süden der Halbinsel ermöglichen. Hier treffen die
Streitkräfte der Byzantiner, der Ungarn, der Serben und wenig später auch der
Bulgaren aufeinander.

Die Ereignisse auf dem Balkan im Jahr 1185 sind für Byzanz noch wichtiger:
kaum sind die Beziehungen zu Ungarn in Ordnung gebracht und die normannischen Invasoren zurückgedrängt, muß sich die byzantinische Regierung den aufbe-
gehrenden Bulgaren stellen. Die antislawische Politik, vor allem aber die hohe
Steuerbelastung führt zu einem von den Brüdern Asen und Peter (Theodor)
angeführten Aufstand, der die völlige Loslösung von Byzanz bedeutet und zur

Gründung des zweiten bulgarischen Reiches führt. Kaiser Isaak II. (1185–1195), der selbst die Leitung der Strafexpeditionen gegen die Rebellen übernimmt, ist zwar erfolgreich, kann jedoch keine Entscheidung herbeiführen. Die geschlagenen Brüder fliehen über die Donau und kehren mit den Kumanen als Verbündeten zurück; die Kämpfe flammen wieder auf. Auch dieses Mal bekommt das Reich die bulgarische Gefahr militärisch nicht in den Griff, zumal es in Kleinasien und in Serbien mit Schwierigkeiten zu kämpfen hat. Vor allem Serbien nutzt die neue Situation zur Erweiterung seines Territoriums, und Isaak II. muß 1187 notgedrungen ein Abkommen mit den Rebellen schließen.

Byzanz hat damit die Existenz des neuen bulgarischen Staats zwischen dem Unterlauf der Donau und dem Balkangebirge anerkannt. Unter Mißachtung der Stellung von Konstantinopel und Ochrid erhebt Asen die neue Hauptstadt Trnovo zum unabhängigen Erzbistum und empfängt in der dortigen Demetrioskirche aus der Hand des neuernannten Erzbischofs die bulgarische Zarenkrone. Die Tradition des alten Bulgarenreiches erwacht zu neuem Leben.

Zum Problem mit den Serben und den Bulgaren kommt die Gefahr von außen. Die Stellung des Reichs auf dem Balkan ist sehr anfällig, als die Truppen des dritten Kreuzzuges an der byzantinischen Donaugrenze erscheinen. 1189 betritt der deutsche Kaiser Friedrich I. Barbarossa mit seinen Kreuzfahrern bei Belgrad byzantinisches Territorium; von dort zieht er über die berühmte Heerstraße nach Konstantinopel weiter. Die Serben nutzen die Gelegenheit, sich aus der Abhängigkeit von den Ungarn zu lösen; außerdem befriedigen Serben und Bulgaren Gebietsansprüche zu Lasten von Byzanz.

Stephan Nemanja empfängt den deutschen Kaiser mit allem Prunk in der Stadt Niš, wo auch die bulgarischen Abgesandten sich einfinden. Serben und Bulgaren unterbreiten Friedrich einen Beistandspakt gegen das byzantinische Reich. Daraus wird jedoch nichts, da die Deutschen es sehr eilig haben, zu den heiligen Stätten zu gelangen. Während die Bulgaren plündernd in Thrakien einfallen, nutzt Nemanja den Durchzug der deutschen Kreuzfahrer, um im Süden neue Gebiete zu erobern: das Struma-Tal sowie die Städte Prizren und Skopje.

Als die Kreuzfahrer weitergezogen sind, greift Issak II. Angelos wieder auf dem Balkan ein. Im Herbst 1190 schlägt er die Serben am Fluß Morava: Es ist das letzte Mal, daß ein byzantinischer Kaiser bis nach Belgrad gelangt. Es kommt zu einem Vertrag, in dem praktisch die Unabhängigkeit Serbiens anerkannt wird, das auch einen Teil der besetzten Gebiete behalten kann; Stephan, der zweite Sohn Nemanjas, erhält Eudokia, die Nichte des Kaisers, zur Frau und den Titel eines *Sebastokrators*, eine der höchsten Würden in der byzantinischen Hierarchie. Dieser Titel und die Vermählung stehen für die Eingliederung Serbiens in die *oikumene* der von Byzanz geführten Staaten. Serbien ist in modernen Begriffen die »internationale Anerkennung« zuteil geworden.

Im selben Jahr – 1190 – hat Isaak II. gegen die Bulgaren wenigstens ein wenig Erfolg: Er belagert die neue Hauptstadt Trnovo. Aber der Feldzug endet in den Tälern des Balkan mit einem Debakel und die Byzantiner werden 1194 in Thrakien, in der Nähe von Arkadiupolis (Lüleburgaz), schwer geschlagen. Ein Jahr später – nachdem ein Bündnis mit Ungarn geschlossen wurde und mitten in den Vorbereitungen für einen Feldzug gegen die Bulgaren – wird Isaak II. von seinem Bruder Alexios III. (1195–1203) abgesetzt und geblendet. Die Wiedergeburt des Bulgarenreiches und die serbische Autonomie beenden die byzantinische Vorherrschaft auf dem Balkan; Byzanz ist nun ein Balkanstaat wie jeder andere.

Die Beziehungen zwischen Byzanz und den südslawischen Staaten waren nicht nur politischer, diplomatischer oder kriegerischer Natur, sondern entwickelten sich auch im kulturellen Bereich. Geht man von den wenigen noch erhaltenen Monumenten aus, so machte sich der byzantinische Einfluß vor allem in der Architektur und in der Wandmalerei bemerkbar. Aus dieser Zeit stammen wohl die Sophienkirche in Ochrid sowie die Klosterkirchen von Nerezi bei Skopje und im bulgarischen Bačkovo mit ihren einzigartigen Malereien. Künstler aus Bulgarien, Serbien und Diokleia (Zeta) haben schnell eigene Wege beschritten, sowohl in der Architektur als auch in der Ausschmückung der Kirchen. Ein beträchtlicher Aufschwung ist beispielsweise auch bei der Illustration von Handschriften zu verzeichnen, wie die herrlichen Evangelien des Konstantin von Preslav und des serbischen Fürsten Miroslav aus dem ausgehenden 12. Jahrhundert belegen.

Der Wechsel auf dem Thron in Konstantinopel hat in Serbien weitreichende Folgen. Der alte Großžupan Stephan Nemanja dankt 1196 ab und zieht sich mit seinem Sohn Sava in das von ihm begründete Kloster Studenica im Herzen Serbiens zurück; wenig später gründet er auf dem Berg Athos das berühmte serbische Kloster Chilandar und beschließt dort 1199 sein Leben als Mönch unter dem Namen Symeon. In Anbetracht der veränderten Lage in Byzanz hat er seinen Sohn Stephan, *Sebastokrator* und Schwiegersohn des neuen Kaisers Alexios III., zum Nachfolger bestimmt, während dessen älterem Bruder Vukan nur die Würde eines Herrn über »Dalmatien und Diokleia« bleibt. Eine Stärkung des byzantinischen Einflusses in Serbien bedeutet dies jedoch nicht – die Schwäche des Reichs ist vielmehr so offensichtlich, daß sich Rom, Ungarn und Bulgarien mit aller politischen Kraft immer häufiger in die inneren Angelegenheiten des Reichs mischen. So kann Vukan mit ungarischer Unterstützung 1202 kurzzeitig die Herrschaft in Serbien an sich reißen, doch schon 1203 besteigt Stephan, der inzwischen seine byzantinische Frau verstoßen hat, mit bulgarischer Hilfe endgültig den väterlichen Thron. Byzanz hat damit jeglichen Einfluß auf die Entwicklung in Serbien verloren.

Auch in Bulgarien ist der Erfolg nicht größer. Weder Feldzüge noch Friedensverträge haben die Stellung von Byzanz im Land gestärkt, so daß das Reich zu einem altbewährten Mittel greift: es unterstützt die Opposition. Das Ergebnis läßt nicht lange auf sich warten. 1196 wird Asen umgebracht, doch sein Mörder und Nachfolger Ivanko kann sich nicht halten; er flieht nach Konstantinopel. Sein Nachfolger Peter fällt ebenfalls bald einem Anschlag zum Opfer. Kalojan (1197–1207) stellt im Land die Ordnung wieder her. Unter seiner Regierung wird Bulgarien zu einer der Großmächte auf dem Balkan. Er wendet sich dem Heiligen Stuhl zu, nicht dem schwachen Imperium von Konstantinopel, und erkennt die Oberhoheit Roms an, das ihn zum König ernennt und dem Erzbistum Trnovo das Primat für Bulgarien erteilt.

Byzanz unternimmt noch letzte schwache Versuche, einen Teil des früheren Einflusses auf dem Balkan zu retten; sie finden jedoch ein Ende, als 1203/1204 die Kreuzfahrer und die Venezianer vor Konstantinopel erscheinen.

Normannen und Deutsche im Ansturm auf Byzanz

Die Krise, in der zwischen 1180 und 1185 die Dynastie der Komnenen untergeht, während die ungarisch-serbische Invasion gerade beendet und die bulgarische Erhebung begonnen wird, weckt auch die lateinische Bedrohung, die seit dem zweiten Kreuzzug latent vorhanden ist und durch Manuels Ansprüche erneut aktiviert wurde. So wurzelt der Konflikt von 1185 bis 1197 zwischen Byzanz einerseits und Normannen und Deutschen andererseits in Traditionen, die auf ein naheliegendes Streben zurückgehen: wer Süditalien beherrscht, will seinen Einfluß auch auf die Ostküste und den Kanal von Otranto ausdehnen, ebenso auf die Kreuzzugsbewegung, die seit Konrad III. eine Domäne des Deutschen Reiches ist, und somit den alten Wettstreit zwischen beiden Reichen wiederbeleben. Im August 1185 nimmt Wilhelm II. von Sizilien im Vertrauen auf die venezianische Unterstützung den Balkan in die Zange: zwei der ionischen Inseln, Zakynthos und Kephallenia, werden Byzanz entrissen, während die normannische Flotte bei Thessalonike landet, das ebenso grausam geplündert wird wie beim Ansturm der Moslems im Jahr 904. Nach ihrer Niederlage übertragen die Normannen ihre Ansprüche auf Friedrich I. Barbarossa, indem sie die sizilische Thronerbin Konstanze 1186 mit dem späteren Kaiser Heinrich VI. vermählen. Friedrich, der 1189/1190 an der Spitze der Kreuzfahrer steht, hat zwar mehr als einen Grund, Byzanz zu bekriegen, doch er gehört noch zu jenen Christen, die davor zurückschrecken, gegen andere Christen zu kämpfen. Obwohl es Momente höchster Spannung gegeben hat, ermöglicht das Ausweichen Isaak II. den Deutschen, nach Anatolien überzusetzen, ohne Konstantinopel anzugreifen. Heinrich VI. kennt dagegen keine Skrupel und ist darüber hinaus durch seine Ehe auch noch Träger des normannischen Anspruchs auf den griechischen Orient. Er verhält sich so drohend, daß Byzanz ihm einen Tribut entrichtet, der nur über eine Sondersteuer – *alamanikon* oder »deutsche Steuer« – finanziert werden kann. Byzanz kann nur noch auf das Bündnis mit dem Sultan von Rum zählen und die moderate Haltung des Papstes Innozenz III., der diesen Bruderkrieg nachdrücklich ablehnt.

Die lateinische Gefahr scheint mit dem plötzlichen Tod Heinrichs VI. im Jahr 1197 erst einmal gebannt. Doch der Fall Konstantinopels kündigt sich in drei Generalproben an, die, französischen und deutschen Berichten zufolge, im Abendland die Stimmung stark beeinflussen: Gerade diese Leute aus dem Norden sind in den Jahren 1203/1204 noch unnachgiebiger als die Venezianer. Darüber hinaus ist das Reich durch die slawisch-bulgarische Erhebung und durch die Beutezüge der

Normannen und der Kreuzfahrer verstümmelt: Nicht nur, daß die ionischen Inseln ein Brückenkopf zu den westlichen Territorien des Reiches sind, nun hat es auch Zypern verloren, das Richard Löwenherz sich während des Kreuzzugs angeeignet hatte. Ein Jahr später, 1191, verkauft er die Insel an Guido von Lusignan. Fügt man dazu die immer zahlreicheren inneren Spaltungen, so gehört das Reich in der Tat dem, der es sich nehmen will.

Politische Hintergründe des vierten Kreuzzugs

1204 erobern die Teilnehmer am vierten Kreuzzug Konstantinopel und besiegeln damit das Ende des byzantinischen Reichs als mediterrane Großmacht. Da die Abendländer nicht imstande sind, den politischen Raum des alten Reiches voll auszufüllen, bilden sie nach und nach aus der rhomäischen *oikumene* ein heterogenes Gebilde aus lateinischen und griechischen Staaten, die sich in inneren Machtkämpfen aufreiben und zum wirtschaftlichen Spielball abendländischer Kaufleute werden, die in einem zentralisierten Staat nie solchen politischen Einfluß gewonnen

hätten. Als Endpunkt des Zentralreichs ist die Eroberung Konstantinopels von entscheidender Bedeutung in der byzantinischen Geschichte; die Ursachen müssen in der Zeit zwischen dem Tod Manuels I. Komnenos (1180) und dem Sturm auf die Hauptstadt gesucht werden.

Um die Einstellung des Reichs zum Abendland und seine Schwäche gegenüber den Kreuzzügen zu verstehen, müssen wir seine innere Situation und die internationale Lage untersuchen. Im Innern dominieren die Magnaten in einer Weise, daß die auseinanderstrebenden Tendenzen des regiona-

Kaiser Johannes II. Komnenos (1088–1143), der die Stellung des Reiches in Kleinasien erneuert, und seine Frau, ...

len Partikularismus den kaiserlichen Zentralismus beseitigen. Manuel Komnenos hinterläßt als Erben ein Kind, den am 14. September 1169 geborenen Alexios II., und eine normannische Prinzessin, Maria von Antiocheia, übernimmt die Regentschaft: dieses delikate dynastische Problem, überlagert von nationalistischen Gesichtspunkten, läßt die byzantinische Aristokratie sich ihrem Lieblingsspiel hingeben: Ohne jede Rücksicht auf die politische Einheit der *basileia* und zum Nutzen der wichtigsten Adelsfamilien, die ihre Machtstellung noch ausbauen, kämpfen Angehörige des Hochadels um die Macht.

Die herausragenden Probleme, die mit Manuels Tod deutlich zu Tage treten, zeichneten sich schon zwischen 1171 und 1177, also in den letzten Jahren seiner langen Regentschaft, deutlich ab. Das erste und langfristig wohl auch schwerwiegendste Problem war die lateinische Politik des Kaisers mit all ihren offensichtlichen Widersprüchen. Manuel, den Niketas Choniates der Latinophilie bezichtigen konnte, hat im übrigen versucht, das Reich von der venezianischen Hypothek zu befreien – diesem Ziel diente der Handstreich vom 12. März 1171. Damit brauchte das byzantinische Imperium in den Jahren 1171–1175 Haß und Rachegelüste, die auf den Laguneninseln bei einem Teil der Kaufmannsaristokratie keimen, nicht

mehr zu fürchten; die Seerepublik war zwischen zwei Reichen isoliert und auf Sizilien und in Afrika auf der Suche nach neuen Absatzmärkten, um die sie in der Adria mit Pisa und Ankona konkurrierte. Die Legende um Enrico Dandolo, den späteren Eroberer Konstantinopels, den Manuel auf verräterische Weise im Verlauf einer vergeblichen venezianischen Botschaft in den Jahren zwischen 1171 und 1175 angeblich blenden ließ, ist symbolhafter Ausdruck dieses Hasses und Rachegefühls. Manuels Nachfolger, von Andronikos bis zu Alexios III., müssen den Seebund mit Venedig jeweils neu aushandeln, denn nach 1176

... Kaiserin Irene (Details aus einem Mosaik in der Hagia Sophia, Konstantinopel, 12. Jahrhundert).

bricht das Postulat der Politik Manuels, die Erhaltung eines starken rhomäischen Staates, zusammen.

Manuels Politik gegenüber dem Sultanat von Ikonion (Konya) spielt bei der Schwächung des Reichs eine entscheidende Rolle. Die Bemühungen von Kilidsch Arslan (1155–1192), sein Sultanat zu einigen, während Manuel die Hände auf dem Balkan gebunden sind, zwingt die Herren des byzantinischen Reiches in der anatolischen Frage zu schnellem Handeln. Doch die Rückeroberung Anatoliens durch die Komnenen endet in einem Desaster: In den Gebirgspässen von Tzibystra bei Myriokephalon wird die mächtige Armee, die Ikonion belagern sollte, am 17. September 1176 umstellt und niedergemacht; damit ist die Frage der türkischen Ansiedlung in Anatolien endgültig entschieden.

Aber andere Vorentscheidungen treffen das Reich noch direkter: so der Friedensschluß von 1177 zwischen Papst Alexander III. und Friedrich I. Barbarossa sowie die Vermählung der normannischen Thronerbin auf Sizilien mit dem Sohn des römisch-deutschen Kaisers. Nach langen Jahren byzantinischer Einmischung und Kämpfe gegen Barbarossa, in denen Byzanz die italienischen Stadtstaaten unterstützt hat, symbolisiert die Annäherung zwischen dem westlichen Reich und dem Heiligen Stuhl den Beginn einer neuen Ordnung, die ganz allgemein gegen Byzanz gerichtet ist. Abendländischer Universalismus und normannischer Expansionismus verbinden sich in höchst gefährlicher Weise mit dem Wunsch der westlichen Kirchenhierarchie nach einer »lateinischen« Wiedervereinigung der beiden Kirchen. Die Furcht in Byzanz vor einem gegen das Reich gerichteten Kreuzzug, die seit den beiden ersten Kreuzzügen immer vorhanden ist – der zweite zog in den ersten Jahren der Regierung von Manuel durch das Reich –, hat mit dem dritten Kreuzzug und der Übernahme des normannischen Erbes durch Heinrich VI. neue Nahrung erhalten.

Die Suche nach einem Gegengewicht an der westlichen Front hat auf diplomatischem Weg eine Annäherung von Alfons von Aragon, dem Papst, den Städten Pisa und Genua und sogar des Königs von Frankreich an Byzanz bewirkt: 1170 heiratet Eudokia, die Nichte Manuels, Ottone Frangipane; 1180 folgen Ehen zwischen Agnes von Frankreich und Alexios II. und zwischen der purpurgeborenen Maria Komnene, einer Tochter Berthas von Sulzbach, und Rainer von Montferrat. Diese Ehen, die praktisch gleichzeitig im Februar oder März 1180 geschlossen werden, sind die Höhepunkte der Bündnispolitik auf dem abendländischen Schachbrett. Im September 1179 zahlt sich diese Politik erstmalig aus, als Konrad von Montferrat, Verbündeter des *basileus* gegen den deutschen Kaiser, bei Camerino in spektakulärer Weise den Kanzler des Römischen Reichs, Erzbischof Christian von Mainz, gefangennimmt.

Manuels Politik einer gemäßigten Öffnung gegenüber den Lateinern, deren Integration in das gesellschaftliche und militärische Geflecht des Reichs er gefördert hat, ohne ihnen eine Ausbeutung seines Staates zu gestatten, bedeutet ein schweres Erbe: die Lateiner lassen sich in großer Zahl in Konstantinopel nieder, und der abendländische Adel kann sich sogar in die Angelegenheiten des Reichs mischen.

Und das zu einem Zeitpunkt, als eine nationalistische Welle die byzantinische Gesellschaft erfaßt, die Andronikos Komnenos geschickt zur Erreichung seiner eigenen machtpolitischen Ziele auszuspielen weiß. Die Annäherung zwischen byzantinischer Autokratie und mittelständischen Kaufleuten in Ablehnung der lateinischen Kaufleute, die im April 1182 ihren blutigen anti-lateinischen Ausdruck findet, weist die Venezier auf drohende Gefahren hin – obwohl nach dem Massaker der byzantinische Opportunismus das Reich 1183 und 1184 zur Neuauflage des Seeabkommens mit Venedig bewegt, um einer normannischen Invasion vorzubeugen. Die grundsätzliche Politik der Eindämmung des venezianischen Monopols, die Byzanz traditionell durch die Vergabe von Handelsvorteilen an Genua und Pisa betreibt, die von allen Herrschern, von Johannes Komnenos bis hin zu Alexios III. Angelos gewissenhaft erneuert werden, macht aber gleichzeitig die Aristokratie der Lagunenstadt mit der Idee vertraut, daß sie ihre Handelsinteressen in der Romania energisch wird verteidigen müssen.

Die Neuverteilung der Macht im byzantinischen Reich macht die in vieler Hinsicht widersinnige und schädliche Eroberung des Jahres 1204 erst möglich. Bulgaren, Türken, aber auch byzantinische Lokalherren entziehen der Macht und dem Einfluß des Kaisers immer größere Gebiete, auch als Ergebnis der internationalen Situation, wo zur andauernden Gefahr normannischer Expansion, zu den Mißverständnissen und Fehlschlägen beim Durchzug der Teilnehmer des dritten Kreuzzugs noch die vielfältigen dynastischen Interessen kommen, die sich in den abendländischen Ehen der kaiserlichen Familie spiegeln. Die Übernahme des normannischen Erbes durch das westliche Reich und die Wunschvorstellungen Heinrichs VI. hinsichtlich des byzantinischen Reichs werden schließlich ergänzt durch die Gegenwart abendländischer Kaufleute, die auf dem byzantinischen Markt um ihre Vorteile bangen, allen voran die Venezier. Komnenen und Angeloi waren die Vertreter einer Bündnispolitik mit den Päpsten, um jenen Kräften gegenzusteuern, die Byzanz, das von seinen westlichen Problemen allzusehr in Anspruch genommen wurde, immer stärker bedrohten. Aber der Streit zwischen Innozenz III. und Kaiser Alexios III., der in ihren Briefen in den Jahren 1198 und 1199 deutlich wird, offenbart, daß der Papst, notfalls sogar mit Gewalt, eine Wiedervereinigung der beiden Kirchen anstrebt. Die Widersprüche in der latinophilen Politik der Komnenen und der Angeloi könnten nicht größer sein.

Ausgleich oder Verfall?

Die Geschichte der Beziehungen der orthodoxen Welt zu ihrem andersartigen Umfeld mag langweilig erscheinen, sie verdeutlicht jedoch die außerordentliche Bedeutung der Geschehnisse, sofern man sie als bedeutsame Zeichen versteht. Im 8. Jahrhundert besiegt Konstantin V. sowohl die Moslems wie auch die Bulgaren – zwei Jahrhunderte später erreichen Tzimiskes und Basileios II. das gleiche. Damit haben diese bedeutenden Herrscher die Weichen gestellt für ein kleinasiatisch-europäisches Reich, das ohne seine semitischen und afrikanischen Anhängsel auskommt, die ohnehin zu einem Übergewicht der orientalischen Gebiete geführt hatten. Das Überleben des Reiches war an die Vorherrschaft des griechischen Elements und an die Sorge geknüpft, daß weder der europäische noch der asiatische Flügel einen entscheidenden Vorteil erringen. Daß Byzanz sich nach 1025 in Asien zu weit vorwagt, weil es im Westen keine wirkliche Gefahr mehr vermutet, ist ein Zeichen dafür, daß es jene innere Einstellung eingebüßt hat, die in der früheren geopolitischen Ausgewogenheit zum Ausdruck gekommen ist. Die zweifache Katastrophe des Jahres 1071 ist die Strafe dafür. Byzanz ist also kein unbewegliches Reich, wie es das überkommene Bild vorspiegelt, sondern es dehnt sich in der Zeit zwischen 830 und 1025 erheblich aus; diese Expansion muß jedoch an den Kräften gemessen werden, die das Reich in die Waagschale werfen kann. In diesem Sinn ist auch der Rückzug nach 1071 ein Zeichen für die Anpassung an die neue Lage: Mit dem Auftauchen neuer Völker, mit den inneren Veränderungen und dem Verlust der wirtschaftlichen Führung wird auch die kleinasiatisch-europäische Lösung hinfällig. Sicherlich ist die Kraft der Tradition in der damaligen Welt groß: Uns mag klar sein, daß die Kraft des Reichs zur Komnenenzeit gerade für die Ägäis ausreicht, wobei das Ungleichgewicht zugunsten der europäischen Territorien immer größer wird. Das bedeutet aber nicht, daß das Reich vor längst überholten Visionen gefeit ist: das beweisen sowohl die orientalische Politik Johannes II. als auch Manuel I. mit seinen weltumspannenden Träumen. Die ägäische Lösung des Alexios Komnenos kann erst erprobt werden, als sie im 13. Jahrhundert unter Michael Palaiologos wieder aufgenommen wird und auf einen inzwischen rein griechischen und auf den Balkan begrenzten Staat nicht mehr angewandt werden kann. Noch schwerer wiegt, daß die Übereinstimmung zwischen Byzanz und Orthodoxie, eine der Grundfesten der kaiserlichen Macht, Ende des 12. Jahrhunderts sang- und klanglos verschwindet. Während in Anatolien, in Italien und vor allem auf Sizilien verstreute orthodoxe Gemeinden überleben und erkennen, daß auch Herrscher, die nicht den rechten Glauben haben, unterstützt werden können, entstehen in Bulgarien, Serbien, Albanien und Rußland neue, voneinander unabhängige, aber zutiefst orthodoxe Staaten, deren Unterordnung unter Gottes Stellvertreter auf Erden höchstens äußerlich existiert. Die orthodoxe Bastion zerbröckelt langsam. In einer Welt, in der die Glaubenslehren noch verschwommen sind, liefern sich die Kirchen, von denen sich eine mit dem Reich identifiziert, einen politischen Kampf. Während Konstantinopel Mähren, Ungarn und Polen gewinnt und wieder verliert, scheint sich in Serbien, Bulgarien und Albanien Ende des 12. Jahrhunderts der römische Einfluß zu festigen; dies ist ein untrügliches Zeichen für die Schwäche der Orthodoxie, denn immerhin gelingt das Rom in einem Gebiet, das noch bis 1205 Reichsprovinz bleibt.

Doch man kann sich nicht nur auf äußere Anzeichen verlassen. Sicher sind die Gründe für die Reduzierung auf ein neues Gleichgewicht der Orthodoxie in ihrem Innern zu suchen, sie zeugen aber auch von der wachsenden Unfähigkeit einer traditionalistisch geprägten Welt, sich den großen Umwälzungen zu stellen, die schon Ende des 10. Jahrhunderts sowohl in der Welt des Islam als auch im lateinischen Abendland alles in Frage stellen. Auch im Fall von Byzanz ist die Frage sinnlos, die einige Historiker des Römischen Reichs noch immer bewegt: Wurde es von außen getötet oder hat es Selbstmord begangen? Zunächst einmal geht das Reich 1204 nicht zugrunde; in gewisser Weise entsteht es auf anderen Grundlagen neu. Ebenso offensichtlich sind – wie auch im Falle Roms – innere und äußere Ursachen so eng miteinander verknüpft, daß es widersinnig wäre, die einen mehr als die anderen hervorzuheben. Im folgenden werden also vor allem Fragen aufgeworfen werden, ohne daß alle beantwortet werden können.

KAPITEL 4
WIRTSCHAFTLICHE UND SOZIALE UMWÄLZUNGEN

Da das Reich zwischen dem 7. und dem 13. Jahrhundert einen geographischen Wandel durchmacht, herrscht es weder über die gleichen Menschen noch über diesen Territorien, noch verfügt es über die gleichen Einkünfte. So zeigt sich im Fall der moslemischen Eroberung dieser Wandel in bezug auf die Herrschaft über Menschen am deutlichsten: Durch die arabische Eroberungswelle im 7. und die türkische Offensive im 11. Jahrhundert büßt das Reich in Syrien, Ägypten, Armenien, Afrika und einem großen Teil Kleinasiens mehrere Millionen Einwohner ein. Aber diese Amputation ist eher Ausdruck als Ursache dieser keineswegs endgültigen Schwächung des Reichs. Darüber hinaus bedeutet der Aderlaß an Menschen zur Zeit der arabischen Eroberung für die Beamten, die in den sichersten Provinzen rekrutiert wurden, eine Erleichterung der Aufgabe, Millionen Menschen am Rande eines Aufstandes zu kontrollieren.

Die demographische Entwicklung

Krise und neues Wachstum im 7. und 8. Jahrhundert

Die demographischen Auswirkungen der Krise des 7. Jahrhunderts auf die verbliebenen byzantinischen Gebiete sind kaum eindeutig zu umreißen. Es steht außer Frage, daß im europäischen Teil die Invasion der Slawen einen Großteil des Balkan unregierbar macht. Ausgenommen bleiben lediglich das südliche Thrakien, der Raum Thessalonike, Attika, die Ostküste der Peloponnes, wenige Bastionen in

Dalmatien und einige ägäische Inseln. Insgesamt verliert Byzanz für ein gutes Jahrhundert einen bedeutenden, jedoch nicht eindeutig benennbaren Teil seiner balkanischen Bevölkerung. In den eroberten Gebieten, vor allem in Griechenland, füllen die Slawen allerdings die durch den Bevölkerungsschwund entstandenen Lücken, so daß zur Zeit der Rückeroberung im 8. Jahrhundert mehr Menschen als vorher unter byzantinische Herrschaft kommen. In Asien ist die Lage vielschichtiger: Dort haben Kriege lange Zeit mit erschreckender Härte gewütet und die Bevölkerung litt nicht nur unter der Heftigkeit der Kämpfe, sondern auch unter ständigen Überfällen und darunter, daß die Ernten den Flammen zum Opfer fielen und das Vieh weggeführt wurde. Dieser Jahrzehnte andauernde Zustand führt zu Hungersnöten und einer unbestreitbaren Abnahme der Bevölkerung. Die Lage ändert sich zwar mit den Siegen der Jahre seit 740, doch auch die vereinzelten Überfälle der Moslems fordern ihren blutigen Tribut: Über den Feldzug im Jahr 838 gegen Amorion berichtet Masudi, wenn auch mit einiger Übertreibung, daß es 30 000 Tote gegeben habe und Tausende von Gefangenen, von denen einige verkauft worden und 6000 dem Hunger oder den Quälereien erlegen seien. Man kann also davon ausgehen, daß bis zur Mitte des 9. Jahrhunderts bevölkerte Gebiete zu halben Wüsteneien werden und es bleiben. Selbst bedeutende Städte verschwinden zeitweise von der Landkarte, und es kann auch kaum erstaunen, daß der Großbesitz eine erste neue Blüte in Anatolien erlebt, auf den Trümmern einer dezimierten und entmutigten Bauernschaft. Einen Sonderfall stellt das Grenzgebiet des Tauros von Armenien bis Kilikien dar: Dieser je nach Gegend unterschiedlich breite Landstreifen ist im 8. Jahrhundert fast menschenleer und geprägt von den Festungen, die die Einfallsrouten beherrschen. Dagegen erweisen sich die küstennahen Provinzen, vor allem der westlichen Ägäis, als widerstandsfähiger, denn hierhin flieht die verjagte Bevölkerung aus dem Grenzgebiet und aus der zentralen Hochebene. Dennoch ist der Mangel an Menschen Ende des 7. Jahrhunderts so gewaltig, daß Justinian II. 691 eine unbekannte Zahl Zyprioten in und um Kyzikos ansiedelt, dem früheren arabischen Stützpunkt gegen Konstantinopel, und wenig später mehrere tausend slawische Gefangene aus Griechenland in der Provinz Bithynien. Auch im 8. Jahrhundert wird diese Besiedlungspolitik fortgesetzt, vor allem unter Konstantin V., der 208 000 Slawen im Artanas-Tal zwischen dem Bosporus und dem Fluß Sangarios angesiedelt haben soll. Den Inseln und dem Küstenstreifen setzen die Überfälle moslemischer Piraten zu, die zunächst von den Küsten Syriens und Kilikiens aus operieren, später jedoch, nach dem Fall Kretas 827, im Herzen des Reichs, und eine Reihe ägäischer Inseln in Wüsteneien verwandeln. Die Folgen dieser Entwicklung bestehen darin, daß die stark bevölkerten kaiserlichen Provinzen in Asien, die anfangs zu den dynamischsten des byzantinischen Reichs gehörten, eine deutliche Schwächung erfahren haben, während die slawischen Invasionen dem Balkan zunächst unterschwellig zu bislang nicht gekannter Kraft verhelfen. Der demographische Faktor sollte deshalb auch bei der langsamen Entwicklung des kleinasiatisch-europäischen zu einem rein europäischen Reich nicht unterschätzt werden.

Dieses Ungleichgewicht darf man auch nicht aus den Augen verlieren, wenn man den demographischen Aufschwung im Reich zeitlich festlegen will, der in Europa und in Kleinasien sowohl unterschiedlich einsetzt als auch abläuft.

Trotz des slawischen Zustroms ist der europäische Reichsteil Mitte des 8. Jahrhunderts in keiner beneidenswerten Lage, wobei wesentliche regionale Unterschiede zu berücksichtigen sind. Thrakien und die Hauptstadt Konstantinopel, die nicht vom slawischen Zuwachs profitieren, sind ausgeblutet: Konstantin V. siedelt in der vom Beben des Jahres 726 und vor allem von der großen Pest der Jahre 746/747 betroffenen Hauptstadt zahlreiche Menschen aus Sizilien, Kalabrien, Griechenland und von einzelnen ägäischen Inseln an. Nach Thrakien kommen in großer Zahl Armenier und monophysitische Syrer, die durch Überfälle aus Germanikeia, Melitene und Theodosiupolis verjagt worden waren. Einer orientalischen Quelle zufolge hat Leon IV. in den Jahren 775 bis 780 150 000 Menschen aus Kilikien und Syrien nach Thrakien deportieren lassen. Man kann sich auch ohne konkrete Zahlen vorstellen, daß andere nicht slawisierte Gebiete wie Attika und die Südostküste der Peloponnes ähnliche Rückschläge kennen. Doch auch in den slawisierten Territorien des Balkan steht nicht alles zum besten: Es ist bekannt, daß die slawische Besiedlung in Epeiros, Makedonien, Bulgarien und Nordthessalien sehr dicht ist, nach Süden hin immer dünner wird. Selbst in den Donauprovinzen, wo sie sich in Massen niederlassen, können sie nicht überall den Protobulgaren widerstehen, die sie erst nach zwei Jahrhunderten slawisiert haben. Der demographische Aufschwung kommt zudem nur langsam in Gang, denn er beginnt sehr weit unten und wird bis ins 10. Jahrhundert oft von schweren Zwischenfällen unterbrochen: ungarische Invasionen, arabische Überfälle, die 904 in der Zerstörung Thessalonikes ihren Höhepunkt finden, und zerstörerische Feldzüge der Bulgaren, vor allem

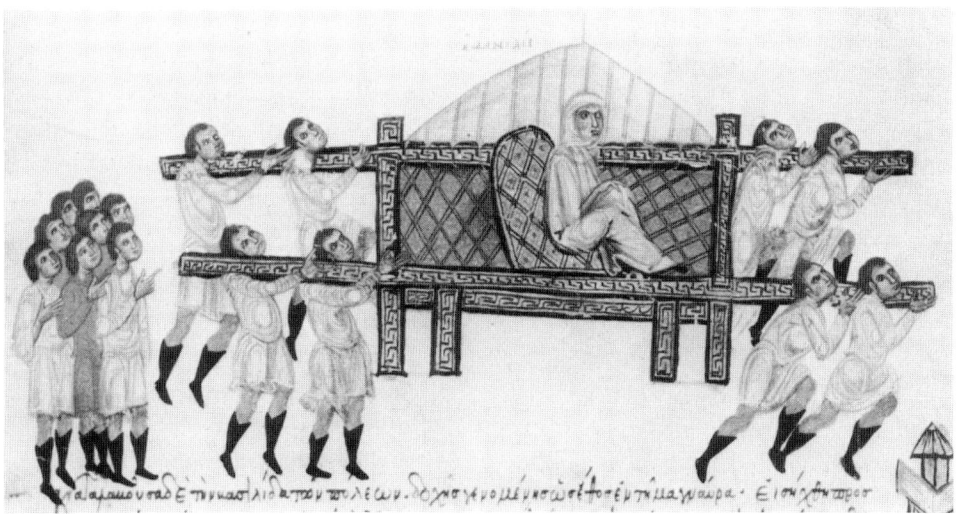

Von Sklaven getragen, inspiziert die Witwe Danelis, eine Großgrundbesitzerin, ihre bei Patras gelegenen Ländereien (Chronik des Johannes Skylitzes, 13. Jahrhundert, Nationalbibliothek Madrid).

unter Symeon in den Jahren 913 bis 927. Daher greift das Reich vor allem in
Griechenland zu der bewährten Siedlungspolitik, wie Nikephoros I. zu Beginn des
9. Jahrhunderts und Leon VI. einhundert Jahre später. Der Aufschwung ist schon
Ende des 8. Jahrhunderts erkennbar, ganz deutlich wird er zu Beginn des 9. Jahrhunderts mit dem lebhaften Neubeginn in den Städten. Die leider seltenen Ein-
blicke in die Landwirtschaft, wie im Fall der Witwe Danelis, die zu Beginn des
9. Jahrhunderts in der Gegend von Patras gelebt hat, belegen sogar einen relativen
Überschuß an Menschen. Im 10. Jahrhundert ist der Aufschwung weiterhin stark,
da Invasionen nur unglückliche Zwischenfälle bilden. Die Quellen rühmen den
Menschenreichtum in Griechenland vor der Invasion der Bulgaren, und die Lük-
ken, die sie reißt, werden schnell gefüllt, wie in Thessalonike nach 904. Darüber
hinaus handelt es sich um einen langfristigen Aufschwung, denn dem Balkan bleibt
jene Katastrophe erspart, die kurz vor 1071 Asien heimsucht. Nichts deutet darauf
hin, daß die normannische Invasion des Jahres 1081 auf die Bevölkerungsentwicklung auch nur den geringsten Einfluß hat; selbst die schwierige Lage, die die
Petschenegen zwischen 1086 und 1091 hervorrufen, richtet kaum bleibenden
Schaden an, ebensowenig wie der erste Kreuzzug, der einige Jahre später stattfindet.
Es ist nicht mit Bestimmtheit zu sagen, inwieweit der Rückzug der anatolischen
Bevölkerung vor den türkischen Eroberern mit dazu beigetragen hat, den europäischen Provinzen zumindest bis zum Beginn des 12. Jahrhunderts eine zufriedenstellende Bevölkerungsentwicklung zu bescheren. Auf jeden Fall verläuft diese Entwicklung nach 1100 negativ, während im Gegensatz dazu im lateinischen Abendland die Bevölkerung wächst. Bleibt noch der Sonderfall der italienischen Provinzen: Das Exarchat und die Pentapolis, die dem arabischen Ansturm entgehen, sind
im 7. und 8. Jahrhundert von der Krise weniger betroffen als das übrige Reich. Ihr
zäher Widerstand gegen die langobardischen Angriffe sowohl in Ravenna als auch
in Grenzstädten wie Bologna könnte dies möglicherweise belegen, doch dazu
reichen die spärlichen Dokumente kaum aus. Im Süden scheint die Krise im
8. Jahrhundert noch weniger spürbar zu sein: Wir haben schon erwähnt, daß
Konstantin V. Sizilianer, aber auch Einwohner Kalabriens nach Konstantinopel
umgesiedelt hat. Offen zutage tritt sie hingegen im 9. Jahrhundert mit der arabischen Offensive, die dem Reich Sizilien entreißt und in Abständen langobardisches
Gebiet heimsucht: Noch Anfang des 10. Jahrhunderts soll Leon VI. in dieser
Provinz die zahlreichen Sklaven der Witwe Danelis angesiedelt haben, und es ist
bekannt, daß auch slawische und armenische Kolonen dort angesiedelt wurden. Der
Niedergang ist hier dennoch weit weniger deutlich als in den übrigen Provinzen.
Der Widerstand griechischer Gemeinschaften, die sich geschlossen im arabisch
besetzten Sizilien behaupten und während der gesamten Normannenzeit bestehen
bleiben, ist auch in Kalabrien, Lukanien und Apulien spürbar. Zudem hat die
langobardische Invasion nicht nur negative Auswirkungen: Sie führt zur Entstehung einer Mischbevölkerung und möglicherweise bei den Griechen als Reflex der
Abwehr zu einer höheren Geburtenrate. Im 11. Jahrhundert verschwinden zunehmend große landwirtschaftliche Betriebe, und es entstehen neue Städte; wichtige

Classis, der Hafen der einige Kilometer vom Meer entfernt in sumpfigem Gelände liegenden Stadt Ravenna, mit Wehrtürmen und Befestigungen (Mosaik in Sant' Apollinare Nuovo, 6. Jahrhundert).

Zentren wie Bari und Tarent sind stark bevölkert. All das deutet darauf hin, daß Süditalien eine expansive Bevölkerungsentwicklung erlebt, die mit zeitlicher Verschiebung genau der des übrigen Abendlandes entspricht.

Im Vergleich zu dieser wenn auch nur in Nuancen positiven Bilanz im europäischen Teil liegt Anatolien für lange Zeit völlig am Boden. Bis ins 9. Jahrhundert hinein nimmt die Bevölkerungszahl ständig ab, und diese Lücken kann auch die Neuansiedlung von Kolonen zu keinem Zeitpunkt füllen; um 850 ist das byzantinische Asien wahrscheinlich weit weniger bevölkert als Ende des 5. Jahrhunderts. Später hat wohl auch hier ein Aufwärtstrend eingesetzt: Im 10. und 11. Jahrhundert haben sich in Anatolien dörfliche Ansiedlungen zu wohlhabenden und bevölkerungsreichen Städten entwickelt, die sogar den Status eines Bischofssitzes erreichen. In die verlassenen Gebiete des Ostens und Südostens strömen darüber hinaus Syrer und Armenier. Das Ende der moslemischen Einfälle und das Ausbleiben größerer Seuchen bis zur zweiten Hälfte des 11. Jahrhunderts begünstigen ohne Zweifel diese Entwicklung. Dennoch hat das byzantinische Kleinasien – vielleicht mit Ausnahme der Küstenregionen – unserer Ansicht nach nie einen wirklichen demographischen Aufschwung erlebt, oder man müßte eine völlige Umkehrung der Kurve mit Beginn der türkischen Invasionen annehmen, was unwahrscheinlich ist. Die Regierung in Byzanz ist sich der geringen Bevölkerungsdichte und der damit für die Grenzgebiete verbundenen Gefahren durchaus bewußt; das beweisen die Maßnahmen, mit denen seit dem 10. Jahrhundert die Einwanderung von Syrern und vor allem Armeniern nach Kilikien und Kappadokien gefördert wird. Wir wissen darüber hinaus, daß das griechische Heer auf seinen Kriegszügen in den Jahren 1068 bis 1071 derart öde Gebiete durchquert, daß es sich nicht an Ort und Stelle versorgen kann; den gleichen Eindruck vermittelt wenige Jahre später der Bericht über Aufstände normannischer Söldner. Auch aus der Blüte der Städte kann nicht auf ähnlichen Bevölkerungsreichtum auf dem flachen Land geschlossen werden. Die mit dem 10. Jahrhundert einsetzende Konzentration von Grundbesitz in Kleinasien läßt zwar auf eine ertragreiche Landwirtschaft schließen, die jedoch nicht nur die Menschen in Anatolien versorgen soll, da Kleinasien zu einer Art Kolonie wird, deren Erzeugnisse im ganzen Reich und vorzugsweise in Konstantinopel umgeschlagen werden. Mit dem Wachstum des Großgrundbesitzes verstärkt sich im übrigen seit dem 8. Jahrhundert die Landflucht, was möglicherweise den Bevölkerungszuwachs in den Städten erklärt. Die Lage ist ohne Zweifel beunruhigend: Die Städte, die früher Schutz vor dem Feind boten, nehmen dem ohnehin fast kraftlosen flachen Land um sie herum durch die Landflucht nun noch die letzten Energiereserven. Kein Wunder, daß die Türken diese ›Inseln‹ mit Leichtigkeit erobern, nachdem sie das untervölkerte Umland in ihre Gewalt gebracht haben. Auch nach der byzantinischen Rückeroberung im 12. Jahrhundert geht die Entvölkerung unwiderruflich weiter.

Ethnische Veränderungen

Seit Beginn des 11. Jahrhunderts überwiegt die Bevölkerung im europäischen Teil eindeutig die im asiatischen, worin auch der eigentliche Grund für das neue Zentrum des Reichs in den ägäischen Provinzen liegt. Dieses unterschiedliche Wachstum bleibt auch nicht ohne Auswirkungen auf die Einwanderungswellen in das Reich im europäischen und im asiatischen Teil.

Im Westen unterscheiden sich die Gebiete, in denen die Griechen schon vor den Invasionen in der Minderheit waren, von denen mit einem festen griechischen Kern. Zu Beginn des 10. Jahrhunderts ist die Bevölkerung der byzantinischen Provinzen in Italien mehrheitlich lateinisch beziehungsweise latinisiert; so ist selbst Troja, eine Gründung des Katepan Boioannes im Jahr 1019, von Anfang an eine rein langobardische Stadt: Es gilt nur langobardisches Recht, und die erhaltenen Dokumente weisen nicht eine griechische Anmerkung auf. Es fehlt auch jeder Hinweis auf Kirchen mit orientalischem Ritus. Selbst in Bari oder Tarent sind die Griechen eine Minderheit. Der geringe griechische Einfluß in einigen Provinzen auf dem Balkan verschwindet ebenfalls völlig. Im nördlichen Epeiros ist der griechische Bevölkerungsanteil nur noch in den Küstenstädten und in einigen Landstrichen des Südens – gegenüber der Insel Korfu – von Bedeutung. Das übrige Territorium mit dem heutigen Kosovo ist von Illyrern bevölkert, die mit Beginn des 11. Jahrhunderts zunehmend Albaner genannt werden. Das nördliche Makedonien und der Raum zwischen Donau und Rhodopengebirge sind, abgesehen von einigen griechischen Enklaven, völlig slawisiert. Weiter südlich jedoch ist die Lage differenzierter. Trotz Zuwanderungen aus dem Osten bleibt in Thrakien und in Konstantinopel das griechische Element bestimmend, während das südliche Makedonien, wo die Griechen bald wieder die Bevölkerungsmehrheit stellen, nur langsam die Slawen assimiliert: So lassen Konstantin und Methodios die heiligen Schriften in den slawischen Dialekt übersetzen, der im 9. Jahrhundert um Thessalonike gesprochen wird. Die Griechen stellen in Thessalien zwar seit langem wieder die Mehrheit, doch die Slawen behaupten sich neben einem weiteren fremden Volk, den Walachen, die im 11. Jahrhundert auftauchen. Im engeren Griechenland und auf der Peloponnes hat sich das Griechentum schon im 9. Jahrhundert selbst in den slawisierten Zonen, etwas um Patras, durchgesetzt: Die slawischen Stämme der Melingen und Ezeriten am Taygetos können sich nur auf Grund ihrer Isolierung bis in das 15. Jahrhundert halten. In all diesen Gebieten sind die Griechen niemals verschwunden. Der demographische Aufschwung verbindet sich dort mit der kulturellen Überlegenheit und führt zur vollständigen Assimilation.

In Anatolien haben sich einige Reste vergangener Invasionen gehalten; im 8. Jahrhundert werden noch Goten erwähnt, um 820 noch Wandalen. Außerdem gibt es umgesiedelte Slawen- und Bulgarenstämme und Araber, die wie der Stamm der Banu Habib im 9. Jahrhundert übergelaufen sind. Hier ist das griechische Element zwar drückend überlegen, doch weitgehend ohne eigene Dynamik. Zum Zentrum und nach Osten hin wird die griechische Bevölkerung dann zusehends dünner, vor allem in Kilikien und in den Themen Lykandos, Charsianon und Kappadokien. Um die Grenzregionen wieder zu bevölkern, fördert Byzanz nach der Rückeroberung vor allem im Euphrat-Gebiet die Einwanderung monophysitischer Syrer: Um 1020 besteht die Mehrheit der 60 000 Einwohner von Melitene wohl aus jakobitischen Syrern, die dort selbst in Zeiten der Verfolgung, wie etwa im

Im 10. Jahrhundert fördert Byzanz die armenische Einwanderung
(Detail einer Miniatur aus einem armenischen Evangeliar, um 1000).

Jahr 1029, ausharren. Im Gebiet um Charsianon, Sebasteia, Kaisareia und im gesamten Kappadokien überwiegt seit Ende des 9. Jahrhunderts die armenische Einwanderung, die vom Reich aus den gleichen Gründen gefördert wird. Vor allem auf Anregung Basileios II. lassen sich armenische Fürsten samt Hofstaat und Untertanen in Kappadokien nieder; in ihre neue Heimat bringen sie auch für Armenien typische Feudalstrukturen mit. Der Ansturm der Türken, die Annexion von 1045 und die Katastrophe des Jahres 1071 machen aus der Einwanderung eine tiefgreifende Wanderungsbewegung: Im Gegensatz zu den offiziellen Absichten bildet sich nun beiderseits der Grenze ein einheitlich armenisches Gebiet, illusorischer Schutzwall für die griechischen Provinzen, von denen wiederholt Verfolgungen gegen die in ihrer Mehrheit wohl heterodoxen Einwanderer ausgehen.

Auf dem Land: Anpassung an den Verfall

Technologischer Stillstand

Die byzantinische Gesellschaft und ihre Wirtschaft werden weitgehend durch den ländlichen Raum geprägt, der die Ernährung der Menschen sichert und bis zum 10. Jahrhundert den überwiegenden Teil des Heeres stellt. Darüber hinaus bildet er die Existenzgrundlage der oberen Gesellschaftsschichten: sei es direkt durch Pacht- und Mieteinnahmen oder indirekt durch Vergütungen und Vergünstigungen des Staates, der in der bürgerlichen und militärischen Aristokratie jene Steuern wieder verteilt, die er vorzugsweise von den Bauern erhebt. Diese Einkünfte aus der Landwirtschaft werden zumeist in den Städten wieder ausgegeben; von ihrer Höhe hängt der wirtschaftliche Wohlstand der byzantinischen Städte ab, die selbst nicht die Mittel aufbringen können, um aus eigener Kraft Entwicklungen in Gang zu setzen. Somit hängt der Gesamtzustand der byzantinischen Wirtschaft und Gesellschaft vom Zustand des ländlichen Raumes ab, eine Situation, die man nicht nur in Byzanz antrifft.

Um die ländliche Wirtschaft von Byzanz zu jener Zeit richtig einzuschätzen, müssen wir uns einige physikalische und technische Zwänge vergegenwärtigen. Der byzantinische Teil des Balkan und Kleinasiens verfügt nur über wenige Ebenen mit fruchtbarem Lehmboden, während karstige Senken und schmale Abbruchtäler überwiegen. Die wenigen etwas ausgedehnteren Schwemmlandebenen in Thessalien und Makedonien, an den ägäischen Flüssen Kleinasiens und den Deltagebieten sind teilweise aus Gründen akuter Gesundheitsgefährdung nicht benutzbar, so daß der byzantinischen Landwirtschaft vorwiegend Hänge und magere Böden zur Verfügung stehen. Das Klima ist ebenfalls nicht sehr günstig. Wirklich mediterran ist es nur am Westrand des Balkan und auf der Peloponnes sowie an der West- und Südküste Kleinasiens. Kontinentalklima prägt den nördlichen Balkan, wo den günstigeren klimatischen Verhältnissen im Sommer harte Frosteinbrüche im Win-

Die byzantinische Landwirtschaft verfügt schon in ihren Anfängen über genügend Gerätschaften – hier zwei Bauern, die den Boden von Hand mit einer zweizinkigen Hacke umgraben (Mosaik aus dem Großen Palast von Konstantinopel, 6. Jahrhundert).

Der Pflug wird von zwei Ochsen in einem Joch gezogen, dessen Technik wenig entwickelt bleibt (Oktateuch aus dem 12. Jahrhundert; Cod. Vatopedi 620).

ter gegenüberstehen. Viel gemäßigter ist das Klima im Gebiet am Schwarzen Meer, das weder Sommerdürre noch starke Frosteinbrüche kennt. Das gesamte Zentrum der Halbinsel Kleinasien ist dagegen durch Gebirge von diesem günstigen Seeklima abgeschnitten; zur unerbittlichen Dürre des Sommers kommen dort im Winter die nachteiligen Auswirkungen des euro-sibirischen Hochdruckgebiets, so daß 25 Grad unter Null keine Seltenheit sind und der Niederschlag 200–250 mm nicht übersteigt. Darüber hinaus erreichen die Flüsse häufig nicht das fruchtbare Land und münden in Salzseen. Die weite Hochebene Zentralanatoliens, seit Jahrtausenden ohne den Schutz eines Waldgürtels, ist eine Einöde: Extreme Trockenheit, Kälte und Hitze bestimmen das Klima. Damit ist nur ein geringer Teil des Reichs landwirtschaftlich nutzbar, aber angesichts der gewaltigen Klimaschwankungen von einem Jahr zum andern sind die Bauern auch hier gewaltigen Risiken ausgesetzt.

Bodenbeschaffenheit und Klima beeinflussen auch die Anbau- und Produktionstechniken nachhaltig. Die byzantinische Landwirtschaft ist in der Nachfolge der römischen relativ gut mit Geräten ausgestattet. Ob es sich um Spaten oder zweizinkige Hacken handelt, die vorzugsweise zur Bodenlockerung eingesetzt werden, oder um die Pflugschar: Die beanspruchten Teile sind grundsätzlich aus Metall. Die erhaltenen Miniaturen belegen den meisterhaften Umgang mit dem räderlosen Pflug, der von zwei im Joch gehenden Ochsen gezogen wird. Balken und Deichsel sind durch eine Stütze verbunden; die Krümmung des Balkens ist so ausgelegt, daß die Pflugschar beim Pflügen mehr die Zugkraft der Tiere als die Schubkraft des Menschen ausnutzt. Ein in Gegenrichtung gekrümmter Handgriff erleichtert zusätzlich die Arbeit des Bauern. Auch die Palette der Erntegeräte ist

Das Wasser aus dem Dorfbrunnen wird von Hand gefördert (Miniatur des aus Konstantinopel stammenden Psalters Barberini, 12. Jahrhundert; Biblioteca apostolica Vaticana, Rom).

Schweine bei der Eichelmast (Miniatur aus einem griechischen Evangeliar; Par. Graec. 74, Bibliothèque nationale, Paris).

groß. Zum Dreschen benutzt man auf einer Rundtenne eine Art Schlitten, der hinten mit Steinen beschwert ist und von zwei Ochsen gezogen wird. Die Wassermühle ist weit verbreitet, eine zusätzliche Bewässerung üblich. Die Byzantiner weisen Spezialkulturen wie Oliven und Wein sowie ganz allgemein dem Obst- und Gartenbau einen wichtigen Platz zu. Nach römischer Tradition gehören Hülsenfrüchte auch bei ihnen zu den wichtigen Feldfrüchten.

Diese optimistische Schilderung der byzantinischen Landwirtschaft, die zwischen dem 7. und dem 10. Jahrhundert einen beträchtlichen Vorsprung vor dem Westen hat, fordert Widerspruch heraus. Die uns durch die Quellen überlieferten Pflüge zeichnen sich durch erschreckende Unbeweglichkeit aus: So fehlen etwa die asymmetrische Pflugschar und das Streichblech, die zu einem richtigen Ackerpflug für die Bearbeitung von Schwemmböden in den Tälern gehören. Das ständig im Zaum gehende Pferd ist unbekannt. Es bleibt beim doppelten Ochsengespann, was für die damalige Pflugschar wohl auch ausreicht; die Ochsen sind recht primitiv unter einem Schulterjoch mit Knebelholz angespannt. Trotz der Hülsenfrüchte erfolgt höchstens alle zwei Jahre ein Anbauwechsel – schon in der Wirtschaftsform der Brandrodung mit langer Brachzeit die äußerste Spanne, mit verheerenden Folgen für das Ökosystem. Gerade die Bedeutung der Gärten in der byzantinischen Landwirtschaft ist ein Zeichen für die Unterentwicklung; abschreckende Gräben und Palisaden schützen diese Gärten, in denen man den gesamten Dünger verarbeitet, der somit auf dem freien Feld fehlt. Zur Bewässerung der Gärten fördert man von Hand Wasser aus einem Brunnen; der Anbau schließt neben Gartennutzpflanzen auch die auf freiem Feld angebauten Getreidesorten und Hülsenfrüchte ein, denn die Erträge des Trockenanbaus auf den ungeschützten Äckern sind so mager und von äußeren Umständen abhängig, daß der Bauer einen Teil seiner Gartenfläche dem Anbau von Getreide und Hülsenfrüchten opfern muß, um sich das notwendige Minimum an Lebensmitteln zu sichern. Zufriedenstellende Ergebnisse können die Byzantiner sowohl in den Gärten wie auf den Feldern nur im Weinbau erzielen – die tägliche Ration eines Mönchs liegt bei eineinhalb Litern.

Die Viehzucht bietet die besten gesellschaftlichen Unterscheidungsmerkmale: Auf der einen Seite besitzen reiche Grundbesitzer Tausende von Schafen und Hunderte von Rindern, so Philaretos der Barmherzige in Paphlagonien Ende des 8. Jahrhunderts. Auf der anderen Seite steht der einfache Bauer mit einem Ochsenpaar, das er zur Wahrung der wirtschaftlichen Unabhängigkeit dringend benötigt. Darüber hinaus besitzt er kaum noch Vieh, höchstens ein oder zwei Ziegen oder Schafe oder einige Schweine. Morgens sammelt der Rinder- oder Schweinehirt des Dorfs – meist ein Kind – die Tiere ein und führt sie auf die Weide. Die beste Zeit ist die Periode zwischen Ernte und Bodenbearbeitung; die Tiere verzehren dann das Stroh, da das Getreide meist sehr hoch geschnitten wird, und hinterlassen Dünger. Außerhalb dieser auch für das Gras ungünstigen Zeit ist freies Weiden selbst auf dem Brachland unmöglich; fehlende Fruchtfolge und fehlende Zäune machen die Beweidung der Brache unmöglich, da sie den Anbau des Nachbarn gefährdet. So beschränkt sich die Weidezone auf nicht kultivierte Flächen außerhalb des Dorfbereichs und auf die Wälder, wo die Tiere beträchtlichen Schaden anrichten, ohne Dünger für den Ackerbau zu liefern. Soweit man sich auf die Miniaturen verlassen kann, handelt es sich nicht um erstklassiges Vieh; Schafe und vor allem die Schweine scheinen zu einer halbwilden Art zu gehören. Diese qualitative und quantitative Schwäche in der bäuerlichen Tierhaltung – lediglich die Hühnerhaltung bildet teilweise eine Ausnahme – ist vor allem das Ergebnis schlechter Organisation und mittelmäßiger Weideflächen, aber auch der Ausdehnung der Ackerfläche und der oft horrenden Kaufpreise für Vieh.

Gerade der hohe Preis macht die spekulative Viehzucht profitabel; sie versorgt die Städte mit Fleisch, Wolle und Leder und liefert den Bauern das Zugvieh. Natürlich wird sie nur von den Reichen betrieben – auf ihren oft riesigen Flächen mit teilweise ungenutztem Land verfügen sie über ausreichende Weiden und auch genügend Kapital; so besitzt Philaretos neben dem Vieh achtundvierzig Güter.

Berücksichtigt man alle Faktoren, auch die harte Arbeit und den ständigen Einsatz aller Familienmitglieder, erzielen die byzantinischen Bauern noch ver-

Aufgezäumtes Pferd (Miniatur aus einem griechischen Evangeliar; Par. Graec. 74, Bibliothèque nationale, Paris).

gleichbar gute Ergebnisse; mit dem Anbau von Weizen, der noch in trockenem Klima gut gedeiht, erreichen sie auf mittleren Böden Erträge von 3 bis 3,5 zu 1. Ähnliche Erträge sind zur damaligen Zeit vergleichbar mit denen in Italien oder Spanien, liegen aber weit über denen in Nordwesteuropa. Diese relativ günstige Lage wird jedoch durch zwei Faktoren getrübt. Abgesehen davon, daß etwa ein Drittel der Ernte als neues Saatgut entfällt, erfordern der Ankauf von Vieh und Geräten kostspielige Investitionen, selbst bei Beschränkung auf einfache Erneuerung. In manchen Gebieten am Rande der Zone mit natürlich bewässerter Landwirtschaft führen starke Schwankungen bei den Ernten außerhalb der Gärten häufig zu totalen Mißerfolgen; große Vorräte sind demnach unentbehrlich. Es kommt hinzu, daß sich die Byzantiner nur wenig um die Anlage von Bewässerungssystemen kümmern, obwohl sich damit der Ertrag hätte steigern und stabilisieren lassen. So ist ihnen auch Athanasios Anthonites nicht geheuer, der Ende des 10. Jahrhunderts kilometerlange Leitungen baut, um das Laurakloster mit Wasser zu versorgen, zwei Mühlen zu betreiben und seine Gärten zu bewässern. Die Byzantiner beschränken sich dagegen auf eine durch Schwerkraft und Ableitungskanäle ergänzte künstliche Bewässerung.

Diese Mischung aus vergleichsweise entwickelten Techniken und starker Zurückhaltung bei Investitionen verhilft der byzantinischen Landwirtschaft – im guten wie im schlechten – zu ausgesprochener Stabilität. Mit anderen Worten: Sie stellt sich im 6. Jahrhundert genauso dar wie im 9., im 11. oder 14. Jahrhundert. Dieses Fehlen von technischem Fortschritt ist eine Grundvoraussetzung der byzantinischen Landwirtschaft, was eine gesonderte Erklärung erfordert. Während eine technologische Revolution an der Wende des 10. zum 11. Jahrhundert im Abendland die Produktivität verdoppelt, erstarrt Byzanz in seiner Pracht. Der Vorsprung von einst ist zum Rückstand geworden, der sich auf das gesamte wirtschaftliche und gesellschaftliche Leben erstreckt.

Der kleine landwirtschaftliche Betrieb

Das technologische Niveau der byzantinischen Landwirtschaft entspricht darüber hinaus einer bestimmten Gesellschaftsform: Der kleine unabhängige Familienbetrieb erlebt seine Blüte, der mit anderen zusammen die Dorfgemeinschaft bildet. *Familienbetrieb* muß hier im engsten Wortsinn verstanden werden: Ein Hof wird von zwei, höchstens drei Generationen bewirtschaftet, der Betrieb einer großen Familie teilt sich bei der Erbschaft. Die Familie, bestehend aus den Eltern und ihren Kindern, besitzt ein häufig nur primitives Haus, wo das Vieh dennoch getrennt von den Menschen und den Erntevorräten untergebracht ist. Bei Dörfern in der Ebene liegt der Garten um das Haus herum, bei Dörfern am Hang in einiger Entfernung; der Garten ist immer vorhanden und wird bei der Gründung eines Hofes angelegt. Darüber hinaus verfügt der Bauernhof noch über Anbauflächen auf dem freien Feld. Die Weidezonen sind nicht zwischen den einzelnen Bauern aufgeteilt, sondern der Besitz von Feldern führt zu anteiligen Weiderechten, auch wenn dadurch diejenigen, die mehr Vieh besitzen, häufig genug die kleineren Bauern übervorteilen. Verfügt ein Bauer, der einen solchen Betrieb führt, über ein Ochsengespann und die notwendige Ausrüstung, so kann er seine Familie ernähren, das notwendige Saatgut abzweigen, sein Gerät erneuern, die Steuern und die möglicherweise fällige Pacht zahlen. Für seine Verhältnisse hat er das erreicht, was das Ideal aller Schichten der byzantinischen Gesellschaft darstellt: autark zu leben. Das bedeutet nicht, daß der bäuerliche Betrieb sich vollständig selbst versorgt – zur Finanzierung der Steuern und der notwendigen Neuanschaffungen muß der Landwirt einen Teil der Ernte verkaufen. Doch sein Betrieb ist ausgewogen und erhält sich selbst.

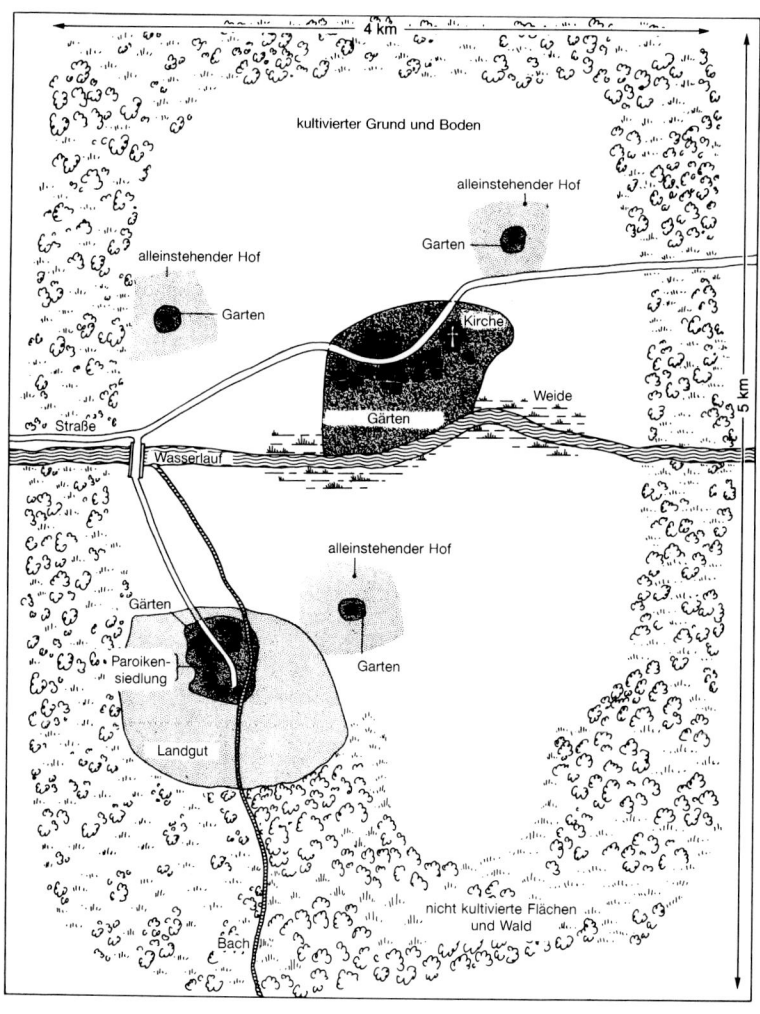

Schematische Darstellung eines byzantinischen Dorfes *(chorion)*.

Bienenzucht (Abhandlung des Nikandros über Schlangenbisse; Par. Graec. 247, Bibliothèque nationale, Paris).

Das Dorf: Wohnung, Steuern, Solidarität

Die bäuerlichen Betriebe schließen sich meistens in Dorfsiedlungen zusammen. Einige begüterte Bauern leben, sobald sie genügend zusammenhängende Parzellen erworben haben, abseits, inmitten ihres Landes; andere, die weder Haus noch Garten im Dorfzentrum besitzen, müssen sich auf freiem Feld niederlassen. Setzt ein Großgrundbesitzer einen Paroiken zur Bewirtschaftung seines Gutes ein, so kann sich außerhalb eines Dorfes ein neuer Weiler bilden. Bestimmend bleibt jedoch das Dorf. Manchmal wird es aus Häusern gebildet, die von einem Bereich aus Gärten umgeben sind, die durch Gräben und Zäune voneinander getrennt sind, manchmal von Häusern, die jedes von ihrem Garten umgeben sind. In diesem Fall können die Dreschplätze entweder in der Nähe des Bauernhofes oder am Dorfrand liegen. Jenseits des Gartenbereichs beginnt der freie Feldanbau; dieses fast immer ungeschützte Ackerland wird nur vereinzelt von einem Gehöft oder einem Weiler unterbrochen. Es folgen fest umrissener Wald und nicht kultivierte Flächen, die als Weideland genutzt werden und meist auch eine unscharfe Grenze zum Bereich der Nachbardörfer bilden.

Das Dorf ist mehr als eine reine Siedlung und stellt eine organisierte Gemeinschaft dar. Es verfügt von seinen Ursprüngen her oder durch spätere Erwerbungen über gemeinschaftlichen Besitz und kann Geräte gemeinschaftlich nutzen – so können Mühlen Eigentum aller Dorfbewohner sein. Die Tierweide, die auf nicht ausgewiesenem Gelände und somit auf Gemeindeeigentum stattfindet, wird häufig durch die Dorfgemeinschaft organisiert; Rinder- und Schweinehirt arbeiten ebenfalls für die ganze Siedlung. Darüber hinaus bildet das Dorf eine Rechtseinheit, die bei Prozessen von Delegierten vertreten wird. Manchmal allerdings zieht das ganze Dorf zur Verhandlung, wie etwa 995 zu der zwischen dem Kloster Iviron und den Dorfbewohnern von Siderokauseia in Ostmakedonien. Das Steuerwesen verstärkt diese Rechtseinheit.

Dabei ist das byzantinische Steuerwesen überhaupt nicht dörflich. Veranlagt wird der einzelne Steuerpflichtige im Verhältnis zu dem Eigentum, das in seiner ›Rubrik‹ *(stichos)* eingetragen ist. Aber aus rein geographischen Erwägungen wird das Dorf als administrativ-fiskalische Einheit gewertet, um die Veranlagung, die

Ein Hirte im Unterholz (links; Abhandlung des Nikandros über Schlangenbisse, Par. Graec. 247, Bibliothèque nationale, Paris) und ein Hirte nach einem Fresko aus dem bulgarischen Kloster Rila (rechts).

Überwachung und die Steuereintreibung zu vereinfachen. Für den Fiskus hat die Dorfgemeinschaft die Funktion eines Ersatzrades: Ist ein Steuerpflichtiger insolvent, so wird die Steuer verbunden mit der Nutznießung des dazugehörigen Landes auf die Nachbarn verteilt. Die solidarische Haftpflicht der Nachbarn schließt im Fall eines Verkaufs auch das Vorkaufsrecht ein; dieses Recht kann die Dorfgemeinschaft in der Tat auch zu ihren Gunsten nutzen. Der Staat wiederum nutzt die Dorfstruktur mit ihrem gesellschaftlichen Eigenleben für seine Zwecke. Die Steuer erzeugt die Solidargemeinschaft zwar nicht, bedient sich ihrer jedoch.

Die dörfliche Gesellschaft

Seit dem 6. Jahrhundert ist das Dorf ein fester Bestandteil des byzantinischen Landes und bildet von Anfang an eine sehr solidarische und dabei äußerst unterschiedliche Gesellschaft. Selbst wenn man die Sklaven, die meist im Haushalt eines Hofes dienen und zu diesem gehören, nicht berücksichtigt, bietet das Dorf eine erstaunliche gesellschaftliche Schichtung.

Es ist zunächst einmal schwierig, zwischen Besitzern und Pächtern der landwirtschaftlichen Betriebe zu unterscheiden. In der Ekloge ist nachzulesen, daß die einst blühende Emphyteuse, die auch im 8. Jahrhundert noch weit verbreitet ist, zurückgeht, während das System der Halbpacht seine Bedeutung beibehält. Die im Bauerngesetz *(Nomos Georgikos)* festgeschriebene Pacht ist im übrigen niedrig (ein Zehntel der Feldfrüchte), da der Pächter die Steuer entrichten muß. Manchmal sind die Pächter wohlhabender als ihr Grundeigentümer: So überträgt zum Beispiel ein notleidender Besitzer, der nicht die Mittel hat, seine Felder zu bestellen, in einem »Hälfte«-Vertrag diese Arbeit einem Bauern. Nach Abschluß der Arbeiten (Pflügen, Einsäen usw. bis zur Ernte) wird der Ertrag zwischen Pachtgeber und Pachtnehmer geteilt. Zudem bringt der Aufkauf von Land durch die Großgrundbesitzer und Konfiszierungen durch den Staat neue Bauern in die Dörfer, die keine Grundeigentümer sind: die Paroiken. Im dörflichen Alltag ist zwischen Landbesitzern, Pächtern oder Paroiken kein Unterschied auszumachen. Die grundlegende Unterscheidung ist wirtschaftlicher Art – zwischen denen, die nichts von den Erträgen haben, denen, die sie teilweise, und denen, die sie vollständig zur Verfügung haben.

Auch die dörfliche Gemeinschaft hat eine Elite – zusätzlich zu den Priestern, denen man in gewisser Weise die höchsten Ehren zugesteht, auch wenn ihr wirtschaftlicher Status – die Priester in den Dörfern sind Landwirte – damit nicht Schritt halten kann. Die Dorfoberen sind meist Grundbesitzer, die manchmal sogar außerhalb des eigentlichen Dorfes leben. Voller Stolz setzen sie nach den Priestern ihre Unterschrift unter Gemeindedokumente und fügen ihrem Namen – so sie schreiben können – tönende Titel wie »Eigentümer« oder »Hausbesitzer« hinzu. Manche Dörfer haben eine noch komplexere Gesellschaftsstruktur durch die Anwesenheit eines echten Magnaten – so beispielsweise in Amnia bei Gangra in

Paphlagonien, wo Philaretos, der Schwiegervater Konstantins VI., residiert. Und man kann feststellen, daß die Dorfoberen einer solchen übermächtigen Person, dem *dynatos*, bald stark verpflichtet sind.

Krise des Kleinbesitzes und Aufstieg der Mächtigen

Ende des 8. Jahrhunderts scheint ein Reichtum wie der des Philaretos noch relativ neu. Tatsächlich markiert diese Zeit eine Wende in der ländlichen Gesellschaft von Byzanz; das soziale Gefälle wird wieder stärker, es entsteht eine neue Landaristokratie, die schnell in der Verwaltungshierarchie aufsteigt und damit Reichtum mit politischer Macht verknüpft. So taucht Mitte des 9. Jahrhunderts die Familie Phokas auf; ihr Begründer ist ein unbedeutender Unteroffizier, der wegen seiner Verdienste zum Kuropalates aufsteigt. Schon 878 ist sein Sohn Stratege von Charsianon; der Enkel Leon wird 913 Domestikos der *Scholen*, und 963 besteigt der Urenkel Nikephoros den Kaiserthron. Die Familie bringt es dank ihrer in der Armee errungenen Machtstellung in Kappadokien zu beträchtlichem Grundbesitz. Das Band zwischen Reichtum und Macht ist gleich doppelt geknüpft. So hat Philaretos einen für seinen Distrikt zuständigen Steuerbeamten zum Freund und wird dann Schwiegervater des Kaisers – zu gesichertem Reichtum kommt durch die direkte Verbindung zum Thron die politische Macht.

Es zeichnet sich also ein radikaler Tendenzwechsel ab, denn dieser Reichtum der Familie Phokas kommt ja irgendwoher: Sie besetzen oder erwerben Territorien von Grundbesitzern, die bereit sind, ihnen ihr Land zu übereignen. Das sind zum großen Teil »Arme«, die dem Druck des »Mächtigen« nicht widerstehen können, zumal er durch seine Stellung teilweise über öffentliche Macht verfügt. Verkaufen

Garten mit Mischanbau (Buch Hiob; Par. Graec. 135, Bibliothèque nationale, Paris).

wird der Bauer allerdings nur, wenn die wirtschaftliche Lage es erfordert. Und in dieser Zeit ändert sich ein grundlegender Faktor zuungunsten der kleinen Grundbesitzer: die Maßnahmen des Nikephoros (802–811), die Theophanes in einem Katalog zusammenfaßt, belegen, daß die Steuerbelastung spürbar zunimmt. Jedermann ist betroffen, auch die Klöster; die Schwachen haben allerdings weniger Widerstandskraft. Damit wird die ohnehin gefährdete Autarkie der Ärmsten der kleinen Landbesitzer ernstlich angegriffen. Den Bauern bleibt angesichts der Steuerlast nur der Verkauf – die anderen Bauern können aber aus denselben Gründen nicht kaufen und verzichten; nur ein »Mächtiger« kann kaufen.

Manche zahlungsunfähigen Bauern verkaufen nicht: Sie gehen weg. Nun haften die Nachbarn für die Steuern, die sie jedoch nicht aufbringen können und die so zu ihrem Niedergang beitragen. Die dörfliche Solidarität wendet sich gegen die Dorfbewohner selbst, und der Prozeß der Verkäufe und des Verlassens der Güter beschleunigt sich selbst. Damit schwinden allerdings auch die Steuereinnahmen, die die Finanzgrundlage des Staates bilden. Ist der Insolvente auch noch Soldat eines Themas, so verliert das Reich nicht nur einen Steuerzahler, sondern auch einen Soldaten. Im Winter 927/928, der Konstantinopel hundertzwanzigtägigen Frost beschert, nimmt diese Entwicklung ein solches Ausmaß an, daß der Staat in seinen Grundfesten erschüttert wird. Über den steuerlichen und militärischen Aspekt hinaus ist auch die Kontrolle über die Bevölkerung insgesamt zugunsten einer wachsenden privaten Autorität gefährdet.

Die berühmten Maßnahmen der makedonischen Dynastie, die dieser Entwicklung Einhalt gebieten sollen, erweisen sich als ebenso komplex wie widersprüchlich. Zunächst verstärkt Romanos Lakapenos das Vorkaufsrecht der Nachbarn, damit diese das Land der Schuldner erwerben; er dehnt dieses Recht sogar auf die ganze Dorfgemeinschaft aus. Diejenigen, die aufgrund ihrer zivilen, militärischen und religiösen Stellung oder durch ihren Reichtum zu den Mächtigen zählen, dürfen nur noch dort Bauernland kaufen, wo sie schon Güter besitzen; bei Zuwiderhandlung muß das Land ohne Entschädigung zurückgegeben werden. Doch die Erlasse haben nicht die erhoffte Wirkung und schrecken zudem noch jene Mittelschicht ab, die mithelfen könnte, das System zu erhalten. Daraufhin erläßt Konstantin VII. neue Maßnahmen, die die Dorfoberen, untergeordnete Beamte oder Militärs begünstigen und gleichzeitig die Bauernsoldaten (Stratioten) schützen. Da auch diese Maßnahmen wirkungslos verpufften, gestattet Nikephoros Phokas den Mächtigen Landkauf nur noch unter ihresgleichen; Basileios hebt alle Einschränkungen für Erwerbungen auf und zwingt den Mächtigen eine solidarische Haftung (Allelengyon) auf: Sie müssen fortan die Steuer der Armen übernehmen, kommen aber nicht in den Genuß des Vorkaufsrechts.

Die endlose Wiederholung dieser Maßnahmen zeigt die Unwirksamkeit ihrer praktischen Anwendung, wie sie in der Urteilssammlung der Peira zum Ausdruck kommt. Die Maßnahmen richten sich nur gegen das Symptom – die Veräußerung der Güter – und nicht gegen die Ursache – den übermächtigen Steuerdruck als Folge einer erneuten Politik der Größe nach innen und außen. Vielmehr zielen die staatlichen Maßnahmen in diesem Bereich auf eine gegenteilige Wirkung. Anstatt die Steuer auf die Solidargemeinschaft umzulegen, greift der Staat zur Beschlagnahmung des Landes *(Klasma)*; er tut somit zum eigenen Nutzen, was er den Mächtigen verbietet. Auf diesem Land siedelt er dann Paroiken an, wie es die Mächtigen tun, häufig den vertriebenen Bauern, und verkauft dieses Land anschließend zu einem lächerlichen Preis ohne jede Auflage und möglicherweise doch an Mächtige. So erwirbt 941 beispielsweise ein Bauer 100 *modioi* und der hl. Andreas von Peristerai auf der gleichen Halbinsel Pallene 1800 *modioi* beschlagnahmtes Land. Die auf dem verkauften Land liegende Steuer beträgt zudem nur ein Zwölftel der ursprünglichen Steuer, so daß die übrigen Steuerpflichtigen noch mehr unter Druck gesetzt werden müssen. Erstaunlich ist unter diesen Bedingungen die außergewöhnliche Widerstandskraft des kleinen bäuerlichen Besitzes, der noch bis weit ins 12. Jahrhundert überlebt, obwohl der Staat den Druck der Mächtigen auf die Schwachen dadurch verstärkt, daß er ihnen durch die *pronoia* das Recht überträgt, die vom Kaiser zugestandenen Einkünfte an der Quelle abzuschöpfen, indem sie die Steuer direkt von den Bauern eintreiben.

Grundlegende Hindernisse

Entscheidend für die Entwicklung des ländlichen Raums sind also die variierenden Abgaben, die auf den bäuerlichen Betrieben lasten und in der mittelbyzantinischen Epoche vor allem aus Steuern bestehen. Dabei ist die Steuer nicht sehr hoch, ebensowenig wie die Pacht. Doch jede Erhöhung dieser Abgaben gefährdet das Gleichgewicht innerhalb der bäuerlichen Gesellschaft – die erste Wurzel für Hindernisse in der Entwicklung, denn eine Abgabenerhöhung ist unumgänglich für einen Aufschwung der byzantinischen Gesellschaft. Nur dadurch ließen sich städtische Wirtschafts- und Gesellschaftsformen entwickeln; die zu geringen Abgaben der Landwirtschaft sind der Grund, weshalb Konstantinopel im 11. Jahrhundert mit seiner Wirtschaftsentwicklung in den Städten scheitert, während die Erhöhung der Abgaben im Abendland zu einer starken Entwicklung der Städte führt. Auch in den moslemischen Ländern verzeichnen die Städte infolge der erheblich höheren öffentlichen und privaten Abgaben wachsende Bedeutung.

Eine Erhöhung der Abgaben kann natürlich nur dann Unterstützung finden, wenn gleichzeitig die Produktivität der landwirtschaftlichen Betriebe steigt, was wiederum jenen technischen Fortschritt voraussetzt, der im Abendland eine Erhöhung der Abgaben möglich gemacht hat. Daß es zu einer solchen Weiterentwicklung nicht gekommen ist, läßt sich nicht allein mit den mageren Böden erklären. Vielmehr leidet der ländliche Raum im byzantinischen Reich an chronischem Mangel an Investitionen. Nikephoros Phokas beschreibt diesen Mangel im Jahr 964 bezüglich der Klostergüter, und im 11. Jahrhundert ist die *Charistike* ein Versuch, die Investitionsbereitschaft der Laien zugunsten der Kirchengüter zu steigern. Ein hoffnungsloser Versuch, da die Laien nicht einmal ausreichend in die eigenen

Ländereien investieren. Es besteht ein Widerspruch zwischen Autarkie und Investition; so empfiehlt Kekaumenos im 11. Jahrhundert gerade den Großgrundbesitzern, mit Gütern zu spekulieren, die durch *auturgia* gekennzeichnet sind, da sie ohne Investitionen auskommen.

Fehlender technischer Fortschritt, zu hohe Abgaben für den Bauern, der dadurch nicht investieren kann, die andererseits aber nicht ausreichen, einen Wirtschaftssektor für die herrschenden Klassen aufzubauen, und schließlich unzureichende Investitionen durch die Besitzenden: diese drei Faktoren führen zur Blockade der Entwicklung der ländlichen und teilweise der gesamten Gesellschaft des byzantinischen Reichs.

Aufschwung der Städte

Renaissance der Städte

Kaum haben sich im 6. Jahrhundert aus den antiken Gemeinwesen Städte mit mittelalterlichem Charakter entwickelt, bricht über die Neugründungen der Sturm der Invasionen herein und droht, sie vollständig wieder auszulöschen. Man muß jedoch festhalten, daß nur ganz wenige Städte von der Landkarte verschwinden: Das Schicksal von *Thebai* (Nea Anchialos) in Thessalien bleibt eine Ausnahme. Die Städte überleben zwar, doch aufgrund der allgemeinen Verarmung unter erschwerten Bedingungen; die unsichere Lage zwingt sie zudem, sich hinter Festungsmauern *(kastra)* zurückzuziehen, hinter denen auch die Landbevölkerung vor den Invasoren Schutz sucht. Das ist in Italien nicht anders als auf dem Balkan, in Anatolien oder in Afrika, wo es schwierig ist, zwischen Festungen aus der Zeit der Berberaufstände und solchen, die zur Abwehr der Araber erbaut worden sind, zu unterscheiden. Doch obwohl alle Städte infolge des demographischen Stillstands schrumpfen, so wurde das Ausmaß dieser Entwicklung bislang wohl stark übertrieben. Vielmehr führte der ländliche Exodus und die Flucht vor den Eroberern in den Städten im Landesinnern zweifellos zur paradoxen Situation der Überbevölkerung, die jedoch durch Hungersnöte und Seuchen regelmäßig wieder zunichte gemacht wird. Der Zerfall der Küstenstädte wird dagegen auf die moslemische Seeherrschaft zurückgeführt. Sicherlich haben die Piratenüberfälle das Wirtschaftsleben der Städte stark beeinträchtigt und einige Seewege unsicher gemacht, doch die Araber haben bekanntermaßen niemals die absolute Seeherrschaft erreicht; gerade nach 827, der Zeit ihrer größten Erfolge, als Kreta, Zypern und Sizilien in ihrer Hand sind, erfährt auch die Mehrzahl der byzantinischen Städte einen deutlichen Aufschwung. Man sollte dabei nicht außer acht lassen, daß die Araber nicht nur unnachsichtige Feinde waren, sondern auch als wichtige Handelspartner eine Reihe neuer Wege erschlossen haben. Das erscheint den Bewohnern der Hafenstädte so natürlich, daß noch im 11. Jahrhundert die Bewohner der Stadt Demetrias in Thessalien ein Piratenschiff, das ihren Hafen plündern will, zunächst für ein Handelsschiff halten. Selbst im 8. Jahrhundert kann von einem Dämmerschlaf der Häfen keine Rede sein: Am Sankt-Demetrios-Markt in Thessalonike werden noch immer wichtige Geschäfte abgewickelt, auch der Markt von Ephesos ist noch so bedeutend, daß Konstantin VI. bei einem Besuch im Jahr 795 der Kirche des hl. Johannes als Gabe die Marktzölle *(kommerkion)* überträgt, die manchmal bis zu 100 Goldpfund betragen.

Dennoch hat die Krise mit Sicherheit die wirtschaftlichen, gesellschaftlichen und politischen Veränderungen in den Städten beschleunigt, die immer ländlicher werden, je stärker ihre Funktion als Umschlagplatz abnimmt. Der unaufhörliche Zustrom von Bauern verwischt die ohnehin geringen Unterschiede zwischen Stadt und Land, sowohl in der Wirtschaftsform als auch in der Lebensart. Die Stadt ist nun vor allem der Hauptort eines landwirtschaftlichen Distrikts, dessen Bevölkerung kaum ausdifferenziert ist, da die Zuwanderung der Bauern und der Niedergang der eigentlich städtischen Klassen, die zur eigenen Erneuerung nicht fähig sind, in den Städten zu einer bäuerlichen Mehrheit führt, die nunmehr die Verbin-

Stadt am Meer (Psalter; Par. Graec. 139, Bibliothèque nationale, Paris).

dung zwischen städtischem Zentrum und dem Umland aufrechterhält. Vor der Themenreform im 8. Jahrhundert besteht die Oberschicht nur aus wenigen Beamten und Schreibern, denn die Großgrundbesitzer – wie etwa Philaretos der Barmherzige – leben in diesen unsicheren Zeiten lieber auf ihren Gütern, um dort selbst den Anbau zu überwachen und den größtmöglichen Ertrag zu erwirtschaften. Doch mit allmählich wieder einkehrender Ruhe, vor allem nach 750, können die Großgrundbesitzer ihre Güter Verwaltern anvertrauen und ihre Einkünfte, die mit dem Bevölkerungswachstum steigen, in der Stadt genießen – für viele unter ihnen ein Anreiz zum Erwerb einer zumindest saisonellen Residenz in der Stadt. Während diese Vermögen aus den Gütern den Städten zugute kommt, erhöht die Themenreform, die die ehemaligen Provinzen in kleinere territoriale Einheiten aufteilt und so die Zahl der Verwaltungszentren sprunghaft ansteigen läßt, die militärische und politische Bedeutung vieler Städte. Die ländlichen Hauptorte werden nun zu örtlichen Schaltstellen der kaiserlichen Macht, repräsentiert durch den Strategen mit seinem Stab, der mit zunehmender Festigung der Zentralgewalt auch seine Stellung entsprechend ausbauen kann. Bis zu den Isauriern setzt sich diese neue Verwaltung vorwiegend aus Mitgliedern der traditionellen Oberschicht zusammen, die auf dem Land verwurzelt ist, öffentliche Ämter bekleidet und gebildet ist. Doch mit den Reformen Konstantins V. ändert sich alles; er mißtraut der bisherigen herrschenden Klasse, die in ihrer Mehrheit den Bildersturm ablehnt. Konstantin verändert das Gesicht der Armee und der Verwaltung, indem er solche Beamte beruft, die ihm ergeben sind und ihre Bedeutung nur aus ihrem Amt beziehen. Diese Politik, die den Zielen des wiedererstarkenden Staates entspricht, wird bis ins 11. Jahrhundert beibehalten. Die Hauptgefahr für die ländlichen Gemeinden geht von diesem Amtsadel aus, da seine Machtmittel sehr unsicher und völlig den Launen der Zentralgewalt unterworfen sind. Der Amtsadel träumt deshalb von Landbesitz außerhalb der Städte, wo er den Kaiser zu vertreten hat. Es ist den Strategen daher untersagt, innerhalb ihres Themas Land zu erwerben, aber die Beamten erreichen dieses Ziel auf Umwegen: durch Eheschließungen mit Angehörigen der alten besitzenden Klasse oder durch Erwerb über Strohmänner. Im 8. und 9. Jahrhundert werden die Städte zum Schmelztiegel einer neuen herrschenden Klasse, die von der Pacht und von ihrem öffentlichen Amt lebt.

Seit dem 9. Jahrhundert sind die Städte und ihr ländliches Verwaltungsgebiet aufs engste miteinander verflochten, wozu auch das Recht beiträgt: Im Rechtsbuch (*Procheiron*) Basileios' I. wird nicht zwischen Stadt- und Landbevölkerung unterschieden. Da der Bürger überall denselben Rechtsstatus hat, werden freie Niederlassung und Austausch stark gefördert und die Stadt wird zum Partner des flachen Landes, während im Westen und in den islamischen Gebieten das Verhältnis zwischen Stadt und Land noch oft genug vom Gegensatz geprägt ist. Diese relative Harmonie bildet für einige Jahrhunderte eine der Grundfesten byzantinischer Stärke; nur sie kann den langen Widerstand des Reiches gegen Angriffe erklären, an denen das Abbasiden-Kalifat zur gleichen Zeit zerbricht. Für den Staat ist die Stadt ein ebenso wirksames wie diskretes Kontrollinstrument über das ganze Land;

innerhalb der mit Absicht einheitlich gehaltenen Verwaltungsbezirke verteilt sich über das gesamte Territorium ein gleichmäßiges Netz mittelgroßer Städte, im Gegensatz zum moslemischen Machtbereich, wo konturlose, übervölkerte Städte durch Wüsten voneinander abgeschnitten sind. Im 7. Jahrhundert löst sich dieser städtische Kern, der von dem Stadtsystem der römischen Zeit übriggeblieben ist, aufgrund der Kommunikationsschwierigkeiten weitgehend auf, und die voneinander isolierten Städte konzentrieren sich häufig auf sich selbst, sammeln sich um ihre immer kleiner werdende Oberschicht und entwickeln manchmal äußerst partikularistische Formen der Frömmigkeit: jede Stadt hat ihren Heiligen, ihre Ikonen, ihre religiösen Feste. Dennoch löst sich das städtische Netz nie völlig auf; deshalb ist es stark übertrieben, von Lokalpatriotismus zu sprechen in bezug auf die religiösen Gebräuche, die seit ihrer Entstehung die Tendenz haben, sich teilweise sehr weit zu verbreiten, was für weiterhin bestehende Verbindungen spricht. Die Reform des 8. und 9. Jahrhunderts fördert nicht nur den Kontakt der Stadt zu ihrem direkten Umfeld, sondern verbessert auch den überregionalen Verkehr, der die Voraussetzung für eine wirksame politisch-militärische Kontrolle und lebendigere Handelsbeziehungen bildet. Ende 896 widerruft Leon VI. mit der Veröffentlichung der Novellen 46 und 47 endgültig die alten städtischen Autonomierechte, insbesondere die Kurialordnung. Er bestätigt damit zwar nur eine schon bestehende Situation, doch seine Geste unterstreicht den Gedanken eines einigen und einzigen Kaiserreichs, in dem die Städte ausschließlich Stützpunkte der Zentralgewalt sind und sonst nichts.

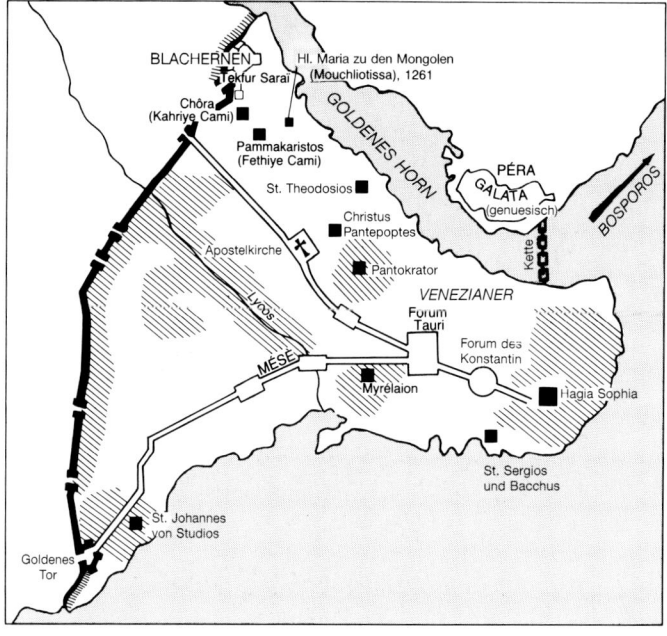

Konstantinopel Ende des 12. Jahrhunderts.

Die Blütezeit im 10. und 11. Jahrhundert

Die demographische Erholung kommt nicht ausschließlich dem ländlichen Bereich zugute, wo die Landwirtschaft wieder angekurbelt wird; auch die Städte erleben mit Beginn des 9. Jahrhunderts einen verstärkten Zustrom. Die Hoffnung, dort Beschäftigung zu finden, wächst umsomehr, als Byzanz seit dem 10. Jahrhundert das Meer besser unter Kontrolle hat, was dem Handel neuen Aufschwung gibt. Von den Küsten und über die großen transkontinentalen Handelsstraßen gelangen immer mehr Waren zu den städtischen Märkten, wo die Bauern nun ihre Überschüsse verkaufen und das einkaufen, was sie nicht selbst herstellen. Wie Michael Attaleiates beschreibt, ist es um 1075 Alltag – und für ihn althergebrachte Tradition –, daß Kolonnen mit Korn beladener Wagen unterwegs nach Rhodosto sind, dem bedeutenden thrakischen Hafen, wo die Bauern von den Wagen herunter ihr Getreide verkaufen. Negativ wirkt sich dagegen aus, daß die Aufwärtsentwicklung des Großgrundbesitzes und das Anziehen der Steuerschraube im 10. Jahrhundert die Landflucht beschleunigen und den Zustrom in die Städte verstärken, deren Bevölkerungszahl sich stabilisiert, da lange Zeit kaum Seuchen zu verzeichnen sind, abgesehen von der des Jahres 965 in Sparta und einer weiteren, die Konstantinopel an der Wende vom 10. zum 11. Jahrhundert heimsucht. Erst mit der schweren Krise der Jahre 1053/1054 erlebt die Hauptstadt erneut eine große Epidemie. Die Städte vergrößern sich also durch den Zustrom aus dem ländlichen Raum und ihr nicht durch Seuchen gebremstes natürliches Wachstum.

Das prächtigste Geschirr und die schönsten Geschmeide entstehen in Konstantinopel. Hier ein Teller aus vergoldetem Silber mit getriebenen Figuren eines Silen und einer Mänade (7. Jahrhundert; Eremitage-Museum, Leningrad).

Durch dieses Wachstum fällt den Städten eine weitere Aufgabe zu, die bislang, mit Ausnahme der größten Städte, nur ansatzweise zu finden war: Das Handwerk entwickelt sich durch die steigende Nachfrage der Stadt und ihrer ländlichen Umgebung. Es wäre jedoch falsch anzunehmen, nunmehr würde alles in den Städten hergestellt; die Bauern sind nach wie vor bestrebt, ihre wichtigsten Bedürfnisse selbst zu befriedigen. Darüber hinaus werden zahlreiche Rohstoffe noch auf dem Land weiterverarbeitet und erst dann als Halbfertig- oder Fertigprodukt in den Städten verkauft. Die Metallverarbeitung ist sowohl in der Stadt als auch auf dem Land vertreten; die ländlichen Gebiete werden durch *komodromoi* versorgt, fahrende Gesellen, die von Dorf zu Dorf ziehen und dort, nach Zeugnis der *Geoponika*, Ackergerät bauen und auch reparieren. Im 10. Jahrhundert erwähnt Konstantin Porphyrogennetos die Herstellung von Nägeln für den Schiffbau in den Themen Thrakien und Samos, und Johannes Tzetzes spricht im 12. Jahrhundert von den Schmieden in Thessalien; selbst die Athos-Klöster haben schmiedende Mönche. Dagegen ist die feinere Metallverarbeitung im allgemeinen eine Domäne der Städte, so etwa das Schlosser- und das Juwelierhandwerk in all seinen Varianten und in geringerem Maße das Handwerk der Waffenschmiede, das teilweise auch auf dem Land zu finden ist, so in den Themen Nikopolis, Hellas und Peloponnes. Auch die Keramikherstellung – als weitere »Schwerindustrie« – ist oft auf dem flachen Land zu finden: Im 10. Jahrhundert besitzt das Laura-Kloster auf dem Berg Athos eine »Keramikwerkstatt«, und Theodoros Balsamon erwähnt im 12. Jahrhundert weitere

Ein zweireihiger Kamm (11. Jahrhundert; Eremitage-Museum, Leningrad).

Hersteller auf dem Land. Dagegen werden feinere Keramik und Produkte in größeren Mengen in den Städten fabriziert. Auch die Textilherstellung ist oft im ländlichen Raum angesiedelt – dies ist bei der Tuchherstellung grundsätzlich der Fall, da »in jedem Haus« Wolle gesponnen und gewebt wurde, so man der Vita des Athanasios Athonites Glauben schenkt; Psellos berichtet, daß dies vor allem die Aufgabe der Frauen sei. Dennoch werden die wirklich feinen Tuche in den Städten gewebt. Eine ähnliche Abstufung läßt sich bei der Verarbeitung von Leinen beobachten, obwohl auch Großgrundbesitzer in den Herkunftsgebieten (Strymon-mündung, Donau, Nordwesten der Peloponnes) zur Fabrikation allerfeinsten Leinens in der Lage sind: so etwa Ende des 9. Jahrhunderts die Witwe Danelis. Dagegen wird die importierte Baumwolle ohne Zweifel nur in den Städten verarbeitet, wie auch das Papier, das man seit dem 11. Jahrhundert in Dalmatien und auf der Peloponnes aus ihr gewinnt.

Eine durchschnittliche byzantinische Stadt stellt je nach lokaler Nachfrage von allem etwas her. Die Verarbeitung von Seide und Edelsteinen bleibt jedoch den ganz großen Städten wie Konstantinopel, Thessalonike und einigen anderen vorbehalten, denn nur hier finden sich genügend begüterte Kunden. Obwohl man in keinem Fall von ›Monopolproduktion‹ sprechen kann, so begünstigen die Normalisierung der Verkehrsverbindungen und der wachsende Handel mit Beginn des 9. Jahrhunderts dennoch eine beachtliche Konzentration bestimmter Zweige in bestimmten Städten, die miteinander konkurrieren. So belegt die Archäologie, daß sich das

In Gold gefaßtes Gefäß aus Achat, verziert mit Rubinen (11. Jahrhundert; Eremitage-Museum, Leningrad).

feinere Metallhandwerk zwischen dem 9. und dem 12. Jahrhundert in einigen
Zentren konzentriert: So sind in Cherson auf der Krim bemerkenswerte Gießerei-
werkzeuge entdeckt worden, Steinformen zur Herstellung von Ringen oder Kreuzen, Tontiegel und Becher aus Stein oder Keramik. Es wurden dort Nägel,
Schrauben, Haken, Angelhaken, Ackergeräte, Töpfe und Nadeln hergestellt. Auch
Korinth ist ein bedeutendes Zentrum der Metallverarbeitung, vor allem zwischen
dem 11. und dem 12. Jahrhundert; man hat dort Anker, Bronzemesser, Beile,
Schlüssel, mit Federn versehene Scheren aus Metall und eine beachtliche Reihe
chirurgischer Instrumente entdeckt. Zur gleichen Zeit spezialisiert sich die Stadt
auch auf die Waffenschmiedekunst und produziert Lanzenspitzen und Dolche;
gefundene Schmelztiegel deuten sogar auf die Fertigung von Geschoßkugeln und
den dazugehörigen Schleudermaschinen. In Kleinasien werden in Pergamon ebenfalls Metallpfeile hergestellt, aber die Produktion scheint nicht sehr vielfältig
gewesen zu sein. In Konstantinopel ist eine systematische Archäologie zwar
unmöglich, doch hat es all diese handwerklichen Tätigkeiten mit Sicherheit auch
dort gegeben; durch die zahlreichen begüterten Kunden, vor allem aus dem Umfeld
der Kirche und des kaiserlichen Hofs, wurde die Stadt jedoch vor allem zum
Zentrum der Goldschmiedekunst. Zwar hat Konstantinopel kein Monopol, denn
auch aus Cherson und aus Korinth stammen schöne Stücke, doch von hier kommen
das prächtigste Geschirr, die herrlichsten Geschmeide und das feinste Email. Nur
hier werden jene Automaten hergestellt, die bei den kaiserlichen Zeremonien
aufspielen; der Hof hat sogar einen eigenen Goldschmiedemeister, der in seiner
Werkstatt ausschließlich für ihn arbeitet. Die Keramikindustrie ist zu jener Zeit ein
Fall erstaunlicher Konzentration: Athen und Cherson haben wie die meisten Städte
seit dem 8. Jahrhundert Fabriken, aber nur zwei nehmen eine überragende Stellung
im Reich ein. Konstantinopel stellt lange Zeit nur grobe, rotfarbene Töpferwaren
für den täglichen Gebrauch her, doch mit dem 9. Jahrhundert setzt die Produktion
feiner Töpferwaren ein: Es handelt sich um blaßrosafarbene Keramik, die mit
gelbem oder grünem Firnis überzogen und mit Malereien, Reliefs, eingeprägten
geometrischen Mustern sowie Darstellungen von Pflanzen, Tieren oder Menschen
üppig verziert ist. Im 10. Jahrhundert macht sich Konkurrenz bemerkbar: Korinth,
aus dem bislang kaum mehr als Küchengerät kommt, produziert nun schöne weiße
Keramik, die mit modellierten Reliefs oder feinster Malerei verziert ist – zu einem
Zeitpunkt, als in Konstantinopel nur das gewöhnliche Töpferhandwerk zu produzieren scheint. Im 12. Jahrhundert ist die Keramikherstellung endgültig zur Pro-
vinzindustrie geworden: Neben Korinth treten Athen und Sparta, aber vor allem
Thessalonike, das sich auf rotfarbene Tonwaren spezialisiert. Diese Produkte
werden nun in die Hauptstadt exportiert, die sich inzwischen auf die Herstellung
von Zierfliesen spezialisiert hat. Diese Mode erreicht Nikomedeia, das im 11. Jahrhundert zur bedeutendsten Produktionsstätte avanciert und diese Position auch
während der Türkenherrschaft behält. Was die Glasherstellung angeht, so kommen
die schönsten Stücke – die ebenso hoch im Kurs stehen wie Edelsteine – aus den
Werkstätten der Hauptstadt, während schließlich die Textilproduktion sich über

das ganze Reich verteilt. Korinth ist berühmt für seine großen Spinnereien und Webereien, aber auch für die Weiterverarbeitung; man hat dort Spindeln, Bronzekämme und eine komplette Schneiderausrüstung mit Nadeln, Spulen aus Bronze und Fingerhüten entdeckt. Dank seines Reichtums an Maulbeerbäumen ist Griechenland das Zentrum der Seidenspinnerei. In den wichtigsten Seidenzentren Theben und Sparta arbeiten seit dem 10. Jahrhundert jüdische Handwerker für echte christliche »Unternehmer«, und die Seidenindustrie blüht in Griechenland bis ins 12. Jahrhundert: Von Halmyros und Dyrrhachion aus reisen die venitianischen Kaufleute über Land, um beispielsweise in Theben Seidenstoffe einzukaufen. Für sie ist der Feldzug Rogers II., der im Jahr 1147 thebanische Arbeiter nach Palermo bringen läßt, ein schwerer Schlag. Ansonsten verfügt Griechenland nur über allenfalls wenige gewöhnliche Seidenspinnereien und Webereien, die im Land verbleiben; wie die Leinen- und Baumwoll-, so kommen auch die wirklich schönen Seidenstoffe nunmehr aus Konstantinopel. Die prächtigsten, die »verbotenen« Seidenwaren *(kekolymena),* sind dem Hof vorbehalten und werden in palasteigenen Werkstätten gefertigt, aber das sogenannte *Eparchenbuch* erwähnt fünf Berufe, die an der Produktion und dem Handel beteiligt sind und ihre Arbeit zwar unter staatlicher Aufsicht, jedoch im Rahmen privater Unternehmerschaft erbringen.

Die Seide ist wohl ein Ausnahmefall, da das Handwerk im allgemeinen wenig ausdifferenziert ist. Der Spinner ist oft gleichzeitig Weber und manchmal auch Schneider und Kaufmann, so wie man auch Gold und Silber schmilzt, es anschließend bearbeitet und verkauft; manche sind gleichzeitig Kupferschmied und Schlosser oder Müller und Bäcker. Bislang hat man wohl die Rolle, die die byzantinischen Städte in der Produktion spielen, zu sehr unterschätzt; insgesamt sind dennoch Handel und öffentliche Ämter die bevorzugtesten Wege, sein Glück zu machen.

Umrisse einer Gesellschaft

Eine solche Diagnose kann natürlich auch aus einem falschen Blickwinkel gestellt sein; es liegt wohl an einer besonderen geistigen Haltung, die noch zu definieren ist, daß die schriftlichen Quellen die handwerkliche Produktion so selten erwähnen, und wir wissen zudem, daß die Archäologie erst eine kleine Zahl städtischer Siedlungen erfaßt hat. Dort, wo Textstellen oder materielle Belege auf ein Gewerbe verweisen, in Theben, Thessalonike, Sparta, Athen, Cherson oder Sardes, ist es zumindest für das 10. und 11. Jahrhundert wahrscheinlich, daß der Ertrag des Handwerks den des Handels aufwiegen und manchmal sogar übertreffen konnte. Aber unserer Ansicht nach kann dieser Schluß durch keine neue Entdeckung je auf alle byzantinischen Städte ausgedehnt werden: Angefangen in Konstantinopel, das wie eine überdimensionierte Karikatur der Städte wirkt, ist das Handwerk nirgends mehr als ein Zusatzbereich.

Selbst Städte mit geringer Einwohnerzahl werden häufig als bevölkert eingeschätzt – der Beobachter mag damals, nicht anders als wir heute in Andalusien oder

Eine Szene aus dem Stadtleben: der Laden eines Handwerkers und ein Lastenträger, unentbehrlich in den für Gespanne häufig zu engen Straßen (Rahmen des Mosaiks von Daphne-Jakto, 5. Jahrhundert; Department of Art and Archeology, Princeton).

in Süditalien, vom engen Zusammenleben der kleinen Leute überrascht sein, die entweder keine Arbeit haben oder reine Handarbeit verrichten. Gerade jene Bürger, die oft unter dem Existenzminimum leben, bilden die überwältigende Mehrheit der Stadtbewohner, die von den Quellen im allgemeinen als »Volk« (demos) bezeichnet werden; dieser Begriff wird oft abwertend gebraucht und kennt eine Fülle noch eindeutigerer »Synonyme«: Menge, Masse, Arme. Arbeit ist Mangelware, die Landflucht intensiviert sich zu Beginn des 10. Jahrhunderts und viele Stadtbewohner haben keinerlei Einkommen; sie können nur durch die kirchlichen Institutionen überleben, denen immer eine bedeutende soziale Funktion zukommt. Im Gegensatz zur allgemeinen Ansicht häuft die orthodoxe Kirche kaum Schätze an und verteilt den Großteil der privaten oder staatlichen Schenkungen wieder an die Armen. Dadurch wird jedoch das Volk natürlich nicht ermutigt, nach schlecht bezahlter Arbeit zu suchen, die kaum mehr einbringt als die tägliche Nächstenliebe der Klöster, Kirchen und Bischöfe. Hüten wir uns jedoch davor, das Bild zu überzeichnen: Der Kaiser, die Palastbeamten und die Reichen allgemein stiften gemeinnützigen Werken beträchtliche Summen, denn die Spitäler und Krankenhäuser, Armenasyle und Besserungsanstalten festigen ihren Ruhm auf Erden und tragen zu ihrem Seelenheil im Jenseits bei. Die Leitung dieser karitativen Einrichtungen liegt immer bei der Kirche. Aber es wäre falsch, hinter all dem einen Vorsatz der Reichen und Mächtigen zu sehen, um den größten Teil der städtischen Bevölkerung in totaler Bedürftigkeit zu halten und die eigene Vorherrschaft zu sichern. Die religiösen Texte preisen zwar die Armut, und die schriftlichen Quellen, die in allen Fällen der Oberschicht zuzuschreiben sind, verhöhnen die »manuellen« Berufe, doch die Wurzel dafür ist eher in der christlichen Tradition und im Klassenstolz zu finden. In Byzanz haben die Reichen und die Mächtigen für die

Arbeiter zwar nur Verachtung übrig, doch die Arbeit verachten sie deshalb keineswegs, dient sie doch dem Gemeinwohl. Der aristokratische Herrscher Nikephoros Botaneiates erklärt Ende des 11. Jahrhunderts sogar, daß selbst die körperlich arbeitenden Berufe als wohltuend anzusehen seien, da »auch sie dem Gemeinwesen und den Menschen nützen«. Das Arbeiten empfiehlt in dieser Zeit auch die für ihre Frömmigkeit bekannte Gattin des Alexios Komnenos, Kaiserin Irene, all jenen, die dazu körperlich in der Lage sind; denn so könnten sie »ihren Lebensunterhalt verdienen, anstatt durch das Nichtstun mutlos zu werden und bettelnd von Tür zu Tür zu ziehen«. Dennoch leistet Irene unermüdlich denen karitative Hilfe, die wirklich bedürftig sind und »völlig bloß« dastehen. Darüber hinaus darf man nicht vergessen, daß die Orthodoxie bis ins 12. Jahrhundert noch die Sklaverei kennt und die Lohnarbeit damit die höchste Würde des freien Menschen ist; Konstantin Porphyrogennetos etwa ist der Ansicht, daß die Petschenegen ein freies Volk sind, weil »sie niemals eine Arbeit verrichten, ohne dafür Lohn zu fordern«. Texte völlig unterschiedlicher Herkunft betonen, daß die Arbeit ein Recht ist und daß der Arbeiter legitimerweise nach der lohnendsten Tätigkeit suchen kann. Die *Vita des Auxentios*, die Psellos im 11. Jahrhundert neu erzählt, berichtet von der Begegnung des Heiligen mit arbeitssuchenden Handwerkern, die ihm erklären: »Wir sind arbeitslos und haben unsere Werkstätten geschlossen.« Daraufhin läßt sich Auxentios bei einem von ihnen für drei Obolen täglich anstellen, und auf wundersame Weise beginnt das Geschäft wieder zu blühen: Die Legende unterstreicht, daß Gott selbst die Arbeit als Element der Harmonie in der Welt ansieht. Im Eparchenbuch, das offiziellen Charakter hat, wird die freie Wahl der Arbeit unterstrichen; so darf der Arbeitgeber in einigen Seidenberufen einen Arbeiter vertraglich nicht länger als einen Monat binden und auch nicht mehr Lohn als für 30 Tage auf einmal zahlen. Der Arbeiter darf seinerseits seine Stelle nicht vor Ablauf des Kurzvertrages verlassen; allerdings sieht der Text die Möglichkeit einer vorzeitigen Beendigung vor, wenn der Arbeiter aus Mangel an Rohmaterial Not leidet. Diese Interpretation wird durch einen privaten Text aus dem 11. Jahrhundert, die *Ratschläge und Berichte des Kekaumenos*, bestätigt: »Wenn deine Diener, die Empfänger deiner Wohltaten, den Dienst bei dir aufzugeben wünschen, so halte sie nicht, denn das wäre nicht gerecht.«

Der Abstand zwischen Arbeitenden und Menschen ohne Arbeit ist ohne Zweifel dennoch nicht sehr groß. Im Handwerk scheinen noch im 10. Jahrhundert Sklaven die qualifiziertesten und auch die am besten behandelten Arbeitskräfte zu sein, vor allem in der Produktion von Luxusgütern – Seide, Edelsteine und Goldschmiedearbeiten. Die zwischen dem 10. und 12. Jahrhundert rasch zunehmenden Hinweise auf gewerbliche Arbeit belegen dennoch das Anwachsen der Klasse der Lohnempfänger, auch wenn Handel und Bauhandwerk, die vom Bevölkerungswachstum und vom allgemeinen Wohlstand profitieren, sowie vor allem einfache Transportaufgaben einen wesentlichen Teil der Beschäftigung ausmachen. Lastenträger, Esel- und Maultiertreiber bestimmen das Bild der Städte, deren enge und oft steil ansteigende Gassen die Benutzung von Fuhrwerken nicht zulassen; in den Häfen sind sie noch zahlreicher, wo sich Träger, Matrosen und Kalfaterer drängen. All diese Menschen müssen ernährt werden, und wenn man nun noch eine reichere herrschende Klasse und einen Klerus hinzufügt, dessen Güter nicht immer zu seiner Versorgung mit Lebensmitteln ausreichen, kann es nicht verwundern, daß der Einzelhandel und vor allem die Berufe, die mit der Lebensmittelversorgung und der Bekleidung zu tun haben, in der Stadtwirtschaft alle anderen Tätigkeiten überwiegen. Wenn in herablassender Weise das einfache Volk durch verachtete Berufe charakterisiert werden soll, so werden meistens Krämer, Kaviarhändler, umherziehende Köche und Metzger genannt, seltener Schuhflicker, Matrosen oder Kalfaterer; um zu unterstreichen, daß sich der Patriarch Nikolaos Mystikos auf den schmutzigsten Pöbel stützt, erklärt die *Vita des Euthymios* beispielsweise, er verlasse sich auf »einen erbärmlichen Haufen von Krämern und Köchen«.

Die Bevölkerung ist in den kleinen Städten kaum anders als in den großen, und ihre Aktivität wird nur vor dem Hintergrund einer gestiegenen Nachfrage nach Dienstleistungen durch die herrschende Klasse verständlich. Diese läßt sich aber leider nur in Konstantinopel wirklich erfassen, mit allen Risiken, die die Übertragung dieses außergewöhnlichen Beispiels auf andere städtische Zentren des Reichs in sich birgt. Die mächtige Hauptstadt, die im 10. Jahrhundert wieder mehr als eine halbe Million Einwohner zählt, beeinflußt als riesiges Verbrauchszentrum sogar den Verlauf der großen Handelsstraßen. Die Menge der Bürger, die zahllosen kaiserlichen oder fremden Händler lassen den dortigen Markt zu einem unvergleichlichen Umschlagsplatz sowohl für Güter des Grundbedarfs als auch für Exportwaren anwachsen. Als politisches, religiöses und kulturelles Zentrum des Reichs zieht Konstantinopel wie ein Magnet die Reichen und Mächtigen an, aber auch jene, die durch die zahlreichen Ämter, die nur die Hauptstadt zu bieten hat, reich und mächtig werden wollen. Zusammen mit dem Hof, dem Patriarchat, den großen Klöstern und den reichen Kaufleuten aus fremden Ländern bilden sie eine Klientel für Luxusgüter, die bei der wirtschaftlichen Ausrichtung der Stadt schwer wiegt.

Wer in Konstantinopel Rang und Namen hat, steht zweifelsohne auch der Staatsmacht nahe, und diese herrschende Klasse breitet sich in den Provinzen aus und bildet das gesellschaftliche Gerüst der Städte, ein Phänomen, das insbesondere zwischen dem 9. und 11. Jahrhundert spürbar ist und das man nicht zu Unrecht als »Konstantinopolisierung« des Reichs bezeichnet hat. Seit der Epoche des Bildersturms hat das Reich, vor allem unter Konstantin V., geduldig daran gearbeitet, die alte Elite – die Großgrundbesitzer – durch eine Art »Dienstadel« zu ersetzen, der seine Legitimation nur aus seinem Amt bezieht, das er im Namen des Palastes ausübt; das Entgelt *(rhoga)*, das er für die militärischen oder zivilen Ämter bezieht, stellt seine Haupteinkommensquelle dar. Die Entwicklung eines derartigen Beamtenadels war um so leichter möglich, als sich schon im 7. Jahrhundert ein Erziehungswesen entwickelt hat, das den »technischen« Disziplinen immer größeren Stellenwert zumißt – Kalligraphie, Stenographie, Vermessungstechnik und allem, was die Herausbildung eines bemerkenswerten Verwaltungspersonals ermöglicht.

Die staatlichen Ämter haben eine solche Anziehungskraft, daß die Regierung auf
eine offene Auseinandersetzung mit den alteingesessenen Landadelsfamilien verzichten kann; so überschreibt im 10. Jahrhundert die reiche Witwe Danelis dem
Kaiser den größten Teil ihres Vermögens, weil dieser ihrem Sohn mit einem
bescheidenen Palastrang den Weg in die neue herrschende Klasse geebnet hat. Die
mächtigen Familien eilen nach Konstantinopel, wo sie sich lohnende Ämter und
öffentlichen Rang erhoffen: Aus Anatolien kommen die Alopoi, Monomachoi,
Komnenoi und Dukai, aber auch aus dem Westen – wenngleich seltener – zieht es
einige Familien in die Hauptstadt, wie etwa die albanisch-griechische Familie der
Arianitis. Die Zentralgewalt mißtraut ihnen: Sie kommen zwar in der zivilen und
militärischen Provinzverwaltung unter, doch prinzipiell werden die Orientalen im
Westen und die aus dem Westen in Anatolien eingesetzt, und sie gehen ausnahmslos
unter in der Menge derer, die dem Palast alles verdanken.

Unter Basileios II., der diese Politik systematisch fortführt, ist die herrschende
Klasse auf dem Weg zur Vereinheitlichung. Landaristokratie und Dienstadel sind
Heiratsverbindungen eingegangen, so daß ihre Interessen eng miteinander verknüpft sind. Allerdings ist die Klasse noch offen; bei entsprechender Bildung kann
jeder Bürger selbst höchste öffentliche Ämter, etwa das eines Strategen oder eines
Provinzrichters *(krites)*, und die damit verknüpften Palastwürden erreichen. Aber
ein immer engerer Kreis beansprucht die wirklich bedeutenden Funktionen für
sich: Die wesentlichen *officia* im Palast oder in der Hauptstadt, die militärische
Befehlsgewalt, die Ämter in der Zivil- und Rechtsverwaltung der reichsten Provinzen sind eine Domäne der Männer des Palastes, die sinnfällig Männer des Hauses
(oikeioi anthropoi) oder auch »Kaiserliche« *(basilikoi)* genannt werden. Sie beherrschen Konstantinopel gesellschaftlich und materiell. Sie bilden eine Klasse voller
Gier, die alles dem Kaiser verdankt und nur zu genau weiß, daß dieser ihnen die

Reiche bei einer Mahlzeit (Buch Hiob, 1362; Par. Graec. 135, Bibliothèque nationale, Paris).

Ämter, die sie reich und mächtig gemacht haben, auch wieder wegnehmen kann. Daher kaufen sie Grund und Boden, sowohl in der Stadt als auch auf dem Land, so daß sie zu einer Macht werden, deren bedrohlicher Charakter dem Thron zunächst nur im Hinblick auf die Provinz richtig bewußt wird. Aber es ist ein und dieselbe Klasse, die sich in den ländlichen Gemeinden und in der Stadtbevölkerung durchzusetzen versucht; während man diesem Machtstreben in den Dörfern entgegentritt, scheint es in den Städten kaum jemanden zu beunruhigen. Dabei üben die Mächtigen in ihren prächtigen Stadthäusern auf ihre direkte Umgebung, manchmal auf ein ganzes Viertel, einen derartigen Druck aus, daß die Bewohner sich gezwungenermaßen unter ihren Schutz (prostasia) begeben; seit dem 11. Jahrhundert gilt ein »Mann ohne Schutz« (aprostateutos) als schwach, auch wenn er nicht wirklich arm ist. So entsteht allmählich eine Privatklientel, die entweder direkt im Dienst der Mächtigen steht oder mittelbar durch deren fromme bzw. karitative Stiftungen kontrolliert wird. Diese Stiftungen sind nicht nur eine Versicherung für das Jenseits, sondern auch eine lohnende Investition und ein wirksamer Schutz des eigenen Besitzes vor allzu leichter Beschlagnahmung durch den Staat, da der Kirche überschriebenes Land unveräußerlich ist. Ein gutes Beispiel für diese Politik ist gegen Ende des 11. Jahrhunderts der Historiker Michael Attaleiates, der 1077 von seiner Tante einen Landsitz (oikos) in Rhodosto erbt. Er kauft noch Land dazu und wandelt es in ein Armenasyl um (ptochtropheion); auf einem Teil eines anderen oikos in Konstantinopel gründet er das Kloster des Prodromos, das er dem Asyl von Rhaidestos unterstellt. Aus beiden entsteht so ein komplexes sozio-ökonomisches Gebilde, das durch den Absatz seiner landwirtschaftlichen Produkte und die Vermietung von Wohnungen und Werkstätten auf dem Stiftungsgelände fast autark ist. Asyl und Kloster verteilen einen Großteil der Erträge in Form milder Gaben wieder an die Bewohner, während der Überschuß den Erben des Gründers zugute kommt. Man kann sich leicht die gesellschaftliche und auch politische Macht dieser Familien vorstellen, die zu ihrer Verteidigung und zur Durchsetzung ihrer Interessen all jene aufbieten können, die ihnen das tägliche Brot verdanken. So stützt sich beispielsweise im Jahr 1042 auch Theodosios Monomachos bei seinem Versuch, Michael V. den Thron zu entreißen, auf seine Klientel. Die Vermehrung solcher »adeligen Zellen« verstärkt die schon vorhandene Parzellierung der byzantinischen Städte; im 12. Jahrhundert sind die Städte keine funktionale Einheit mehr, sieht man einmal von Massenversammlungen bei Prozessionen, Umzügen zu Ehren des Kaisers und den Rennen im Hippodrom ab. In Konstantinopel wird diese Aufsplitterung dadurch gefördert, daß die bedeutenden Familien sich immer stärker mit Menschen aus ihrer Heimatprovinz umgeben, die ihnen dadurch um so mehr verpflichtet sind. Unter Konstantin Monomachos dient beispielsweise das makedonische Viertel der Hauptstadt als Stützpunkt einer Revolte seines adligen Beschützers, des gleichfalls aus Makedonien stammenden Leon Tornike, der auf dieselbe Weise bereits die Herrschaft über Adrianopel errungen hatte.

Tornikios und Attaleiates liefern den Beweis, daß das System der Protektion Mitte des 11. Jahrhunderts sich von der Hauptstadt auf die Provinz verbreitet hat.

Genealogie der Nemaniden-Dynastie (Fresko aus der Klosterkirche
von Dečani in Serbien, 1346/1347).

In zahlreichen Städten unterhalten die Mächtigen Truppen von »Bediensteten« (*hyperetai*), deren Bewegungen sie mit denen ihrer Abhängigen in Konstantinopel abstimmen können. Diese Entwicklung verstärkt sich Ende des Jahrhunderts und kulminiert im 12. Jahrhundert, als ganze Städte im Besitz lokaler Dynasten sind, die noch immer dem Hof verbunden sind, aber mit der Macht ihrer ortsansässigen Milizen das Prinzip der Reichsgewalt in Frage stellen. Schwache Herrscher wie Michael VII. Dukas übereignen solchen Dynasten sogar schon befestigte Städte (*kastra*). Im Jahrhundert der Komnenen dämmert die Politik der Verteidigung der Bauern dahin, und das System der militärischen Pronoia ruiniert sich selbst: Die lokalen Herrscher nutzen sie zum Aufbau von Rumpffürstentümern, die ihnen die Kontrolle über die Städte und Dörfer des Umlandes sichern. Die Schwäche der Staatsmacht unter der Dynastie der Angeloi beschleunigt diese Entwicklung – so herrscht seit 1185 Theodor Mankaphas über Philadelphia und fast ganz Lydien, und als die Kreuzfahrer 1204 an der griechischen Küste landen, stoßen sie dort auf einflußreiche Lokalherrscher, die »*archontes*«, deren bedeutendster, Leon Sguros, über Argos, Nauplion und Korinth gebietet.

Im Bereich der Wirtschaft bedeutet der Triumph dieser lokalen Potentaten in den Städten eine Stärkung jenes rückständigen Systems, in dem ein Fortkommen nur in den öffentlichen Ämtern, durch Einkünfte aus Grund und Boden und den Verkauf landwirtschaftlicher Produkte möglich ist. Im allgemeinen hält es die herrschende Klasse für unwürdig, im Gewerbe oder im spekulativen Handel zu investieren, was nicht heißt, daß sie nicht manchmal der Versuchung erliegt, vor allem angesichts von Leuten aus dem Volk, die durch die günstige Wirtschaftslage im 10. und 11. Jahrhundert zu Reichtum kommen. Schon Kaiserin Theodora etwa scheut sich im Jahr 840 nicht, ein Schiff anzuheuern, um mit Waren aus dem Orient zu handeln, und Theophilos läßt es unter dem Vorwand anzünden, daß »niemand jemals einen römischen Kaiser oder seine Gattin als Händler gesehen hat«. Solche Investitionen im Handel sind höchstwahrscheinlich keine Einzelfälle, denn Anfang des 10. Jahrhunderts läßt Patriarch Nikolaos Mystikos den Bischof öffentlich rügen, der »sich würdelos und sittenwidrig auf Geschäfte einläßt«. Man kann auch »adlige« Unternehmer anführen wie Pamphylos, den Vater des hl. Phokas, der eine Werft leitet. Dennoch handelt es sich dabei um Randerscheinungen; das Beispiel des Kekaumenos belegt, daß ein Aristokrat, der sich nicht mit Immobilien, dem Land und seinen Erträgen zufrieden gibt und sein Geld in Handelsgeschäfte steckt, den Verlust seines gesamten Vermögens riskiert.

Der unleugbare Aufschwung von Handel und Handwerk in der Blütezeit von Byzanz muß letztlich doch auf die Entstehung eines Bürgertums zurückgeführt werden. Die Erhöhung des Geldumlaufs seit dem 10. Jahrhundert belegt dies; aber dieses Bürgertum hinterläßt nur wenige Spuren und bricht bald wieder auseinander. Seine Blüte erlebt es in der ersten Hälfte des 11. Jahrhunderts, und seine wirtschaftliche Grundlage ist äußerst brüchig. Der byzantinische »Bürger« ist tatsächlich meistens ein Kaufmann, dem es allerdings nicht an Mut fehlt: Schon im 7. Jahrhundert machen sich Händler aus Alexandria auf den Weg nach Britannien, wo sie

Getreide gegen Silber und Zinn tauschen, und um 910 beschreibt Nikolaos Mystikos große Kaufleute, die sich des lockenden Gewinnes wegen leichten Herzens von ihren Familien trennen und »lange Reisen« unternehmen. Solche Handelsleute finden sich in allen bedeutenden Städten: So reisen im 9. Jahrhundert Händler aus Monemvasia geschäftlich nach Thessalonike, andere Kaufleute werden vor den Toren von Trapezunt von Zöllnern verhaftet und des Schmuggels angeklagt. Widerwillig muß auch die Kirche den Handel akzeptieren, in ihren Kanones gestattet sie sogar die Erhebung von relativ hohem Zins auf Darlehen: sechs solidi auf ein Pfund für gewöhnliche Kaufleute und zwölf »bei denen, die Darlehen zur See gewähren«, also 8,3% bzw. 16,6%. Der Warenhandel verbindet sich schnell mit dem Geldverkehr; im 10. Jahrhundert sind dem Eparchenbuch zufolge die Wechsler die reichsten »Bürger« von Konstantinopel, die man bereits betrügerischer Praktiken beschuldigt – es ist verführerisch, Münzen abzufeilen bzw. zu fälschen. Völlig selbstverständlich tun die großen Händler es den anderen Reichen nach und versuchen, ihr Vermögen auf eine solidere als die rein kommerzielle Grundlage zu stellen. Deshalb bemühen sie sich um das einzige Staatsamt, das die herrschende Klasse ihnen überläßt, weil sie es verachtet: die Steuererhebung. So sind zur Zeit Leons VI. die griechischen Kaufleute Staurakios und Kosmas aus Thessalonike sowohl Händler als auch Zolleinnehmer. Viele Bürger vergrößern ihr Vermögen, indem sie Abgaben, Stadt- und Marktzölle eintreiben; um die Mitte des 11. Jahrhunderts kommt eine weitere, äußerst lohnende Tätigkeit hinzu: die Steuerpacht. Nicht ohne Grund verflucht der Aristokrat Kekaumenos die zu allen Zeiten als Vampire angesehenen Steuerpächter, sondern weil er in dieser neuen Schicht von Reichen eine Konkurrenz für die eigene Klasse sieht. Der Staat nutzt die Gelegenheit, um die Übermacht der Verwaltungs- und Militäraristokratie abzuschütteln: Für diese neuen Reichen, die man verächtlich »Marktleute« nennt, schafft er vor allem nach 1040 eine Reihe wohltönender Titel, die aber mit keinem wirklichen Amt verbunden sind. Die Bürger zahlen dafür einen hohen Preis, nicht nur wegen des Prestiges, sondern auch für eine dem Kaufpreis proportionale Leibrente (*rhoga*). Um 1070 besteht das byzantinische Bürgertum somit aus Händlern und Geldleuten, die in der staatlichen Rente ein Mittel sehen, die eigene Position zu sichern, zumal es so aussieht, als werde sich am Überfluß in den kaiserlichen Kassen nichts ändern. Sehr zum Leidwesen der Aristokratie durchsetzt die neue Klasse rasch den gesamten Staatsapparat, einschließlich des Senats, zu dem ihnen Konstantin Monomachos den Zugang öffnet. Dennoch bleibt ihre Position brüchig: In Immobilien und in das Gewerbe wird nur vereinzelt investiert, und dem Erwerb von Ländereien schieben die Mächtigen einen Riegel vor. Der Erfolg des Bürgertums hängt also von zwei Bedingungen ab: von der Stabilität des internationalen Marktes und von der unerschütterlichen Solvenz des Schatzamtes. Doch seit dem Ende des 10. Jahrhunderts stellen die Italiener die Strukturen des Mittelmeerhandels auf den Kopf und dringen bis tief in die kaiserlichen Provinzen vor. Nach 1065 erschüttert die finanzielle Zerrüttung des Reichs vollends das Vertrauen der Rentenbezieher. Das Bürgertum von Byzanz erlebt einen Niedergang, von dem es sich

Die Heiligen Boris und Gleb zu Pferde (Holzikone, 14. Jahrhundert;
Galerie Tretiakov, Moskau).

Sankt Georg und der Drachen (Anfang 14. Jahrhundert, Ikone aus Novgorod).

nicht mehr erholt. Schon vor dem Jahr 1081 ist sein politisches Scheitern besiegelt. Zwar gibt es noch im 12. Jahrhundert einige bedeutende Finanzleute wie den »Bankier« Kalomodios, und mit der Steuerpacht kann man noch immer zu Reichtum gelangen, obgleich sich auch hier die möglichen Gewinne in dem Maß verringern, in dem das Reich kleiner wird; aber dennoch ist die wirkliche Macht wieder in den Händen der alten Oberschicht. Diese gesellschaftliche Tragödie bedeutet für das Reich insgesamt einen schweren Rückschlag; die Mächtigen triumphieren und bekämpfen sich gegenseitig, während das zumeist von seinen »Beschützern« manipulierte Volk nur vereinzelt erfolglos aufbegehrt. Für diese archaische Gesellschaft ist der ökonomische Konflikt mit den fortschrittlichen italienischen Seerepubliken, die sich auf allen städtischen Märkten durchsetzen, vernichtend; neue politische Spannungen und aufbrechende Divergenzen zwischen tradierten kulturellen und religiösen Haltungen verschärfen die Lage.

Byzanz – Knotenpunkt im Mittelmeerhandel

Byzantinische Trümpfe

Wie im ganzen mittelalterlichen Orient haben soziale Rückständigkeit und fehlende wirtschaftliche Ideen der orthodoxen Welt ihre Wurzeln in den außerordentlichen Privilegien, die sie allzu lange genossen hat. Seit dem 7. Jahrhundert zählt der Westen nicht mehr: Für Griechen und Araber ist er nur noch gelegentlicher Lieferant von Rohstoffen und Sklaven und – in geringem Maße – auch Abnehmer von Luxusgütern für kleine weltliche und religiöse Eliten. Die großen Geschäfte werden im Osten gemacht, dessen unverzichtbarer Knotenpunkt das Reich ist. Mit der Herrschaft über die Meerengen gebietet es über alle Land- und Seewege; erstere spielen langfristig sicher die wichtigere Rolle. Tatsächlich ist das Straßennetz auf Konstantinopel ausgerichtet und erweist sich als so stabil, daß es das Reich überdauert. Nach Asien führen zwei Hauptstraßen: die eine entlang der Pontos-Küste nach Trapezunt und Theodosiupolis, bevor sie über die iranische Hochebene Täbris (Tabrezion) und Zentralasien erreicht. Die andere teilt sich hinter Nikaia: einmal in die Route an der Küste entlang über Abydos, Pergamon, Ephesos, Attalia und Tarsos, und in die kürzere Strecke, die über die anatolische Hochebene nach Dorylaion, Ankyra und Sebasteia und dann über Samosata, Melitene, Edessa und Mossul nach Armenien oder Mesopotamien verläuft. Es ist verständlich, daß das Reich ebenso wie das Kalifat dieses Gebiet zu erobern trachtet, denn noch im 10. Jahrhundert spielt sich der Orienthandel im wesentlichen hier ab. Parfum, Gewürze, Seide und Sklaven kommen über Aleppo oder Mossul nach Tarsos und Theodosiupolis und von dort auf die großen Märkte des Reichs, vor allem nach Konstantinopel. Dort gibt es wegen der zahlreichen syrischen Kaufleute seit dem 8. Jahrhundert sogar eine Moschee; das Eparchenbuch berichtet, daß einigen ein

Aufenthaltsrecht auf zehn Jahre eingeräumt wird. Sie importieren Seide aus dem Orient, die einzig und allein die Zunft der Prandiopraten weiterverkaufen darf. Parfüm kommt vorwiegend über Trapezunt nach Konstantinopel. Über die gleichen Handelsstraßen gelangen byzantinische Waren in den Orient: Seidenstoffe, Edelsteine, Email, Glas- und feine Tonwaren. Die Grenzstädte sind weltoffene Warenlager: Masudi berichtet, daß sich griechische, moslemische, armenische und kaukasische Kaufleute auf einem jährlichen Markt in Trapezunt treffen, und Istakhri schreibt, daß alle Brokathändler aus Byzanz durch diese Stadt ziehen müssen. Als die Türken 1049 Theodosiupolis erobern und zerstören, machen sie überaus reiche Beute; aber die Bedeutung dieses Zentrums ist so groß, daß zur Zeit des ersten Kreuzzuges nur wenige Kilometer entfernt in der Neugründung Erzerum wieder reger Handel herrscht. Das Reich kontrolliert aber auch die Straßen auf dem Balkan: zum einen die Route über Sofia, Pirot und Makedonien bis zur Donau, die von Slawen und Griechen wegen ihrer strategischen Bedeutung »Kaiserstraße« genannt wird, zum anderen gibt es die alte Via Egnatia, die über Thessalonike und Ochrid den großen Adriahafen Dyrrhachion erreicht; mit dem Erwachen des Abendlandes landen hier die ersten Venezianer auf der Suche nach Getreide, Öl und gutem Münzgeld. Auch Thessalonike, der Absatzmarkt für Makedonien und den slawischen Teil des Balkan, ist ein wohlgefülltes Warenlager, wie die enorme Beute der moslemischen Piraten im Jahr 904 belegt. Im Gegensatz zur allgemein vorherrschenden Meinung steht der Handel zu Land wohl immer an erster Stelle, auch vor dem 11. Jahrhundert im gesamten Mittelmeerraum. Andernfalls wäre kaum verständlich, weshalb die Handelsbeziehungen des Reichs so wenig durch den Aufschwung der moslemischen Seemacht beeinträchtigt werden: Der byzantinische Handel erlebt im 9. und 10. Jahrhundert, als auf Zypern, Kreta und Sizilien der Islam herrscht, sogar eine regelrechte Blütezeit. Nichtsdestoweniger haben auch die Seewege ihre Bedeutung, so vor allem beim Transport schwerer Güter: Auf dem Seeweg gelangen Holz und Metall aus Byzanz in die moslemische Welt, obwohl der Export dieser strategisch wichtigen Güter zeitweise untersagt wird, so im Jahr 971 durch Johannes Tzimiskes. Die unternehmungslustigen Untertanen des Kaisers im Seehandel kommen bezeichnenderweise aus Gegenden, die allein auf dem Landweg schwer zu erreichen sind – so die Kaufleute aus Monemvasia, deren Schiffe bis Thessalonike vorstoßen, oder die Händler aus Bari und Amalfi, die seit dem 10. Jahrhundert in Syrien und in Anatolien zu finden sind. In dieser Zeit entwickelt sich auch der Osthandel der Venezianer, die allerdings lieber entlang der Küste bis Dyrrhachion fahren, um dann über Land weiterzureisen. Nach 963, als die Inseln und Nordsyrien zurückerobert werden, verstärkt sich der Seehandel; es ist das goldene Zeitalter des byzantinischen Handels, der nun alle großen Routen zu Land und zu Wasser beherrscht. Darüber hinaus ist im 9. Jahrhundert noch eine weitere Handelsstraße nach Norden hinzugekommen. Auf dieser Route gelangen Sklaven, Holz, Bernstein, Honig, Wachs und Getreide über das Mündungsgebiet des Dnjepr, das die Varäger aus Kiew beherrschen, und über bulgarische Kaufleute im Donaudelta nach Konstantinopel. Im Vorort Sankt-

Mammas drängen sich schon russische und bulgarische Händler, während zwei
große Handelszentren am Schwarzen Meer Bedeutung gewinnen: Cherson auf der
Krim und Dorostolon an der Donau.

Geopolitische Gründe reichen zur Erklärung des byzantinischen Glücks im
Handel nicht aus. Ein tief verwurzelter Wirtschaftsliberalismus kommt hinzu, mag
der Terminus auch anachronistisch klingen. Zwischen dem 8. und 9. Jahrhundert
wird das komplizierte, noch aus römischer Zeit stammende Zollsystem dem neuen
Verwaltungssystem angepaßt; jedem Thema ist ein Zollbezirk zugeordnet, innerhalb dessen die Zollbeamten das *kommerkion* erheben, das im allgemeinen nur
zwischen 2% und 4% beträgt – die zehnprozentige Zollsteuer, die den Kaufleuten
von Aleppo in dem Vertrag von 870 abgefordert wird, ist eine Ausnahme, die sich
vor dem Hintergrund des politischen Triumphs erklären läßt. Die Öffnung der
byzantinischen Zollschranken ist auch deshalb beachtlich, weil der Zoll an den
Grenzen dem zwischen den Bezirken entspricht. Das *kommerkion* wird nur einmal
für das gesamte Reichsterritorium erhoben und gestattet nicht nur, Waren ein- und
auszuführen, sondern sie auch auf allen Märkten des Reichs anzubieten. Ein
arabischer Händler, der zwischen Aleppo und Antiocheia sein *kommerkion* entrichtet, erhält seit dem 10. Jahrhundert eine Quittung, die er bei Überprüfungen
vorzeigt. Damit kann er seine Waren feilbieten, wo immer er will, und wie die
griechischen Kaufleute bestimmt er allein den Preis. Eine Ausnahme bildet nur der
Brotpreis – allerdings nur in Einzelfällen, denn wir haben nicht den geringsten
Beweis, daß je eine kaiserliche Preisbindung bestanden hat. Es ist auch irrig, ein
Verkaufsmonopol der Zünfte *(systemata)* anzunehmen, von denen wir nicht einmal
wissen, ob sie außerhalb von Konstantinopel bestanden haben. Das hier falsch
interpretierte Eparchenbuch belegt im Gegenteil, daß jeder, sofern er sich auf den
persönlichen Bedarf beschränkt, außer orientalischer Seide alle Waren unmittelbar
beim Hersteller oder Importeur kaufen kann. Man kann Byzanz sicher nicht
unterstellen, bewußt die ausländische Beteiligung am Markt zu fördern; vielmehr
werden aus Geldnot oder aus politischen Hintergründen manchmal einschrän-
kende Maßnahmen ergriffen. So versucht Leon VI. 893 den gesamten bulgarischen
Handel auf Thessalonike zu konzentrieren und verpachtet die Erträge an die
Kaufleute Kosmas und Staurakios, und kriegerische Auseinandersetzungen mit den
Moslems veranlassen dann 971 Tzimiskes und 1015 erneut Basileios II., den freien
Handel mit der islamischen Welt abzubrechen. Aber bis Ende des 11. Jahrhunderts
beklagen Einheimische wie Ausländer solche Maßnahmen als Mißstände: die von
893 führen zum Krieg mit Bulgarien, und die Verbote von 971 und 1015 werden nie
wirklich befolgt. Im Grunde hat niemals die Absicht bestanden, den Handel des
Reichs vollständig zu überwachen; schon kurz nach 893 gewährt Leon VI. den
Russen volle Handelsfreiheit, während Basileios II. 992 Venedig die ersten Privilegien verleiht.

Die Handelsbilanz des Reichs scheint dennoch – selbst während der Blüte vor
allem des Orienthandels – immer negativ gewesen zu sein; doch der herrschende
Überfluß und die Währungsstabilität ziehen mit Macht Fremde nach Byzanz. Die

Kleiner Sakkos des Metropoliten Photios (Ausschnitt; 14.–15. Jahrhundert, Kreml-Museum, Moskau).

byzantinische Goldmünze, das *nomisma*, im Abendland Besant genannt, erreicht allerdings nie den theoretisch vorgegebenen Goldgehalt von 4,55 Gramm, sondern wiegt 4,37 Gramm zu Beginn des 8. Jahrhunderts und etwa 4,40 Gramm zu Beginn des 11. Jahrhunderts. Ihr hoher Feingoldgehalt – nie unter 87% – nimmt sogar bis zur Herrschaft Basileios' II. wahrscheinlich ständig ab, aber es handelt sich dabei nur um geringe Schwankungen, die durch den staatlich garantierten Festpreis und den im allgemeinen immer gefüllten Staatsschatz kompensiert werden. Das Nomisma ist jedoch keine Handelswährung im eigentlichen Sinn, sondern der Bezugswert innerhalb eines Zweimetallsystems, in dem die Silbermünze, das *miliaresion*, zwar dasselbe Gewicht, aber nur ein Zwölftel des Wertes des Nomisma hat und lediglich proportional zur Umlaufmenge der Nomismata ausgegeben wird. Da die meisten Geschäfte mit Silber beglichen werden, bleibt die Goldmenge, über die das Reich zwischen dem 9. und 11. Jahrhundert verfügt, weitgehend stabil. Um den Umlauf der Silberwährung zu vergrößern, hätte auch die Zahl der Geschäftsabschlüsse vervielfacht werden müssen; eine andere Lösung war unter Nikephoros Phokas die Ausgabe einer leichteren Münze, des *tetarteron*. Der allgemeine Gewichtsverlust der Goldmünzen, der sich von Konstantin Monomachos bis etwa 1070 stetig fortsetzt, ist deshalb nicht – wie allgemein vermutet – das Zeichen für eine Krise der Staatskasse. Vielmehr geht es um die Erhöhung der Geldmenge auf einem expandierenden Markt, ohne daß es zur Abschwächung des Wachstums und

Auf dem Landweg gelangen byzantinische Brokate nach Osten; diese Miniatur einer Handschrift aus dem 10. Jahrhundert zeigt Frauen beim Weben und Sticken (Bibliothèque nationale, Paris).

zu Preissteigerungen kommt, die angesichts der Abwertung in den moslemischen Ländern und sinkender Preise für syrische und ägyptische Waren traditionelle Kunden des Reiches zur Wendung nach Osten hätten veranlassen können. Die ausgedehnten Handelsaktivitäten und die Integration von Byzanz im internationalen Handelssystem finden so ihren Ausdruck vor allem in der Tatsache, daß das Nomisma sozusagen der Dollar der damaligen Zeit bleibt.

Byzanz – Ziel der italienischen Kaufleute

Der Verfall der byzantinischen Zentralgewalt angesichts lokaler Autonomiebestrebungen im 11. Jahrhundert begünstigt das Vordringen der Händler aus den italienischen Städten zu einem Zeitpunkt, als Byzanz – zwischen dem 11. und 12. Jahrhundert – hohe Summen für militärische Unternehmungen aufbringen muß, um dem Vorstoß der Turkvölker (Uzen, Jumanen, Petschenegen) im Norden, der Seldschuken und Turkomanen im Osten und der Lateiner im Westen zu begegnen; dort sind es zunächst Normannen aus dem Königreich Sizilien, dann, mit den Kreuzzügen, das gesamte Abendland.

Dabei ist die Präsenz von Kaufleuten aus Amalfi, Venedig, Pisa und Dalmatien in den Plätzen des Ostens durchaus nichts Ungewöhnliches in den Beziehungen zwischen Byzanz und den Städten an der Adria und dem südtyrrhenischen Meer. Bis Ende des 9. Jahrhunderts gibt es umgekehrt auch byzantinische und orientalische Händler in den italienischen und dalamtinischen Küstenstädten.

Es ist von Bedeutung, daß der venetianische Seehandel im 9. Jahrhundert sich über die Adria hinaus entwickelt: So wie die Überführung der Reliquien des hl. Markus von Alexandria auf die Rialto-Insel darauf hindeutet, daß Venedig schon um 827 Seehandel mit Ägypten betreibt, so stehen auch hinter der Reise von Mitgliedern der Dogenfamilie der Particiaci nach Konstantinopel, um Ehrentitel zu empfangen, eindeutig handelspolitische und maritime Interessen, deren Rahmen der Doge Giustiniano Particiaco schon 829 in seinem Testament niedergelegt hat. Er erwähnt darin auch *laboratorii solidi*, Gelder, die in der Rechtsform der »commenda« im Seehandel investiert worden sind. Aber auch die zypriotische Kapelle, die im Jahr 805 nach Venedig verschifft wird – und heute in Feltre bei dem Heiligtum für die Heiligen Vittorio und Corona steht –, der kostbare Reliquienschrein, der nach dem Testament des Patriarchen Fortunato von Grado 824 in Konstantinopel für zehn Goldpfund gekauft wurde, die Beteiligung der Flotte Venedigs an der Seite von Byzanz gegen die Sarazenen auf Sizilien 827: alle diese Einzelbeispiele sind Anzeichen für eine Situation, die analog zur Lage des 10. Jahrhunderts ist. Venedig verfügt über ein Netz von Handelsrouten, wenn auch nur mit leichten Schiffen, das bis nach Alexandreia und Konstantinopel reicht. Dies steht in engem Zusammenhang mit der byzanzfreundlichen Politik des Dogen und dem militärischen Eingreifen Venedigs zugunsten von Byzanz in Dalmatien und auf Sizilien. Das Wesen der Handelsbeziehungen zwischen Venedig und Byzanz –

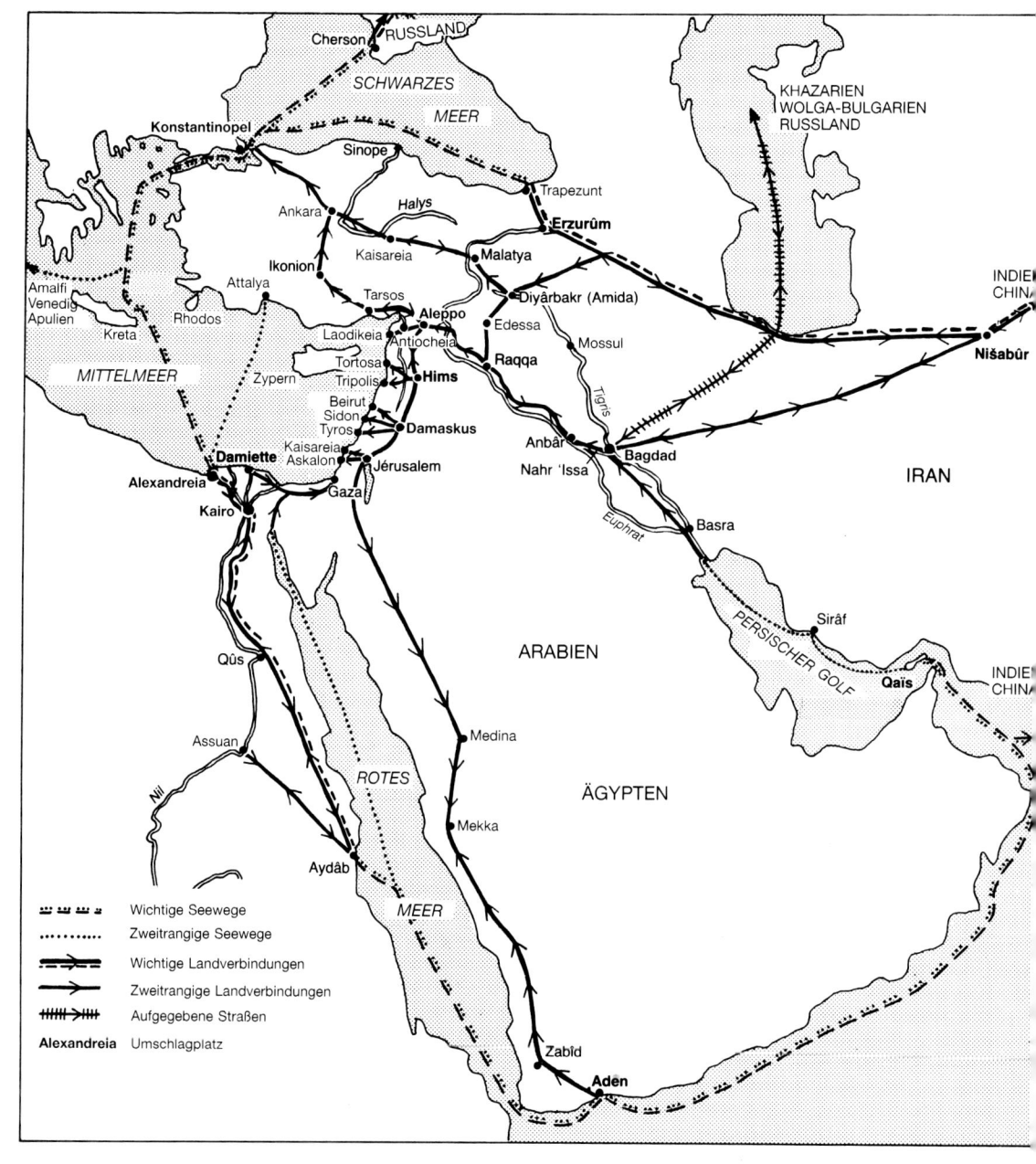

Handelsstraßen zum Mittelmeer Mitte des 11. Jahrhunderts.

Das eng an die Steilhänge geschmiegte Amalfi blickt auf den Golf von Salerno. Unter byzantinischer Herrschaft ist der Hafen seit dem 6. Jahrhundert der wichtigste Umschlagplatz zwischen Süditalien und dem byzantinischen Reich. Die 839 ausgerufene freie Republik Amalfi kann ihre Unabhängigkeit gegen Byzanz und gegen die Moslems verteidigen. Noch vor Venedig nimmt der Handel mit dem Orient im 10. Jahrhundert einen erstaunlichen Aufschwung. Seeleute der Republik entwickeln den magnetischen Kompaß, und die »Tabula amalphitana« enthalten das erste niedergeschriebene Seehandelsrecht.

Handelsverflechtungen und Eingreifen der venezianischen Flotte zugunsten des Reichs – ist im Chrysobull des Jahres 992 festgelegt. Als Belohnung für die Hilfe bei einem Kriegszug nach »Langobardia«, d. h. nach Süditalien, räumt Basileios II. Vendig ein Steuerprivileg ein: Anstelle der festgelegten 30 solidi zahlen venezianische Schiffe an der Zollstelle von Abydos nur 2 bei der Ein- und 15 bei der Ausreise, insgesamt also 17. Darüber hinaus werden sie der unmittelbaren Kontrolle des Logotheten des Dromos unterstellt, dem sie fortan den bei der Ausreise fälligen Steueranteil entrichten; mit der erneuten Gewährung dieses früheren politischen Privilegs wird die Steuer- und Zollverwaltung ausgeschaltet, die Schiffstonnage, Ladung und Steuerforderungen festsetzt. Allerdings sind die venezianischen Kaufleute gehalten, ihre Privilegien nicht übermäßig zu gebrauchen, etwa indem sie Waren transportieren, die Händlern aus Amalfi oder »Langobardien« gehören. In solchen Fällen kann die ganze Ladung konfisziert werden.

Daß die Venezianer dem Logotheten und nicht der Steuerbehörde unterstehen, wie die übrigen ausländischen Händler, läßt sich durch ihre diplomatische Vermittlerfunktion erklären: Vor 960 bringen sie als offizielle Kuriere an den Kaiser gerichtete Botschaften aus Süditalien, Bayern und Sachsen nach Konstantinopel. Im Juni des Jahres 960 wird ihnen diese Mission – mit Prestige ebenso verbunden wie mit Vertrauen – entzogen. Dennoch sendet Venedig 1004 zur Verteidigung seiner Seewege im südlichen Adriatischen Meer eine Flotte nach Bari, um den von Sarazenen eingeschlossenen Katepan Italiens, den Protospatharios Gregorios Tarchaneiotes, zu befreien.

Die Präsenz amalfitanischer Handelsleute im Reich und in Ägypten ist kaum geringer. Amalfi läßt im 10. Jahrhundert sogar ein Kloster auf dem Berg Athos errichten. Die größte Ausdehnung erreicht sein Seehandelsnetz mit den Aktivitäten des Kaufmanns Pantaleone, der zwischen 1060 und 1070 in Jerusalem ein Hospiz bauen läßt und Verbindungen zwischen Amalfi, dem ägäischen Raum und Ägypten unterhält. Doch die Eroberung durch die Normannen setzt der vielversprechenden Entwicklung der Stadt ein plötzliches Ende.

Die Verknüpfung von kommerziellen und politisch-militärischen Interessen, die die Beziehungen zwischen den Kaufleuten aus Venedig und dem byzantinischen Reich bestimmen, vertieft sich noch im 11. Jahrhundert. So bittet Alexios I. Komnenos die venezianische Flotte um Hilfe gegen den Expansionsdrang der Normannen, die von Unteritalien und Sizilien aus Dalmatien und Epeiros bedrohen. Zum Ausgleich für die militärische Unterstützung durch Venedig räumt der *basileus* dem Dogen Privilegien ein, proportional zu den geleisteten militärischen Aufwendungen, welche die kaiserliche Schatzkammer nicht mehr finanzieren kann: In einer Reihe von Städten genießen die venezianischen Kaufleute für ihren Handel völlige Steuerfreiheit, und Alexios Komnenos ist 1081 gezwungen, ihnen für ihre Unterstützung zur See Zollfreiheit in den wichtigsten Häfen von Syrien, Kleinasien und den griechischen Inseln, von Griechenland, Epeiros, Makedonien, Thrakien und sogar in Konstantinopel selbst einzuräumen. Die Sonderstellung der Venezianer wird noch unterstrichen durch die Verleihung von Hoftiteln, mit denen eine *rhoga*, ein jährliches Gehalt für den Dogen und den Patriarchen – genauer den Erzbischof – von Grado verbunden ist. Neben weiteren Jahrgeldern zugunsten der Kirchen von Venedig belegt der Kaiser alle Amalfitaner, die in Konstantinopel oder anderswo im Reich eine Handelsniederlassung unterhalten, mit einer Kopfsteuer von 3 solidi zugunsten der Markuskirche von Venedig. Zudem gewährt er den venezianischen Kaufleuten am Golden Horn, im sogenannten Embolon, d. h. im Gebiet zwischen der Porta Hebraica und der Porta Vigla, ein Quartier in Konstantinopel mit drei Schiffsanlegestellen und einer Bäckerei bei der Akyndinos-Kirche, die 20 Solidi abwirft, und nicht zuletzt die Andreas-Kirche in Dyrrhachion mit allen dazugehörigen Häusern und dem entsprechenden Pachtertrag.

Die Wirtschaftskrise im 11. Jahrhundert

Unsichere Handelswege und finanzielle Krise

Seit der zweiten Hälfte des 10. Jahrhunderts ist die Einbindung der byzantinischen Wirtschaft in den Mittelmeerhandel eher eine Gefahr als ein Vorteil. Im Orient kommt es zu großen Veränderungen: Der Irak, der bisher die indischen und chinesischen Waren, die von Siraf und Basra am persischen Golf importiert werden, nach Armenien und Syrien weitergeleitet hat, wird von politischen Wirren und Invasionen erschüttert, die für das Abbasidenkalifat das Ende bedeuten. Die Karawanen kehren immer häufiger um, im persischen Golf treiben Piraten verstärkt ihr Unwesen und die traditionellen Handelswege an Euphrat und Tigris sind infolge der Kriege unterbrochen. Nun werden die Häfen am Roten Meer und der Weg nilabwärts bis Alexandreia vorgezogen, und die ägyptische Achse gewinnt nach 969 noch mehr an Bedeutung, als die Fatimiden nach Festigung ihrer Macht die Händler zur Benutzung dieser Route ermutigen, womit sie gleichzeitig dem Rivalen in Bagdad das Wasser abgraben. Obwohl die vertrauten alten Handelswege nur ganz allmählich aufgegeben werden, spürt Byzanz, dessen Versorgungswege vor allem über Land führen, schon bald die Folgen dieser Entwicklung. Mitte des 10. Jahrhunderts wird die Samaniden-Dynastie, Vorposten und Sicherheitsgarant des Kalifats im Iran, von den vordringenden türkischen Karakanen und Seldschuken aufgerieben; die Karawanen umgehen Armenien, um den endlosen Kriegen auszuweichen, so daß immer weniger Waren aus dem Orient nach Trapezunt gelangen. Darüber hinaus zeigt das Reich, seit es in Nordsyrien wieder Fuß gefaßt hat, geringeres Interesse an diesem unsicheren Verkehrsweg. Der Vertrag von 970 mit dem Emirat von Aleppo zeigt, daß diese Stadt das Zentrum des Handels mit der islamischen Welt geworden ist. Zwischen Aleppo und Antiocheia können die griechischen Karawanen fortan frei verkehren, und der an der Grenze erhobene Zehnt belegt die Einfuhr von Rohseide, Edelsteinen, Perlen, Brokaten und Vieh nach Byzanz, das seinerseits vor allem Juwelierarbeiten und kunstvolle Seidenstoffe

exportiert. Diese Route ist auch eine Gewürzstraße: Die Kreuzfahrer finden nach
der Eroberung von Antiocheia im Jahr 1098 dort noch bedeutende Mengen Pfeffer;
zur gleichen Zeit schreibt Al-Idrisi, Aleppo sei der Knotenpunkt der Straßen aus
dem Irak, aus Persien und Khorasan. Dennoch beginnt sich schon Ende des
Jahrhunderts die Umleitung des Handelsverkehrs über Ägypten auszuwirken.
Alexandreia wird für lange Zeit der wichtigste Umschlagplatz für die Waren aus
dem Orient, die dadurch immer häufiger auf dem Seeweg transportiert werden. Die
seit dem 12. Jahrhundert bestehende italienische Vorherrschaft im byzantinischen
Handel setzt vor allem diese neue Überlegenheit der Seewege über die Landverbindungen fest, die durch die Invasionen der Türken, Petschenegen und Abendländer,
die Aufstände in Bulgarien und Makedonien zunehmend unbrauchbar geworden
sind. Die Via Egnatia, noch vor der Jahrhundertmitte bedeutungslos geworden,
illustriert diese Entwicklung.

Der neue Verlauf der Handelswege hat für Byzanz indes nicht nur negative
Folgen: Die Wirren im Kalifat machen auch die moslemische Route nach Norden,
die über Khazarien und das Bulgarenreich an der Wolga den Nahen Osten mit dem
Baltikum verbindet, unbrauchbar. An ihre Stelle tritt Mitte des 10. Jahrhunderts die
Straße entlang des Dnjepr, was sich für Byzanz günstig auswirkt. Das russische
Fürstentum Kiev beherrscht nun den Handel im Norden, und selbst nach seiner
Niederlage kann Fürst Svjatoslav 971 eine Erneuerung der Handelsverträge mit

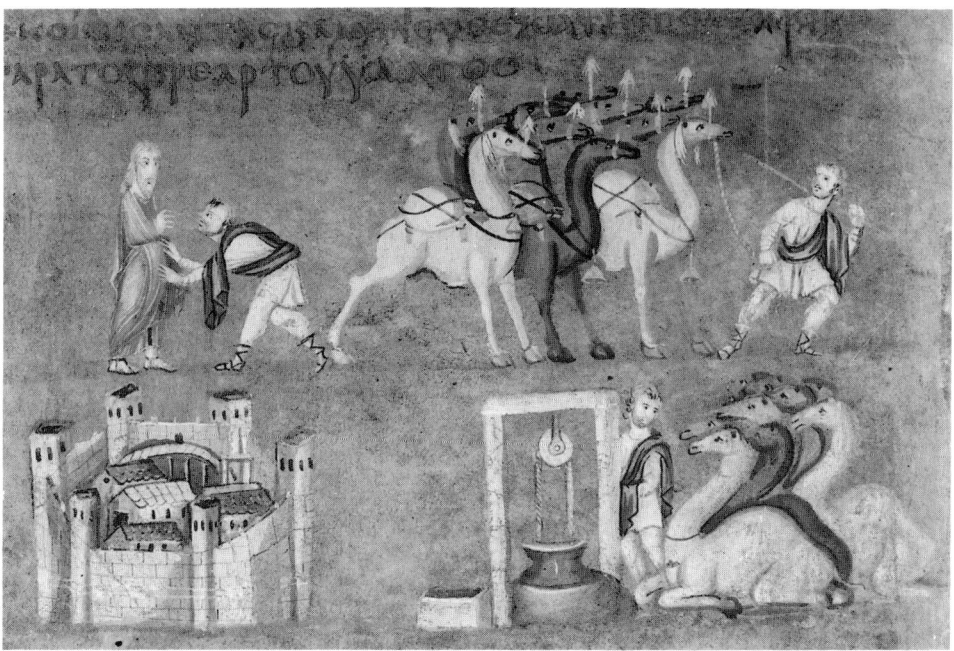

Angesichts des Aufschwunges des Seehandels verlieren die griechischen Karawanen und die Landwege
zeitweilig an Bedeutung (Codex Theol. Graec. 31, Nationalbibliothek Wien).

Byzanz erreichen. Tatsächlich ist Konstantinopel noch Ende des 12. Jahrhunderts der größte Umschlagplatz im Mittelmeerhandel, doch der Schein trügt: Die Italiener bringen die Waren aus dem Orient nach Konstantinopel und kaufen hier lokale Produkte zu günstigsten Preisen. Dadurch verkümmert eine Stütze der byzantinischen Gesellschaft: Nach seiner politischen Niederlage hat das Bürgertum nun auch den Zugang zum Handel verloren.

Erst im 12. Jahrhundert wirkt sich die Passivität des byzantinischen Handels in einem Reich richtig aus, das Handel nur als Mittel betrachtet, die ohnehin mageren Zollkassen zu füllen; zwischen 1050 und 1150 wird Byzanz zu einem reinen Zwischenlager und hat somit immer weniger Anteil an den Gewinnen eines wachsenden Handelsaufkommens. Dieser Verlust wiegt für die griechischen Kaufleute ebenso wie für das Reich sehr schwer. Neben der Verschwendungssucht des Hofes, den schwindenden Steuereinnahmen und der durch Niederlagen und zunehmendes Söldnertum aufgeblähten Militärausgaben ist diese Einbuße eine der Ursachen für die schwere Finanzkrise, die zwischen 1068 und 1080 im Reich herrscht. Es ist bekannt, wie ein Jahrhundert zuvor der traditionelle Goldmangel in einer blühenden Wirtschaft überwunden werden konnte, doch nun fehlen beide Edelmetalle. In den Jahren zwischen 1068 und 1071 wird unter Romanos Diogenes der Feingehalt verschlechtert und es kommt zur tatsächlichen Abwertung. Schon unter Konstantin Monomachos wurde dem *nomisma* 1,29% Kupfer beigemischt, nach 1078, zur Zeit des Botaneiates, sind es 9%. 1068 beträgt der Silbergehalt des *miliaresion* noch 90%, unter Botaneiates fällt er auf 50%. Da Geldmangel für Byzanz etwas Neues ist und das Silber weniger fehlt als das Gold, ist es vorstellbar, daß die Auswirkungen dieser beiden unkoordinierten Abwertungen Byzanz zwingen, das alte Verhältnis der beiden Edelmetalle zueinander zu ändern – obgleich es nicht bewiesen werden kann. Zumindest wird der Staatsschatz kleiner. In den Jahren 1057 bis 1067 kann ihn Konstantin X. zwar wieder zur Hälfte auffüllen, doch um 1078 ist die Staatskasse so gut wie leer. Zum ersten Mal schreibt ein Historiker, Nikephoros Bryennios, daß die Krise der Staatskasse die Ursache der Abwertung sei. Nach einigen Jahren der Verwirrung zieht Alexios Komnenos die Lehren daraus und ordnet an, daß die Goldmünze nunmehr vier *miliaresia* entspricht, was einer Abwertung um ein Drittel entspricht. Doch die Ruhe währt nicht lange. Die Verpachtung des Steuerwesens und die dadurch notwendigen Notbehelfe verdeutlichen die chronischen Probleme der Staatsfinanzen, die vor 1204, zur Zeit der Angeloi, vollends zerrüttet sind.

Die Entwicklung der italienischen Kolonien

Wie sehr sich die Rolle der ausländischen Kaufleute in Konstantinopel gewandelt hat, wird deutlich in der Erniedrigung der Amalfitaner und der Anerkennung der besonderen Beziehung zwischen Byzanz und den venezianischen Kaufleuten, die das Reich zur See verteidigen. Die Pisaner, die den ersten Kreuzzug zur See unterstützt haben, können in der Folge ihr Gewicht in der Levante beträchtlich ausbauen. Alexios I. Komnenos möchte Absprachen zwischen den Herren aus dem Abendland – denen er gegen Byzanz gerichtete Expansionsbestrebungen unterstellt – und den Flotten der Seerepubliken vorbeugen; deshalb räumt er den Pisanern im Jahr 1112 erhebliche finanzielle Erleichterungen ein gegen die Versicherung, daß die Stadt mit ihrer Flotte niemals einen Feind des byzantinischen Reichs unterstützen wird. Um die Pisaner an sich zu binden und sie zur Unterordnung unter Byzanz zu bringen, überläßt Alexios ihnen Plätze im Hippodrom, damit sie den Rennen beiwohnen können, und Raum in der Hagia Sophia zur Teilnahme an den religiösen Feierlichkeiten. Diese Konzessionen werden ergänzt durch ein wesentliches Privileg – eine vierprozentige Steuerermäßigung auf pisanische Importe –, durch die Überlassung eines Quartiers in Konstantinopel und die gewohnten Würden in Gestalt von jährlichen Bezügen für den Erzbischof und die Honoratioren von Pisa. Alexios verbietet auch die Plünderung verunglückter pisanischer Schiffe, garantiert bei Streitfällen zwischen Pisa und Venedig die Intervention der kaiserlichen Ge-

Die Anfang des 12. Jahrhunderts einsetzende Herrschaft der Italiener über den byzantinischen Markt erhöht die Bedeutung der Seewege: hier ein nach Indien aufbrechendes Schiff (Makamen des al Hariri, 13. Jahrhundert; Par. Ar. 5847, Bibliothèque nationale, Paris).

Byzanz als Treffpunkt der Händler aus Venedig (Miniatur aus dem Buch des Marco Polo über die Weltwunder, 15. Jahrhundert; Bibliothèque nationale, Paris).

richtsbarkeit und gewährt den Pisanern überall im Reich die gleichen Absatzbedingungen wie den oströmischen Händlern.

Die außergewöhnlichen Privilegien, die Alexios I. den Venezianern zugestanden hat, werden mehrfach erneuert: 1084 und 1109, 1126 unter Johannes Komnenos, 1148 und wahrscheinlich 1175 unter Manuel Komnenos, zwischen 1182 und 1185 unter Andronikos Komnenos und unter Isaak Angelos zwischen 1187 und 1189. Das schwächt natürlich die Konkurrenz und vor allem das kaufmännische Bürgertum von Byzanz, dessen wirtschaftliche Erniedrigung der traditionell dirigistischen byzantinischen Regierungsmentalität und den Interessen der kaiserlichen Zentralregierung entspricht, die in der zweiten Hälfte des 11. Jahrhunderts mit dem ernsten Problem der Volksaufstände in Antiocheia und Amaseia konfrontiert wird. Zudem sind aristokratische Herrscher wie Alexios und seine Nachfolger auch nicht gerade traurig darüber, daß sie der stolzen und aufsässigen Bürgerschaft auf diese Weise einen beachtlichen Teil der Militärausgaben aufbürden können. Die Auflagen belasten insbesondere die Grundpacht und treffen damit vor allem die Klasse der Archonten, ob es nun um die Einberufung von Männern geht oder um die finanziellen Mittel, die die Politik im Kriegsfall erfordert. Diese finanziellen Mittel stammen nur zum Teil aus dem Ertrag der kaiserlichen Steuern, den größten Teil bestreiten jedoch die Landadligen. Demgegenüber scheint Venedig durch seine Steuerprivilegien auch weiterhin dazu verurteilt zu sein, die kaiserliche Politik mit seiner Flotte zu unterstützen.

Die latinophile Politik der Komnenen, die den Einfluß von Byzanz in der christlichen Levante fördert, wird von den konservativen sozialen Schichten nicht mitgetragen, die sich durch das lateinische Übergewicht gerade in der Hauptstadt in ihrem nationalen Empfinden gekränkt fühlen. Doch schon bald bringt die expansive Handelspolitik Venedigs im byzantinischen Osten diese Politik zum Erliegen. Der Schlag, den Venedig dem Handel des Reichs versetzt, schürt den Unwillen gegen die Lateiner, vor allem aber gegen die Venezianer, der sich bald in der Hauptstadt entlädt.

In der zweiten Hälfte des 12. Jahrhunderts werden die Kaiser von Byzanz in ihrer Politik in Italien und auf dem Balkan durch die Venezianer empfindlich gestört, so daß sie die Kaufleute aus Pisa, Genua und Ancona mit Handelserleichterungen überhäufen, um das venezianische Monopol zu brechen. Als es um die Erneuerung der Privilegien von 1082 geht, beugt sich Johannes II. Komnenos erst, nachdem die Venezianer Kephallenia überfallen haben (1124–1126). Und als dann die sizilischen Normannen 1147 die Insel Korfu besetzen, ruft Manuel Komnenos erneut die venezianische Flotte zu Hilfe, deren Intervention auch 1185 notwendig scheint, als die Normannen einen weiteren Angriff durchführen. Der normannische Expansionsdrang begünstigt letztendlich die Ambitionen Venedigs, das die Eroberung von Niederlassungen anstrebt, die sicherer und für den Levantehandel günstiger sind.

Der Zusammenbruch des byzantinischen Marktes

Dank der Steuerfreiheit, die Alexios I. und Johannes II. den Venezianern gewähren, können diese ihr Kapital auf byzantinischem Territorium konzentrieren, wo sie einen wahren Handelskrieg gegen die Konkurrenten aus den anderen Seefahrerstädten entfesseln; das ist nicht nur eine Verhöhnung der kaiserlichen Souveränität, sondern stellt Byzanz bei der Aufrechterhaltung der öffentlichen Ordnung vor spezielle Probleme und schmälert das Ansehen der Monarchie der Komnenen. Am 12. Mai 1171 versucht Manuel, das Steuer herumzureißen, indem er alle venezianischen Kaufleute verhaften läßt, die ja keine Beiträge zum Militärhaushalt leisten und damit nicht in die byzantinische Gesellschaft integriert sind. Ihr Kapital beträgt zu diesem Zeitpunkt 400 000 Hyperpera (Nomismata) – so steht es jedenfalls in den diplomatischen Unterlagen über die Entschädigungszahlungen, die die Kaiser der Angelos-Dynastie später leisten müssen. Nach venezianischen Quellen wurde diese Maßnahme durch eine betrügerische Einladung an die venezianischen Kaufleute im Jahr 1170 vorbereitet, Kapital nach Ostrom zu bringen. Dieser Maßnahme gingen ein Vertrag im Jahr 1169 und ein Abkommen vom Juni/Juli 1170 mit den Genuesen voraus, denen Koparion, ihr Viertel in der Hauptstadt, zurückgegeben wurde. Das zeitliche Zusammentreffen der Abschlüsse mit den rivalisierenden Venezianern und Genuesen hat selbst bei modernen Historikern den Gedanken aufkommen lassen, mit dieser Gaunerei habe der *basileus* alle lateinischen Handelsleute gleichermaßen prellen wollen. Tatsächlich reagieren die Venezianer in Konstantinopel sofort, nehmen das genuesische Koparion im Sturm und plündern es. Damit hat der *basileus* nun einen Vorwand einzugreifen: Er tut dies 1171 mit einer konzertierten Aktion der Sicherheitskräfte. Den Anstoß zu dieser Aktion könnte – wie das Historiker seither immer wieder angenommen haben – die Absicht Manuels gegeben haben, sich auf Kosten der venezianischen, indirekt aber auch der genuesischen Kaufleute, deren Kapital die Venezianer erbeutet hatten, größtmögliche finanzielle Vorteile zu verschaffen. Sicher ist jedoch nur, daß der *basileus* zunächst die möglichen politischen Konsequenzen seines Handelns im Kopf hatte: Eine militärisch starke Regierung – und das ist Byzanz seit dem erfolgreichen Abschluß seiner Feldzüge auf dem Balkan im Jahr 1171 – könnte auf lange Sicht den venezianischen Kolonialismus auf die nicht byzantinischen Länder des Orients wie Syrien und Ägypten lenken, was auch bald eintrifft. Darüber hinaus hat Manuel zwischen venezianischen Einwohnern, die durch Abgaben vor allem auch militärischer Art als sozial integriert gelten, und nur vorübergehend anwesenden Händlern unterschieden, die unter dem Schutz ihrer Privilegien die auf Reichsboden erwirtschafteten Gewinne wieder exportieren. Mit ersteren kommt der Kaiser schon vor 1175, als sich Venezianer und Normannen einander annähern, zu einer Art Übereinkunft. Die Reihe der in den Jahren 1171 bis 1174 von Venedig nach Konstantinopel reisenden Gesandten und die aussichtslosen militärischen Repressalien des Dogen Vitalis Michael, die in Venedig eine tiefgreifende Verfassungskrise auslösen,

Die Mittelmeergaleere ist das schnellste Schiff der byzantinischen Flotte, bevor die Italiener sie im Handelsverkehr einsetzen. Sie hat nur eine Brücke und nutzt mehr die Kraft der Ruderer als die Segel (Miniatur des Pietro de Eboli, Liber ad honorem Augusti, 13. Jahrhundert; Bürgerbibliothek Bern).

beweisen, daß Manuel einen günstigen Augenblick gewählt hat, um das Joch des venezianischen Kolonialismus abzuschütteln.

Doch der Erfolg hat höchstens im Bereich der inneren Ordnung Auswirkungen. Andronikos Komnenos gelingt der Einzug in Konstantinopel, weil er den günstigen Augenblick zum Handeln abwartet, indem er die kaiserliche Familie gegeneinander ausspielt – Höhepunkt dieser Intrige ist der »heilige Krieg« von Februar bis Mai 1181 – und indem er den Haß der byzantinischen Händler als Hebel gegen die lateinischen Kaufleute benutzt – die Venezianer sind noch nicht wieder nach Konstantinopel zurückgekehrt –, der sich im Blutbad im April 1182 in der lateinischen Kolonie der Hauptstadt entlädt. Doch nur wenig später, in den Jahren 1183/1184, zwingt ihn die Normannengefahr zu einer Neuauflage des Bündnisses mit den Venezianern. Als die Normannen 1185 zum Angriff übergehen, zahlt er den ersten Teil der Entschädigungen für die Verluste von 1171. In einer ähnlichen Zwangslage befindet sich Isaak II. Angelos; in einem Vertrag von 1187 sichert Venedig dem Reich die Unterstützung durch seine Flotte zu und erhält im Gegenzug die Wiederherstellung der nun schon ein Jahrhundert alten Privilegien, während die Frage weiterer Entschädigungszahlungen für die Verluste aus dem Jahr 1171 ungelöst bleibt.

Isaak Angelos erneuert 1188 dann die Privilegien für die Genuesen und bestätigt 1192 das Bündnis des Reichs mit Pisa, das Alexios I. und Johannes im Jahr 1111 geschlossen hatten. Allgemeines Ziel des Vertrags, den Manuel schon einmal verlängert hat, ist der Schutz Ostroms gegen seine Feinde, wobei rechtlich genau festgelegt ist, wann die Pisaner einzugreifen haben. Dafür verlängert der Kaiser die von Alexios gewährten Privilegien und sichert auch einigen Kirchen und Persönlichkeiten der Stadt Schenkungen zu; er senkt das *kommerkion* für pisanische Güter auf 4%, ein Privileg, das Alexios auf die Importe beschränkt hatte, während es unter Manuel auch auf Waren ausgedehnt worden war, die Pisaner auf rhomäischem Gebiet erwarben. Pisa erhält in der Hauptstadt erneut ein Quartier mit eigenem Landeplatz sowie Plätze in der Hauptstadt in der Hagia Sophia und im Hippodrom. Das Besitzrecht der Pisaner an ihren gestrandeten Gütern wird ebenso bekräftigt wie das auf Waren, die ihnen innerhalb der Reichsgrenzen durch Piraterie verloren gehen. 1192 und 1193 gewährt der Kaiser den Genuesen ähnliche Vorrechte und erneuert die von Manuel Komnenos erteilten Konzessionen.

Die Palastrevolution von 1195 schadet den Venezianern erheblich; Alexios III. unterbricht nicht nur die Zahlung der Entschädigungen für die Schäden von 1171, er durchkreuzt auch ihre Monopolstellung, indem er Venedig in Konkurrenz zu Genua, Pisa und Ragusa setzt. Die gespannten Beziehungen zwischen den verschiedenen lateinischen Kolonien Konstantinopels entladen sich in einem Waffengang gegen die Pisaner: Die in Abydos stationierte venezianische Flotte greift die Pisaner im März 1196 auf byzantinischem Territorium an. Alexios III. Angelos, der sicherlich auf den Einfluß Heinrichs VI. zählt, um einen gegen Byzanz gerichteten venezianischen Angriff zu verhindern, muß 1198 schließlich ein neues Abkommen mit Venedig schließen. Als Gegenleistung für die Hilfe zur See im Konfliktfall erneuert er zwei Konzessionen seiner Vorgänger: Er entschädigt für die Verluste von 1171 und erstellt eine Liste von Handelsplätzen, wo Venedig Handelsfreiheit und damit Steuerbefreiung genießt. Das Reich übernimmt zwar auch gewisse rechtliche Garantien, doch Alexios III. Angelos räumt Venedig weder die völlige Handelsfreiheit noch all die Privilegien ein, auf die es Anspruch zu haben glaubt. Zudem wird die Konkurrenz von Pisa und Genua in Konstantinopel und in der byzantinischen Levante immer bedrohlicher. Das Ziel, die Zölle unter 4% zu drücken, erreicht jedoch keine der beiden Städte, während Venedig volle Zollfreiheit genießt. Die Bedrohung durch Pisa und Genua äußert sich auch in Piraterie: Für Venedig stellt sich nun die Frage nach der Sicherheit seiner Handelswege im Orient ebenso wie die nach der Dauerhaftigkeit seiner rhomäischen Handelsprivilegien.

Es stehen im 13. Jahrhundert beträchtliche Handelsinteressen auf dem Spiel, auch wenn sie nicht wie ein Jahrhundert später in der *Pratica della mercatura* eines Pegolotti dokumentiert sind. Jedes Jahr stellen zwei Flotten Handelsgaleeren (Karawane, *muda*) die Verbindung zwischen Venedig und Konstantinopel her. Die erste bricht im Frühjahr um Ostern herum auf und kehrt im September zurück, die zweite lichtet im Juni um Johannis die Anker und kehrt zum Herbstende zurück. Bis zum Jahr 1278 bricht manchmal sogar noch ein dritter Konvoi im August auf, überwintert in Byzanz und kehrt gegen Ostern des darauffolgenden Jahres zurück. Venezianische Schiffe verkehren auch zwischen Konstantinopel und Alexandreia, Syrien und Kleinarmenien. Das Warenangebot ist vielfältig: In Korinth lädt man Öl und Seide, in Sparta und Modon (Methone) Öl, Seide in Theben und Sparta, thessalisches Getreide in Halmyros, Wein auf der Peloponnes, Seidenstoffe und Luxusartikel, Goldschmiedearbeiten und Kunstwerke in Konstantinopel, das nach wie vor der größte Handelsplatz des Ostens für den Einkauf von Gewürzen und fernöstlichen Gütern ist. Die Venzianer bringen im Gegenzug Waffen und Sklaven (ungeachtet der päpstlichen Verbote), Eisen und Holz. Doch das byzantinische Reich bietet dem Handel ein weit größeres Betätigungsfeld: das Schwarze Meer mit seinem weiten Hinterland. Dieses fast unangetastete Monopolgebiet byzantinischer Kaufleute eröffnet jenseits des Bosporus bequeme Wege zu den Endpunkten des fernöstlichen Handels, nach Basra und Trapezunt an der anatolischen Küste sowie nach Tana am Asowschen Meer. Das Schwarze Meer bedeutet auch Zugang zu russischem und walachischem Getreide, zu Sklavenmärkten und ganz allgemein Zugang zu den Handelsstraßen des mittleren und des fernen Ostens, die die beutegierigen türkischen Sultanate des Nahen Ostens umgehen und die Kosten der Vermittlung durch byzantinische Kaufleute einsparen.

KAPITEL 5
IDEOLOGISCHE ERNEUERUNG

Der Bilderstreit bietet dem Kaiser eine weitere entscheidende Gelegenheit, die eigene Herrschaft zu festigen. Das Aufkommen der Häresie wie auch ihre Verurteilung tragen ebenfalls dazu bei. In den Jahren 726–730 zwingt Leon der Isaurier, gestützt auf die Haltung einiger kleinasiatischer Metropoliten, die ängstlich zögernde Hierarchie zur Übernahme des Ikonoklasmus. Selbst der Widerstand des später von den Bilderverehrern hochgeachteten Patriarchen Germanos bleibt ohne Wirkung; Leon III. gewinnt problemlos die Oberhand über die gesamte Hierarchie. 754 hält sein Sohn Konstantin Kopronymos den Zeitpunkt für gekommen, die ikonoklastische Lehre durch die Einberufung des Konzils von Hiereia zu sanktionieren; die Versammlung zählt 338 Bischöfe. Ein Vergleich mit den vorangegangenen Konzilien zeigt folgendes: 451 hatte Markian ein Konzil nach Chalkedon einberufen, um die Mißgriffe der »Räubersynode« von Ephesos im Jahr 449 rückgängig zu machen; er wollte nicht seine eigene religiöse Überzeugung aufzwingen, sondern die Rolle des Schiedsrichters spielen. Die Kirche hingegen erzwingt auf den Konzilien von Konstantinopel in den Jahren 553 und 680/681 die Wiederherstellung der Orthodoxie von Chalkedon, die sich durch die *Drei Kapitel* des Justinian ebenso gefährdet sieht wie durch den Monoenergetismus und den Monotheletismus unter Herakleios. 754 aber ist es der Kaiser, der seine Lehrmeinung durchsetzt.

Die kaiserliche Autorität

Bilderstreit und kaiserliche Macht

Die Isaurier haben der kirchlichen Hierarchie also ihren Willen aufgezwungen und ihren beherrschenden Einfluß auf sie untermauert. Sie setzen damit grundlegende persönliche Überzeugungen durch, folgen aber gleichzeitig ihrer Auffassung des Staatsinteresses: Mit der Befriedigung der bilderfeindlichen Einstellung eines Teils der Bevölkerung schaffen sie den nötigen Zusammenhalt mit dem Kaiserthron im Kampf gegen den Feind von außen, der 717, zum Zeitpunkt der Thronbesteigung Leons III., Konstantinopel belagert. Die Rechnung der Isaurier geht zweifellos auf; abgesehen von einer Minderheit ikonoduler Mönche, die zudem während der Regierung dieses Kaiser sehr zurückhaltend bleiben, können die Isaurier die Kräfte der Bevölkerung an sich binden. Dagegen schlagen Versuche zur Destabilisierung des Systems wie der des Stephanos Neos kläglich fehl. Die Wiederbelebung der ikonoklastischen Bewegung durch Leon den Armenier im Jahr 813 entspringt den gleichen Zwängen und folgt dem gleichen Schema: Der Kaiser zwingt der Kirche die Rückkehr zum Ikonoklasmus auf, ohne auf nennenswerten Widerstand zu stoßen, da nach Nikephoros' Niederlage und Tod in einer Schlacht gegen die Bulgaren und angesichts der Belagerung Konstantinopels durch Krum der Zusammenhalt gegen den mächtigen Feind Vorrang vor möglichen religiösen Konflikten hat.

    Die verschiedenen Phasen der Wiedereinführung der Bilder führen politisch zum gleichen Ergebnis. Gegenüber einer Kirchenhierarchie, die sich auf dem Konzil von 754 ebenso tief von der Häresie durchdrungen wie der kaiserlichen Autorität ergeben erweist, kann Irene ohne schwerwiegende Probleme die Rückkehr zur Orthodoxie durchsetzen. 784 ernennt sie den Bilderverehrer Tarasios zum Patriarchen. 786/787 muß Irene ihr Konzil nur deshalb von Konstantinopel nach Nikaia verlegen, um einem Aufstand in der Hauptstadt vorzubeugen, nicht etwa um den Widerstand in der kirchlichen Hierarchie zu brechen. Auf die gleiche Weise ordnet Kaiserin Theodora 843 die nunmehr endgültige Rückkehr zur Orthodoxie an. Die kirchliche Hierarchie, die sich zweimal ohne Widerstand zur Häresie hat zwingen lassen, ist nun völlig ohne Einfluß: der Kaiserthron geht aus der Wiederherstellung der Orthodoxie gestärkt hervor und sieht sich in seiner Berufung bestätigt, der irdische Vollstrecker des göttlichen Willens zu sein.

Der Kaiser, Stellvertreter Gottes

Die so gefestigte kaiserliche Ideologie wird unter den Makedoniern zu voller Blüte weiterentwickelt. Die römische Tradition ist sicher nicht völlig vergessen: Die Armee, das Volk und der Senat wirken weiterhin bei der Ernennung des Kaisers mit, doch nur noch in mehr oder weniger formeller Weise. Dem Militär kommt dann eine besondere Bedeutung zu, wenn es einen seiner Befehlshaber als Kaiser durchsetzen kann, sei es durch einen Aufstand oder durch den Druck der Heeresleitung. So war Leon III. 717 Stratege der Anatoliken, Leon V. 813 Stratege der Armeniaken, und die großen Usurpatoren des 10. Jahrhunderts waren nicht minder brillante Heerführer: Romanos Lakapenos, Nikephoros Phokas und Johannes Tzimiskes. Die Proklamation durch die Armee findet ihren förmlichen Ausdruck in der Zeremonie, in der der künftige Kaiser auf den Schild gehoben wird, was der Pseudo-Kodinos noch im 14. Jahrhundert beschreibt.

Das Volk spielt sicher eine geringere Rolle; es gibt kaum Kaiser, die durch einen Volksaufstand auf den Thron gekommen sind. Im Jahr 1055 jedoch, nach dem Tod des Konstantin Monomachos, ist es das Volk, das mit Theodora die letzte Vertreterin der Dynastie aus dem Kloster holt. Und obwohl dem Volk nur die rituelle Akklamation im Hippodrom bleibt, hat es dennoch in diesem Zeremoniell eine wichtige Symbolfunktion. Dagegen ist die Rolle des Senats noch geringer. Schon seit langem ist der Senat keine beratende Versammlung mehr, sondern ein Stand aus höchsten Würdenträgern. Im kaiserlichen Zeremoniell nehmen die Senatoren Tag für Tag noch immer eine herausragende Rolle ein, während sie bei der Ernennung und selbst bei der förmlichen Proklamation des Kaisers zumeist ohne Bedeutung sind.

Die Stützen der kaiserlichen Macht in römischer Zeit haben demnach zugunsten der religiösen Aspekte der Monarchie an Bedeutung verloren. Das irdische Reich ist nur das Abbild des göttlichen Reichs, und der Kaiser nimmt auf Erden die Stellung von Christus im Gottesreich ein; er ist Christi Stellvertreter auf Erden. Dies ist die wesentliche Begründung seiner Legitimität: Der Kaiser ist von Gott auserwählt, von dem er seine Macht erhält. Diesen göttlichen Ursprung symbolisiert die Krönung durch den Patriarchen in der Hagia Sophia, wobei er dem neuen Kaiser ein

Ikonoklasten und Ikonodulen (British Library, London).

Glaubensbekenntnis als Beweis des rechten Glaubens abverlangt. Allerdings räumt diese Zeremonie dem Patriarchen nicht das Recht ein, den göttlichen Willen, der den Kaiser bestimmt hat, in irgendeiner Weise auszulegen. Dies wird deutlich, als Nikephoros, der Logothet des *Genikon*, am 31. Oktober 802 Irene absetzt. Obwohl diese sich mit der Wiederherstellung der Bilder als Vertreterin des wahren Glaubens und wirkliche Wohltäterin der Kirche erwiesen hat, zögert der von ihr ernannte Patriarch Tarasios nicht lange: Weniger als zehn Stunden nach dem Ausbruch des Palastaufstandes, den die Wachen hinnehmen und das Volk freudig begrüßt, findet die Krönung des neuen Kaisers durch Tarasios statt.

Die Position als Stellvertreter Gottes auf Erden bringt eine Anzahl gewichtiger Konsequenzen mit sich. Zum einen die Universalität des Reichs und des Kaisers: nach dem Vorbild des Gottesreichs kennt auch die irdische *oikumene* nur einen Herrn. Wirkliche Ausländer gibt es demnach für das Reich ebensowenig wie Fürsten, die dem Kaiser gleichgestellt wären. Selbst die gewaltigen Zugeständnisse, die das Reich in Zeiten größter Verzweiflung machen muß – wie etwa gegenüber Venedig im Jahr 1082 –, behalten immer die Form eines Aktes kaiserlicher Güte. Jeder christliche Fürst hat innerhalb der kaiserlichen Familie seinen Rang; die Nähe zum Kaiser variiert mit der Macht eines Fürsten und ist gleichzeitig Ausdruck seiner Bedeutung innerhalb der weltlichen Hierarchie. Lediglich das nichtchristliche Kalifat, dessen Macht sich aus eigener Kraft durchsetzt, entzieht sich diesem Schema.

Andererseits verkörpert der Kaiser das Gesetz. Er steht weder unter noch über dem Gesetz: er ist das Gesetz. Wenn er redet, spricht aus ihm das Gesetz. Diese absolute Machtfülle ist allerdings in der Praxis nie unumschränkt. Zum einen hatten

Leon VI. (886–912) empfängt die göttliche Weisheit (Detail eines Mosaiks, Ende des 9. Jahrhunderts; Hagia Sophia, Konstantinopel).

auch die Vorgänger des jeweiligen Herrschers genau die gleiche Stellung; auch ihre Gesetze waren Ausdruck göttlichen Wollens und Denkens und dürfen deshalb nicht außer Kraft gesetzt werden. Zum anderen können Gesetze, die den göttlichen Willen ausdrücken, im Widerspruch zu den Dogmen der Kirche stehen, auf die der Kaiser – theoretisch – keinen Einfluß hat. Schließlich wird hier erneut das Gewicht römischer Tradition spürbar, die der Rechtsprechung und selbst althergebrachten lokalen Gebräuchen einen besonderen Platz einräumt und so den gesetzlichen Handlungsspielraum des Kaisers beschränkt, obwohl dieser das Gesetz verkörpert.

Der Kaiser vereint in seiner Person sogar eine Anzahl heiliger Eigenschaften. Er ist »den Aposteln gleich« *(isapostolos)*, und er darf hinter der *Ikonostase* das Allerheiligste betreten, um die Kommunion in ihrer doppelten Gestalt zu empfangen. Wenige Tage nach der Geburt eines *Porphyrogennetos* schneidet der Patriarch dem Neugeborenen eine Tonsur; das Kind gehört zwar deshalb nicht zum Priesterstand, doch wird es auf diese Weise für das ganze Leben geheiligt: Hier liegt der Grund, weshalb Majestätsbeleidigung als Sakrileg gilt.

Die Herausbildung des dynastischen Prinzips

Die Tonsur, mit der der Sohn des herrschenden Kaisers versehen wird, ist schon ein Zeichen dafür, daß sich das dynastische Prinzip immer stärker durchsetzt. Die Kaiserinnen gebären in einem eigens dafür bestimmten und mit Porphyr ausgekleideten Saal, der *Porphyra* – daher der Name *porphyrogennetos*, Purpurgeborener, für das so zur Welt gekommene Kind in der Annahme des künftigen Thronerbes. Die makedonische Dynastie (867–1056) hat den Übergang zum dynastischen Recht endgültig vollzogen. Zur Sicherung seiner Nachfolge krönt Basileios I. nacheinander seine Söhne Konstantin, Leon und schließlich Alexander zu Mitkaisern, eine Methode, die Schule macht. Sein Nachfolger Leon VI. bleibt trotz dreimaliger Heirat kinderlos, auch sein Bruder Alexander hat keine Erben. Die Dynastie droht zu erlöschen, bis Leons Mätresse ihm 906 endlich einen Sohn schenkt; vorsichtshalber läßt er ihn in der Porphyra zur Welt kommen. Sein Versuch, diese vierte Ehe kirchlich anerkennen zu lassen, scheitert am kanonischen Recht. Es entwickelt sich ein heftiger Streit mit dem Patriarchen Nikolaos Mystikos, der hart bleibt und Weihnachten 906 dem Kaiser den Zutritt zur Hagia Sophia verweigert. Im Februar des folgenden Jahres verbannt Leon VI. den Patriarchen und ernennt an seiner Stelle den gefügigeren Euthymios. Ein Schisma droht, doch nach dem Tod Leons VI. gewinnt Nikolaos Mystikos wieder seinen Thron zurück.

Letztendlich hat sich genau dieses Kind Leons als Geburtshelfer des dynastischen Prinzips erwiesen. Als Alexander nur ein Jahr später ebenfalls stirbt, schlägt sich Nikolaos Mystikos sofort auf die Seite des jungen Konstantin und sichert ihm nicht ohne Hintergedanken den Thron: Er übernimmt für den Siebenjährigen die Regentschaft. Kaum hat sich Konstantin VII. von dieser Vormundschaft befreit, fällt er in die Hände seines Schwiegervaters Romanos Lakapenos, des Befehlshabers

(Drungarios) der kaiserlichen Flotte. Romanos nennt sich zunächst »Vater des Kaisers«, dann wird er Mitkaiser; schließlich übernimmt er den höchsten Titel. Aber er scheut vor der Beseitigung Konstantins zurück, den man fortan im Unterschied zum Usurpator *Porphyrogennetos* nennt. Romanos Lakapenos möchte gern eine eigene Dynastie begründen und läßt deshalb nacheinander seine drei Söhne Christophoros, Stephan und Konstantin krönen.

Christophoros stirbt 931, und am 16. Dezember 944 schicken Stephan und Konstantin Lakapenos ihren Vater in die Verbannung, weil sie befürchten, der alte Mann werde Konstantin VII. wieder einsetzen. Doch die Mühe ist umsonst. Romanos Lakapenos hat seine Legitimität aus der Verbindung zu seinem Schwiegersohn Konstantin VII. und aus seinen brillanten Siegen gezogen; für seine Söhne gilt beides nicht, und der Porphyrogennetos räumt sie aus dem Weg. Gestützt auf das Gefühl der Legitimität, das allein auf diesem Titel beruht, läßt er die Lakapenoi am 27. Januar 945 verhaften und schickt sie in die Verbannung.

Auch Basileios und Konstantin, die beiden Söhne von Romanos II., die dieser noch zu Lebzeiten hat krönen lassen, sind beim Tod ihres Vaters noch Kinder; 963 und 969 usurpieren Nikephoros Phokas und Johannes Tzimiskes nacheinander den Thron, indem sie Theophano, die Mutter der beiden porphyrogennetoi, zur Frau nehmen. Aber diese beiden behalten trotz der Persönlichkeit der mächtigen Stiefväter offiziell den Thron. Und 976 besteigt Basileos II. ganz selbstverständlich seinen Thron für eine glorreiche Herrschaft, die neunundvierzig Jahre dauert; Konstantin VIII. regiert nach dem Tod seines älteren Bruders noch drei Jahre.

Bis zu diesem Zeitpunkt gab es nur männliche Purpurgeborene; doch nach dem Tod Konstantins VIII. im Jahr 1028 wird die glorreiche makedonische Dynastie nur noch durch dessen Töchter Zoe und Theodora vertreten. Zoe verhilft durch Ehen und durch Adoption nacheinander vier Männern auf den Kaiserthron. Zwischen dem Tod ihres Adoptivsohns Michael V. und ihrer Wiedervermählung mit Konstantin Monomachos übernimmt sie, wie vor ihr Kaiserin Irene, für drei Monate selbst die Rolle des *basileus*. Als Monomachos 1055 stirbt, lebt nur noch Theodora; doch die Bindung an die Dynastie ist so groß, daß das Volk Theodora zum Verlassen des Klosters verpflichtet. Sie regiert zwanzig Monate lang, bevor sie Michael VI. adoptiert. Die Dynastie, die bis zum letzten Atemzug ums Überleben gekämpft hat, erlischt.

Vergeblich versucht das Geschlecht der Dukai, sich als Nachfolger durchzusetzen; schon 1081 übernehmen mit Alexios I. die Komnenen das Ruder. Alexios bindet jedoch die vorhergehende Dynastie durch die Eheschließung mit Irene Dukas an sich. Gerade unter den Komnenen erfährt das dynastische Prinzip eine Veränderung: Folgte früher der Sohn dem Vater auf den Thron, so gilt nunmehr das ganze Geschlecht als von Gott bestimmt und entsendet ein Mitglied der Familie auf den Thron. So beschränkt sich Anna Komnenos in der Alexias nicht nur darauf, ihren Vater zu verteidigen, wie das vor ihr Konstantin Porphyrogennetos mit seinem Großvater Basileios I. gemacht hat, sondern das gesamte Geschlecht der Komnenen. Während sich die Kaiser der vorherigen Dynastie darauf beschränkt

haben, die höchsten Würden (Cäsar, Nobilissimos) nur an ein oder zwei naheste-
hende Verwandte wie Vater, Onkel oder Bruder zu vergeben, überhäufen die
Komnenen die Mitglieder der eigenen Familie und entfernterer Zweige mit so
wohltönenden und überzogenen Titeln, daß ihre Bedeutung schnell abnimmt. So
mindert die Schaffung des Titels *Sebastokrator* für Isaak, den Bruder von Alexios,
den Rang der einst höchsten Würde eines Cäsar, die Alexios seinem Schwager
Nikephoros Melissenos zuerkennt. Mit diesen Würden sind üppige Landschenkungen oder Steuereinkünfte verbunden. Auf diese Weise entfernt sich die byzantinische Monarchie vom römischen Konzept der Magistratur und nähert sich dem
familienbezogenen System der abendländischen Königshäuser, mit denen sie durch
die Kreuzzüge in engeren Kontakt kommt.

Das politische System der slawischen Länder

Die slawischen Länder des Balkan

Im 6. und in der ersten Hälfte des 7. Jahrhunderts lassen sich die Slawen auf dem
Balkan nieder und bilden ihre ersten politischen Gemeinwesen in einem Gebiet mit
byzantinischer und christlicher Tradition und in unmittelbarer Nachbarschaft zu
einem Reich mit großer Kultur und Geschichte. Dies trifft auch auf die Protobulga-

Christus auf dem Thron, ihm zur Seite Kaiser Konstantin IX. (980–1055) und Kaiserin
Zoe (Mosaik, 11. Jahrhundert; Hagia Sophia, Konstantinopel).

ren zu, die Ende des 7. Jahrhunderts zwischen Donau und Haemus-Kette ihren
Staat gründen.

Die Slawen sind noch nach Stämmen organisiert, befinden sich jedoch bereits in
einem Prozeß des Wandels als Folge interner ökonomischer, politischer und
sozialer Differenzierung. Diese Differenzierung auf der Ebene der Stämme und
Sippen war durch die Einwanderung im Balkan und die Ansiedlung in der neuen
Heimat verstärkt worden und bildet eine der Voraussetzungen für die späteren
Staatsgründungen. Die ersten Staaten entstehen in gewissem Sinn als Ablehnung der
Stammes- und Sippenverfassung.

Die Quellen bezeichnen die ersten politischen Gebilde der Slawen auf dem
Balkan als *sklavinien*. Die Byzantiner betrachten diese Gebilde, die über die ganze
Halbinsel verstreut und in verschiedene Regionen unterteilt sind, als unzusammen-
hängendes Mosaik und sprechen deshalb von ihnen nur im Plural. Da zuverlässige
Quellen fehlen, wissen wir nur wenig über ihre Zahl, ihre Lage und ihren Aufbau.
So gibt es in Makedonien, insbesondere in der Gegend von Thessalonike, die
Sklavinien der Strymoniten, Runchinen, Dragubiten, Sagudaten und Velegeziten;
andere sind auf der Peloponnes, südlich der mittleren Donau und zwischen der
unteren Donau und dem Haemus-Gebirge entstanden. Schließlich gibt es noch die
im Nordwesten der Halbinsel, Paganien oder das Gebiet der Narentaner, Zachlumien, Terbunien und Diokleia entlang der Adria-Küste sowie Serbien im Innern.
Die stammesbezogene Organsiation der Sklavinien löst sich auf, ihre Strukturen
befinden sich im Wandel. Man kann sie noch nicht als Staaten betrachten, aber

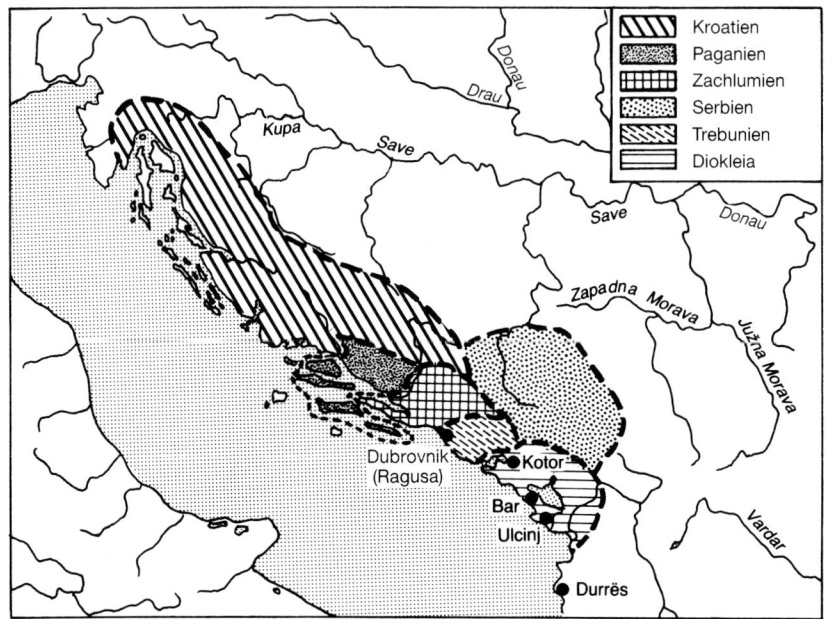

Die Sklavinien im Nordwesten der Balkanhalbinsel im 9. und 10. Jahrhundert.

schon als politische Gebilde, die sich unter bestimmten Bedingungen zu Staatswesen hätten entwickeln können. Als Folge des Prozesses der internen Differenzierung zwischen dem 7. und Mitte des 9. Jahrhunderts bilden sich gesellschaftliche Gruppen, die die Konstituierung der Staaten der Kroaten und der Serben ermöglichen: eine Oberschicht und ihre Repräsentanten wie Archonten und Župane, die herrschende Sippe, ein zunächst sehr primitiver Verwaltungsapparat, das bewaffnete Gefolge *(družina)* etc.

Als Serben und Kroaten in die Balkanhalbinsel eindringen, werden sie wie die anderen Slawenstämme von *alten* Županen angeführt, aber bald tauchen die ersten Archonten auf, etwa Ende des 8. Jahrhunderts bei den Kroaten und zu Beginn des 9. bei den Serben.

Das Land war zum damaligen Zeitpunkt in Distrikte aufgeteilt, die *župas*, die jeweils von einem *župan* geleitet wurden. An der Spitze mehrerer Distrikte konnte ein Gouverneur stehen, der *ban*, ein Name avarischer Herkunft. Die Župane und alle anderen im gleichen Rang, auch mit anderen Titeln, bilden die herrschende Schicht, deren Macht auf dem Besitz von Land, aber mehr noch auf ihrem Dienst in der Umgebung des Archonten beruht.

Innerhalb dieser Oberschicht nimmt die regierende Sippe eine Sonderstellung ein. Wann und wie sie sich herausgebildet hat, bleibt im dunkeln; sie stellt jedenfalls den Fürsten, in den Gebieten lateinischer Kultur wie etwa Kroatien und Karantanien den *dux*, in der byzantinischen Sphäre den Archon. Neben der herrschenden Oberschicht bildet die *družina* eine Grundlage der tatsächlichen Macht der Archonten und *duces*; man findet sie schon im 8. Jahrhundert bei den Slawen Karantaniens. Serben und Kroaten legen damit zwischen dem 7. und Mitte des 9. Jahrhunderts den Grundstein für ihre Staaten, zu einer Zeit, als das byzantinische Reich sich im Osten mit den Arabern, auf der Balkanhalbinsel mit den Bulgaren und den Slawen im Süden auseinandersetzen muß. Byzanz nimmt so gut wie keinen Einfluß auf die Entwicklung der *sklavinien* zu Staaten, kann aber in dieser Zeit das Problem der Slawen im Süden der Halbinsel weitgehend lösen. Die Sklavinien von Thessalonike bis zur Peloponnes haben fortan kaum noch politisches Gewicht, mit Ausnahme vielleicht der Melingen und der Ezeriten. Die Einwohner der Sklavinien bleiben in die Themen eingebunden und sind trotz teilweiser Autonomie immer tributpflichtig; sie sind zunehmend von der kaiserlichen Verwaltung abhängig und kontinuierlich einem wirkungsvollen Prozeß der Assimilierung ausgesetzt.

Von ganz anderem Gewicht ist die Gründung des Bulgarenstaates kurz nach 680 schon allein deshalb, weil Byzanz gezwungen ist, diesen neuen Staat fast vor den Toren der eigenen Hauptstadt anzuerkennen. Aufgrund seiner Lage und seiner Struktur bildet Bulgarien dreieinhalb Jahrhunderte für Byzanz das schwierigste Problem auf dem Balkan. Die nomadischen Reiterstämme der Protobulgaren mit einer entwickelteren Zentralorganisation als die der unterworfenen seßhaften Bauernbevölkerung der Sklavinien geben dem neuen Staat eine einerseits stabile und auch bedrohliche Struktur. Andererseits wird diese Struktur des Bulgarenstaates bis ins 9. Jahrhundert von zwei ethnischen Gruppen bestimmt, den Protobulgaren und den Slawen, die auf unterschiedliche Weise an der Regierung des Landes teilhaben. Der *khan* und die protobulgarische Aristokratie bestimmen die Politik, doch die Anführer der Sklavinien genießen in ihren Territorien relative Autonomie und wirken so teilweise an der Verwaltung mit. Als Staatschef, oberster Gesetzgeber, Richter, Priester und Anführer des Heers verfügt der *khan* theoretisch über eine unbeschränkte Macht, die aber in Wirklichkeit von der Aristokratie und der von ihr immer stärker dominierten früheren Stammesversammlung eingeengt wird. Im 7. und 8. Jahrhundert wird der teilweise zentralisierte Bulgarenstaat also von einem Verwaltungsdualismus geprägt, dem ein ethnischer Dualismus entspricht. Im Verlauf des 9. Jahrhunderts erlebt der Staatsapparat tiefgreifende Veränderungen: So wird die dualistische Verwaltung zusehends begrenzt und die Macht der slawischen Stammesanführer geschwächt. An die Stelle der *sklavinien* treten *komitati*, die von Beamten verwaltet werden, die unmittelbar dem *khan* unterstehen. Zentralisierung und Integration der beiden Bevölkerungsteile verlaufen parallel, vor allem durch die Verschmelzung der protobulgarischen und der slawischen Aristokratie. Auf diese Weise entsteht im Staat eine neue Schicht von Landbesitzern und hohen Beamten, die verstärkt Einfluß auf die Regierung des Landes und auf die Expansions- und Eroberungspolitik nehmen. Zwar ist der frühere ethnische Antagonismus nun überwunden, doch es bilden sich zwei neue rivalisierende Gruppen: auf der einen Seite – autoritär und zentralistisch – der *khan* mit seinem Gefolge, auf der anderen Seite – konservativ und separatistisch – die Aristokratie. Der Übertritt zum Christentum unter *khan* Boris und die Gründung einer sicherlich nur halb unabhängigen bulgarischen Kirche stärken die Position des *khan*. Die Zentralisierung des bulgarischen Staats erreicht ihren Höhepunkt unter Symeon: Einerseits entfernt er sich von der protobulgarischen Tradition und nimmt den slawischen Titel eines *knjaz* (Fürst) an; er erklärt das Slawische zur Landessprache und verlegt die Hauptstadt von Pliska nach Preslav. Andererseits jedoch baut er die frühere Machtposition des Herrschers aus und umgibt sich mit einem Thronrat aus Mitgliedern der Aristokratie, die nunmehr Bojaren heißen. Er verstärkt auch den Einfluß der Zentralgewalt auf die *komitati*, wo neben dem *komes*, der für die zivilen Angelegenheiten zuständig ist, nun der *tarkan* für die militärischen Belange und ein Provinzrichter sitzen, alles der Zentralregierung unmittelbar unterstellte Beamte. Symeon erhöht auch den Glanz des eigenen Ranges durch die Einführung kaiserlicher Symbole und byzantinischer Formen, Zeremonien und Sitten am Hof. Für die bulgarischen Herrscher und gerade für Symeon war Byzanz das Reich an sich, das große Vorbild, sowohl was den Staatsaufbau, die Verfassung der Kirche und ihre Beziehungen zum *khan* anbelangt, als auch im kulturellen und künstlerischen Bereich. Dieses politische System besteht bis zur Eingliederung des gesamten bulgarischen Territoriums ins Reich und seiner Organisation nach Themen Anfang des 11. Jahrhunderts, während die slawischen Staaten im Nordwesten der Halbinsel nun in eine Art Vasallenbeziehung zu Byzanz treten.

Die Bekehrung und die intensive Balkanpolitik stärken seit der zweiten Hälfte des 9. Jahrhunderts rasch den byzantinischen Einfluß auf der Halbinsel, nicht nur in

Bulgarenzar Peter (927–969) und seine Bojaren

Khan Boris-Michael   Bulgarischer Heerführer

Zeichnungen nach einem Fresko im bulgarischen Kloster Rila.

Bulgarien, sondern auch in den jungen slawischen Staaten. So können die Archonten ihre Machtstellung um so leichter ausbauen, als sie von Byzanz anerkannt werden und sogar höfische Titel erhalten. Typisch byzantinische Vorstellungen von Politik prägen die Staatsauffassung der slawischen Fürsten. Während sich die Sippe des Herrschers beispielsweise in Serbien bislang in die Macht geteilt hat, setzt sich schon Ende des 9. Jahrhunderts der monarchische Gedanke durch; auch auf der Ebene zwischenstaatlicher Beziehungen übernimmt man das Prinzip der Patenschaften – so ist der bulgarische *khan* Symeon Pate des serbischen Archonten Peter, ebenso wie Kaiser Michael III. gut fünfzig Jahre zuvor Pate des *khan* Boris gewesen war. Über den Aufbau der serbischen Staaten zwischen dem ausgehenden 9. und dem 11. Jahrhundert wissen wir sehr wenig. Der Fürst mit dem byzantinischen Titel eines Archonten und dem slawischen eines *knjaz* stützt sich wie erwähnt auf eine herrschende Schicht und sein bewaffnetes Gefolge. Das Staatsgebiet ist in *župas* aufgeteilt, die von *županen* verwaltet werden. Im Zuge der Zentralisierung werden die Župane wie in Bulgarien zu Beamten des Fürsten mit militärischen, administrativen und rechtlichen Kompetenzen.

Im 11. Jahrhundert annektiert Kroatien, das nunmehr endgültig zur westlichen Welt zählt, das serbische Fürstentum Paganien, während Diokleia (Zeta) – nachdem es sich von Byzanz gelöst hat – seine Macht auf Zachlumien und Trebunien, im Landesinnern sogar auf Serbien (Rascien) ausdehnen kann, was in der Königswürde, die Michael (um 1050–1082) von Rom erhält, zum Ausdruck kommt. Die Vormachtstellung Diokleias währt rund ein Jahrhundert; Mitte des 12. Jahrhunderts bleibt nur noch ein bescheidenes, von Byzanz abhängiges Küstengebiet übrig.

Das Themensystem im 10. Jahrhundert.

Die Serben haben ihren Schwerpunkt inzwischen ins Landesinnere verlegt; nach langen Bemühungen ist es dort Stephan Nemanja, der noch den alten Titel Groß-Župan trägt, Ende des Jahrhunderts gelungen, die Grundlagen eines mittelalterlichen serbischen Staats unter der Herrschaft seiner Dynastie zu schaffen. Dieser unabhängige Staat umfaßt auch die Fürstentümer an der Küste: Unter seinem Sohn und Nachfolger Stephan wird der Staat zum Königreich erhoben, bald mit einer unabhängigen Kirche und Feudalstrukturen, die in den folgenden Jahrhunderten einen Aufschwung erleben.

Ende des 12. Jahrhunderts hatten die Bulgaren mit der Neugründung ihres alten Staates auch die Loslösung von Byzanz erreicht. Das neue unabhängige Königreich Bulgarien mit eigenständiger Kirche wird unter Kalojan (1197–1207) zu einer Großmacht, die für fast fünfzig Jahre die Vorherrschaft auf dem Balkan inne hat. Doch auch hier entwickeln sich Feudalstrukturen, deren innere Widersprüche schnell zutage treten. Dies sind also die südslawischen Staaten, Grundlage der Nationalstaaten des 19. Jahrhunderts.

Das Fürstentum Kiev

In Ermangelung geeigneter Institutionen sichert der absolute Gehorsam der Fürstenfamilie gegenüber dem Herrscher auf dem Kiever Thron im wesentlichen die politische Einheit der Ostslawen. Dessen Macht beruht auf seinem bewaffneten Gefolge, der *družina*, gebildet aus skandinavischen Söldnern, mit deren Hilfe er seine Rivalen hat ausschalten können, um den Preis eines gnadenlosen Bruderkriegs bis zum Tod von Svjatoslav 972 und von Vladimir im Jahr 1015.

Der Sieger, der Fürst von Kiev, setzt seine Söhne in den bedeutendsten Städten des Landes ein, damit sie seine Politik stützen, den Tribut eintreiben und nach Kiev schicken, und schließlich auch um Recht zu sprechen.

Die Geschichtsschreibung hält Jaroslav für den Urheber jener Erbfolge, die den Thron nicht dem Sohn, sondern dem älteren Bruder des verstorbenen Fürsten überläßt, der den anderen »wie ein Vater sein sollte«. Wahrscheinlicher ist jedoch, daß Fürst Jaroslav als »weiser« und vorausschauender Mann lediglich hat verhindern wollen, daß seine Söhne sich nach seinem Tod gegenseitig umbringen. Für ihn ist Rußland ein Erbgut, das er seinen Söhnen anteilig zu vollem Besitz überantwortet. Da seine Nachfolger diese Grundsätze jedoch mißachten, kommt es 1097 zu einem Treffen der Fürsten in Ljubec, um das Prinzip der Teilung und des Vollbesitzes dieses Patrimoniums durch die Erben zu bestätigen. Solche Verfügungen konnten jedoch nur zur raschen Aufteilung des Landes in miteinander rivalisierende Familien-Fürstentümer führen.

Das politische Leben in Kiev wird maßgeblich von der Macht des Fürsten bestimmt, der dennoch dem Rat der Bojaren, der *Duma*, und der Stadtversammlung, dem *Veče*, Rechnung tragen muß.

Die *Duma* der Bojaren setzt sich hauptsächlich aus den wichtigsten Mitgliedern der fürstlichen Družina zusammen, denen der Fürst Einkünfte und Ämter zugestanden hat. Ihren Rat holt er ein, wenn es um die wichtigsten Entscheidungen wie den Übertritt zum Christentum geht; hat er sie einmal nicht konsultiert, können sie ihm sogar die Gefolgschaft verweigern.

Der Fürst muß auch die Meinung der Stadtversammlung, des *Veče*, respektieren, die aus den frühen germanischen Versammlungen freier Männer hervorgegangen ist. Im *Veče* versammeln sich die freien Männer und die in der Stadt ansässigen Grundbesitzer. Versammlungsort ist meist der Marktplatz, wohin eine Glocke sie ruft. Diese Versammlungen beraten über so wichtige Fragen wie Krieg oder Frieden, Gesetze oder Streitigkeiten innerhalb der Fürstenfamilie. Es geht im allgemeinen sehr heftig zu, denn die Beschlüsse müssen einstimmig gefaßt werden. Deshalb sind die Versammlungen weniger ein Ort, wo sich die demokratische Herrschaft freien Ausdruck gibt, als vielmehr ein Kampfplatz für die verschiedenen Gruppen, die sich in der Stadt miteinander messen.

Auf dem Weg zu einer wirksameren Verwaltung

Vermehrung der Themen

Zwischen dem 8. und dem 11. Jahrhundert beruht die Verwaltung der byzantinischen Provinzen vorwiegend auf der Themenorganisation. In den Augen des Kaisers haben die großen Themen Kleinasiens Ende des 7. Jahrhunderts einen beachtlichen Nachteil: Ihre Strategen verfügen über zuviel Macht, wie der Erfolg Leons III. im Jahr 717 beweist. Die Landesverteidigung, der Aufbau der Streitkräfte und die alltägliche Verwaltung erfordern keine derart großflächigen Themen. Dagegen erlaubt die Verkleinerung der Themen, das System auch auf die zurückeroberten Gebiete zu übertragen und auf das ganze Reich auszudehnen. In unmittelbarer Nähe der Hauptstadt, wo die Garde *(opsikion)* angesiedelt ist, entstehen folgende Themen: im nordwestlichen Kleinasien das (immer von einem *komes* geführte) Opsikion, Bukellarion im Gebiet um Klaudiupolis und Ankara (767/768) und Paphlagonien im Westen von Sinope (im Jahr 828 bezeugt). Vom Thema Anatolikon spalten sich im Westen Thrakesion (741) und im Osten Kappadokien (832) ab. Das Armeniakon wird später geteilt: Im Ostteil entsteht 824 um die Stadt Trapezunt das Thema Chaldia, die beiden anderen, Koloneia und Charsianon (Gebiet von Kaisareia), werden nicht vor 863 als Themen erwähnt.

Im Westen folgt die Themenorganisation der fortschreitenden byzantinischen Machtentfaltung auf slawisiertem Territorium. Nach der Rückeroberung der Peloponnes unter Nikephoros wird auch dort spätestens 812 ein Thema gebildet; seit 809 gehören die ionischen Inseln zum Thema Kephallenia. Die Auflösung der slawischen Umklammerung von Ostmakedonien erlaubt dort zwischen 790 und 802 die Einrichtung des Themas Makedonien; die makedonische Hauptstadt erreicht mit dem Thema Thessalonike um 824 die Unabhängigkeit. Als Folge der

Wiederaufnahme des Verkehrs auf der Via Egnatia bildet sich etwa 843 das Thema Dyrrhachion, Ende des 9. Jahrhunderts entstehen die Themen Strymon und westlich davon Nikopolis; Griechenland ist damit völlig eingeschlossen. Ein neues Thema Dalmatien wird um 878 an der Adria gegründet. Auch in den entlegeneren Gebieten bilden sich Themen heraus, so Ende des 7. Jahrhunderts auf Sizilien und Anfang des 10. Jahrhunderts in Langobardien. 833 begründet Theophilos das Thema Cherson am Schwarzen Meer, auch Kreta war seit Mitte des 8. Jahrhunderts ein Thema, als die Araber die Insel 827 eroberten.

Alle Themen, auch die Inseln, stellen dem byzantinischen Heer Reiterkontingente und Soldaten zu Fuß. Schon im 8. Jahrhundert organisiert Byzanz auch seine Seemacht nach diesem Schema. Alle am Meer liegenden Landthemen verfügen über eine kleine Flotte, um ihre Küsten zu schützen; da für die großen Seeschlachten jedoch eine beträchtliche Zahl von Dromonen (Kriegsschiffen) gebraucht wird, entschließt sich Byzanz, maritime Themen zu schaffen, um diese mit Waffen und Matrosen, aber auch mit Soldaten für die Schlacht auszurüsten. Tatsächlich wird der Kampf durch Entern entschieden, wenn das griechische Feuer keinen klaren Sieg ermöglicht hat. So entsteht schon vor 732 im Südwesten Kleinasiens (Karien, Lykien) das Thema der Karabisianer; die kleinasiatischen Inseln in der nördlichen

Die Neuordnung des Westens nach der Eroberung durch Tzimiskes, um 975.

Ägäis werden schon vor 843 zum Thema Aigaion Pelagos und die in der südlichen 899 zum Thema Samos zusammengefaßt.

Jedes Thema stützt sich auf eine zivile und eine militärische Hierarchie. Die Grundlage des militärischen Kontingents bilden die *Stratioten*, die erblich zum Heeresdienst verpflichtet sind; da sie von Militärabgaben befreit sind, müssen sie dem Heer einen bewaffneten und ausgerüsteten Reiter zur Verfügung stellen. Beim regelmäßigen Appell *(adnumion)* wird der Zustand der Truppen überprüft. Ist ein Stratiot nicht mehr in der Lage, einen Reiter zu stellen, so wird er der Infanterie zugewiesen. Die Verpflichtung ist an das Land und an den Menschen gebunden: Der Stratiot braucht nicht selbst zu dienen, aber die Soldatenbauern sind dennoch die Regel. Die Zugehörigkeit zum Themenheer ist im übrigen eine Ehre, die den Stratioten aus der Masse heraushebt. Er gehört zu jener Mittelschicht, auf die sich die Kaiser im 10. Jahrhundert zu stützen versuchen. So wird den Stratioten zum Schutz ihres Landes eine Nichtveräußerungsklausel angeboten: Sie können hierfür ihren gesamten Grund und Boden registrieren lassen, so daß jeder Verkauf null und nichtig ist, falls das dem Soldatenbauern verbleibende Land weniger als vier Goldpfund wert ist (zwei Goldpfund bei den Seestratioten, deren Bewaffnung billiger ist). Diese im 10. Jahrhundert ergriffene Maßnahme bedeutet nicht, daß ein Soldatenbauer aufhört, Stratiot zu sein, wenn sein Land weniger als vier Pfund wert ist; vielmehr ist das schon ein beachtlicher Hof, den eine Familie allein nicht bestellen kann. Längst nicht alle Themensoldaten erreichen einen derartigen Wohlstand, der lediglich eine Zielvorstellung der kaiserlichen Politik darstellt.

Die Soldaten sind in Verbänden von je einhundert Mann *(bandon)* zusammengefaßt, die einem *komes* unterstellt sind. Drei *banda* bilden einen *drungos*, drei *drungoi* eine *turma*, die ein Turmarch oder Merarch befehligt. Die Turma ist meist eine territoriale Einheit, so daß bei der Neuordnung der bisherigen Themen aus den Turmen vollwertige Themen entstehen. Ein Thema sollte über etwa neun- bis zehntausend Mann verfügen, eine optimistische Zahl, wenn es sich um Reiter handelt. Doch tatsächlich werden die Kontingente zwischen zehn- und fünfzehntausend Mann erreicht haben, in den ursprünglichen Themen mehr, später weniger. Die maritimen Themen sind vor allem für die Ausrüstung der Dromonen zuständig, schlanke Segelschiffe mit zwei bis drei Ruderreihen; am Bug befindet sich ein Rohr für den Ausstoß von griechischem Feuer. Mit den gleichen Schiffen, gebaut im kaiserlichen Arsenal in Konstantinopel, ist auch die Zentralflotte des Reichs ausgerüstet.

Der Stratege verfügt auch über eine Zivilverwaltung, deren höchste Beamte der *krites* oder *praitor* (Richter) sowie der Protonotarios und der Kartularios sind. Während der Stratege die volle Befehlsgewalt über seine militärischen Untergebenen hat, wählt er die Zivilbeamten lediglich aus; ernannt werden sie dann von der Zentralverwaltung, die nicht auf eine gewisse Kontrolle der Provinzbeamten verzichten will. Diese können Berichte und Beobachtungen über die Tätigkeit des Strategen direkt nach Konstantinopel leiten, so daß dieser von den eigenen Untergebenen überwacht wird. Der Krites ist der Leiter der zivilen Themenverwaltung; der

Die Verwaltung hat wieder Macht und Kompetenz erworben: ein hoher Beamter und sein Gefolge
(Par. Graec. 543; Bibliothèque nationale, Paris).

Protonotarios ist dem Büro des Sakellarios unterstellt. Er leitet die Steuerverwaltung oder genauer die Steuerpolizei, denn Steuerfestsetzung und Erhebung liegen
nicht in seiner Kompetenz, und das Thema verfügt auch über keine eigene Kasse.
Der Kartularios führt die Militärrolle, in der die Stratioten und seit dem 10. Jahrhundert auch ihr Land erfaßt sind. Er untersteht dem Logotheten des *Stratiotikon*.
Die Steuerbezirke oder Diözesen entsprechen weitgehend den Themen; allerdings
sind deren Beamte nicht der Themenleitung unterstellt, außerdem kommen die
Steuererheber, die Steuerprüfer und die Steuereintreiber aus der Hauptstadt. Begreift man die Einrichtung der Themenordnung als Prozeß der Dezentralisierung,

so macht gerade der letzte Punkt die Grenzen der Themenverwaltung deutlich. Alle Einschränkungen und Kontrollen der Macht der Strategen zeigen, daß es nur um eine Dekonzentration in der Ausführung von Entscheidungen ohne reale lokale Autonomie geht.

Die Verwaltungsreform im 10. und 11. Jahrhundert

Im Verlauf des 10. Jahrhunderts wird die Themenordnung in mehreren Bereichen umgestaltet. Die dabei gebildeten Themen sind nicht das Ergebnis einer Neuordnung, sondern der Rückeroberung. Sie nehmen ihren Anfang im allgemeinen in einer *Kleisura*, die sich um einen befestigten Platz gebildet hat, der der Provinz den Namen gibt. Die Kleisura wird zum Thema erhoben, sobald eine ausreichende Kontrolle gewährleistet ist: so ist Sebasteia (Sivas) 908 noch Kleisur und 911 Thema, Lykandos 908 Kleisur und 916 Thema, Seleukeia schon vor 850 Kleisur und erst um 920 Thema, Leontokome oder Tephrike (Divrik) Ende des 9. Jahrhunderts Kleisur und um 940 Thema. Nicht anders ergeht es später den Gebieten von Tarsos, Theodosiupolis (Erzerum), Melitene (Malatya) und Anazarba (Anabarzos). Doch alle diese Territorien haben noch eine gewisse Größe. Ende des 10. und Anfang des 11. Jahrhunderts werden die Themen zu Gebieten von geringer Ausdehnung um ihren festen Platz herum; sie alle aufzuzählen wäre ermüdend. Mit den Städten Mopsuestia (Misis), Samosata (Samsat) und Germanikeia (Marash) ist die kilikische Ebene vollständig zurückerobert; die Themenorganisation reicht nun bis Araxes, zum Vansee und nach Obermesopotamien. Im Westen verläuft die Entwicklung fast gleich, insbesondere in den von den Bulgaren zurückgewonnenen Gebieten; allerdings ist die Zersplitterung geringer.

Der grundlegende Wandel der Themenverfassung erfolgt zu einer Zeit, da die Verteidigungssituation, die zu ihrer Gründung geführt hat, verschwindet. Für die Generaloffensive, die das Reich unter Romanos Lakapenos startet, ist das Themenheer wenig geeignet; die Soldatenbauern sträuben sich, ihr Land für lang andauernde Feldzüge mehrere Monate im Stich zu lassen. Lieber kaufen sie sich von ihrer Soldatenverpflichtung *(strateia)* frei. Auch der Staat kommt dabei auf seine Kosten: die Gelder aus der *strateia* bieten ihm die Möglichkeit, die Söldner der *tagmata* zu bezahlen, die verstärkt im Ausland angeworben werden. Mit der Krise des kleinen Bauerntums nimmt zwar – trotz aller Schutzmaßnahmen – auch die Zahl der Stratioten ab, aber durch die zunehmende Ablösung der *strateia* durch Geld kann sie zu einer allgemeinen, grundsteuerähnlichen Abgabe ausgebaut werden. Alle Steuerpflichtigen beteiligen sich damit je nach ihrem Vermögen an den Kriegslasten.

Die Provinzarmee untersteht nicht den Strategen, die einen Teil ihrer Macht eingebüßt haben, sondern neuen Befehlshabern, dem *dux* und dem *katepano*. Die beiden Titel – der eine lateinischen, der andere griechischen Ursprungs – bezeichnen die Befehlshaber der Grenzregionen, in denen mehrere kleine Themen zusammengefaßt sind; diese Beamten stehen an der Spitze eines bedeutenden Kontingents, das vor allem aus Kavalleriesöldnern der *tagmata* besteht. Im Osten zieht man den Begriff des *dux* vor; 969 werden die von Antiocheia und Chaldia erstmals erwähnt, 976 der von Mesopotamien. Im Westen erscheint seit Nikephoros Phokas der Katepan von Italien, doch in Thessalonike (995) und Adrianopel (1049) gibt es ebenfalls einen *dux*. An der Spitze der ursprünglichen Themen steht ein *dux*, der in der militärischen Hierarchie der Provinz dieselbe Bedeutung wie früher der Stratege hat, der nun manchmal nur noch den Rang eines *kastrophylax* – Wächter der Festung – führt.

Die Umstrukturierung gibt den reinen Zivilbeamten größere Bewegungsfreiheit. Der *krites* wird zum höchsten Beamten des Themas, das jede militärische Funktion eingebüßt hat. Er überwacht die Rechtspflege und die Sicherheitskräfte sowie den reibungslosen Ablauf der Steuereintreibung; er steht auch über den Archontes und Stadtkommandanten und deren Anhang. Auf diese Weise kommt es zu Beginn des 11. Jahrhunderts nach viereinhalb Jahrhunderten wieder zu einer gewissen Trennung von militärischer und ziviler Gewalt.

Die »Gesetzesreinigung« unter den Makedoniern

Diese Rückkehr zur vergangenen Größe der justinianischen Zeit macht sich auch in der Rechtsprechung bemerkbar. Unmittelbar nach seiner Thronbesteigung beginnt Basileios I., der Begründer der makedonischen Dynastie, mit der längst überfälligen Neufassung der Rechtssammlungen. Zum einen war die Kommentierung des »Corpus Iuris« trotz des Verbots durch Justinian ständig weitergeführt worden, zum anderen wurde diese Sammlung schon durch ihren Umfang unbenutzbar. Schon früh hatte man damit begonnen, eine Auswahl (griech.: *ekloge*) zusammenzustellen; die Isaurier geben eine *Ekloge* heraus, um diese Bemühungen zu kanalisieren. Da die *damnatio memoriae* das Werk der Isaurier unbrauchbar macht und auch das Justinianische Corpus kein Vorbild für die Systematik darstellt, ist eine Neuordnung unumgänglich. Sie ist das Ziel der »kaiserlichen Gesetze«, der Basilika.

Dieses Mal nimmt man sich Zeit; mehr als zwanzig Jahre werden für das Werk benötigt. Neben Stylianos Zautzes, dem Schwiegervater Leons VI., hat ohne Zweifel auch Photios, ein hervorragender Jurist, der später Patriarch wird, daran mitgewirkt. Bis zum Erscheinen des neuen Codex läßt Basileios I. zwischen 870 und 879 ein Handbuch (*Procheiron*) herausgeben, das nichts anderes als ein praktischer Ersatz für die *Ekloge* ist. Zwischen 879 und 886 folgt dann die *Epanagoge (Eisagoge)*, die als Einleitung zu der künftigen Gesetzessammlung gedacht ist; mit 13 Kapiteln zum öffentlichen Recht (über den Kaiser, den Patriarchen, den Eparchen usw.) ist sie in ihrer Art einmalig. Schließlich erscheinen unter Leon VI. die sechzig Bände der »Basilika«.

Obwohl das in griechischer Sprache verfaßte monumentale Werk nicht ganz erhalten ist, stehen seine Vorzüge gegenüber dem Corpus Justinianus außer Frage.

Seine Gliederung ist systematisch und vor allem übersichtlich: Was es aus den Digesten und in häufig verkürzender, aber klärender Übersetzung aus dem Codex und den Novellen Justinians schöpft, wird in jeweils einem Kapitel zusammengefaßt. Dennoch weist das Werk zwei Nachteile auf. Der eine, zunächst kaum spürbare, liegt darin, daß die Gesetzgebung mit dem Jahr 565 endet; keines der nach Justinian erlassenen Gesetze ist aufgenommen. So umgeht man zwar die Probleme, an denen die Isaurier scheiterten, doch das Recht wird auf eine Situation fixiert, die mehr als drei Jahrhunderte zurückliegt. Der andere Nachteil liegt auf der Hand: Sein Umfang macht das Werk schwer benutzbar und verteuert die Reproduktion. Nicht einmal in der Hauptstadt besitzen alle Gerichte dieses Werk, und in der Provinz ist es wohl nur selten zu finden. Eine praktische Zusammenfassung ist notwendig, mit der man sich auf das Hauptwerk beziehen kann. So entsteht eine Synopsis und vor allem ein Registerband unter dem Titel *Tipukeitos* (von *ti pu keitai* = was ist wo?). Gerade die heute verlorenen Bücher der Basilika sind nur durch den Tipukeitos bekannt.

Das Gesetzeswerk der Makedonier beschränkt sich nicht auf die Basilika, die keinen ihrer eigenen Erlasse enthalten. Schon Leon VI. veröffentlicht eine Novellensammlung, die das Recht den Verhältnissen der Zeit anpaßt. Seine Nachfolger veröffentlichen weitere Novellen, die auch dort, wo sie aus dem Justinianischen Recht längst verschwundene »institutiones« entnehmen, in vielen Punkten tiefgreifende Änderungen enthalten. Mit der *Peira* ist uns zudem eine konkrete Sammlung von Gesetzestexten überliefert, die Schüler des Richters Eusthatios Romanos im 11. Jahrhundert zusammengestellt haben. Wichtig ist die Sammlung vor allem wegen der Bedeutung, die die Byzantiner der Jurisprudenz und sogar dem lokalen Brauchtum beimessen, aber auch durch die ständigen Verweise des Richters auf die Basilika und auf die Novellen der Makedonier. Die *Peira* zeigt ein relativ leistungsfähiges Rechtssystem, in dem der sachkundige Richter nach Buchstaben und Geist des Gesetzes Recht spricht, ohne allzusehr die Macht eines vor Gericht Stehenden fürchten zu müssen. Ist Eustathios somit eine Ausnahme? Vielleicht, doch seine Haltung wird durch in Klosterarchiven erhaltene Urteile bestätigt. Und wenn ein Kloster gegen das Recht gewinnen konnte, so liegt der Grund dafür häufig in einer Intervention des Kaisers, der ein rechtmäßiges Urteil angefochten hat. Der Kaiser ist also in der Lage, dem einwandfreien Gang einer relativ gut organisierten und effektiven Verwaltung gegenzusteuern.

Die Religion

Der Bilderstreit

Die ikonoklastische Bewegung entsteht nicht zufällig; sie ist auch nicht das Werk eines Kaisers mit etwas sonderbaren religiösen Vorstellungen. Sie entsteht vielmehr aus dem Zusammentreffen latenter ikonoklastischer Tendenzen und der Reaktion auf den überzogenen Bilder- und Reliquienkult, der sich im 6. und 7. Jahrhundert im Orient entwickelt. Dazu gehören angemessene Ausdrucksweisen wie Ikonen in den Mönchszellen und ihre Beleuchtung mit Kerzen, wenn der Heilige gerade ein Wunder vollbracht hat. Die einen fallen vor den Ikonen auch auf die Knie, wobei sich der Vergleich mit dem Kniefall vor dem Kaiser aufdrängt, andere folgen einer Ikone in einer Prozession, um eine Gnade zu erwirken, und auch das Heer führt auf seinen Feldzügen immer eine Ikone mit. Dies kann bis zum Glauben an die selbst handelnde Ikone gehen – so habe das Christusbild von Edessa, »von seiner eigenen Hand gemalt«, die Belagerungsmaschinen des Feindes in Brand gesteckt. Fügt man die weite Verbreitung des Reliquienkults und die Gewohnheit hinzu, die Evange-

Die Mönche leben in Grotten, die ihnen als Zellen dienen und in denen sich beleuchtete Ikonen befinden; rechts der Anachoret Symeon Stylites, der 37 Jahre auf seiner Säule zugebracht haben soll (Vatikan-Museum, Rom).

lien, das Kreuz und die Darstellungen Christi sowie der Theotokos zu küssen, so wird verständlich, daß solche Auswüchse heftige Reaktionen auslösen konnten.

Immerhin entstehen im Orient auch zahlreiche ikonenfeindliche Bestrebungen, zunächst bei den Monophysiten; aber dieses Problem wird durch den Verlust der östlichen Provinzen auf radikale Weise gelöst. Dennoch kann sich der Monophysitismus in Kleinasien halten, und so taucht hie und da vielleicht sogar die Furcht vor einer neuerlichen Spaltung auf. An der für das Reich so lebenswichtigen Ostgrenze spielt der Ikonoklasmus bei den Paulikianern eine wesentliche Rolle, während sich Anfang des 7. Jahrhunderts eine starke Strömung in diesem Sinne bei den Armeniern entwickelt. Auch bei den Juden macht sich im 6. Jahrhundert eine immer unnachgiebigere Haltung bemerkbar, die alle Bildnisse, selbst die von Tieren, aus der Synagoge verbannen will. Das ist die Lage im Innern des Reichs. Schwieriger ist in diesem Zusammenhang der Einfluß des Islam zu erfassen, der zwar gegen Bildnisse, jedoch nicht wirklich ikonoklastisch ist. Sein Bilderverbot gilt nur für die Moscheen, nicht aber in den Palästen. Eine bilderfeindliche Bewegung entwickelt sich im übrigen im Omajadenkalifat und führt zwischen 721 und 724 zu einem Erlaß des Kalifen Jasid, der allerdings kaum Einfluß auf die Politik der Isaurier haben konnte.

Noch vor den ersten Aktionen des Kaisers arbeiten mehrere kleinasiatische Bischöfe wie die von Nakoleia in Phrygien und von Klaudiupolis in Bithy-

nien ikonoklastische Thesen aus. Beide weilen in Konstantinopel, als Leon III. 725 seine ersten bilderfeindlichen Ansprachen hält, womit er durchaus ein Risiko eingeht. Im Jahr 726 läßt er das Christusbild über dem Bronzenen Tor, das sich vom Palast aus auf Konstantinopel hin öffnet, zerstören. Da das Bildnis sehr beliebt ist, ist es dem Klerus ein leichtes, die Erbitterung der Massen zu schüren. Leon III. gibt nicht nach, dennoch bleibt Patriarch Germanos im Amt bis zum *Silention*, das am 7. Januar 730 im Saal der 19 *Akkabita* stattfand und mit einem ikonoklastischen Erlaß endet. Germanos dankt ab und wird

Der Engel der Heiligen Weisheit und der Glanz des wiederentdeckten Bildes: Nach den Verwüstungen der Ikonoklasten findet die religiöse Kunst zu neuem Ausdruck von ergreifender Inbrunst (Detail eines Mosaiks in der Hagia Sophia, 9. Jahrhundert, Konstantinopel).

durch den bilderfeindlichen Anastasios ersetzt. Dies ist der Moment, in dem Papst Gregor III. (731–741) den Ikonoklasmus verdammt. Dennoch bleibt die Bewegung gewaltfrei; es folgt eine lange Phase der Infiltration der Hierarchie, der nur die Klöster aufgrund ihrer »demokratischen« Organisation entgehen.

Diese Ruhe hält auch in den ersten Jahren der Herrschaft des Konstantin Kopronymos an; dabei ist auch er überzeugter Ikonoklast, noch dazu mit theologischen Ambitionen. Aber bis zur Eroberung von Melitene im Jahr 752 hat er andere Sorgen. Doch danach legt er großen Eifer an den Tag: Er hält ein Silention nach dem andern ab, und als der zu moderate Ikonoklast Anastasios stirbt, läßt Konstantin den Patriarchenthron vakant. Der Patriarch hatte noch mit dem Kaiser gemeinsam ein Dekret zur Einberufung eines Konzils unterzeichnet, das 754 in Hiereia in der Nähe von Chalkedon zusammentritt. Die Zahl von 338 versammelten Bischöfen kommt der Rekordmarke im Jahr 451 nahe, was für die Wirksamkeit der seit 730 eingeleiteten Politik spricht. Der Westen ist jedoch nicht vertreten, und Konstantinopel hat sich innerhalb der christlichen Welt isoliert. Die Dauer der Debatten zeigt, daß alle Entscheidungen reiflich vorbereitet wurden und die Debatten nicht nur synodale Fassade für den einer willfährigen Versammlung aufgezwungenen kaiserlichen Willen sind. Seine letzte Sitzung hält das Konzil in der von allen Bewohnern Konstantinopels hochverehrten Blachernenkirche ab; das Volk der Hauptstadt ist dieses Mal einverstanden.

Jetzt erst wird der Ikonoklasmus offizielle Kirchenpolitik, und der Kaiser wird nach der Tradition mit der Aufgabe betraut, die Befolgung der von der Kirche anerkannten Dogmen zu überwachen. Die gesamte Kirchenhierarchie steht auf seiner Seite, nur die Mönche bleiben hartnäckige Bilderverehrer. Immerhin verdanken viele Klöster ihren Ruhm als Wallfahrtsort und somit ihre Existenzgrundlage einer wunderwirkenden Ikone oder irgendwelchen Reliquien. Da weder Überredung noch Bestechung fruchten, läßt der Kaiser die bilderfreundlichen Mönche zunächst einmal isolieren, indem er ihre Verlegung in von der Außenwelt abgeschnittene Klöster fördert. Um das Jahr 760 werden dann Zwangsmaßnahmen eingeleitet: Klöster werden geschlossen und Mönche vertrieben, die zwar nicht ihre Überzeugung ablegen, aber auf das mönchische Leben und ihr Gewand verzichten müssen, denn gerade die Kutte hat im Volk die Vorstellung von heiligem Stand geweckt und damit den Trägern eine ihrer Zahl und ihrer Fähigkeit unangemessene Bedeutung verliehen. Michael Lachanodrakon, der Stratege der Thrakesier, hat sich dabei einen Namen gemacht – er wollte die Mönche zwingen, sich eine Frau zu nehmen. Der Auflösung der Klöster folgt die Konfiszierung ihrer Güter; insgesamt bleibt der Schaden jedoch gering. Selten wird physische Gewalt angewandt. So wird Stephanos Neos zwar der Menge ausgeliefert, die ihn steinigt, aber er hatte immerhin ein politisches Komplott gegen den Kaiser inszeniert. 766 werden zum Gelächter der Zuschauer Mönche und Nonnen paarweise durchs Hippodrom geführt, doch es hat in der Geschichte der Verfolgungen Schrecklicheres gegeben.

Die Auswirkungen des Ikonoklasmus einzuschätzen ist nicht leicht. Zwei Thesen stehen sich gegenüber. Die eine vertritt die Meinung, mit dem Ikonoklasmus habe sich der Kaiser die Ansichten der Kontingente der orientalischen Themen zu eigen gemacht, die Leon III. als ehemaliger Stratege der Anatoliken genau kannte. Auf diese Weise hätten sich die Kaiser das Vertrauen der Soldaten erhalten wollen, die in vorderster Front gegen die Armeen des Kalifats kämpften. Man habe also eine Wiederholung der unheilvollen Ereignisse des 7. Jahrhunderts verhindern wollen. Da die Soldaten im wesentlichen dem bäuerlichen Mittelstand angehörten, ist man zudem versucht, hier den Einfluß einer sozialen Gruppe zu sehen, die sich ihre Unterstützung des Reiches auf diese Weise entgelten lassen wollte. Als Beweis gilt die Rolle der Metropoliten Kleinasiens in den Anfängen der Bewegung. Dagegen sind die Bewohner der Hauptstadt im Jahr 726 mit Sicherheit noch Bilderverehrer – zum Teil sogar noch im Jahr 766. Andere Ansichten verweisen darauf, daß die Einheiten Kleinasiens, gerade während der Aufstände, die die Herrschaft der Isaurier durchziehen, in der Frage des Ikonoklasmus zumindest eine geteilte Meinung erkennen lassen, was die geopolitische Erklärung (Stärkung der Verteidigung gegen das Kalifat) ebenso in Frage stellt wie die gesellschaftliche (Bewegung mittelständischer Bauern). Die andere These, die davon ausgeht, daß ein Teil der Aristokratie Konstantinopels die Bewegung ins Leben gerufen hat, wirkt nicht überzeugender, zumal die Bevölkerung der Hauptstadt anfänglich eindeutig der Bilderverehrung zuneigt. Unweigerlich kommt man so zu einer individualistischen Erklärung, die im Ikonoklasmus die einsame Entscheidung der isaurischen Kaiser sieht, einen Zufall der Geschichte. Ein so spektakuläres und weitreichendes Phänomen derart personenbezogen zu erklären scheint allerdings wenig befriedigend; eine vollständige Klärung der Frage steht zwar noch aus, doch spricht einiges für eine Rückkehr zur geopolitischen und gesellschaftlichen Interpretation.

Der Ikonoklasmus setzt sich sicher nicht überall und nicht überall gleich stark durch. Seit Leons IV. Tod im Jahr 780 verfolgt seine Witwe Irene, die für ihren Sohn Konstantin VI. die Regentschaft ausübt, eine entgegengesetzte Politik. 786/787 beruft sie ein Konzil nach Konstantinopel, das den Ikonoklasmus und seine Schriften verdammt. Das ist ein Triumph der Mönchspartei, der »Zeloten«, die für das unter Konstantin V. Geschehene überreichlich entschädigt wird. So sieht sich Nikephoros, der Irene im Jahr 802 auf den Thron folgt und ebenfalls nicht im mindesten bilderfeindlich eingestellt ist, dennoch genötigt, die überzogenen Privilegien der Mönche, vor allem in steuerlicher Hinsicht, wieder zu beschneiden. Im religiösen Bereich war Irene kaum auf Widerstand gestoßen; sie konnte ohne Schwierigkeiten die Patriarchen ihrer Wahl durchsetzen. Die kirchliche Hierarchie, die sich den ikonoklastischen Kaisern unterworfen hatte, folgt auch der neuen kaiserlichen Politik. Die Leichtigkeit, mit der die Bischöfe dem Ikonoklasmus abschwören, ist irritierend, und als Leon der Armenier 813 den Thron an sich reißt, hat er keine Probleme, den Ikonoklasmus erneut zu etablieren. Im Jahr 815 hält er in der Hagia Sophia eine Synode ab, die sich zu den wesentlichen Bestimmungen von 754 bekennt; die kirchliche Hierarchie folgt wiederum fügsam. Dagegen leisten die Mönche diesmal um so erbitterter Widerstand, als sie in Theodoros von Studios einen dynamischen und geschickten Führer haben. In jedem Fall ist die zweite ikonokla-

Die Dreifaltigkeit im alten Testament: Abraham und Sarah empfangen die Engel (Ikone aus der ersten Hälfte des 15. Jahrhunderts; Eremitage-Museum, Leningrad).

stische Bewegung nicht so kraftvoll wie die ursprüngliche. Obwohl die Zwangsmaßnahmen an Härte zunehmen, obwohl nun auch Intellektuelle von Rang wie
Johannes Grammatikos oder Leon der Mathematiker sich zum Ikonoklasmus
bekennen, kann die Bilderfeindlichkeit die Massen nicht mehr mitreißen. Theophilos und sein Lehrmeister Johannes Grammatikos, der seit 837 Patriarch ist,
wollen zwar streng gegen die Ikonodulen vorgehen, aber es fehlt ihnen die
notwendige Unterstützung: In Europa hat sich die Bilderverehrung endgültig
durchgesetzt, und Kleinasien verweigert nunmehr dieser kaiserlichen Politik die
Gefolgschaft.

Kaum ist Theophilos am 20. Januar 842 gestorben, wird auf Drängen seiner
Witwe Theodora die Wiederherstellung des Bilderkultes eingeleitet, die 843 endgültig vollzogen ist. Die inneren Folgen des Bilderstreits wirken noch lange nach; den
ehemals ikonoklastischen Metropoliten begegnet man mit Mißtrauen, und noch
Ende des 9. Jahrhunderts ist die Erinnerung an den Bilderstreit präsent. Letztendlich gibt es für das Verschwinden des Ikonoklasmus keine bessere Erklärung als für
sein Entstehen: Der orientalische Einfluß wird geringer, seit das Reich durch die
Rückeroberung eines Teils der Balkanhalbinsel wieder zu seinem Gleichgewicht
gefunden hat. Die Verteidigung der kleinasiatischen Provinzen scheint besser
gesichert zu sein, obwohl sie noch immer auf den Stratioteneinheiten des Ostens
beruht. Mit Sicherheit bedeutet die Wiederherstellung des Bilderkults das Ende
der großen dogmatischen Auseinandersetzungen und eine tiefgehende Veränderung der Beziehungen zwischen Kirche und Kaiser zugunsten der weltlichen
Macht.

Der Patriarch

Trotz der wiederholten dogmatischen Irrtümer der Kaiser geht das Kaisertum
offensichtlich gestärkt aus der ikonoklastischen Krise hervor, während die kirchliche Hierarchie aufgrund ihres Wankelmuts gegenüber der weltlichen Macht an
Ansehen verliert. Selbst der Mann an ihrer Spitze, der Patriarch, ist nur ein Spielball
des kaiserlichen Willens, der sich unterwerfen oder zurücktreten muß und manchmal auch beides gleichzeitig. So büßt er wieder ein, was er innerhalb seiner Kirche
an Autorität gewinnt. Durch die ikonoklastische Krise werden alle Verbindungen
mit dem Papsttum unterbrochen, das nie aufgehört hat, die Häresie zu verdammen;
Rom wendet sich den Karolingern als neuen Schutzherren zu. Im ganzen Reich, der
oikumene, gibt es somit nur noch einen Patriarchen; der Titel des ökumenischen
Patriarchen setzt sich jetzt endgültig durch und gewinnt gleichzeitig seine eigentliche Bedeutung.

Die Abhängigkeit vom Kaiser wird bei der Nominierung des Patriarchen
besonders deutlich. Die Bischofssynode unterbreitet dem Herrscher eine Liste mit
drei Namen, die nur selten den Kandidaten des Kaisers nicht enthält – in diesem Fall
muß die Synode sich erneut an die Arbeit machen. Ist der Erwählte schon von einem

anderen Metropoliten zum Bischof erhoben worden – der Wechsel eines Bischofs an einen anderen Sitz ist grundsätzlich verboten –, dann nimmt der Kaiser im kaiserlichen Palast die Beförderung zum Patriarchen vor. Zeremoniell und verwendete Formeln sind die, die auch bei der Beförderung eines Beamten zur Anwendung kommen: Der Kaiser als bevorzugter Träger der göttlichen Gnade kann den Patriarchen ernennen. Darüber hinaus findet der Kaiser immer eine willfährige Synode, um diesen mit überzeugenden religiösen Argumenten abzusetzen. Selbst die größten Patriarchen müssen sich dem kaiserlichen Willen beugen, so Nikolaos Mystikos, der im Februar 907 verbannt wird, weil er sich der vierten Ehe Leons VI. widersetzt; Michael Kerullarios muß im November 1058 ins Exil, nachdem ihn auf Betreiben von Psellos eine Synode wegen einer Verschwörung gegen den Kaiser verurteilt hat, an der er tatsächlich maßgeblich beteiligt war.

Das Hin und Her zwischen Ignatios und Photios verdeutlicht wohl am besten, daß selbst der größte Patriarch gegen den kaiserlichen Willen nichts ausrichtet. Als Michael III. sich 858 von seinen lästigen Tutoren trennt, um allein zu regieren, stellt er sich in Gegensatz zur bis dahin praktizierten Politik und setzt Ignatios ab, einen schwächlichen Mann, der ganz im Bann der Zelotenpartei steht. An seine Stelle setzt er den wohl brillantesten Kopf seiner Zeit, den *Protoasekretis* Photios, einen hervorragenden Juristen, der sich auch um die Beseitigung der Folgen des Ikonoklasmus bemüht. Nachdem Basileios I. Michael III. im September 867 gestürzt hat, will er ebenfalls eine Wende einleiten. Deshalb setzt er als erstes den Patriarchen Photios ab und ernennt wiederum ... Ignatios; Photios muß in die Verbannung. Doch Basileios I. merkt schnell, daß er einen Fehler gemacht hat, und Photios kehrt als geachteter Ratgeber an den Hof zurück. Nach dem Tod von Ignatios am 23. Oktober 877 besteigt Photios wieder den Patriarchenthron. Als dann aber 886 Leon VI. nach dem Tod seines Vaters die Herrschaft ganz übernimmt, schickt er den mächtigen Geistlichen ein zweites Mal in die Verbannung, obwohl jener die Wunden, die der Ikonoklasmus geschlagen hat, geheilt und die Bulgaren unter Boris in den Schoß der Kirche geführt hatte.

Nichtsdestoweniger ist es falsch, im Patriarchen nur einen Lakaien im Dienst des Kaisers zu sehen. Zunächst einmal hat dieses System nur selten mittelmäßige, aber eine Vielzahl herausragender Persönlichkeiten gefördert, darunter in nur einem Jahrhundert Patriarchen wie Johannes Grammatikos, Methodios, Photios, Antonios Kauleas und Nikolaos Mystikos. Sicher bestimmt der Kaiser die Verteilung der Bischofssitze und wacht über die Ernennung von Bischöfen und Metropoliten; aber schon im 8. Jahrhundert geht diese Kontrolle in Wirklichkeit auf den Patriarchen über. Die Leitung der Kirche bleibt zwar vor allem im Bereich der Dogmen synodal, doch innerhalb der »ständigen« Synode der in Konstantinopel immer zahlreich vertretenen Bischöfe ist der Patriarch allmächtig. Im Jahr 1054 verbietet Michael Kerullarios sogar Konstantin IX. Monomachos die Teilnahme; zumindest in diesem Fall hat sich die Staatsräson dem kirchlichen Gebot gebeugt. Die Trennung von Rom und die Tatsache, daß die anderen Patriarchen sich zumeist außerhalb des kaiserlichen Hoheitsgebietes befinden, wirken sich für den Patriar-

Die hl. Anastasia (Ikone aus der zweiten Hälfte des 14. Jahrhunderts; Eremitage-Museum, Leningrad).

Der hl. Panteleimon (Ikone vom Anfang des 14. Jahrhunderts; Puschkin-Museum, Moskau).

chen günstig aus; er hat eine unangefochtene Macht über eine Hierarchie, deren hohe Würdenträger häufig ebenso brillant sind wie die aus der gleichen ›Kaste‹ hervorgegangenen oberen Staatsdiener, wogegen die unteren Ränge höchstens Mittelmaß bleiben.

Die Ausbreitung des Mönchtums

Die zuletzt getroffene Feststellung erklärt die wachsende Bedeutung jenes Teils des Klerus, der sich der Autorität der Patriarchen mehr oder minder entzieht, der Klöster. Dabei sind diese noch immer meist Bischöfen oder dem Patriarchen unterstellt. Aber die größten und mächtigsten unterstehen direkt dem Kaiser oder sind unabhängig. Vor der Zeit des Bilderstreits spielt das Mönchtum im Reich und in der Reichskirche nur eine untergeordnete Rolle, vor allem nach dem Verlust Syriens, Palästinas und Ägyptens, wo die berühmtesten Klöster liegen. 843 sind die Mönche, die schon die Großzügigkeit Irenes weidlich ausgenutzt hatten, dann die tatsächlichen Sieger. In der Folgezeit entstehen um den Olymp in Bithynien, auf dem Athos und um den Galesion richtige Mönchsrepubliken, die zwar am Rand der Gesellschaft und der Hierarchie leben, aber in allen Schichten der Bevölkerung unvergleichlich hohes Ansehen und Autorität genießen. Gleichzeitig triumphiert das *koinobion* als jene Klosterform, die am besten geeignet scheint, eine wirkliche Organisation hervorzubringen – jenen Kompromiß zwischen Isolation des einzelnen in seiner Zelle und dem Leben in der Gemeinschaft, den die *Laura* darstellt und dessen Prototyp die *megale laura* des Athanasios auf dem Athos ist.

Die Stellung des Mönchs in der Gesellschaft ändert sich von Grund auf; vorher noch ein Element am Rande, unstabil, umstritten, gegen die Hierarchie und fast revolutionär eingestellt, lebte der Mönch in der Isolation oder als wandernder Bettler. Die Klöster waren zwar zahlreich, doch zumeist arm und ohne Interesse an Reichtum und Gütern. Der Wechsel wird deutlich spürbar in den enormen Investitionen, die Athanasios in seinem Laurakloster vornimmt. Er läßt kilometerlange Wasserleitungen legen, um Mühlen zu betreiben und Felder zu bewässern. Bisher war den Mönchen die Verwaltung irdischer Güter fremd; sie waren zwar manchmal vermögend, vor allem seit dem Ikonoklasmus, aber unfähig, diese Güter zu verwalten, die sich selbst überlassen blieben. An der Wende vom 11. zum 12. Jahrhundert werden die Mönche zu ausgezeichneten Verwaltern, Athanasios ist ihr Vorläufer. Im 11. Jahrhundert greift die Kirche zur *Charistike*, das heißt, sie läßt die Klostergüter von weltlichen Verwaltern führen, deren Investitionskraft sie auf diesem brachliegenden Sektor benötigt. Im 12. Jahrhundert ist die Entwicklung abgeschlossen; das Mönchtum hat sich einen maßgeblichen Platz in der byzantinischen Kirche erobert, nicht nur geistig, sondern auch materiell. Anstelle der Intellektuellen übernehmen nunmehr die Mönche das Patriarchat. Ob das der Kirche insgesamt nutzt, ist allerdings fraglich.

Die Orthodoxie und die anderen Christen

Byzanz und die Christen des Ostens

Der Verlust der häretischen Provinzen des Ostens verändert auch die geistigen Strukturen innerhalb der orthodoxen Welt: die Orthodoxie wird perfekt, indem nun ein neuer Blickwinkel auf die nicht konformen Christen möglich wird. Der Häretiker bleibt weiter verhaßt, wird auch bisweilen noch verfolgt, aber die systematische Unterdrückung verschwindet mit der Erfahrung, daß ganze Reichsteile abtrünnig werden. Seit dem 7. Jahrhundert gibt es nur noch vereinzelt Häretiker, so daß ihre Abwehr eher politischen als religiösen Charakter zu haben scheint, wie das etwa bei den Monophysiten der Fall war.

Die Armenier bleiben teilweise ihren Positionen treu. Am Vorabend der moslemischen Expansion spaltet der Streit zwischen Monophysitismus und Orthodoxie eine Region, die gerade dieser Expansion am besten widerstanden hat, und der gemeinsame Kampf vertieft wieder das Gefühl christlicher Zusammengehörigkeit von Griechen und Armeniern. Es ist bekannt, daß zwischen dem 7. und 10. Jahrhundert zahlreiche Armenier im Reich siedeln, aber niemand weiß, wer zu den Häretikern und wer zu den Orthodoxen zählt – offensichtlich hat sich auch kaum einer der Armenier diese Frage gestellt. Dieser ungeklärte religiöse Status wie auch der ausgezeichnete Ruf der armenischen Soldaten haben Byzanz wohl seit Ende des 6. Jahrhunderts veranlaßt, den armenischen Flüchtlingen seine Grenzen weit zu öffnen, bedeuten sie doch eine willkommene Verstärkung des eigenen Heeres. Die armenische Volkszugehörigkeit steht dem Aufstieg in die höchsten militärischen und zivilen Ämter nicht im Weg. Es sei an die großen Feldherren erinnert wie Vahan (Baanes) unter Herakleios, Tadjat Adzevatzik (Tatzates), der unter Konstantin V. die Bulgaren besiegt hat, und im 10. Jahrhundert Johannes Kurkuas. Im 9. Jahrhundert fließt das armenische Element in die herrschenden Dynastien ein: Theodora, Gattin des Theophilos, ist armenischer Herkunft, und Basileios, der Begründer der makedonischen Linie, ist der Sohn eines armenischen Einwanderers und bemächtigt sich unter anderem mit Hilfe armenischer Verbündeter des Throns. Mit den großen Usurpatoren Romanos Lakapenos und Johannes Tzimiskes wird der armenische Charakter der Dynastie im 10. Jahrhundert noch verstärkt. Diese hochgestellten Persönlichkeiten werfen im allgemeinen keine religiösen Probleme auf, da sie fast immer der Orthodoxie angehören, und es bleibt bis ins 11. Jahrhundert selten, daß jemand wegen seiner armenischen Herkunft angegriffen wird; so wird Leon V. nur wegen seiner ikonoklastischen Haltung als »Mischling aus Armenier und Assyrer« bezeichnet. Als der armenisch-georgische Feldherr Gregorios Pakurianos, der Begründer des Klosters in Petritzos (Bačkovo) in Bulgarien, dort im 11. Jahrhundert griechische Mönche ausschließt, kommt niemand auf den Gedanken, darin eine religiös motivierte Handlung zu sehen; wie jeder andere Provinzgewaltige hat er ein Kloster nur für seine orthodoxen Landsleute bauen lassen. Aber das Urteil über die Armenier wandelt sich, als diese in großen Scharen mit ihrem

Adel und der gesamten kirchlichen Hierarchie nach Anatolien einwandern, denn die Zugehörigkeit dieser Stämme zum monophysitischen Glauben ist offensichtlich. Alte Vorurteile werden wieder wach: So zählt Mitte des 11. Jahrhunderts der wohlhabende Kappadokier Eustathios Boïlas die Armenier zu jenen »Ungläubigen«, deren »Religion und Sprache fremd« sind.

Die Syrer sind noch eindeutiger Anhänger der Häresie, was allerdings nicht ganz auf diejenigen zutrifft, die im Reich, vor allem in Kilikien, leben. Wie die Armenier sind etliche unter Justinian II. nach Thrakien umgesiedelt worden, zu denen auch der spätere Leon III. zählt: Als er sich zum Ikonoklasmus bekennt unterstreicht man auch seine syrische Abstammung. Im 10. Jahrhundert besiedeln jedoch jakobitische Syrer die entvölkerten Grenzregionen. Aufgrund des vorhandenen Mißtrauens werden sie in wenig problematischen Gebieten wie Mesopotamien angesiedelt, während ihnen beispielsweise Kilikien oder der Norden Syriens verwehrt bleiben. In Antiocheia werden sie verfolgt, und hie und da werden sogar ihre heiligen Bücher verbrannt. Tatsächlich hatte man die Hoffnung, daß die Jakobiten sich nach ihrer Neuansiedlung allmählich der Orthodoxie zuwenden würden; das erklärt die in Mesopotamien herrschende Toleranz, die zwischen 936 und 1072 die Entstehung zahlreicher syrischer Bistümer und Klöster ermöglichte: In dieser Zeit werden dreißig Bischofssitze und sechsundfünfzig Klöster erstmals namentlich erwähnt. Um 1029 wird offensichtlich jede Hoffnung auf Bekehrung begraben, denn es setzt eine landesweite Verfolgung ein, und auf der Synode des Jahres 1030 wird der jakobitische Monophysitismus einmal mehr verdammt. Doch die Nachstellungen bleiben gemäßigt, da man von dieser reichen Gruppe einen Beitrag zur Grenzverteidigung erhofft. Mitte des Jahrhunderts sind sogar wieder Syrer in Kilikien bis hin nach Antiocheia anzutreffen.

Türkeninvasion und Kreuzzug scheinen die intoleranten Vertreter der Orthodoxie in ihrem Urteil zu bestätigen: Die Grenzverteidigung bricht zusammen, da sich die Jakobiten mit ihren Brüdern aus den islamischen Ländern verbünden, während sich die Mehrzahl der Armenier auf die Seite der Franken schlägt. Durch diese Katastrophe verliert aber auch das Problem der orientalischen Häretiker an Bedeutung, denn im Reich existieren nur noch einzelne umgesiedelte häretische Gruppen, denen man mit äußerstem Mißtrauen begegnet, vor allem den Armeniern, die man oft mit den Paulikianern in einen Topf wirft, mit denen sie sich insbesondere in der Gegend um Philippupolis vermischen. Anna Komnenc spricht in diesem Zusammenhang von »jenem anderen trüben Strom, den die Armenier bilden«. Im 12. Jahrhundert ist die Politik der Ausgrenzung an die Stelle der Verfolgung getreten; seit Alexios Komnenos entstehen in den byzantinischen Städten für Häretiker »Ghettos« wie für die Juden. Erzbischof Demetrios Chomatenos von Bulgarien begründet das zu Beginn des 13. Jahrhunderts so: »Sie sollen nicht mitten unter den Christen, sondern getrennt von ihnen leben; daher wird jedem dieser Völker innerhalb oder außerhalb der Städte ein entsprechendes Gebiet zugewiesen.« Auf diese Art wird der Bann über sie gesprochen, so daß die Tendenz zur Bekehrung gefördert wird. Kurz zuvor hatte der Kirchenrechtler Theodoros

Die Dreifaltigkeit (Ikone von Andrej Rubljev, Anfang des 15. Jahrhunderts; Galerie Tretiakov, Moskau).

Balsamon den Orthodoxen untersagt, in den Kirchen der Abtrünnigen zu beten und Andersgläubigen die Teilnahme an Sakramenten und den Zutritt zu den orthodoxen Kirchen verboten. Die Orthodoxie verfolgt die Häretiker nicht mehr, sondern drängt sie an den Rand.

Die Mission und die Bekehrung der Slawen

Gegen die Südslawen und die Bulgaren setzt Byzanz nicht nur seine Streitkräfte ein, sondern die kaiserliche Offensive findet auch auf kulturellem, religiösem und ideologischem Gebiet statt. Die Verbreitung des Christentums hat Byzanz schon erfolgreich gegen andere Völker ausgenutzt. Seit ihrer Ansiedlung werden die Südslawen mit dem Vordringen des Christentums von Konstantinopel oder anderen byzantisch gebliebenen Zentren aus konfrontiert wie Thessalonike, Athen, Monemvasia, Patras, Dyrrhachion, Antibari, Kotor, Ragusa, Split und Zadar, um nur einige zu nennen. Wir wissen kaum etwas über die Bedeutung, die die neue Religion auf diese Weise erringen konnte, und nichts über den Einfluß, den die im Innern der Halbinsel verbliebene christliche Bevölkerung auf die heidnischen Neuankömmlinge gehabt hat. Den spärlichen Quellen zufolge ist das Ergebnis bis ins 9. Jahrhundert eher dürftig, mit Ausnahme vielleicht der südlichen Gebiete der Halbinsel. Es scheint, als habe Herakleios (610–641) gegen Ende seiner Herrschaft zwei römische Priester nach Dalmatien entsandt, um die Slawen des Hinterlandes zu bekehren. Die Mission ist jedoch nur von kurzer Dauer und bleibt praktisch ohne Auswirkungen. Die übrigen Hinweise, über die wir verfügen, sind bruchstückhaft: So ist Patriarch Niketas von Konstantinopel (766–780) slawischer Abstammung, und nach dem Feldzug, den Staurakios nach Griechenland bis auf die Peloponnes unternimmt, muß ein Teil der dort siedelnden Slawen Anfang des 9. Jahrhunderts die Taufe hinnehmen, so beispielsweise im Gebiet von Patras. Die von Rom aus organisierte Christianisierung der Kroaten beginnt mit der Frankenherrschaft. Nach der Niederlassung der Bulgaren im südlichen Donauraum kommt es auch hier vereinzelt zu Bekehrungen, wobei diese wie bei den Slawen nicht an die Taufe gebunden sind. Die Taufe bildet zwar den Höhepunkt, nicht aber den Schlußpunkt dieser Entwicklung der Christianisierung; danach sind noch eine Reihe von Maßnahmen erforderlich, die die Kirchenstruktur, liturgische Fragen, die in der Kirche zu verwendende Sprache und auch die Beziehungen zwischen Fürst und Kirchenleitung betreffen.

Dennoch kommt der Taufe sowohl in religiöser als auch in politischer Hinsicht große Bedeutung zu. Gemäß der Vorstellung der Zeit tritt mit dem Fürsten dessen ganzes Volk zur neuen Religion über, verläßt somit die Welt des Barbarentums, um ein fester Bestandteil der einzigen und wahren ökumenischen Kirche zu werden, an deren Spitze der Kaiser der Römer als Gottes Stellvertreter auf Erden steht. Mit der Taufe wird der Fürst samt seinem Volk in die Reihe der christlichen Staaten aufgenommen und erhält damit das, was man heute als »internationale Anerkennung« bezeichnet. Obwohl Bulgarien und die slawischen Länder innerhalb der

Ein Kloster in der Wüste: das Sabas-Kloster in Palästina. Abseits von Gesellschaft und kirchlicher Hierarchie genießen diese »Mönchsrepubliken« großes Ansehen in der Bevölkerung.

Hierarchie der christlichen Staaten nur einen bescheidenen Platz einnehmen, so hat damit doch ein entscheidender Umbruch stattgefunden.

Das Christentum breitet sich seit Mitte des 9. Jahrhunderts rasch aus, was für Byzanz gleichbedeutend ist mit einer kulturellen Renaissance. Photios, der seit 858 Patriarch ist, veranlaßt mehrere christliche Missionen, die den kulturellen und politischen Einfluß von Byzanz auf dem Balkan, in Rußland und in Mitteleuropa untermauern.

Zwischen 862 und 863 wendet sich Fürst Rostislav von Mähren (846–870) mit der Bitte um Entsendung von Priestern an Byzanz. Dabei geht es ihm nicht um die Bekehrung seines Landes, das sich dem Christentum schon geöffnet hat, sondern um die Vermittlung des christlichen Glaubens in slawischer Sprache, die Festigung seines Volkes im neuen Glauben und die Schaffung einer unabhängigen Kirche mit eigener Hierarchie. Sein Ziel ist es, Mähren vom politischen Druck der Franken, Bajuwaren und Bulgaren zu befreien. Konstantin Kyrill leitet die byzantinische Mission in Mähren unter Mithilfe seines Bruders Methodios. Das Brüderpaar entstammt einer hochrangigen byzantinischen Beamtenfamilie aus Thessalonike, beide hatten schon als Kinder die slawische Sprache erlernt und verfügten über ausgedehnte Erfahrungen als Missionare. Konstantin schuf mit der Entwicklung des *glagolitischen* Alphabets die erste slawische Schrift und hat die Evangelien und die liturgischen Texte in den makedonisch-slawischen Dialekt übertragen. 863 kommen die beiden Brüder nach Mähren; ihr missionarisches Werk wird ein großer Erfolg, vor allem weil das Slawische in die Liturgie Eingang findet. Allerdings wird schnell der Mangel an jungen Missionaren und Priestern spürbar. Auf der Suche nach geeigneten Kräften fahren Kyrill und Methodios nach Konstantinopel. Unterwegs machen sie am Plattensee in Pannonien bei Fürst Kocelj Station, der großes Interesse an ihren Unternehmungen zeigt. In Venedig erwartet sie dann eine Einladung nach Rom, wo sie von Papst Hadrian II. (867–872) mit gebührenden

Mönche bei der Arbeit und im Gebet (Handschrift aus dem 11. Jahrhundert; Biblioteca apostolica Vaticana, Rom).

Ehren empfangen werden. Der Papst billigt ihr Werk und auch die Benutzung des Slawischen in der Kirche, trotz des Widerstands der Vertreter der »Drei-Sprachen-Tradition«, die in der Liturgie nur das Griechische, das Hebräische und das Lateinische zulassen wollen. Im Jahr 869 stirbt Konstantin Kyrill in Rom. Kurz darauf ernennt der Papst seinen Bruder Methodios zum Erzbischof von Sirmium. Die neue Diözese ist wesentlich ausgedehnter als die frühere: Sie reicht bis nach Mähren hinein und umfaßt Gebiete, die der Erzbischof von Salzburg für sich beansprucht. Dieser widersetzt sich der päpstlichen Entscheidung und läßt Methodios 873 ins Gefängnis werfen. Papst Johannes III. (872–883) befreit ihn, und Methodios kann endlich nach Mähren reisen, aber gegen den hartnäckigen Widerstand des fränkischen Klerus, des Erzbischofs von Salzburg und vor allem des Bischofs Wiching von Nitra muß er zeitlebens ankämpfen. Methodios stirbt 885, und sein Werk erweist sich als kurzlebig, denn schon im Winter 885/886 werden sein Nachfolger Gorazd und dessen Schüler aus Mähren verjagt.

Teils infolge des byzantinischen Drucks, teils aus politischer Überzeugung erklärt sich *khan* Boris von Bulgarien (852–889) im Jahr 864 bereit, zum Christentum Konstantinopels überzutreten. 866 empfängt er mit der Taufe auch den Namen seines Paten, des Kaisers Michael. Doch diese Geste bringt Boris seinem Ziel, eine selbständige, *autokephale* Kirche zu bilden, nicht näher. Er wendet sich nach Rom, doch auch hier verschließt man sich seinen Wünschen. Die Lage wird noch verworrener, als sich der Papst und Patriarch Photios nach einer anderen politisch-religiösen Auseinandersetzung um die Diözese Bulgarien streiten. Dieser Streit zwischen Rom und Konstantinopel um die bulgarische Kirche endet 870, als das von Kaiser Basileios I. (867–885) und Patriarch Ignatios einberufene Konzil, trotz der Proteste der römischen Abgesandten, zugunsten von Byzanz entscheidet. Bulgarien verbleibt somit endgültig im Lager der Orthodoxie, die der bulgarischen Kirche eine gewisse Autonomie einräumt, die jedoch weit hinter den Erwartungen des *khan* Boris zurückbleibt: Der bulgarische Erzbischof wird vom Patriarchen von Konstantinopel ernannt und von den Diözesanbischöfen geweiht, innerhalb der byzantinischen Hierarchie bekleidet er einen außergewöhnlich hohen Rang.

Die Serben und die Slawenstämme des Hinterlandes – die Diokleier, Trebunier, Kanaliten, Zachlumier und wenig später die Narentaner oder »Pagani« – erkennen die byzantinische Oberhoheit schon zu Beginn der Herrschaft Basileios' I. an und bekehren sich endgültig zum Christentum, indem sie durch Legaten aus Konstantinopel getauft werden.

Bulgarien und die slawischen Fürstentümer unterliegen immer mehr dem byzantinischen Einfluß; dieser wird noch spürbarer, als die aus Mähren vertriebenen Schüler von Konstantin und Methodios in Dalmatien, Bulgarien und Makedonien eintreffen.

Khan Boris von Bulgarien empfängt sie mit offenen Armen, denn sie bieten ihm die Möglichkeit, sich der Vorherrschaft Roms und Konstantinopels gleichermaßen zu entziehen, zumal sie der Art von Klerus entsprechen, den er sich für seine Kirche wünscht. Ohne Rücksicht auf den Papst oder den Patriarchen bildet Boris nach eigenem Gutdünken die ersten sieben bulgarischen Bistümer. Unter Zar Peter sind es schon achtundzwanzig. In den Klöstern Pliska und Patleina (Sankt Panteleemon) gründet Nahum in der Tradition von Kyrill und Methodios eine literarische Schule, die so bekannte Schriftsteller wie Hrabar Cernorizec, Johannes den Exarchen und Konstantin von Preslav hervorbringt; Klemens hält sich schon 886 in Ochrid auf und ist dreißig Jahre lang in Makedonien sehr aktiv. Er hat eine Reihe ins Slawische übersetzte Bücher mitgebracht, insbesondere den *Nomokanon*. Er ist auch weiterhin als Übersetzer und Schriftsteller tätig. Fast 3500 Schüler besuchen seine Schule, in der er sogar der makedonischen Bevölkerung die Grundlagen der Landwirtschaft vermittelt. Er benutzt nun nicht mehr das glagolitische, sondern das neue kyrillische Alphabet, das einfacher und leichter in der Anwendung ist. Auf diese Weise gelingt es, das Werk der »Lehrmeister« und das der »Apostel der Slawen« zu retten: Sie vermitteln den Südslawen und Bulgaren die Schrift und legen so den Grundstein slawischer Kultur und Literatur. Hier zeigt sich die Größe byzantinischer Politik in einer für die Slawen wegweisenden kulturellen Errungenschaft, die noch heute nachwirkt.

Es sind vorwiegend politische und praktische Gründe, die die bulgarischen und slawischen Fürsten mit ihren Bojaren und Archonten in die Arme des Christentums führen. Auf der Stufe ihrer gesellschaftlichen, wirtschaftlichen, kulturellen und vor allem staatlichen Entwicklung stellt das monarchische Prinzip von Byzanz in ihren Augen eine Idealvorstellung dar. So wie die Kirche an der Spitze des einzigen und universellen Reichs, das dem Himmelreich nachgebildet ist, den Kaiser als einzigen Herren duldet, der wiederum in der Kirche seine gewichtigste Stütze hat, so gründen auch diese Fürsten ihre Staatsauffassung auf eine Universalität, die auf die Grenzen des eigenen Staates beschränkt ist; die angestrebte Kirchenorganisation in diesen Fürstentümern folgt derselben Vorstellung. Die Bekehrung zum Christentum beschleunigt allerdings nur eine schon begonnene Entwicklung, die davon zwar beeinflußt, aber nicht bestimmt wird, und deren spezifische Ausprägung häufig durch Byzanz angeregt wird.

Symeon setzt die Religionspolitik seines Vaters fort. Einiges deutet darauf hin, daß er in den letzten Jahren seiner Herrschaft die bulgarische Landeskirche zum Patriarchat erhoben hat. Das ist deshalb wahrscheinlich, da nur ein Patriarch das Recht hat, den Kaiser zu krönen und zu salben. Byzanz verleiht Peter den Titel *basileus* von Bulgarien und Erzbischof Damian die Würde eines Patriarchen. Damit hat sich die bulgarische Kirche konstituiert. Es kündigen sich jedoch erste Widerstände an, hervorgerufen durch die katastrophale Wirtschaftslage des Landes, gerichtet aber auch gegen den wachsenden Einfluß der etablierten Kirche. Die Unzufriedenheit des Volkes findet ihren Ausdruck in einer Häresie, die nach einem Popen Bogomil benannt wird; die Bogomilenbewegung, die auf einer dualistischen Konzeption orientalischen Ursprungs beruht, verurteilt die wachsende Macht der Kirche im Staat, die übermäßigen Reichtümer des Klerus sowie die kontinuierliche Vergrößerung der Klostergüter. Ihre Lehre breitet sich zunächst in Bulgarien, dann vor allem in Makedonien aus, greift aber schnell auf den Balkan, Serbien, Bosnien und sogar Byzanz über, von wo sie ihren Ausgang genommen hatte.

Das Schicksal der bulgarischen Kirche ist eng mit dem des Staates verknüpft: Nach der Besetzung des Landes im Jahr 971 wechselt der Sitz des Patriarchen ständig, bis er sich dann unter Samuel in Ochrid etabliert.

Mit Beginn der zweiten Hälfte des 9. Jahrhunderts erfaßt die bulgarische Kirchenorganisation das gesamte Staatsgebiet und hat die Unabhängigkeit von Byzanz erreicht. Das gilt jedoch nicht für die übrigen Südslawen; noch lange nach der Konvertierung bleiben ihre kirchlichen Zentren unter der Oberhoheit fremder Städte. So untersteht an der Adria das Bistum Ston der Metropole Split, die seit langem die Hoheit Roms anerkennt; Diokleia und Nordalbanien sind Suffragan-Bistümer der Metropole Dyrrhachion, die zum Patriarchat von Konstantinopel gehört. Im Inneren der Halbinsel bleiben die Bischofssitze von Belgrad, Braničevo und Niš im 9. und 10. Jahrhundert bei der bulgarischen Kirche. Die Lage ändert sich entscheidend, als Basileios II. Anfang des 11. Jahrhunderts den Balkan zurückerobert und ein autokephales Erzbistum Bulgarien schafft.

Die slawischen Christengemeinden bis zum 12. Jahrhundert

Zu Beginn des 11. Jahrhunderts erfährt das politische und religiöse Leben der Südslawen einen tiefen Bruch. Nach seinem Triumph in den Jahren 1018/19 hat Byzanz den Süden völlig unterworfen und den Nordwesten der Halbinsel als

David und Goliath auf einem armenischen Relief von der im See Van gelegenen Insel Achtamar (Detail des Steinplattenbelags in der Heilig-Kreuz-Kirche; 10. Jahrhundert).

Vasallen in seine Abhängigkeit gebracht. Mit der Schaffung des Erzbistums Ochrid hat Basileios II. eine Entscheidung von historischer Tragweite getroffen. Er hat das unter Symeon und Samuel gebildete Patriarchat auf den Rang eines autokephalen Erzbistums reduziert, dem er einen speziellen Status innerhalb der byzantinischen Kirche verleiht. In den Jahren 1019/1020 erhält der neue Erzbischof durch drei *Chrysobulle* außergewöhnliche Vorrechte: Er wird direkt vom Kaiser ernannt und untersteht ihm unmittelbar, nicht dem ökumenischen Patriarchen; innerhalb der kaiserlichen Hierarchie bekleidet er eine höhere Stellung als die übrigen Bischöfe, er kommt zudem in den Genuß beträchtlicher finanzieller und wirtschaftlicher Vorteile und unterliegt nicht der Überwachung durch Rechts- und Verwaltungsbehörden. Das neue Erzbistum umfaßt ein riesiges Territorium, das von der Donau bis nach Thessalien und vom Rila-Gebirge bis zur Adria reicht – seine Grenzen entsprechen denen, die Bulgarien unter Symeon und Peter hatte. Auf diese Weise schafft Basileios drei Probleme aus der Welt: Er kann eine Ausdehnung des Gebietes ebenso wie einen Machtzuwachs des Patriarchats von Konstantinopel verhindern, er schont den slawischen Klerus und die örtliche Aristokratie, die die byzantinische Oberhoheit anerkennen, und er behält eine Diözese unter seiner Kontrolle, in der immerhin ein Großteil der slawischen Bevölkerung des Balkan lebt.

Zum ersten Erzbischof von Ochrid wird Johannes ernannt, ein slawischer Mönch, der wahrscheinlich auch der letzte Patriarch unter Samuel und dessen Erben war. Doch schon um 1030 kommt es zu einem bedeutsamen Wechsel. Sein unmittelbarer Nachfolger an der Spitze des Erzbistums Ochrid wird der Grieche Leon, der in der Residenz Ochrid die prächtige, mit Fresken geschmückte Basilika der Hagia Sophia bauen läßt. Er ist der erste einer langen Reihe griechischer Erzbischöfe, die eine »Byzantinisierung« und Hellenisierung ihrer Kirche ebenso nachdrücklich verfechten wie den Erhalt der mit dem Bistum verknüpften Sonderrechte. Die Briefe der beiden herausragenden Erzbischöfe, des Theophylaktos vom Ende des 11. Jahrhunderts und des Demetrios Chomatenos Anfang des 13. Jahrhunderts, belegen zweifelsfrei eine derartige Politik. Diese Erzbischöfe haben für die slawischen Gläubigen nur Verachtung übrig. Theophylaktos sieht sich im Exil in Ochrid, wo »Mord, Haß und alle anderen Laster« herrschen. Die Bewohner der Stadt beschreibt er als »Wesen ohne Köpfe,

Der kaiserliche Adler (Flachrelief aus Mesopotamien).

die weder Gott noch den Menschen ehrerbietig sein können« und die seinen Gesang genießen wie »Esel die Laute«.

Das Gebiet der Diözese ändert sich im 11. und 12. Jahrhundert; den Chrysobullen des Basileios II. zufolge zählt die Kirche von Ochrid einunddreißig Bistümer, die der Kaiser zum Teil von den Metropolen Thessalonike, Naupaktos, Larissa und Dyrrhachion abgetrennt hat. Aber seine Nachfolger ordnen diese Bistümer fast ausschließlich wieder ihren ursprünglichen Zentren und dem Patriarchat von Konstantinopel zu. Trotz dieser Gebietseinbußen halten die Vertreter der Kirche von Ochrid ihre Metropole für eine der bedeutendsten auf dem Balkan und im gesamten Reich. Diese Einschätzung kommt auch in dem Titel zum Ausdruck, den sie sich seit Mitte des 12. Jahrhunderts zulegen: Johannes Komnenos, Neffe des Kaisers Alexios I., dessen hohe Herkunft die Bedeutung Ochrids unterstreicht, unterzeichnet im Jahr 1157 die Dokumente einer Synode, die in Konstantinopel stattgefunden hat, mit »Erzbischof von Justiniana Prima und ganz Bulgarien«. Der Gedanke an eine Verbindung zwischen Ochrid und Justiniana Prima taucht 1157 erstmals öffentlich auf, ist jedoch das Ergebnis der ehrgeizigen Bemühungen des Ochrider Klerus seit dem 11. Jahrhundert, die in der Forderung gipfeln, die gesamte Rechtsgewalt der früheren Justiniana Prima auf Ochrid zu übertragen.

Die Ochrider Kirche verdankt ihren Einfluß nicht nur ihrer geistlichen Macht, sondern auch soliden wirtschaftlichen Grundlagen. Sie besitzt eine stattliche Zahl Paroiken, ganze Dörfer, Bergweiden, fischreiche Seen, Weinberge, Mühlen und ähnliches mehr. Im 11. und 12. Jahrhundert stützt sich die byzantinische Macht auf dem Balkan auch auf die Klöster, die sich in Bulgarien und vor allem in Makedonien stark vermehren und die neben ihrer weitreichenden religiösen Ausstrahlung auch über beträchtlichen Grundbesitz verfügen. Unter den alten Klöstern, die immer noch blühen, sind vor allem das von Rila und das Georg-Kloster in der Nähe von Skopje zu nennen; in byzantinischer Zeit erhalten einige von ihnen weitere beträchtliche Schenkungen durch den Kaiser und andere Feudalherren, so das Kloster von Prohor am Pčinja-Fluß, das Kloster des Gabriel von Lesnovo, das des Joannikios von Osogovo, die georgische Stiftung von Bačkovo und das Eleusa-Kloster nahe Strumica. Mit der Zeit wächst die Unzufriedenheit der unterworfenen slawischen Bevölkerung, zum einen wegen der Hellenisierungswelle, aber auch als Folge der Steuerlast, die durch die Entwicklung des Feudalsystems und das Ansteigen der Militärausgaben immer drückender wird. Dies erklärt auch das Ausmaß der Aufstände, die Ende des 12. Jahrhunderts auf dem Balkan ausbrechen.

Zu Beginn des 11. Jahrhunderts ändert sich auch die Lage der Serben grundlegend. Wie in den Chrysobullen von Basileios II. erwähnt, ist das von Serben bewohnte Territorium kirchlich in die Bistümer Belgrad, Braničevo, Niš, Lipljan, Prizren und Ras (die Kirche der Apostel Peter und Paul, die nahe dem heutigen Novi Pazar liegt) unterteilt, die alle der Jurisdiktion von Ochrid unterstehen. Hinzu kommen die Suffragan-Diözesen der Metropole Dyrrhachion: Diokleia, Shkodër (Skutari / Skadar), Drišt (Drivasto), Pilot, Ulcinj (Dolcigno) und Bar (Antibari).

Damit befinden sich auch die serbischen Gebiete im Einflußbereich von Byzanz, und das autokephale Erzbistum Ochrid wird zum Stützpfeiler byzantinischer Macht auf dem Balkan.

Wie bei den Bulgaren folgt auch bei den Serben auf die Unabhängigkeit von Diokleia (Zeta) die Schaffung eines nach außen unabhängigen Kirchenzentrums. In der zweiten Hälfte des 11. Jahrhunderts wird das Bistum Bar, das von der Neretva bis zur Bojana (Buna) reicht und im Innern das Bistum Ras umfaßt, aus der Kirchenmetropole Dyrrhachion ausgegliedert und zum Erzbistum erhoben. Dies ist das erste autonome kirchliche Zentrum auf serbischem Gebiet.

Die byzantinische Offensive gegen Serbien zur Zeit der Komnenen reduziert die Verbindung zu den Zentren der Adriaküste; unter anderem wird das Bistum Ras nun wieder der Rechtsprechung der Ochrider Kirche unterstellt.

Die Erhebung der Bulgaren und der Serben und ihre Staatsgründungen Ende des Jahrhunderts führen aus dem geschichtlichen Verständnis der Zeit heraus zur Schaffung unabhängiger Nationalkirchen. Angesichts der häufig gespannten Bezie-

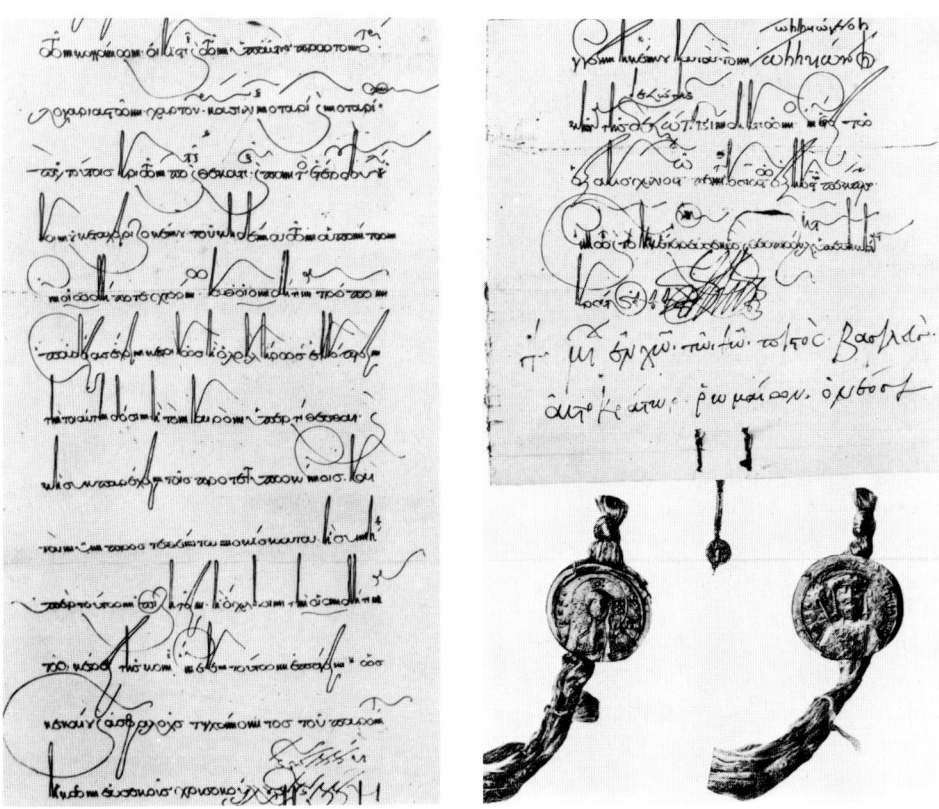

Ein Chrysobull: eine offizielle Urkunde, gesiegelt mit einer Goldbulle mit dem Bildnis des Kaisers, die mit Seidenfäden befestigt ist; hier ein Privileg, das Michael VI. 1057 dem Kloster Laura auf dem Berg Athos gewährt hat (Archiv von Laura).

Der See Shköder (Scutari), unweit der Adria, zwischen Jugoslawien und Albanien.

hungen zu Byzanz wenden sie sich nach Rom, wo das Papsttum an Einfluß und Macht gewonnen hat.

Von Papst Innozenz III. erhält Kalojan nach langen diplomatischen Verhandlungen das Pallium und die Würde eines Primas von Bulgarien für die Erzdiözese Trnovo. Die bulgarische Kirche hat damit die Unabhängigkeit von Konstantinopel erreicht, aber auch die von Rom, obwohl die Oberhoheit des Papstes anerkannt wird.

Ständiger Mittelpunkt der serbischen Kirche bleibt das Bistum Ras; hier wird der in Diokleia geborene und katholisch getaufte Stephan Nemanja erneut getauft, diesmal nach orthodoxem Ritus. Sein Lebenslauf spiegelt die Stellung der serbischen Länder wider: Durch ihre Ausdehnung vom Innern der Halbinsel bis zur Adriaküste unterliegen sie sowohl orthodoxen als auch katholischen Einflüssen. Während sich Diokleia unter Vukan Rom zuwendet, gehen die ersten Maßnahmen Stephan Nemanjas und seines jüngsten Sohnes Sava zum Aufbau einer autonomen Kirche auf byzantinische Vorstellungen zurück. Die beiden gründen zwei fürstlich dotierte Klöster auf dem Berg Athos. Nemanjas Sohn Stephan, sein unmittelbarer Thronfolger, empfängt die Krone zwar von Rom, doch die Autokephalie der serbischen Kirche mit ihrem ersten Erzbischof Sava wird in Nikaia ausgerufen, der Exilhauptstadt des Reichs und des byzantinischen Patriarchats. Man darf nicht vergessen, daß der vierte Kreuzzug die Lage auf dem Balkan gründlich verändert hat und Byzanz erst sehr viel später und unter anderen Voraussetzungen dorthin zurückkehrt.

Das Christentum in Rußland

Der Eintritt der Russen in die christliche Völkergemeinde ist das Ergebnis einer langen Entwicklung, die in der zweiten Hälfte des 9. Jahrhunderts beginnt und mit der Taufe der Kiever Bevölkerung in den Wassern des Dnjepr, wahrscheinlich am 15. August 989, ihren Schlußpunkt erreicht.

Die Existenz von Christen innerhalb der russischen Bevölkerung wird eindeutig durch den russisch-byzantinischen Vertrag von 944 belegt, in dem es heißt: »Alle, die wir getauft worden sind, haben wir bei der Kirche des Heiligen Elias in der Kathedrale und in der Gegenwart des Heiligen Kreuzes und dieser Charta geschworen, alles zu befolgen, was geschrieben steht.« Das christliche Element in der unmittelbaren Umgebung des Fürsten ist so stark, daß in seiner *družina* die Heiden ebenso wie die Christen den Eid auf den Vertrag ablegen müssen, um dessen volle Rechtskraft zu sichern.

In die Herrscherfamilie dringt der christliche Glaube, als Fürstin Olga, die Witwe Igors, aus persönlicher Überzeugung bekehrt wird – höchstwahrscheinlich nicht anläßlich ihres Besuchs in Konstantinopel im Sommer 957, sondern Ende 959 in Kiev.

Doch erst mit Vladimir und den Geschehnissen in Byzanz während der Jahre 987 bis 989 findet der offizielle Übertritt Rußlands und seines Fürsten statt. Vladimir, der durch einen blutigen Bürgerkrieg die Macht über das Land gewonnen hat, sucht nach einer ernstzunehmenden und dauerhaften ideologischen Grundlage. Zunächst versucht er es mit Perun, dem Gott des Blitzes, dessen Verehrung er durchsetzen will, indem er ihm die Hauptgötter der übrigen slawischen Stämme zur Seite stellt. Doch nachdem er in den Bürgerkrieg eingegriffen hat, der in Byzanz als Folge des Aufstandes von Bardas Skleros und Bardas Phokas gegen die legitimen Herrscher Konstantin VIII. und Basileios II. tobt, nutzt er die Lage aus und erreicht

Die Begräbniskapelle im bulgarischen Bačkovo.

seine und seines Volkes Taufe und die Heirat mit einer purpurgeborenen Prinzessin. Der Metropolit Theophylaktos führt in Kiev die entsprechenden Verhandlungen zu einem Abkommen, das die Entsendung eines Expeditionskorps von 6000 Varägern vorsieht. Mit dessen Unterstützung können die legitimen Herrscher eine Entscheidung herbeiführen; danach wird die Taufe des russischen Fürsten, vermutlich am 15. Mai 989 in Cherson, vollzogen, ebenso die Hochzeit mit der Porphyrogennetin Anna, der Schwester Konstantins VIII. und Basileios II. Nach der Rückkehr von Vladimir und Anna folgt dann am 15. August 989 in Kiev die Taufe der Bevölkerung im Dnjepr.

Rußland ist damit eine religiöse Metropole geworden, die dem Patriarchat von Konstantinopel unmittelbar untersteht, und gehört seitdem zu den christlichen Staaten, über denen der Kaiser steht. Die offizielle Übernahme des byzantinischen Christentums durch Vladimir hat weitreichende religiöse und kulturelle Folgen. Als Metropole in direkter Abhängigkeit von Konstantinopel ist Rußland offen für den religiösen Einfluß durch das Reich; das Amt des Metropoliten in Rußland übernehmen Griechen, mit Ausnahme von Hilarion (1051–1054) und Klemens von Smolensk (1147–1155). Zum Zeitpunkt der Mongoleninvasion (1240) gehören zum Sitz des Metropoliten schon sechzehn Bistümer.

Neben dem weltlichen Klerus entwickelt sich in Rußland auch das mönchische Leben; innerhalb der Städte oder in ihrem Umkreis entstehen die ersten Klöster, deren berühmtestes das Laurakloster zu den Grotten in Kiev ist. Antonios († 1073) hat es in der zweiten Hälfte des 11. Jahrhunderts in der anachoretischen Tradition gegründet, organisiert wurde es nach zenobitischen Prinzipien durch Theodosios († 1074), der ihm die Regel des Studiosklosters von Konstantinopel auferlegte. Das Kloster spielt im religiösen und politischen Leben des Landes bald eine bedeutende Rolle. Das Laurakloster zu den Grotten von Kiev (*Pečerskaja Lavra*) ist das erste russisch konstituierte Kloster und Vorbild für alle nachfolgenden, denen es seine Klosterregeln und Gebräuche übermittelt, so wie es sie selbst über die Vermittlung des Heiligen Berges (des Athos) von Byzanz übernommen hat.

Die bedeutendste Folge der russischen Bekehrung zum Christentum liegt in der tiefen und endgültigen Hinwendung des Landes zur religiösen Tradition des Ostens, die vom Metropolitensitz in Kiev und vom Laurakloster zu den Grotten gefördert wird. Durch die Eingliederung in den byzantinischen Einflußbereich öffnet sich Rußland auch jener Zivilisation, deren Träger das Reich ist.

Das Übergewicht des byzantinischen Einflusses äußert sich zunächst in der Kunst: Vladimir und Jaroslav rufen griechische Künstler nach Kiev, um dort die ersten Kirchen zu bauen und auszumalen – die Zehntkirche, insbesondere aber die Kathedrale Hagia Sophia und die Kirche Mariä Himmelfahrt des Klosters zu den Grotten werden bis nach Novgorod nachgebaut.

Im Bereich der Literatur ist das Gewicht der altslawischen Schriften unverkennbar, die Kyrill und Methodios sowie ihre Schüler in Mähren und später auch in Bulgarien verbreitet haben. Doch auch hier scheint uns der byzantinische Einfluß von allergrößter Bedeutung zu sein: An der Kiever Sophienkirche richtet Jaroslav

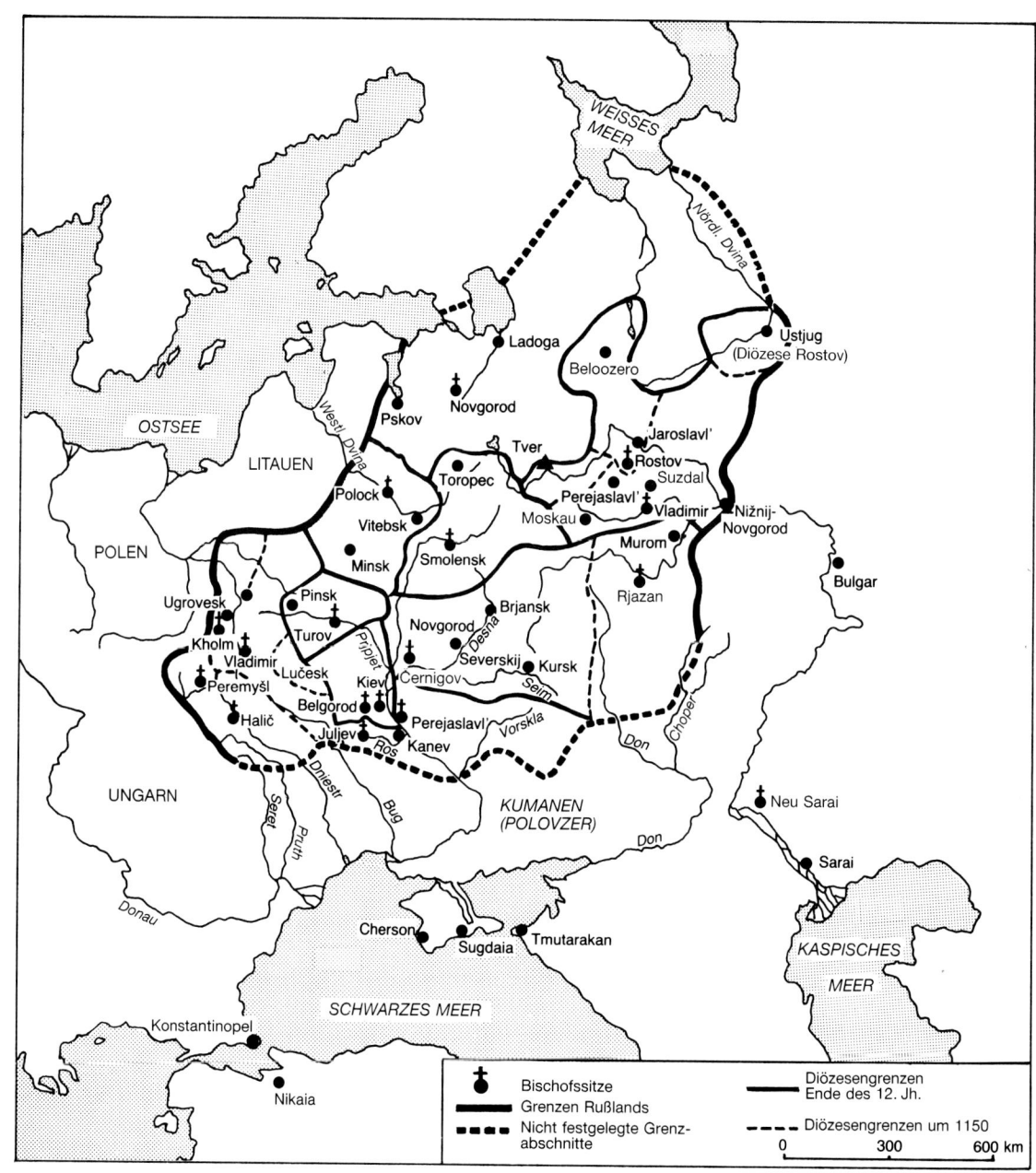

Bischofssitze im Kiever Reich.

ein erstes Zentrum für Übersetzungen ein, in dem Schriftgelehrte unmittelbar mit byzantinischen Handschriften arbeiten. Auf diese Weise werden zwischen dem 11. und 12. Jahrhundert in Kiev etwa vierzig griechische Werke übersetzt.

Der starke Einfluß der byzantinischen Literatur verhindert allerdings nicht die Entstehung von Originalwerken von hohem Wert, wie etwa der *Predigt über Gesetz und Gnade* des russischen Metropoliten Hilarion oder der *Erzählung von vergangenen Zeiten* über die Anfänge Rußlands, an der Nestor und Sylvester, zwei Mönche des Klosters zu den Grotten, mitwirken; es folgen das *Paterikon*, eine Sammlung von Heiligenriten aus dem Laura-Kloster, die *Belehrung* des Vladimir Monomachos an seine Söhne und andere Werke.

Rußland hat damit gleicherweise seine Ursprünglichkeit bewahren können und sich Einflüssen von außen geöffnet, unter anderen auch westlichen. So finden zwar in der Architektur immer häufiger Ziegelsteine Verwendung, aber dennoch bleibt das Holz nach wie vor das wichtigste Baumaterial für öffentliche wie private Gebäude und auch für Kirchen – die bedauerlicherweise fast völlig verschwunden sind. Im Bereich der Literatur hat sich die russische Geisteshaltung im *Igorlied*, das möglicherweise aus der Kiever Epoche stammt, oder etwa in den epischen *Bylinen* niedergeschlagen, deren älteste Zyklen aus Kiev und Novgorod wahrscheinlich auf die gleiche Epoche zurückgehen. Schließlich darf auch der Einfluß des Abendlandes nicht vergessen werden: In Kiev sind vor allem die Werke der Tschechen sehr bekannt.

Rußland, das im 11. und 12. Jahrhundert völlig in der byzantinischen und orthodoxen *oikumene* aufgeht, zieht seinen Nutzen aus der reichen byzantinischen Kultur, bewahrt dabei jedoch seine kulturelle Eigenständigkeit und bleibt empfänglich für andere angrenzende Kulturen. In der Kiever Epoche stellt Rußland eine Klammer zwischen Orient und Okzident dar, wie beispielsweise die Heiratspolitik des Fürsten Jaroslav belegt: Einer seiner Söhne heiratet die Tochter des Konstantin Monomachos und eine Tochter den König Heinrich I. von Frankreich.

Byzanz und das abendländische Christentum

Die arabische Invasion bietet für Byzanz auch eine Gelegenheit, sich besser gegenüber dem lateinischen Christentum abzugrenzen. Der in der *Ekthesis* festgelegte Kompromiß hat keine Bedeutung mehr, denn die Monophysiten leben in ihrer Mehrzahl nun außerhalb der Reichsgrenzen. So verurteilt das 6. ökumenische Konzil 680/681 den Monotheletismus, und die Beziehungen zu Rom normalisieren sich wieder, eine Tradition, an der sich im Grunde bis Ende des 12. Jahrhunderts nichts ändert; selbst zur Zeit des Bildersturms bleiben die Päpste bis zum Fall Ravennas treue Verbündete des Reichs. Nicht einmal die angeblichen Schismen, etwa das unter Photios zwischen 858 und 869 oder das des Kerullarios nach 1054, führen jemals zum völligen Bruch. Heute weiß man, daß die beiden christlichen Welten bis zum Vorabend des vierten Kreuzzugs immer auf eine Verständigung gehofft haben.

Trotz später verwendeter Stereotype, die sich uns aus heutiger Sicht aufdrängen, ist dieses überraschende Festhalten an der Einheit möglich, weil während der gesamten Zeit nicht ein einziger entscheidender dogmatischer Streit zwischen beiden Kirchen entbrennt. Zur Zeit des Bildersturms verdammt Gregor III. zwar die neue Lehre, doch beschäftigt dies die Gemüter im Abendland kaum, wo man vorher der übertriebenen orientalischen Bilderverehrung mit einigem Argwohn begegnet war: Das ist auch noch der Standpunkt Karls des Großen, der die kanonischen Bestimmungen des zweiten Konzils von Nikaia 787 sehr ungnädig aufnimmt. Und dennoch wird die Kluft zwischen beiden Christenheiten immer offensichtlicher. Sie führt zu territorialen und politischen Konflikten, liegt jedoch vor allem in den großen Mentalitätsunterschieden zwischen Ost und West.

Die territoriale Position Roms im 8. Jahrhundert ist ohne Zweifel schwach. Für Herrscher wie Leon III. und Konstantin V., die über die Todfeinde von Reich und Christenheit triumphieren, ist die überlieferte Idee eines Kaiserreichs und einer Kirche, die gemeinsam der Sache des Glaubens dienen, kaum vereinbar mit einem instabilen Papsttum, das vor moslemischen Piraten und kleinen langobardischen Königen zittert. Einem Reich, das zwischen Balkan und Anatolien allmählich sein Gleichgewicht findet, entspricht eine Übereinstimmung zwischen religiösem Wirkungsbereich der Orthodoxie, des Patriarchats von Konstantinopel, und dem Territorium uneingeschränkter kaiserlicher Herrschaft. Nur so kann jene Einheit von Vorstellung und Handlung erreicht werden, die Gott seinen weltlichen Vertretern – dem Reich und der Kirche – auferlegt. Die arabischen Eroberungen haben im Osten eine Erweiterung des kaiserlichen Patriarchats zu Lasten von Antiocheia ermöglicht; um so störender ist es nun, daß die Provinzen im Süden Italiens und vor allem das Illyrikum, das den größten Teil des Balkans ausmacht, einem in den Mauern einer weit entfernten und zerfallenen Stadt eingeschlossenen römischen Phantom unterstehen, das zweifelsohne nicht mehr zur Verwirklichung des göttlichen Plans beitragen kann. Leon III. unterstellt diese ausgedehnten Gebiete dem Patriarchat von Konstantinopel. Mit diesem entscheidenden Schachzug sammelt er alle Kräfte der Orthodoxie zu einer Zeit, da das Reich politisch seine Blüte erreicht; den Päpsten bleiben nur wirkungslose Proteste. Aber hier liegt auch der Grund für die Expansion der Orthodoxie in slawisches Gebiet hinein, die im 9. Jahrhundert die Beziehungen zu einem gestärkten Papsttum weiter vergiftet, das dieselben Heiden bekehren will. In den Jahren 862/863 gehört Papst Nikolaus I. noch nicht zu den bedingungslosen Feinden des Photios, doch dann ruft die unmißverständliche Erneuerung der römischen Ansprüche auf das Illyrikon den Kaiser und den Patriarchen auf den Plan, und die klare Ablehnung durch die beiden treibt den Papst in das Lager der Gegner des Photios. Auch der Übertritt der Mähren, Bulgaren, Polen und Ungarn zum Christentum wird von bitterem römisch-orthodoxem Wettstreit begleitet. Die Absicht von Papst Gregor VII., die Hoheit über Süditalien und möglichst auch über das Illyrikon wiederzuerlangen, ist einer der Beweggründe für das Bündnis, das er im 11. Jahrhundert mit den Normannen schließt, denn Rom konnte sich nie mit dem in seinen Augen räuberischen Akt abfinden. Als Innozenz

Die Sophienkirche in Kiev, wo im 11. und 12. Jahrhundert im Übersetzerkolleg, das
Jaroslav gegründet hat, etwa 40 byzantinische Handschriften aus dem
Griechischen übertragen werden.

III. trotz seiner persönlichen Überzeugungen die Ergebnisse des vierten Kreuzzugs
offiziell anerkennt, tut er das in der Überzeugung, daß dadurch ein seinen Vorgän-
gern widerrechtlich entwendetes Gebiet wieder in den Besitz des Papstes kommt.

Die geographische Herausbildung zweier Christenheiten entspricht im übrigen
nicht nur politischen Ambitionen oder dem Gefühl einer auferlegten göttlichen
Mission. Schon seit langem verstehen und erleben die Christen des Orients und des
Okzidents ihre Religion so unterschiedlich, daß vom 7. Jahrhundert an ihre einzige
gemeinsame Grundlage in der Lehre selbst liegt. Doch wenn alles nicht mehr
übereinstimmt – Gebräuche, Liturgie, Kalender, Formen der Frömmigkeit und
selbst kanonisches Recht –, dann beginnt man eines Tages am Glauben der Brüder
zu zweifeln, die einem immer fremder werden. Zu Beginn der großen Kirchenspaltung entwickeln sich zwei Arten, das Christentum zu erleben, zu zwei unterschiedlichen Denkweisen.

Häufig sind es winzige Kleinigkeiten aus dem religiösen Alltag, derer sich
Lateiner und Orthodoxe jeweils beschuldigen. Einzelne Feste werden schon seit
langem nicht mehr am selben Tag begangen, zu vielen Heiligen wird nicht mehr zur
selben Zeit gebetet. Gebete und Rituale sind oft sehr unterschiedlich; in der
Fastenzeit wird bei den Lateinern beispielsweise jeden Tag die Messe gelesen,
während die Orthodoxen dies nur samstags und sonntags tun; an den übrigen Tagen
beschränken sie sich auf die Präsanktifikatenliturgie, wobei am Vorsonntag geweihte Hostien verwendet werden. Auch bei einigen Sakramenten ändert sich das

Ritual; als Nachwirkung des Arianismus wird das Neugetaufte im Westen nur einmal eingetaucht, während der Orient das dreimalige Eintauchen beibehält. In der Orthodoxie erteilt der Priester die Firmung im Anschluß an die Taufe, in der lateinischen Kirche firmt der Bischof die Kinder erst in einem gewissen Alter. Die Lateiner erregen sich wiederum, daß das Bußsakrament in der Ostkirche allein den Mönchen vorbehalten ist.

Die Taufe des russischen Fürsten Vladimir in Cherson
(Miniatur aus der Chronik Radziwill).

Man ereifert sich jeweils über die Gebräuche des anderen. Die der Tradition verhaftete Ostkirche verwendet nur gesäuertes Brot, die Lateiner feiern die Kommunion mit ungesäuertem Brot. Die Ostkirche verbietet seit dem 7. Jahrhundert das Fasten am Samstag, den der Westen in der Fastenzeit einhält. Dieser ist wiederum aufgebracht, daß die orthodoxen Kleriker einen Bart tragen und heiraten, während die Orientalen mit Abscheu auf die bartlosen römischen Priester blicken, die sich dem Zölibat verpflichten. Vom 11. Jahrhundert an bezichtigt man sich gegenseitig verstärkt unchristlicher Praktiken. Einige Orthodoxe empfinden die liturgischen Gesänge der Lateiner als »barbarisch«, die römischen Kultgegenstände als »profan«, das Fasten am Samstag und die Verwendung von Wappen als »hebräisch«, das Zölibat der Priester weckt in ihnen die Erinnerung an den Manichäismus. Theologen und Kirchenrechtlern ist allerdings bewußt, daß es hier nicht nur um Äußerlichkeiten geht; aufbauend auf einer gemeinsamen Grundlage hat nun jede Kirche ihr eigenes Recht, dessen Wurzeln und dessen Geist immer weiter auseinanderstreben. Rom wie Konstantinopel erkennen die Disziplinarkanones der ersten sieben ökumenischen Konzilien an, das achte von 869 hat jedoch nur im Westen Geltung, und jede Kirche hält nun eigene »Generalkonzilien« ab. Beide wählen aus den lokalen Konzilien (Synoden) oder aus den Entscheidungen eines Konzils das aus, was ihnen zusagt: So erkennt etwa Rom gewisse Kanones des Konzils von Serdica (Sofia) aus dem Jahr 343 an, andere wiederum finden nur im Osten Zustimmung. Nicht anders verfährt man mit den alten kanonischen Sammlungen, die hie und da akzeptiert oder abgelehnt werden. Am schwersten wiegt aber die Beibehaltung eines öffentlichen Rechts im Osten: Seit ihrer Gründung hat die orthodoxe Kirche, deren höchster Auftrag mit dem des Reichs identisch ist, Elemente des öffentlichen Rechts übernommen, um das Kirchenrecht in rationaler Weise aufzubauen. Vom 6. Jahrhundert an entwickelt sich so der *Nomokanon*, der unterschiedslos kirchliche wie auch kaiserliche Rechtsbestimmungen enthält, zu einer spezifisch östlichen Art von Rechtssammlung, die regelmäßig an Veränderungen im Recht angeglichen wird. Dagegen schöpft das kanonische Recht Roms vor allem aus den bischöflichen Dekretalen, sieht man einmal von den Kapitularien Karls des Großen ab. Daraus entstehen als gegenseitige Vorwürfe, daß die orthodoxe Kirche einer cäsaropapistischen Macht untertan sei, während die römische Kirche eine Monarchie darstelle, die das Geistige der Machtgier irregeleiteter Bischöfe opfere.

Einzeln genommen wären Gebräuche, Disziplinarbestimmungen und kanonische Regeln erträgliche Abweichungen voneinander, aber jede der beiden Kirchen sieht darin ein Ganzes, das sie als Ausdruck wahren Christentums für sich beansprucht. In diesem Zusammenhang sind die Beschlüsse des Konzils wichtig, das 691/692 in Konstantinopel tagt, um die Kanones des fünften und sechsten ökumenischen Konzils miteinander in Einklang zu bringen und deshalb als Quinisextum in die Geschichte eingegangen ist. Das gesamte kanonische Recht der Orthodoxie beruht auf diesen Beschlüssen, die Rom nie akzeptiert, was schließlich im Jahr 710 zum Bruch mit Byzanz führt.

Beide Kirchen berufen sich fortan auf ein eigenes Korpus von Richtlinien und Bräuchen, das sie natürlicherweise der jeweils anderen aufzwingen wollen. Über Jahrhunderte hinweg stellen sich beide taub; Rom beruft sich in dieser Zeit auf Texte, die Byzanz nie anerkannt hat, während die Ostkirche Kanones heranzieht, die die Westkirche immer abgelehnt hat; in diesem Zusammenhang gehört auch die Frage nach dem Primat. Byzanz hat bekanntlich Rom immer als das erste Patriarchat betrachtet, und im 7. und 8. Jahrhundert verstärkt sich diese Haltung, denn im Kampf gegen die Häresien scheint Rom die letzte Rettung zu sein. Noch im 9. Jahrhundert berufen sich die traditionalistisch eingestellten Parteigänger des Photios auf das Recht, Rom anzurufen. Aber die Lage ändert sich, als sich Nikolaus I. gegen Photios, den rechtmäßigen Patriarchen, wendet und dessen Rivalen Ignatios unterstützt. Auch wenn ein Teil der Orthodoxie aus Eigennutz zunächst die Anrufung Roms begrüßt hat, so werden nach Überwindung der Krise aus vormaligen Widersachern schnell Verbündete gegen jede römische Einmischung in die inneren Angelegenheiten des Patriarchats. Anfang des 10. Jahrhunderts stößt Leon VI. auf einhellige Ablehnung, als er Rom anruft, um die Anerkennung seiner vierten Eheschließung zu erreichen, die den orthodoxen Kanones zufolge ungültig ist. Für Byzanz ist der dem Papst zugebilligte Primat ein reiner Ehrentitel, der jede Einmischung in die Angelegenheiten des anderen Patriarchats ausschließt. Und da sich Rom ständig auf seine Apostolizität beruft, erkennt Byzanz im 9. Jahrhundert offiziell die Legende an, derzufolge der Thron von

Konstantinopel auf den Apostel Andreas zurückgeht. Noch schwerer wiegt die Frage, ob Rom, das sich des Rechtsmißbrauchs schuldig gemacht hat, nicht auch einem falschen Dogma anhängt: Vertreten die Lateiner nicht zunehmend, daß der Heilige Geist sowohl vom Vater als auch vom Sohn ausgehe, obwohl er den Kanones des Konzils von Nikaia zufolge nur vom Vater ausgeht? Gewiß, Rom hat sich lange gesträubt, und erst Karl der Große hat Papst Leo III. dazu gebracht, das neue Dogma anzuerkennen, das sich nach der Synode von Aix im Jahr 809 im gesamten Abendland verbreitet. Es stimmt auch, daß nicht alle Orthodoxe gegen die lateinische Formulierung sind, so daß der dogmatische Streit bis ins 12. Jahrhundert sehr gemäßigt bleibt. Und die bis etwa 1050 anhaltende Schwäche des Papsttums schließt eine Einmischung ohnehin aus. Doch der Konflikt bricht aus, als Rom durch die gregorianische Reform wieder gestärkt wird und diese – ein weiterer Beweis für das gegenseitige Unverständnis – den byzantinischen Provinzen Süditaliens aufzwingen will. Selbst der Brief von Basileios von Ochrid an den Bischof von Trani, der den Grundstein für die Spaltung des Jahres 1054 bildet, erwähnt das dogmatische Problem noch mit keinem Wort und beschränkt sich auf eine Kritik der lateinischen Sitten und Gebräuche. Im 12. Jahrhundert ist das Abendland noch nicht wirklich häretisch, sondern nur »doppeldeutig«; aber die Kriege und die Kreuzzüge tragen dazu bei, daß es einem Osten, der seine christliche Authentizität proklamiert, immer fremder wird.

Die »Göttliche Liturgie« zeigt, wie Christus selbst den Aposteln das Abendmahl reicht (Fragment eines Fresko, 11. Jahrhundert; Kloster Rila, Bulgarien).

Welche Kultur?

Der Keim der Erneuerung

Die Krisenstimmung im 6. und 7. Jahrhundert vertieft und beschleunigt den von der Gesetzgebung Justinians geförderten kulturellen Wandel. Doch in einer Welt, die vorwiegend durch die religiöse Kultur geprägt wird, entwickeln sich die Dinge nicht so, wie sie der große Kaiser vorhergesehen hat. Die weltlichen Wissenschaften und die klassische Erziehung leisten nachhaltigen Widerstand, entziehen sich jedoch der politischen Kontrolle, indem sie sich mehr und mehr aus der Hauptstadt zurückziehen. Dort dämmern die Schulen vor sich hin, ohne völlig zu verschwinden, während die aufgesplitterte und oft blutleere Tradition sich in den weiter entfernten und wohl recht zahlreichen Zentren hält, obgleich in den Quellen nur wenige namentlich erwähnt sind. In seiner Autobiographie berichtet Ananias von Shirak, ein um 670 gestorbener Armenier, daß sein Lehrmeister Tychikos, ein um 560 in Trapezunt geborener Grieche, drei Jahre in Alexandreia, ein Jahr in Rom und mehrere Jahre in Konstantinopel unter der Anleitung eines Gelehrten aus Athen studiert hat. Trotz inständiger Bitten des Patriarchen Sergios weigert er sich jedoch, in Konstantinopel zu lehren und zieht es vor, nach Trapezunt zurückzukehren, wohin ihm Ananias, der seinerseits auf die Reise in die Hauptstadt verzichtet, folgt, um dort acht Jahre sein Schüler zu sein. Die kulturelle Leere in Konstantinopel ist so groß, daß der Patriarch seine Studenten zur Weiterbildung nach Trapezunt schickt. Andere Quellen zeigen, daß diese Stadt kein Einzelfall ist und daß das Studium überall streng klassisch bleibt: So enthält die Bibliothek des Tychikos nur wissenschaftliche und geschichtliche Werke, Chronologien, medizinische Abhandlungen und andere »profane Bücher«. Auch wenn nun häufig die Heilige Schrift studiert und vor allem die Psalmen gelesen werden, entzieht sich der aus privaten Dozenten bestehende Lehrkörper doch völlig der religiösen Macht, die – allen anderen Behauptungen zum Trotz – die Krise nicht zu nutzen vermag, um eigene Lehranstalten zu gründen. Bedenkt man, daß die Schriften uns nur Aufschluß über die weiterführenden Schulen geben, so bleibt eigentlich alles beim alten. Die Kontinuität in der Verwaltung zwingt zu dem Schluß, daß neben dieser Eliteausbildung weiterhin jene bescheidenen Schulen fortbestehen, in denen man Lesen, Schreiben und Rechnen sowie Kurzschrift lernt; immer häufiger werden die Absolventen dieser Schulen direkt in den Staatsdienst übernommen. Dieses niedere, auf die Bedürfnisse der Verwaltung zugeschnittene Bildungsniveau prägt lange vor der Bilderkrise die herrschende Klasse von Byzanz wesentlich stärker als die alte *Paideia*.

Noch deutlicher wird dies während des Ikonoklasmus, jener Zeit der Suche nach dem Geist des ursprünglichen Christentums und der Selbstbehauptung des Reichs. Aber der Ikonoklasmus ist an sich kein Gegner von Kultur; man denke nur an Konstantin V., den Theologen und Philosophen, und an die latente Bilderfeindlichkeit aller großen Geister Ende des 8. und Anfang des 9. Jahrhunderts. Vielmehr mußten die ikonoklastischen Herrscher die schwerste militärische Krise in der byzantinischen Geschichte bestehen, und ihre ärgsten Feinde kamen aus der traditionellen Oberschicht, die als einzige Ansätze klassischer Kultur bewahrt hatte. In dieser Notlage kann den Kaisern nicht daran gelegen sein, dem Gegner noch die Waffen blankzuputzen, indem sie die alte Kultur fördern. Dagegen wird die Primarschule, die häufig auch der bisherigen Oberschicht als Reservoir diente, nun zur Grundlage eines bescheidenen Beamtenstandes, der das neue Gerüst des Staates bildet. Die Bilderfeinde mögen zwar die klassische Kultur nicht, aber zerstört haben sie sie auch nicht. So ist es auch nur eine üble Nachrede späterer Zeit, daß Leon III. die Universität von Konstantinopel mit allen Professoren und Studenten verbrannt haben soll. Zur Richtigstellung tragen unfreiwillig die Heiligenriten jener Zeit bei, in denen der Bildungsweg der jeweiligen Helden beschrieben wird: Stephanos Neos, Johannes und Nikolaos von Studios – der spätere Patriarch Nikephoros –, sie alle widmen sich den traditionellen literarischen und wissenschaftlichen Studien, deren Struktur seit Jahrhunderten unverändert geblieben ist. Festzuhalten bleibt, daß – als Reaktion auf die »praktische Ausbildung« der Staatsdiener – die Oppositionellen, die die *Paideia* bislang argwöhnisch als Quelle des Heidentums betrachteten, sich ihrer nunmehr rühmen und Ende des 8. Jahrhunderts zu ihren Hauptvertretern zählen. Der Ikonoklasmus hat also weder die Bildungslosigkeit (*apaideusia*) noch die Ignoranz (*amathia*) gefördert, sondern zwei Wesenszüge der mittelalterlichen Welt fixiert: den Fortbestand einer kulturellen Grundlage, die für eine wirksame Führung und Verwaltung des Staates unverzichtbar ist, und die fortschreitende Angleichung von klassischer Kultur und Orthodoxie.

Die Renaissance des 9. Jahrhunderts

Darüber hinaus steht der Ikonoklasmus am Beginn jenes bedeutsamen kulturellen Aufbruchs, der das 9. Jahrhundert prägt. Da die offizielle Lehrmeinung radikal abgelehnt wird, kommt es zu einer der größten theologischen Debatten in der Geschichte, in der beide Seiten nach methodischen Ansätzen und Argumenten in den alten Schriften suchen müssen. Als erste müssen dies wohl die Gegner des Ikonoklasmus tun: Zu Beginn des 8. Jahrhunderts richtet Johannes von Damaskus die aristotelische Dialektik, die er schon einmal in der Auseinandersetzung mit dem Manichäismus und dem Islam angewendet hat, gegen den Ikonoklasmus und entwickelt eine Theologie des Bildes, die in wesentlichen Punkten auf platonisches Gedankengut zurückgreift. Da die Schriften der Ikonoklasten weitgehend vernichtet sind, scheinen sie nicht Schritt gehalten zu haben. Aber im 9. Jahrhundert erkennen sie die Erfordernisse: Um 815 beauftragt Leon V. Johannes Grammatikos, alle alten Werke zusammenzutragen, die als Rechtfertigung für die offizielle Lehrmeinung dienen können. Das Vorhaben fördert zwar lediglich die Kanones des ikonoklastischen Konzils von 754 wieder zutage, doch es führt immerhin zur

Erneuerung der Palastbibliothek und zeigt, daß Johannes eine relativ gebildete Gruppe um sich versammelt hat, der Aristoteles und womöglich Platon nicht fremd sind. Johannes gilt selbst als furchterregender Dialektiker; vor seiner Patriarchenzeit zwischen 837 und 843 ist er vor allem Lehrer des Theophilos, des letzten ikonoklastischen Herrschers und gebildetsten Geistes seiner Zeit. Aus dem gemeinsamen Bedürfnis beider Seiten, den eigenen religiösen Standpunkt zu untermauern, entwickelt sich zunächst eine Kultur, die beiden Parteien praktischen Nutzen bringt. Aber mit Theophilos erscheint ein Persönlichkeitstyp wieder, der seit über zwei Jahrhunderten verloren gegangen war, ein Geist, der Kultur nicht nur benutzt, sondern auch Gefallen daran findet.

Das trifft auch auf die rätselhafte Person von Leon dem Mathematiker zu, die Verkörperung der byzantinischen Renaissance und folglich allen suspekt. Zu Beginn des Jahrhunderts in der Hauptstadt geboren, kehrt Leon Konstantinopel und seinem unzureichenden Angebot in Rhetorik, Philosophie und Arithmetik rasch den Rücken; auf einer langen Irrfahrt durch das Reich, die ihn von Kloster zu Kloster führt, erfährt er seine Ausbildung. Später unterrichtet er als Privatgelehrter in Konstantinopel, bevor Theophilos ihm innerhalb des Palastes einen öffentlichen Lehrauftrag erteilt. Von einer Wiedergeburt der Universität kann sicher noch nicht die Rede sein, da die Lehre von einer Person abhängig ist, aber ein Anfang ist gemacht. Um 840 wird Leon Metropolit von Thessalonike; sein Ruf als führender Mathematiker und Astronom dringt sogar bis nach Bagdad. Es entwickelt sich eine Beziehung zu dem Kaiser Bardas, dem Onkel des Kaisers Michael III., der ihm die Lehre der Philosophie im Magnaura-Palast anvertraut, wo neben Leon ein Grammatiker, ein Magister der Geometrie und ein Lehrer der Astronomie lehren. Der Magnaura-Palast ist, ob man ihn nun als Universität sieht oder nicht, eine kostenlose Hochschule mit so beachtlicher Ausstrahlung, daß die Zeitgenossen am liebsten alle großen Geister mit ihr in Verbindung bringen möchten. So berichtet die *Vita slavonia* des Konstantin-Kyrill, der Apostel habe selbst bei dem Mathematiker Leon Unterricht genommen, eine zwar unwahrscheinliche, aber aufschlußreiche Darstellung.

Die Magnaura belegt vor allem eine erstaunliche Rückbesinnung auf den Hellenismus: Es entsteht eine Bibliothek, die vorwiegend wissenschaftliche Werke aufweist, von Ptolemaios, Archimedes und Euklid, aber auch einige Schriften Platons wie die *Gesetze*, zu denen Leon einen Kommentar verfaßt haben soll, und neoplatonische Schriften, beispielsweise von Porphyrios. Die Arbeiten der Grammatiker sind nicht minder bedeutend: Man beschäftigt sich mit einer Reinigung der Sprache, ein kühnes Unterfangen, das religiöse Gemüter das Fürchten lehrt. Leon selbst wird des Ikonoklasmus und der Zauberei beschuldigt und hat sich tatsächlich leidenschaftlich mit Astrologie beschäftigt. Bringt die Renaissance etwa eine Neuauflage des Streits, der im 4. und 5. Jahrhundert »Hellenen« und Vertreter der christlichen Kultur gespalten hat?

Kaum, denn das Christentum ist inzwischen fester Bestandteil der Kultur. Leon war vielleicht unvorsichtig und hat sich zu weit vorgewagt, aber er ist ein guter

Christ. Mit der nachfolgenden Generation ist bereits jenes Gleichgewicht erreicht, das von nun an die orthodoxe Kultur bestimmt. Alles wird studiert und analysiert; man läßt sich von den heidnischen Texten zwar anregen, doch es wird keine Schrift geduldet, die dem wahren Glauben schadet. Er steht über allem heidnischen Gedankengut, so verführerisch dieses auch sein mag. Man sollte daher nicht von einem byzantinischen Humanismus, sondern höchstens von einem gebildeten Christentum sprechen, dessen herausragender Vertreter Photios ist. Der um 810 geborene Neffe des Patriarchen Tarasios gehört zu den Reichsten der Oberschicht in der Hauptstadt. Er schlägt nicht die Gelehrtenlaufbahn ein, sondern die eines Beamten und erklimmt die höchste Stufe des Leiters der kaiserlichen Verwaltung (*protoasekretis*). Sicher durch den Mathematiker beeinflußt, regt er eine *Gesellschaft des Denkens* an, die sich mit Muse der Grammatik und vor allem leidenschaftlich der Lektüre widmet; ihr verdanken wir seine berühmte *Bibliotheke*, eine Sammlung seiner Bemerkungen zu insgesamt 279 Schriften. Photios' Orientierung ist klar erkennbar: Er liest mehr christliche als heidnische Werke, und die moralische Betrachtung, mit der er seine Kommentare beschließt, wirkt abgeklärt, weil er weiß, daß dem Christentum keine ernsthafte Gefahr mehr droht. Dennoch beunruhigt ihn mit zunehmendem Alter, vor allem nach seinem ersten Patriarchat, die Erneuerung der Philosophie; in seinen nach 867 abgeschlossenen *Amphilocheia* spricht er sich deshalb für Aristoteles aus und macht aus seiner Ablehnung Platons keinen Hehl. Der um 850 in Patras in der Provinz geborene Arethas, jünger als Photios, sieht überhaupt keine Gefahr mehr: Das Christentum hat gesiegt, so daß man sich ohne Furcht der reinen Gelehrsamkeit hingeben kann. Dieser Kleingeist und schulmeisterhafte Schriftsteller ist dennoch von großer Bedeutung; die Abschriften

zahlreicher religiöser und weltlicher Texte sind ihm zu verdanken, wobei er sie mit wertvollen Kommentaren ergänzt, die die Überlieferung verbessern. An der Wende zum 10. Jahrhundert veröffentlicht er schließlich das Gesamtwerk des Aristoteles und Platons; als guter Erzbischof von Kaisareia verhehlt er jedoch nicht seine Vorliebe für den Mann aus Stageira. Formal wie geistig ist er Konformist

Liturgische Feierlichkeiten: Am orthodoxen Festtag zu Ehren der Heiligen Jungfrau wird der Akathistoshymnus stehend gesungen (um 1371; Marko-Kloster bei Skopje/Jugoslawien).

und bereits Wegbereiter jener Klassik, die die Vertiefung der Kultur für unnütz und gefährlich hält und sich daher auf ihre praktische Anwendung beschränkt.

Schulen und Enzyklopädien

Die Zunahme der Zahl kopierter Handschriften seit dem 9. Jahrhundert belegt die Ausbreitung gebildeter Kreise. Die damit zunehmende Nachfrage kann nur durch die Vervollkommnung einer neuen Schrift, der griechischen Minuskel, gedeckt werden, die in den letzten Jahren des vorausgehenden Jahrhunderts im Skriptorium des Studiosklosters in Konstantinopel entstanden ist, wo die Mönche jedoch nur religiöse Schriften kopieren. In Byzanz entstehen deshalb – anders als im karolingischen Westen – auch weltliche Kopierwerkstätten wie jene, die auch für Arethas arbeiten. Sie kopieren ausschließlich weltliche Texte, und die Werkstatt des Palastes ist unter ihnen lediglich die angesehenste.

Doch die klassische Kultur ist die Sache einiger weniger, ein snobistisches Vergnügen für die Arriviesten. Die Kinder der herrschenden Klasse erhalten dagegen nur eine bescheidene Allgemeinbildung, die ihnen aber den Aufstieg in lukrative Positionen ermöglicht. So beklagt sich im 11. Jahrhundert beispielsweise Psellos, daß seine Studenten ihr Studium abbrechen, sobald sie einen Posten in Aussicht haben. Außerhalb der Oberschicht existiert nur noch eine nicht schriftliche Volkskultur, denn obwohl im Osten das Lesen weiter verbreitet ist als im Abendland, bleibt die überwiegende Mehrheit des Volkes doch Analphabeten. Zwar nimmt die Zahl der Schulen im 10. Jahrhundert erheblich zu, doch die Zahl ihrer Schüler bleibt, obwohl nicht genau zu benennen, immer bescheiden; diese privaten, aber traditionell laizistischen Institutionen werden zumeist von einem einzigen Lehrer geführt, der sich von den am weitesten fortgeschrittenen Schülern unterstützen läßt. Diese Schulen vermitteln eine Grundbildung, die sich an der alten *Paideia* orientiert, so auch in einer Schule eines unbekannten Lehrers um 930, dessen Korrespondenz erhalten geblieben ist. Die Lehrer sind eifrig um Protektion bemüht, die sie am Hof und in der Umgebung des Patriarchen finden; neben dem eigenen Lebensunterhalt haben sie so auch die Gewißheit, ihre Schüler in der kaiserlichen oder der kirchlichen Verwaltung unterbringen zu können. Diese Lehrer für die Grundbildung brauchen Bücher, die ihrem Unterricht angemessen sind. Diesen Umstand macht sich die kaiserliche Regierung zunutze, um wenigstens wieder eine lockere Kontrolle über eine Schule zu erreichen, aus der die späteren Beamten hervorgehen. Sie fördert vor allem unter der Herrschaft des gelehrten Konstantin Porphyrogennetos eine Bewegung, die aus häufig umfangreichen und immer schwierigen Werken thematische Enzyklopädien zusammenstellt, die dann als Lehrbücher dienen können. Dazu zählen beispielsweise eine politische Enzyklopädie, die das *Zeremonienbuch, De Thematibus* und *De Administrando Imperio* enthält und in wesentlichen Teilen die Handschrift des Kaisers verrät. Die gewichtige Sammlung der Moralenzyklopädie ist in 53 Themen unterteilt, die allerdings in ihrer Mehrzahl verloren gegangen sind. Diese Abschnitte enthalten alles, was ein »ehrenwerter Mann« braucht, um Erfüllung im geistigen wie im irdischen Leben zu erreichen. Daneben gibt es noch Fachenzyklopädien: Eine von Symeon Metaphrastes erstellte Sammlung hagiographischer Schriften, eine Synthese von grundlegenden Schriften zur Landwirtschaft *(Geoponika)*, Abhandlungen zur Militärstrategie und Entwürfe für human- und veterinärmedizinische Sammlungen. Bedeutsam für die literarische Ausrichtung der Kultur ist, daß reine Wissenschaftsenzyklopädien fehlen; die Naturwissenschaften erwachen in Byzanz in der Tat erst im 13. Jahrhundert zu neuem Leben.

Der Enzyklopädismus überrascht durch seine negativen Aspekte – die uns überlieferten Zusammenfassungen vermitteln nicht mehr die grundlegende Bedeutung der alten Texte, sondern nur noch den als nützlich erachteten Inhalt. Zwar werden auf diese Weise einige verlorengegangene Werke in Auszügen bewahrt, aber diese Zusammenfassungen belegen auch die völlige Mißachtung einer Kultur, die die Byzantiner nur in Ausnahmefällen um ihrer selbst willen schätzen. Die geistige Ausrichtung des siegreichen Staates zielt offenkundig nur darauf ab, schnell und oberflächlich ausgebildetes Personal in der Verwaltung einzusetzen, in der zivile Karrieren dominieren. Diese Tendenz verstärkt sich im 11. Jahrhundert, als die Ämtervielfalt auch die »bürgerlichen« Schichten einbezieht und die Schulen sich

Griechische Schrift: Mitte des 9. Jahrhunderts (links; Handschrift Barocci, Bodleyan Library, Oxford) und im 11. Jahrhundert (oben; griech. Handschrift Holkham, National Library, Oxford).

immer weiter öffnen. Nun werden selbst die Enzyklopädien zu anspruchsvoll, und man erstellt eine »Enzyklopädie der Enzyklopädien«: Die *Suda* ist ein umfangreiches Lexikon, das die für den Durchschnittsbyzantiner erforderlichen rein literarischen Mindestkenntnisse in alphabetischer Reihenfolge bereithält.

Paradoxerweise erlischt die klassische Kultur nicht, sondern erreicht im 11. und 12. Jahrhundert sogar einen Höhepunkt. Aber sie ist einer begrenzten reichen Elite vorbehalten, die die Freiheit hat, sich zum Vergnügen fortzubilden, und den Ehrgeiz, sich damit ein Trittbrett für die allerhöchsten Staatsämter zu schaffen. Das Schattendasein des öffentlichen höheren Schulwesens im 10. Jahrhundert wird vor diesem Hintergrund verständlich; zwar hat die Reform des Porphyrogennetos den Unterricht in allen klassischen Fächern gefördert, aber die Quellen belegen, daß die Reform vor allem die Ernennung von »Richtern, Schreibern und Metropoliten« im Auge hat. Die Magnaura-»Universität« besteht zwar weiter, doch es wird immer stiller um sie, vor allem seit der militaristischen Herrschaft von Basileios II., der für die Intellektuellen herzlich wenig übrig hat. Dagegen werden private Hochschulen – die angesehenste ist wohl die von St. Peter in Konstantinopel – nun zu veritablen »Fakultäten«: Schon 1028 eröffnet Johannes Mauropus, der spätere Bischof von Euchaïta, eine solche in der Hauptstadt. In diesen Schulen wird die Blüte der Intelligenz herangezogen – Psellos, Konstantin Leichudes, Johannes Xiphilinos; Psellos, der größte Lehrmeister der Rhetorik und der Philosophie seiner Zeit, unterrichtet in einer dieser Schulen. Der Staat betrachtet diese Schulen mit Wohlwollen – so verleiht Konstantin Monomachos Psellos die Würde eines »Konsuls der Philosophen« und bestätigt damit die herausragende Stellung des großen Geistes, dem mit zu verdanken ist, daß ernstzunehmende Auslegungen der Werke von Aristoteles, Platon und den Neuplatonikern wieder zu Ehren kommen. Aber auch Psellos macht keinen Versuch, die öffentliche Universität zu neuem Leben zu erwecken; es gilt heute als sicher, daß er zu keinem Zeitpunkt im Dienste einer philosophischen Fakultät stand. Bedeutsam ist, daß der Staat nur die Rechtswissenschaften zu kontrollieren trachtet, doch geht er dabei behutsam zu Werk. So erläßt Monomachos 1047 ein Gesetz, das Xiphilinos, der den Titel eines »Gesetzeswächters« *(nomophylax)* trägt, zum Unterricht im Recht und zur Abhaltung von Prüfungen beauftragt. Daß Monomachos den zukünftigen Juristen »die Leitung der zahlreichen Reichsprovinzen« zusagt, entspricht dem gewaltigen Aufschwung der zivilen Verwaltung. Doch auch der Nomophylax ist nur ein einzelner Lehrer mit recht geringem Einfluß, und er hat ebenfalls nie einer Fakultät vorgestanden.

Höhepunkt, Erneuerung und Verfall

Die kulturelle Blüte ist um so zwiespältiger, als in einer Welt, in der die Durchschnittsbildung ungeheure Fortschritte macht, Grammatiker und Lexikographen auch die Sprache weitgehend reinigen. Zu keinem Zeitpunkt spricht man in Byzanz ein besseres Griechisch als im 12. Jahrhundert, doch es stellt sich die Frage, welche

Öffentlichkeit die Fähigkeit hatte, diese Sprache zu verstehen, denn die Schriftsprache entfernt sich immer weiter von der Sprache, die alle Tag für Tag benutzen, die aber die einzige ist, die das Volk versteht und die wir kaum nachvollziehen können. Zudem stellt sich innerhalb der Orthodoxie ein großes kulturelles Problem, bei den Griechischsprechenden noch deutlicher als bei den übrigen: Die Doppelsprachigkeit (Diglossie) führt dazu, daß die gesellschaftliche oder auch nur die geographische Herkunft über die Benutzung von Sprachformen entscheidet, die einander häufig ausschließen. Im 12. Jahrhundert kann sich der Athener Metropolit Michael Choniates kein Gehör mehr verschaffen, sobald er eine Predigt in »gereinigter« Sprache hält, und er selbst stellt sich die Frage, welch barbarisches Idiom seine Gläubigen wohl benutzen. Am Vorabend des vierten Kreuzzugs verschärft sich das Problem der Doppelsprachigkeit noch durch die rasche Verbreitung oft sehr unterschiedlicher Dialekte, was sicher wesentlich zum Zerfall des Reiches beiträgt.

Die Literatur wird von Klassizismus und Archaismus beherrscht, wie ihn traditionelle Formen, überkommene Gattungen und erprobte Denkfiguren mit sich bringen. Aber jeder literarische Bereich hat ein verschämtes Double in der Volkskultur, das mehr oder minder leicht unterdrückt werden kann. So benutzen die großen Theologen und Mystiker – Johannes Damaskenos, Photios, Symeon (genannt *Neos Theologos*) und Niketas Stethatos im 10. und 11. Jahrhundert sowie Euthymios Zigabenos im 12. Jahrhundert – die klassische Sprache, während sich gleichzeitig in der Hagiographie eine volksnahe Sprache entwickelt, die das Gotteswort in einfacher und direkter Weise verbreitet. Ihre Wirkung ist weitaus größer, aber auch ihre Freiheiten gegenüber der Moral und sogar der Orthodoxie sind überraschend – es hat schon seinen Grund, daß Symeon Metaphrastes im 10. Jahrhundert eine Anzahl Heiligenviten in die gereinigte Sprache überträgt und dabei alles »Schockierende« herausstreicht. Auch die wohl bedeutendste Disziplin, die

Im 11. und 12. Jahrhundert erreicht die Kultur einen Gipfel: Lehrer und Schüler in einer Schule für Philosophie (Miniatur aus der Chronik des Skylitzes; Nationalbibliothek Madrid).

Historiographie, hat zwei Gesichter. Im 8. und 9. Jahrhundert beherrscht die von Mönchen verfaßte Universalchronik das Bild, vor allem repräsentiert durch das Werk des Mönchs Theophanes. Ihre Zielsetzung ist allen klar und einsichtig: Es gilt, die Entwicklung des göttlichen Plans von der Schöpfung bis zu seiner Vervollkommnung auf Erden durch das christliche Reich aufzuzeigen. Doch die kulturelle Erneuerung und die politische Entfaltung führen zu einer wirklichen Neuentdeckung der Geschichte, während die meist anonyme und örtlich begrenzte Chronik ihr Leben fortan innerhalb der Klöster fristet. Die Geschichte gerät wie schon in der Antike zur Apologetik, etwa die *Vita Basileios' I.*, die sein Enkel, Konstantin Porphyrogennetos, verfaßt hat, und vor allem das Meisterwerk dieses Genres, die *Alexias* der Anna Komnene. Diese Geschichtsschreibung kann durchaus kritisch sein, wie bei Michael Attaleiates im 11. Jahrhundert, der die letzten Vertreter der Dukas-Dynastie regelrecht in Stücke reißt; ein Jahrhundert später verfaßt Niketas Choniates eine flammende Anklageschrift gegen Manuel Komnenos, und die *Chronographie* des Psellos gerät schließlich zur ehrgeizigen philosophischen Betrachtung, die mit einigem Zynismus und ohne Rücksicht auf die wirklichen Sachverhalte das subjektive Bild seiner Epoche zu zeichnen versucht. Rhetorik und Poesie produzieren meist leere und kleinliche Werke, die ebenfalls ihre Entsprechungen haben: Den schwülstigen Reden des Arethas oder des Nikephoros Basilakes im 12. Jahrhundert kann man getrost in der Alltagssprache abgefaßte familiäre Ermahnungen, die *Ratschläge und Erzählungen* des Feldherrn Kekaumenos, entgegensetzen. Von den prunkvollen, schwerfälligen und archaischen Gedichten des Theodoros Prodromos heben sich grell seine satirischen Dichtungen ab, die er in Anlehnung an die kraftvolle Volkssprache verfaßt, ebenso wie die epischen Gesänge *(tragudia)*, die im 11. Jahrhundert niedergeschrieben werden und deren Meisterwerk ohne Zweifel der *Digenis Akritas* ist.

Aber in der Philosophie wird aus diesem Mißverständnis ein tiefer Riß. Auch sie tritt in zweifacher Form auf, was um so schwerer wiegt, als allein ihr Name Verwirrung verbreitet: In der byzantinischen Blütezeit wird die Religion gemeinhin als Philosophie bezeichnet, und wie ein Philosoph zu leben, heißt wie ein Christ zu leben. Die Wiederentdeckung der großen Schriften hat, wie wir wissen, keinen Konflikt heraufbeschworen, erst die Ergründung ihrer eigentlichen Bedeutung führt dann im 11. Jahrhundert unweigerlich zur Krise, denn nun ersteht der Orthodoxie in der erneut unabhängigen Philosophie eine Rivalin.

Psellos kann sich dem noch entziehen, da er über große Fähigkeiten verfügt und sich sein Glaube an Platon auf eine Ästhetik des guten Tons reduziert. Aber sein Schüler Johannes Italos präzisiert seine Gedanken weniger vorsichtig, so daß sich die Kirche schon 1081 gegen ihn wendet und seine Verdammung erreicht. Damit drängt sich die Kirche im Verlauf des 11. Jahrhunderts mehr und mehr in die Schulen – was für Byzanz völlig neu ist – und ist so imstande, die Ausrichtung der Kultur zu bestimmen. Durch den Schutz, den die Lehrkräfte von den Patriarchen und den Bischöfen erbetteln, hat die Kirche inzwischen die Kontrolle über eine Reihe privater Institutionen in der Hand, die aufhören, weltlich zu sein, und deren

Entwicklung der griechischen Kreuzkuppelkirche:
– Mausoleum der Galla Placidia in Ravenna, um 450
– Hagia Sophia in Thessalonike, Basilika mit Zentralkreuz, Zeit des Ikonoklasmus im 7. Jahrhundert
– Kirche von Skripu in Griechenland, griechisches Kreuz mit Seitenschiffen und maueraufliegender Kuppel, 10. Jahrhundert
– Kirche von Samari in Griechenland, griechisches Kreuz auf einfachem Grundriß, 12. Jahrhundert
– die kleine Kirche von Hosios Lukas in der Phokis, komplexer Grundriß nach dem Vorbild von Konstantinopel, 11. Jahrhundert
– Hagia Sophia von Monemvasia in Griechenland, griechisches Kreuz mit Zentralkuppel auf Trompen, Anfang 13. Jahrhundert.

(Von links nach rechts und von oben nach unten)

Lehrkörper zunehmend aus Klerikern besteht. Vor allem existiert inzwischen auf höchstem Bildungsniveau sogar eine Akademie des Patriarchen, an der nur noch die Texte der Heiligen Schrift gelehrt werden, und die Kirche zwingt ihre Lehre – eine trockene aristotelische Scholastik – jedem auf, der nachdenkt oder unterrichtet. Obwohl kraftlos, hatte die *Paideia* ihre antike Tradition der Unabhängigkeit von der Kirche lange bewahren können; nun ist sie nur noch ein leerer Rahmen, den die kirchliche Obrigkeit nach dem Muster ihrer offiziellen Lehre umgestaltet – drei Jahrhunderte lang hat sie jede Erneuerung des Denkens fest im Griff.

Wandel in der Kunst

Die Rolle von Krisen

Das 7. Jahrhundert stellt auch die Kunst in Frage. In den verlorengegangenen Provinzen, die als erste christianisiert worden waren, war sie religiös und ohne politische Inhalte, aber allgemein in den Städten wie auf dem Land verbreitet. Im Herzen des Reichs war sie dagegen Ausdruck von Urbanität, nach wie vor der antiken Monumentalität verhaftet; sie stellt hier den Versuch dar, sich wieder auf große zivile und religiöse Bauwerke zu konzentrieren. Gleichzeitig entstehen in Armenien, Mesopotamien und Syrien, deren städtische Ansiedlungen uns heute weitgehend unbekannt sind, überall Kirchen und ländliche Klöster.

Nach der Krise und durch die Vermittlung von Einwanderern aus Asien kommt es zur Einbeziehung von Elementen der orientalischen Kunst, deren Gefühl, Technik und Ikonographie ebenfalls asiatischen Charakter haben. Träger dieser Vermittlung sind die Klöster, die sich nun in den Städten und auf dem Land ausbreiten und die neue Religiosität, die sich in den Ikonen ausdrückt, unterstützen. Die Klöster tragen zur Parzellisierung der Städte bei und geben den ländlichen Gebieten ihre Gliederung, wo nie Pfarreien westlichen Typs entstehen. Die demographische Krise des Reichs und die Tatsache, daß es sich fast ausschließlich dem Festungsbau widmen muß, liefern den Schlüssel für die entscheidende Wende der orthodoxen Architektur. Von wenigen Ausnahmen abgesehen sind die Kirchen fortan von bescheidener Größe, so daß sie sich in das Bild des jeweiligen Dorfes oder Viertels einfügen. Im übrigen entspricht die kleine Kirche auch eher dem zunehmend mystischen Gehalt des Glaubens und seiner Darstellungsformen. Durch die Zunahme der Reliquien und Ikonen, die sich selbst bescheidene Heiligtümer leisten können, wird die Vormachtstellung der großen religiösen Zentren beendet und selbst die kleinste Gemeinschaft von Gläubigen kann Gott in der einfachsten ländlichen Kirche anrufen. Aber selbst solche reduzierten architektonischen Formen übernehmen als dominierendes Element die Kuppelbasilika. Dabei wird lediglich immer spürbarer, wie wenig dieser Kompromiß zwischen Längsbau und Vertikalität der Kuppel die Inbrunst und die Gebete der versammelten

Gemeinde zu bündeln vermag. Über viele Etappen hinweg, die wir kaum kennen, geht es um die Herausbildung eines Typs von Bauwerk, dessen gesamter Ausdruck in der Kuppel liegt und wo jedes Detail das Auge des Betrachters auf diese Kuppel lenkt. Eine Lösung bahnt sich schon während des Ikonoklasmus mit der Hagia Sophia in Thessalonike an: Das verkürzte Längsschiff und die mächtigeren Gewöl-bebögen, die den Bau förmlich um das Kuppelrund drängen, vermitteln schon ein stärkeres Streben nach Höhe. Aus ihr entwickelt sich alsbald die dem griechischen Kreuz nachempfundene orthodoxe Kirche, deren Kuppel die vier gleichen Arme überwölbt.

Obwohl kaum Bauten aus der Zeit des Bildersturms erhalten sind, kann man scheinbar dennoch von einer kontinuierlichen Entwicklung der sakralen Architek-tur ausgehen, während profane Bauten – die oft vergessen werden, weil kaum etwas erhalten ist – deutlich unter orientalischem Einfluß stehen. Beispiele dafür sind der unter Theophilos erbaute Trikonchos-Palast und der Sigma-Hof, die den Prunkge-mächern der Sassaniden in Bagdad nachempfunden sind. Im Bereich der bildenden Kunst konnte der Ikonoklasmus, der die menschliche Darstellung ablehnt, im Orient geometrische, pflanzliche und tierische Vorlagen für die Ornamentik der Sakral- und Profanbauten erschließen. Doch vergessen wir nicht, daß die Entwick-lung auch im Reich in ähnlichen Bahnen verläuft: In der Rückbesinnung auf die Ursprünge konnte der Ikonoklasmus Inspiration in der naturalistischen Symbolik der ersten christlichen Jahrhunderte finden, so viel und vielleicht noch mehr als die persische und islamische Kunst; zahlreiche kappadokische Grotten könnten dies belegen.

Byzantinischer Klassizismus: Architektur und Raumkunst

Schon im 8. Jahrhundert überwölbt die Kuppel der Koimesis-Kirche in Nikaia vier gleichmäßige Gewölbe, doch das justinianischer Tradition entsprechende kubische Äußere verwischt die Konturen des griechischen Kreuzes. Die nur hundert Jahre später entstandene Theodosios-Kirche in Konstantinopel, die Michael III. hat erbauen lassen, zeigt die Kreuzform schon deutlicher. Dennoch handelt es sich noch um Übergangsformen, in denen die Konstruktionselemente, die die Form des Kreuzes im Grundriß verwischen, keine tragende Funktion mehr haben. Doch gerade diese Form erlebt eine lange Blütezeit: sie prägt in Konstantinopel Ende des 11. Jahrhunderts die Panachrantos-Kirche und zu Beginn des 12. Jahrhunderts die Chora-Kirche (Kahriye Cami), und schließlich im Jahr 1037 die Sophienkirche in Kiev.

Die Übernahme alter Formen belegt, in welchen Bereichen die Kunst eine autonome Entwicklung erfahren hat in einer Welt, in der die Hauptstadt alles zu regieren scheint. Seit dem 10. Jahrhundert ist das universale Thema des griechischen Kreuzes in zahlreichen Interpretationen vorhanden, und es ist nicht sicher, daß die Interpretation Konstantinopels dominieren würde. Sicherlich ist es einfach, gemeinsame Züge herauszuarbeiten: in allen klassischen Bauten spielen die vier gleichen Gewölbe, die die Kuppel tragen und ergänzt werden durch zusätzliche Bauten, die die Arme des Kreuzes verbinden, eine statisch grundlegende Rolle. Ebenfalls bei allen bildet ein Quadrat den Grundriß, während die Kreuzform durch die überhöhten Dächer der vier Tonnengewölbe zum Ausdruck kommt. Schließlich wird die Vertikalität der Kuppel dadurch akzentuiert, daß sie über die Vierung auf einem Tambour konstruiert ist, während die in der Kuppel angebrachten Öffnungen ihr in diesen im allgemeinen eher dunklen Bauten eine wichtige Funktion als Lichtquelle geben. Ausgehend von diesen Gegebenheiten bilden sich allerdings zwischen dem 9. und dem 11. Jahrhundert drei Typen heraus. Der erste geht eindeutig auf Konstantinopel zurück; vor der Kuppel – über Pendentifs auf vier Säulen – verlängert ein weiteres Jochfeld den Altarraum und trennt ihn dadurch optisch vom übrigen Bauwerk. Diesem Typus entsprechen die von Romanos Lakapenos Anfang des 10. Jahrhunderts erbaute Myrelaion-Kirche, die Theodoros-Kirche und die des Christos Pantepoptes aus dem 11. bzw. 12. Jahrhundert und schließlich die Pantokratorkirche, die auf Johannes II. Komnenos zurückgeht. Diese Form wird in Abwandlungen in der Provinz häufig nachgebaut. Subtile Varianten sind beispielsweise die Theodoros-Kirche in Athen um 1050, die von Merbaka in der Argolis um 1190, die kleinen Kirchen wie etwa Hosios Lukas auf der Peloponnes, die Kirche des hl. Johannes Prodromos von Mesembria (Nesebar) in Bulgarien oder in Albanien die von Labova e Kryqës bei Gjirokastër. Eine zweite Variante hat sich abseits der Hauptstadt vor allem in Griechenland herausgebildet: Hier wird die Kuppel von zwei Säulen und den beiden die Apsis abgrenzenden Pfeilern gestützt; die Athener Taxiarchenkirche, die Kirchen von Samari und Gastuni auf der Peloponnes sind typische Vertreter dieses Typs, der sich rasch über den Norden des Balkan und Griechenlands bis nach Makedonien, Thrakien, Bulgarien und Albanien ausbreitet. Bleibt noch eine dritte Variante, deren Herkunft nicht ganz geklärt ist: die Achtstützenkirche mit einer Kuppel auf Trompen. Bei diesem Typus werden die drei Apsiden von einer großen Kuppel überwölbt, die ihrerseits auf einem Achteck ruht, das durch die vier Bögen der Tonnengewölbe über den Kreuzarmen sowie von den vier Trompen der vier Seitenapsiden gebildet wird; diese in Byzanz äußerst seltene Variante scheint auf sassanidische und arabische Kuppelvorbilder hinzudeuten. Konstantinopel hat hier mit den Palastbauten und Kirchen aus der ikonoklastischen Zeit möglicherweise die Rolle des Vorreiters gespielt, etwa mit der Apostelkirche des Theophilos. Zwischen 1028 und 1034 läßt dann Romanos III. in dieser Form die Peribleptos-Kirche bauen, die Unsummen verschlingt; Psellos zufolge sollte damit gegenüber der Hagia Sophia eine Rivalin erstehen. Bekannt wird der Oktogon-Typ jedoch vor allem durch die großen kaiserlichen Stiftungen in der Provinz, z. B. in Hosios Lukas in der Phokis, in Daphni nahe Eleusis, mit der Nea Mone auf Chios, alle im 11. Jahrhundert. Aber er erscheint auch bei der Klosterkirche Christianu auf der Peloponnes, im 12. Jahrhundert bei der Panagia Likodimu in Athen und Anfang des folgenden Jahrhunderts bei der Sophienkirche in Monemvasia. Vielleicht sei noch die Vermutung gewagt, daß diese abweichende architektonische Variante in der Hauptstadt noch für heftigen Streit gesorgt hat, als sie in der Provinz längst feierliche Darstellung der Nähe zum Kaiserthron bedeutet hat.

Während es Konstantinopel nicht gelungen ist, die herrschende Architekturströmung maßgeblich zu prägen, gelingt es noch weniger, die traditionellen Formen zu verdrängen, die vor allem in den Randgebieten des Reichs die alte Form der Basilika lebendig erhalten. Denn neben den griechischen Kreuzkuppelkirchen entstehen viele Gotteshäuser, die lediglich um Apsiden verlängerte Rechtecke sind, wie manche Kirchen im bulgarischen Trnovo und in Berat in Albanien; die aufwendigeren Bauten aber bleiben, wie etwa die Sophienkirche von Ochrid, der Basilika-Tradition verhaftet.

Der Ikonoklasmus fördert die Verbreitung einer Ornamentik aus Ranken und Flechtwerk, die in der folgenden Epoche alle bildhauerisch gestalteten Teile der Bauten bedeckt. In der Profanarchitektur umfaßt sie noch zur Zeit der Komnenen Bilder aus der Mythologie, Darstellungen von Schlachten und Jagdszenen, die bei der Oberschicht hoch im Kurs stehen. Kostproben der Ornamentik bieten die Meisterwerke der byzantinischen Elfenbeinschnitzerei, insbesondere die herrlichen Schmuckkästchen aus dem 10. bis 12. Jahrhundert. Die Rundplastik hingegen verschwindet nach dem 6. Jahrhundert völlig, wohl weil sie der Bilderverehrung am meisten Vorschub leistet; in den folgenden Jahrhunderten erlaubt die Orthodoxie nur das Flachrelief, das durch seine Vielfarbigkeit an Profil gewinnt, und die Emailtechnik (Furchenschmelz oder Cloisonné).

Die geächtete Bildkunst zieht sich vor der kaiserlichen Inquisition in entlegene Winkel zurück: Auf den Felswänden ihrer kappadokischen Einsiedeleien und in ihren Psaltern zeigen sich die bilderfreundlichen Mönche inspiriert durch die syrische Kunst. Sie zeichnen kraftvolle, pathetische, kontrastreiche und bunte

Die kleine Klosterkirche von Hosios Lukas in der Phokis auf der Peloponnes (11. Jahrhundert).

Nea Mone auf Chios (11. Jahrhundert).

Bilder, in denen die Jungfrau Maria und die Heiligen ihre Revanche erhalten. Für diese geheime Kunst kommt nur eine sparsame und schnelle Technik in Frage, die Malerei, deren Plastizität ohnehin besser zum mystischen Empfinden der Zeit paßt. Dieses strenge Pathos durchdringt nach der triumphalen Rückkehr der Bilder auch die Mosaiktechnik, wie jene rohe Mariendarstellung aus dem 8. Jahrhundert belegt, die sich in der Apsis der Sophienkirche von Thessalonike befindet. Aber mit dem Sieg werden die Bilder wieder gelassener: Das Bild wird nun offiziell zum Mittel des Unterrichts und soll eher Heiterkeit als tiefe Gefühle darstellen. Die vereinfachte Farbgebung mit vorherrschenden Goldtönen hat eine theologische Bedeutung: Die Priorität des Lichts über die Farbe bekräftigt die Herrschaft des himmlischen Universums über die Welt des Menschen. Nach einem unveränderlichen ikonographischen Programm wird der gesamte Inhalt der Orthodoxie bildlich dargestellt, so daß der Gläubige in der Kirche wie in einem fortschreitenden heiligen Buch liest. In der Vorhalle ist die Welt des Fühlens noch nah – hier empfängt die Deisis den Gläubigen, die Christus auf dem Thron, umgeben von der hl. Jungfrau und dem Prodromos als Fürsprecher der Menschen darstellt. In den Längsschiffen folgen die bedeutenden Abschnitte des Lebens Jesu, die den Ursprung der zwölf wichtigen liturgischen Festtage des Jahres bilden; sie führen den Gläubigen in die Welt des Dogmas ein. In der Apsis befindet er sich vollends im Bereich der Symbole. Beiderseits des Altars entfaltet sich die »Göttliche Liturgie« mit Christus, der seinen Aposteln die Kommunion reicht. Im Zentrum steht jedoch die Jungfrau mit dem Kinde, darüber die *Hetoimasia*, der leere Thron mit den Werkzeugen der göttlichen Passion. Von Christus als Mensch gelangt das Auge zum göttlichen Christus der Apokalypse, dem Herrscher der Welt *(Pantokrator)*, der schließlich in der Kuppel die Unterweisung mit der Verkündung des Jüngsten Gerichts abschließt. Sicher kennt auch die kaiserliche Kunst einen ähnlichen Zyklus zur Unterweisung:

Überzeugen durch Verblendung paßt zu Gott so gut wie zu seinem Stellvertreter. Auf unterschiedlichen Ebenen ist die gesamte monumentale byzantinische Kunst im 11. Jahrhundert theologisch geworden.

Byzanz im Verhältnis zu sich und der Welt

Das Reich und die politische Ordnung der Welt

Die beeindruckende Konstruktion eines orthodoxen Imperiums besteht natürlich nicht nur innerhalb seiner Grenzen: Es bestimmt sich vielmehr unaufhörlich durch sein Verhältnis zu den anderen Ländern, und dies geschieht naheliegenderweise in Begriffen der Überlegenheit. Aber die Ideologie der Triumphatoren überdeckt, daß man sich mit den Gegebenheiten abgefunden hat.

Daß das Reich als irdischer Niederschlag göttlichen Wollens eine natürliche Berufung zur Beherrschung der Welt verspürt hat, ist nicht nur propagandistischem Eifer entsprungen, sondern es ist eine tief empfundene Wahrheit, daß selbst in der Niederlage Christen wie Nichtchristen die einzigartige, unteilbare Natur der römischen Souveränität anerkennen. So erinnert der Patriarch Nikolaos Mystikos um 920 den bulgarischen Zaren Symeon daran, daß Perser und Araber zwar gegen das Reich kämpfen, es jedoch nie schmähen würden, da sie immer ihren »Respekt gegenüber der Souveränität« des Reichs bezeugen. Aus diesem Grund nennt Leon VI. in seiner Trauerrede für Basileios I. seinen Vater und seine Mutter »die Leuchten der Macht oder vielmehr des Kosmos«, hat doch Basileios bei der Thronbesteigung die »Zügel des Kosmos« in die Hand genommen. Schließlich schätzt eine aus dem Jahr 897 stammende Urkunde auch Leon selbst und seinen Bruder Alexander als »Herrscher über uns und über die gesamte Ökumene« ein. Selbst Ende des 12. Jahrhunderts wird der beklagenswerte, von allen bekämpfte Alexios III. als »souveräner Gebieter der Ökumene« tituliert, und selbst sein geblendeter Bruder Isaak II., der im Jahr 1203 nur dank der Lateiner den Thron zurückerhält, gibt sich der Hoffnung hin, »Ost und West wieder zu vereinen und sich selbst mit universeller Macht zu gürten«. Noch Ende des 13. Jahrhunderts schreibt Planudes, Konstantinopel sei »die Hauptstadt der Welt«.

Dennoch steht hinter dieser Fassade des Universalismus die Erfahrung der Niederlagen, die das Reich seit dem 7. Jahrhundert zu einem Konzept »begrenzter Universalität« gezwungen hat, das im übrigen mit dem anderen nicht unvereinbar ist. Natürlich bleibt die Herrschaft über die ganze Erde das angestrebte Ziel, und die Orthodoxie strebt weiter danach, alle Menschen dem wahren Glauben zuzuführen, doch das Reich ist dem göttlichen Willen untertan, der Ebbe und Flut kennt. Gott läßt nach seinem Willen und als Lohn für Treue oder Strafe für Wankelmut seine Erwählten über ein Gebiet herrschen, das ins Unendliche wachsen oder auf den kleinsten Umfang reduziert werden kann. Nach dem Zusammenbruch im Jahr 1204

Christos Pantokrator (Mosaik in der Apsis der Kathedrale von Cefalu, Sizilien).

zeigt uns Niketas Choniates einen Gott, der seine Stadt schilt: »Ich habe dich für eine kurze Weile verlassen, doch in meinem unendlichen Mitgefühl werde ich mich deiner erbarmen; im Augenblick des Zorns habe ich mein Gesicht von dir gewendet, doch ich werde dir auf ewig verzeihen.« In Erwartung der Weltherrschaft begnügt sich das Reich also zunächst mit der Herrschaft über alle Christen.

Verbunden durch ein und denselben Glauben muß die Christenheit auch verbunden sein im Gehorsam gegenüber ein und demselben Herrn, der sie verkörpert und ihr beisteht. Die Christenheit muß ihre Augen auf Konstantinopel richten, das sichtbare Symbol dieser Macht, auf jene »Stadt, die das Auge aller Städte und das Ohr des Universums ist und deren Blick über diese Welt hinausreicht; sie ist die Mutter aller Kirchen, der reine Glaube, der Führer der Orthodoxie, die geliebte Heimat des Wortes, in der alles Gute wohnt«; sie ist, fügt Niketas Choniates hinzu, »ein Himmel auf Erden, ein zweites Firmament, das die Schöpfung Gottes kündet«. Die Bekehrung zur Orthodoxie ist somit gleichbedeutend mit der Anerkennung der

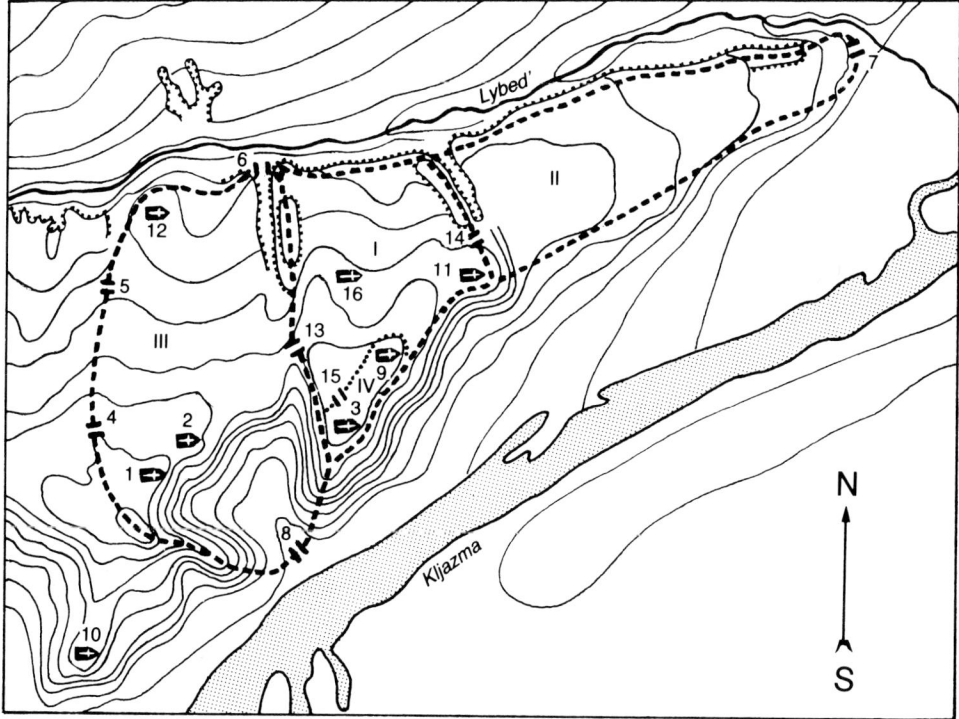

Stadtplan von Vladimir an der Kljasma, 12./13. Jahrhundert (I Stadt des Vladimir Monomachos; II befestigte Altstadt von 1158–1164; III befestigte Neustadt von 1158–1164; IV Castrum; 1 Erlöserkirche; 2 Georgskirche; 3 Dormitio-Kathedrale; 4 Goldenes Tor; 5 Orinina-Tor; 6 Ehernes Tor; 7 Silbernes Tor; 8 Wolgator; 9 Demetrius-Kathedrale; 10 Himmelfahrtskloster; 11 Kloster der Geburt Christi; 12 Dormitio-Kloster; 13 Markttor; 14 Ivanov-Tor; 15 Festungstor; 16 Kirche am Marktplatz).

kaiserlichen Autorität, denn es wäre wahrhaft schändlich, wenn die Christenwelt im Angesicht des einen Gottes geteilt bliebe. Dennoch wurden Slawen, Bulgaren und Russen durch die Anstrengungen ihrer jeweiligen Landesfürsten Rotislav, Boris und Vladimir Christen, und Byzanz hat dabei gelernt, was es kostet, diese zu unterschätzen – schließlich haben die Flut griechischer Priester in seinem Königreich und der byzantinische Anspruch, auch hier alle Fäden in der Hand zu halten, Boris von Bulgarien fast Rom in die Arme getrieben. Byzanz akzeptiert also vorübergehend in den slawischen Ländern wie auch im lateinischen Westen die Existenz christlicher Könige *(reges)*, sofern sie sich politisch und religiös dem Kaiser unterwerfen. Die Christenheit gilt nun als eine Familie von Königen, deren anerkanntes Oberhaupt der Kaiser ist; dieses Familiengeflecht wird noch durch Patenschaften untermauert, die der *basileus* im Augenblick der Bekehrung gegenüber den lokalen Herrschern übernimmt. Das ist der Zweck der Taufe des bulgarischen Zaren Boris im Jahr 864, der dabei den Vornamen seines erlauchten Paten, des Kaisers Michael III., annimmt. Dennoch ist die grundlegende Bedeutung dieses Ordnungsprinzips ohne Zweifel übertrieben worden, denn das Reich will mit dieser Zwischenlösung lediglich jene größere Schande eines regelrechten »Bürgerkriegs« vermeiden, als den man die bewaffnete Auseinandersetzung zweier Christenvölker betrachtet. Deshalb gibt es für Nikolaos Mystikos nur ein »Volk Gottes, zu dem Bulgaren wie Römer zählen«, denn, so fügt Theodoros Daphnopates hinzu, es gibt keine Skythen und auch keine Barbaren mehr, sondern nur noch Christen, Kinder Gottes und Abkömmlinge des Heiligen Geistes, die sich selbst so nennen und als solche handeln. Doch das Reich strebt weiterhin nach Einheit und wartet nur auf den Zeitpunkt, an dem es die Kraft dazu hat: Als das selbständige Reich Bulgarien nach über hundertjähriger Duldung wieder zur Provinz wird, hat man das Gefühl, die einige Zeit verzögerte Ausbreitung der göttlichen Ordnung wieder gefördert zu haben, wie das auch bei der Annexion Georgiens und Armeniens der Fall ist. Mit den westlichen Herrschern hätte man ebenso verfahren, zumindest ist ausgeschlossen, ihnen die Kaiserwürde zuzuerkennen; noch im 12. Jahrhundert betreibt Manuel Komnenos eine Italienpolitik, die er als Etappe auf dem Weg zu dem einen Christenreich versteht.

Um diese Mission für alle Zeiten zu erfüllen, versucht Byzanz einen in Wahrheit unauflöslichen Widerspruch zu lösen: Die dem frühen Christentum verbundenen Byzantiner hassen den Krieg, und ihr Ideal ist es zu überzeugen, auch um den Preis unlauterer Winkelzüge, die der kaiserlichen Diplomatie zu Unrecht den Ruf der Perfidie eintragen. In den Abhandlungen über Taktik werden die Feldherrn aufgefordert, gegenüber Ungläubigen wie Christen die List immer dem Einsatz von Gewalt vorzuziehen, und das schönste Kompliment für einen Herrscher ist ein Sieg ohne Blutvergießen, denn diese zutiefst christliche Welt lehnt den Mord grundsätzlich ab, auch das Töten eines Ungläubigen im Kampf. Vor diesem Hintergrund ist auch der Gedanke an einen heiligen Krieg absurd; diesen Vorwurf erhebt man gegen die Moslems, aber noch mehr gegen die Lateiner, deren Kreuzzug – »in der einen Hand das Kreuz, in der anderen das Schwert« – im Osten als abartig und verwerflich empfunden wird. Der Krieg wird im wesentlichen als Akt der Verteidigung verstanden und hat nur ein Ziel: den Frieden zu sichern, indem man die Mächte des Bösen, die die Welt des Guten bedrohen, in Schach hält. In der allmählichen Abkehr von den römischen Idealen und der Rückbesinnung auf ihre hellenische Kultur fühlen die Byzantiner, wie einst die Griechen in der Bedrohung durch die Achämeniden, ihre Verantwortung für eine alte, durch das Christentum neu belebte Zivilisation, die nunmehr andere Barbaren zu vernichten drohen.

Wenngleich das hypothetische Ziel eines Weltreichs nie aufgegeben wird, sieht sich Byzanz doch schon seit dem 10. Jahrhundert außerstande, den Widerspruch zwischen seiner pazifistischen Grundhaltung und der Verpflichtung zur Eroberung aufzulösen. So entsteht allmählich ein Territorialstaat, der tagtäglich die Sicherheit seiner Grenzen verteidigt; an der syrischen, armenischen und bulgarischen Grenze dient die Idee des Weltreichs lediglich noch zur Rechtfertigung von Annexionen, die nötig sind, um jenen kompakten griechischsprachigen Kern zu verteidigen, der Ende des 12. Jahrhunderts den byzantinischen Reststaat bildet. Die großen Siege im 10. Jahrhundert sind Rückeroberungen, und schon Anfang des Jahrhunderts hebt Arethas lobend hervor, daß Leon VI. sich im Gegensatz zu den exzessiven Eroberungen Alexanders des Großen darauf beschränkt, dem Thron verlorengegangenes Gebiet wieder unter sein Joch zu bringen. Und nachdem das neue Hellenenreich Anfang des 11. Jahrhunderts seine angestrebte Ausdehnung erreicht hat, wird jeder Herrscher, der sich weiter vom Ideal des Eroberers leiten läßt, unterschiedslos kritisiert: so Romanos Argyros, der – laut Psellos – ohne jeden Grund die Araber in Syrien angreift, oder auch der wohl letzte »orthodoxe« Kaiser Manuel Komnenos, der von Niketas beschuldigt wird, sein Blick habe sich bis zu den Grenzen des Universums »verirrt« und er habe »die Grenzen, die für die früheren Herrscher galten, überschritten«. Hier endet im Grunde die gemeinsame politische Geschichte einer orthodoxen Welt, die zwar im griechischen Reich noch lange ihren wesentlichen kulturellen Bezugspunkt haben wird, sich aber in der Bildung von Nationen artikuliert, deren Schicksale zunehmend auseinanderstreben, insbesondere nach dem alles entscheidenden Schlag, den der Westen 1204 gegen Byzanz führt.

Die Stellung Rußlands in der politisch-orthodoxen Welt

Rußland tritt zwar als letztes der slawischen Länder zum orthodoxen Christentum über, erreicht aber dennoch eine entscheidende Bedeutung innerhalb der orthodoxen *oikumene*.

Schon vor ihrer Bekehrung hatte Byzanz die Russen ausersehen, den Status quo in den Steppen nördlich des Schwarzen Meeres aufrechtzuerhalten. Mit diesem Ziel zieht der russische Fürst Svjatoslav 964 gegen das Chazarenreich, und die Kaiser Konstantin VIII. und Basileios II. wenden sich an die Russen, um den Bardas-Aufstand 987–989 niederzuschlagen. So konnte ihre Aufnahme in die Gemeinschaft christlicher Staaten diese Rolle nur weiter festigen. Der letzte russische Feldzug gegen Konstantinopel im Jahr 1043 ist so gesehen nicht als letzter Varäger-Überfall zu verstehen, sondern als legitime Einmischung in die inneren Angelegenheiten des Reichs im Namen des *jus regnandi*, das Jaroslav durch die Ehe seines Vaters Vladimir mit der purpurgeborenen Anna besitzt.

Stephan Nemanja, Fürst von Serbien (1170–1196), der Begründer der Nemanjidendynastie, dankt 1196 ab, um als Symeon seinem Sohn Sava auf den Athos ins Kloster zu folgen (Fresko der Kirche in Studenica in Serbien).

Der politische Vorrang, den Byzanz Rußland einräumt, erklärt sich zum einen aus der geopolitischen Lage weit weg von den Grenzen des Reichs, zum anderen aus der gewichtigen Rolle, die das Patriarchat bei der Ernennung des Metropoliten von Kiev zum Oberhaupt der russischen Kirche ausübt.

Konstantin VII. Porphyrogennetos nennt es das »entlegene Rußland«. Das Zentrum des Landes bildet die Wirtschaftsachse Novgorod-Kiev längs des berühmten »Varägerweges zu den Griechen« entlang der Flüsse Dnjepr, Wolchow und Lovat. Daraus folgt, daß die Russen das Reich und so bedeutende Städte wie Konstantinopel und Thessalonike nicht als eroberungswürdige Gebiete, sondern als potentielle Märkte ansehen, was die im 10. Jahrhundert geschlossenen Handelsverträge zweifelsfrei belegen. Auch in Konstantinopel weiß man diese Perspektive zu würdigen, zumal die Öffnung des Weges »von den Varägern zu den Griechen« die Russen veranlaßt, die in den Steppengebieten am Schwarzen Meer umherziehenden Nomadenstämme zu überwachen und dort den für das Reich günstigen Status quo aufrechtzuerhalten.

Darüber hinaus verfügt Byzanz mit dem Metropoliten in Kiev über einen regelrechten Vertreter. Die in Übereinkunft mit dem Kaiserthron von der ständigen Versammlung des Patriarchats von Konstantinopel ernannten Metropoliten sind unablässig bemüht, vor allem die Einheit der russischen Eparchie um den Metropoliten von Kiev zu sichern, trotz des gescheiterten Versuchs von Andrej Bogoljubski um 1164, beim Patriarchen die Errichtung eines von Kiev unabhängigen Metropolitensitzes in Vladimir an der Kljasma zu erreichen. Der Erfolg dieser Politik hat die Aufrechterhaltung der Idee von der Einheit der *Russkaja zemlja* ermöglicht, trotz der Aufsplitterung in rivalisierende Fürstentümer.

Die Metropoliten waren gleichermaßen darauf bedacht, Rußland in der Gemeinschaft der christlichen Länder zu verankern, der der Kaiser vorsteht. Vor allem mußte verhindert werden, daß die russischen Fürsten die Kaiserwürde usurpieren, was die sofortige Exkommunikation des betreffenden Usurpators zur Folge gehabt hätte. Aufschlußreich ist, daß Hilarion, der erste russische Metropolit, den die von Jaroslav 1051 nach Kiev einberufene russische Bischofsversammlung ernennt, Jaroslav die Würde eines *Kagan* anbietet; dieser Titel verleiht seinem Träger die *auctoritas* innerhalb der Landesgrenzen, ohne jedoch die *auctoritas* des Kaisers über alle christlichen Länder anzutasten. Diese Titulatur setzt sich zwar nicht durch, doch jener Begriff der *auctoritas* innerhalb eines Landes ist auch mit dem Titel eines Fürsten und Großfürsten, wie er seit Ende des 11. Jahrhunderts üblich ist, verknüpft; im Gegensatz zu den Bulgaren und Serben beanspruchen die Träger dieser Titel nie die Kaiserwürde für sich.

Im gesamten 11. und 12. Jahrhundert kann Rußland seine herausragende Bedeutung innerhalb der politisch-religiösen Struktur der Orthodoxie bewahren. Durch seine absolute religiöse und politische Zuverlässigkeit wird Rußland für Konstantinopel zum wichtigsten Element kaiserlicher Politik im Gebiet nördlich des Schwarzen Meeres.

Die Verlagerung des Schwerpunkts des russischen Staates vom mittleren Dnjepr ins »russische Mesopotamien« (zwischen Wolga und Oka) sowie die Unterbrechung des »Weges von den Varägern zu den Griechen« durch die nomadischen Kumanen schwächen das byzantinische Reich erheblich; sie ermöglichen die Entstehung des zweiten bulgarischen Reichs und den Aufstieg Serbiens unter Stephan Nemanja und erleichtern den Kreuzfahrern die »Umlenkung« des vierten Kreuzzugs gegen Konstantinopel.

Entstehung und Entwicklung der Balkannationen

Im 11. und 12. Jahrhundert besteht der Balkan *de facto* aus zwei politischen Zonen. Abgesehen von Serbien und Kroatien im Nordwesten gehört der größere Teil der Halbinsel nach 1018/1019 zum byzantinischen Reich. Die Völkerlandschaft des byzantinischen Balkan bietet ein äußerst buntes Bild; neben den zahlreichen Slawen, Bulgaren, Walachen und Albanern sind viele der dort lebenden ethnischen Gruppen wegen ihrer geringen Zahl oder ihrer isolierten Position (Armenier) oder wegen ihrer nur vorübergehenden Rolle in der Geschichte fast bedeutungslos: so beispielsweise die von Byzanz vornehmlich in Makedonien und Bulgarien angesiedelten Petschenegen, Uzen und Kumanen.

Die Erhebungen der Slawen in Makedonien im 11. Jahrhundert erklären sich zumindest teilweise durch ein Bewußtsein staatlicher Tradition als Erbe Bulgariens und des Reichs Samuels. Der Aufstand, mit dem Slawen (oder Bulgaren?), Walachen und Griechen im Jahr 1066 in Thessalien den anhaltenden Steuerdruck der Zentralregierung beantworten, scheint dagegen eher ein Zeichen fortgeschrittener Integration von Walachen und Slawen zu sein. Ziemlich im dunkeln bleibt der jahrhundertlange Widerstand der Melingen und der Ezeriten auf der Peloponnes, wobei eine mehr oder minder bewußte Absicht zur Gründung eines eigenen Staatswesens auszuschließen ist. Nicht weniger interessant ist das ethnische Phänomen der Walachen, ein Problem, das noch viele Rätsel aufgibt. Über ihre Stellung innerhalb des Reichs ist nur wenig bekannt; man weiß jedoch, daß sie sich an Aufständen gegen die byzantinische Herrschaft beteiligt haben. Als die Bulgaren sich 1186/ 87 erheben, verzeichnen zeitgenössische Quellen sie als deren wichtige Verbündete. Vielleicht sollte man in ihnen dennoch nur eine soziale Gruppe nomadisierender Hirten sehen. Immerhin haben die Walachen nie die geringsten Anstalten gemacht, sich ethnisch oder gar als Staatswesen zu behaupten.

Der heilige Sava, Stephan Nemanjas Sohn (Detail eines Fresko der Himmelfahrtskirche, Kloster Mileseva in Prijepolje/Serbien; um 1225).

Die Albaner, die Mitte des 11. Jahrhunderts auf der Szene erscheinen, beweisen dagegen eine starke ethnische Individualität; schon Ende des 12. und Anfang des 13. Jahrhunderts gründen sie erste Staatswesen.

Im 10. Jahrhundert verschmelzen Protobulgaren und Slaven endgültig zu einem slawischen Volk. Der an den autonomen Staat gebundene Begriff »bulgarisch« steht nicht nur für Adel und Klerus, sondern auch für einen Teil der Bevölkerung. In der Zeit der byzantinischen Oberhoheit bezeichnet »Bulgarien« verwaltungstechnisch das gleichnamige Katepanat, das von »Bulgaren« bewohnt ist, aber das Gebiet des heutigen Bulgarien ist zur damaligen Zeit in anderslautende Themen unterteilt. Aus heutiger Sicht ist die ethnische Struktur in den im Lauf des 11. Jahrhunderts von Byzanz annektierten Gebieten oft nicht leicht zu verstehen. Dabei müssen regionale Unterschiede berücksichtigt werden, die auf lokale Traditionen und spezifische ethische und politische Entwicklungen zurückgehen, aber auch unterschiedliche geographische Zonen, Nachbarschaft zu byzantinischen Städten, mehr oder minder großer Einfluß des Christentums und die Vielzahl byzantinischer Namen für die Barbaren. Dabei wird klar, daß Begriffe wie »Slawen« oder »Bulgaren« für eine ethnische Vielfalt stehen, die man kaum oder gar nicht eindeutig bestimmen kann. Slawische Sprache und Kultur, die Erinnerung an heroische Zeiten und vor allem die staatspolitische Tradition manifestieren sich in den Jahren 1186/1187 nicht etwa in einer neuen Staatsgründung, sondern vielmehr in der Renaissance des ruhmreichen ehemaligen Reichs. Mit ihren ethnischen und kulturellen Eigenheiten und einem ausgeprägten Geschichtsbewußtsein überdauern die Slawen die 160 Jahre der byzantinischen Epoche und sind die treibende Kraft bei der Wiedererrichtung des bulgarischen Staates. Die Aufteilung des unterworfenen Landes in autonome Verwaltungseinheiten, die Ausschaltung eines Teils der lokalen Aristokratie durch Umsiedlung nach Kleinasien, die Entstehung von weltlichem und kirchlichem byzantinischen Großgrundbesitz, die Ansiedlung von nicht-slawischen Bevölkerungsteilen und andere Maßnahmen der byzantinischen Regierung können das ethnische Bewußtsein der slawischen Bevölkerung nicht auslöschen. Zudem erlebt die Literatur eine Blüte, allerdings nicht im offiziellen Bereich wie in Bulgarien im 9. und 10. Jahrhundert, da das Slawische nicht mehr offizielle Staats- und Kirchensprache ist und zunehmend seinen politischen Charakter verliert. Insgesamt haben die Bemühungen, das Territorium des ehemaligen Bulgarenreiches zu byzantinisieren, nur geringen Erfolg, der an der Oberfläche bleibt oder sich auf die Regionen beschränkt, die mit der graeco-byzantinischen Welt in unmittelbarem Kontakt stehen.

Diese Bemühungen halten vor allem nicht die Entwicklung eines ethnischen Bewußtseins bei einem Teil der Slawen, Bulgaren und Albaner auf, das sich immer – mehr oder minder konkret – in der Hoffnung auf die Schaffung eines eigenen Staates manifestiert, ein von Byzanz und jeder anderen Macht unabhängiges Fürstentum. In dieser Zeit bilden sich überall in Europa die mittelalterlichen »Nationalitäten« heraus: Auch die Völker auf dem Balkan kennen diese Entwicklung, obwohl einige unter ihnen einen historischen Rückstand aufweisen. Die zunehmende Schwäche

Serbien in der Mitte des 10. Jahrhunderts.

von Byzanz Ende des 12. und in den ersten Jahren des 13. Jahrhunderts fördert allerdings nicht nur die ethno-politischen Tendenzen in den unterworfenen Völkern, sondern auch das Entstehen der späteren griechischen Nationalität. Es ist schwer zu entscheiden, welche Rolle der Feudalismus dabei spielt und wie diese beiden historischen Phänomene sich zueinander verhalten. Zumindest kann in dieser Epoche die Rolle des Staates mit seinen Strukturen, Institutionen und Traditionen bei der Entwicklung eines ethnischen Bewußtseins und der Formation der Nationalitäten auf dem Balkan nicht negiert werden; wir werden dies am Beispiel der Serben auf dem Balkan noch genauer untersuchen.

Im 10. Jahrhundert wird jenes Gebiet an der Adriaküste als serbisch bezeichnet, das sich von Cetina bis zum Kotor-Delta erstreckt und von Narentanern, Zachlumiern, Trebuniern und Kanaliten bewohnt wird; es liegt am Rand des eigentlichen Serbien, das weit ins Landesinnere reicht. Nicht dazu zählen die Diokleier, die die Region zwischen Kotor-Delta und dem Fluß Bojana beherrschen. Allerdings bestätigt eine Quelle aus dem 11. Jahrhundert ihre Zugehörigkeit zu dieser ethnischen Gruppe. Seit dem 11. Jahrhundert setzt sich der alte Stammesbegriff *Serben* immer mehr gegen die regionalen Bezeichnungen durch. Die Narentaner werden wie erwähnt von den Kroaten absorbiert und erscheinen in keiner Quelle mehr, die Kanaliten aus dem Hinterland von Ragusa spielen historisch keinerlei Rolle, und dieselbe Quelle spricht in diesem Gebiet von serbischer Bevölkerung. Im Landesinneren entsteht um den Bischofssitz von Ras herum eine Region mit dem Namen Raška, die das künftige Herzstück Serbiens bildet. Für die Geschichte und die ethnische Entwicklung der serbischen Nation ist die Verlagerung des Schwerpunktes von der Küste ins Landesinnere, wo mit der Herrschaft des Stephan Nemanja das mittelalterliche serbische Reich seinen Anfang nimmt, von grundsätzlicher Bedeutung. Nemanja faßt die in verschiedene Fürstentümer zersplitterten Serben in einem Staat zusammen und fördert in der so zusammengefaßten Bevölkerung das Gefühl der ethnischen Zusammengehörigkeit; auf dieser Grundlage entwickelt sich später die serbische Nation, die entscheidend durch die Bindung zu Byzanz und zur Orthodoxie geprägt ist.

Die gemischte Kultur Süditaliens

Die Bewertung der Kultur im byzantinischen Italien führt leicht zur Parteinahme: Entweder ist es die griechischste aller Reichsprovinzen oder der Hellenismus ist so gut wie nicht vorhanden. Die Schwierigkeiten von Byzanz, in Italien wieder Fuß zu fassen, und das häufige Zusammengehen der italienischen Untertanen mit den langobardischen oder normannischen Feinden verbieten dennoch, die Loyalität von Italien gegenüber Byzanz zu sehr zu betonen. Aber es ist auch falsch zu glauben, zwischen dem lateinischen Kulturbereich in Nordkalabrien, Lukanien, Nord- und Mittelapulien und dem hellenisierten Raum des restlichen Kalabrien und von Otranto habe keinerlei Beziehung bestanden. Vielmehr steht hier wie dort das Reich über beiden Zivilisationen, und ein Lateiner kann sich dort ebenso als Bürger fühlen wie ein Grieche möglicherweise die Gefolgschaft verweigert. Dennoch decken sich Hellenismus und byzantinische Kultur nur in Kalabrien und Otranto. Wie in Sizilien ist hier der Hellenismus antiken Ursprungs und kaum romanisiert, auch wenn er durch griechische Einwanderer im Mittelalter wiederbelebt wird, und er fügt sich ohne Probleme in den Rahmen der orthodoxen Bistümer ein, die hier Ende des 9. Jahrhunderts entstehen: das auf der Westseite des Golfs von Tarent gelegene Bistum Santa Severina, dessen Einzugsbereich bis zur Diözese Castro auf der adriatischen Seite reicht, das autokephale Erzbistum von Otranto und die kalabrische Metropole Reggio.

Neuen Aufschwung geben die Rückeroberungen des 10. Jahrhunderts. Unter Basileios blüht in Italien das Mönchtum, dessen Spuren sich noch heute in zahlreichen bemalten Krypten finden; die älteste, die Krypta von Carpignano, stammt aus dem Jahr 959. Ihre Verbreitung im 9. Jahrhundert belegt einen Zuwachs des griechischsprachigen Bevölkerungsteils: Einige Krypten wie die von Casaranelle aus den Jahren zwischen 1058 und 1064 tragen griechische Inschriften. Die bei den Lateinern für ihre Strenge bekannten griechischen Mönche breiten sich von Apulien bis tief ins lateinische Kalabrien aus und lassen sich in Bari, Lukanien, Tarent und sogar im Gebirgsmassiv von Volterra nieder. In ihrem Reisegepäck finden sich zahlreiche hagiographische Handschriften, die in ihren *scriptoria* entstanden sind und nun von den Übersetzerschulen von Neapel, Rom und Monte Cassino mit Hingabe übertragen werden. Unter den Mönchen ragt Nil von Rossano heraus – auf ihn hören die langobardischen Fürsten, und die Benediktiner auf dem Monte Cassino empfangen ihn ehrfurchtsvoll. Im Jahr 995 gründet er das basilianische Kloster von Grottaferrata in der Nähe von Rom, wo er Bücher sammelt, die er kalligraphisch kopieren läßt. Die Basilianer sind für die reformwillige römische Kirche ein leuchtendes Beispiel, lernt sie doch von diesen wieder den Nutzen der Disziplin und des liturgischen Gesanges; seit dem 10. Jahrhundert reisen Vorgänger der Kirchenreform wie Romuald von Ravenna und Wilhelm von Volpiano nach Süditalien. Die Verbindungen werden um so enger geknüpft, als der italienische Hellenismus eine vorwiegend kulturelle Erscheinung ist, die die gregorianische Reform unerschrocken vorwegnimmt. Gerade die griechischen Klöster auf Sizilien und dem italienischen Festland erleben nach dem Sieg der Normannen eine besondere Blüte. Es ist eine eigenartige Welt der Orthodoxie, die seit dem 11. Jahrhundert zunehmend eigenständige Formen entwickelt, ohne Rücksicht auf Zugehörigkeiten und die fast magische Oberhoheit des Kaiserthrons.

Byzanz und die Moslems

Byzanz nimmt gegenüber dem Islam eine differenzierte Haltung ein. Die Verhältnisse sind zwar grundsätzlich klar, denn die Moslems sind »von Natur aus« Feinde der Christenheit, und es kann keinen Kompromiß mit den »Hunden Ismaëls, dieser

Barbarenbrut, die sich im Morden gefällt«, geben, wie Johannes Damaskenos schreibt. Ihr Vater ist der Teufel, der ihrem falschen Propheten jenen entsetzlichen Plan eingegeben hat, alle Christen durch das Schwert umkommen zu lassen; um die Sünden seiner Gläubigen zu sühnen, hat Gott jene Ungeheuer sogar siegen lassen, obwohl sie von Natur aus der gerechten Herrschaft des Reichs untertan sein müßten. »Weil wir uns versündigt haben, herrschen die Sklaven über uns«, schreibt Dionysios von Tell-Mahre im 8. Jahrhundert, und die Welt steht auf dem Kopf, in der Menschen herrschen, »deren schlammige Seele den Schweinen würdig ist und denen Verweichlichung und Wollust über alles gehen«, wie ein Jahrhundert später Niketas von Byzanz sagt. Deshalb hat Gott zugelassen, daß die »völlig verkomme-nen Agarener über die Christen herfallen und fast die gesamte Ökumene in eine Wüstenei verwandeln«; doch »er wird seine Augen wieder nach Osten wenden und die Söhne der Hagar erniedrigen (...). Deshalb wird er den Kaiser der Römer gegen sie aufbieten und sie vernichten.« Ein unversöhnlicher Krieg droht somit jenen Barbaren, die vorübergehend Gottes Herrschaft auf Erden zu schwächen vermoch-ten. Im Extremfall führt eine derartige Doktrin zu einem Gefühl des heiligen Krieges, wie das zur Zeit von Phokas der Fall war, der kühn versprochen hat, er werde den im Kampf gegen den Islam gefallenen Soldaten die Märtyrerpalme zuerkennen lassen.

Dieser vorwiegend aus der Welt des Mönchtums stammende Rigorismus prägt zwar das Volksempfinden, bestimmt aber keineswegs die Geschichte der byzanti-nisch-moslemischen Beziehungen. Das Reich muß die Moslems zwar bekämpfen, weil sie eine tödliche Gefahr darstellen, doch diese Gefahr hat nur selten einen religiösen Hintergrund. Bedeutende Herrscher wie Konstantin V., Basileios I., Johannes Tzimiskes oder Basileios II. sehen im Islam zunächst einen politischen Gegner, den man in die Schranken weisen muß, bevor man ihm seine Eroberungen wieder entreißt. Eine radikale Zerstörung des Islam steht nicht zur Debatte; seit dem 10. Jahrhundert beginnt die Grenze zwischen den Reichen sich zu festigen, und die Autoren der byzantinischen Kriegshandbücher beschränken sich auf eine Erinnerung an die Methoden, die gegen den moslemischen Feind einzusetzen sind, »denn Gott selbst hat die Nachkommen Ismaëls fast aller Macht und Stärke beraubt, die sie gegen uns ins Feld geführt haben«. Auch die Kirche steht nicht zurück: Patriarchen wie Photios und Nikolaos Mystikos etwa scheuen sich nicht zu behaupten, das islamische Reich entspreche dem christlichen, womit wohl gemeint ist, daß auch die Welt des Islam zum göttlichen Plan gehört. Nikolaos sieht auf Erden zwei bedeutende Reiche, das der Orthodoxie und das des Islam, vergleichbar mit dem starken Licht von Sonne und Mond, die das Geschehen am Himmel bestimmen. Im übrigen stimmen fast alle Texte darin überein, daß der christliche Humanismus stärker ist: Moslems sind Menschen, und somit ist es an und für sich nicht gut, sie auszulöschen. Der Mord an einem Moslem ist ebenso zu verabscheuen wie jede andere Bluttat. Mit dieser Begründung weist Patriarch Polyeuktes die Absicht von Nikephoros Phokas zurück: Einen toten Soldaten, an dessen Händen Blut, auch das eines Sarazenen klebt, könne man nicht mit einem Märtyrer gleichstellen. Die Christen würden dadurch demselben Irrglauben anheim fallen wie die Moslems, denen man seit jeher ihre Praxis des heiligen Krieges vorwirft. Die Regungen zugunsten eines Kreuzzuges, die man auch in Byzanz wahrnehmen kann, bleiben deshalb Ausnahme und die heiligen Kriege des Abendlandes stoßen in Byzanz bekanntermaßen auf Unverständnis und bald auf offene Ablehnung.

Das Aufrechterhalten einer solchen Haltung ist um so erstaunlicher, als die orthodoxe Welt im 11. Jahrhundert mit der türkischen Invasion den zweiten moslemischen Ansturm erlebt. Die Flammen der Eroberung wecken alte Schrekkensbilder und Schmähungen; es entstehen neue dogmatische Traktate gegen den Islam wie die *Dogmatische Rüstkammer* des Euthymios Zigabenos oder die *Schatzkammer der Rechtgläubigkeit* des Niketas Choniates, die aber zumeist vergeblich nach neuen Argumenten suchen. Im Bewußtsein der Notlage und voller Haß auf die Komnenen, gerät das Werk des Choniates zu einem Lobgesang auf den Kreuzzug der Lateiner und einer Verherrlichung des Königs Konrad III.; aber diese seltene Haltung enthüllt gängige Praktiken: Wie vor ihm sein Großvater Alexios zögert auch Manuel Komnenos nicht, die Türken gegen die Lateiner zu benutzen, zahlreiche griechische Adlige suchen immer wieder Zuflucht auf moslemischem Territorium und auch die griechischen Bauern in Anatolien folgen den Versprechungen des Sultans von Rum, der ihnen Land anbietet und niedrige Steuersätze zusagt. Tatsächlich neigen die Orthodoxen im 12. Jahrhundert trotz des türkischen »Unfalls« immer mehr dazu, in Vergleichen die durch die Lateiner zugefügten Leiden als schlimmer zu bewerten. Auch Niketas, der die lateinischen Plünderungen im Jahre 1204 als Augenzeuge miterlebt, muß eingestehen, daß sich die Lateiner in Konstantinopel weniger »menschlich« aufgeführt haben als Saladin bei der Eroberung Jerusalems im Jahr 1187. Und das ist nicht allein die Haltung von Intellektuellen oder Politikern: Gestützt auf die öffentliche Meinung, die inzwischen eindeutig den Moslems zuneigt, schließt Isaak II. am Vorabend des dritten Kreuzzugs ein Bündnis mit dem Sultan von Ikonion. Dadurch wird auch die spontane Unterstützung der Bevölkerung von Konstantinopel verständlich, die sich auf die Seite der Moslems stellt, als Pisaner, Venezianer und Flamen einen Angriff auf deren Moschee unternehmen. Die folgenden Jahrhunderte verstärken diesen Zusammenhalt, in dem der Westen natürlich einen Verrat erblickt.

Byzanz und die Juden

Noch zwiespältiger ist das Verhältnis zu den Juden, diesen »inneren Fremden«, deren pure Existenz die Christen zwingt, sich entweder selbst in Frage zu stellen oder sich in einen gefährlichen Überlegenheitskomplex zu verstricken. Nicht anders als im Abendland werden die Texte der Evangelien, denen jeder Antisemitismus fremd ist, in starkem Maß von einem religiösen Schrifttum verdeckt, das auf allen Ebenen versucht, der Bevölkerung Verachtung und Haß gegenüber den Juden einzuimpfen. Der Gedanke einer kollektiven Verantwortung der Juden für den Tod

Christi entsteht im Orient sehr früh und rechtfertigt Begriffe wie »Christenmörder« *(Christoktonoi)* oder gar »Gottesmörder« *(Theoktonoi)*, die sich schon in den Schriften etwa der Kirchenväter Johannes Chrysostomos oder Gregor von Nazianz finden. Im 8. Jahrhundert begründet Johannes Damaskenos diese kollektive Verurteilung mit der Erklärung, Pontius Pilatus habe den Juden in »großer Umsicht« angeboten, Christus selbst zu richten; damit habe er »die Verantwortung auf ihre Häupter übertragen«. Pietistische Kreise ziehen daraus offensichtlich alle Konsequenzen: Die Juden pflegen enge Beziehungen mit dem Teufel und widmen sich der Hexerei, zumal, so heißt es, die hebräischen Buchstaben doch häufig für Zauber- und Beschwörungsformeln benutzt werden. Dadurch machen sich die Juden der Häresie schuldig und sie werden angeklagt, den Islam, den Manichäismus und andere abweichlerische Tendenzen inspiriert zu haben. Auf noch niedrigerem Niveau gelten die Juden als Herd moralischer und sogar körperlicher Ansteckung: Im 10. Jahrhundert werden sie in der Lebensbeschreibung eines Heiligen gar beschuldigt, nach ihrem Verbrechen an Gott zu Menschenfressern geworden zu sein, und in der Vita des Nikon Metanoeite wird die von der Pest betroffene Bevölkerung von Sparta ermutigt, die Juden aus ihrer Stadt zu entfernen, um die Seuche zu besiegen. Selbst dort, wo sie nicht so weit geht, erzeugt die Hagiographie bei einfachen Gemütern in wirksamer Weise das Bild vom jüdischen Untermenschen, dessen Leben nicht den Wert eines Christenlebens haben kann. Im 11. Jahrhundert betont Nil von Rossano zum Problem des Mordes an einem Juden durch einen Christen, daß für den Mord an einem Christen sieben Juden umzubringen seien, so daß man noch sechs weitere Juden umbringen müsse, wolle man den Mord am ersten rächen. Diese Geisteshaltung erfaßt selbst die Oberschicht: Im 8. und 9. Jahrhundert behaupten die Patriarchen Germanos und Theodoros von Studios

Eine Gruppe Juden (6. Jahrhundert; Detail eines Mosaiks in San Vitale in Ravenna).

ohne Zögern, Juden seien von Natur aus habgierig, während Michael Attaleiates sie im 11. Jahrhundert als »die Gruppe derer, die Gott getötet haben«, bezeichnet. Und den Vorurteilen folgen Taten: Als »Feind der Menschen«, wie der hl. Germanos schreibt, und »ehrverletzend, geschwätzig und arrogant« nach den Worten des Basileios von Neopatras hat ein Jude in jedem Fall gegenüber einem Christen Unrecht. So verlangte etwa ein Jude von einem Christen das Geld zurück, das er diesem zur Verwahrung überlassen hatte; doch der Christ hatte keinerlei Skrupel, den Tatbestand zu leugnen, schlimmer noch: »Um die beiden bildete sich eine große Menge, dem Juden drohte Gefahr, so daß er auch noch die Schmähungen des Christen hinnehmen mußte.«

Eine derartige Geschichte liefert jedoch auch einen Beweis für das um so erstaunlichere Gegenteil: Christen und Juden leihen sich gegenseitig Geld, unterstützen die gleichen ›Parteien‹ im Hippodrom, Juden schicken ihre Kinder in christliche Schulen, Mönche beklagen die Verdammnis von befreundeten »tugendhaften Juden«, und die Kanones unterstreichen die Häufigkeit solch vertrauensvoller Verbindungen. Das Quinisextum verurteilt all die, die jüdische Ärzte konsultieren oder mit Juden ein Bad nehmen, und Symeon der Magister rügt jene, die mit Juden das Osterfest feiern oder gemeinsam mit ihnen beten. Darüber hinaus existieren im 9. Jahrhundert in Anatolien sogar christlich-jüdische Sekten, etwa die der Athinganer, die die Taufe vollziehen und den Sabbat einhalten, die die Einheit Gottes proklamieren, das Gesetz Moses' empfangen aber nicht die Beschneidung, und die ihre Kinder zur Belehrung jüdischen Familien anvertrauen.

Auch die religiösen und zivilen Gesetze schützen die Juden, schreiben aber gleichzeitig ihre untergeordnete Rolle fest; zu Gewaltakten kommt es fast nie. Seit Caracalla sind die Juden Bürger des Imperiums und kein fremdes Volk; damit sind sie geschützt und dürfen ihre Sonderstellung behalten: Religionsfreiheit, Errichtung von Synagogen, eigene Gerichtsbarkeit und Achtung ihrer Gebräuche durch die Christen, angefangen von der Beschneidung bis hin zum Sabbat und den Essensvorschriften. Die Kirche sieht in dieser bestraften Gemeinschaft ein lebendiges Beispiel für die Christen und verbietet förmlich die Bekehrung unter Zwang. Das Konzil von Nikaia erinnert 787 daran, daß eine Bekehrung nur aus der Überzeugung jedes einzelnen oder durch ein Wunder bewirkt werden kann. Es stimmt aber auch, daß der Staat in Zeiten des Strebens nach geistiger Einheit teilweise die Juden zu bekehren trachtet. Nach dem Erlaß des Herakleios kommt es unter Basileios I. aus Anlaß der Paulikianer-Krise zu schweren Verfolgungen, und erneut wieder unter Romanos Lakapenos, als die Rückeroberung in ihr entscheidendes Stadium tritt. Doch die Ergebnisse sind gering, so daß man wieder zur Toleranz zurückfindet: Wie in den Basilika werden auch in den kanonischen Rechtssammlungen die früheren Schutzmaßnahmen erneuert. Die byzantinischen Juden, die *Romanioten*, bezahlen mit einem untergeordneten Rechtsstatus, der sie von allen öffentlichen Ämtern ausschließt, einem niedrigen sozio-ökonomischen Status, der ihnen nur das Handwerk offen läßt, und einer gewissen geistlichen Herabsetzung, da das Griechische die für sie einzig zugelassene Sprache der

Liturgie ist, dafür, daß sie bis ins 12. Jahrhundert wohl keine wirkliche Verfolgung erleben und auch nicht in abgetrennten Vierteln leben müssen. Dies ändert sich, dem Zeugnis des Demetrios Chomatenos zufolge, für alle ethnischen und religiösen Minderheiten spätestens wohl mit der Thronbesteigung des Alexios Komnenos. Bedeutsam ist hier auch die Ankunft der *Karaiten*, orientalischer Juden, die sich unmittelbar auf die Schrift berufen und so unter den Romanioten Verwirrung und Aufruhr stiften. Aber während die ersten Pogrome Schande über das Abendland bringen, ist in Byzanz offensichtlich nur ein einziger Jude jemals hingerichtet worden.

Bilanz der Orthodoxie vor 1204

Der Versuch, in einem weit ausgedehnten politischen Gebilde, das zahlreichen Gemeinschaften Heimat bietet, nach Konstanten zu suchen, die Jahrhunderten tiefgreifender Veränderungen standhalten, oder gar nach einer kollektiven Mentalität zu forschen wirkt geradezu lächerlich. Dies um so mehr, als es sich um eine Kultur handelt, die fast nur durch ihre Elite und ihre Religion zu uns spricht. In unterschiedlichem Maß begegnet der Forscher diesen Hindernissen allerdings bei jeder mittelalterlichen Zivilisation. Mit dem Eingeständnis, nichts über die Orthodoxen aussagen zu können, müßte man demnach auch darauf verzichten, die geistigen Strukturen aller Menschen des Mittelalters zu beleuchten.

Um den orthodoxen Menschen zu beschreiben, muß man, so paradox das vielleicht sein mag, zuerst seine Gemeinsamkeiten mit seinen mittelalterlichen Mitmenschen anzeigen. Selbst wenn man von einer wirksamen Zensur von Ideen und Gebräuchen ausgeht, so wird man in der Welt der Orthodoxie zumindest vor dem Jahr 1204 dennoch vergeblich nach einem Beweis für Religionslosigkeit suchen; spätestens seit dem 6. Jahrhundert ist die Zugehörigkeit zum Christentum eine solche Selbstverständlichkeit, daß mit ›Christen‹ häufig alle Untertanen des Reichs bezeichnet werden. Dennoch unterscheidet etwas schon an dieser Stelle die Orthodoxen: Die unterschiedslose Masse der Gläubigen ist so tief vom christlichen Modell durchdrungen, daß sie viel früher als das Abendland Formen der Frömmigkeit entwickeln kann, die das einzige Dogma nicht beinhaltet. Übersehen wir nicht, daß das östliche Christentum seit seinen Ursprüngen ungleich wirkungsvoller von einem zahlreichen und rührigen Klerus gestützt wird, insbesondere von den nur selten in strikter Klausur lebenden Mönchen, die viel lieber durch die Welt ziehen, um den Menschen zu predigen. Zwischen dem 5. und 7. Jahrhundert entstehen aus der Verbindung volkstümlicher und mönchischer Spiritualität für die gesamte Orthodoxie drei sich ergänzende Frömmigkeitsmuster: die Verachtung des Intellekts, der Reliquienkult und die Ikonenverehrung. Die rasche Ausbreitung dieser einfachen Frömmigkeit trägt maßgeblich dazu bei, das Christentum zum organischen Bestandteil des orthodoxen Menschen werden zu lassen. Der Glaube, den die Priester verkünden, die Gegenstände, die sie zur Verehrung bestimmen, und die

Volkstümliche Frömmigkeit: Die Jungfrau Maria wird von ihren Eltern liebkost
(Ochrid, Makedonien, Peribleptos).

Gestik des Rituals sind jene Muster, die die Gläubigen vorgebildet haben. Die Zustimmung des Gläubigen ist um so glühender, je mehr er das Gefühl hat, daß der Klerus vollendet, was er innerlich schon als Wahrheit verspürt hat.

Man hat behauptet, der christliche Osten sei eine Brutstätte der Ketzerei, was aber nur in geringem Maße zutrifft. Nach dem großen Bruch im 7. Jahrhundert steht die Orthodoxie nur sich selbst gegenüber, und es sind die Theologen und die Polemiker, die noch Jahrhunderte lang ihre Bannflüche gegen abweichlerische Tendenzen schleudern, die oft schon lange untergegangen sind, und uns so in der Überzeugung bestärken, der orthodoxe Glaube würde noch immer in Frage gestellt. Der Ikonoklasmus, die einzige Krise in der klassischen Epoche der Orthodoxie, beweist wohl eher das Gegenteil: Er läßt die Dogmen unangetastet und ist in diesem Sinne auch keine Häresie, aber er scheitert, weil er jene Ausdrucksformen der Frömmigkeit in Frage stellt, die die offizielle Kirche bereits als Bestandteile der Orthodoxie anerkannt hat. Die politischen Aspekte des Ikonoklasmus sind vor allem bei den Streitkräften und in der Hauptstadt populär, was seine religiösen Aspekte niemals waren: Daß die Mönche die Speerspitze im Kampf für die Bilder waren, berechtigt nicht zu der Annahme, sie hätten das Volk geeint, um den Sieg zu bewerkstelligen. Vielmehr scheint das Gegenteil der Fall zu sein – der Unmut der Bevölkerung, die miterleben muß, wie alles, was ihr wichtig ist, zerstört wird, hat beim Klerus als Wortführer neue Kräfte mobilisiert.

Es ist dies eine Frömmigkeit, die alle Exzesse einschließt, da Spiritualität im Osten – im Gegensatz zum Christentum im Abendland – den Körper mit einbezieht. Gegen solche Exzesse richtet sich das Mißtrauen der geistlichen und weltlichen Elite, die versucht, wenigstens die wildesten Auswüchse zu beschneiden, sowohl die, die dem Körper bei der Suche nach Gott zu großes Gewicht beimessen, als jene, die den Körper negieren oder zerstören wollen.

Der Kult der Reliquien und der Ikonen ist für den orthodoxen Menschen ein Aspekt des Erhabenen in der materiellen Welt, da er Gegenstände zur Verfügung stellt, die als Anlaß zur Meditation den Weg zur Wahrheit öffnen. Allerdings rechtfertigt die Niederlage des Ikonoklasmus nicht jeden Exzeß; so mißtraut man den Euchiten und ihrer übereifrigen Bilderverehrung und verurteilt auch jene, die »sich im Zustand der Raserei an den Ikonen reiben«. Der Metropolit Eusebios von Thessalonike weist darauf hin, daß die rein geistige Verehrung des hl. Demetrios zu gleicher Vollkommenheit zu führen vermag wie die gewöhnlichen Reliquien, die man betrachtet oder anfaßt. Ebenso soll man sich vor übertriebener Kasteiung, die manche Mönche wie Styliten und Eremiten üben, in acht nehmen: Im 11. Jahrhundert entwirft Symeon von Euchaita ein Ideal »maßvoller Askese«, die übertriebene Kasteiung ablehnt und die Überlegenheit des gemeinschaftlichen Lebens unterstreicht, das es ermöglicht, den Rat anderer anzunehmen, während Einsamkeit nur Stolz und Irrungen erzeugt. Aber solche Ermahnungen ziehen die volkstümliche Frömmigkeit nie grundsätzlich in Zweifel; verdammt werden nur die Exzesse, die sie zum Zerrbild werden lassen, die abgöttische Verehrung, die manchen Bildern zuteil wird, sowie die schroffe Ablehnung der irdischen Welt und des Körpers, die als das Werk eines bösen Gottes angesehen werden, der den Christen zum unsühnbaren Irrtum der Manichäer und Bogomilen führt. Auch eine weitere tiefgreifende Tendenz der orthodoxen Frömmigkeit steht fortan außer Frage: Intellektuelle Leistungen werden geringer geachtet als der reine und einfache Glaube eines Mönchs, der sich seines Analphabetismus rühmt, wie der Glaube eines unschuldigen Kindes oder eines Toren, dessen leerer Geist von Gott geleitet wird. Doch auch hier geht man behutsam vor, ohne schnelle Verurteilung. Der gelehrteste Mann wird sicherlich diese Tendenz berücksichtigen, aber gleichzeitig vor übertriebener Ablehnung der »Erziehung von außen« warnen, die vom Glauben beseelt eine machtvolle Bereicherung des geistigen Lebens werden kann. So weist Psellos im Rückgriff auf das Gedankengut des heiligen Basileios darauf hin, daß er vieles von den Klassikern übernommen hat, immer bestrebt, die Spreu vom Weizen zu trennen.

Am Ende der ikonoklastischen Krise scheinen populäre Wertvorstellungen die Orthodoxie zu beherrschen, die von Staats- und Kirchenhierarchie zwar gedämpft, aber nie in Frage gestellt werden. Immerhin geht es darum, jene geistige Einheit zu erhalten, auf der nicht nur die Religion, sondern auch Staat und Gesellschaft aufbauen. Dieses Primat populärer Wertvorstellungen hat als Preis eine gewisse Scheu der Elite, die fast einer Kapitulation gleichkommt, vor allem im intellektuellen Bereich. Von Photios bis Psellos fällt auf, wie schnell der Intellektuelle zurücksteckt, sobald er an die Grenzen der »Volkssprache« stößt; er weiß genau, daß er beim Überschreiten dieser Grenzen die Fundamente einer Gemeinschaft in Frage stellt, in der er sich im Grunde wohl fühlt.

Die geistige Einheit ist in erster Linie der politische Kitt, der das christliche Reich zusammenhält: Alle sind im orthodoxen Glauben vereint, den der Staat verteidigt und propagiert, seit der Triumph der Bilder das Volk und die Herrschaft wieder zusammengeführt hat. Die Gläubigen trennen nicht mehr zwischen Reich und Orthodoxie und entwickeln darin ein starkes Gefühl der Zusammengehörigkeit, das im 11. Jahrhundert zu einem intensiven Überlegenheitsgefühl über alle anderen Menschen, auch die anderen Christen führt. Das Reich besitzt ein Schutzbild, die Ikone der Gottesmutter von den Blachernen, und ihr jährliches Wunder unterstreicht die Eintracht Gottes mit seinem Volk und das Recht des Herrschers zur Führung. Es ist von Bedeutung, daß sogar ein Psellos sich die Mühe macht, dieses von der Vorsehung bestimmte Wunder so minutiös zu beschreiben. Die notwendige Einigkeit sichert gleichzeitig eine moderate Machtausübung, denn ein Herrscher, der mit der Tradition bricht, spaltet die Gemeinschaft und läuft Gefahr, früher oder später abgesetzt zu werden, wie dies mit den großen Usurpatoren des 10. Jahrhunderts oder mit Michael V. und Andronikos Komnenos geschieht. Die Einheit um die Orthodoxie als Mittelpunkt ist damit ein gewichtiger Faktor für das politische Gleichgewicht, der zwischen dem 10. und 12. Jahrhundert die Exzesse einer Ideologie abschwächen kann, die in Gott eine Macht des Umsturzes sieht.

Die Orthodoxie hält aber auch die Gesellschaft zusammen. Das einfache Volk erlebt fast gleichzeitig in Stadt und Land, wie nicht nur sein überlieferter Glaube, sondern auch das Recht jedes einzelnen, über sich und sein Gut zu verfügen, den Sieg davontragen. Für das Volk ist die Gleichheit der Menschen, die Johannes Damaskenos als »Quelle der Gerechtigkeit« bezeichnet, somit untrennbar mit der wiedergefundenen Orthodoxie verbunden. Zwar erkennt diese »Gleichheit« eine unumstößliche gesellschaftliche Hierarchie an, aber sie schützt doch den einzelnen vor Übergriffen der Nachbarn, die die eigene Freiheit und Selbstgenügsamkeit gefährden könnten. Aufschlußreich ist in dieser Hinsicht die Haltung Basileios' I.: Vom Vater hat er gelernt, sich »den Mächtigen unterzuordnen«, aber er hat sich auch Respekt vor dem Gott seiner Eltern bewahrt, Barmherzigkeit gegenüber den Alten, Freimut gegen seine Mitmenschen und Freigebigkeit gegenüber den Bedürftigen, und er »erkennt, daß die Menschen in völliger Gleichheit und Gerechtigkeit regiert werden müssen« – ein Portrait aus der Feder seines Enkels Konstantin Porphyrogennetos, das das des vollkommenen »orthodoxen Menschen« sein könnte. Das Volk erlebt in der Tat, daß die Zentralgewalt es gegen Übergriffe der Mächtigen schützt, deren »unzählige Hände« und »gierige Krallen« im 10. und 11. Jahrhundert ständig angeprangert werden. Es weiß sich eins mit seinem Herrscher, der – wie Leon VI. im Vorwort zum *Eparchenbuch* – unterstreicht, daß es konform mit dem göttlichen Plan einer universalen Harmonie ist, die Menschen an der Mißachtung der Rechte ihrer Mitmenschen zu hindern. Es ist auch der vollen Unterstützung seitens der Kirche sicher, wie ein Zitat aus der Vita des heiligen Nil von Rossano zeigt: Ein Archon aus Kalabrien hatte durch seine argen Übergriffe die ortsansässige Bevölkerung gegen sich aufgebracht, sich in den eigenen Waffen verfangen und sich selbst beim Versuch, sich zur Wehr zu setzen, getötet, »so daß das von ihm so ungerecht behandelte Volk ihm den Kopf vom Rumpf trennte und den Hunden zum Fraß vorwarf.« Denn die orthodoxe Herrschaft beschützt das Volk und, so schreibt Niketas Choniates, »die meisten Herrscher sind schrecklicher als der Tod und die Hölle, wenn sie die Adligen enthaupten lassen oder in die Verbannung schicken«.

Die traditionelle Orthodoxie hat als Ideal einen unwandelbaren Glauben, einen unverletzlichen Staat und eine starre Gesellschaft. Jede Neuerung ist für sie ein Schrecknis, was uns im einzelnen manchmal überrascht. Als Isaak II. unter Mißachtung der Kanones beschließt, den Patriarchen Dositheos von Jerusalem auf den Patriarchenthron von Konstantinopel zu setzen, bringt er damit das Volk so sehr auf, daß der neue Patriarch die Hagia Sophia nur unter dem Schutz einer bewaffneten Eskorte betreten kann.

Die Einmütigkeit ist zwar die Regel, doch es gibt natürlich Ausnahmen. Auf dem heiligen monogamen Herrscherhaus etwa lastet häufig der Ruch des Ehebruchs, böse Zungen scheuen nicht davor zurück, die Herrschaft zu kritisieren, viele Mächtige verdrehen das Gesetz, um die Schwachen zerfleischen zu können, moralische und disziplinäre Skandale schwächen und spalten die Kirche. Allerdings gewinnen diese Störfaktoren bis zum Ende des 11. Jahrhunderts nie die Oberhand; das Herrscherhaus bleibt geeint, die Zentralgewalt weist die Mächtigen in die Schranken, die Bindung an die legitimen Herrscher läßt alle Erhebungen scheitern. Das tiefempfundene Gefühl einer orthodoxen Gemeinschaft eint darüber hinaus die verschiedenen Völker des Reiches in einer Weise, die den Verfall verhindert. Wenn Griechen, Albaner und Lateiner aus Süditalien Seite an Seite kämpfen, so liegt das für Michael Attaleiates daran, »daß sie mit uns das Statut der Gleichheit und den Glauben teilen«.

Dann ereignet sich plötzlich etwas Tiefgreifendes, das die »gemeinsame Art des Denkens« (homonoia), der man noch im 14. Jahrhundert nachtrauert, über den Haufen wirft. Als sich die Türken der alten orthodoxen Gebiete in Anatolien bemächtigen, mag niemand mehr wie zur Zeit der arabischen Geißel daran glauben, daß Gott die Abtrünnigen bestrafen wolle. Nun schlägt er seine eigenen Gläubigen so, daß man an allem zu zweifeln beginnt: am Reich, am gesellschaftlichen Gleichgewicht, an der traditionellen Moral, ja selbst an der Kirche, deren dunkelste Flecken die satirischen Dichter des 12. Jahrhunderts aufdecken. Das Reich gibt de facto nicht nur seinen Weltherrschaftsplan auf, sondern erweist sich als immer unfähiger, selbst die Geschicke der orthodoxen Völker weiter zu lenken. In den Jahren nach 1185 fallen nacheinander Bulgarien und Serbien ab, und man erkennt mit Entsetzen, daß diese »Brüder« sogar bereit sind, den lateinischen Kreuzfahrern die Hand zu reichen und letztendlich selbst in Rom Unterstützung suchen. Auch das gesellschaftliche Gleichgewicht ist zerrüttet und die Mächtigen triumphieren in den Städten wie auf dem Land. Die politische Instabilität der Jahre 1180 bis 1204 –

sechs Herrscher folgen einander auf den Thron – ist ein weiteres Zeichen dafür, daß die Zeit der alten ungeteilten Orthodoxie vorüber ist.

Das ist zwar nicht das Ende der Orthodoxie, doch das Wort ändert seine Bedeutung, da nur die Glaubensgemeinschaft erhalten bleibt. Man muß sich damit abfinden, daß man einer gemeinsamen Lehre huldigen, zum gleichen Gott beten und die selben Heiligen verehren kann, ohne deshalb ein einiges politisches Gebilde zu sein. Es kündigt sich eine Epoche an, in der die Trennung zwischen Orthodoxie und Reich endgültig vollzogen wird und in der innerhalb jedes einzelnen orthodoxen Staates der Kirche, die sich immer stärker von der irdischen Gewalt abhebt, zunehmend die alleinige Sicherung des Glaubens zufällt. Paradoxerweise wird die Orthodoxie insgesamt dadurch moralisch gestärkt: Mit den Abspaltungen haben die nationalen Spannungen, die sie von innen ausgehöhlt haben, ein Ende und die orthodoxen Völker müssen nicht mehr zwischen der tyrannischen Vorherrschaft von Byzanz und dem unverhohlenen Werben der abendländischen Christen entscheiden. Obwohl Griechen, Bulgaren, Serben und Albaner nach 1204 oft unterschiedlichen Lagern angehören, ist ihre »gemeinsame Art des Denkens« gegenüber den Lateinern nicht zu erschüttern. Aus dem endgültigen Bruch der beiden Christenheiten entsteht eine nunmehr rein kulturelle Orthodoxie, die noch eifersüchtiger als vorher das Reich über ihre territorialen Grenzen wacht, da der Glaube fortan untrennbar mit dem nationalen Schicksal verknüpft ist.

Umseitig: Mit der Einnahme von Konstantinopel beginnt Mehmed II. ein neues Kapitel der Geschichte, dessen Symbolkraft für den Westen größer ist als seine tatsächliche Bedeutung für die Türken. Erst unter Sulaiman I. erreicht das Osmanenreich seine höchste Blüte (Miniatur aus einer osmanischen Handschrift des 16. Jahrhunderts; Topkapi Serail, Istanbul).

Drittes Buch

Untergang des Reiches und Geburt der Nationalstaaten

KAPITEL 6
DER VIERTE KREUZZUG
UND SEINE RÜCKWIRKUNGEN

Urheber und Auslöser des im August 1198 beginnenden vierten Kreuzzugs ist Innozenz III., der dem Heiligen Land zu Hilfe eilen will. Die in Reconquista gegen die Mauren verstrickten iberischen Staaten und das in Erbfolgestreitigkeiten liegende Deutsche Reich nehmen nicht teil. Die Finanzierung des päpstlichen Unternehmens ist allerdings bedenklich, denn die Truppen sind zum einen von den persönlichen Beiträgen von Grafen und Baronen abhängig, andererseits erweist sich der Ertrag der dem Klerus auferlegten Abgaben und Steuern für den Kreuzzug als unzureichend. Hinzu kommen noch Probleme und Streitigkeiten innerhalb der religiösen Hierarchie. Die französische und die flämische Ritterschaft nehmen begeistert an dem Unternehmen teil, das ihrem heroischen Ideal entspricht und ihre Abenteuerlust zu einer Zeit befriedigt, wo Repressalien des französischen Königs Philipp II. August gegen diejenigen Thronvasallen zu befürchten sind, die auf der Seite des englischen Königs gegen ihn gekämpft hatten.

Der Verlauf der Expedition

Eine Ablenkung?

Die wichtigsten Vasallen des französischen Königs, die unter dem politischen und sozialen Druck der Ausweitung der Krondomäne zu ihren Lasten stehen, sind auf dem Kreuzzug auf der Suche nach territorialen Entschädigungen, verfügen aber nicht über die Geldmittel, den Venezianern die Kosten des Transports zu bezahlen. Eine Urkunde von April 1201 schätzt die Aufwendungen für ein Heer von 33 500 Mann und 4500 Pferden auf jährlich 85 000 Kölnische Mark Silber. Daraufhin zeigt sich der Doge bereit, sich mit einer Flotte von 50 Galeeren, bezahlt von Venedig, am Kreuzzug zu beteiligen, zusätzlich zu den Transportschiffen für die Überfahrt von Heer und Pferden, deren Preis die Hälfte der Eroberungen ist. Am 24. Mai 1201 stirbt der bisherige Anführer des Kreuzzugs, Graf Theobald III. von der Champagne; die Folge ist eine Neuordnung des Kräfteverhältnisses zwischen den einzelnen feudalen Gruppen, wobei die reichsfreundliche Ritterschaft dominiert und die Leitung an Markgraf Bonifaz von Montferrat überträgt, der Parteigänger der Ghibellinen ist. Die politische Führung des Kreuzzugs droht Innozenz III. zu entgleiten. Als die vereinbarten Transportkosten fällig werden, stehen die adligen Anführer des Kreuzzugs vor Verpflichtungen von 34 000 Mark. Als Ausgleich für einen Zahlungsaufschub verlangt Venedig, daß sich die Ritter an der Eroberung der Stadt Zadar (Zara) beteiligen. Die Flucht des Thronanwärters Alexios Angelos aus Konstantinopel im Jahr 1201 führt nicht nur in der herrschenden byzantinischen Dynastie der Angeloi zum offenen Streit, sondern offenbart auch die Brüchigkeit der politischen Beziehungen zwischen dem Ostreich und der westlichen Welt. Im Oktober des Jahres 1201 erreicht Alexios auf einem pisanischen Schiff das Abendland; er findet Hilfe bei seinem Schwager Philipp von Schwaben, der ihn an den Papst verweist. Doch Innozenz ist über die Verbindung des Prinzen mit den Ghibellinen verärgert und weigert sich, sich der Verurteilung des Kaisers Alexios III. Angelos anzuschließen, der Isaak II., den Vater des jungen Alexios, abgesetzt hat. Zudem unterhält Innozenz enge Beziehungen zu Alexios III. Angelos im Hinblick auf eine Vereinigung der beiden Kirchen. Immerhin gestattet man dem Prinzen im Jahr 1202, sich den Kreuzrittern vor Zadar anzuschließen; der Prinz verspricht den Kreuzfahrern 200 000 Mark Silber als Entgelt für seine Restituierung auf dem Thron, stellt eine Kirchenunion in Aussicht und sagt den Unterhalt im Heiligen Land von 10 000 Mann für ein Jahr und von 500 Rittern auf Lebenszeit zu. Diese Zusagen befriedigen die finanziellen Nöte und Bedürfnisse der Kreuzfahrer und bedeuten das Bekenntnis des byzantinischen Reichs zur Kreuzzugsidee, wie es das katholische Abendland schon seit dem ersten Kreuzzug gefordert hat.

In einem Brief an Alexios III. Angelos drängt Innozenz III. den Kaiser zur Union der beiden Kirchen; er verweist darauf, daß der päpstliche Stuhl womöglich den Prätendenten Alexios moralisch unterstützen könnte, aber auch darauf, daß er doch byzantinische Interessen wahrgenommen habe, als er die Einnahme Siziliens durch Philipp von Schwaben verhindert hatte. Innozenz III. hat zwar nicht die Absicht, eine den Hohenstaufen förderliche Unternehmung mitzutragen, aber er sieht darin ein Druckmittel in seinen Verhandlungen mit dem Kaiser des Ostreichs.

Die religiösen, politischen und ökonomischen Interessen, die den feudalen, kaufmännischen und katholischen Westen veranlaßt haben, eine Eroberung von Byzanz ins Auge zu fassen, werfen mehrere Fragen auf: die Umleitung des vierten Kreuzzugs, der Anteil an Vorsatz bei diesem Unternehmen und schließlich die Verteidigung von Papst Innozenz III.

Seit der zweiten Hälfte des 11. Jahrhunderts gerät das byzantinische Reich zwischen normannischer Expansion im Westen und türkischer Invasion im Osten in die Zange; hinzu kommt der Nationalismus auf dem Balkan, der von der Schwächung der byzantinischen Autokratie profitiert und eigene Nationalstaaten bildet, die sich anschicken, das juristische und politische Erbe von Byzanz anzutreten. Sehr zum Nachteil des byzantinischen Kaufmannsstandes hat die politische und militärische Krise handelspolitisch das Vordringen der italienischen Seerepubliken begünstigt. Ihr wirtschaftliches Übergewicht wird als Teil jener westlichen Aggression empfunden, der die Byzantiner ausgesetzt sind. Im Innern des Reiches ist die Autokratie zur Stütze einer Ordnung geworden, deren zivile, militärische und religiöse Oberhäupter der Landadel stellt, der den regionalen Partikularismus um die bedeutenden Archontenfamilien fördert; letztere setzen alles daran, ihre politische Macht auf Kosten der Zentralgewalt zu stärken. Die politischen und militärischen Ereignisse, die mit dem dritten Kreuzzug (1189/1190) verbunden sind, und die Palastrevolte, die 1195 zur Absetzung des Kaisers Isaak Angelos führt,

Die Donatkirche in Zadar (Jugoslawien).

ermöglichen die endgültige Konsolidierung des bulgarischen Staates. Von Manuel Komnenos bis hin zu Isaak Angelos verschlechtern sich die politischen Beziehungen mit den Lateinern zusehends: Der Durchzug des Heeres des dritten Kreuzzugs hat die Furcht vor einer Eroberung Konstantinopels gefördert. Mit Heinrich VI., in dem sich Universalismus des abendländischen Kaisertums und normannischer Expansionstrieb vereinen, ist die Möglichkeit einer neuen Invasion wieder in greifbare Nähe gerückt, als im Jahr 1195 Alexios III. Angelos deshalb das *alemanikon*, die Alamannensteuer erhebt, um die wirtschaftlichen Forderungen des Kaisers zu befriedigen, der inzwischen in Bari zu einem neuen Kreuzzug aufruft, der Konstantinopel zum Ziel haben soll. Idee und Ausführung einer bewaffneten Eroberung von Byzanz liegen damit auf dem Tisch, und im Westen kreisen fortan viele Interessen um dieses Ziel. Ende des 12. Jahrhunderts kommt dann zur politischen und militärischen Schwäche des Rhomäischen Reichs die wirtschaftliche Ausblutung infolge des massiven Vordringens der Händler aus Venedig und der hohen Aufwendungen für die Kriege auf dem Balkan.

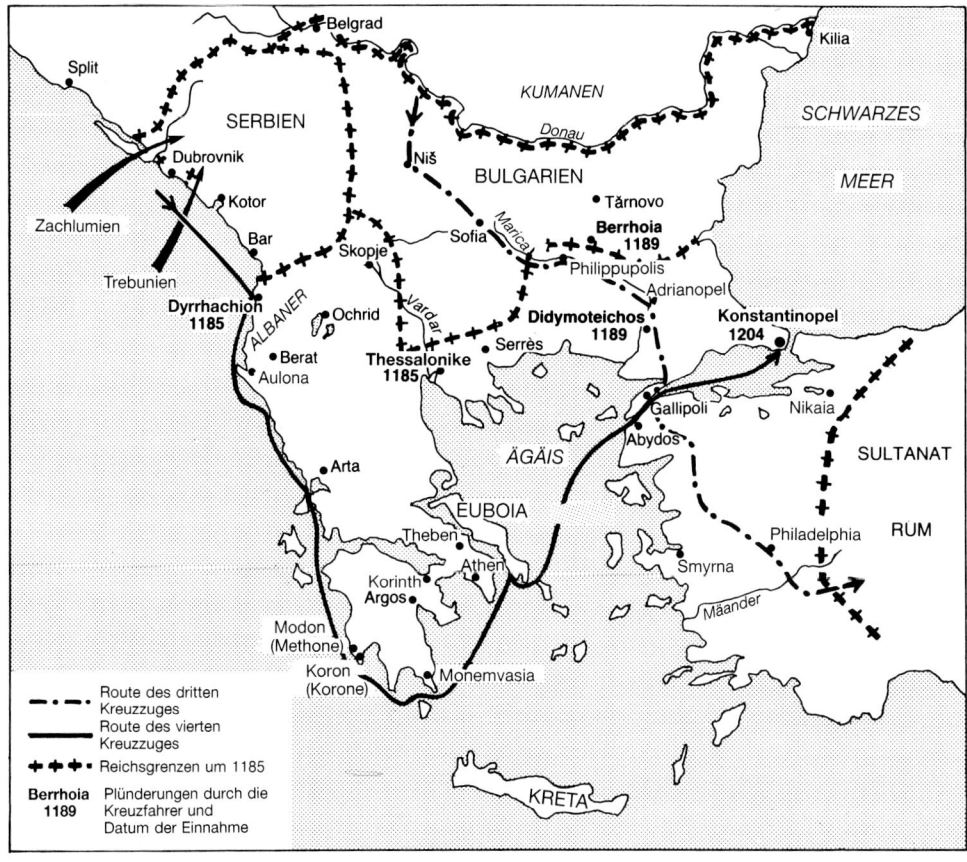

Der Balkan zur Zeit des dritten und vierten Kreuzzuges.

Venedig macht 1204 in Konstantinopel reiche Beute: die *Pala d'Oro* in der Basilika San Marco.

Die Kreuzzugsbewegung verleiht den Handelsaktivitäten von Pisa, Genua und Venedig großen Elan; die Fracht *(nolis)* ihrer Transportschiffe sowie ihre kommerziellen, steuerlichen und juristischen Privilegien auf den von Franken beherrschten Handelsplätzen der Levante bringen diesen Städten dabei weit mehr ein als die Beute der verschiedenen Feldzüge. Im Schutz der Zollprivilegien, die die byzantinischen Kaiser Venedig für die Unterstützung mit Schiffen im Kampf gegen die Normannen zugestanden haben, baut die Seerepublik ihre Handelstätigkeit auf den Märkten der Levante erheblich aus. Das Vordringen Venedigs hat ausschließlich wirtschaftlichen Charakter: Anders als die Städte der unter fränkischer Herrschaft stehenden Levante sind die venezianischen Viertel in den byzantinischen Städten nicht vor Kontrollen oder Einmischung der örtlichen Behörden sicher. Die wirtschaftliche Ausbreitung im byzantinischen Reich wird durch den Kreuzzug politisch konsolidiert, während die koloniale Landnahme in der Levante Venedig vor der Einschnürung bewahrt: Anfang des 13. Jahrhunderts besteht es nur aus einem Landstreifen im Uferbereich der Lagune und aus einigen hundert kleinen Inseln, auf denen etliche städtische Zentren entstehen; Rialto, die mit etwa 50 000 Einwohnern größte Stadt, kann vom landwirtschaftlich genutzten Hinterland schon nicht mehr ausreichend versorgt werden.

Im Westen hat die Kreuzzugsidee eine tiefe Wandlung durchgemacht. Die mystische, von den sozialen Spannungen im feudalen Frankreich noch gestärkte Schwärmerei des ausgehenden 11. Jahrhunderts, in der die Christenheit die traditionelle Frömmigkeit von Pilgerfahrten ins heilige Land und die Praxis des heiligen Krieges zu antiislamischer Begeisterung verknüpft, wird von einer Theorie abgelöst, mit der die Kanonisten des 13. Jahrhunderts die Kreuzzugsidee rechtlich zu untermauern trachten. Gleichzeitig wird das Konzept des Kreuzzugs auch auf den Kampf gegen die Mauren, die slawischen Heiden und die Katharer ausgedehnt. In der Kreuzzugsidee fließen geistige und materielle Interessen zusammen: Es gilt, »wahrhaft unschätzbare irdische und überirdische Güter zu erlangen«, wie Balduin von Flandern, der neue Kaiser von Konstantinopel, im Mai 1204 in einem Brief niederlegt. Die weitreichenden rechtlichen Privilegien, die die Kirchenspitze den Kreuzrittern einräumt, sind dabei ebenso wichtig wie der Ausweg aus den sozialen Spannungen des Westens, den dieser Kreuzzug zum rechten Zeitpunkt bietet. Die von den Kanonisten vorgeschlagene Kodifizierung spiegelt die Haltung des katholischen Europa in bezug auf die Kreuzzüge an der Wende des 12. und 13. Jahrhunderts: ein verdienstvolles Unternehmen, ein heiliger Krieg, Quelle materieller und geistiger Güter und nach den theokratischen Zielvorstellungen der römischen Kirche ein Unternehmen, das unter der Befehlsgewalt des Papstes steht, der als einziger einen Kreuzzug auslösen kann, auch gegen das byzantinische Reich und gegen die schismatischen Kräfte innerhalb der Christenheit.

Der Fall Konstantinopels und die Partitio Romaniae

Nach Ankunft der Kreuzritter in Konstantinopel wird Alexios IV. Angelos, trotz aller päpstlichen Verbote und Exkommunikationen, auf den Thron gehoben und am 1. August 1203 gekrönt. Doch der neue Kaiser ist nicht in der Lage, die vereinbarten Schulden zu begleichen, und fordert die Kreuzritter auf, ihren Aufenthalt in Konstantinopel bis März 1204 zu verlängern. Nachdem Alexios IV. 100 000 Mark Silber an die Lateiner bezahlt hat, um sich von ihnen mit einem minimalen wirtschaftlichen Opfer zu befreien, versucht er sich der ihm feindlichen byzantinischen Aristokratie zu nähern, während sich die Kreuzritter in Galata in Sicherheit bringen. Im Januar des Jahres 1204 wird Alexios IV. dann verhaftet und auf Geheiß von Alexios V. Dukas ermordet, der der Held der militärischen Erhebung der Byzantiner gegen die Lateiner ist. Für ihren Abzug aus Konstantinopel fordern die Lateiner 90 000 Mark Silber und eine Reihe Privilegien, die für Byzanz unannehmbar sind. Die militärische Konfrontation ist unausweichlich. Im März des Jahres 1204 beschließen die Kreuzfahrer, im Herzen des byzantinischen Reichs ein lateinisches Imperium zu errichten. Nachdem unter Wahrung des Kräftegleichgewichts zwischen den verschiedenen Teilen des Kreuzfahrerheeres Balduin von Flandern zum Kaiser und Thomas Morosini zum Patriarchen gewählt worden sind, teilen die Sieger die Eroberungen in eine Reihe von Lehen. Ein Viertel des Gebietes steht dem Kaiser zu, der Rest geht zu gleichen Teilen an die Venezianer und an die Kreuzritter unter der Führung des Markgrafen von Montferrat. Alle müssen dem Kaiser den Lehnseid leisten, mit Ausnahme des Dogen, der seinerseits von den Lehensträgern in dem Venedig zugefallenen Gebietsanteil der *Romania* den Treueeid fordern kann. Jeder Vertragspartner erhält einen Teil Thrakiens und einen Teil von Konstantinopel. Der Kaiser erhält den byzantinisch gebliebenen Teil Kleinasiens und die Hauptinseln in der Ägäis und im Marmara-Meer: Prokonnesos, Samothrake, Lemnos, Skyros, Chios, Lesbos, Samos, Kos und Tenos. Venezianisch werden der westlich des Pindos gelegene Teil Griechenlands, die Inseln Zakynthos, Kephallenia, Leukas und Korfu, sowie der Westteil der Peloponnes, die Inseln Euboia, Andros, Aigina und Salamis. Den Kreuzrittern fallen Makedonien, Thessalien, die Provinz Athen und höchstwahrscheinlich der Dodekanes zu. Am 12. August 1204 überträgt der Markgraf von Montferrat für 1000 Kölnische Mark Silber alle seine Feudalrechte in der Romania und über die Insel Kreta auf den Dogen von Venedig. Damit will er sich dessen Unterstützung bei der Zuteilung der Lehen und im Streit mit dem neuen lateinischen Kaiser sichern. Kreta, das dem Markgrafen von Alexios IV. Angelos zugesprochen worden war, taucht in der Liste der *Partitio* nicht auf. Daß Venedig anschließend die ägäischen Inseln besetzt, ist wohl eine Folge einer Rückübertragung der Feudalrechte von Bonifatius von Montferrat, da diese Inseln in der *Partitio* als Besitz der Kreuzritter ausgewiesen sind. Nach dem ersten Triumph weicht der Landhunger der Eroberer bald nüchterner Betrachtung. So hat Venedig nicht die Kraft, alle ihm zugesprochenen Gebiete in Besitz zu nehmen und muß sogar an die Privatinitiative seiner Patrizier appellieren, um die ägäischen Inseln erobern und halten zu können. Dagegen wird die Peloponnes von Gottfried von Villehardouin besetzt, dem nach dem Fall Konstantinopels aus Syrien angereisten Neffen des gleichnamigen Chronisten.

Das Schicksal der regionalen Mächte

Byzanz ohne Byzanz

Der Schicksalsschlag des Jahres 1204 begünstigt ohne Zweifel in Morea wie in Anatolien die alten sezessionistischen Tendenzen, aber fast das gesamte Reich bleibt noch zu erobern, und diejenigen sind zahlreich, die nach den Worten des Pachymeres »aus dem Vaterland gejagt« wurden und schon von dessen Wiedervereinigung träumen. Schon im April 1204 sichern sich Alexios und David Komnenos, die Enkel Andronikos' I., von Trapezunt aus die Kontrolle über die pontische Küste bis Herakleia. Doch die »Großkomnenen« sind zu weit vom eigentlichen Zentrum entfernt, um die Lateiner ernsthaft gefährden zu können. Anders ist die Lage in Epeiros, wo Michael Dukas sich nach gespielter Unterwerfung schon im Oktober des Jahres 1204 gegen den Markgrafen von Montferrat erhebt. Bei Dyrrhachion wird er zwar 1205 von Venedig geschlagen, doch noch im selben Jahr stößt er bis an den Golf von Korinth vor: Er ist ein ungleich ernstzunehmenderer Gegner als Theodoros Laskaris, der dritte Mitstreiter, der um Nikaia ein weiteres Widerstandszentrum aufzubauen versucht. Die Lateiner haben zwar den Irrtum begangen, Anatolien zu negieren, aber die Unternehmung des Laskaris scheint hoffnungslos; ihr steht der Expansionsdrang der Großkomnenen entgegen, aber auch die Gehorsamsverweigerung der Archonten von Philadelphia, Milet und des Maiandertals. Im Dezember des Jahres 1204 wird Theodoros Laskaris von den bei Poimanenon angreifenden Lateinern vernichtend geschlagen, die daraufhin fast das ganze Bithynien besetzen. Eine ernsthafte Gefährdung von Konstantinopel geht im Jahr 1205 nur noch von Michael von Epeiros und von Kalojan von Bulgarien aus, den die Griechen Thrakiens zur Hilfe rufen; ihre Konkurrenz gibt Nikaia eine neue Chance.

Bulgarien, Serbien und Albanien am Vorabend der lateinischen Invasion

Die lateinische Eroberung Konstantinopels wird nicht in allen slawischen Ländern Südosteuropas in gleicher Weise als Schock empfunden, und die Auswirkungen auf ihre Entwicklung ist ebenfalls unterschiedlich. Es gilt also, genau abzuwägen und dabei den lokalen geographischen Voraussetzungen und der inneren Situation jedes einzelnen Landes ebenso Rechnung zu tragen wie den häufig rivalisierenden Ansprüchen der fränkischen Ritter und der Venezianer.

So ist natürlich Bulgarien erstes militärisches Ziel der Kreuzfahrer, die sich den Besitz der ihnen durch die *Partitio Romaniae* als Lehen zugefallenen Gebiete dauerhaft sichern wollen. Diese Gebiete, die *civitates, pertinentiae, casalia* und *emboria* umfassen, erstrecken sich in ihrem bulgarischen Teil entlang der bulgarisch-thrakischen Grenze, die schon seit langem der Hauptstreitpunkt zwischen Bulgarien und dem byzantinischen Reich war. Das Herzogtum von Philippupolis war an Rainer von Trit gefallen, während Adrianopel, die wirtschaftlich bedeutendste Stadt in diesem Gebiet, samt Hinterland *(cum omnibus que sub ipsa)* den Venezianern zufällt.

Der bulgarische Gegenschlag läßt nicht auf sich warten. Nachdem Zar Kalojan (1197–1207) die separatistischen Bestrebungen der Bojaren Ivanko und Hriz im zentralen Rhodopegebiet und in Ostmakedonien in einen Erfolg für sich ummünzen konnte, glaubt er, auf zwei Karten setzen zu können. Zum einen tritt er in Verhandlungen mit der örtlichen griechischen Aristokratie, die sich dem lateinischen Vordringen widersetzt, und folgt so der Linie des Friedensvertrags, der 1202 mit Byzanz geschlossen worden war. Zum anderen wendet er sich nach Rom, um seine Anerkennung als *Autokrator* und die Erhebung der bulgarischen Kirche zu einem eigenständigen Patriarchat zu erreichen.

Kalojan wird im November 1204 in Trnovo vom Abgesandten des Papstes Innozenz III. gekrönt, der ihm anstelle der geforderten Kaiserkrone aber nur die

Pfau (Detail auf einem Pendentif, Mosaik, 16. Jahrhundert; Kahriye Cami, Konstantinopel).

Königskrone *(regium diadema)* und dem Oberhaupt der bulgarischen Kirche nicht den Titel eines Patriarchen, sondern nur den eines Primas zuerkennt. Aber dieses nach zähen Verhandlungen erreichte Ergebnis bleibt ohne Bedeutung: Kalojan und alle seine Nachfolger nennen sich Zaren (eine dem *Autokrator* entsprechende Würde), und der Primas von Bulgarien und seine Nachfolger immer Patriarchen. Schon zu lange bestehen zwischen der bulgarischen Kirche und der Orthodoxie enge Beziehungen, als daß eine Veränderung der äußeren Gegebenheiten am ursprünglichen Zustand wirklich etwas zu ändern vermöchte. Die Verstärkung der Orthodoxie erlebt 1211 mit der Versammlung von Trnovo und dem *Synodikon* des Zaren Boril ihren Höhepunkt, als dieser den Bann gegen die Bogomilen schleudert und eine Reihe von Gesetzen erläßt, die die unerbittliche Verfolgung dieser Sekte nach sich ziehen.

Die griechisch-bulgarische Allianz des Jahres 1205, die zum Aufstand der Städte Thrakiens und zur Schlacht von Adrianopel geführt hat, in der »die Blüte« der lateinischen Ritterschaft mit Kaiser Balduin an der Spitze ausgelöscht wird, bringt

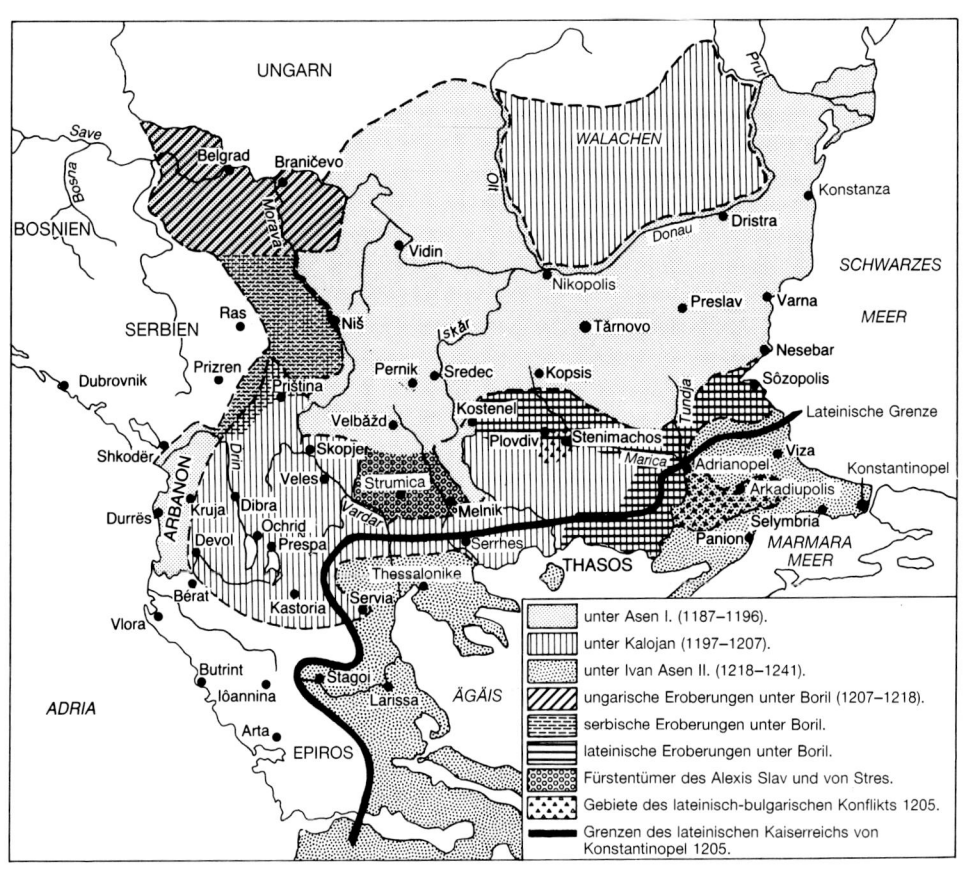

Das Bulgarenreich zwischen 1185 und 1241.

eine Veränderung der militärischen Bündnislage: Der bulgarische Vorstoß gegen die thrakischen Städte und die Deportation der Landbevölkerung mitsamt ihrem Vieh ins fruchtbare bulgarische Donaugebiet, wo es an landwirtschaftlichen Arbeitskräften fehlt, führen notwendigerweise zu einer griechisch-lateinischen Annäherung, und einige griechische Großgrundbesitzer werden in das lateinische Feudalsystem integriert, so etwa Theodoros Branas, der Villehardouin zufolge »die Schwester des Königs von Frankreich zur Frau hatte (Agnes) und ein Grieche war, der zu ihnen hielt; und keiner der Griechen hielt zu ihnen außer ihm.«

Als Kalojan im Oktober 1207 stirbt, entreißt Boril dem Sohn des Zaren, Ivan Asen, den Thron und ruft so erneut separatistische Tendenzen in Bulgarien hervor, die aber im Grunde nur eine Wiederbelebung alter Autonomiebestrebungen sind, zumal sie in demselben Gebiet wie die vorherigen ausbrechen. Allerdings werden sie diesmal von auswärtigen Kräften unterstützt, die Bulgarien feindlich gesonnen sind; ein Teil verbündet sich mit dem serbischen *Groß-Župan*, dem späteren Zaren Stefan II., der in Strumica und Prosek am mittleren Lauf des Axios (Vardar) das Fürstentum von Stres anerkennt. Ein anderer Teil geht im lateinischen Feudalsystem auf, ein weiteres Zeichen für Kontinuität; dazu gehört auch Slav, der »Esclas« des Chronisten Henri de Valenciennes und spätere Fürst von Melnik, der den lateinischen Kaiser Heinrich als Lehensherrn anerkennt, eine seiner Töchter heiratet und wie ein abendländischer Ritter an den Feldzügen der Franken gegen Boril teilnimmt. An der Seite des Grafen Berthold von Katzenelnbogen und Kaiser Heinrichs Bruder Eustachius nimmt er auch an der Verteidigung des lateinischen Thessalonike teil (1211). Das hindert allerdings die Lateiner nicht daran, nur wenig später (1213) durch Ehebündnisse mit Boril Frieden zu schließen, um dem gemeinsamen Feind, dem *Groß-Župan* Stefan von Serbien die Stirn zu bieten.

Jedes Mittel ist recht, wenn es gilt, die Gunst der Stunde zu nutzen; die wechselhafte Bündnispolitik spricht für taktisches Geschick, das aber immer im Dienst der lateinischen Herrschaft über diesen Teil des Balkan steht.

Serbien wird einerseits vom zweiten bulgarischen Reich, das an seiner Nordostgrenze die Nachfolge von Byzanz angetreten hat, und andererseits vom mächtigen Königreich Ungarn bedrängt, das auch die Unterwerfung unter die römische Kirche durchzusetzen versucht. Damit kommt Serbien mit dem lateinischen Reich nur mittelbar in Berührung, sieht man einmal von Venedig ab, das die dalmatinische Küste zu kontrollieren sucht. Doch weder die Einnahme von Zadar (1202), das ohnehin schon seit zwanzig Jahren in der Hand Ungarns war, noch die von Ragusa (1205), das eine freie Stadt unter venezianischer Oberhoheit wird, vermögen die Entwicklung Serbiens hin zur Unabhängigkeit nachhaltig zu beeinträchtigen. Die ersten Schritte hatte schon Stefan Nemanja (1167–1196) unternommen, sein jüngster Sohn Stefan II. (1196–1228) vollendet das Werk; selbst gegen Mitglieder der eigenen Familie setzt er die territoriale Einheit durch, indem er geschickt den Machthunger der Ungarn und den des Heiligen Stuhls ausnutzt.

1217 wird Stefan vom Legaten des Papstes Honorius III. gekrönt und erhält dadurch den Ehrentitel eines *prvovenčani*, eines Erstgekrönten; das hindert ihn jedoch nicht im geringsten, seine Kirche von der westlichen Vormundschaft und von der Verwaltung durch den Despotat von Epeiros zu befreien. Der serbische König nutzt dessen Streit mit Nikaia ebenso geschickt wie die Hilfe seines Bruders Sava, der schon Mönch auf dem Berg Athos ist, um ein autokephales Erzbistum zu errichten; er erreicht, daß alle Nachfolger seines zum Erzbischof geweihten Bruders ihre Weihen nur noch durch die serbische Kirche und unabhängig vom Patriarchat in Konstantinopel erhalten. Die Residenz des neuen Erzbischofs wird innerhalb des Klosters Zica erbaut, wo auch die Krönungskirche der serbischen Könige steht. Sava beeilt sich, neben dem ehemaligen Bistum Ras das ganze Land mit einem Netz von Bistümern zu überziehen. Hier liegt die Wurzel der kirchlichen und mönchischen Macht der serbischen Orthodoxie, der fortan eine Schlüsselrolle beim Zusammenhalt des Staates gegen die auseinanderstrebenden Tendenzen des Feudalsystems zukommt.

Eine Gegenüberstellung der westlichen und byzantinischen Quellen macht deutlich, wie wenig der Feldzug, den die Kreuzfahrer, insbesondere Venedig, im Mai des Jahres 1203 gegen Durazzo, das antike Dyrrhachion, und gegen die albanische Küste geführt haben, letztlich bewirkt hat; die Stadt wird eindeutig nicht der fremden Herrschaft unterstellt, sondern muß lediglich die Autorität von Alexios IV. Angelos anerkennen. Sie bleibt somit zumindest bis zum Fall der Hauptstadt Teil der byzantinischen Verwaltung. Zwar wird das Gebiet nun zum Zankapfel seiner Nachbarn im Osten und Norden – Kalojan, Stefan I. Nemanja und sogar der albanischen Herrscher von Kruja; dennoch haben sie das Nachsehen, da der Despot Michael I. Angelos Komnenos sich schnell und entschlossen Epeiros bis zum Shkumbi-Tal einverleibt; ausgenommen bleibt nur die Provinz Durazzo selbst.

Dem Beispiel anderer byzantinischer Städte auf europäischem Boden folgend, haben auch die Einwohner von Durazzo, allen voran der Adel, ein unabhängiges politisches Gemeinwesen gebildet; abseits der staatlichen Strukturen Nikaias und des lateinischen Imperiums verfolgt die Verwaltung der Stadt eigene Interessen, berücksichtigt damit allerdings zu wenig die tatsächlich herrschenden Realitäten. Im Juni des Jahres 1205 besetzt die Serenissima das ihr in der *Partitio Romaniae* zugefallene Durazzo samt der dazugehörigen Provinz und einigen albanischen Gebieten und beendet so mit einem Schlag die genuesische Expansion im Adriatischen Meer, das Venedig als eine Art *mare nostrum* betrachtet – als von Handelsniederlassungen und festen Plätzen abgesteckte Meeresstraße und Tor zum lateinischen Osten und seinen Märkten.

Doch das venezianische Herzogtum Durazzo hat nicht lange Bestand; um 1213 wird es von Michael Angelos von Epeiros besetzt, der es dem »epeirotischen Albanien« einverleibt, einem großen, griechisch geprägten Gebiet, das seinerseits wieder die Begehrlichkeit der Lateiner, aber auch die der Serben und Bulgaren weckt.

Goldener Reliquienschrein aus der Apostelkirche von Konstantinopel
(Kirchenschatz von San Marco, Venedig).

Dubrovnik, das alte Ragusa, in Jugoslawien.

Der Burgturm von Kruja, Albanien.

Der Niedergang des türkischen Sultanats Rum

Die Zerstückelung des Reichs und die lateinische Zurückhaltung in Anatolien hätte eine neue türkische Expansion begünstigen können, die jedoch ausbleibt, da das Sultanat Rum seit 1188 eine lange Periode von Bürgerkriegen erlebt, in deren Verlauf Kilidsch Arslan II. abdankt und das Gebiet unter seine Söhne aufgeteilt wird. Die Wirren enden im Jahr 1204 mit der Beseitigung des legitimen Thronerben, eines dreijährigen Kindes, durch den 1196 gestürzten Ghiatheddin Kaikosrau. Die Gefahr besteht darin, daß der in Byzanz erzogene und mit einer Griechin verheiratete Sultan mehr ist als ein gewöhnlicher moslemischer Fürst; wie vor ihm Alp Arslan nach der Schlacht von Mantzikert wird auch er zur Stütze des entthronten *basileus* Alexios III., was ihm ermöglicht, ehemalige kaiserliche Besitzungen mit einem Anstrich von Legitimität anzugreifen. Im Jahr 1207 reißt er Attaleia an sich und verschafft seinem Sultanat so einen wichtigen Zugang zum Mittelmeer; der Vermittlung Venedigs ist es zu danken, daß er 1209 ein Geheimabkommen mit dem lateinischen Imperium schließt: Der gemeinsame Feind ist tatsächlich Laskaris, zumal Alexios III. nach Ikonion geflohen ist und der Sultan so vorgeben kann, in seinem Namen zu kämpfen. Doch im Frühjahr 1211 kommt es bei Antiocheia am Maiander zu einem folgenschweren Ereignis: Kaikosrau fällt, und sein Nachfolger Kaikawus lenkt nunmehr alle Kräfte gegen die Komnenen von Trapezunt, so daß Nikaia im Westen völlige Bewegungsfreiheit hat.

Höhen und Tiefen der lateinischen Besatzungszeit

Ein wirtschaftlicher Triumph

Die Kreuzfahrer erstürmen Konstantinopel am 12. April 1204 und begleichen mit den bei der Plünderung der Stadt erbeuteten Schätzen ihre Schuld bei den Venezianern. Doch schon im März war eine Entscheidung von weit größerer Tragweite gefallen: Die Kreuzfahrer hatten beschlossen, in Konstantinopel einen feudalen lateinischen Staat zu gründen, in dem die Teilnehmer am vierten Kreuzzug Militärlehen erhalten, die ihnen jährlich pro Lehen Einkünfte bis 300 Pfund angiovinischer Denare einbringen. Die Verteilung des Landes an die Lehensnehmer sieht vor, daß dem Lehensherrn ein Drittel oder ein Viertel des an die Vasallen verteilten Landes direkt verbleibt. Die Eroberer verfügen dabei zwar über die Güter der Krone und des Staates, müssen aber auch einen Teil des Kirchenbesitzes einziehen, um ausreichend Lehensgüter als Grundlage der feudalen Lehensvergabe schaffen zu können. Die öffentlichen Abgaben, eine andere Einkommensquelle des Reichs, werden gleichmäßig unter den Feudalherrn aufgeteilt, um diesen die für ihre Militär- und Verwaltungsverpflichtungen notwendigen Einkünfte zu sichern. Ein Viertel der so erzielten Einnahmen wird dem lateinischen Kaiser von Konstantinopel zur Verfügung gestellt, das Übrige je zur Hälfte unter Venezianern und Franko-Lombarden aufgeteilt. Dabei handelt es sich nicht, wie oft behauptet wird, um eine Aufteilung von Besitz, sondern um eine Verteilung von Einkünften an die einzelnen Inhaber von Rechten, die alle, auch die Venezianer, der höchsten Gewalt des Kaisers unterstehen. Innen- wie außenpolitisch lasten so auf dem lateinischen Reich seit seiner Geburtsstunde schwere Hypotheken, die von den Interessen von Venedig abhängen. Der Vertrag vom März 1204 setzt in der Tat die Anerkennung der vor der Eroberung bestehenden Handelsprivilegien voraus, auch wenn diese nicht schriftlich niedergelegt sind, und die Schließung der Grenzen für die Feinde Venedigs. Unter den Wahlmännern des Kaisers bilden die Venezianer eine starke Gruppe, die sich gegen den Markgrafen von Montferrat ausspricht; aus politischem Kalkül favorisieren sie einen militärisch stärkeren, aber in der Politik des Orients unerfahrenen Kandidaten, der demnach auch kaum in der Lage ist, sich der Bevormundung durch seine wichtigsten Lehensmänner zu entziehen. Da die westliche Eroberung nicht das gesamte byzantinische Territorium einzubeziehen vermag, entfacht sie begrenzte Autonomiebewegungen, in deren Gefolge eine Reihe kleiner byzantinischer Staaten entstehen, die sich als Erben des Kaiserthrons von Konstantinopel sehen. Sowohl durch den bulgarischen Expansionismus als auch durch die rivalisierenden byzantinischen Regionalreiche – der »Despotat« Epeiros und die Kaiserreiche von Trapezunt und Nikaia – steht das lateinische Kaiserreich von Konstantinopel auf schwachen Füßen. Zypern, Kreta und das restliche Territorium werden zu lateinischen Staaten, die überwiegend von französischem oder venezianischem Adel regiert werden; dieser ist jedoch nicht in der Lage, sich der türkischen und bulgarischen Expansion entgegenzustellen und zu verhindern, daß die Byzantiner die Kontrolle über das alte Kaiserreich wiedererlangen. Zwar unterstehen die Besitzungen Venedigs mit Ausnahme Kretas formell dem lateinischen Kaiser von Konstantinopel, in Wirklichkeit aber bestimmen die Finanzkraft der Seerepublik und die Unterstützung, die sie den lateinischen Kaisern zur See gewährt, die politischen Geschicke des Reiches. Venedig kann eine Kolonialherrschaft errichten und auch aufrecht erhalten, die auf den Hauptinseln der griechischen Meere – den ionischen Inseln, auf Kreta, Negroponte (Euboia) und den Kykladen – beruht sowie auf mehreren Stützpunkten auf der Peloponnes, in Mittel- und Nordgriechenland. Dieses Seereich ist dazu prädestiniert, die Zufahrten zu den lohnendsten Handelsstraßen zwischen der Adria und dem Schwarzen Meer politisch und militärisch zu kontrollieren. Es überlebt sogar die Rückeroberung Konstantinopels durch die Byzantiner im Jahr 1261, während das Fürstentum Achaia – ein peloponnesisches Lehen der Familie Villehardouin, die sich 1278 mit dem Haus Anjou verbündet – die westliche Herrschaft in Griechenland bis zum Jahr 1431 fortsetzt, indem es in die politische Sphäre des Königreiches Sizilien gerät, das nie aufgehört hat, seine Interessen in Epeiros (Albanien) und Griechenland zu vertreten. Genua, das mit Venedig um die Kontrolle der Handelsstraßen des Schwarzen Meeres streitet, was beispielsweise in den Jahren 1294 bis 1302 zu blutigen Auseinandersetzungen führt, erobert dank der von den Palaiologen ge-

Die Eroberung von Konstantinopel durch die Kreuzfahrer im Jahr 1204
(Gemälde von Palma Giovane [1544–1628]; Dogenpalast, Venedig).

währten Privilegien seinen Platz im ägäischen Handel. Am 13. März 1261 bieten die Genuesen bei Nymphaion Byzanz ihre militärische Unterstützung an und erhalten dafür eine Steuerbefreiung sowie einige grundlegende Konzessionen; auf diesem Fundament dehnt Genua im 15. Jahrhundert seine politische Vorherrschaft auf die Inseln Thasos, Samothrake, Imbros, Lemnos, Chios, Samos und Ikaria sowie auf die Häfen Ainos (Enez) in Thrakien und Phokaia in Ionien aus, wo Alaun abgebaut wurde. In Konstantinopel selbst lassen sich die Genuesen in Galata – jenseits des Goldenen Horns – nieder, an der Nahtstelle eines Kolonialsystems zwischen Schwarzem Meer und Ägäis, das bis zur Halbinsel Krim reicht.

Das Erstarken der Bulgaren

Der Tod des lateinischen Kaisers Heinrich im Jahr 1216 und die Schwäche der in Konstantinopel herrschenden Dynastie läuten für die Lateiner das Ende der Vorherrschaft über die Territorien ein, die ihnen in der Partitio Romaniae übertragen worden waren, während der Despotat von Epeiros und das Kaiserreich Nikaia Anspruch auf diese byzantinischen Gebiete erheben. Dadurch kommt es auch in der ersten Hälfte des 13. Jahrhunderts im europäischen Teil des alten Reiches zur Errichtung und ebenso schnellen Auflösung ausgedehnter staatlicher Gebilde. Bulgarien erlebt in dieser Zeit – zwischen dem Beginn der Expansion der Macht der Griechen von Epeiros und dem Ende des lateinischen Kaiserreichs, herbeigeführt durch griechische Streitkräfte aus Kleinasien – seinen größten Aufschwung im Spätmittelalter.

Zar Ivan Asen II. (1218–1241) ist nicht nur der Begründer der bulgarischen Erneuerung, sondern auch die symbolische Verkörperung eines uralten Traums: die Gründung eines bulgarisch-byzantinischen Staates in Konstantinopel, die an die ehrgeizigen Pläne von Zar Symeon anknüpft.

Durch die Verbindung mit dem Haus Courtenay und sein Regentschaftsprojekt in Konstantinopel kommt Ivan Asen nicht nur indirekt dem angestrebten Ziel näher, sondern beendet abrupt den Vormarsch des Theodoros Angelos von Epeiros, des zweiten Anwärters auf den Thron von Konstantinopel. Die Schlacht von Klokotnica (1230), im Nordosten der Rhodopen gelegen, bedeutet das Ende des westgriechischen Reiches und ebnet Ivan Asen den Weg zur Herrschaft über ganz Thrakien und darüber hinaus über Makedonien und Thessalien. Doch seine angebliche Vormachtstellung über Arbanon, vor allem aber über Durazzo und die albanische Küste, entspricht wohl nicht ganz den geschichtlichen Tatsachen. In einer Inschrift der Kirche zu den 40 Märtyrern in Trnovo rühmt sich der Zar zwar selbst, alle Länder von Adrianopel bis Durazzo erobert zu haben: »Ich bin in den Krieg gegen die Romania gezogen. Ich habe das griechische Heer geschlagen und Kaiser Theodoros Komnenos mit allen seinen Bojaren gefangengenommen. Ich habe das ganze griechische Land von Adrianopel bis Drač (Durazzo) in Besitz genommen, ebenso allen albanischen und serbischen Boden, obwohl die Franken die Städte um Tsarigrad und diese Stadt selber halten. Aber auch sie gehorchten meiner Macht, da sie keinen Kaiser hatten außer mir, und sie lebten nach meinem Willen, da Gott es so befohlen.« Aber Durazzo ist nicht unter den Städten zu finden, die in einer von Asen ausgestellten Urkunde zugunsten der Kaufleute von Ragusa aufgezählt werden.

Der hl. Sava schreibt an den Patriarchen von Nikaia, um die
Autonomie seiner Kirche zu erreichen (Mileševa, Serbien).

Wie schon die serbischen Feudalherren, legt auch Ivan Asen Wert darauf, die Macht der Kirchen und Klöster zu stärken, indem er das Erzbistum Trnovo zum autokephalen Patriarchat erhebt und Klöster wie das von Rila, diejenigen auf dem Heiligen Berg Athos und unter ihnen vor allem das bulgarische Kloster von Zographu mit Schenkungen überhäuft.

Auf dem Gipfel seiner Macht, nachdem das Herzogtum Slav in Einzelreiche zerfallen war, hält der Zar den Zeitpunkt für gekommen, im Jahr 1235 mit Johannes III. Vatatzes einen Bündnisvertrag zu unterzeichnen, der die Grenze zwischen den beiden Reichen am Unterlauf des Hebros (Marica) festschreibt. Das Zusammenspiel Roms und Ungarns, das die Verständigung zwischen den beiden Feinden des lateinischen Imperiums hintertreibt und die Unterwerfung der bulgarischen Kirche durchsetzen will, zwingt den Zaren zu komplizierten Manövern und wechselnden Bündnissen mit Balduin II., mit Vatatzes und sogar mit dem deutschen Kaiser Friedrich II.

Aber dann fallen die Tataren in Bulgarien ein, zerstören das Lebenswerk des letzten großen Bulgarenzaren und machen sich das Land tributpflichtig.

Die nikäische Reconquista

Trotz anfänglicher Schwierigkeiten ist nur Nikaia in der Lage, die Voraussetzungen für eine Rückeroberung zu schaffen. Schon 1208 gibt es dort einen ökumenischen Patriarchen, der Laskaris die Krone eines *basileus* der Rhomäer verleiht; der Sieg im Jahr 1211 bestätigt, daß Theodoros einer jener orthodoxen Kaiser ist, der über die Ungläubigen siegen kann. Er bietet den Lateinern Einhalt, die ihm Ende 1214 im Vertrag von Nymphaion fast das ganze griechische Anatolien überlassen und somit die Existenz des nikäischen Reiches offiziell anerkennen. Seit diesem Zeitpunkt gilt Nikaia wohl als Zentrum der zersplitterten Orthodoxie: Selbst Theodoros Dukas hat Laskaris den Treueeid geleistet, und im Jahr 1219 wendet sich der heilige Sava, der Sohn Nemanjas von Serbien, an den Patriarchen, um die Autokephalie seiner Kirche zu erreichen, was die Bulgaren 1235 ebenfalls tun. Nach dem Niedergang von Trapezunt, Epeiros und Bulgarien kann sich Nikaia als einziger Rivale gegen ein erschöpftes Lateinerreich durchsetzen, gestützt auf eine kraftvolle innere Neuorganisation und mitgerissen von energischen Herrschern wie Johannes III. Vatatzes aus der Familie des Theodoros. Eine erste Belagerung von Konstantinopel kann die venezianische Flotte im Jahr 1235 abwenden, aber mit dem Tod Asens von Bulgarien im Jahr 1241 erhalten die Nikäer wieder neuen Auftrieb, zumal sie von den anstürmenden Mongolen, die Bulgarien verwüsten und Trapezunt wie auch das Sultanat Rum zur Tributpflicht zwingen, verschont werden. Vatatzes kann dadurch Bulgarien bis zum Vardar und zum Oberlauf der Marica erobern, Thessalonike einschließen und es den Epeiroten im Jahr 1246 wieder abnehmen. 1249 muß Michael II., der neue Despot des westgriechischen Reichs, ein Freundschaftsabkommen unterzeichnen, das die Eheschließung seines Erben Nikephoros mit Maria, der Enkelin des Vatatzes, vorsieht. Der Bruch des Bündnisses gibt den Nikäern die Gelegenheit zur Besetzung Westmakedoniens und eines Teils von Albanien, wo sie 1252 Kruja einnehmen. Doch mit Rücksicht auf das Bündnis mit Friedrich II. hält sich der auf Ausgleich mit Rom bedachte Vatatzes an der Adria zurück. Erst nach seinem Tod im Jahr 1254 stößt sein Sohn Theodoros II. bis Durazzo vor und zwingt Michael II., das 1249 geplante Bündnis zu vollziehen. Allerdings provoziert er dadurch die Entstehung einer mächtigen Koalition zwischen Epeiros, Achaia und Neapel, dessen junger König Manfred 1259 eine Tochter Michaels II. heiratet. Dennoch kommt es zum endgültigen Sieg Nikaias: Michael Palaiologos, der im Dezember 1258, kurz nach dem Tod von Theodoros, den Thron

Mariä Himmelfahrt (Ikone, 1. Hälfte des 14. Jahrhunderts; Puschkin-Museum, Moskau).

an sich reißt, schlägt die Verbündeten im Frühjahr 1259 bei Pelagonia vernichtend. Dieses Ereignis bedeutet für Epeiros den endgültigen Niedergang, für Achaia, dessen gesamte Ritterschaft in Gefangenschaft gerät, eine tiefe Demütigung und das Ende lateinischer Unternehmungen im Herzen des Balkan. Nur Venedig hätte Konstantinopel noch zu retten vermocht, doch sein Handlungsspielraum ist durch das Bündnis, das Michael II. im März 1261 mit Genua eingeht, eingeschränkt: Am 25. Juli desselben Jahres fällt die Hauptstadt wie eine reife Frucht.

Lateinischer Widerstand

Michael VIII. Palaiologos will ein Gegengewicht zur venezianischen Flottenpräsenz schaffen und hat sich deshalb am 13. März 1261 mit Genua verbündet; dadurch zwingt er Venedig zu einem aufreibenden Seekrieg, der sich bis zum Jahr 1265 hinzieht. Eine der Folgen der Mongolenexpansion, die die Abendländer als Waffe gegen den Islam kehren wollen, ist die Schwächung des Sultanats Rum, das schon 1242 den Ilkhanen tributpflichtig wird. Die Goldene Horde bringt das Gebiet zwischen Balkan und Dnjepr in ihre Gewalt und besiegelt damit auch den Niedergang Bulgariens. Dies stärkt gleichzeitig die Position des Reichs, das die Meerengen

kontrolliert, und es kommt zu einem politischen Bündnis zwischen der Goldenen Horde, die Sklaven nach Ägypten exportiert, dem byzantinischen Reich und Ägypten, das den Verkehr des Westens im östlichen Mittelmeer empfindlich stört. Venedig begreift die Lage und schließt 1268 zunächst mit Michael VIII. Palaiologos, dann mit Genua einen Waffenstillstand. Nachdem der Kaiser dem Unionskonzil von Lyon beigetreten ist, muß Karl von Anjou, dem 1267 im Vertrag von Viterbo die Oberherrschaft über das Fürstentum Achaia zuerkannt wurde und der die Koalition der Bulgaren und der Serben gegen Michael VIII. Palaiologos geführt hatte, alle Invasionsvorbereitungen

Die Zeit der Bulgaren: Der hl. Demetrios von Thessalonike tötet Zar Kalojan (Zeichnung nach einem Fresko im Kloster Rila).

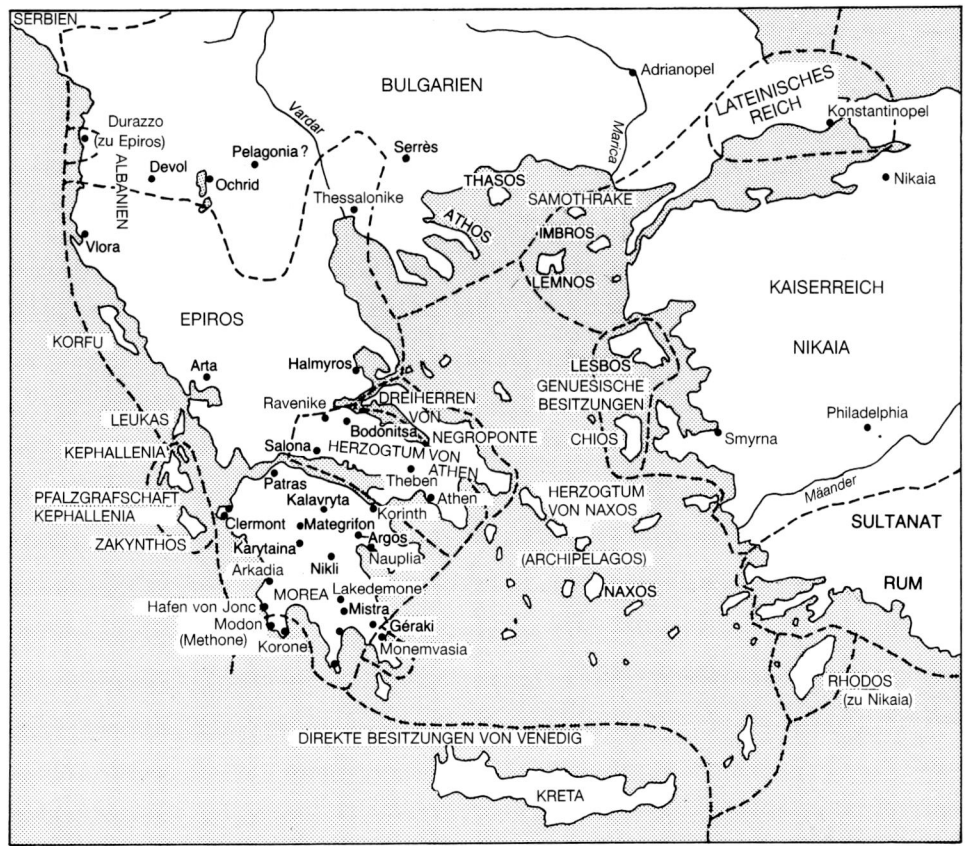

Das ägäische Becken beim Tod von Johannes von Brienne (1237).

erst einmal aufschieben. Dadurch kann das byzantinische Reich durch einen Kriegszug gegen die venezianischen Seestraßen wieder die Kontrolle über die Ägäis übernehmen. 1281 verbünden sich Venedig, Karl von Anjou und der lateinische Titularkaiser von Konstantinopel gegen Michael VIII. Palaiologos. Ihnen schließen sich Johannes, der Herr über die Großwalachei (Thessalien), die Bulgaren und der serbische König an, der in Nordmakedonien einfällt. Michael kann aber die angiovinischen Truppen bei Berat in Albanien schlagen, da die Venezianer ihre Kräfte gegen den von Alexios Kalergis angeführten kretischen Aufstand konzentrieren müssen, der sich bis ins Jahr 1299 hinzieht.

Unter der westlichen Herrschaft kann sich das feudale Regime in Morea und auf Kreta festigen. Im Fürstentum Achaia verteilen sich die unterschiedlich großen Lehen auf etwa 400 Lehen der Ritterschaft und rund 20 Lehen von Baronien oder Erzbistümern; hinzu kommt die Domäne des Fürsten. Die Ritterlehen verfügen zwar über eine Jahresrente von 300 Pfund angiovinische Denare, die jedoch durch die ständig wachsenden Militärabgaben immer mehr abnimmt; vier bis höchstens zwanzig solcher Lehen bilden jeweils eine Baronie. Ebenso wie der Fürst von

Achaia vergibt auch der Baron gewöhnlich ein Drittel seines Besitzes als Afterlehen und behält die übrigen zwei Drittel für sich. Barone mit vier Lehen leisten nur mit einem Ritter und 12 »Sergeanten« unter einem einzigen Banner den Dienst im Heer, während die mächtigeren Barone über je einen Lehensritter und zwei Banner verfügen. Die im Dienst des Fürsten von Achaia stehenden Barone gebieten über eine Schar von Lehensleuten, die zum jährlichen Dienst im Heer und am Hof verpflichtet sind und innerhalb ihrer Lehen über ihre Hintersassen und die nichtadlige Bevölkerung Recht sprechen; Bluttaten unterliegen allerdings der Gerichtsbarkeit der Barone. Die Quellen über die fränkische Morea des 14. Jahrhunderts geben uns insbesondere Aufschluß über die vielfältigen Dienstpflichten der Bauern oder *paroikoi*, die Frondienst und Pachtzins leisten müssen; dabei ist die Lage der Bauern innerhalb der lateinischen Landlehen durchaus nicht überall gleich, weder was den persönlichen Status noch was das Vermögen der bäuerlichen Familien betrifft. Innerhalb dieses Systems sind für den Landherrn vor allem die hörigen Bauern wichtig, denn sie stellen die zur Nutzung seiner Domäne notwendigen Arbeitskräfte. Ihnen ist eine *stasis* überlassen, eine Art wirtschaftlicher Produktionseinheit, die ein innerhalb des Dorfes *(chorion)* liegendes Haus umfaßt sowie Ackerparzellen, die entweder an die Wohnstätte angrenzen oder außerhalb liegen. Angebaut werden Getreide, Oliven, Gemüse und Obst, die Tierzucht umfaßt Geflügel und andere Tiere. Die *stasis* ist erblich und wird unter den männlichen Erben des Bauern aufgeteilt, sie kann allerdings ohne Zustimmung des Feudalherrn weder getauscht noch veräußert werden. Aus der *stasis* bezieht der Landherr einen Zins, das *acrosticum (akrostikon)* – der byzantinische Begriff bezeichnet die Erhebung der auf der *stasis* lastenden Grundsteuer, verbindet aber unter der lateinischen Herrschaft den öffentlichen Begriff der Steuer mit der Bedeutung einer privaten Pachtabgabe. Die Paroiken müssen ihren Herren aber noch andere Steuern entrichten: Das *exenium* ist eine Zwangsabgabe auf Geflügel, Wein und Eier; das *gimorum* wird auf die Ernte von Weizen, Gerste, Hafer, Gemüse, Flachs und Baumwolle erhoben; *ycomodium* und *ycometrum* sind Abgaben auf Getreide und Wein, insbesondere aber persönliche Dienste im Wert von jährlich 5 Hyperpera, was 48 Tagen Feldarbeit mit Geschirr und Geräten gleichkommt, ein Betrag, der durchschnittlich 30 % der Einnahmen des Grundherrn aus dem Lehen entspricht.

Die venezianische Regierung auf Kreta vergibt in den Jahren 1211, 1222 und 1252 Lehensgüter, um venezianische Kolonien aufzubauen; als Gegenleistung werden verschiedene Dienste – vor allem militärische – gefordert. Nach dem Vorbild Venedigs wird die Insel in *sestiere* unterteilt, was auf dem venezianischen Rekrutierungssystem beruht, gebunden an die Stadtviertel und an Gruppen von 12 Männern *(duodene)*, unter denen die Soldaten eingezogen und die Militärabgaben eingetrieben werden. Einem Ritter überläßt man als »Ritterlehen« sechs Parzellen, einem Fußsoldaten dagegen nur eine. Man schafft sogar einen Zwischenrang, den berittenen Soldaten, der drei Parzellen erhält. Die Hierarchie der Siedler ist, wie man sieht, ein getreues Abbild der Hierarchie der Kreuzfahrer des Jahres 1204. Es wird dadurch eine Feudalschicht gebildet, der man eine große Mobilität zugesteht, was die Aufsplitterung der Ausstattung der Lehen mit Grund und Boden fördert, wozu Land, Häuser und Leibeigene gehören. Der Lehensherr wohnt meist in der Stadt. Unter der venezianischen Besatzung erlebt die landwirtschaftliche Produktion der Insel einen starken Auftrieb; für den Handel damit sorgt die venezianische Flotte, trotz der anfänglich dramatischen Auseinandersetzung zwischen Venezianern und Griechen. Der Bevölkerungsrückgang, der im 14. Jahrhundert auch Kreta erreicht, führt zu einem rapiden Verfall der landwirtschaftlichen Einkommen und wachsender Verschuldung. Um diese Gefahr zu bannen, importiert man Sklaven – der Handel mit ihnen blüht das ganze Jahrhundert hindurch – und versucht, die feudalen Güter wieder zu bevölkern, was die Lehnsherren an die Bedingung knüpfen, daß dadurch die mit dem Lehen verbundenen Dienste nicht verringert werden. Aus diesem Grund wird auch versucht, die Verpflichtung zum Wehrdienst eher an die Güter des Lehensmannes zu binden – an die Zahl der Häuser, die Größe der Ländereien und die Anzahl der Leibeigenen – wie an die Person des Grundbesitzers. Es wird außerdem die Bezahlung eines Bußgeldes (*disvarnitio*) für nicht geleisteten Waffendienst festgesetzt, um so mit Hilfe der Lehensherrschaft die Verteidigung der Insel sicherzustellen.

Die Lehensnehmer sind verpflichtet, Waffen zu liefern, Heeresdienst zu leisten und an den Ratsversammlungen der Insel, dem Rat der Lehensmänner, dem Großrat und dem Rat der *rogati* (Senat) teilzunehmen. Diese Versammlungen wählen die Magistratsbeamten und die Verantwortlichen für Flotte und Heer auf der Insel. Die beiden letzten Aufgaben sind mit einer Besoldung verbunden, da sie nicht zu den Lehenspflichten zählen.

Auch auf Zypern wird – zuerst von den Lusignans, dann unter venezianischer Verwaltung – ein System feudaler Herrschaft und landwirtschaftlicher Nutzung aufgebaut, das aufgrund der vielfältigen agrarischen Ressourcen sehr weitreichend ist. Die dörfliche Struktur verbindet das den Fronbauern (*paroikoi*) und den freien Bauern (*francomati*) überlassene Land zum Herrengut, das in den

Karl I. von Anjou, König von Neapel und Sizilien, wurde zum Erzfeind von Byzanz, das er erobern wollte. Seine Orientträume wurden letztlich auf den Erwerb des Titels eines Königs von Jerusalem reduziert.

besten Getreideanbaugebieten etwa ein Drittel der Fläche ausmacht und somit von großer wirtschaftlicher Bedeutung ist. Die *paroikoi* zahlen dem Feudalherrn ein Drittel der Ernte und leisten eine Anzahl von Tagen Frondienste; zeitgenössische Quellen sprechen von drei Tagen in der Woche im 14. Jahrhundert und von zwei in den nachfolgenden Jahrhunderten. Zypern liefert dem Westen Rohrzucker, Baumwolle, Heilkräuter, Wein und Getreide. Der Erlös aus den Exporten fließt an die ausschließlich fränkische Aristokratie der Insel zurück.

KAPITEL 7
DAS ENDE DES REICHES

Lange vor der Rückeroberung von Konstantinopel steht Kaiser Michael VIII. vor zwei schweren Problemen, die das Reich von Nikaia bedrohen: Zum einen reagieren die westlichen Mächte und das Papsttum auf jeden Angriff gegen das lateinische Imperium, zum anderen ist Michael II. von Epeiros fest entschlossen, Konstantinopel noch vor Nikaia zurückzuerobern. Den Hintergrund dazu bildet, daß der serbische und bulgarische Druck – Stefan Uros I. unterstützt im Jahr 1259 den Dreierbund zwischen Manfred, Michael II. und Wilhelm von Villehardouin, und Konstantin Tich Asen kämpft um die wichtigen Schwarzmeerhäfen Anchialos und Mesembria – rechtzeitig neutralisiert werden konnten, im ersten Fall durch die Niederlage der Verbündeten bei Pelagonia, im zweiten durch die byzantinische Eroberung der umkämpften Städte 1262 und des des dazugehörigen Hinterlandes.

Rückkehr zum ägäischen Reich?

Niedergang auf dem Balkan und griechische Rückeroberungen

Michael VIII. und die Slawen

Durch den niederschmetternden Auftritt von Karl von Anjou auf dem Balkan und seine Übernahme der Führung einer slawo-lateinischen Koalition, zu der auch die griechischen Dissidentenstaaten zählen, scheint es, als habe die letzte Stunde des gerade wiederhergestellten Reiches geschlagen. Aber Michael Palaiologos kann durch eine ebenso feingesponnene wie ausgewogene Diplomatie die zwischen seinen Gegnern geknüpften Verbindungen nacheinander zerreißen.

An der slawischen Front gelingt es ihm, durch die Herstellung dynastischer Verbindungen mit den Ungarn und den Tataren der Goldenen Horde (1272) nacheinander Serbien und Bulgarien auszuschalten; er beabsichtigt sogar, ihre Territorien dem Reich anzugliedern und den beiden Kirchen die Autokephalie zu entziehen, die sich mit dem Chrysobull vom August 1272 der griechischen Erzdiözese Ochrid unterstellen müssen.

Dieser weitreichende Plan erfüllt sich nicht; fast hätte der Kaiser nicht einmal seinen Kampf gegen den griechischen Separatismus gewonnen, der nach dem Tod des Despoten Michael II. von Epeiros (1268) und dem Zerfall des Despotats seinen stärksten Vertreter in dessen illegitimem Sohn Johannes Angelos findet, dem *Sebastokrator* von Thessalien (Großwalachei). Da sein älterer Bruder Nikephoros, Despot von Epeiros, durch seine Heirat mit einer Nichte des Kaisers weniger angriffslustig geworden ist, erscheint der *Sebastokrator* als Fortführer der langen epeirotischen Dissidententradition.

Nachdem Johannes Angelos die Angriffe der gegen ihn entsandten byzantinischen Feldherren zurückgeschlagen hat, bietet ihm das Konzil von Lyon den erwarteten Anlaß, der ihn auf den Gipfel der Macht bringt: Im Namen aller, die eine Union mit Rom strikt ablehnen, erhebt er sich zum Verteidiger der Orthodoxie und geht in seinem Widerstand so weit, im Winter 1276/77 eine anti-unionistische Synode nach Neopatras einzuberufen. In höchst feierlichstem Rahmen beschließt die Versammlung, an der etwa einhundert Vertreter aus Klerus und Mönchtum mit

Konstantin Asen (nach dem Namen seiner Schwiegermutter), Zar von Bulgarien von 1257 bis 1277.

Die Mongolen bedrohen Byzanz: Die Miniatur stellt das harte Nomadenleben in der Steppe dar; zahlreiche Details geben Aufschluß über das Leben der Mongolen, über Nahrung, Kleidung, Werkzeug, Waffen, Gepäck, Reittiere, aber auch über die gesellschaftlichen Unterschiede innerhalb der Gruppe (Blatt von Siyah Qualem, Turkistan, 15. Jahrhundert; Topkapi Serail, Istanbul).

acht Bischöfen an ihrer Spitze teilnehmen, den Papst, den Patriarchen und den Kaiser mit dem Bann zu belegen. Die Antwort Konstantinopels folgt auf dem Fuß: Durch die Synode und den Patriarchen Johannes Bekkos werden Johannes Angelos und der Despot Nikephoros exkommuniziert. Das hindert allerdings die beiden Brüder nicht daran, ihre Verbindung zu den Franken von Athen und Achaia, insbesondere mit Karl von Anjou, zu intensivieren. Um 1278/79 leistet Nikephoros in aller Form den Lehenseid und überträgt ihm äußerst wichtige Gebiete im Norden von Epeiros.

Als Reaktion auf die Unionsstreitigkeiten fallen zudem noch weitere westbyzantinische Gebiete ab und unterwerfen sich Johannes Angelos, dem »einzigen Bewahrer der Orthodoxie«. Bemerkenswert ist auch, daß Epeiros und Thessalien – letzteres ist seit langem im Besitz großer Feudalfamilien – für viele Bewohner Konstantinopels, insbesondere für ganze Zweige von Adelsfamilien aus der Hauptstadt wie die Philanthropenoi, Vatatzai, Kabasilai, Strategopuloi, Branai, Metaxai und andere Zufluchtsorte werden.

Die große Politik in der Ägäis

Da Michael VIII., wie Pachymeres betont, das Reich in den Grenzen des Jahres 1204 wiederherstellen will, reicht es nicht aus, die Abtrünnigen auf dem Balkan zu unterwerfen: Die Gefahr droht im Westen, und um ihr zu begegnen, müssen die europäischen und asiatischen Provinzen an der Ägäis, wo die Lebenskräfte des Reiches liegen, zu einer gegen östliche Ablenkungsmanöver gefeiten Bastion werden. Diesem Ziel dient das große Bündnis mit den »Ungläubigen«, den Mongolen

und den Mameluken, das Michael genau in der Zeit zustande bringt, als er seine Verhandlungen mit dem Westen vorantreibt.

Seit 1242 – als die Rum-Seldschuken bei Kösedagh von den Mongolen vernichtend geschlagen werden – hat sich das den Ilkhanen Persiens tributpflichtige Sultanat von Konya erneut gespalten. Und als es Kaikosran III. 1264 gelungen ist, alle Rivalen aus dem Weg zu räumen, gerät es völlig unter den Einfluß von Muinuddin Sulaiman Pervan, des Vertrauensmannes der Ilkhane. Dadurch wird Byzanz eher mit den Mongolen aus Persien als mit den Türken konfrontiert; bis etwa 1270 unterhält Michael daher hervorragende Beziehungen zu den Ilkhanen, um so einem möglichen Angriff von ihrer Seite vorzubeugen, zumal sie der Garant für eine Schwächung der Türken sind. Dennoch ist dieses Bündnis gefährlich, da es Ägypten entfremdet, wo seit 1250 die Mameluken herrschen, die zehn Jahre später dem persischen Khanat auch Syrien entreißen. Darüber hinaus bringt das Bündnis auch das Mongolenkhanat in Rußland auf – die Goldene Horde (Kiptschak) rächt sich 1264 und 1271 durch zwei Angriffe auf Thrakien. Michael VIII., der nun weiß, daß die Türken nachhaltig geschwächt sind, begreift die wirtschaftlichen und politischen Vorteile einer neuen Bündnisstrategie: Kiptschak und das mamelukische Ägypten unterhalten dadurch wichtige Beziehungen zueinander, daß die Mongolen aus dem Norden die für die ägyptische Herrschaft unentbehrlichen Sklaven liefern – eine Herrschaft, die sich völlig auf eine starke Sklavenarmee stützt, während Byzanz, das die Meerengen beherrscht, dadurch zum Angelpunkt einer ägäischen Nord-Südachse wird; obwohl es einen nicht unerheblichen Anteil an diesen Einnahmen aus dem blühenden Handel fordert, kann Byzanz dadurch auch mächtige Verbündete gewinnen. Hier liegt also der Grund für das Bündnis, das Byzanz 1272 mit Nogaj, dem Khan des Kiptschak, schließt, mit dem Michael sogar eine seiner unehelichen Töchter gegen das Versprechen verheiratet, das Reich gegen die Bulgaren zu verteidigen. Es folgen Verhandlungen mit Ägypten: 1281 wird durch einen Vertrag mit dem Mamelukensultan Qala'un eine Freundschaftspolitik bestätigt, die gerade zu einem Zeitpunkt von Bedeutung ist, zu dem Byzanz den angiovinischen Angriffen ausgesetzt ist. Auch für den Orient gilt, wenn Pachymeres schreibt, daß das griechisch-ägyptische Bündnis das Schicksal der christlichen Staaten in der Levante besiegelt hat: Es hat tatsächlich die Macht der Mameluken gestärkt, die 1277 die Ilkhane bei Albistan schlagen und zwischen 1289 und 1291 die letzten lateinischen Stützpunkte in Tripolis und Akkon beseitigen können. Damit wird auch deutlich, in welchem Maß die Achse Kiptschak-Byzanz-Ägypten den Mittelmeerhandel der italienischen Seerepubliken zu beeinträchtigen vermag.

Die Drohung aus dem Westen

Die byzantinische Rückeroberung von 1261 vertreibt die Venezianer zwar ebenso aus Konstantinopel wie den lateinischen Kaiser Balduin II., doch die Genugtuung der griechischen und genuesischen Sieger hält sich in Grenzen. Venedig kann den Ruin seiner im Orient erworbenen Position nicht einfach hinnehmen. Es unternimmt deshalb alles, um wieder nach Konstantinopel vorzustoßen, seine Kolonien in der Romania zu konsolidieren und ein neues Netz sicherer Landeplätze entlang der Handelsstraße zu den Meerengen und zum Schwarzen Meer aufzubauen. Venedig versucht auch, alle lateinischen Fürsten für die Rückeroberung Konstantinopels und – mit dem Segen des Heiligen Stuhls – für einen damit verbundenen Kreuzzug zu gewinnen. Einzige Nutznießer der Umwälzungen des Jahres 1261 scheinen die Genuesen zu sein. Getreu seiner Versprechen überläßt Michael VIII. ihnen den Palast der Venezianer und öffnet ihnen den Zugang zum Schwarzen Meer. Die genuesische Flotte sichert nunmehr – bezahlt mit byzantinischem Gold – den Schutz der Hauptstadt. Doch der *basileus* will mehr: Seine Verbündeten sollen Byzanz wieder zu den Grenzen vor 1204 verhelfen. Aber Genua ist weder imstande, eine derartige Seestreitmacht aufzubauen, noch kann Byzanz sie finanzieren. Darüber hinaus nehmen zu einem Zeitpunkt, da die Feinde des Reiches ihre Einigung vorantreiben, die Spannungen zwischen den Verbündeten zu.

Die ersten Ergebnisse der Rückeroberung sind – abgesehen von Konstantinopel – in der Tat enttäuschend. 1262 läßt Michael VIII. den Fürsten von Morea, Wilhelm von Villehardouin, frei, wofür dieser die Festungen Monemvasia, Mistra und Maina räumt. Wenige Monate später wird der Fürst durch den Papst von seinem Lehenseid entbunden und wehrt die gegen ihn entsandten byzantinischen Truppen 1263/1264 ab. Im Frühjahr 1263 wird die seit einem Jahr untätige griechisch-genuesische Flotte bei Spetsai auf offener See von den Venezianern zerstreut. Geldsorgen nötigen den

Eine ländliche Kirche in Magne in Lakonien auf der Peloponnes.

Luftaufnahme von Mistra, der Hauptstadt des Despotats Morea; die Ruinen des Palastes und schöne byzantinische Kirchen sind in Stufen auf der Flanke des Hügels erbaut.

basileus, die Mannschaften zu entlassen; als er ein Komplott des genuesischen Podestà Guglielmo Guercio mit Manfred von Sizilien aufdeckt, das die Rückeroberung Konstantinopels zum Ziel hatte, müssen die Genuesen die Hauptstadt verlassen und in Herakleia Quartier nehmen. Die Venezianer verbünden sich inzwischen mit Wilhelm von Villehardouin und bemühen sich bei Papst Urban IV. um eine Exkommunikation der Genuesen und die Bildung eines von Venedig geführten lateinischen Bündnisses.

Nach 1264 kommt die Diplomatie den Waffen zu Hilfe: Infolge seiner in Morea erlittenen Niederlagen bietet Michael VIII. dem Papst eine Unterstützung für den Kreuzzug und Verhandlungen über eine Union der beiden Kirchen an. Aus Enttäuschung über die Haltung seiner Verbündeten nähert er sich dann wieder an Venedig an, dem er die Rückkehr nach Konstantinopel und die Anerkennung seiner Besitztümer anbietet, mit Ausnahme der ägäischen Inseln und der Güter der »Dreiherren« von Negroponte. Der Doge macht den Fehler, diese Übereinkunft abzulehnen, da er auf die Italienpolitik Karls von Anjou baut. Vom Scheitern dieser Verhandlungen profitieren die Genueser, denen sich der *basileus* erneut zuwendet; er verfolgt damit eine Schaukelpolitik, die in der byzantinischen Diplomatie

Tradition hat. Nachdem Karl von Anjou mit Balduin II. und dem Fürsten von Morea über die Restauration des lateinischen Reiches (in Viterbo im Mai 1267) verhandelt hat, gestattet Michael VIII. den Genuesen tatsächlich die Rückkehr nach Konstantinopel, in den Vorort Pera-Galata am gegenüberliegenden Ufer des Goldenen Horns, und erneuert die Konzessionen des Vertrags von Nymphaion aus dem Jahr 1261. Gleichzeitig überläßt er den Brüdern Zaccaria die Alaungruben von Phokaia und schließt danach 1268 ein Waffenstillstandsabkommen mit Venedig, in dem beide Seiten den Besitzstand der anderen anerkennen.

Die Villa Frangopulos in Mistra ist eines der wenigen Beispiele
für bürgerliche Architektur im 15. Jahrhundert.

In den folgenden Jahren ist das Reich ständig Zielscheibe der angiovinischen Bedrohung. Kaum ist Karl von Anjou Herr über Süditalien geworden, da träumt er schon von der Eroberung von Konstantinopel. Er paktiert mit den Byzanz benachbarten Königreichen Ungarn und Serbien sowie mit dem bulgarischen Zaren; 1272 wird er König von Albanien und versucht, dieses Königreich zur Basis der Rückeroberung zu machen. Michael VIII. kann diese Pläne bekanntermaßen vereiteln, indem er mit Papst Gregor X. über die Union der beiden Kirchen verhandelt, die 1274 auf dem Konzil von Lyon besiegelt wird. Damit scheint die angiovinische Gefahr auf Dauer gebannt, und die vollständige Restauration des byzantinischen Reiches rückt in greifbare Nähe; doch zwei Ereignisse verzögern die Verwirklichung.

Der *basileus* arbeitet bis zu seinem Tod im Jahr 1282 an der Verwirklichung seiner Pläne. Mit Hilfe des lateinischen Ritters Licario besetzen byzantinische Streitkräfte zwischen 1271 und 1276 die wichtigsten Festungen von Euboia mit Ausnahme der Stadt Negroponte, der Residenz des venezianischen Bailli. Einige der ägäischen Inseln – Lemnos, Skopelos, Seriphos und Keos – gelangen wieder unter byzantinische Herrschaft. Aber das Herzogtum des Archipelagos – in den

Händen der Familie Sanudo – wird ebenso wenig angetastet wie die Lehensgüter auf den Inseln, die die großen venezianischen Familien – die Ghisi, Venier, Tiepolo, Dandolo und Navigaioso – am Ende des 4. Kreuzzuges in Besitz genommen haben. Diese byzantinischen Restaurationsbemühungen machen Venedig klar, daß es mit dem Waffenstillstand von 1268 nichts gewonnen hat. Also zögert es eine Vertrags-verlängerung hinaus und nähert sich, als in Byzanz die Stimmen gegen die Kirchen-union immer lauter werden, Karl von Anjou: Ein 1281 in Orvieto geschlossener Vertrag sieht innerhalb von zwei Jahren einen gemeinsamen Feldzug gegen Kon-stantinopel vor. Papst Martin IV. – Parteigänger der Angiovinen – exkommuniziert den *basileus*, dem es nicht gelungen ist, seine Untertanen zum Gehorsam gegenüber Rom zu zwingen. Das Reich schwebt erneut in großer Gefahr.

Diplomatisches Geschick und byzantinisches Gold stabilisieren die Lage wie-der. Byzanz unterstützt Aufstände auf Kreta, die vom griechischen Klerus und Venedig feindlich gesonnenen Archonten angeführt werden. Zwischen 1271 und 1279 vertreibt Georgios Kurtas-Cortazzi im Namen der Orthodoxie und des byzantinischen »Nationalismus« die Venezianer aus der Ebene von Mesarea und schließt den Dux Marino Morosini in Candia ein. Der Waffenstillstand von 1277 zwischen Byzanz und Venedig setzt dem Aufstand ein Ende, der aber 1281 gleichzeitig mit der Unterzeichnung des Vertrages von Orvieto erneut aufflammt. Alexios Kalergis entfacht auf ganz Kreta eine Revolte, die erst 1299 abklingt. Venedig muß den aufständischen Archonten gewichtige Privilegien einräumen, doch einige Widerstandsnester gegen die Serenissima halten sich über das gesamte 14. Jahrhundert.

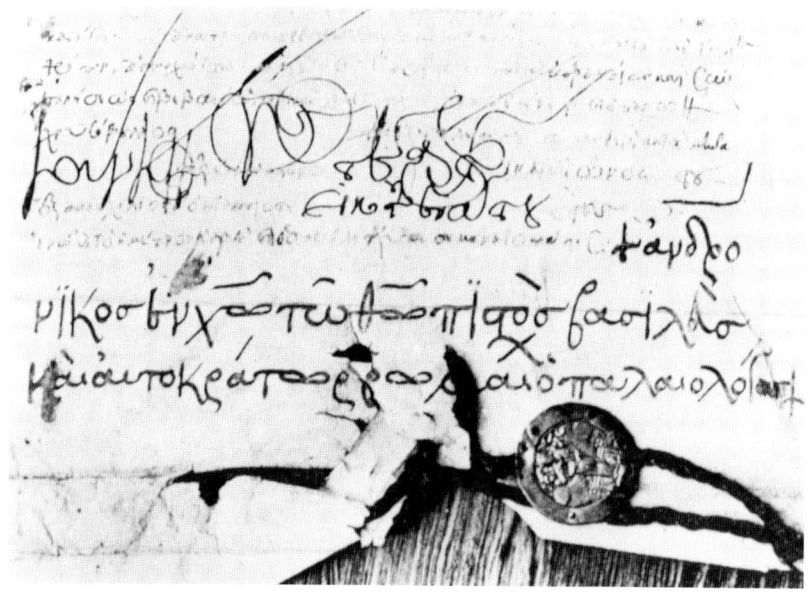

Paraphe und Siegel des Andronikos II. Palaiologos.

1272 kommt es zwischen Michael VIII. und Genua, dessen Regierung aus zwei ghibellinischen *capitanei* sich gegen Karl von Anjou stellt, zu einem neuen Vertrag. Trotz zweier Zwischenfälle bleiben die Beziehungen bis zum Tod des *basileus* gut. Aus Furcht vor Repressalien kann Genua Michael VIII. zwar keine direkte militärische Hilfe leisten, doch es informiert den Kaiser über den Abschluß des Vertrages von Orvieto und gestattet seinen Bürgern, den Reichsinteressen zu dienen. Aus diesem Grund soll auch der Admiral und außergewöhnliche Geschäftsmann Benedetto Zaccaria eine Annäherung zwischen dem *basileus* und Peter III. von Aragon unterstützt haben. Das Bündnis von Aragon fällt Karl von Anjou in den Rücken, der nach der »Sizilianischen Vesper« den Gedanken an eine Rückeroberung Konstantinopels endgültig aufgeben muß. Als Michael VIII. im Dezember 1282 stirbt, ist sein Reich außer Gefahr und der beherrschende Einfluß der beiden italienischen Seerepubliken auf die byzantinische Wirtschaft eingedämmt. Unter der Herrschaft von Andronikos II. (1282–1328) wird dieses empfindliche Gleichgewicht jedoch zerstört, zum Nutzen von Genua und zum Schaden des Reichs.

Da die angiovinische Bedrohung nachhaltig beseitigt zu sein scheint, glaubt der *basileus*, auf den kostspieligen Unterhalt einer autonomen Seestreitmacht verzichten zu können. Indem er stattdessen in Kleinasien Söldner gegen die Türken bezahlt, liefert er die Verteidigung der Ägäis und Konstantinopels an die Flotte Genuas aus, deren Zuverlässigkeit zweifelhaft ist. In den siebziger Jahren des 13. Jahrhunderts dringen die Genuesen tief nach Kleinasien hinein vor und errichten an der Schwarzmeerküste florierende Handelskontore. In den Jahren, die auf den Fall der letzten christlichen Niederlassungen in Syrien und Palästina (1291) folgen, verschärft sich die Rivalität mit Venedig. Von nun an liegen die besten Umschlagplätze für den Handel mit Asien am Schwarzen Meer. Die rivalisierenden Mongolenkhane stehen den westlichen Kaufleuten durchaus aufgeschlossen gegenüber. Venedig besitzt zwar auf der Krim das Kontor von Soldaia, kann aber den Aufschwung der Genuesen in Kaffa wie in Trapezunt, an der Mündung der Donau wie an der des Don nicht akzeptieren. Zwischenfälle vor Koron und in Kleinarmenien führen zum sogenannten Krieg von Curzola, dem heutigen Korčula (1294–1299), in den auch das byzantinische Reich hineingezogen wird.

Andronikos II. hatte 1285 den Waffenstillstand mit Venedig verlängert und sich verpflichtet, Privilegien und Quartiere der Venezianer in vollem Umfang zu respektieren und niemanden in der Romania gegen die Serenissima zu den Waffen greifen zu lassen. Nun sticht aber Nicolo Spinola 1295 von Pera aus mit zwanzig Schiffen in See und zersprengt vor Ajas (Lajazzo) die venezianischen Schiffe. Venedig schlägt sofort zurück: Ruggiero Morosini führt fünfundsiebzig Galeeren zum Angriff auf Pera, dessen Bewohner in Konstantinopel Zuflucht suchen. Als Vergeltung werden nun die Venezianer der Hauptstadt massakriert. Vergeblich bemühen sich die Genuesen um eine Verbindung zu den Aufständischen auf Kreta. Auch ihr Seesieg bei Curzola (1298) bringt keine Entscheidung. Verhandlungen führen 1299 zum Friedensschluß von Mailand, der zwar die freie Schiffahrt auf dem Schwarzen Meer wiederherstellt, eine Vereinbarung über die Romania jedoch ausschließt. So führt Venedig die Feindseligkeiten gegen Byzanz bis ins Jahr 1302 fort; Andronikos II. sieht sich gezwungen, Santorin, Zia (Keos), Seriphos und Amorgos – von den Venezianern wieder erobert – an Venedig abzutreten und eine bedeutende Entschädigung zu zahlen. Das enttäuschende Bündnis des Reichs mit Genua hat damit lediglich die territoriale Restauration in Frage gestellt.

Ende des 13. Jahrhunderts stehen die Genuesen als die großen Nutznießer des byzantinischen Niedergangs da. Im Mai 1303 gewährt Andronikos II. ihnen eine Ausdehnung ihres Quartiers. Sie können Pera nach eigenem Gutdünken wieder aufbauen, und die Ankunft der Katalanischen Kompanie in der Romania ist für sie willkommener Anlaß, ihre Stadt zu befestigen. In der Ägäis haben die Genuesen zwar weniger Stützpunkte als Venedig, doch sie verzeichnen auch hier einige Erfolge: Im Mai 1305 sind sie in Thessalonike durch einen Konsul vertreten, was bedeutet, daß sie über eine ständige kleine Handelsniederlassung verfügen. Zwischen 1304 und 1308 hat Benedetto Zaccaria sich die Rechte auf die Insel Chios gesichert, wohl um den Handel mit Phokaia wirksamer zu schützen. Aber die Perlen des genuesischen Handelsnetzes liegen am Schwarzen Meer. Das an der Krimküste gelegene Kaffa, das zwischen 1270 und 1275 entstanden ist, nimmt einen raschen Aufschwung und wird bis Ende des Jahrhunderts zum bedeutendsten Umschlagplatz des gesamten Handels am Pontos. Das an der Don-Mündung gelegene Tana bietet den Zugang zu einer der mongolischen Seiden- und Gewürzstraßen. Schon 1304 entsenden die Genuesen einen Konsul und konzentrieren dort einen Großteil ihrer Investitionen am Schwarzen Meer. Noch vor 1290 entsteht an der Südküste, in Trapezunt, der Hauptstadt der Großkomnenen, eine kleine genuesische Kolonie. Von hier brechen die Kaufleute nach Sivas und Tabrezion (Täbris) auf. Weitere Kontore entstehen in Simisso (Samsun) und in Vicina an der Donaumündung. Innerhalb weniger Jahrzehnte haben sich die Genuesen fest im Herzen des Reichs verankert und ein Netz von Handelsplätzen aufgebaut, das ihnen den Zugang zu den Ressourcen Kleinasiens, der ausgedehnten Steppen und des fernen Asien eröffnet. Fast hundert Jahre lang wird Venedig alles daransetzen, dieses Übergewicht in Frage zu stellen.

Das Reich um 1282

Michael VIII. hat seinem Reich nicht die Grenzen des Jahres 1204 zurückgegeben, aber kurz vor seinem Tod gebietet er über ein Territorium, das aus einer Reihe rein griechischer Gebiete besteht und etwa die gleiche Ausdehnung auf asiatischer wie auf europäischer Seite hat; es umschließt ein ägäisches Becken, das durch die Rückeroberung der albanischen Küste und der wichtigsten Inseln wieder zu einem Riegel an den Meerengen und am Pontos geworden ist. Dies ist das Ergebnis eines Lebenswerkes, das in der Kontinuität der Laskariden steht und dem es gelungen ist, die alte byzantinische Tradition einer auf Macht gestützten Diplomatie wiederzufinden, die tödliche Gefahr aus dem Westen abzuwenden und eine starke Allianz im Osten aufzubauen, die die Türken in Schach hält. Das Reich ist wieder Herr seiner wenngleich reduzierten Ressourcen; die öffentliche Meinung schätzt das hoch ein, trotz der Ablehnung, auf die die Religionspolitik des Kaisers stößt. »Hätte nicht ein solcher Kaiser die Angelegenheiten der Römer verwaltet, wie leicht wäre die Herrschaft über die Römer in die Hände König Karls von Italien gefallen«, schreibt Gregoras. Grabepigramme feiern einen Herrscher, der »voll Zorn gegen die Barbaren kämpfte und sie alleine besiegte«, der »Stolz der Römer und der Ruhm der Tapferen«, »Michael der Furchtbare, der große Herrscher der Ausonier«. Der Kaiser hat ohne Zweifel die Mittel des Reichs erschöpft, aber wir sind der Meinung, daß sein innenpolitisches Wirken, das allgemein zu scharf beurteilt wird, die Wiederherstellung des Reiches ermöglicht hat. Der Zerfall des Mongolenreiches und die Gier des lateinischen Imperialismus haben ihm zu mehr keine Zeit gelassen.

Der Aufstieg der Serben Ende des 13. Jahrhunderts

Die beiden slawischen Staaten auf dem Balkan erleben Ende des 13. Jahrhunderts eine völlig gegensätzliche Entwicklung. Während Serbien Fortschritte macht und auf dem Balkan eine immer bedeutendere Rolle spielt, beginnt in Bulgarien kurz nach dem Tod Ivan Asens II. eine Zeit des Niedergangs – nicht nur wegen der Tatareninvasionen, sondern auch wegen der dynastischen Streitigkeiten, in die sich immer wieder die Kaiser von Nikaia und später die von Byzanz einmischen.

In nicht einmal 50 Jahren folgen einander acht Zaren auf dem Asenidenthron, die alle gewaltsam gestürzt werden, so sie dabei nicht auch ihr Leben verlieren. Die herausragende Persönlichkeit ist wohl Ivajlo (»Lachanas« für die Byzantiner, 1278/1279), ein Usurpator einfacher Herkunft, der jedoch einige Siege über die Tataren erringt und die Gunst des Volkes gewinnen kann. Ivan Asen III. (1279/1280) erscheint von Anfang an als williger Vollstrecker der Politik Michaels VIII.; Georg I. Terter und insbe-

Die Zarin Simonis; 1299 im Alter von fünf Jahren mit Milutin verheiratet, blieb die Unglückliche Zeit ihres Lebens kinderlos (Detail eines Fresko, Gračanica, Jugoslawien, um 1320).

sondere Smiletz sind von dem großen General der tartarischen Armee Nogaj abhängig, dessen eigener Sohn Čaha (»Tzakas« in Byzanz) nach dem Tod von Smiletz (1298) für einige Zeit den bulgarischen Thron besteigt, bevor er von Theodor Svetoslav wieder verjagt wird, der die Knechtschaft Bulgariens beenden kann. Inzwischen hat sich dieses Reich jedoch so weit aufgelöst, daß der westliche Teil um Vidin, in dem Šišman als Despot herrscht, wenig später in Abhängigkeit von Serbien gerät.

Serbien erlebt seit Namanja einen stetigen Aufstieg, obwohl einige dynastische Probleme erst unter der Herrschaft von Stefan Uroš I. (1243–1276) endgültig gelöst werden. Zu diesem Zeitpunkt werden die Grundlagen der späteren wirtschaftlichen Blüte des Landes gelegt, insbesondere durch die Ansiedlung deutscher Bergleute, der berühmten *Sasi* (Sachsen). Die rasche Entwicklung der Eisenerzgewinnung und des Handels verschaffen den serbischen Königen die Mittel, ihre expansionistische Politik auf Kosten von Byzanz in die Tat umzusetzen.

Die Ergebnisse dieser Entwicklung sind schnell spürbar: Unter der Herrschaft von Stephan Uroš II. Milutin (1282–1321) wird ganz Nordmakedonien mit den wichtigen Städten Skopje, Tetovo, Štip, Veles, Kičevo und Debar (Dibra) erobert. Aus dieser Position der Stärke heraus zwingt der Serbenkönig den Kaiser Andronikos II. zu langen und erniedrigenden Verhandlungen, die auf serbischer Seite von Theodor Metochites geführt werden. Den Frieden muß der Kaiser teuer erkaufen, indem er die serbische Hoheit über die schon eroberten Gebiete anerkennt. Der Form halber bringt Milutins neue Frau, die noch sehr junge Prinzessin Simonis, diese 1299 mit in die Ehe; für Byzanz beginnt damit das Zurückweichen vor dem unaufhaltsamen Aufstieg Serbiens.

Byzanz im Zentrum der Konflikte

Konkurrenz zwischen Venedig und Genua

Die Aufhebung der byzantinischen Flotte durch Andronikos II. hat die Verteidigung Konstantinopels zu einem Zeitpunkt dem guten Willen der Genuesen überlassen, als der *basileus* unklugerweise die Katalanische Kompanie ins Reich holt und die türkischen Emirate Kleinasiens immer stärker werden. Auf unterschiedliche Weise profitieren sowohl Genua als auch Venedig von dieser Schwächung des Reichs, die sich durch Spannungen innerhalb der kaiserlichen Familie noch verschärft.

Die italienischen Seerepubliken verfolgen in der Tat weitreichende Pläne. Venedig hält an dem Vorhaben einer lateinischen Union zur Eroberung Konstantinopels mit Karl von Anjou und später mit Philipp von Tarent hartnäckig fest. Es will seinen Besitzstand im ägäischen Raum wahren und seine Macht über Negroponte und die kleinen Lehensherren des Archipels ausweiten. Schließlich sucht es die Präsenz seiner Kaufleute in Konstantinopel zu verstärken und die bestehenden

Die Festung auf der Akropolis von Rhodos – das wehrhafte Bauwerk ist im Besitz der Johanniter (Hospitaliter), die die Insel von 1309 bis zur Eroberung durch die Türken im Jahr 1522 beherrschen.

Hindernisse im Handel, vor allem mit Getreide, aus dem Weg zu räumen. Genua hat noch größere Ambitionen: Pera soll ein autonomes und befestigtes Quartier werden, das mit dem *basileus* gleichberechtigt verhandeln kann. Um noch bessere Bedingungen zu erreichen genügt es, daß sich die Genuesen beim Kampf gegen die Feinde des Reichs – Katalanen oder Türken – unentbehrlich machen und sich gleichzeitig in die innerbyzantinischen Wirren einmischen. Als Andronikos II. – um die Katalanen loszuwerden – anordnet, die Felder Thrakiens brachliegen zu lassen, haben die Genuesen die Versorgung der Hauptstadt in der Hand und heizen schamlos die Spekulation an. Der Podestà von Pera versucht, Streitigkeiten zwischen seinen Mitbürgern und Griechen an sich zu ziehen, und läßt eifrig Bürgerbriefe für reiche Byzantiner ausfertigen, die er so dem kaiserlichen Fiskus entzieht. Unter der Regierung von Andronikos II. beginnen die Genuesen mit der eigentlichen wirtschaftlichen Ausbeutung der Romania. Trotz der Reaktionen der Nachfolger und der heftigen Feindschaft mit Venedig festigt Genua voller Arroganz im 14. Jahrhundert seine Stellung am Schwarzen Meer und in Konstantinopel selbst. Außerdem kann es noch einen Teil der Ägäis dazugewinnen.

Andronikos III., dem die Genuesen zur Macht verhelfen, geht unmittelbar nach seiner Thronbesteigung 1328 daran, die kaiserliche Souveränität über alle Gebiete wiederherzustellen, die seine expansiven Verbündeten in Besitz genommen haben. Da der Kaiser in den Autonomiebestrebungen des über Chios herrschenden Martino Zaccaria eine Gefahr sieht, schürt er auf der Insel eine nationalistische Bewegung, vertreibt Zaccaria und etabliert wieder die byzantinische Herrschaft. Ebenso verfährt er auf Mytilene (Lesbos), das eine Zeitlang in der Hand des Domenico Cattaneo ist, und in Phokaia, wo die Griechen sich gegen die genuesische Herrschaft erheben. Aber diese Erfolge sind nicht von Dauer und von zweifelhaftem Wert, da sie einerseits die Feindseligkeit der Bewohner Peras gegenüber dem Kaiserthron fördern und andererseits eine immer deutlichere Einmischung der türkischen Emirate in byzantinische Angelegenheiten unterstützen.

Nach dem Scheitern einer lateinischen Union nähert sich Venedig wieder Byzanz an (Verträge von 1310 und 1324) und bemüht sich gleichzeitig, seine Positionen in der Ägäis zu festigen, die unter katalanischem und türkischem Druck stehen. Nach 1319 stellen die Katalanen ihre Angriffe auf Negroponte ein; Venedig nutzt die Gelegenheit, seine Herrschaft über die Tertieri (Dreiherren) und die kleinen venezianischen Dynastien in der Ägäis auszubauen. 1332 unterstützt es die Bildung einer gegen die Türken gerichteten Liga, der Byzanz, die Johanniter von Rhodos und die Herren des Archipelago angehören. Doch die den Kretern aufgebürdete Ausrüstung der Flotte schürt in den Jahren 1332/1333 und 1341 neue Unruhen auf der Insel, so daß Andronikos III. eine Allianz mit Umur, dem Emir

Der serbische Zar Stephan Milutin als Stifter; er erobert nach und nach ganz Makedonien (Studeniča, Königskirche).

Der bulgarische Zar Ivan Aleksander (1331–1371) mit Ehefrau, Söhnen und Familie (The British Library, London).

von Ajdin, sucht. Die bedeutendsten Erfolge erringt Venedig am Schwarzen Meer; Alexios II. von Trapezunt räumt den Venezianern Landesrechte und Warenlager in der Hauptstadt ein, während das Kontor von Tana zu einem Ausgangspunkt für ertragreiche Expeditionen zu den Mongolenkhanaten wird.

Diese Entwicklung stellt die genuesische Vorherrschaft in Frage. Die Rivalität zwischen den beiden Republiken wird bald zu einem tiefgreifenden Konflikt, der auch Byzanz einbezieht. Die Genuesen beteiligen sich an den Machtkämpfen in Konstantinopel, da ihre territorialen und handelspolitischen Interessen unter einer schwachen und uneinigen byzantinischen Herrschaft besser abzusichern sind als unter einer wiederhergestellten kaiserlichen Macht. Sie stützen deshalb Johannes VI. Kantakuzenos, solange Anna von Savoyen Konstantinopel hält, sich an Venedig annähert und zu einem Kreuzzug der Lateiner gegen die mit Kantakuzenos verbündeten Türken (Einnahme von Smyrna im Jahr 1344) aufruft. Als dieser eintrifft, nutzen die Genuesen das Zögern seines Anführers, des Dauphins Humbert II. von Vienne, um Chios und Phokaia an sich zu reißen und im September 1346 ihre früheren Positionen in der Romania wiederzugewinnen. Als Johannes VI. jedoch versucht, die Staatsgewalt zu restaurieren, die wirtschaftliche Übermacht der Genuesen zu brechen und wieder eine byzantinische Flotte aufzubauen, leisten die Genuesen von Pera erbitterten Widerstand und bringen in dem nur kurzen »lateinischen Krieg« von 1348 die kaiserlichen Schiffe in ihre Gewalt.

Die Beherrschung der Meerenge und das Problem des Handels am Schwarzen Meer führen zu einem großen Konflikt, der als »Krieg um die Meerengen« bekannt ist. Ein Zweckbündnis zwischen Genuesen und Venezianern gegen die Angriffe des Khans Djani-beg zerbricht, als Genua in Verhandlungen mit den Tataren tritt. In der Überzeugung, daß sich Byzanz nur dann wieder aufrichten kann, wenn Genua territorial und wirtschaftlich geschwächt wird, verbündet sich Kantakuzenos mit Venezianern und Katalanen (1351), während die Genuesen Hilfe bei den Osmanen und dem Emirat Ajdin erhalten. Im Februar 1352 kommt es im Bosporus zu einer Schlacht, die keine Entscheidung bringt, außer einer neuerlichen Erniedrigung von Byzanz, das Galata als genuesischen Besitz anerkennen muß und von jedem Handelsverkehr mit Tana ausgeschlossen wird. Der 1355 in Mailand geschlossene Vertrag zwischen Venedig und Genua verändert das politische und wirtschaftliche Kräfteverhältnis der beiden Seerepubliken in den östlichen Meeren nicht. Als Johannes V. Kantakuzenos auf dem Thron ablöst, überläßt er Mytilene dem Genuesen Gattilusio und steht an der Spitze eines territorial verkleinerten Reiches, das wirtschaftlich von außen beherrscht wird.

Um das Vordringen der Osmanen auf dem Balkan einzudämmen, wendet sich Johannes V. an den Westen; er bietet erneut die Vereinigung der beiden Kirchen an und erhofft sich dafür militärische Unterstützung zu Land und zur See. Die beiden italienischen Seerepubliken reagieren zurückhaltend, obwohl der *basileus* in den Westen gereist und zum römischen Glauben übergetreten ist. Venedig ist zwar durchaus willens, die Romania und alle dort lebenden Christen zu verteidigen, aber als Gläubiger von Johannes V. erwartet die Stadt als Entschädigung die an der Zufahrt zur Meerenge gelegene Insel Tenedos. Venedig knüpft auch Verbindungen zum Emir von Theologos (Ephesos), wird aber durch einen neuen Aufstand auf Kreta geschwächt, den griechische Archonten und über die Steuerforderungen der Hauptstadt verärgerte venezianische Lehensherren gemeinsam anzetteln. Genua seinerseits spielt weiterhin ein doppeltes, ja dreifaches Spiel; es beteiligt sich am Feldzug Amadeos VI. von Savoyen, stärkt die eigene Position am Schwarzen Meer, indem es Venedig Soldaia und Gothien wegnimmt, verhandelt mit den Türken und unterstützt die Rebellion des Andronikos IV. Palaiologos gegen seinen Vater. Auf die Besetzung von Famagusta durch Genua im Jahr 1373 reagieren die Venezianer mit der Einnahme von Tenedos. 1376 kommt es zwischen beiden zum vierten Krieg. Da die Genuesen in Pera es verstanden haben, die Rivalitäten innerhalb der Kaiserfamilie kräftig anzuheizen, wird auch Byzanz hineingezogen. Der Krieg von Chioggia wird durch einen neuen Ausgleich beendet, der die Neutralisierung von Tenedos vorsieht. Die Türken erweisen sich als die einzigen Gewinner: Sie haben ihre Position in Thrakien gefestigt und den *basileus* in die beängstigende Rolle eines tributpflichtigen Vasallen gedrängt. Der Westen merkt sehr spät, daß er durch die Schwächung von Byzanz der osmanischen Expansion Vorschub geleistet und auf lange Sicht den eigenen Interessen im Osten geschadet hat.

Kirche (oben) und Hof der »Herberge« des Pakurianos (unten) in Stenimachos.

Zuflucht im Westen und griechische Erneuerung

Die Wiederkehr des Konfliktes zwischen Venedig und Genua auf dem Boden des Reichs zerstört eines der tragenden Elemente der Strategie Michaels VIII. Dennoch kann Byzanz in den letzten zwanzig Jahren des 13. Jahrhunderts seine Stellung auf dem Balkan nicht nur halten, sondern sogar noch ausbauen. So gewinnt das Reich 1284 durch die Heirat von Andronikos II. mit Irene von Montferrat alle Rechte über das frühere Königreich Thessalonike zurück, und Byzanz untermauert seine Herrschaft in Albanien, wo es seit 1284 über Durazzo und seit 1288 wieder über Kruja gebietet. Ein 1292 gleichzeitig gegen Joannina und Arta geführter Angriff, der Epeiros endgültig vernichten sollte, scheitert am Eingreifen des Regenten von Achaia, Florenz von Hennegau. Immerhin haben die Angiovinen aufgehört, gefährlich zu sein; an ihrer Schwäche ändert sich auch nichts, als Philipp von Tarent 1294 alle ihre balkanischen Besitzungen in seinen Händen vereint. Tatsächlich gelangen alle zerfallenen griechischen Reiche wieder unter byzantinische Hoheit: Nach dem Tod des Nikephoros von Epeiros (1236) weigert sich dessen Witwe, Philipp von Tarent die Treue zu schwören, denn das wäre – so berichtet die *Chronik von Morea* – »ein Eid gegen ihren wirklichen Herren« gewesen, und im selben Jahr ergreift in Thessalien eine pro-byzantinische Gruppierung die Macht und bereitet den Anschluß an das Reich vor, der 1318, als auch Joannina an Byzanz fällt, vollzogen wird. Dagegen erobert Stephan Milutin nach und nach ganz Makedonien; 1297 schlägt er Byzanz, das ihm 1299 eine kaiserliche Prinzessin zur Frau geben muß, um die Grenze entlang einer Linie von Ochrid über Prilep bis Štip zu sichern. Byzanz ist inzwischen völlig von einem Söldnertum abhängig, das die Staatskassen zusehends leert und selbst zur tödlichen Gefahr wird, als Byzanz erneut den Türken gegenübersteht.

Die Mongolen sind zwar im Prinzip die Herren im türkischen Anatolien, aber sie haben eigentlich nicht mehr die Mittel, dieses Gebiet zu kontrollieren: Das Land zerfällt in kleine Emirate, deren ältestes, das der Isfendiyar-oglu von Kastamonu, 1292 erscheint. Unter den anderen, die sich um 1300 bilden, ist das Emirat der Osmanen – zwischen Nikaia und Dorylaion – das kleinste, aber unmittelbar vor seinen Grenzen liegt ein verlockendes byzantinisches Gebiet, dessen wenige Festungen fast ausnahmslos im äußersten Nordwesten liegen. Als es 1302 zwischen Aragon und Neapel zum Frieden von Caltabellota kommt, sind die unter dem Kommando von Roger de Flor stehenden Truppen von Navarra und Aragon wieder verfügbar; Andronikos verpflichtet diese »Almugavaren«, die von April 1304 bis August 1305 bedeutende Siege erringen und die Türken in die Berge zurücktreiben. Aber als der Kaiser sie dann gegen einen Angriff der Bulgaren nach Europa ruft, stellt sich heraus, daß er ihnen ihren Sold nicht zahlen kann, was zu verheerenden Plünderungen in Thrakien und Thessalien führt. 1311 schlagen sie dann am Kopaïs-See ihren nächsten Dienstherrn, den nicht minder zahlungsunfähigen Herzog von Athen, Walther von Brienne, und gründen ein katalanisches Herzogtum, das bis 1388 besteht. Die Türken haben somit freie Bahn; bereits 1308

Die Kirche des Peribleptosklosters in Mistra (2. Hälfte des 14. Jahrhunderts).

belagern die Osmanen Brussa, während Emir Saïsan Ephesos erobert. Doch es kommt noch schlimmer: Zwischen 1311 und 1314 plündern ehemalige türkische Hilfstruppen der Almugavaren mit Thrakien erstmals eine europäische Provinz.

Byzanz als Spielball von Bulgaren und Serben

Gleich zweifach mischen sich Bulgaren und Serben in die beiden Bürgerkriege ein, die Byzanz im 14. Jahrhundert erschüttern, zum einen durch direkte Angriffe und Inbesitznahme von Territorien zum Schaden aller Kriegsparteien, zum anderen durch Zweckbündnisse, die die serbischen und bulgarischen Zaren mit den sich bekämpfenden Kaisern eingehen, um sie im rechten Augenblick wieder zu brechen. Das strategische Ziel bleibt allerdings immer dasselbe: Byzanz möglichst viel Land zu rauben und ihm die letzten Reste seiner Vorherrschaft auf dem Balkan zu entreißen.

Makedonien und Thrakien sind die Leidtragenden dieser Umwälzungen, zu denen auch die türkischen Invasoren beitragen. Opfer wird vor allem die Landbevölkerung, die entweder niedergemetzelt oder aber gezwungen wird, wie Kantakuzenos und Gregoras übereinstimmend darstellen, ihr Land und ihre Felder fluchtartig zu verlassen und in befestigten Städten Zuflucht zu suchen, mit allen Nachteilen, die sich daraus für die Stadtbewohner ergeben.

Im ersten Krieg zwischen den beiden Andronikoi (1321–1328) schlägt sich der serbische König Uroš III. Dečansk auf die Seite des alten Kaisers und bringt gleichzeitig Makedonien in seine Gewalt, während der Bulgarenzar Georg II. Terter völlig überraschend in Philippupolis einzieht, als die Bewohner auf den umliegenden Feldern Getreide ernten. Doch schon ein Jahr später kann Andronikos III. die Stadt trotz starker alano-bulgarischer Garnison wieder in seine Gewalt bringen; die neu befestigte Stadt wird zum wichtigsten Element der Grenzlinie am Hebros.

Dennoch besteht die letzte Folge dieses Krieges in der Niederlage der byzantinisch-bulgarischen Koalition gegen Serbien und im Sieg von Uroš III. im Jahr 1330 in Velbužd (dem heutigen Küstendil) über den bulgarischen Zaren Michael Šišman. Im Wettlauf um die Hegemonie auf dem Balkan erkämpft sich Serbien dadurch eindeutige Vorteile; die Rivalität erreicht wenig später, während des zweiten Bürgerkrieges zwischen Johannes VI. Kantakuzenos und der Regentschaft in Konstantinopel (1341–1354), ihr volles Ausmaß. Bleibt noch festzuhalten, daß Anfang des 14. Jahrhunderts zwischen Donau und Karpathen mit der bessarabischen Walachei ein großer rumänischer Feudalstaat entstanden ist, der auf der Seite der Bulgaren in den Kampf eingreift, ohne deren Niederlage verhindern zu können.

Die Balkanmächte müssen fortan die türkischen Seldschuken und Osmanen, im Grunde Verbündete des Kantakuzenos, in ihre Politik einbeziehen, was den Zar Stephan Dušan nicht daran hindert, aus den byzantinischen Streitigkeiten den größten Nutzen zu ziehen. Er verweigert dem Kaiser, der den serbischen Hof mit leeren Händen verläßt, jede militärische Unterstützung, um Byzanz und den griechischen Separatistenstaaten eigenhändig die letzten Besitzungen auf dem Balkan zu entreißen. Auf der anderen Seite des balkanischen Chersones nimmt Zar Ivan Alexander von Bulgarien, der die Regentschaft in Konstantinopel unterstützt, die Unterwerfung des Territoriums am oberen Hebros entgegen, das neben Philippupolis unter anderen die Festungen Stenimachos, Tzepaina, Krytzimos und Peristica umfaßt. Er verspricht im Gegenzug militärische Hilfe, die er jedoch nie schickt.

Auf dem Weg zu einem griechischen Reich in Europa

In den Jahren 1328 bis 1341 ist Kaiser Andronikos III. wohl der letzte Kaiser, der noch daran glaubt, das von Michael VIII. errichtete ägäische Reich retten zu können, da er sowohl in Asien als auch in Europa eine defensive Politik betrieben hat. Wie einst Johannes Komnenos kann auch er nicht begreifen, daß nun ein weiterer Rückzug unausweichlich und Asien verloren ist und daß nur noch geringe Aussicht besteht, ein auf die europäischen Provinzen begrenztes Reich zu erhalten. Durch diese Ablehnung einer in unseren Augen zwingenden Entscheidung muß Byzanz gleichzeitig an den beiden äußersten Grenzen des Reichs intervenieren, wozu es gar nicht mehr die Mittel hat. Während die Osmanen-Dynastie die inneren Wirren nutzt und sich im April des Jahres 1326 endlich Brussa sichern kann, setzt Andronikos zunächst auf die Rivalitäten in Europa: Er verbündet sich mit den Bulgaren gegen die Serben, die seinen Großvater unterstützt haben, und wird so im Juli 1330 mit den Bulgaren bei Velbužd, dem heutigen Küstendil, geschlagen. Der Kaiser ist sich dennoch der Gefährlichkeit der Osmanen bewußt, aber er glaubt, ihnen durch ein Bündnis mit dem Emirat Germiyan, das die Region um Kütahya beherrscht, begegnen zu können; das hindert allerdings den osmanischen Emir Urchan, der 1326 Osman auf den Thron folgt, nicht daran, sich des Hinterlandes von Nikaia zu bemächtigen und ab 1329 die Stadt selbst zu belagern. Nun entschließt sich Andronikos, selbst in Asien einzugreifen; er und sein Großdomestikos Kantakuzenos wissen, daß hier die Entscheidung fällt. So versammelt er vor der Schlacht von Pelekanon im Februar 1331 eine imposante Streitmacht von zwanzigtausend Mann und befiehlt seinen Soldaten – für Byzanz äußerst ungewöhnlich – sich mit dem Kreuz zu wappnen, bevor sie gegen die »Barbaren« ins Feld ziehen. Die Schlacht endet dennoch mit einer Katastrophe. Am 2. März zieht dann Urchan in Nikaia ein, 1337 fällt Nikomedeia in seine Hände. Im Jahr 1340 ist er Herr über einhundert Festungen und rückt Chalkedon (Uesküdar) bedrohlich nah, während seine Flotte bei ihren Angriffen auf die Griechen zwar keinen Erfolg hat, aber über die anderen Emirate triumphiert. Als die Osmanen 1337 in Pergamon einziehen, hat Byzanz in Anatolien auf alle nennenswerten Herrschaftsgebiete verzichtet, setzt aber noch Erwartungen in die Küstenemirate, die von denselben Feinden bedroht werden, den Osmanen und den Lateinern. Mit Hilfe der Emire von Ajdin (Tralleis) erobert Andronikos von den Genuesen Chios und Phokaia zurück und rettet Lesbos vor einer westlichen Verschwörung.

Dach und Kuppeln der Apostelkirche in Pyrgi auf Chios.

Kirche des hl. Johannes Kanes (Sveti Jovan Kanes) oberhalb des Ochrid-Sees in Makedonien (13. Jahrhundert).

Das seit 1331 offenkundige Scheitern in Asien zwingt Byzanz zur Einsicht, daß seine letzte Chance in Europa liegt, wo es die abtrünnigen Herrschaften beseitigen muß. 1335 wird das von inneren Wirren zermürbte Thessalien definitiv byzantinische Provinz, was nach der Niederwerfung von zwei großen albanischen Aufständen 1337 auch mit Epeiros und Akarnanien geschieht. 1341 ist das kleine griechische Reich auf europäischem Boden in Umrissen erkennbar, aber es droht ein neuer Bürgerkrieg, der dazu führt, daß fortan Serben und Türken die Spielregeln diktieren.

Das serbische Reich unter Stefan Dušan

Das Mißverhältnis zwischen Ausdehnung und Bedeutung der serbischen Hegemonie auf dem Balkan einerseits und ihrer Kurzlebigkeit andererseits ist in mehrfacher Hinsicht auf das Kräfteverhältnis zwischen Zar Stefan Dušan (1331–1355) und den Feudalherren seines Landes zurückzuführen. Derselbe Adel, der seinen Vater Uroš Dečanski hatte ermorden lassen, hebt ihn auf den Thron und betrachtet ihn in der ersten Zeit als willfähriges Instrument – als Erfüllungsgehilfen des eigenen Expansionsstrebens auf der Suche nach neuen Gebieten, wie Theodoros Metochites, Kantakuzenos, Gregoras und auch die Chronisten von Ragusa übereinstimmend berichten.

Da Byzanz in innere Kämpfe verstrickt ist und die kleinen Feudalherren militärisch schwach sind, erringt Dušan ohne große Anstrengung in Makedonien und Albanien erstaunliche Erfolge, die es ihm ermöglichen, die eigene Macht zu festigen. Die unmittelbare Konsequenz ist eine Wende der politischen Orientierungen hin zur phantastischen Vorstellung, Byzanz durch ein neues orthodoxes serbisch-griechisches Reich zu ersetzen (*ad acquisitionem totius imperii Constantinopolitani*); doch wie vor ihm Symeon von Bulgarien ist es auch ihm nicht vergönnt, diesen Traum zu verwirklichen. Die Tatsache, daß beide Politiker, wenn auch aus unterschiedlichen Gründen, ihre Kindheit in Konstantinopel verlebten, erklärt zumindest in gewisser Weise die Ähnlichkeit ihrer Ambitionen.

Wie auch immer – das Wunder der serbischen Überlegenheit stirbt mit seinem Schöpfer: Die Aristokratie gewinnt nach dem Ableben des Zaren nicht nur die früheren Vorrechte zurück, sondern wirft diesem sogar vor, die Königswürde gegen die Kaiserkrone eingetauscht und aus dem vom heiligen Sava geschaffenen autonomen Erzbistum ein Patriarchat gemacht zu haben.

Lange Zeit wendet sich Dušan nur nach Süden und vernachlässigt dadurch die Verteidigung der Nordgrenze zu Ungarn, dessen neuer König Ludwig I. der Große (1342–1382) die Städte Mačva, Belgrad und Golubac südlich von Save und Donau zurückerobert. Auch der Ban von Bosnien dehnt seine Vormachtstellung auf die schon unter Uroš III. eroberte Provinz Zachlumien aus. Seine politische Orientierung macht es Dušan auch unmöglich, den Konflikt zwischen Venedig und Ungarn um den Besitz der dalmatinischen Städte auszunutzen, der seit Übernahme des

Throns von Neapel durch den ungarischen König die politische Szene an der Adria bestimmt.

Nachdem der serbische König seine Rückendeckung abgesichert hat, indem er eine Rebellion der serbischen und albanischen Aristokratie beilegt und mit dem Bulgarenzaren Ivan Alexander, dessen Schwester er geheiratet hat, ein Bündnis eingegangen ist, wendet er sich gegen byzantinische Gebiete. Bei seinem ersten Vorstoß überrennt er die Grenze nach Makedonien und nimmt unter anderem die Festungen Strumica, Prilep, Voden und Ochrid ein. In Syrgiannes, einem byzantinischen Überläufer kumanischer Abstammung, findet er einen unerwarteten Verbündeten. Aber dessen Einzug in die Festung Kastoria und die Bedrohung der Stadt Thessalonike beschleunigen, wie Kantakuzenos berichtet, die Ankunft von Andronikos III. an der Spitze seines Heeres. Nahe dem Fluß Galykos wird 1334 ein Friedensvertrag geschlossen, nach dem der Kaiser die meisten Städte zurückerhält, wahrscheinlich aber ohne Strumica und Prilep. Doch damit hat Andronikos nur eine Atempause erreicht, obwohl er nun eine Reihe von Festungen in Makedonien und Thrakien neu anlegen oder wiederaufbauen kann, insbesondere das in der Ebene von Thessalonike gelegene Gynaikokastron (Žensko Krepost); Kantakuzenos zufolge rührt dessen Name daher, daß diese Festungsanlage jedem feindlichen Angriff trotzt, selbst wenn die Garnison nur aus Frauen besteht.

Mit seinem zweiten Vorstoß, der wohl nicht zufällig mit dem Ausbruch des zweiten Bürgerkrieges in Byzanz zusammenfällt, erreicht Dušan den Höhepunkt seiner Macht. Als einzige nicht besetzte Enklave im vollständig besetzten Makedonien erlebte Thessalonike in dieser Zeit mit der Erhebung der Zeloten einen der dramatischsten Augenblicke seiner Sozialgeschichte. Als die Zeloten später jedoch Dušan um Hilfe bitten, schlägt die Stimmung in der Bevölkerung um und Kantakuzenos kann die Stadt wieder einnehmen (1350).

Im Frühjahr 1343 beginnt Dušan die Eroberung Nordalbaniens mit der Einnahme von Kruja. Wie schon Andronikos II. im Jahr 1288 verleiht auch er die Privilegien, die den Bewohnern in der Charta der Stadt zugesichert worden sind. Durazzo wird vermutlich nicht richtig erobert, bleibt aber dennoch überwachtes Gebiet unter Wahrung des halbautonomen Status der Stadt. In den Jahren 1345 bis 1346 gelingt Dušan nach mehreren Versuchen die Unterwerfung der südalbanischen Städte Berat und Kanina-Valona; letztere wird von einem slawischen Statthalter mit byzantinischem Namen – Johannes Komnenos, ein Bruder des bulgarischen Zaren – verwaltet, und nach Dušans Tod zum slawischen Despotat Valona, das den Osmanen länger als die übrigen Provinzen Serbiens widersteht.

Nach der lang ersehnten und mehrfach fehlgeschlagenen Einnahme der Stadt Serrhes beginnt im April 1346 in Skopje der letzte Akt der kurzlebigen serbischen Vorherrschaft auf dem Balkan, obgleich Dušan das eigentliche Ziel, die Übernahme des Reiches von Konstantinopel, verfehlt. Immerhin krönt ihn der Patriarch von Serbien in Gegenwart hoher bulgarischer und serbischer kirchlicher Würdenträger sowie von Vertretern des Berges Athos zum »Zaren der Serben und Griechen«, als Titel der Kaiserwürde fast ebenbürtig. Wichtiger ist jedoch dabei die Gründung des autokephalen Patriarchats von Peć, das den historischen Realitäten Rechnung trägt und Aussicht auf Fortbestand hat. Die symbolische Kraft, die Dušan dem religiösen Element beimißt, zeigt sich auch in der Wiederaufnahme der byzantinischen Tradition eines Besuchs des Kaisers auf dem Berg Athos; bei diesem Besuch haben sich die Athosklöster freiwillig unterworfen, und Dušan bedenkt sie mit Landschenkungen und Urkunden, die den Klöstern neue Privilegien verleihen oder alte Geschenke der byzantinischen Kaiser bestätigen.

Die Eroberung von Epeiros, Thessalien, Akarnanien und Ätolien in den folgenden Jahren (1347/48) – noch bevor sich diese erst kurz vorher von Andronikos III. und Johannes Kantakuzenos unterworfenen Gebiete in das byzantinische Reich integriert haben – markiert die Grenzen der serbischen Expansion nach Süden. Damit stößt das neue Reich nun unmittelbar auf die Venezianer in Pteleon, auf das katalanische Herzogtum Athen sowie auf das angiovinische Fürstentum Achaia und die angiovinischen Herren von Durazzo.

Dušans Beziehungen zum Papst, der zu dieser Zeit in Avignon residiert, sind von seinen Unternehmungen im Osten abhängig: Der Zar erfährt Zustimmung und Ablehnung, indem er bald eine Kirchenunion anbietet, bald alle Verhandlungen brüsk abbricht, ohne jemals im Land selbst von seiner streng orthodoxen Politik abzuweichen. Als er 1354 aber Papst Innozenz IV. anbietet, sich an die Spitze eines Kreuzzuges gegen die Türken – »contra Turcos ipsos capitaneus ordinari« – zu stellen, darf man trotz möglicher Hintergedanken gegen Konstantinopel von einer gewissen Aufrichtigkeit ausgehen, die belegt, daß er die von einer osmanischen Präsenz auf dem Balkan ausgehende Gefahr durchaus erkannt hat.

Der Rückzug vom Universalismus

Die Orthodoxie im Dienst des Reichs

Als Staat mittlerer Größe im Zentrum einer Orthodoxie, deren frühere Untertanen wie die Serben ihm inzwischen an Macht weit überlegen sind, gibt es scheinbar nichts Universalistisches mehr am byzantinischen Reich. Dennoch bleiben bis Ende des 14. Jahrhunderts Orthodoxe selten, die seine Notwendigkeit in Zweifel ziehen. Der Kaiser ist noch immer Gottes einziger Abgesandter auf Erden, und wenn er irrt ist sein Irrtum ein Unglück für alle Christen. So wird die Koalition, die Maria von Bulgarien gegen Michael VIII. anstrengt, der sich einer Union mit Rom schuldig gemacht hat, dadurch gerechtfertigt, daß »Gott den Kaiser verwirft, der seine Glaubenspflichten verletzt«, denn »er erzürnt Gott gegen die Menschen«. Doch das göttliche Ideal bleibt der »absolute Herrscher über ein gläubiges Volk«, dem er »Gerechtigkeit und Frieden allüberall« sichert, indem er »ihm alle Barbarenvölker, die den Krieg wollen, unterwirft«: Diese Segensformeln spricht Patriarch Antonios noch 1392 über Manuel II. Inzwischen haben sich aber die Rollen vertauscht: Nicht

Eine ländliche Kirche auf Kreta: Panayia Kera in Kritsa.

Der Zerfall des serbischen Reiches
am Vorabend der Niederlage an der Marica (1371).

der Kaiserthron sichert den Sieg der Orthodoxie, sondern die Orthodoxie setzt alle Kräfte ein, um die ins Wanken geratene Idee des Kaisertums zu stützen. Ihre moralische Macht wird auch durch ein Schisma – ohnehin als weltlicher Irrtum betrachtet – kaum beeinträchtigt, so daß die Orthodoxie weit über die Grenzen des kleinen byzantinischen Reichs hinausreicht und sich das Ansehen einer übernationalen Macht bewahren kann, der die slawischen Kirchen des Balkans und Rußlands ebenso angehören wie die des Kaukasus und der besetzten Gebiete. Ihr Einfluß erstreckt sich bis auf jene orientalischen Patriarchate, die sich vom Unionsstreit mitbetroffen fühlen, ebenso wie nach Antiocheia und Alexandreia. Und die Kirche weiß nur zu gut, daß sie alles dem Kaiserthron verdankt: Patriarch Antonios erinnert daran, daß die Kaiser »den Vorrang der Erzbischöfe, die Aufteilung ihrer Eparchien und die Grenzen ihrer Zuständigkeit fixiert haben«. Mit einer Ablehnung der Idee des Universalismus würde der ökumenische Stuhl die Legitimität seiner eigenen Herrschaft untergraben. Aber auch jenen orthodoxen Fürsten, die wie Vasilij von Moskau um 1390 das Reich nicht länger anerkennen wollen, entgegnet die Kirche unablässig, sie begründe ihre Weltgültigkeit auf dem Fortbestand eines ungeteilten Kaisertums: Der Patriarch antwortet Vasilij, der Kaiser sei »mit heiligem Öl gesalbt und erwählt zum Kaiser und *Autokrator* der Römer, das heißt aller Christen«, und das obwohl »nach Gottes Willen die Heiden das Reich und den Besitz des Kaisers umzingelt haben«. Der Gedanke ist nicht neu – wie zur Zeit der arabischen Belagerung Konstantinopels ist auch jetzt die territoriale Ausdehnung des Reiches von untergeordneter Bedeutung. Das Reich befindet sich lediglich in einer Epoche, in der es wie das Dogma selbst die Funktion hat, all jene zu mobilisieren und zu vereinigen, die sich zur Orthodoxie bekennen – was eher der Idee als der Realität entspricht.

Doch nach dem alten Grundsatz, daß das Recht auf der Seite des Stärkeren ist, ist jedem Orthodoxen gestattet, diesen Gedanken wieder Wirklichkeit werden zu lassen. Schon im 10. Jahrhundert fühlte sich Symeon von Bulgarien aufgerufen, durch die Einigung von Griechen und Bulgaren die Restauration des Kaisertums zu bewirken, und im 13. Jahrhundert haben die Aseniden den Gedanken eines griechisch-bulgarischen Reiches zum Mittelpunkt ihrer Politik gemacht. Als dann aber die Griechen im Jahr 1261 das Reich restaurieren, wird alsbald jener Widerspruch deutlich, der im Grunde den Wiederaufbau eines orthodoxen Vielvölkerreiches untersagt: Das wiederhergestellte byzantinische Reich ist auf griechisches Territorium beschränkt, dessen Herrscher zwar gern die Idee der Weltherrschaft bemühen, insgeheim aber nur darauf aus sind, die engen Grenzen zu sichern, während man im slawischen Raum noch immer von einem neuen politischen Gebilde träumt, das alle Orthodoxen vereint. Als dann Stefan Dušan 1345 den Titel »Kaiser und Autokrator von Serbien und der Romania« annimmt, bestimmt er sich zum Nachfolger und Erneuerer eines Imperiums, das die Griechen haben untergehen lassen, und als er ein Jahr später ein autonomes Patriarchat begründet, so nicht, um den Vorrang Konstantinopels zu leugnen, sondern in der Hoffnung, es dort als wahres ökumenisches Patriarchat errichten zu können. Doch sein Plan eines orthodoxen Kaiserreichs, in das er auch Bulgarien integrieren will, ist zum Scheitern verurteilt, da sich Griechen, Bulgaren und Albaner durch die als solche empfundene serbische Expansion bedroht fühlen. Die Stärke nationaler Gefühle ist so groß geworden, daß das Reich nur weiterbestehen kann, wenn es von einer moralischen Institution ohne wirkliche Macht geführt wird; daß sich Konstantinopel diese bewahrt entspricht der Forderung nach einer universalistischen Orthodoxie ebenso wie den besonderen Interessen jeder einzelnen Nation.

Die orthodoxen Staaten auf dem Balkan

Georg Ostrogorsky bewertet den Kampf um die Hegemonie im Mittelalter als einen Kampf um die Kaiserwürde und bemerkt, die Vorherrschaft von Byzanz sei infolge des allzu deutlichen Mißverhältnisses zwischen den Ansprüchen des *basileus* und seiner wirklichen Bedeutung und durch die Überlegenheit einer neuen Kraft in Frage gestellt worden. Genau das trifft auf das bulgarische und serbische Königshaus im 13. und 14. Jahrhundert zu; in der langen Kette der Rivalitäten mit dem alten Römischen Reich, die andere Herrscher im Abendland und auf dem Balkan ausgelöst haben, bilden sie zwei weitere Glieder.

Vor allem Bulgarien hat das Beispiel Symeons vor Augen, das auch für Kalojan und Ivan Asen II. bei ihren Unternehmungen Vorbild ist. Ein kleiner Unterschied ist allerdings zu bemerken: Während Symeon den Patriarchen Nikolaos Mystikos zwingt, ihm die Kaiserkrone aufzusetzen, erweist es sich für Kalojan, der in

Zar Stefan Dušan, Kaiser von Serbien (1334–1355), träumt von einem neuen serbisch-griechischen orthodoxen Reich, das Byzanz ablösen und die serbische Vorherrschaft auf dem Balkan festigen soll.

der Zeit des Zusammenbruchs des Reiches lebt, als dringend geboten, sich nach Rom zu wenden, jenem anderen universalen Zentrum, dessen Bürgschaft seiner Krönung erst Rechtskraft verleiht. Dieser Gesichtspunkt verleiht dem Vorgehen Ivan Asens seine volle Bedeutung: Die Präsenz des lateinischen Imperiums von Konstantinopel und des griechischen Reiches von Nikaia machen es schwer, eine eindeutige Politik zu verfolgen. Der Bruch seines Bündnisses mit dem Hause Courtenay nach seinem Sieg über den Despoten von Epeiros bewirkt, daß sich die Waage fast wider den Willen des Zaren Nikaia zuneigt; die Universalität von Byzanz siegt selbst im Exil über Rom.

Es besteht ein weiterer gravierender Unterschied zwischen den beiden Bulgarenherrschern: Mit dem Griff nach der Kaiserkrone (und nicht dem Königsdiadem, das ihm Rom zusteht) zielt Kalojan mehr nach der Würde selbst und dem Prestige, das ihm daraus für seine Eroberungspläne erwächst, als auf die Gründung eines bulgarisch-byzantinischen Reiches, das wiederum Asens höchstes Ziel ist.

Im Ringen um die Krone Serbiens sind frappierende Ähnlichkeiten, aber auch deutliche Unterschiede auszumachen. Die serbischen Könige kämpfen zwar ständig gegen die griechischen Separatistenstaaten und gegen Byzanz, aber sie streben zumeist nicht nach politischer und geistiger Vorherrschaft, sondern begnügen sich damit, ein möglichst großes Territorium militärisch zu beherrschen. Stephan II., der erste gekrönte König Serbiens, dem Rom das *regium diadema* in ähnlicher Weise wie Kalojan verleiht, hat diese Würde nur angestrebt, um seine Macht im eigenen Land zu festigen, insbesondere um den Stolz der Aristokratie zu bändigen und die Einheit des Königreichs zu erzwingen.

Nur Dušan strebt ebenfalls nach Hegemonie und greift ein Jahrhundert nach Ivan Asen dessen Pläne wieder auf; geht man noch weiter in der Geschichte zurück, lassen sich sogar erstaunliche Parallelen zu den Bestrebungen Symeons erkennen. Doch Dušan geht noch weiter: Er inszeniert seine Krönung als »Kaiser der Serben und Griechen« – so heißt es in seinen serbischen Urkunden – und als »Autokrator von Serbien und der Romania«, wie es in seinen griechischen und lateinischen Urkunden heißt; außerdem wählt er die Teilnehmer an diesem Schauspiel nach eigenem Ermessen aus. Das weltpolitische Zentrum Konstantinopel steht also vor der Auflösung, und der Zar, der seinen Blick nur nach Osten richtet, denkt nicht daran, das römische Zentrum um Hilfe zu ersuchen.

Ein unabhängiger Staat – sogar ein Kaiserreich – setzt im Mittelalter notwendig eine gleichfalls unabhängige Kirche voraus; dies um so mehr, als der Kaiser im letzten Stadium der Entwicklung einen Patriarchen braucht, der die Krönung vornimmt: Also schafft er selbst diesen Patriarchen. Doch auch die Etappen auf dem Weg dahin sind wichtig, da sie innerhalb der balkanischen Kirchen jeweils den Maßstab dafür abgeben, wie weit sie von ihrem gemeinsamen Bezugspunkt, dem orthodoxen Patriarchat von Konstantinopel, entfernt sind, das einen tiefgreifenden Einfluß auf die Völker dieser Länder ausübt.

Bulgarien steht zwar weit mehr unter byzantinischem Einfluß als Serbien, das durch seine Nordwestgrenzen im Westen angezettelten Verschwörungen ausgesetzt ist, aber der Weg beider Länder zur kirchlichen Selbständigkeit nimmt einen ähnlichen Verlauf. So folgt der bulgarische Primas Basileios dem Beispiel Kalojans, der sich Zar nennen läßt, obwohl er nur zum König gekrönt worden ist, und hält in seinem Dankschreiben an den Papst fest, daß Kardinal Leo ihn »in patriarcham« geweiht hat. Damit legt er den nachstehenden Passus des päpstlichen Schreibens zu seinen Gunsten aus: »haec duo nomina, primas et patriarcha, paene penitus idem sonant, cum patriarchae et primates teneant unam formam, licet eorum nomina sint diversa«.

Dieser Schritt des bulgarischen Primas bleibt ein Einzelfall, wenngleich er völlig alten ideologischen Tendenzen entspricht. Unter den beiden Herrschern Stephan II., dem »Erstgekrönten«, und Ivan Asen ist dann aber doch eine besondere Übereinstimmung in den Autonomiebestrebungen der beiden Kirchen festzustellen. Beide Herrscher wenden sich Nikaia und den übrigen östlichen Patriarchaten zu, um die höchste Weihe ihrer Kirchen zu erhalten, obwohl auf serbischer Seite Erzbischof Demetrios Chomatenos von Ochrid heftig protestiert. Und Nikaia erteilt sein Einverständnis mit der Gründung der autokephalen Kirche von Serbien und des Patriarchats von Trnovo. Beide Hierarchen erkennen deshalb zunächst auch die Oberhoheit des Patriarchats von Nikaia an, indem sein Name in den liturgischen Gebeten angerufen wird und der Patriarch von Trnovo einige kanonische Pflichten übernimmt. Schon im folgenden Jahrhundert kommt es dann doch zur vollen Selbständigkeit, und wieder ist es Dušan, der die radikale Trennung vollzieht: Seine Kirche erhält ein Patriarchat, das zwar dem Vorbild Byzanz folgt, von diesem aber völlig unabhängig ist.

Die russische Orthodoxie

Der Niedergang des Fürstentums von Kiev

Der langsame Niedergang des russischen Fürstentums Kiev beginnt in der zweiten Hälfte des 11. Jahrhunderts und endet 1169 mit der Eroberung und Plünderung der Stadt durch Mstislaw, den Sohn des Fürsten von Suzdal, Andrej Bogoljubskij. Als die Stadt am 6. Dezember 1240 in die Hände der Mongolen fällt, bewundern die mongolischen Anführer zwar »den majestätischen Glanz« ihrer Gebäude, aber ihre Rolle als politische, wirtschaftliche und militärische Hauptstadt des Landes hat die »Mutter der russischen Städte« dadurch eingebüßt.

Als Erklärung für diesen Verfall haben Historiker vor allem das auf Jaroslav zurückgehende Erbfolgesystem hervorgehoben, das den Thron vom Vater auf den Bruder überträgt. Wir haben jedoch schon darauf hingewiesen, daß die Fürsten von Kiev ihren Besitz unter den Söhnen aufgeteilt haben, ein Grundsatz, der im übrigen auf dem Kongreß von Ljubec im Jahr 1097 bestätigt wird. Der Niedergang in der zweiten Hälfte des 11. und zu Beginn des 12. Jahrhunderts muß demnach andere Gründe haben.

Dušan greift Ivan Asens ehrgeizige Pläne wieder auf, wovon in Stenimachos (heute: Asenovgrad) im Rhodopengebirge die an die Marienkirche (um 1231) anschließende Festung zeugt.

An erster Stelle wird auf die Unterbrechung des »Weges von den Varägern zu den Griechen« zwischen Baltikum und Schwarzem Meer verwiesen, der Kiev zu dieser Zeit zu einem bedeutenden Handelsplatz macht, der seine Rohstoffe – Wachs, Honig, Pelze, Leinen, Hanf usw. – zu den wichtigsten Wirtschaftszentren der Epoche befördert – nach Konstantinopel und Bagdad im Osten und nach Ratisbona (Regensburg) im Westen. Seit dem 11. Jahrhundert schaffen nun italienische und auch deutsche Kaufleute direkte Verbindungen zwischen Orient und Okzident, die die großen militärischen Anstrengungen zur Sicherung dieser Wasserstraße überflüssig machen.

Mit den Polovzern (Kumanen) kommt eine weitere Welle turkstämmiger Nomadenvölker, die nun das Steppengebiet nördlich des Schwarzen Meeres kontrollieren; sie machen einen weiteren Warenaustausch auf dem bisherigen Flußweg unmöglich; so werden die berühmten russisch-byzantinischen Verträge aus dem 10. Jahrhundert im 11. Jahrhundert nicht verlängert. Mit dem 12. Jahrhundert beginnt für Rußland eine »geldlose« Zeit, ein eindeutiges Zeichen für den Niedergang des Handels.

Zu diesen wirtschaftlichen Gründen kommt ein politischer: Kiev ist das einzige Fürstentum, in dem es nie eine Fürstendynastie gegeben hat. Während des gesamten

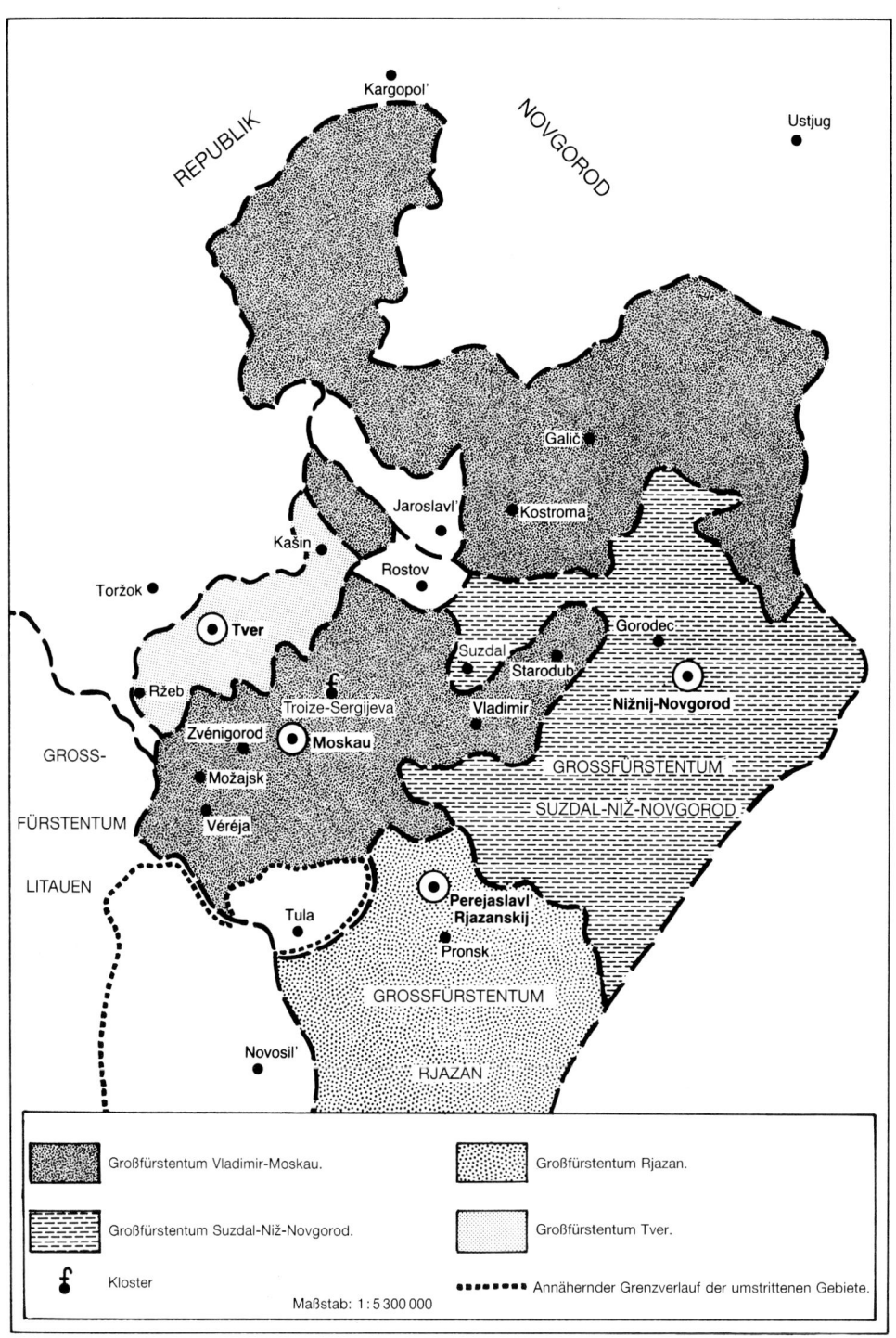

Nordostrußland beim Tod von Dmitrij Donskoj (1389).

12. Jahrhunderts herrschen in Kiev Nachkommen von Vladimir Monomachos (1113–1125) oder von Oleg von Černigov († 1115), je nach Ausgang der blutigen Auseinandersetzungen der verfeindeten Familien oder auch der einzelnen Klans innerhalb der Familien.

Dieses politische Chaos, das den Niedergang Kievs ohne Zweifel beschleunigt hat, hebt sich deutlich von der Lage in Suzdal ab, wo Jurij Dolgorukij (1120–1157) seine Dynastie nachhaltig festigen kann.

Zur Erklärung des Niedergangs von Kiev nehmen die Historiker schließlich noch eine bedeutende Auswanderungswelle in die reicheren und ruhigeren Gebiete von Suzdal und Wolhynien an. Diese Emigration der Bevölkerung des Kiever Fürstentums in weit entfernte Regionen kann allerdings nur schwer durch Quellen belegt werden.

Am Vorabend der Mongoleninvasion hat Kiev für die russischen Fürsten nur noch geringe Anziehungskraft. Nur die Präsenz des Metropoliten gibt der Stadt noch verbindende Bedeutung und erinnert an die Größe vergangener Tage. Die Verlegung des Metropolitensitzes nach Vladimir 1299 beendet die Umwandlung des Fürstentums in ein Grenzgebiet, eine Mark oder *okraïna*, woher der Name Ukraine stammt.

Die russischen Fürstentümer und die Mongolenstürme

Kurz vor dem Einfall der Mongolen zeigt Rußland sehr gegensätzliche Gesichter: Im Norden führt eine gewisse politische Stabilität zu bedeutendem wirtschaftlichem Aufschwung, im Süden liefern sich die verschiedenen Fürstenhäuser blutige Kämpfe um die Oberhand in Kiev, dessen Glanz noch nicht völlig verblaßt ist.

Im Norden liegt der Stadtstaat von Novgorod, das kein Fürstentum im eigentlichen Sinn darstellt, auch wenn es für seine Verteidigung auf die Hilfe eines auswärtigen Fürsten angewiesen ist, und noch keine Republik bildet. Novgorod, nach Kiev die zweitgrößte Stadt Rußlands, gebietet über ein riesiges Territorium, dessen Ausbeute an Rohstoffen und insbesondere an Pelzen einen regen Handel mit dem Westen ermöglicht.

Im 12. Jahrhundert festigt Novgorod seine Autonomie immer mehr. Die Stadtversammlung, der *veče*, wählt fortan den *possadnik*, den Träger der Exekutive, ab 1165 den allmächtigen Bischof bzw. Erzbischof und ernennt den *tyssiatskij*, der der städtischen Miliz vorsteht. Seit 1136 kann Novgorod aus jedem beliebigen russischen Fürstenhaus seinen Fürsten erwählen, aber Ende des 12. Jahrhunderts bestimmen die Bojaren aufgrund der Nähe des mächtigen Suzdal nur noch Nachfahren von Jurij Dolgorukij zu ihrem jeweiligen Fürsten.

Suzdal, zwischen Wolga und Oka gelegen, wird das »russische Mesopotamien« und das Land »hinter den Wäldern« genannt; Jurij Dolgorukij (1120–1157) hat dieses fruchtbare Land, das sich wirtschaftlich schnell entwickelt, in die Unabhängigkeit von Kiev geführt. Im 12. Jahrhundert erlebt das Fürstentum einen raschen Aufstieg und erreicht seine Blütezeit unter Vsevolod III. (1176–1212), der als erster

Sieg des Mstislav über die Polovzer (Miniatur aus der Radziwill-Chronik).

Friedensschluß zwischen Vsevolod dem Großen und Fürst Riurik Rostislavič von Kiev
(Miniatur aus der Radziwill-Chronik).

offiziell den Titel eines Großfürsten annimmt und dessen Autorität nicht nur bei allen russischen Adelshäusern, sondern auch darüber hinaus Geltung hat.

Im Vergleich zur politischen Stabilität im nördlichen Teil Rußlands wirkt der Süden sehr gespalten; ihm setzen die Bürgerkriege ebenso zu wie die Überfälle der nomadischen Polovzer.

Um Kiev entstehen im 12. Jahrhundert eine Reihe kleiner Fürstentümer. Das nördlichste – Smolensk – liegt am Knotenpunkt wichtiger Wasserstraßen und ist vor feindlichen Einfällen der Deutschen und der Polovzer gut geschützt; es verdankt seinen Wohlstand dem regen Handel mit den großen deutschen Handelszentren Lübeck, Dortmund und Bremen ebenso wie der inneren Solidarität, die die von Rostislav gegründete Dynastie prägt. Die Ausgangsposition des weiter südlich am Rand der Don-Steppen gelegenen Černigov ist weniger günstig: Es wird im 12. Jahrhundert Patrimonialfürstentum des häufig in sich zerstrittenen Hauses der Olgoviči.

Noch weiter südlich liegt die Stadt Perejaslavl, der in der Verteidigung von Kiev gegen die Überfälle der Steppennomaden eine Schlüsselrolle zukommt. Aus diesem Grund kann Perejaslavl seine Unabhängigkeit erst Mitte des 12. Jahrhunderts erringen, allerdings nur für kurze Zeit; schon Ende desselben Jahrhunderts gerät die Stadt – wie auch Rjazan – unter die Kontrolle von Vsevolod III. von Suzdal.

Das einzige große Staatswesen in Südrußland entsteht 1199 durch die Vereinigung der beiden reichen Agrarregionen Galizien und Wolhynien unter dem *Rex Russiae* Roman von Wolhynien. Die beiden wichtigsten Handelsstraßen von Kiev nach Prag und Krakau, die auf seinem Territorium über die Stützpunkte Vladimir in Wolhynien und Terebol in Galizien führen, sichern diesem Fürstentum einen Teil seiner Einkünfte.

Aufgrund seiner besonderen Lage – das Fürstentum grenzt im Südwesten an Ungarn, im Westen an Polen, im Norden an Besitzungen des deutschen Ritterordens und im Süden an die Steppen der Polovzer – wird Galizien-Wolhynien von Ungarn und Polen umworben und öffnet sich westlichen Einflüssen.

Mit Romans Tod im Jahr 1205 bricht der Bund auseinander; die Häuser der Rostislaviči und der Olgoviči streiten um die Herrschaft im südlichen Rußland.

Gerade zu Beginn des 13. Jahrhunderts ist der Gegensatz zwischen dem Norden und dem Süden Rußlands besonders auffällig. Die Mongolen konzentrieren daher ihre militärischen Operationen zunächst auf die im Norden liegenden Fürstentümer, vor allem auf Suzdal, das als einziges nennenswerten Widerstand leisten und den »Marsch nach Westen« der mongolischen Eroberer verzögern kann.

Im Jahr 1206 wählt die Versammlung der Stammesführer Temudjin zum obersten Führer der Mongolen und verleiht ihm den Namen und die Würde des *Dschingis-Khan*. Wenig später (1215) erobert er Nordchina; Djebe und Subotaj, seine beiden Feldherren, bitten um die Erlaubnis, »den Westen auszukundschaften«. Am 31. Mai 1223 erleiden die Polovzer und ihre russischen Verbündeten in den Steppen des Don durch die Mongolen eine bittere Niederlage: Neun russische Fürsten finden den Tod. Doch die Russen bleiben gelassen; sie sehen in diesem

Feldzug nur einen der gewohnten Überfälle, der durch die Ausschaltung der Polovzer sogar sein Gutes hat.

Vierzehn Jahre vergehen, bevor die Mongolen wieder in Rußland auftauchen. Im Jahr 1237 fallen sie mit Beginn des Winters in den südlichen Teil des Fürstentums Rjazan ein; am 21. Dezember gelingt ihnen nach fünftägiger Belagerung die Einnahme der Stadt. Die Russen sind starr vor Entsetzen ob der Grausamkeit, die die Sieger an den Tag legen. Der Weg nach Vladimir, der Hauptstadt von Suzdal, ist frei: Die Stadt fällt am 7. Februar 1238.

Die Mongolen dringen noch bis nach Toržok vor, das sie erobern, aber noch vor Novgorod machen sie aus unerfindlichen Gründen plötzlich kehrt und erreichen im Sommer des Jahres 1238 wieder die heimatlichen Steppen; der erste Feldzug gegen Nordrußland ist vorüber.

Der zweite beginnt im Frühjahr 1239 und hat das südliche Rußland zum Ziel. Perejaslavl fällt am 3. März 1239, Černigov am 19. Oktober. Nach Zerstörung der Vorposten der Kiever Verteidigung ziehen sie sich dann erneut in die Steppe zurück. Im folgenden Winter rücken sie gegen Kiev vor, das am 6. Dezember 1240 fällt, wenden sich nach Westen und erstürmen Vladimir in Wolhynien und Galič. Ganz Rußland ist nun unter dem »mongolischen Joch«; Europa wird von Panik ergriffen.

Die Gründe für die vernichtende Niederlage der Russen sind bekannt; allen zeitgenössischen Quellen zufolge planen die Mongolen ihre Feldzüge mit äußerster Sorgfalt, legen großes taktisches und strategisches Geschick, eiserne Disziplin und höchste Beweglichkeit an den Tag und erweisen sich als absolute Meister der Belagerungstechnik.

Es sind wahrlich nicht jene anstürmenden »Mongolenhorden«, die die Geschichtsschreibung so oft bemüht hat! Diesen Meistern der Kriegskunst haben die zerstrittenen Russen nur zahlenmäßig unterlegene Truppen ohne gemeinsamen Oberbefehl entgegenzusetzen; auf die Abwehr mongolischer Belagerungen sind sie überhaupt nicht eingestellt.

Die Folgen dieser Tatarenfeldzüge für Rußland lassen sich nur sehr schwer ermessen. Tatsächlich sind elf russische Städte von den Tataren erobert und zerstört worden; es deutet aber nichts darauf hin, daß die übrigen Städte, also die Mehrheit, in irgendeiner Weise unter den Eindringlingen gelitten haben. Zudem lassen die schnelle Erholung von Rjazan und die Siege, die Alexander Nevskij 1240 über die Schweden und 1242 über die deutschen Ordensritter erringt, vermuten, daß die Tataren Rußland nicht haben zerstören können.

Im übrigen bleiben auch die Handelsbeziehungen von Novgorod und Smolensk, die der Zerstörung durch die Mongolen entgehen, unangetastet, wie die vielen Verträge belegen, die diese Städte in der zweiten Hälfte des 13. Jahrhunderts mit Riga, Gotland und Lübeck abschließen. Das einzige äußere Anzeichen für die mongolische Besatzung ist die allen Patrimonialfürsten auferlegte Verpflichtung, sich entweder vom Khan im Hauptquartier der Goldenen Horde – in Saraj am Unterlauf der Wolga – oder vom Großkhan im Karakorum den *jarlyk* ausstellen zu lassen – eine Urkunde zur Bestätigung ihrer Besitztümer. Im Landesinnern lassen die Mongolen in den strategisch wichtigsten Orten durch eigene Beamte – die *baskaki* – die öffentliche Ordnung und die Steuererhebung überwachen; diese Beamten unterstehen dem Großbaskak von Vladimir.

Die Orthodoxie am Pontos

An den Ufern des Schwarzen Meeres kann sich die Orthodoxie behaupten und sogar ausbreiten. Dennoch stellen die Komnenen von Trapezunt eine Irritation dar, aber obwohl sie sich mit ihrer dynastischen Legitimation brüsten können, wird ihre territoriale Expansion schon 1214 durch Theodoros Laskaris aufgehalten, und die Einnahme von Sinope durch den Sultan von Rum macht sie sogar den Türken tributpflichtig. Mit den Mongolen kommen neue Invasoren ins Land und verstärken noch die Isolation. Dabei sind Ansprüche der Komnenen durchaus begründet: Diese »Könige der Lazen«, diese »Barbaren«, wie sie Pachymeres bezeichnet, schmücken sich mit kaiserlichen Würden und Insignien und träumen von einem Bund mit den Lateinern, wie er vor 1214 bestanden hat und der ihnen zur Herrschaft in Konstantinopel verhelfen soll. Vor diesem Hintergrund muß man auch die zwischen 1266 und 1267 mit Karl von Anjou geführten Verhandlungen sehen. Die Rückkehr der Metropole von Trapezunt unter die Oberhoheit Konstantinopels 1260 integriert das kleine Reich wieder in der orthodoxen Gemeinschaft; zudem können seine Herrscher, die seit 1274 eine anti-unionistische Politik betreiben, nun im Reich selbst als unnachgiebige Verteidiger der einzig wahren Kirche auftreten. Nach dem Scheitern des lateinischen Bundes kann Michael VIII. 1282 dennoch den Großkomnenen Johannes II. dazu bringen, eine seiner Töchter zu heiraten – der erste in einer Reihe weiterer Heiratsverträge, die aus Trapezunt ein untergeordnetes Reich machen, dessen Existenz die Ordnung der Welt nicht länger stört. Im 14. Jahrhundert nennen sogar die Chronisten aus Trapezunt nur noch den Herrscher in Konstantinopel »Kaiser der Römer«. Darüber hinaus fühlen sich die Griechen beider Reiche aufgrund des gemeinsamen religiösen Gehorsams und der familiären Bindungen auf Reisen ins jeweils andere Land zuhause. Abgesetzte oder in Mißkredit geratene Komnenen suchen so auch weiterhin in Konstantinopel Zuflucht, und im Jahr 1317 residiert sogar ein Bischof des außerhalb der Grenzen von Trapezunt liegenden Amaseia in dieser Stadt und leitet von dort aus seine Diözese.

Die Entstehung des Reiches von Trapezunt ist bekanntermaßen eng mit den Geschicken des benachbarten orthodoxen Königreichs Georgien verknüpft, das bis weit ins 13. Jahrhundert die Rolle der Schutzmacht von Trapezunt spielt; in dieser Zeit leben am Hof der Komnenen zumindest ebenso viele Georgier wie Griechen. Wenn auch mit der Mongoleninvasion der gesamte Ostteil verlorengeht, so besteht im westlichen Imeretien weiterhin ein kleines, noch immer streng orthodoxes Königreich, das seine letzte Blüte unter König Georg V. (1314–1346) erlebt. Und selbst das erfolglose Hilfegesuch, das Andronikos II. 1305 an Georgien richtet, illustriert dessen Zugehörigkeit zur orthodoxen Gemeinschaft.

Unabhängig von politischer Herrschaft gewinnt die Orthodoxie im Donauraum an Boden. Der walachische Vojvode Basarab, der sich nach seinem Sieg über die Ungarn im Jahr 1330 in Curtea de Argeş niederläßt, entscheidet sich trotz der Bemühungen seiner katholischen Gattin, der Fürstin Clara, für die Orthodoxie. Im Jahr 1359 setzt er beim Patriarchen die Schaffung des Erzbistums der Ungarowalachei durch. Es entsteht die junge rumänische Orthodoxie, der sich bald auch die Moldau anschließt.

Wirtschaft und Gesellschaft

Die ländliche Welt

Von Nikaia zur Herrschaft der Palaiologen

Nach 1204 ist es noch schwieriger als vorher, eine Gesamtentwicklung des ländlichen Lebens herauszuarbeiten. Ruin oder anhaltender Wohlstand einer Provinz hängen davon ab, ob sie von den Lateinern besetzt war, ob sie unter Invasionen mehr oder weniger stark gelitten hat und ob sie von Bürgerkriegen heimgesucht oder verschont wurde, aber auch davon, ob ihr andere Geißeln erspart geblieben sind wie Trockenheit, Überschwemmungen, Viehseuchen oder Räuberei, begünstigt durch den Verlust staatlicher Kontrolle. Nur wenige Regionen können sich tatsächlich in Sicherheit wiegen, und die Ernten sind ständig gefährdet: Gregoras erzählt im 14. Jahrhundert, daß die Bauern im unteren Strymon-Tal sich zu regelrechten Bürgerwehren gegen Räuberbanden zusammengeschlossen haben. Dennoch bewahrt sich die ländliche Welt lange Zeit ihre Vitalität. Ein gutes Beispiel ist Thrakien, das zwischen 1205 und 1207 die Plünderungen der Bulgaren, dann den lang anhaltenden Konflikt zwischen Lateinern und Griechen, später erneute Invasionen von Bulgaren und Mongolen erlebt, bevor Almugavaren und Türken das Land plündern. Zwischen 1311 und 1314 fallen alle Ernten aus, und noch 1348 müssen sich Johannes V. und Johannes VI. erst umherziehender türkischer Banden erwehren, bevor sie nach Konstantinopel reisen können. Dennoch beschreibt zur gleichen Zeit der arabische Geograph al-Umari Thrakien als fruchtbares Land, in dem Wein, Obst und Getreide angebaut werden, in dem es sich gut leben läßt und die Handelsleute ohne Beschränkung ihren Geschäften nachgehen. Stärker betroffen sind ohne Zweifel Makedonien und Thessalien, die Hauptschauplätze der serbischen und bulgarischen Kriege sowie der Unternehmungen gegen die byzantinischen Separatistenstaaten. Gregoras vermittelt den Eindruck, daß Makedonien um 1299 nur noch aus Ödland und Gestrüpp besteht, daß die Brücken zerstört und die Straßen unpassierbar geworden sind. Dagegen zeigen neuere Forschungen, daß

die Besiedlung der Anbaugebiete erstaunlich stabil und dicht geblieben ist. Für
Epeiros und Griechenland könnte dies wohl ebenso belegt werden, während Morea
zweifellos seit dem 13. Jahrhundert völlig daniederliegt: Die *Chronik von Morea*
belegt das Schicksal der von ständigen Rückeroberungskriegen dezimierten Familien. Im Gegensatz dazu scheint das westliche Anatolien zumindest in der nikäischen Zeit einen relativen Wohlstand zu erleben: Als im Sultanat Rum infolge der
Mongoleninvasionen eine Hungersnot ausbricht, kann Anatolien den Türken dank
seines landwirtschaftlichen Reichtums Lebensmittel verkaufen und so beträchtliche
Einnahmen erzielen.

Murad I. ruht nach der Eroberung einer Festung unter einer Pappel aus (Detail der
türkischen Handschrift Hünername, 1584; Topkapi Serail, Istanbul).

Solcher Widerstandsgeist schließt jedes demographische Desaster aus. Sicherlich hat sich die griechische Bevölkerung immer mehr mit fremden Elementen
vermischt. Bis zur Mitte des 14. Jahrhunderts bleiben fremde Einflüsse in Griechenland und Thrakien selten, während die Slawisierung in Makedonien im Norden bis
zu der Linie Ochrid-Serrhes vollständig, nach Süden bis Thessalonike vordringt,
obwohl hier die Griechen weiterhin die Mehrheit bilden. In Thessalien, Ätolien
und Akarnanien verstärken die Invasionen und die Militärpolitik der Separatistenstaaten den traditionellen Zustrom fremder Völker; Thessalien wird seither als
»Groß-Walachei« bezeichnet, und um 1358 bemerkt der Despot Nikephoros II.
von Epeiros, daß in dieser Gegend »alle Römer durch die Niederlassung der Serben

verdrängt wurden«, und »die Tücke und Treulosigkeit der Albaner« sie auch aus
Ätolien verjagt habe. Diese Expansionsbewegungen sind durchaus dauerhaft, aber
sie können die lokale griechische Bevölkerung nicht verdrängen, die sich in den
bestehenden dörflichen Gemeinden zunehmend mit den Neuankömmlingen vermischt. Urkunden aus der Zeit zwischen 1330 und 1350 belegen die völlige
Integration von Walachen und anatolischen Griechen in den Gemeinden in der
Umgebung von Serrhes, während der Kodex des Dušan aus dem Jahr 1349 die
Neigung von Walachen und Albanern unterstreicht, sich an den Grenzen von
Dörfern niederzulassen. Die bemerkenswerte Dynamik der Griechen, der Zustrom
infolge der Invasionen und die nicht genau bezifferbare Zuwanderung von Vertrie-
benen aus Kleinasien, insbesondere nach den verheerenden Ereignissen der Jahre
zwischen 1300 und 1305, verhindern bis zur Mitte des 14. Jahrhunderts schwerwie-
gende demographische Verluste. Aber die Pest von 1348 ist mit Sicherheit eine
Katastrophe, obwohl die Quellen sie fast ausschließlich in Zusammenhang mit den
Städten erwähnen. Die Pest hat ohne Zweifel jene Lücken gerissen, die um 1360
zwischen Skopje und Philippupolis und Sofia bestehen, in Zagora, am Unterlauf des
Vardar, im Umkreis von Thessalonike und fast in ganz Thessalien, wo Murad I. die
ersten türkischen Niederlassungen in Europa errichtet.

Das Fehlen wirklicher Umwälzungen kann den Traditionalismus der ländlichen
Welt erklären. Das *chorion* ist wie früher ein Haufendorf unterschiedlicher Größe:
Im 14. Jahrhundert bestehen die Dörfer der Athosklöster aus 27 bis 126 landwirtschaftlichen Betrieben, entsprechend einer Bevölkerung von 150 bis 500 Einwohnern und mehr. Die Terminologie der Urkunden aus dem 14. Jahrhundert unterscheidet noch immer zwischen dem Gelände im Zentrum, das aus Äckern, Obstgärten, Weinbergen und festen Weiden (*esochoraphia*) besteht, und der zwar im
Prinzip gemeinschaftlich genutzten Randzone mit Wäldern und Wiesen (*exocho-
ria*), um deren Nutzung als Anbaufläche jedoch die besitzlosen Bauern mit den
Mächtigen streiten. Die Familienbetriebe (*staseis*) im Zentrum sind zahlreich und
daher klein, die größten haben kaum mehr als 10 oder 12 Hektar; sie sind – wie die
Urkunden von Kephallenia zeigen – im allgemeinen in jeweils einer Hand, aber eine
gemeinsame Planung fehlt nach wie vor, so daß jeder Betrieb etwas von allem
anbaut. Im Jahr 1271 besteht ein Betrieb auf den Besitzungen des Klosters von Nea
Petra aus einem Haus, einem Weinberg, einem Garten, einem Feld und einem
Obstgarten. Durch die Hecken und »die an verschiedenen Stellen gepflanzten
Weinstöcke« ist die ländliche Landschaft stark durch Büsche geprägt. Die freie
Verfügung über das eigene Land ist kein leeres Wort: In Kephallenia errichten
die Bauern Zäune und ändern ihren Anbau, ohne jemals auf den Nachbarn zu
achten. Insgesamt scheinen die alten Ackerflächen konstant bebaut worden zu
sein, so daß das Fehlen technischer Fortschritte und der endemische Dünger-
mangel zu einer fortschreitenden Erschöpfung der Böden führen; man muß deshalb in die Randzonen ausweichen, wo – nach makedonischen Urkunden aus
dem 13. und 14. Jahrhundert – das Gestrüpp niedergebrannt wird, um neue
Felder anzulegen.

Die Bauernschaft scheint also frei in ihren Entscheidungen gewesen zu sein, und tatsächlich gab es juristisch immer nur den Status des freien Mannes und den Status des Sklaven; die Sklaven sind etwa seit dem 12. Jahrhundert völlig verschwunden, so daß die ländlichen Gebiete des byzantinischen Reiches nur von freien Menschen bewohnt werden können. Im Gegensatz zu früher sind aber nach der Auflösung des traditionellen kollektiven *chorion* alle Bauern Paroiken, also individuell angesiedelte Nutzer von Ländereien des Staates oder der Großgrundbesitzer. Aber durch diesen neuen Status werden sie weder zu kaum abgesicherten Pächtern noch zu Leibeigenen, sondern man darf davon ausgehen, daß sie echte Besitzrechte haben, die sie sogar vor Gericht geltend machen können. So zögern die Paroiken des mächtigen Syrgaris in der Gegend von Smyrna nicht, zwischen 1234 und 1283 das Kloster Lembiotissa vor Gericht anzuklagen und ihre Rechte sogar vor dem Kaiser geltend zu machen. Private oder staatliche Paroiken können darüber hinaus ihre Betriebe ohne vorherige Erlaubnis verschenken, tauschen oder veräußern. Die einzige Verpflichtung hat der Käufer: Er muß als Ausgleich für den vom Bauern bezahlten Grundzins jährlich an den Staat oder an den Grundbesitzer eine Steuer *(epiteleia)* entrichten, die häufig höher als der Grundzins ist. Unter diesen Bedingungen ist es kaum vorstellbar, daß man derartige Verkäufe hätte unterbinden wollen. Bleibt hinzuzufügen, daß der Stand des Paroiken erblich ist; der landwirtschaftliche Betrieb ist ein regelrechtes Patrimonium *(gonikon)*, das zuerst auf die Frau, dann auf die Söhne übergeht – es darf sogar den Mädchen als Mitgift zugesprochen werden. Der jeweilige Grundherr, ob nun Staat oder Großgrundbesitzer, ist daran durchaus interessiert, da er sich auf diese Art seine Arbeitskräfte erhält. Somit ist es nicht würdelos, Paroike zu sein, denn man handelt im Auftrag des »Herren« *(kyr)* und wird »Leiter des Hauses« *(oikodespotes)* genannt, und selbst Priester können Paroiken sein.

Und dennoch führt die Paroikia zu einer offensichtlichen Einschränkung der persönlichen Freiheiten. Selbst als realer Besitzer des Bodens lebt der Paroike auf dem Grund und Boden eines höher stehenden Besitzers, so daß schon das Kräfteverhältnis sich immer zu seinen Ungunsten auswirkt; es kommt hinzu, daß das Recht, das den Paroiken zum Produzenten von Abgaben macht, ihn auch tendenziell zum Bestandteil des erblichen Eigentums des Grundherren werden läßt. Der Grundherr kann also über den Paroiken wie über sein übriges Eigentum verfügen – so werden seit dem 13. Jahrhundert Paroiken vor allem an Klöster verschenkt oder Felder verkauft ohne die dort lebenden Paroiken, die der bisherige Besitzer in seinen Diensten behalten will. Da der Paroike auf alle Fälle seinem Herrn den geschuldeten Zins entrichten muß, kann er auch sein Land nicht einfach verlassen: Wir wissen zwar, daß er es verkaufen oder verschenken kann, aber wenn er keinen Nachfolger findet, muß er bleiben und kann, falls er flieht, sogar gewaltsam zurückgebracht werden, wie das etwa Vatatzes mit flüchtigen Paroiken des Klosters Lembiotissa gemacht hat. Es besteht demnach eine grundsätzliche Bindung an das Land, denn der Bauer wird im Falle eines Verkaufs oder seiner Flucht zum Außenseiter und Herumtreiber. Rechtlich ist er ein »Freier« *(eleutheros)* oder ein

»dem Fiskus Unbekannter«, da er keinen Pachtzins mehr entrichtet, aber der allgemeine Sprachgebrauch, in dem er als »Armer« oder »Fremder« bezeichnet wird, umreißt seine tatsächliche gesellschaftliche Stellung besser. Der *eleutheros* versucht deshalb, sich möglichst schnell auf einem neuen Gut niederzulassen, wo er aber kein Paroike mehr ist. Die in speziellen Dorfgemeinschaften angesiedelten *eleutheroi*, die kaum noch Verbindung zu Paroiken von früher haben, sind nur noch kleine Bauern, die in Armut und Ausbeutung leben; sie haben im allgemeinen keine Möglichkeit, zu Besitz zu kommen und werden als »Niedergelassene« (*proskathe-menoi*) oder treffender als »fremde Paroiken« (*xenoparoikoi*) bezeichnet. Auf der Suche nach einem besseren Los gehen sie immer wieder auf Wanderschaft, was aus ihnen einen sehr instabilen Teil der Bevölkerung macht. So befinden sich in Stomion – einem Gut des Athos-Klosters Xenophontos – im Jahr 1338 nur noch 10 *eleuthe-roi*, die sich zwischen 1318 und 1320 dort niedergelassen haben, aber 45 neu angesiedelte Bauern.

Die von Paroiken und Eleutheroi besiedelten Domänen werden immer größer, da mittelgroße Güter den Wirren zu Beginn des 13. Jahrhunderts schlechter widerstanden haben: Unter der Herrschaft der Laskariden und der Palaiologen ist eine starke Konzentration von Erbdomänen (*gonika*) zu verzeichnen, deren Besitzer absolute Verfügungsgewalt und zunehmend auch völlige Steuerfreiheit genießen. In dieser Hinsicht kommt der Wiedereroberung der Gebiete der Lateiner beziehungsweise der zerfallenen Staaten eine große Bedeutung zu: Um sich die Unterstützung der Archonten zu sichern, müssen die Herrscher diesen zumindest die gleichen Vorteile einräumen, die sie unter den »fremden« Herren hatten; das ist in Morea, Epeiros und Thessalien der Fall. So unterstützt Patriarch Gregorios von Zypern um 1285 beim Großlogotheten Theodoros Muzalon die Forderung eines im fränkisch beherrschten Arkadien lebenden Archonten, der für sich im voraus völlige Steuerfreiheit für den Fall beansprucht, daß das Territorium wieder byzantinisch wird. Aus den gleichen Gründen überhäufen miteinander rivalisierende Herrscher während der Bürgerkriege ihre jeweiligen Anhänger mit Schenkungen und Steuerimmunitäten: Andronikos III. etwa übereignet 1328 dem einflußreichen Archonten Theodoros Kalothetos ein Gut von 900 *modioi* als Erbgut, mit allen Rechten es zu verwalten, zu vergüten und alles zu machen, was er wolle, »sei es, es zu verschenken, zu verkaufen, zu tauschen, den Kirchen zu übereignen oder alles andere zu tun, was Herren mit ihrem Familienbesitz zu tun berechtigt sind« und das ohne jegliche Steuerverpflichtung. Durch private und öffentliche Schenkungen wächst indessen auch der Großgrundbesitz der Kirchen, wenngleich in geringerem Maße; vor allem die Regierungszeit von Andronikos II. war diesen günstig.

Die *Pronoia* ist der Motor der Expansion des Großgrundbesitzes. Ursprünglich kommt dabei jeder auf seine Kosten: Über die von steuerpflichtigen Bauern bewohnten öffentlichen Güter behält der Staat die Herrschaft, da sie nur zeitlich begrenzt, höchstens auf Lebenszeit, an jene verpachtet werden, die noch immer *Stratioten* genannt werden. Aufgrund ihrer militärischen Dienstleistungen erhalten diese die Steuern, die die Bauern üblicherweise dem Staat zahlen. Das Reich von

Michael VIII. Palaiologos (1261–1281) und seine Gemahlin, die Basilissa Theodora
(Venezianischer Stich, 16. Jahrhundert).

Nikaia versteht es, die *Pronoia* eng zu begrenzen, um die Wiederbelebung des mittleren Stratiotenbesitzes zu fördern; Johannes Vatatzes erinnert im Jahr 1233 daran, daß eine Veräußerung der *Pronoia* nicht in Frage kommt, »da die zur *Pronoia* gehörenden Ländereien immer unter Aufsicht des Staates stehen«. Dennoch zwingen die Notwendigkeiten der Reconquista die nikäischen Herrscher, einigen *Pronoiai* die Erblichkeit anzuerkennen, vor allem um damit herausragende militärische Leistungen zu belohnen. Diese weitreichende Entwicklung nimmt jedoch erst unter Michael VIII. wirklich Gestalt an, der alle Unterstützung benötigt, um seine Usurpation vergessen zu machen und die Wiederherstellung des Reiches voranzutreiben. Pachymeres schreibt, daß dadurch viele militärische Herren »lebenslängliche *Pronoiai* fortan als unsterbliche besitzen«. Aber man kann dies kaum verallgemeinern: Erblichkeit einer *Pronoia* bleibt ein ausdrücklicher Gunstbeweis und das *Prostagma*, das im November 1272 die Befugnisse des neuen Mitkaisers Andronikos II. festlegt, betont, daß ein unwürdiger Inhaber einer *Pronoia* durch einen neuen *Stratioten* ersetzt werden soll, und unterscheidet klar zwischen *Pronoia* und erblichem Besitz. Zudem ist es falsch zu glauben, alle Inhaber einer *Pronoia* seien Großgrundbesitzer: Es gibt darunter auch sehr bescheidene, wie jenen Marmaras, der 1277 für das einzige Dorf, das er sein eigen nennt, Nea Petra den Zehnt verweigert. Die riesigen *Pronoiai*, wie die des Despotes Johannes, des Bruders Michaels VIII., bleiben eine Ausnahme, und das Reich zögert auch nicht, sie wieder in Besitz zu nehmen, wenn es ihm gut erscheint. Zudem bleibt die Verpflichtung zum Militärdienst, die dem Pronoiavertrag zugrunde liegt, in jedem Fall bestehen: Von Michael VIII. bis zu Kantakuzenos ist das Reich bestrebt, die Zerstückelung der *Pronoiai* zu verhindern, die die Besitzer unfähig macht, ihren Verpflichtungen tatsächlich nachzukommen, und regelmäßige Überprüfungen oder »Angleichungen« *(exisoseis)* zielen darauf ab, jede Konzession in ihren ursprünglichen Grenzen wiederherzustellen. Darüber hinaus schützt man die *Pronoiai* auch vor Übergriffen der Kirche. Noch im Jahr 1335 wird der Domestikos der Themen Konstantinos Makrinos mit einer Inspektionsreise beauftragt, in deren Verlauf er »in dem Fall, daß ein Pronoiagut der Kirche verkauft oder übereignet worden sei, dieses zu konfiszieren und in den Besitz des Reiches zurückzuführen« hat. Gefährdet wird das System erst durch den Beginn der Bürgerkriege: Das Prinzip bleibt zwar bestehen, doch werden, um sich Anhänger zu sichern, immer mehr Pronoiagüter erblich, manchmal sogar ganze Gruppen – so macht etwa Johannes V. im Jahr 1342 alle *Pronoiai* von Serrhes erblich. In den Händen der Mächtigen vermischen sich Erbgüter und *Pronoiai*; dadurch wird der Staat von der ländlichen Welt abgeriegelt.

Der slawische Balkan

Das byzantinische System der *Pronoia* kann in den slawischen Ländern des Balkan – vor allem in Serbien – nur deshalb weitgehend Fuß fassen, weil die dort herrschenden wirtschaftlichen Bedingungen schon eine hinreichend feudale Struktur aufweisen. Außerdem bestehen zu dieser Zeit weite Teile dieser Staaten aus von Byzanz

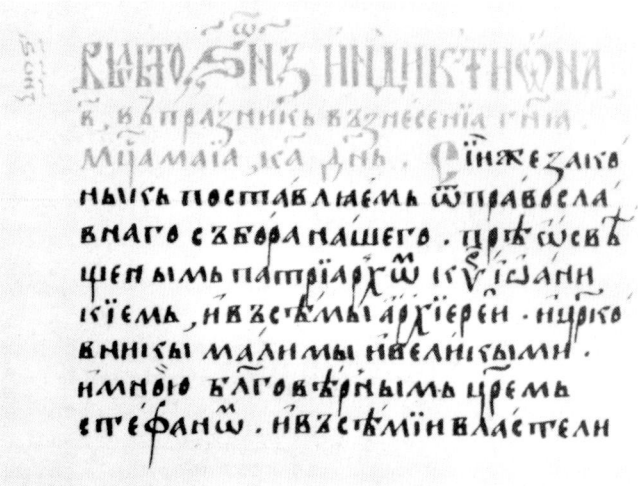

Die erste Seite des Kodex des Dušan (Handschrift aus dem 16. Jahrhundert).

eroberten Gebieten, und die slawischen Herrscher tun politisch alles, um die bestehende Situation beizubehalten. Das Fehlen entsprechender Quellen, die vor allem über die bulgarischen Verhältnisse ein kohärentes Bild zeichnen könnten, ist wohl nur der Zufälligkeit der Funde zuzuschreiben, zumal alle erforderlichen Elemente schon lange vor der Errichtung des zweiten bulgarischen Reiches vorhanden sind. Dessen Gründung erfolgt im übrigen in einem Zusammenhang, der deutlich an das System der *Pronoia* erinnert. Choniates schreibt, daß die beiden Begründer, »die beiden Brüder Peter und Asen nicht ohne Grund den Aufstand anzettelten, denn sie waren zum Kaiser (Isaak II. Angelos) gekommen und hatten ihn gebeten, er möge sie in das rhomäische Heer aufnehmen und ihnen dafür durch eine kaiserliche Urkunde ein kleines, wenig abwerfendes *chorion* am Haemus verleihen. Sie wurden aber mit ihrer Bitte abgewiesen.«

Die Gebrüder Asen gehören nicht zu den herausragendsten Vertretern des bulgarischen Adels, die sich zur Aufnahme in das Pronoiasystem anbieten, aber bei denen weder die Herkunft ihrer Besitzungen bekannt ist noch die Grundordnung, nach der diese verwaltet werden. Der *Sebastokrator* Petros, der *Protosebastos* Pribo in Westmakedonien und die Bojaren Smilec, Vojsil und Radoslav im südbalkanischen Flachland können in dieser Hinsicht mindestens ebenso als potentielle bulgarische Pronoiare betrachtet werden. Nicht anders verhält es sich mit der Immunität der bulgarischen Lehensträger; in einer allgemein gehaltenen Notiz schreibt der serbische Chronist Danilo, daß sie »Vollmacht über alle Gebiete und Festungen« haben.

Die reichhaltige serbische Überlieferung erlaubt uns aber nicht nur, die besondere Lage in diesem Land zu begreifen, sie gibt uns auch wertvolle Hinweise auf mögliche Ge-

Das bulgarische Kloster Rila: der Turm des Hrilo (1335) mit dem 1844 erbauten Glockenturm.

schehnisse im Nachbarland und insbesondere an der Südwestgrenze Makedoniens. Von diesen dem Reich Ende des 13. Jahrhunderts entrissenen Gebieten aus erreicht das System der *Pronoia*, das die serbischen Könige fast ohne Änderung übernehmen, die nördlichen Territorien des Landes. Seine Strukturen, die wohl schon lange vor dieser Zeit einen ersten Durchbruch erzielt haben, sind Anfang des 14. Jahrhunderts neben der angestammten Institution der *Bastina* und ihrem Inhaber, dem *Bastinik* vollständig ausgeformt.

Alle Rechtsurkunden der serbischen Herrscher – von Milutin über Uroš Dečanski bis Dušan – unterscheiden deutlich zwischen beiden Systemen: die *Pronoia* als bedingte Nutzung, im Prinzip auf Lebenszeit befristet, aber zunehmend erblich und mit der Verpflichtung zum Militärdienst an die männlichen Erben übertragen; sie ist unveräußerlich und kann jederzeit vom Staat wieder aufgehoben werden. Zum anderen der Allodialbesitz der *Bastina*, der den byzantinischen *Gonika* entspricht: dieser Vollbesitz darf an männliche und weibliche Nachkommen vererbt und jeder Zeit von seinem Besitzer veräußert werden. Die Pronoiare, die hier *Vojnici* heißen, sind wie die ihnen entsprechenden byzantinischen *Stratioten* von allen auf dem Bauernstand lastenden Verpflichtungen befreit und gehören gesellschaftlich zum Adel, auch wenn sie auf der untersten Stufe des Feudalsystems stehen. Der König kann frei über sie verfügen und sie mit ihrer *Pronoia* beispielsweise einem Kloster angliedern; dies widerfährt einem gewissen Manotas, der nach einer Urkunde des Milutin »der Kirche Militärdienst *(rabota)* leisten« muß.

Dieses Beispiel steht im Prinzip den byzantinischen Gebräuchen entgegen, ist jedoch nicht die einzige serbische Besonderheit in diesem Bereich. Im Gegensatz zu Byzanz vollzieht sich hier beschleunigt der Übergang zur erblichen *Pronoia*, während andererseits die an den serbischen Pronoiar entrichtete Rente auch weiterhin noch in Naturalien entrichtet wird, obwohl ein Artikel im Kodex Dušans diese Rente durch eine Geldzahlung (das »kaiserliche Hyperperon«) ersetzt hat. Dabei entspricht dieses Beharren durchaus der Bemühung, den Bauern stärker an seine Scholle zu binden, wie im selben Kodex zum Ausdruck kommt: »Weder meine Majestät, noch die erhabene Kaiserin oder die Kirche oder ein Adliger oder sonst jemand, wer immer er sei, können den Mann eines anderen ohne kaiserliche Urkunde übernehmen.«

In einem anderen Fall kommt die Eigenheit dieses Kodex im Vergleich mit den byzantinischen Bräuchen noch mehr zum Vorschein – bei Streitigkeiten zwischen Klöstern und Pronoiaren, die die byzantinischen Kaiser kaum beilegen konnten, da sie je nach Einzelfall entschieden sich möglichst ausgleichend verhielten. Dušan kennt in diesem Fall kein Zögern und entscheidet immer zugunsten der Klöster, vor allem der Athosklöster, die er um jeden Preis auf seine Seite ziehen will, ohne Rücksicht auf die Interessen der byzantinischen Pronoiare. Die Tatsache, daß er zu Beginn seiner Eroberung als Kaiser beider Völker neben den serbischen Besitzungen auch den Grundbesitz der großen und kleinen griechischen Lehensmänner garantiert hatte, hindert ihn nicht daran, eine Entwicklung zu deren Nachteil zu fördern. Indem er auf den entscheidenden Posten griechische Aristokratie und hohen Klerus durch Mitglieder der serbischen Aristokratie und Würdenträger der serbischen Kirche ersetzt, macht er sich zum Vertreter der serbischen Feudalherren, die sich auf diese Weise die begehrtesten Güter ihrer Vorgänger aneignen. Diese Enteignung wird besonders deutlich am häufig zitierten Beispiel des *Protosebastos*, Kaisars und Großdomestikos Hrelja, eines berühmten serbischen Feldherrn, der in Štip Erzengel Michael zu Ehren eine Kirche und im Kloster Rila einen Turm *(Hrelina kula)* errichten läßt. Hrelja, der an der Seite Dušans an der Eroberung Makedoniens teilgenommen hat, wird dafür durch die Enteignung von Ländereien in der Nähe von Stip belohnt, unter denen sich Güter befinden, die vorher byzantinischen Pronoiaren wie Laskaris Kotanic gehört haben.

Das System der *Pronoia*, das den Interessen der serbischen Feudalherren so entgegenkommt, erlebt nach Dušans Tod und der Zerstückelung seines Reiches neuen Aufschwung. Das belegen zahlreiche Urkunden sowohl für Ostmakedonien, das vom Despoten Johannes Uglješa beherrscht wird, als auch für Thessalien und Epeiros, die Dušans Halbbruder Symeon Siniša regiert. Doch gerade in dieser Gegend hat der spürbare westliche Einfluß bereits das *Pronoia*-System durchsetzt, so daß Pronoiare des Staates einen Teil ihrer ursprünglichen Güter erneut als Pronoia an Verwandte oder Vasallen weitergeben können.

Eine andere Etappe der Entwicklung der *Pronoia* ist ihre Umwandlung in ein Erbgut, die *Bastina*. Dieser Fall wird durch eine den serbischen Großlogotheten Stephan Radković betreffende Urkunde aus der Mitte des 15. Jahrhunderts belegt.

Die Metropolitenkirche von Peč in Jugoslawien.

Nachdem dieser hohe Beamte lange Jahre am Hof der letzten serbischen Despoten Georg und Lazar Branković gedient hatte, die ihm mehrere Dörfer als *Pronoia* überlassen haben, tritt er in den Dienst des bosnischen Königs Stephan Tomašević, als dieser das serbische Despotat übernimmt. Um Stephan Radković zu belohnen, wandelt dieser König dessen *Pronoia* in erbliche Besitzungen um, die er noch um zusätzliche Ländereien vergrößert. Darüber hinaus befreit er ihn von der militärischen Dienstpflicht gegen die Türken, es sei denn der König ziehe selbst in den Krieg. Dieser besondere Fall muß allerdings im Rahmen der in Bosnien vorherrschenden Feudalbeziehung gesehen werden, wo sich die örtlichen Grundherren, die ihre Besitzungen als *Bastina* verwalten, unter noch größerem westlichen Einfluß – wie G. Ostrogorsky zu Recht anmerkt – zu stark fühlen, um ein System sich entwickeln zu lassen, das einen Teil ihrer Besitzungen womöglich in bedingte Lehen umwandelt, die im wesentlichen dem Staat gehören und dessen unbegrenzter Kontrolle unterstehen.

Epeiros und Albanien

Zum ländlichen Leben im Nordwesten des Balkan gibt es so wenige Quellen, daß man weitgehend auf Hypothesen angewiesen ist. Bekannt ist dennoch, daß die Bevölkerung von Epeiros, Albanien und Makedonien schon vor 1204 aus einem vielschichtigen Gemisch von Griechen, Albanern und Walachen besteht, zu dem an der Küste noch vereinzelt Lateiner, Normannen und Venezianer kommen. Die unterschiedlichen Entscheidungen, die das Gericht des Metropoliten Demetrios Chomatenos von Ochrid im 13. Jahrhundert fällt, belegen diese Mischung, die alle Gesellschaftsschichten erfaßt zu haben scheint. Griechische Familien der Hocharistokratie, wie die der Kabasilai aus Durazzo, sind inzwischen mit albanischen Fürstengeschlechtern verbunden, und in der ländlichen Bevölkerung leben bis ins Küstengebiet Griechen und Albaner nebeneinander: Bei der Schilderung des Erdbebens, das 1267 Durazzo zerstört, erwähnt Pachymeres Albaner, die »mit den Menschen aus der Umgebung« – wahrscheinlich Griechen – in die Städte strömen. Während im Süden, also in Ätolien und Akarnanien, die Griechen noch lange die Mehrheit bilden, dominieren seit Ende des 12. Jahrhunderts die Albaner im heutigen Albanien und in Nordwestmakedonien, das heute Kosovo heißt. Sie haben sich damit weit über die Grenzen von Arbanon, ihrem ersten Reich zwischen Kruja und Devol, ausgebreitet, das die epeirotischen Herrscher niemals versucht haben zu unterwerfen und das diesen bis zu seinem Verschwinden im Jahr 1252 ein treuer Verbündeter war. Außerdem wird Epeiros seit Beginn des 13. Jahrhunderts Angriffsziel der Slawen: Die Bulgareninvasion von 1230 bleibt eine Episode, nicht aber der Expansionismus der Serben, die 1217 vor Peć stehen und den Norden Albaniens samt Durazzo (um 1295) unterwerfen, das sie mindestens bis zum Jahr 1304 halten. Dennoch werden Kosovo und Albanien nur in geringem Maße slawisiert: Auch wenn in den lateinischen Beschreibungen des Landes, von denen die bemerkenswertesten aus der Zeit zwischen 1308 und 1332 stammen, viel Übertreibung stecken mag, da es sich um römische Propaganda handelt, unterstreichen sie doch die Ungeduld, mit der die Albaner das serbische »Joch« tragen, dessen Höhepunkt die Herrschaft Dušans bildet, insbesondere die Jahre zwischen 1345 und 1355.

In diesem komplizierten Spiel, zu dem noch im mittleren Küstenbereich die langfristige angiovinische Präsenz kommt, können die Mächtigen alles gewinnen: Trotz der schlechten Quellenlage wird deutlich, daß sie ihre Position stärken, indem sie von einer Herrschaft zur anderen wechseln und dabei die jeweilige Gunst genießen, wie das die byzantinischen Archonten zur gleichen Zeit tun. Als Karl von Anjou sich zwischen 1270 und 1274 in Durazzo und Aulon (Valona) festsetzt, kommt er mit den albanischen und griechischen »Fürsten« und »Baronen«, die das ganze Hinterland in ihrer Gewalt haben, recht schnell zu einer Verständigung. Diejenigen, die als »Verräter« ins Gefängnis geworfen werden, werden noch vor 1280 wieder auf freien Fuß gesetzt und wirtschaftlich entschädigt; Serben, Nikäer und Epeiroten sind gezwungen, sich ähnlich zu verhalten. Da die angiovinische Besatzung darüber hinaus die mächtigen Küstenstädte von ihrem Hinterland abgeschnitten hat, haben die »Barone« keinerlei Konkurrenz zu befürchten: Im Jahr 1332 etwa besitzen die Städter nur noch hie und da ein paar Äcker und Weinberge.

Die Stellung dieser Großgrundbesitzer ist schwer zu umreißen; da aber nur selten von der *Pronoia* die Rede ist, kann man vermuten, daß sie hauptsächlich Erbgüter besitzen. Die Tatsache, daß die Angiovinen trotz besten Einvernehmens mit den epeirotischen Despoten unmittelbar mit ihnen verhandeln, beweist hinreichend ihre freie Verfügungsgewalt über ihren Landbesitz. Dabei muß festgehalten werden, daß die Pronoiare sich viel schneller über die Rechte des Staates hinwegsetzen, als dies im Reich selbst der Fall ist. So bezeugt im Jahr 1228 der Brief des Metropoliten Johannes Apokaukos von Naupaktos den Fall eines Pronoiaren, der einen seiner Bauern tötet, weil der ihm die Lieferung von Lebensmitteln verweigert, die einem hohen Würdenträger des epeirotischen Herrschers zugedacht waren. Es ist sicher, daß das Los der Bauern in diesen Gebieten besonders schwer ist, und das Interesse von Venedig und Ragusa an den landwirtschaftlichen Ressourcen, vor allem dem Getreide dieser Gegend seit Mitte des 13. Jahrhunderts, bereichert die Grundherren, die ihnen das Korn verkaufen, und veranlaßt sie gleichzeitig, die Landbevölkerung noch mehr auszupressen. Der Steuerdruck, den die Berichte des Jahres 1332 allein den Serben zuschreiben, ist allgemein und nimmt im 14. Jahrhundert noch zu, als aus den Grundherren unabhängige Fürsten werden, die sich ständig bekriegen und ihre Bauern mehr und mehr ausbeuten. Dieser Druck ist auch die Ursache für die lang anhaltende albanische Emigration, die Ende des 13. Jahrhunderts einsetzt und sich im 14. Jahrhundert noch verstärkt.

Die immer engeren Beziehungen zu den italienischen Küstengebieten erlauben den Unterdrückten zunächst eine Überquerung des Meeres: Da es sich meist um Orthodoxe handelt, die aus dem Hinterland von Durazzo und Valona kommen, meiden sie zunächst noch Venedig und Apulien, aber eine bedeutende Zahl läßt sich seit Anfang des 14. Jahrhunderts in Ragusa nieder, wobei ihr soziales Niveau relativ niedrig ist. Im Landesinnern wirkt sich die Zerrüttung der Familienstrukturen durch das Anwachsen der Erbgüter allerdings noch schlimmer aus: Obwohl die Albaner allen Quellen zufolge bis dahin ausschließlich seßhaft waren, ziehen nun ganze Haufen, oft noch der Autorität ihrer alten Stammesstrukturen verpflichtet, über die großen Straßen. Im Jahre 1308 erwähnt eine Urkunde erstmals diesen albanischen Nomadismus, der über Makedonien im Jahr 1315 auch Thessalien erreicht, während andere ihre Wanderung nach Ätolien und Akarnanien richten. 1328 nimmt Andronikos III. in Ochrid die Unterwerfung der »nomadischen Albaner« aus der Gegend von Deabolis (Devol), Koloneia und Ochrid entgegen, und 1334 erwähnt Kantakuzenos die »Stammesführer« (Phylarchen) der in Makedonien lebenden Albaner. Lange vor der türkischen Eroberung, die die Wanderbewegung noch verstärkt, sind die Albaner also schon auf dem Weg nach Griechenland.

Die latinisierten Gebiete

Die fränkische Besatzung in Morea hat schon in der ersten Hälfte des 13. Jahrhunderts zwei wichtige Konsequenzen – zum einen die Einführung eines Feudalsystems, das dem des Königreichs Jerusalem nahekommt, zum anderen eine Verhärtung der gesellschaftlichen Spannungen ohne Rücksicht auf ethnische oder religiöse Unterschiede. Die wenigen Lateiner haben die Menschen in Gesellschaftsschichten unterteilt und dementsprechend auch die Machtverhältnisse abgestuft. Der Hierarchie der Lehensträger – Fürsten, Barone, ligische Vasallen und einfache Lehensleute – entspricht auch die Aufteilung des Landes. Die Eroberer verteilen unter sich die Domänen des Fiskus, der Krone, der Klöster, der Kirchen und von aufrührerischen Archonten. Alle diese Besitzungen werden in Feudalgüter mit der Verpflichtung zum Waffendienst umgewandelt: Die Fürsten und Barone erhalten große Domänen im Umkreis eines Schlosses, Ritter und »Sergeanten« kleine Lehen, die einen Ertrag von tausend beziehungsweise fünfhundert Hyperpera abwerfen sollten. Trotz ihrer Steuereinkünfte, die sie der Privatisierung der öffentlichen Einkünfte verdanken, ist das Schicksal der kleinen Lehensinhaber nicht beneidenswert. Im 14. Jahrhundert überlassen große Grundherren italienischer Herkunft wie Nicola Acciaiuoli ihre Ländereien Verwaltern. Die großen Höfe (*massarie*) werden unmittelbar von besoldeten Arbeitern oder durch die Frondienste der Bauern bestellt; anderswo werden Nießbrauch und Verpachtung vorgezogen. Morea öffnet sich dem internationalen Handel, was die landwirtschaftliche Produktion (Getreide, Öl, Wein, Rosinen) fördert, die in den Westen geliefert wird.

Den Franken stehen zwei Gruppen gegenüber – die *archontes*, die als Grundherren oder ehemalige Inhaber administrativer oder militärischer Funktionen als Freie gelten, und alle Griechen, Bauern wie Stadtbewohner, die auf den Status von Unfreien herabgedrückt werden. Aus politischen, militärischen und administrativen Gründen, die aus ihrer kleinen Zahl resultieren, fördern die Lateiner vor allem nach 1278 die Eingliederung der *archontes* in die soziale Elite. Die *archontes*, die erbliche Güter nach byzantinischem Recht besitzen – gleiche Güterteilung zwischen den Erben – können Lehen und sogar die Schwertleite erhalten; damit rücken sie in den Rang von ligischen Vasallen auf und bilden allmählich einen erblichen Stand, eine Aristokratie durch das Recht, deren gesellschaftlicher Status in der griechischen Gesellschaft verankert ist. Diese fortschreitende Integration sichert den Franken die Kooperation und die Treue der *archontes*, die zum Dienst im Heer, in der Verwaltung eines Fürsten oder eines Barons bereit sind. Wie schon im Fall der griechischen Kirche können auch die *archontes* keine Bastion des antilateinischen Widerstandes mehr bilden. Auf ihren Ländereien leben wie auf denen der fränkischen Lehensträger *villani* oder Paroiken als Arbeitskräfte in völliger Abhängigkeit vom Gutsherrn *(dominus)*; dieser darf sie verkaufen, sie von ihrem bedingten Besitz *(stasis)* entfernen, über sie richten, ihre Güter erben, falls sie ohne Nachkommen sterben oder fliehen, und sie in ihrer wirtschaftlichen Entwicklung begrenzen. Da nur wenige *villani* freigelassen werden, verschlechtern sich die Lebensbedingungen der griechischen Bevölkerung unter der lateinischen Herrschaft rapide, mit Aus-

Die gotische Kathedrale von Famagusta: Hier wurden die aus dem Poitou stammenden Lusignans gekrönt, die drei Jahrhunderte lang Zypern regierten.

nahme der *archontes*. Nur die Grundbesitzer profitieren von der Integration der Kultur und der Landwirtschaft Moreas in den internationalen Handel und vor allem vom steigenden Getreidepreis.

Die Schärfe der sozialen Gegensätze selbst innerhalb der einheimischen Bevölkerung tritt besonders deutlich zutage, als die Byzantiner das Land zurückerobern, und prägt während des ganzen 15. Jahrhunderts die griechische Gesellschaft. Als Kaiser Konstantin Dragases 1449 die Abtretung von Ländereien an die Familie des Georgios Plethon bestätigt, gewährt er ihm nicht nur den vollen Nießbrauch und die Verwaltung über diese Ländereien, sondern auch das Privileg, alle grundherrschaftlichen Rechte in Anspruch zu nehmen, einschließlich Geldsteuern und Naturalabgaben. Die Konzession vererbt sich auf den ältesten männlichen Nachkommen und erfordert Dienste, die dem Fürsten geleistet werden müssen. Diese Übertragung von Souveränität ergibt sich zwangsläufig aus dem Partikularismus und dem Autonomiestreben des Landadels auf der Halbinsel. Der lateinische Einfluß hat die Entwicklung »feudaler« Strukturen des Großgrundbesitzes in Morea zweifellos beschleunigt.

Ganz anders stellt sich die Gesellschaftsstruktur auf der venezianischen Insel Kreta dar. Der Stadtstaat hat hier tatsächlich die Nachfolge des byzantinischen Reichs angetreten und übernimmt alle Besitzungen des Fiskus samt der dazugehörenden Paroiken und den größten Teil der kirchlichen Domänen. Es werden militärische Lehen vergeben, entweder an venezianische Adlige, die als Lehensherren über eigene Milizen verfügen, oder an Nichtadlige, die kleine Dienstlehen mit der Verpflichtung zum Militärdienst erhalten. Dabei behält die Stadt alle juristischen und steuerlichen Vorrechte und wahrt ihre direkte Autorität. Sie bemüht sich um eine systematische Kolonisierung, aber die lateinische Bevölkerung erreicht zu keiner Zeit die Zahl von zehntausend Personen. Um die Landflucht der Paroiken auszugleichen, setzt man vor allem nach der »schwarzen Pest« Unfreie als Arbeitskräfte ein. Auf Kreta bleibt die Integration von *archontes* in die lateinische Gesellschaft eine Ausnahme: Venedig untersagt Eheschließungen mit den Griechen, und die venezianischen Lehensherren verwehren ihnen den Zugang zu ihren Ämtern. Auch die nach den kretischen Aufständen gemachten Konzessionen führen nur zu einer begrenzten Annäherung der beiden Gruppen.

Diese Ausgrenzung hat Folgen für die Entwicklung der ländlichen Welt, die völlig auf die Bedürfnisse der Metropole ausgerichtet ist. Die venezianischen Lehensherren, deren Schlösser und Milizen die fruchtbaren, wasserreichen Ebenen und Täler einrahmen, sind zum landwirtschaftlichen Anbau verpflichtet, dessen Ertrag dem Unterhalt des Heeres, der Zahlung von Steuern und vom Staat geforderter Getreidelieferungen dient. Neben dem überall vorherrschenden Getreideanbau widmet man der Produktion von Obst, Öl und Wein – in Malvasia (Monemvasia) oder der *moscatelli* – besondere Aufmerksamkeit, während Rohrzucker und Baumwolle nur geringe Bedeutung zukommt. Die Venezianer auf Kreta, Lehensherren wie Bürger, sind erbost über die Einschränkung des Getreidehandels und Steuer- und Zollmaßnahmen der Metropole, die die Kolonie nach ihren eigenen Bedürfnissen ausbeuten will, selbst auf die Gefahr einer Hungersnot hin wie jener im Jahr 1455.

Die Lebensbedingungen der kretischen Bauern sind ausgesprochen hart, wobei es denen, die dem Staat gehören, besser geht als den anderen. Die Paroiken des Staates sind vergleichsweise privilegiert – sie sind an keinen festen Wohnort gebunden, können sich in der Stadt niederlassen und eine Freilassungsurkunde erwerben, die die Kommune im Fall von Ungehorsam wieder für nichtig erklären kann. Dagegen sind die den venezianischen Feudalherren oder den kretischen Archonten gehörenden Paroiken an ihre Herren gebunden und gelten als Handelsware. Sie müssen eine Herdsteuer *(capinicho)* und Zins für ihre Pacht oder *stasis (vilanazio)* zahlen, sind zum Frondienst *(angaria)* und zu Abgaben an ihren Herrn verpflichtet, dürfen ihren Wohnsitz nicht verlassen und ihre Ernten nicht selbst verkaufen. Diese Art Knechtschaft bringt auf dem Lande große Unsicherheit mit sich, wo Räubereien, Gewalttaten und die Flucht von Paroiken häufig sind. Die Wut der Bauern wird zur Speerspitze des kretischen Widerstandes gegen die Ausbeutung durch die Fremden. Erst im 15. Jahrhundert bessert sich die Lage der Bauern geringfügig.

Die Mehrheit der Bevölkerung Zyperns lebt – außer den Bürgern der acht wichtigsten Städte – in den etwa 800 kleinen Siedlungen, die über die Insel verstreut sind; im 15. Jahrhundert hat Zypern mehr als 150 000 Einwohner. Jedes dieser Dörfer umfaßt ein oder mehrere Herrengüter, die einen Verwalter haben, den Bailli, der über Knechte, Lohn- und Gelegenheitsarbeiter, Handwerker und Sklaven gebietet. Die unmittelbar bewirtschafteten Ländereien werden mit aller Sorgfalt bebaut; so nutzen etwa die drei Corner-Brüder, die sich um 1360 auf dem Gut Piskopi niederlassen, das Wasser des Kuris und unfreie Arbeitskräfte, um Rohrzucker anzubauen, ihn an Ort und Stelle in eigenen Mühlen auszupressen und in großen Kupferkesseln zu raffinieren. Neben den großen Feudalgütern werden die kleinen Höfe von Paroiken, von *perperarii* oder von Freien betrieben, die *eleutheroi* oder *francomati* genannt werden. Die Paroiken leisten dem Grundherrn eine jährliche Abgabe, zwei Tage Fron pro Woche *(angarion)* und die *stagia* oder ein Drittel der Ernte. Die Zahl der Paroiken nimmt durch Flucht oder Freilassung ständig ab. Die *perperarii*, ehemalige Paroiken, genießen persönliche Freiheit, müssen aber jährlich 15 Hyperpera und die gleiche *stagia* wie die Paroiken entrichten. Die *francomati* müssen einen Zins für Weinberge und Gärten und eine Pacht für Felder von etwa einem Fünftel der Ernte entrichten.

Die Fruchtbarkeit der Insel, der Überfluß und die Vielfältigkeit ihrer Ressourcen wird von allen Reisenden gerühmt. Neben Getreide, vor allem in der Mesaoreia, werden auf Zypern auch Hülsenfrüchte, Oliven, Johannisbrot und in den Gärten vor Nikosia Obst geerntet; Paphos und Limassol sind für Weinbau bekannt. Die bewässerten Gebiete eignen sich hervorragend für Massenkulturen: Baumwolle in den Gebieten um Larnaka, Limassol und Famagusta, Rohrzucker in den Tiefebenen der Küste nahe Paphos und Limassol, und die Seidenraupenzucht, die vor allem die Venezianer Ende des 15. Jahrhunderts weiterentwickelt haben. Auch die Viehzucht ist umfangreich: Ochsen und Kühe – Käse ist ein wesentlicher Exportartikel der Insel – Pferde, Esel, Maultiere, Schafe und Schweine, und schließlich noch die Bienenzucht. Im Sommer weiden die Tiere auf dem Brachland, und im Winter werden sie mit Baumwoll- und Bohnenkernen gefüttert.

Es stellt sich die Frage, inwieweit die vorhandenen Ressourcen im Rahmen einer kolonialen Wirtschaft ausgebeutet werden, die den Anbau für den Export zu Lasten der Produktion von Nahrungsmitteln fördert? Zucker, Baumwolle, Indigo und Weine gehören zwar zu den wichtigen Exportprodukten, doch im 14. Jahrhundert ist die Ausdehnung der entsprechenden Anbaugebiete noch begrenzt. Der größte Teil der Anbauflächen ist dem Weizen und der Produktion von Lebensmitteln vorbehalten, so daß Zypern als eine der Kornkammern des östlichen Mittelmeerraumes gilt. Die Lusignans und der fränkische Adel ziehen aus Verkäufen an überseeische Händler große Gewinne. Doch der landwirtschaftliche Reichtum kommt auch den griechischen Bauern zugute: Freilassungen reduzieren die Zahl der Paroiken, und die Parzellierung von herrschaftlichem Grundbesitz mindert die Abgaben der Bauern. Von einer wirklich kolonialen Landwirtschaft kann man erst unter den Venezianern sprechen.

Bauern und Großgrundbesitzer in Rußland

Im 13. Jahrhundert ist Rußland aufgeteilt in Erbfürstentümer, deren Herrscher einen wesentlichen Teil ihrer Einkünfte aus der Landwirtschaft beziehen. Jeder Fürst – beschränkt auf sein Herrschaftsgebiet – versucht dabei das bestmögliche Ergebnis zu erreichen, indem er nicht nur die Bauern an sein Land zu binden sucht, die es bereits bearbeiten, sondern noch weitere anzusiedeln trachtet, deren Gegenwart und Arbeitskraft zusätzliche Einkünfte darstellen. Dadurch kommt es zu einer Kolonisierungsbewegung, die Teile der Bevölkerung aus dem Süden in die nördlichen und östlichen Regionen führt.

Ursprünglich hat der Fürst sein effektives Besitzrecht nicht über seinen gesamten Besitz ausgeübt, sondern nur über die von seinen Bauern kultivierten Flächen. Der Rest des Fürstentums wird privaten Initiativen zur Kolonisierung überlassen. So entsteht im 12. Jahrhundert privater Grundbesitz, eine Entwicklung, die sich in den beiden folgenden Jahrhunderten noch verstärkt. Diese Ländereien können frei verkauft oder eingetauscht werden, was die Existenz von Privateigentum neben dem der Fürsten verfestigt.

Diese Güter, die so weit reichen, »wie Pflug, Hacke und Sense gehen«, liegen verstreut entlang von Wasserläufen, sind aber durch unbebaute Flächen voneinander getrennt. Der Anbau ist recht primitiv, wobei zwei Arten vorherrschen – in waldreichen Gebieten die Brandrodung, in den Steppenregionen zwei- bis dreijähriger Fruchtwechsel. Die Ausrüstung des Bauern besteht hauptsächlich aus der Axt, dem Pflug mit oder ohne Sech, der Sichel, der Sense und der Hacke. Angepflanzt werden vor allem Getreide: Weizen, Gerste, Hirse, Hafer und Dinkel; dazu kommen einige Hülsenfrüchte wie Kornwicke, Linsen und Erbsen.

Die freien Bauern auf den Ländereien, die kolonisiert werden müssen – die »schwarze Erde« –, heißen »schwarze Bauern«. Sie dürfen ihre Güter ohne Einschränkung erwerben, verkaufen und vererben, entrichten allerdings dafür eine regelmäßige Abgabe an den Fürsten. Dadurch bewahrt sich dieser ein übergeordnetes Besitzrecht über das Land seines Fürstentums, einschließlich der »schwarzen Erde«, die er manchmal treuen Untertanen als Belohnung übereignet.

Pflügen, Saat und Ernte in Rußland (Miniatur aus der Licevoj-Handschrift, 2. Hälfte des 16. Jahrhunderts).

Neben den freien Bauern gibt es auch Sklaven. Aber seit dem 13. Jahrhundert werden sie zunehmend auf Gebieten angesiedelt, die ihnen gegen Abgaben in Form von Geld, Naturalien und Diensten überlassen werden. Die Sklaven erfüllen somit die gleiche wirtschaftliche Funktion wie die freien Bauern, mit denen sie zusammen nach und nach eine neue Gruppe abhängiger Bauern bilden.

Die landwirtschaftlichen Betriebe sind traditionell in einem Kanton (volost) zusammengefaßt, dem gewählte örtliche Vertreter vorstehen. Ihnen obliegt die Verwaltung der gemeinschaftlichen Teile des Gebiets des Kantons, die Aufnahme von Neuankömmlingen und die Erhebung der Steuern, die sie an die Beamten des Fürsten weiterleiten; schließlich sind sie verantwortlich für die öffentliche Ordnung und die Sicherheit im Kanton.

Städte und Handel

Die byzantinischen Städte ziehen sich zurück

Die vor und nach dem Jahr 1204 herrschende Anarchie beschleunigt den Zuzug von Mächtigen in die Städte; sie ziehen sich dort infolge der allgemeinen Unsicherheit hinter Mauern zurück, die immer mehr Festungen *(kastra)* ähneln. Die Suche nach günstigen Lagen für die Verteidigung fördert teilweise die Verlagerung von Städten, obgleich das Städtenetz insgesamt recht stabil bleibt. So ziehen sich Korinth und Nauplion an die Hänge ihrer Zitadellen zurück, und 1265 verlassen die Einwohner das alte Sparta, um unter dem Schutz der Burg von Mistra zu siedeln, das seit 1259 in byzantinischem Besitz ist. Das *kastron* ist eine komplexe Anlage und umfaßt auf einem Gipfel die eigentliche Festung, in der die Herrscher mit ihren Truppen residieren, und eine oder mehrere tiefer liegende Festungsmauern, hinter denen die »Zivilbevölkerung« lebt. Ein solches Bild bieten seit dem 13. Jahrhundert Mistra, Korinth, Arta oder auch Brussa. Die Zitadelle dient der Verteidigung der Stadt, aber auch der Bewohner des Umlandes gegen den äußeren Feind: Anfang des 14. Jahrhunderts läßt Alexios II. Komnenos den unteren Festungsring von Trapezunt ausbauen, damit die Bauern im Falle einer Invasion dahinter Schutz suchen können. In einer Zeit voller Grausamkeiten der Kriege und der Feudalherren wird die Bewegung der Landflucht teilweise durch solche Panikhandlungen verstärkt; aber

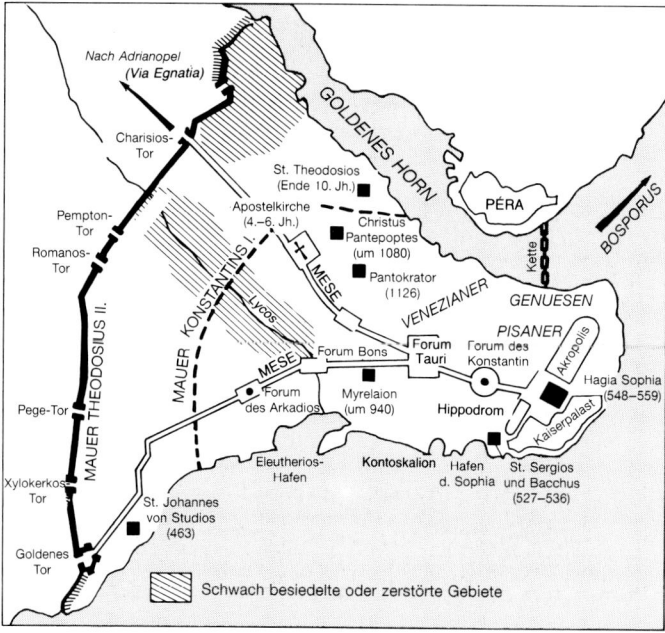

Konstantinopel Ende des 14. Jahrhunderts.

die Bauern lassen sich selten in den Städten nieder, wo sie kein Auskommen finden, so daß die Zahl der Stadtbevölkerung stagniert und sogar abnimmt, während Anarchie und Unsicherheit wachsen: Bei Revolten werden die Festungsburgen nun zu Zufluchtstätten für die Herren der Städte. Allerdings muß hier differenziert werden. Zur Zeit des Reiches von Nikaia und unter den ersten Palaiologen beginnt die staatliche Autorität, die auch die Mächtigen auf dem Lande einbezieht, sich auch wieder auf deren Städte auszudehnen, was den bemerkenswerten und noch lang anhaltenden städtischen »Legitimismus« erklärt, zumal die Städte im Kaiser die einzige Stütze gegen ihren eigenen Adel sehen. In diesem Zusammenhang sind auch die Rechtsreformen des Andronikos III. aus dem Jahr 1329 von großer Bedeutung: Die neuen »allgemeinen Richter der Rhomäer«, deren Urteile unwiderruflich und die selbst nur dem Kaiser verantwortlich sind, haben insbesondere die Macht, Urteile der meist unter dem Einfluß der *archontes* stehenden lokalen Gerichte

Bierbrauen (Miniatur aus der Handschrift der Vita des Zosimos und Sava', 16. Jahrhundert).

aufzuheben. Außerdem wird die Justiz durch diese Reform unter die Kontrolle der Kirche gestellt, da der erste dieser Richter immer ein Bischof ist; die Kirche distanziert sich dadurch von der Klasse der *archontes*. Wie schon im 7. Jahrhundert erscheint der Bischof in diesen oft isolierten Städten als Vertreter der gesetzlichen Autorität und als Beschützer des gläubigen Volkes.

Die Bevölkerung von Sparta verläßt die alte Stadt und siedelt sich im Schutz der Festung von Mistra an (imaginäre Ansicht von Schloß und Befestigung als Illustration des *Isolario* von Coronelli, Venedig 1696).

Die Stimmung ist häufig gespannt, da die soziale Hierarchie tiefe Spaltungen aufweist: In Thessalonike besteht die Klasse der Archonten aus nur wenigen ohnehin miteinander verbundenen Familien, die vom Ertrag ihrer Besitzungen geradezu provozierend luxuriös leben und darüber hinaus alle zivilen, militärischen und religiösen Ämter innehaben. Sie umgeben sich mit einer häufig bewaffneten Klientel, um die arme Bevölkerung besser unterdrücken zu können, die nur durch ihre Zünfte geschützt wird. Die zwischen beiden stehende Mittelschicht *(mesoi)* kann kaum als bürgerlich bezeichnet werden, da Kaufleute, die sich am Handel mit Makedonien und Serbien bereichern, noch selten sind und der Rest aus Schiffsreedern und anderen zunftfreien Berufen mit geringem Wohlstand besteht. In einigen Häfen und in manchen Städten im Landesinnern, die noch einen geringen Überlandhandel verzeichnen, besitzen neben den *archontes* lediglich fremde Händler Vermögen, da sie mit den mächtigen Besitzern der landwirtschaftlichen Produkte verhandeln, auf diese Weise den örtlichen Handel ausschalten und die Bevölkerung an den Rand des Hungers bringen; sie sind daher nicht weniger verhaßt als die *archontes*. So klagen die um 1310 verfaßten Briefe des Patriarchen Athanasios sowohl die Mächtigen, die in Konstantinopel selbst das Getreide einlagern, als auch die Lateiner an, daß sie beim Verkauf von Getreide an griechische Kunden manchmal soweit gehen, deren Frauen als Sicherheit zu fordern. Das Volk ist deshalb immer bereit, sich mit den *archontes* und den Fremden anzulegen. Während des zweiten Bürgerkrieges, in dessen Verlauf die Mächtigen im allgemeinen für den Usurpator Kantakuzenos Partei ergreifen, werden sie 1342 in Adrianopel und 1345 in Thessalonike vom Volk massakriert. Was die Fremden angeht, so beklagt sich im Jahr 1320 der venezianische Bailli in Konstantinopel, daß die Venezianer weder in der Hauptstadt, noch in Thessalonike, Enos oder »anderswo leben oder sich aufhalten können, denn die Griechen schlagen und prügeln sie, wo immer es geht, und der Kaiser verhilft ihnen nie zum Recht gegen die Übeltäter«. Auch die Geschichte von Trapezunt ist voller Auseinandersetzungen zwischen den Genuesen und dem Volk, das seinem Herrscher zu Hilfe eilt, den die Fremden in aller Öffentlichkeit schmähen.

In Konstantinopel, das nach der lateinischen Okkupation zu dreiviertel zerstört ist, halten die Aufgaben einer Hauptstadt noch eine bedeutende Schicht von Vertretern des Hofes und der Verwaltung am Leben; hier dominieren zwar die Mächtigen, doch der Mißbrauch ist unter den Augen des Kaisers lange weniger möglich. Nach der Wiederherstellung der Stadtmauern und der öffentlichen Gebäude läßt Michael VIII. kraft seiner Autorität die Bevölkerung aus den Vororten und den umliegenden Provinzen wieder in die Hauptstadt zurückführen, die so um 1300 noch immer imponierend ist und vielleicht 150000 Einwohner zählt. Seit dem Jahr 1265 ist von dort die Ausfuhr von Korn untersagt, sobald dessen Preis ein gewisses Niveau übersteigt, was die regelmäßige Versorgung der Stadt sichert. Die Klagen der Venezianer und Genuesen beweisen, daß man auch nicht davor zurückschreckt, Transporte anzuhalten und die Kaufleute zu zwingen, entweder mit Verlust zu verkaufen oder ihr Getreide in die kaiserlichen Speicher zu bringen. Aber unter Andronikos II. verschlechtert sich die Lage, wie die Briefe des Athanasios belegen: Nachdem die Genuesen, die seit 1268 in Pera Quartier bezogen haben, sich schnell jeder Überwachung entziehen, kann man Venedig nicht allzusehr vor den Kopf stoßen, das sich 1324 wieder das Recht auf völlig freien Handel mit Getreide vom Schwarzen Meer bestätigen läßt. Die Fremden halten die Hauptstadt an der Kehle, und jeder ihrer Niederlagen folgt eine Hungersnot: Der Konflikt des Jahres 1343 zwischen Italienern und Krim-Mongolen führt in Konstantinopel zur Hungersnot; es folgen mehrere Erdbeben und 1348 schließlich jene furchtbare Pest, die den unwiderruflichen Niedergang der Stadt nach sich zieht.

Die Städte in den slawischen Balkanländern

Die bulgarischen oder serbischen Städte in der Spätzeit unterscheiden sich im wesentlichen nicht von den byzantinischen. Dies um so mehr, als viele der Städte, die seit Ende des 13. Jahrhunderts in das zweite bulgarische Reich und vor allem in das serbische Reich eingegliedert wurden, byzantinische Städte im europäischen Teil des Reiches waren. Ganz allgemein ist festzuhalten, daß die Städte auf dem Balkan weiterhin administrative und religiöse Mittelpunkte geblieben sind, ohne grundlegende wirtschaftliche Bedeutung zu erlangen; dies aufgrund der Tatsache, daß die feudalen Produktionsverhältnisse den Aufschwung neuer Kräfte verhindern, die gleichwohl schon seit der vorhergehenden Epoche vorhanden sind. Denn obwohl die ländliche Funktion einer Stadt weiterhin ihre wichtigste wirtschaftliche Aufgabe bleibt, können sich Handel und kaufmännisch orientiertes Handwerk bis zu einem Punkt entwickeln, wo der Staat stark reglementierend eingreift und die Autonomie der Zünfte einschränkt. Dennoch können sich die Zünfte, vor allem am Vorabend der osmanischen Eroberung, in fast allen Städten unabhängig von Größe oder geographischer Lage entfalten. Zudem entwickeln sich in einigen Städten kaufmännische Aktivitäten, vor allem mit handwerklichen Produkten, die grundsätzlich für den Export bestimmt sind. Durch die zunehmende Zahl westlicher Kaufleute in den Städten des Balkan wäre – was jedoch Vermutung bleiben muß –

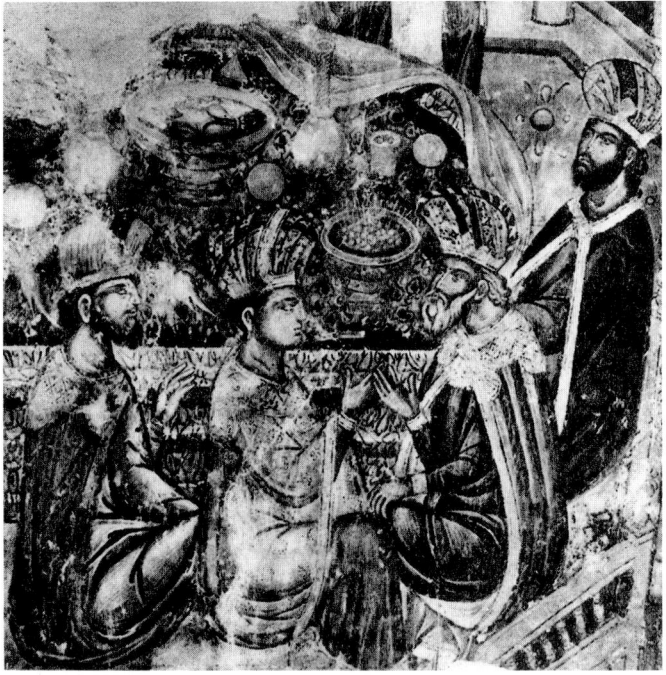

Die Tafel der Reichen ist gedeckt (Detail des Fresko
Königshochzeit, Resava, Serbien).

eine Entwicklung nach Art westlicher Städte möglich gewesen, wenn die osmanische Eroberung den Emanzipationsbestrebungen der aus Handel und Handwerk hervorgegangenen Mittelschichten nicht ein Ende gesetzt hätte.

Sieht man einmal von den Städten griechischen Ursprungs ab, die zu verschiedenen Zeiten zum bulgarischen oder serbischen Reich gehört haben, so weist Bulgarien einen höheren Grad der Urbanisierung auf als Serbien; die Ursache dafür liegt einerseits in der Nähe zu Byzanz und andererseits in der Gesellschaftsform, die weniger patriarchalisch ausgerichtet ist als in Serbien. Der vorherrschende Typus von Stadt bleibt die befestigte Stadt, die zumeist an einem schwer zugänglichen oder natürlich befestigten Platz errichtet wird. Denn in dieser unruhigen Zeit ist die Stadt weniger ein Wirtschaftszentrum als ein möglicher Zufluchtsort für die Landbevölkerung aus der Umgebung. Choniates bezeichnet Preslav als eine Stadt »von gigantischem Ausmaß, die ganz aus gebrannten Ziegeln erbaut ist und sich breitflächig über den Haemus erstreckt«. Das herausragende Beispiel aber ist Trnovo, die letzte Hauptstadt der Zaren: Die an einem Steilhang des Balkangebirges errichtete Stadt wird von drei Seiten durch den Fluß Jantra geschützt. Hier befindet sich auch – neben dem Hof des Zaren – das Viertel der Beamten; die Zahl dieser Adeligen muß mehrere Dutzend betragen haben, da die Türken bei der Einnahme der Stadt etwa hundert von ihnen töten.

Die ethnische Herkunft der Stadtbewohner ist unterschiedlich und bestimmt die Aufteilung der Stadtviertel. Neben den Bulgaren stellen die Griechen den dominierenden Bevölkerungsanteil der Städte am Westufer des Schwarzen Meeres, die überwiegend griechischen Ursprungs sind: so in Mesembria (Nesebar), Anchialos (Pomorie), Varna (das antike Odessos), Sozopolis (Sozopol), Pyrgos (Burgas), Agathopolis (Ahtopol) und anderen, aber auch in Philippupolis und Adrianopel. Andere bedeutende ethnische Gruppen – Armenier, Walachen, Ragusaner – sind neben den Griechen in Vidin, Sofia, Philippupolis und Trnovo belegt. In allen großen Städten haben auch die Juden eigene Viertel, insbesondere in Stip und Trnovo.

Wie die Dörfer haben selbst die wichtigsten Städte eine eigene landwirtschaftliche Produktion, da Anbauflächen, Gemüsegärten und sogar Wassermühlen innerhalb der Umfassung liegen. Anna Komnene zufolge widmen sich die Bewohner von Preslav dem Hirseanbau; Tzamblakon berichtet von bebauten Feldern in Trnovo. Kiprovec (das heutige Ciprovci, gleichzeitig ein Zentrum des Bergbaus), Philippupolis und Mesembria sind für ihren Gemüse- und Obstanbau bekannt; die beiden letztgenannten, die auf die Griechen zurückgehen, betreiben auch noch Weinbau. Dasselbe gilt für die Viehzucht, die die Stadtbewohner auf den umliegenden Feldern betreiben. Nach den Chronisten der Kreuzzüge wie Ansbert und Henri de Valenciennes und der *Historia pelegrinorum* weiden Schafe, Ochsen und anderes Vieh auf den städtischen Weiden direkt an der Stadtmauer von Philippupolis; Kantakuzenos spricht ausdrücklich vom »Vieh der Stadt«. Von Trnovo und Anchialos ist ähnliches bekannt, während Ansbert, Choniates und Akropolites dies auch für Beroia (Stara Zagora) belegen, und nach Villehardouin betritt Kaiser Heinrich in

Beroia eine Stadt, »die bestens mit Getreide, Fleisch und anderen Gütern ausgestattet ist«.

Aufgrund der großen Entfernungen zwischen den Städten und fehlenden Handelsplätzen werden in Bulgarien Handel und Handwerk zumeist als fahrendes Gewerbe betrieben. Auf diese Weise werden Märkte beliefert, die mehr oder minder regelmäßig auf den großen Klostergütern oder auch unmittelbar vor den Stadtmauern stattfinden. Dort entsteht auch hie und da ein fester Markt *(emporion)*, der zum Ursprung eines Marktfleckens *(varoš)* wird.

Neben den Bulgaren, deren Handelszüge im 12. und 13. Jahrhundert bis auf die Märkte Flanderns gelangen, besuchen genuesische, venezianische, pisanische, amalfitanische und andere Handelsleute die bulgarischen Städte; die Zaren räumen ihnen, wie etwa Ivan Asen den Ragusanern, zahlreiche Privilegien ein, die häufig nur eine Bestätigung der von den byzantinischen Kaisern erlassenen Chrysobulle darstellen. Neben Garantien der Exterritorialität sowie der Sicherheit für Waren und Personen erhalten die Fremden auch das Recht, in einigen Städten des Landes Warenlager zu unterhalten, so in Perejaslavec, Silistria, Mesembria, Varna, Philippupolis und Sofia.

Derartige Verträge zugunsten der Fremden bedeuten eine weitere Schwächung der bulgarischen Händler, deren Aktivitäten durch strenge Auflagen beschränkt bleiben, die sie zur kollektiven Verantwortung und zu Abgaben an die *kephale* und die Klöster verpflichten und den Handel mit gewissen Waren verbieten, die dem Monopol der Zaren vorbehalten bleiben.

In Serbien, dessen Urbanisierung später als in Bulgarien einsetzt, verläuft die Entwicklung der Stadt zu dieser Zeit im Rahmen eines allgemeinen serbischen Aufschwungs. Viele der Städte, die auf Griechen, Römer und Illyrer zurückgehen, können sich eine gewisse Autonomie bewahren: So kennt man allgemeine Versammlungen der Kommune (serbisch *opčina*), aus denen ein

Turmbau (Detail aus einem Mosaik, 13. Jahrhundert: Genesis; Basilika San Marco, Venedig).

»Großrat« des Adels entsteht, neben weiteren städtischen Sonderrechten und für ein Jahr gewählten Richtern. Über die Einhaltung der Befehle des Königs wacht ein *comes* (serbisch *knjaz*), den dieser entweder unter den Einheimischen oder unter den Fremden auswählt und ernennt – wie den Venezianer Marco Pollano gegen Ende des 13. Jahrhunderts zum *comes* von Dulcigno (altserbisch Ulocin, Uljcin, albanisch Ulgin). Weitere bedeutende Städte sind Bar (das griechische Antibari, albanisch Tivari), Skutari mit seiner vorwiegend albanischen Bevölkerung, Budva und insbesondere Cattaro (Kotor), ein mit Ragusa rivalisierendes bedeutendes Handels- und Gewerbezentrum. In Cattaro sind im 14. Jahrhundert mehrere Adelsfamilien mit italienisch klingenden Namen ansässig, wie die Buchia, Bolizza (serbisch *Bivoličič*, von *bivol*, Büffel), Primuti, Pasquali, Basilio, Bizanti, Catena und andere. In den Urkunden von Cattaro des 13. Jahrhunderts ist neben den städtischen Behörden immer der Vertreter des Königs *(dominus comes ex mandato domini nostri excellentissimi regis Rascie)* verzeichnet. Im Jahr 1301 verleiht Stefan Milutin der Stadt einen Sonderstatus, der ihre Beziehungen zum Königshaus festschreibt.

An den Ufern der Donau blüht weiterhin Braničevo, eine Stadt mit antiken Wurzeln, vor allem aber Belgrad, das der Despot Stephan Lazarević (1389–1427) zu einem religiösen und kulturellen Mittelpunkt mit großer Ausstrahlung machen kann. Konstantin der Philosoph, der von 1423 bis 1426 in dieser Stadt weilt, widmet ihr in der Vita des erwähnten Despoten ein ganzes Kapitel und vergleicht sie unter anderem mit Jerusalem.

Bei den eroberten byzantinischen Städten bleibt den serbischen Königen keine andere Möglichkeit, als bestehende Rechte auf Autonomie – so sie vorhanden sind – zu bestätigen (ohne sie auf andere Städte auszudehnen), ebenso die Rechte der Aristokratie. Insbesondere das Gesetzbuch Dušans sichert die »Statuten der ersten Kaiser« ab und erkennt so das byzantinische Gewohnheitsrecht aus dem 14. Jahrhundert an: Die bischöflichen Gerichte werden anerkannt, ihnen zur Seite stehen neben den kirchlichen *archontes* die *archontes politikoi*, was über die Institution der »allgemeinen Richter« der Palaiologen hinausgeht. Dennoch geht der griechische Adel im allgemeinen bei der Besetzung der Stellen in der zivilen und kirchlichen Verwaltung leer aus: So wird in Serrhes Jakob, ein Vertrauter Dušans, zum Metropoliten ernannt, und mit Sava ist wiederum ein Serbe sein Nachfolger. Besondere Bedeutung unter den anderen Städten haben vor allem Skopje, wo eine Reihe griechischer Familien verzeichnet ist (Apokaukos, Akropolites, aber auch Lipsiotes, Skopiotes), Stip (griechisch: Stypeion) mit einer angesehenen Unterstadt *(emporion)*, Berrhoia und Servia, eine von Natur aus befestigte Stadt, die Kantakuzenos zufolge »von allen Seiten unzugänglich ist und nirgendwo einen Angriffspunkt bietet«.

Das alte serbische Gebiet, das noch keine entwickelten Städte hatte, wird in dieser Zeit durch die Entwicklung des Bergbaus zum Zentrum des serbischen Aufschwungs. Die Bergbauzentren liefern den serbischen Königen durch die dort angesiedelten Münzanstalten die notwendigen Mittel für ihre expansionistische

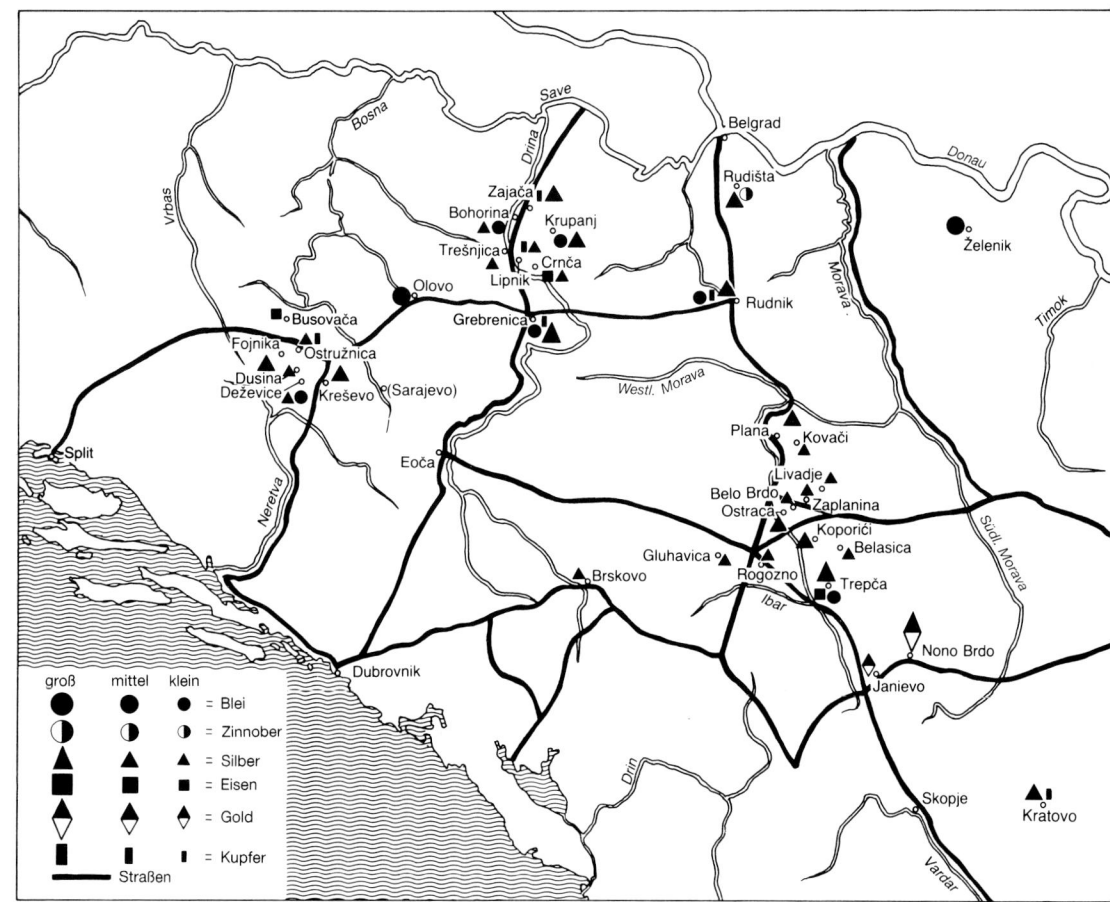

Bergbau in Serbien und Bosnien im 15. Jahrhundert.

Politik. Neue Ansiedlungen entstehen aus dem Zusammenwachsen von Marktflekken *(podgradje)* am Fuß von Festungen wie Rudnik und Prizren in Serbien oder Visoki (Zvonik) in Bosnien und den Siedlungen der deutschen Bergarbeiter *(Sasi)*, die die seit römischer Zeit betriebene Förderung von Gold und Silber wieder aufnehmen. Allerdings ist das Goldwaschen der *zlatari* (Goldwäscher) im Mittelalter kaum rentabel und kann nur an einigen Orten betrieben werden, etwa in Novi Pazar oder Prizren. Neben den aus Ungarn zugewanderten Deutschen, den Zipser Sachsen, siedeln in diesen Gebieten Menschen unterschiedlichster Herkunft: Ragusaner, Zarattaner, Venezianer, Florentiner, Albaner, Serben, Walachen, Griechen und andere, die alle je eigenem Recht unterstehen. Das Bergbaurecht der Zipser Sachsen geht dabei auf eine Kombination der deutschen Bergbaurechte von Chemnitz und Kremnitz zurück. Nach anfänglicher Isolierung gehen die Sachsen – vereinzelt ziehen sie auch nach Dalmatien und Italien – doch in dem bunten Völkergemisch auf; dieser Assimilationsprozeß ist um 1600 beendet.

Neben Rudnik und Brskovo (Brescoa), einer kleinen, vorwiegend von Ragusanern und Cattaranen besiedelten Stadt, liegt das eigentliche Zentrum der Bergbau-
siedlungen, die ihre Blüte zwischen 1250 und 1350 erleben, im Kopaonik-Gebirge
(von *kopati*, graben), der Montagna dell Argento der Venezianer und dem Gümüs
Dag der Türken. Darum gruppieren sich die Ortschaften Brveniek mit einer
Kolonie von Cattaranen, Trepča, dessen Ruinen als Stari Trg (Alter Markt) bekannt
sind, Kovaci, Livadje, Žaplanina in der Nähe des Gipfels des Kopaonik, Janjevo,
Koporiči und vor allem Novo Brdo (Novus Mons, Monte Nuovo, das Nyeuberghe
der Sachsen), das für Konstantin den Philosophen »wahrhaftig eine Stadt des Silbers
und des Goldes« ist. Über diese Stadt existieren auch Zeugnisse byzantinischer
Autoren wie Dukas, Chalkokondyles und Kritobulos. Der *Pseudo-Brochard* ver-
zeichnet in dieser Stadt im Jahr 1332 fünf Gold-, fünf Silber- und eine gemischte
Mine; nach Bertrandon de la Broquière belaufen sich die Erträge dieser Minen im
Jahr 1433 auf 200000 Dukaten.

Eine Stadt (Detail des Einzugs in Jerusalem; Kloster Ravanica, Serbien).

Die bedeutendsten Eisenerzgruben, in denen die *rudari* (Bergleute) und die *kovaci* (Schmiede) arbeiten, liegen in der Gegend von Kučevo am Kopaonik, bei Gluhavica (*gluha vos* = taubes Dorf), in der Nähe von Banjska, Altino und Decani; im Süden sind es die Bergwerke zwischen Niš und dem oberen Vardar bis hin zu den Eisengruben auf der Chalkidike und in den Rhodopen. Der Ritter von Dernschwam erwähnt 1555 das »Ratzenpley«, das Blei von Ras, das in Kučevo und Rudnik gefördert wird, aber auch in Olovo (*olovo* = Blei) und in Srebrnica (*srebro* = Silber), der ertragreichsten Mine in Bosnien. Gerade hier fördern neben der Mine von Vrbas, die bosnische Urkunden des 14. und 15. Jahrhunderts als herausragendes Goldbergwerk bezeichnen, weitere Minen vor allem Eisenerz und Kupfer.

Die russischen Städte

Die Stadt war immer ein konstituierendes Element des russischen Landes. So wird Rußland in skandinavischen Quellen als »Gardariki«, das Land der Städte, bezeichnet. Im 11. Jahrhundert gibt es in Rußland etwa einhundert Städte, am Vorabend der Mongoleninvasion sind es schon fast zweihundertfünfzig. Die Städte der Kiever Epoche – Kiev, Novgorod, Černigov, Smolensk, Galić u. a. – sind bedeutende Handels- und Gewerbezentren.

Die im allgemeinen am linken Hochufer der Flüsse aus Holz errichteten Städte werden häufig Opfer von Bränden. Die am meisten entwickelten Städte werden durch drei Elemente gekennzeichnet: Das *gorod* oder *castrum*, geschützt durch einen Erdwall mit einem Bollwerk aus Eichenbalken und einem vorliegenden Graben, ist Sitz des Fürsten und der Verwaltung; hier kann auch die Bevölkerung des *podol* oder *suburbium* im Notfall Zuflucht suchen. Das *podol* liegt am Fuß des befestigten Hügels und ist der eigentliche Mittelpunkt von Handel und Gewerbe.

Die in einiger Entfernung von der Stadt entstandenen Marktflecken nutzen die vorteilhafte Nähe eines Fürstensitzes oder eines Klosters.

Die am meisten verbreitete Art von Anwesen ist der Stadthof aus Holz, der aus Wohnhaus und verschiedenen Nebengebäuden besteht. Die dichtgedrängten Höfe bilden Viertel, die durch Holzpflasterstraßen voneinander getrennt sind. Gebrannter Ziegel ist den Palästen der Fürsten und der Aristokratie sowie den Sakralbauten vorbehalten.

Die Städte werden zum bevorzugten Ort sozialer Auseinandersetzungen innerhalb der Stadtversammlung *(veče)*, die auf dem großen Marktplatz abgehalten wird. Aber die Entwicklung der Patrimonialfürstentümer reduziert die Bedeutung dieser städtischen Versammlungen, bis sie schließlich in Vergessenheit geraten. Nur Novgorod und Pskov, die großen Handelsstädte im Nordosten des Landes, können ihre städtische Autonomie bis zur Eingliederung ins Moskauer Reich im 15. Jahrhundert bewahren.

Die Stadtstruktur Novgorods bildet sich um 1290 heraus. Jedes der fünf Viertel (1260) wählt einen Bürgermeister; aus ihrem Kreis kürt die Stadtversammlung *(veče)*, die sich aus den drei- bis vierhundert Vertretern der reichsten Familien zusammensetzt, den *possadnik*, den Bürgermeister der Stadt. Er ist auf Lebenszeit gewählt und lebenslänglich Mitglied des Rates der Bojaren, des ausführenden Organs der Versammlung unter dem Vorsitz des Erzbischofs. Dieser Rat hat etwa fünfzehn Mitglieder. Die Bevölkerung verleiht ihrer Meinung Ausdruck, indem sie

Etwa vierhundert in Novgorod entdeckte Inschriften auf Birkenrinde sind für die Zeit zwischen dem 12. und 15. Jahrhundert eine der neuesten Quellen russischer Geschichte.

Der spätere Despot Stephan Lazarevič (1389–1427), der älteste Sohn des serbischen Fürsten Lazar, auf einem Fresko aus dem Kloster Ravanica in Serbien, das er 1381 gegründet hat.

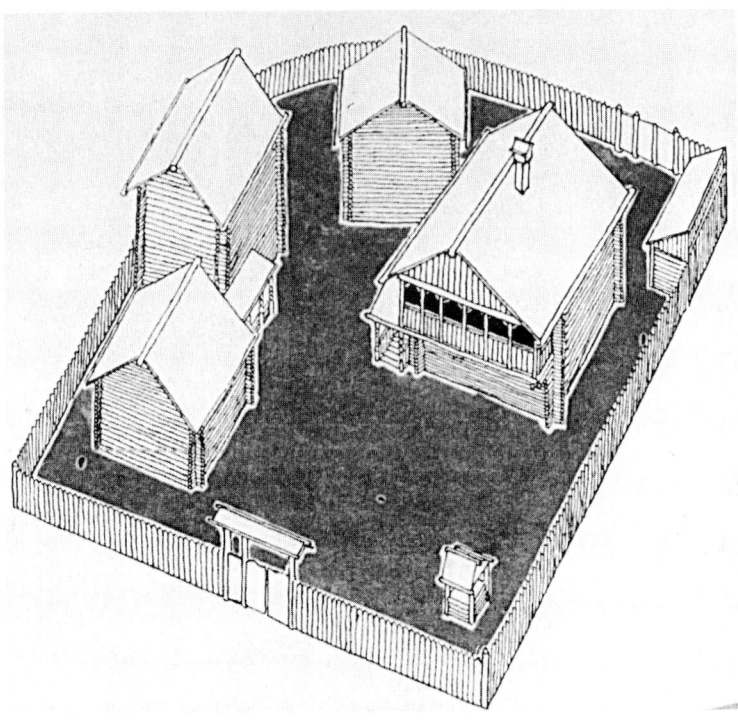

Ausgrabungen im Jahr 1972 in der Unterstadt *(podol)* von Kiev (oben)
und die schematische Rekonstruktion eines Anwesens (unten).

die eine oder andere Bojarenfraktion stützt. Die Verwaltung der Stadt wird durch die Hundertschaft, eine administrative und territoriale Einheit der Stadt und des dazugehörenden Landes, vervollständigt; um 1290 wird die Hundertschaft der Rechtsprechung der Bürgermeister der Stadtviertel unterstellt.

Die Aufrechterhaltung der urbanen Institutionen in Novogorod und Pskov ist eng mit ihrer wirtschaftlichen Stärke verknüpft, die wesentlich auf dem Pelzhandel mit dem Westen beruht. Der Niedergang dieses Handels im 15. Jahrhundert erleichtert die Eingliederung der beiden Städte in das moskowitische Reich. Zu keinem Zeitpunkt haben diese Institutionen politischen Einfluß auf die Städte des moskowitischen Reiches, die fest in der Hand der Macht der Fürsten sind, die dort eine umfangreiche Bürokratie aufbauen.

Die Gebiete unter fremder Herrschaft

In der lateinischen Romania beschränkt sich die Einwanderung aus dem Westen vornehmlich auf die Städte. Die Siedler lassen sich in den Hafenstädten nieder, wo die wirtschaftlichen Aktivitäten am ausgeprägtesten und die Gewinnaussichten am höchsten sind. Die westliche Kolonisierung sichert damit die Entwicklung antiker Städte ab, die teilweise sogar vor Byzanz entstanden sind, und wirkt mit am Aufbau neuer Städte, in denen der westliche Einfluß überwiegt.

Beide Stadtformen finden sich unter den genuesischen und venezianischen Niederlassungen. Die byzantinischen Städte wandeln sich unter dem Einfluß der westlichen Handelsleute. Pera, Vorort von Konstantinopel auf der anderen Seite des Goldenen Horns, ist bis zum 13. Jahrhundert nur eine von 14 Regionen, in die

Bau eines Wohnhauses (Miniatur der Radziwill-Chronik, Mitte des 15. Jahrhunderts).

die Hauptstadt aufgeteilt ist. Pera ist so gering bevölkert, daß 1267 ohne große Probleme die erste genuesische Kolonie Aufnahme finden kann. Die Konzession Michaels VIII. erweist sich schnell als unzureichend; Andronikos II. erweitert sie 1303 auf sechs Hektar und gestattet den Peroten den Schutz ihrer Niederlassung, allerdings ohne den Bau einer Festungsmauer. 1316 wird an der Nordseite des Viertels eine Mauer errichtet, noch vor 1324 sind die Befestigungen an der Seeseite fertiggestellt. Die Arbeiten dauern das ganze 14. Jahrhundert an, während des lateinischen Krieges ebenso wie im letzten Jahrzehnt, als die Marktflecken Lagirio und Spiga annektiert und befestigt werden. Zu diesem Zeitpunkt erreicht die Niederlassung eine Ausdehnung von siebenunddreißig Hektar, die sie bis zum Jahr 1453 bewahrt. Im Zentrum der Festungsanlage liegen die öffentlichen Gebäude und die bedeutendsten lateinischen Kirchen, am östlichen und westlichen Rand die beiden vor allem von Griechen bewohnten Marktflecken. Schiffsanlegeplätze, Zeughaus, Lager, Geschäfte und Wirtshäuser liegen entlang der Seeseite.

In gleicher Weise wird auch die Hauptstadt von Chios umgestaltet. Neben dem alten byzantinischen *kastron* läßt Martino Zaccaria ein in der Nähe des Hafens liegendes Viertel befestigen, das die Mahonesen 1346 besetzen; die Griechen müssen ihnen zweihundert Häuser überlassen. Die Mehrzahl der lateinischen Einwanderer siedelt also im *castrum*, während den Griechen die vor der Mauer gelegenen, unbefestigten Marktflecken bleiben. Doch diese Trennung ist niemals vollständig; so liegt das jüdische Viertel von Chios im *castrum*, und in den Marktflecken mischen sich Lateiner mit den Griechen.

Unter venezianischer Herrschaft verändert sich auch Candia. Innerhalb einer achtzehn Hektar umschließenden Mauer – so groß sind damals zum Beispiel Rouen oder Straßburg – ordnet sich die Stadt um die *ruga maistra*, die Hauptstraße, die vom Hafen zum Palast des Duca von Kreta und zur Kirche San Marco, dem Zentrum des gesellschaftlichen Lebens, führt. Das jüdische Viertel wird vor die Mauern verbannt, ebenso die *burgi novi*, die Ende des 14. Jahrhunderts Flüchtlinge von Tenedos und armenische Einwanderer aufnehmen. Die innerhalb der Festungsmauern liegenden Gärten, die Zeughäuser und Warenlager am Hafen setzen der bebauten Fläche aber enge Grenzen. Wegen der Erdbebengefahr haben die Häuser höchstens ein Stockwerk. In Candia leben Anfang des 14. Jahrhunderts wohl kaum mehr als 10 000 Einwohner.

Patras in Morea ist der Sitz eines lateinischen Erzbischofs und einer mächtigen, 24 Lehen umfassenden Baronie. Das Stadtbild wird von einem *castrum* beherrscht, das Anfang des 13. Jahrhunderts umgebaut und zwei Jahrhunderte später von den Venezianern nochmals verstärkt wird. Das erzbischöfliche Palais liegt in unmittelbarer Nähe der Andreas-Kathedrale, die Stadtmauer ist auf die Hänge des Schloßhügels begrenzt. Die Stadt verfügt über zahlreiche Werkstätten und einen regen Hafen; neben den einheimischen Griechen leben hier auch viele Fremde: Italiener, Franzosen, Deutsche und Juden. Auch die alte Stadt Chalkis auf Euboia erfährt unter den Venezianern tiefgreifende Veränderungen. Die Stadt, geschützt durch ein *castrum* am Ufer der Meerenge von Euripos, ist von einer Mauer mit drei Toren umgeben. Das Zentrum bilden die beiden großen Kirchen des hl. Markus und der Jungfrau Maria (Paraskeue); im Süden der Stadt liegen das Zeughaus und das jüdische Viertel.

Unter den durch westliche Besiedelung entstandenen neuen Städten hat die Küstenstadt Kaffa auf der Krim den Platz der antiken Stadt Theodosia eingenommen, die während des Hochmittelalters verschwunden ist. Bei der Ankunft der Genuesen 1270 besteht die Stadt nur noch aus einem bescheidenen Marktflecken, in dem nur wenige Griechen, Armenier und Turk-Tataren leben. Kaffa entsteht dagegen neu auf einem fast geschichtslosen Platz. Ende des 13. Jahrhunderts umgibt ein Erdwall mit einer von einem einzigen Tor durchbrochenen Palisade mehrere öffentliche Gebäude, Lager und Wohnhäuser. 1307 fliehen die Bewohner vor den tatarischen Belagerern, indem sie ihre Stadt anzünden. Neun Jahre später entwickelt das *Officium Gazariae* von Genua einen regelrechten Stadtentwicklungsplan, der den von Mauern umschlossenen Teil den lateinischen Einwanderern vorbehält, während Griechen, Armenier und Nicht-Christen in den außerhalb liegenden Marktflecken siedeln. Die Stadt erlebt einen raschen Aufschwung; Ende des 14. Jahrhunderts erhebt sich im Zentrum eine Zitadelle, auch die Marktflecken sind von einer Mauer umgeben und jenseits des äußeren Walls erstrecken sich neue Vororte. Die öffentlichen Gebäude liegen im Zentrum der Festung, unweit des Hafens, der aus einfachen Anlegestellen besteht, die mit den Toren der seewärts

Die Stadt Chios (Fragment eines Gemäldes im Museo Navale di Pegli, Genua).

errichteten Mauer verbunden sind. Die Lateiner stellen zwar nur eine verschwindende Minderheit, sind aber dennoch nicht auf ein Viertel beschränkt; sie gehen in
den Marktflecken in anderen Bevölkerungsgruppen auf, und die Trennung in
einzelne Wohnviertel ist nie vollständig.

Clarentza, der wichtigste Hafen von Morea, ist ebenfalls eine Gründung der
lateinischen Eroberer, die sich damit den besten Ankergrund an der Küste von Elis
sichern. Sein Aufschwung geht auf die Angiovinen zurück, die die Stadt zum
Zielpunkt der Seeverbindung mit Süditalien machen, den Hafen befestigen lassen,
eine Münze errichten und die Aktivitäten italienischer Geschäftsleute fördern. Die
wichtigsten bekannten Bauten sind zwei Klöster, die Markuskirche, die auf die
Venezianer zurückgeht, ein Hospiz und eine Burg, in der der angiovinische Bailli
residiert.

Alle diese Kolonialstädte weisen einige Gemeinsamkeiten auf. Obwohl in ihnen
die Mehrzahl der lateinischen Einwanderer lebt, bilden diese im Verhältnis zur
übrigen Bevölkerung – den Griechen in den Stammländern des Reichs und den
übrigen Völkern in den pontischen Niederlassungen – dennoch nur eine kleine
Minderheit. Die Einwanderung hat immer nationalen Charakter – einen venezianischen in den meisten Kolonien Venedigs, genuesisch und ligurisch in denen der
Stadt Genua. Diese im 13. Jahrhundert noch sehr instabile urbane Gesellschaft
festigt sich zusehends. Mitglieder der großen venezianischen und genuesischen
Familien lassen sich hier auf Dauer nieder. Trotz eines großen Männerüberschusses
sind Mischehen selten, teilweise sogar verboten. Das Nebeneinander von Lateinern
und Griechen in den Kolonien läßt eine *lingua franca* als gemeinsame Sprache der
ganzen Levante entstehen. Sie erleichtert zwar das Kennenlernen des jeweils
anderen und auch die Kontakte zwischen den Religionen, doch wird das städtische
Leben im wirtschaftlichen Bereich weiterhin von den Lateinern beherrscht. Sie
bilden in der lateinischen Romania den Brückenkopf des von einer abendländischen
Elite beherrschten internationalen Handels.

Die Märkte an der Adria

Im Jahr 1204 triumphiert Venedig in der Adria, aber auf sehr zwiespältige Weise.
Nicht nur daß sich die Stadt das ganze Dalmatien sichert, sondern sie unterwirft
schon 1205 Ragusa, und die Unterwerfungsverträge von 1232 und 1236 begrenzen
die Handelsunternehmungen der kleinen Republik außerhalb der Adria, die Venedig als eigenen »Golf« betrachtet. Noch 1205 nimmt die italienische Seerepublik
auch Dyrrhachion-Durazzo ein und errichtet dort einen Dukat, der das epeiroti-
sche Reich unmittelbar bedroht. Doch Epeiros fällt nicht, und der Dukat Durazzo
bricht um 1214 zusammen. Erst Ende des 14. Jahrhunderts kann Venedig wieder
maßgeblichen politischen Einfluß in jenem Küstenstreifen zwischen Cattaro (Kotor) und Arta gewinnen, den sich Serben, Epeiroten, Nikäer und – seit dem Jahr
1270 – auch die Angiovinen aus Neapel teilen. In dieser Epoche des Aufstiegs des
Westens ist Venedig dennoch auf die Produkte der albanischen und epeirotischen

Küste – Korn, Salz, Lederwaren, Kermes – angewiesen; seine Schiffe kreuzen 1223/1224 schon wieder in den Gewässern vor Durazzo, doch die gemeinsamen Interessen gegen Nikaia reichen nicht aus, um in Epeiros die feindselige Haltung Venedigs in früheren Zeiten vergessen zu lassen. Nicht nur, daß Epeiros den Venezianern keine neuen Handelsprivilegien erteilt, sondern die venezianischen Schiffe werden Opfer eines verbreiteten Seeräuberunwesens, das die epeirotischen Herrscher zumindest dulden, wenn nicht gar selbst organisieren. Indirekt ist Venedig dennoch präsent, denn schon vor dem Tod Michaels I. von Epeiros im Jahr 1215 räumen die griechischen Herrscher des Westens Venedigs Untertan Ragusa weitgehende Vorteile ein, die Michael II. 1237 erweitert. 1251 geht er dann noch weiter, als er den Ragusanern das *kommerkion* auf die Einfuhr von Pferden und Waffen erläßt und außerdem den Grundsatz kollektiver Verantwortung aufgibt, der ihm das Recht auf »Repressalien« gegeben hatte. Ragusa wird fortan durch seine Waffenlieferungen zum Faktor in der militärischen Verteidigung von Epeiros.

Bis zum Jahr 1270 beherrschen Venedig und Ragusa mehr oder minder die albanisch-epeirotischen Märkte, denn die Venezianer sind auch außerhalb des eigentlichen Golfes in Arta vertreten, obwohl das Verhältnis zu den Despoten von Epeiros immer noch gespannt ist. 1284 und erneut 1330 werden Klagen von Kaufleuten laut, die ausgeraubt und von den »Despoten von Arta« nur unzureichend entschädigt worden sind. Aber die Expansion Neapels verändert die Situation grundlegend; schon vor 1258 stören große »lateinische« Grundherrschaften – etwa die der Chinardi oder der Baligny in der Umgebung von Durazzo und Valona – die Beziehungen zwischen den örtlichen Produzenten und den italienischen und den dalmatinischen Händlern. Manfred, der eine der Töchter Michaels II. heiratet, erhält in den Jahren 1258/59 den größten Teil der albanischen Küste von Durazzo bis Korfu als Mitgift – Gebiete, die Karl von Anjou nach 1270 erobert. Die Angiovinen etablieren in diesen Regionen ihre Form von Verwaltung, insbesondere ein System von Monopolen, was die Festsetzung des Salzpreises im Jahr 1274 eindeutig belegt. Die venezianischen und ragusanischen Kaufleute verlassen daraufhin ihre bisherigen Märkte und versuchen ihr Glück in den Küstenbereichen, wo sich die Angiovinen nicht festsetzen konnten – in den von Slawen beherrschten Mündungsbecken im Norden Albaniens (den *Fiumare*), in den zwischen Durazzo und Valona gelegenen albanischen Herzogtümern wie Matarango, die entweder von den Griechen aus Nikaia zurückerobert worden oder – von Valona bis Arta – in epeirotischer Hand sind. Dort können sie Salz, Korn und Kermes wesentlich preisgünstiger einkaufen. Das kleine griechische Despotat Valona-Spinarizza, das unter der Herrschaft von Konstantinopel steht, ist von 1285 bis 1345, als es von Dušan erobert wird, Tummelplatz ragusanischer Händler, die ihr Getreide in Mengen von den neuen Liegeplätzen Vrego und Dievali aus verschiffen. Es findet tatsächlich ein tiefgreifender Wandel der albanisch-epeirotischen Märkte statt: die einzige albanische Stadt, die diesen Namen verdient – Durazzo – befindet sich im Niedergang, da sie bis 1345 mit kurzen Unterbrechungen durch die slawische Vorherrschaft angiovinisch bleibt und damit von ihrem Hinterland abgeschnitten

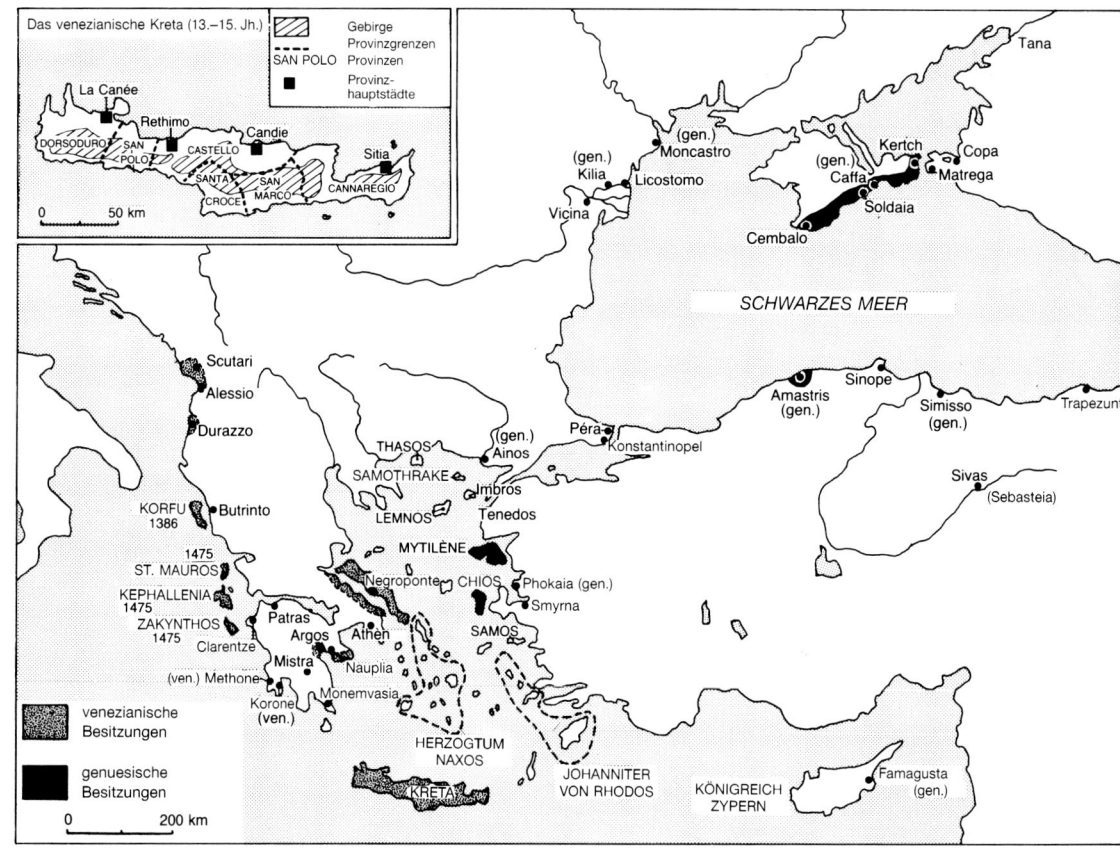

Genua und Venedig Anfang des 15. Jahrhunderts; links oben: das venezianische Kreta.

ist. Dagegen entwickeln sich zu wichtigen Handelszentren neben Valona vor allem kleine Marktflecken und rein ländliche Siedlungen. Ihren Abschluß erreicht diese Umgewichtung der Handelshäfen im 14. Jahrhundert: Die Häfen im Norden (Drin, Mati, Ishmi) exportieren vor allem Holz, während die Häfen im Zentrum und im Süden (Spinarizza, Vrego, Dievali, Valona und Arta) in erster Linie Korn und Salz, aber auch Fleisch, Pökelfisch, Wachs, Kermes, Lederwaren und in geringem Maß auch Seide ausführen. Ragusa beherrscht weitgehend den Handel mit Massengütern für den eigenen Verbrauch oder – wie vor allem das Salz – für die Versorgung der slawischen Märkte von Mitteldalmatien. Venedig bedient sich bei gewöhnlichen Produkten der ragusanischen Kaufleute als Vermittler und verschifft selbst nur die teuersten Güter wie Wachs, Seide oder Kermes; dagegen versucht es, nach Albanien und Epeiros die Produkte der sich stark entwickelnden italienischen Industrie zu exportieren. Obwohl die Stadt in Arta fast keine Konkurrenz hat, begünstigen die Launen der Despoten, die slawischen Invasionen und die albanischen Wanderbewegungen, die 1358 zum Sturz von Nikephoros II. führen, die Entwicklung der ätolischen und akarnanischen Küsten keineswegs.

Vor allem die albanischen, slawischen und griechischen Territorialfürsten profitieren vom Handelsverkehr, der es ihnen erlaubt, die Erzeugnisse ihrer Güter nach ihren eigenen Maßstäben zu vertreiben. Den Schaden davon haben die Städte und die örtlichen Kaufleute, denen es schlecht geht: So nimmt die Zahl der Kaufleute in Durazzo immer mehr ab, da sie nichts mehr verkaufen können, und ihr Niedergang führt zur Verarmung der gesamten Stadtbevölkerung, die vor allem nach Dalmatien auswandert; der einst größte byzantinische Hafen im Westen zählt 1345 nur noch knapp zehntausend Einwohner. Epeiros und Albanien werden wirtschaftlich wie Kolonien behandelt: Die Folgen wiegen schwer, denn Ragusa und Venedig haben großes Interesse daran, die politischen Teilungen aufrechtzuerhalten und so die Preise selbst festsetzen zu können.

Der Überlandhandel und die wichtigen Seewege

Im Jahr 1444 empfiehlt der Kardinal Bessarion eine Rückkehr zum Protektionismus, um dem am Boden liegenden Handel von Byzanz wieder auf die Beine zu helfen. Aber die Anregung kommt zu spät, denn die Konzessionen, die die *basileis* den fremden Kaufleuten eingeräumt haben, haben in fast vier Jahrhunderten den gesamten Handelsverkehr zugunsten der fremden Händler umgeleitet und den byzantinischen Kaufleuten den Zugang zum internationalen Handel verwehrt. Zwischen 1261 und 1453 zahlen nur noch wenige westliche Nationen an Byzanz Zölle: Ragusaner, Katalanen, Anconitaner, Narbonenser und Florentiner unterliegen nur ermäßigten Sätzen, die zwischen 4% und 2% betragen. Dagegen sind Venedig, Pisa und Genua, die drei großen Handelsnationen, ganz vom *kommerkion* befreit, das die Griechen selbst noch in einer Höhe von 10% entrichten müssen. Der dreiste Triumph der italienischen Geschäftsleute hat seine Ursache in diesen Zoll- und Steuerprivilegien, die durch territoriale Privilegien im Herzen des Reichs noch vermehrt werden. Sie beherrschen das gesamte Wirtschaftsgefüge im östlichen Mittelmeer, von den Investitionen bis zu den Transportsystemen, und lassen den Griechen nur noch den Einzel- und Zwischenhandel.

Dennoch gibt es in Konstantinopel auch zur Zeit der Palaiologen noch eine eigene Kaufmanns- und Bankiersschicht, und einige Politiker sind sich der Gefahren eines italienischen Monopols durchaus bewußt. Unter dem Einfluß der Vorhaltungen des Patriarchen Athanasios und angesichts der Unverfrorenheit der genuesischen Getreidespekulanten versucht Andronikos II. deshalb, die Getreideexporte der Abendländer zu begrenzen, indem er einen Höchstpreis festsetzt, oberhalb dessen der Getreidehandel verboten ist. Doch die Genuesen und Venezianer umgehen diese Maßnahmen, oft mit Hilfe kaiserlicher Beamter. Den letzten ernstzunehmenden Versuch unternimmt Johannes VI. Kantakuzenos; um den Handel der Hauptstadt gegenüber ihrem übermächtigen Nachbarn Pera zu fördern, senkt der *basileus* 1348 die Zölle für die Byzantiner auf 2% und appelliert an die Kaufleute und Bankiers von Konstantinopel, die byzantinische Flotte wieder aufzubauen. Die Antwort der Genuesen ist niederschmetternd: Sie errichten am Bosporus eine Zollstelle, die den venezianischen und byzantinischen Handelsverkehr mit dem Schwarzen Meer unterbinden soll, und bemächtigen sich kampflos der letzten von Byzanz gebauten Kriegsschiffe. Ihre Vormachtstellung wird durch die Zahlen, die uns Nikephoros Gregoras überliefert, eindrucksvoll belegt: Mitte des 14. Jahrhunderts betragen die Zolleinnahmen von Pera 200 000 Hyperpera, die von Konstantinopel nur 30 000.

Während der letzten hundert Jahre des Reichs bleibt den byzantinischen Kaufleuten nur eine zweitrangige Rolle, dennoch existieren sie weiter. In den Jahren 1360/61 besitzen die Griechen 30% der in Kilia registrierten Schiffe und haben lebhaften Anteil am Getreidehandel zwischen der Donaumündung und Konstantinopel. Griechen aus Morea unterhalten Geschäftsverbindungen mit den venezianischen Handelsplätzen Koron und Modon (Methone), mit Kreta, den thrakischen Städten Herakleia, Rodosto (Rhaidestos), Gallipoli und natürlich mit Konstantinopel. Die Hauptstadt ist noch im 15. Jahrhundert ein reges Handelszentrum; nach den Berichten des Giacomo Badoer stellen die Griechen den größten Anteil an Kaufleuten. Sie erwerben ein Viertel der von den Venezianern eingeführten Waren und verkaufen ihnen ein Zehntel ihrer eigenen Einkäufe. Ihnen gehört der Einzelhandel, den Italienern das internationale Geschäft auf den altbekannten Handelswegen.

Der venezianische Überseehandel wird aufgeteilt zwischen den Galeeren der staatlich organisierten Geleitzüge (mudes) und dem freien Verkehr von Schiffen aller Art und Größe. Im 14. Jahrhundert stechen im Normalfall jährlich drei Geleitzüge in See – einer mit Ziel Alexandreia, von wo große Mengen Gewürze, Pfeffer und Ingwer, mitgebracht werden, ein zweiter nach Zypern und Beirut, von wo Gewürze, Zucker, Leder und Stoffe kommen, und der dritte in die Romania und zum Schwarzen Meer. Dieser besteht im allgemeinen aus zwei Galeeren oder »Karkassen«, die in Konstantinopel, Trapezunt und Tana Gewürze, vor allem aber Seide, Wachs, Pelze und Metalle laden. Gelöscht werden im Austausch dagegen im allgemeinen Leinen, Tuch aus dem Westen, Wein und Öl. Die Höhe der Gebote (incanti), zu denen die Schiffsladungen Abnehmer finden, stellen ein gutes Konjunkturbarometer dar. Den Höchstpreisen der Jahre zwischen 1330 und 1340 – 1336 werden bis zu 900 Pfund bezahlt – steht ein Preisverfall im ausgehenden 14. und im 15. Jahrhundert gegenüber; einer Erholung in den Jahren 1440 bis 1450 folgt der dramatische Zusammenbruch des Jahres 1453, der jedoch den Handel mit der Romania nicht völlig unterbricht. Bewaffnete Galeeren übernehmen die kostbarsten Güter, während Salz, Korn, Wein oder Baumwolle als gewöhnliche Fracht auf einfachen Seglern oder Lastschiffen transportiert werden, die oft von Privatleuten ausgerüstet werden und deren Größe unbekannt ist. Die freie Schiffahrt beschränkt sich auf die Küstenrouten, die alle Besitzungen Venedigs untereinander verbinden und den interregionalen Handel aufrechterhalten.

Über eine derart strikte Organisation und eine regelmäßige muda verfügt Genua nicht. Das Seerecht des 14. Jahrhunderts verbietet lediglich leichten Galeeren,

Die vorrückenden Türken und der Niedergang von Byzanz zwingen Venedig, nach Syrien und Ägypten
auszuweichen – eine venezianische Delegation beim Empfang in Kairo
(Gemälde der Bellini-Schule, Ende 15. Jahrhundert; Louvre, Paris).

alleine über Sizilien hinaus Kurs auf die Levante zu nehmen. Seit 1334 tauchen die
passagia Romanie auf, zwei jährliche Konvois nach Konstantinopel und zum
Schwarzen Meer, die allerdings sehr unregelmäßig verkehren. Die freie Schiffahrt
der Handels- und Lastschiffe stellt noch im 15. Jahrhundert den größten Anteil des
Verkehrs mit der Romania. Es bestehen im wesentlichen drei Routen – eine zum
Schwarzen Meer über Konstantinopel und die Meerengen, eine ägäische nach Chios
und Phokaia und einige variierende Routen im regionalen Verkehr innerhalb des
Schwarzen Meeres oder von Famagusta nach Konstantinopel. Genuesische Schiffe
bringen nur wenig Gewürze aus der Romania, dafür aber um so mehr für Flandern
bestimmtes Alaun, pontisches Getreide, Wolle, Baumwolle, Pelze, Wachs und Erze
sowie Sklaven; in den Orient werden Tücher, Leinen, Eisen, Wein und Öl
verschifft. Der Wertunterschied zwischen Import und Export wird durch die
Gewinne ausgeglichen, die mit den Schiffsfrachten im Regionalverkehr erzielt
werden.

Diese Schiffsrouten finden ihren Niederschlag in einem dichten Netz von Kontoren und Anlegeplätzen, die alle fest in venezianischer und genuesischer Hand sind. Für Venedig spielen drei Häfen eine entscheidende Rolle. In Candia legen jedes Jahr die *mude* aus Zypern und Alexandreia an; darüber hinaus werden hier Gewürze, Seide, Farbstoffe, Salz und Zucker zwischengelagert. Der Handel mit dem türkischen Anatolien ist sehr rege und umfaßt Pferde, Sklaven, Mastix, Alaun und Getreide. Angelpunkt des venezianischen Handels in der südlichen Romania ist Negroponte; die Galeeren aus Konstantinopel machen hier Station, lagern Leinen und Stoffe und nehmen griechische Produkte an Bord, die von den Küstenschiffen aus Griechenland und Thessalonike geliefert werden. Der Verkehr mit Konstantinopel ist für die Venezianer lebenswichtig, da sie von hier aus den Schwarzmeerraum mit Metallwaren, Tüchern und Waffen beliefern und im Gegenzug Getreide, Sklaven sowie Waren aus der Steppe und den pontischen Wäldern mitbringen. Von Konstantinopel aus wird der bis ins 14. Jahrhundert rege Verkehr mit Tana und Trapezunt gesteuert, den beiden Toren nach Zentralasien, dem Iran und nach China. Mit dem Vordringen der Türken und dem Niedergang von Byzanz muß Venedig nach Syrien und Ägypten ausweichen; das im Süden der Peloponnes gelegene Modon (Methone), Kreta und bald auch Zypern werden als Anlegeplätze zunehmend wichtiger.

Das Handelsnetz der Genuesen ist kaum weniger komplex, wobei die Ost-West-Achse die »Hauptlinie der gesamten genuesischen Handelsaktivität« darstellt. Aber dieses Netz besteht aus voneinander unabhängigen Teilbereichen: Es gibt einerseits den pontischen Raum, wo die Niederlassung in Kaffa den gesamten Verkehr organisiert, zumindest in Richtung Osten nach Tana, Sebastopol, Trapezunt und – über die mongolischen Routen – nach Zentralasien; in Kaffa werden auch die Produkte der Wälder und der Viehzucht Südrußlands umgeschlagen. Dagegen orientiert sich der Handel der Niederlassungen im Donauraum – Maurocastro, Kilia, Licostomo und Vicina – vor allem nach Pera, das als Zwischenlager und Durchgangshafen den gesamten Verkehr mit dem Schwarzen Meer überwacht. Im ägäischen Raum hat Chios als Brückenkopf zum türkischen Anatolien besondere Bedeutung, als Anlegeplatz auf dem Weg in die Romania und als Zwischenlager für Alaun aus Phokäa und für Mastix, das wichtigste landwirtschaftliche Produkt der Insel. Im östlichen Mittelmeer nehmen die Genuesen mit Famagusta 1373 einen wichtigen Hafen an der Seestraße nach Syrien und Alexandreia ein, während Rhodos, Mytilene und die Inseln in der nördlichen Ägäis als Stützpunkt für den gesamten regionalen Handelsverkehr der Genuesen dienen.

Aufgrund der geographischen Verteilung dieser Handelsniederlassungen kann man die südliche Romania und die westliche Ägäis – ein Gebiet, das die Venezianer beherrschen – auf der einen Seite von der nördlichen Romania und der östlichen Ägäis auf der anderen Seite unterscheiden, wo die Genuesen dominieren. Zwischen beiden Einflußbereichen liegt das heiß umkämpfte Schwarze Meer.

Seine Bedeutung für den mittelalterlichen Handel verdankt das Schwarze Meer zwei glücklichen Umständen – einmal der Begegnung zwischen den Mongolen als

Eingezwängt zwischen Meer und Gebirge muß Genua in die Höhe wachsen – eine Lawine
engstehender Häuser wälzt sich von den Befestigungen talwärts zum Hafen
(Detail eines Gemäldes aus dem 15. Jahrhundert; Museo Navale di Pegli, Genua).

Venezianische Handelsschiffe (Detail aus der *Legende der hl. Ursula* von Carpaccio, zwischen 1490 und 1496 für die Scuola di Sant'Orsola in Venedig gemalt; Galleria dell'Accademia, Venedig).

Schöpfern eines befriedeten Reiches und den italienischen Kaufleuten, und zum anderen der Verlagerung der wichtigen Handelsverbindungen zwischen Europa und Asien von Ägypten weg nach Norden. Am Schwarzen Meer ist das Ziel der langsam dahinziehenden Karawanen, die Seide, Gewürze, Perlen und Edelsteine aus Indien, Indonesien oder China mitbringen; ihnen reisen die italienischen Kaufleute durch die Mongolenkhanate bis nach Täbris, manchmal sogar bis nach Peking entgegen. Diese zwar kleinen, aber um so kostbareren Handelsströme passieren Täbris, Sivas (Sebasteia) oder Tana und ziehen weiter zu den Niederlassungen Kaffa, Soldaia, Trapezunt oder Aias in Kleinarmenien. Zwischen 1260/70 und 1350 wird das Schwarze Meer durch die Konjunktur begünstigt; danach verlagert sich der Asienhandel durch die griechisch-türkischen Auseinandersetzungen und das wiederholte Eingreifen von Timur nach Beirut und Alexandreia.

Der Streitpunkt zwischen Venedig und Genua liegt auf der Hand: Es geht um die strategische Bedeutung des Schwarzen Meeres. Trotz innerer Wirren setzt Genua alles daran, das von Michael VIII. unklugerweise eingeräumte Monopol im Schwarzmeerhandel zu halten und aus Kaffa durch seine Rolle als obligatorisches Zwischenlager einen Dreh- und Angelpunkt des Handels mit dem Osten zu machen. Die Venezianer setzen ihrerseits alles in Bewegung, um die genuesische Vorherrschaft im pontischen Handel zu verhindern. Bei Curzola, in der Meerenge und vor Chioggia kämpfen die beiden Seerepubliken dreimal gegeneinander; aus venezianischer Sicht ohne große Resultate: Genua muß die Existenz zweier venezianischer Handelsniederlassungen in Tana und in Trapezunt anerkennen. Im übrigen können die Genuesen ihre Vorherrschaft behaupten, indem sie von Venedig aufgewiegelte Feinde ausschalten und mit Griechen und Armeniern zusammenarbeiten. Auch wenn sich Ende des 14. Jahrhunderts der Handel mit Produkten aus dem Osten vom Pontus wegverlagert, so hat der Handel mit Lebensmitteln, vor allem mit Getreide, mit Rohstoffen – Leder, Pelze und Metalle – und mit Sklaven das Schwarze Meer zu einem der Pole des mittelalterlichen Fernhandels gemacht, aus dem gerade die italienischen Kaufleute größten Nutzen ziehen.

Das Schicksal eines politischen Leitbildes

Der Kaiserthron zwischen Anspruch und Wirklichkeit

Das Reich, das die Idee des Universalismus nie aufgibt, fühlt und versteht sich selbst immer als römisch und damit multinational. Auch nach 1204 wollen die zersprengten Staaten – und sei ihr Territorium noch so unbedeutend – niemals nur griechisch sein, denn das kulturell unbestreitbar privilegierte hellenische Element ist auch weiterhin nur einer der Bestandteile eines Reiches, in dem jeder ohne Ansehen der Herkunft gleich behandelt werden muß. So bemerkt Theodoros II. Laskaris, daß er bisweilen Menschen maßregelt, »die die Sprache der Griechen sprechen«, und die Orthodoxie derer hervorhebt, die dieser Sprache nicht mächtig sind. Die Orthodoxie hält in der Tat zusammen, was vom rhomäischen Reich übrig bleibt, und die Vormachtstellung Nikaias rührt daher, daß es sich einen *oikumenischen* Patriarchen gegeben hat, sogar noch bevor es einen Kaiser bestimmte, was weder Epeiros noch Trapezunt zu tun wagten. Erst danach, im Jahr 1208, krönt dieser Patriarch dann Theodoros I. als »*basileus* und *autokrator* der Römer«, wie die traditionelle Titulatur lautet. Zwar empfängt auch Theodoros Angelos Dukas nach der Eroberung von Thessalonike im Jahre 1224 bei der Krönung dieselben Titel, aber nur aus den Händen des Erzbischofs Demetrios Chomatenos von Ochrid, eines einfachen Metropoliten. Weder der Versuch des letzten, den nicht angetasteten geistlichen

Gehorsam gegenüber dem Patriarchen mit dem fragwürdigen Recht der Metropoliten auf die Krönung des Kaisers zu vereinbaren, noch das von den westlichen Synoden vorgebrachte Argument des »Sachzwangs«, die Thronbesteigung von Theodor Dukan sei gerechtfertigt durch das Machtvakuum im Westen und das Unvermögen Nikaias, dieses auszufüllen, können tatsächlich überzeugen. Nikaia erscheint als das rechtmäßige »byzantinische Reich im Exil«, und seine Legitimität wird durch die Katastrophe von Klokotnica im Jahr 1230 und die Rückeroberung Thessalonikes im Jahr 1246 durch Vatatzes noch verstärkt. Damit bleibt nur noch die Wiedereingliederung der Hauptstadt übrig: Allein die Tatsache, daß die epirotischen Herrscher fortan den Titel eines Despoten tragen, der sie in die kaiserliche Hierarchie integriert und den sie mit den Fürsten von Geblüt teilen, belegt die Aufgabe ihres Anspruchs auf die höchste Würde.

Nachdem die Zentralgewalt zu ihrer Einheit zurückgefunden hat, kann im Prinzip ihre Teilung kaum in Frage kommen: Es gibt nur einen Kaiser, dessen

Ein »oberster Minister« im 14. Jahrhundert: Megas Dux (Großadmiral) Alexios Apokaukos, der durch die Verwaltung der kaiserlichen Salzgruben unter Andronikos III. zu Reichtum gekommen ist. Johannes Kantakuzenos ernennt den ehrgeizigen, gebildeten, aber skrupellosen Mann zum Statthalter von Konstantinopel, der seinen Wohltäter jedoch verrät und den jungen Kaiser Johannes V. gegen ihn aufbringt. In dessen Namen übernimmt Alexios Apokaukos die Regierung, die er – gestützt auf Teile der Bevölkerung – in tyrannischer Weise ausübt. Beim Besuch eines Gefängnisses wird er von einem seiner Opfer am 11. Juni 1345 ermordet. Sein Portrait – neben einer Handschrift – schmückt die ihm gewidmeten Werke des Hippokrates (Par. Graec. 2144, Vers 1345; Bibliothèque nationale, Paris).

unmittelbare Macht über das gesamte Reich gebietet. Wenn Gregoras behauptet, Kaiser Michael VIII. habe erwogen, seinem Sohn Konstantin Thessalonike und Makedonien »zu eigener Befehlsgewalt und Oberhoheit« zu überlassen, so beruht dies nur auf dem Kaiser feindlich gesonnenen Quellen: Selbst Andronikos II. verbietet seiner lateinischen Frau Jolande von Montferrat die Aufteilung der »rhomäischen Provinzen« unter seinen Söhnen, wie es die westlichen Erbschaftsregeln nahelegen, da dies eine »Verletzung kaiserlicher Gesetze« wäre. Bis zur Mitte des 14. Jahrhunderts ist damit eine Teilung des Reiches aus dem Willen des Kaisers heraus ausgeschlossen; eine solche Gefahr liegt eher in den lokalen Autonomiebestrebungen, die durch das Beispiel des Jahres 1204 in Gang gesetzt werden. Hier ist vor allem Thessalien zu nennen, das seit 1271 eine eigene Dynastie hat und von 1318 bis zur Unterwerfung durch Andronikos III. im Jahr 1333 von seinen eigenen Magnaten regiert wird. Schon im Bürgerkrieg der Jahre 1341/42 können sie Kantakuzenos das Zugeständnis abringen, einem der ihren, Johannes Angelos, eine Statthalterschaft auf Lebenszeit zu übertragen, die unter Voraussetzung eines kaiserlichen »Konsens« vererbbar ist. Damit haben die Thessalier eine Autonomie erreicht, die zwar ihre Unterwerfung gegenüber Konstantinopel festlegt, aber ihre Verpflichtung gegenüber dem Kaiserthron auf ein Minimum reduziert. Dennoch greifen die Laskariden und die frühen Palaiologen, insbesondere der so oft geschmähte Andronikos II., auf eine justinianische Tradition zurück, indem sie sich auf die Städte zu stützen versuchen, um ein Gegengewicht zu den territorialen Autonomiebestrebungen zu schaffen. So werden die Privilegien, die Manuel Komnenos dem albanischen Kruja gewährte, unter Vatatzes, Theodor II., Michael VIII. und Andronikos II. erneuert; letzterer verleiht auch den Städten Monemvasia, Durazzo und Ioannina derartige Privilegien. Auch Andronikos III. will mit seiner Reform die unmittelbare Verbindung zwischen dem Thron und den Städten wiederbeleben. Doch die Ereignisse nehmen einen anderen Verlauf: Das Privileg von Ioannina aus dem Jahr 1319 sieht vor, daß der Stadthalter mit einem Rat »ehrenwerter Bürger« *(anthropoi kaloi)* Recht spricht, die zwar von den »Einwohnern der Stadt« ausgewählt werden, dabei jedoch nichts anderes sind als örtliche *archontes*. Ihnen haben der spärliche Rest einer Zentralverwaltung und die »allgemeinen Richter« außer Einfluß und Geschenken nur noch wenig entgegenzusetzen.

Die Theokratie erleidet keinen Rückschlag, sondern festigt ihre Position; aber mehr als zuvor fördert sie die Wirren: Die Krise des Jahres 1204 hat die Staatsmacht zu Gott zurückgeführt, und schließlich erweist Theodoros Laskaris als der Stärkste sich ihrer als würdig. Ebenfalls dank Gottes Gnade reißt Michael VIII. 1258 den Thron an sich und läßt den letzten Laskaris 1260 blenden, und aus demselben Grund verstricken sich Andronikos III. im Jahr 1321 und Kantakuzenos im Jahr 1341 in ruinöse Bürgerkriege. Das dynastische Empfinden bleibt jedoch so stark, daß sich der Wettstreit immer innerhalb einer Familie abspielt, die für sich alle durch vorherige Dynastien erworbenen göttlichen Vergünstigungen in Anspruch nimmt. So wird Theodoros I. durch die Tatsache legitimiert, daß er der Schwiegersohn von Alexios III. Angelos ist, und Vatatzes durch seine Heirat mit der Tochter von Theodoros, aber auch dadurch, daß er ein Dukas ist. Michael Palaiologos wiederum beruft sich darauf, daß er der Urenkel von Andronikos I. Komnenos, aber auch ein Abkömmling der Dukas, der Vatatzes und der Angeloi ist, und seine Titulatur symbolisiert das: Er nennt sich »Michael Dukas, Angelos, Komnenos, Palaiologos, in Christus frommer Kaiser und Autokrator der Rhomäer«. Seine Dynastie festigt sich jedoch so schnell, daß seit Andronikos II. alle seine Nachfahren sich mit dem Namen der Palaiologen begnügen, der alle übrigen umfaßt. Diese Legitimität beruht weitgehend auf der fortan ständig geübten Praxis, den kaiserlichen Erben als Mitherrscher zu benennen und schon zu Lebzeiten des Vaters zu krönen. Wie das Beispiel des späteren Andronikos II. zeigt, der 1272 als Mitkaiser gekrönt wird, versucht der amtierende Herrscher damit zwei Gefahren der Lehre des von Gott Erwählten zu begegnen: Er will einerseits verhindern, daß die Macht

Der Großlogothet (Premierminister) unter Andronikos II., Theodoros Metochites, überreicht Christus das Modell des Choraklosters (Chorakirche, heute Kahriye Cami, Istanbul).

in falsche Hände fällt, andererseits aber auch der Versuchung des designierten Thronfolgers vorbeugen, selbst den Thron zu besteigen. Deshalb beschreibt Michael VIII. präzise die Befugnisse, Ehren und Insignien des Andronikos, so wie dieser es wiederum tut, als er 1295 seinen Sohn Michael IX. krönen läßt.

Dabei zeigt die Geschichte, daß man unmöglich beiden Gefahren zugleich begegnen kann, da der in Jahrhunderten gefestigte Gedanke der erblichen Thronfolge inzwischen zu tief verwurzelt ist. Die Thronprätendenten berufen sich deshalb auch mehr auf die legitime Erbfolge als auf die Mitregentschaft: 1321 erhebt sich Andronikos III. gegen seinen Großvater, der ihn durch einen unehelichen Vetter in der Thronfolge ersetzen will – und dies noch vor seiner Krönung zum Mitkaiser im Jahr 1323. Die Achtung des dynastischen Prinzips verhindert zumindest ein allzu radikales Vorgehen der Usurpatoren: So läßt Michael VIII. den unglückseligen Laskaris am Leben, und Johannes Kantakuzenos achtet bei seiner Krönung im Jahr 1341 darauf, daß die Akklamation des legitimen *basileus* Johannes V. Palaiologos vor seiner eigenen erfolgt. Darüber hinaus stützt die Doktrin des Erwählten sogar den Ungehorsam der Großen, gestattet sie ihnen doch, sich für den Herrscher zu entscheiden, der ihnen am meisten zusagt; aus diesem Grund führen die Komnenen den Treueschwur für alle Untertanen des Herrschers ein. Es ist wohl weniger feudalistischer Einfluß als vielmehr ein weiterer Beweis für die Schwächung der Zentralgewalt, daß in nikäischer Zeit daraus ein Eid auf Gegenseitigkeit wird: In seiner kleinen Abhandlung über die *Pflichten von Herren und Untertanen* glorifiziert Theodoros II. Laskaris zwar die kaiserliche Allmacht, unterstreicht aber auch, in welcher Form die Beziehungen zwischen den Menschen und ihrem Herrscher von einer Art Vertrag bestimmt werden, wonach dem Kaiser Gehorsam und Ergebenheit unter der strengen Auflage gebührt, daß er genauestens die ihm obliegenden Pflichten erfüllt. Manuel Moschopulos geht unter Andronikos II. sogar noch weiter; er schreibt, daß der »kaiserliche Eid«, der Söldner, Beamte und Würdenträger an den Herrscher bindet und auf der Gegenseite Bezahlung erfordert, einen Vertrag begründet, der dem »des Weinbergbesitzers gegenüber seinen Lohnarbeitern« gleichkommt. Ein solcher Vertrag hat natürlich nur dann Bestand, wenn ein Kaiser stark und in der Lage ist, die erwarteten Vorteile zu garantieren. So fordert Andronikos II. 1321 von seinen Würdenträgern vergeblich eine Erneuerung des Eides und kann nicht verhindern, daß sie ins Lager seines Enkels wechseln.

Die Folge dieser realen Schwäche ist eine zunehmende Sakralisierung des kaiserlichen Throns, der nunmehr bei der Kirche die Rechtfertigung sucht, die sie ihm bislang geliefert hat. Hatte sich der Patriarch früher damit begnügt, den von Heer und Volk auserwählten Kaiser zu krönen, so salbt er ihn fortan mit heiligem Öl, bevor er ihm die Krone aufsetzt. Die Krönung wird zur Weihe, auch für die Mitkaiser wie etwa Michael IX. im Jahr 1295, und allmählich setzt sich die Vorstellung durch, daß nur die Mitwirkung des Patriarchen dem *basileus* Legitimität verleiht. Dieses Pfand in den Händen der schützenden Kirche macht sie seit dem 13. Jahrhundert zu einem neuen Hindernis für die Durchsetzung des kaiserlichen Willens.

Das byzantinische Vorbild bei den Slawen des Balkan

Daß der byzantinische Einfluß auf Bulgarien größer ist als auf Serbien, geht zum einen auf die unmittelbare Nachbarschaft zurück, dann auf das Bestehen des ersten bulgarischen Königreichs lange vor dem serbischen Reich und schließlich auf die anhaltende Vorherrschaft von Byzanz in Bulgarien. Besonders nachhaltig tritt dieser Einfluß im Bereich des Rechts zutage, wo die Herrscher des zweiten Bulgarenreiches nichts Neues beitragen konnten. Das byzantinische Recht, das in den Jahren 1018 bis 1185 in Bulgarien kirchliche und weltliche Gerichtsbarkeit bestimmt, hat in der Tat auch das zweite bulgarische Reich weitgehend geprägt; es herrscht weiterhin in den oberen Schichten vor und läßt dem bäuerlichen Gewohnheitsrecht nur wenig Spielraum. Im Familienrecht, aber auch in den meisten Zivil- und Strafprozessen findet der *Nomokanon* Anwendung, den die bulgarische Kirche im 13. Jahrhundert einführt; dabei handelt es sich um eine vom hl. Sava gefertigte altslawische Übersetzung des dem Photios zugeschriebenen *Nomokanon*, der um die byzantinische Rechtssammlung *Procheiros Nomos* erweitert worden ist.

Der Zarenhof läßt die Titel und Würden protobulgarischen Ursprungs fallen, die wir von gleichlautenden griechischen Inschriften kennen (*vagatur, voīlas, kavhanos, tarkanos* etc.), und übernimmt die hochtrabende byzantinische Hierarchie, von den *Despotes* über *Sebastokrator* und *Kaisar* bis hin zu den *Großlogotheten, Protovestiaren, Protostratoren* und *Pinkernai*; hie und da bleibt eine allgemeine bulgarische Bezeichnung erhalten wie *rabotniki carstva mi* (Diener / Arbeiter meiner Herrschaft) oder ein Titel für bestimmte Funktionen wie die des *stolnik* (Tafelmeister des Zaren). Chrysobulle und insbesondere Schenkungsurkunden zugunsten von Klöstern – weniger zahlreich und nach byzantinischem Vorbild, bisweilen sogar in griechischer Sprache verfaßt – spiegeln die Fülle von Titeln und Ämtern der Provinzialverwaltung: *Dux, Kephale, Katepan, Sebastos* und *Primikerios* im zivilen Bereich, *Komes, Strator, Kastrophylax* und *Alagator* im militärischen. Nur im Bereich der Steuern setzen sich aufgrund der wirtschaftlichen und gesellschaftlichen Gegebenheiten die bulgarischen Begriffe verstärkt durch, obwohl auch sie weitgehend byzantinischen Ämtern nachempfunden sind: *desetkari, svinii, ovci, pcelnii* (Zehnteinnehmer bei Schweinen, Schafen und Bienen), *vinare, kragyare* (Steuereintreiber für Wein und Falknerei) etc.; daneben gibt es noch den *Praktor* (Steuereintreiber), womit aber seit der Charta, die Ivan Asen II. zugunsten von Vatopedi verfaßt, ganz allgemein der Staatsdiener bezeichnet wird.

Im folgenden Jahrhundert findet mit dem *Syntagma* des Blastares von 1335 ein weiteres byzantinisches Werk Aufnahme in das bulgarische Rechtswesen; erst als das Land das türkische Joch abschüttelt, kann es sich mit der Gründung des nationalbulgarischen Exarchats im Jahr 1870 dem geistigen Einfluß von Byzanz entziehen.

In Serbien verläuft die Entwicklung anders; obwohl Gesetze und Rechtsinstitutionen erst wesentlich später kodifiziert werden, spielt die von Dušan personifizierte Kaiseridee die Rolle eines wirksamen und weitaus stärkeren Katalysators.

Der byzantinische Einfluß ist durch die Vermittlung der griechischen Bischöfe auch in zahlreichen Werken der serbischen Gesetzgebung durchaus präsent, so in den Erlassen des Nemanja und dem schon erwähnten *Nomokanon* des hl. Sava. Aber während das kanonische, das zivile und in geringem Maß auch das öffentliche Recht weitgehend durch byzantinische Rechtssammlungen beherrscht wurden, kann sich im Familienrecht und im Strafrecht das slawische Gewohnheitsrecht halten – im ersten Fall durch den Fortbestand der slawischen Großfamilie, der unteilbaren *zadruga*, die nichts mit der ländlichen Kleinfamilie byzantinischer Grundbücher gemein hat, im zweiten Fall durch die *vrazda*, der traditionellen Strafe von 500 Hyperpera für einen Mord, die in Serbien weit verbreitet ist und die die Herrscher nur ungern durch die Todesstrafe ersetzen wollen.

Doch die Annektion byzantinischer Provinzen und die Annahme des Kaisertitels durch Dušan verstärken im Rechtswesen den byzantinischen Einfluß, fördern aber gleichzeitig die Entstehung eines spezifisch serbischen Rechtes. Die Aufteilung des serbischen Reiches in einen nördlichen Teil *(Srpska zemlja)* unter der Herr-

Vier soziale Typen der Kiever Gesellschaft im 12./13. Jahrhundert: Fürst, Metropolit, Bauer und Stadtbewohner.

schaft des Dušan-Sohnes Uroš als »König der Serben« und den Süden, der die eroberten, von Dušan selbst beherrschten rhomäischen Gebiete umfaßt, ist nichts anderes als eine Verdeutlichung seines Titels gegenüber seinen neuen griechischen Untertanen. Die slawischer Tradition entstammenden Titel und Würden župan, vojvod, knjaz) gelten in den nördlichen Territorien, während Hof und Verwaltung der griechischen Gebiete ebenso wie Bulgarien von der Fülle byzantinischer Titel überflutet werden. Da Dušan aber als wahrer byzantinischer *Autokrator* herrscht, besteht die Teilung nur auf dem Papier, und der Kodex von 1349 *(Dušanov Zakonik)* gilt für das ganze serbo-griechische Reich. Eine gewisse Feierlichkeit umgibt die Bekanntmachung des neuen Gesetzbuches, das »die Gesetze des wahren orthodoxen Glaubens aufstellt, die in Einklang stehen mit der heiligen apostolischen Kirche, dem Land und den Städten«. Der gesetzgebenden Versammlung *(sabor)* in Skopje gehören einem aus diesem Anlaß verkündeten Chrysobull zufolge neben Dušan »der Patriarch, die Zarin, (der) Sohn (des Zaren) König Uroš, die Metropoliten, Erzbischöfe, Higumenen und Anachoreten und (…) alle serbischen und griechischen Adligen (…) an, und sie haben alle Vorschriften der heiligen Kirche erneut in Gesetzesform gefaßt«. Einer anderen Versammlung bleibt es vorbehalten, das Werk, an dem schon seit dem Jahr 1346 gearbeitet wird, 1354 zu vollenden.

Indem es den Notwendigkeiten einer Synthese Rechnung trägt, besteht das Gesetzeswerk Dušans aus einem *Codex tripartitus*, dessen beide erste Drittel rein byzantinisch sind, während das letzte Drittel serbische mit byzantinischen Gewohnheiten zu verbinden sucht, ohne dadurch ein Gewohnheitsrecht zu konstituieren, da jeder Streitfall durch das geschriebene Gesetz beigelegt werden kann.

Die beiden ersten Sammlungen – eine in athonitischem Slawisch verfaßte Auswahl aus dem *Syntagma* des Blastares und der »justinianische« *Nomos Georgikos* – ergänzen einander, wobei das Syntagma überwiegt. Seine Kurzform ist dem kaiserlichen Gericht *(za sud carski)* vorbehalten und regelt alle Streitfälle des bürgerlichen Rechts mit zahlreichen Artikeln zum Vertragswesen (Tausch, Kauf und Verkauf, Schenkung, Pfandrecht), zu Ehe- und Erbrecht, Vormundschaft, Mitgift, Testamentsabfassung etc. Die sich auf kanonisches Recht beziehenden Kapitel sind gestrichen, um Überschneidungen mit dem *Nomokanon* des heiligen Sava zu vermeiden. Auch das Strafrecht ist im Syntagma vertreten, wobei die Betonung auf Verstößen gegen die guten Sitten, auf Tötungsdelikte, auf dem byzantinisch beeinflußten Strafsystem (Erhängen, Verbrennen, Verstümmelung), auf dem Asylrecht und schließlich auf Diebstahl und Räuberei liegt.

Zu all diesen Bereichen enthält das eigentliche Gesetzbuch Dušans nichts, außer einigen Artikeln, von denen manche byzantinischem Recht entspringen, um verschiedene Lücken zu füllen oder die Anwendung der beiden Sammlungen speziellen Bedürfnissen anzupassen – so beispielsweise die Kapitel über Ehen mit Katholiken, über die Erbfolge beim Adel und über die Paroiken *(meropsi)*. Das Problem der *angariai* und der Beziehungen zwischen freien Bauern berührt der Text hingegen überhaupt nicht. Ein gewisses Interesse für das Strafrecht zeigen die Artikel 53 und

54: Sie betreffen zum einen die Vergewaltigung – eingebunden in den sozialen Kontext – und zum anderen die strenge Bestrafung einer adligen Frau, die mit ihrem Diener Ehebruch begeht. Ähnlich werden auch einige besonders verabscheuungswürdige Tötungsdelikte behandelt: Elternmord, Ermordung eines Geistlichen und Mordfälle an Angehörigen einer anderen Klasse. Bemerkenswerterweise bleibt dennoch die Möglichkeit des Freikaufs vom Mord nach alter slawischer Sitte bestehen. In Sachen Asylrecht fügt das Gesetzbuch noch zwei weitere Zufluchtsorte hinzu: die Residenz des Patriarchen und den Palast des Zaren.

Innovativ ist der Kodex im Bereich des Prozeßwesens und des öffentlichen Rechts, das in der ursprünglich byzantinischen Gesetzgebung nur unzureichend berücksichtigt ist. Die prozeßrechtlichen Bestimmungen stützen sich auf alte slawische Gebräuche und unterscheiden zwischen Adligen und armen Leuten; während erstere durch ihresgleichen zu richten sind, bleiben die anderen dem Gottesurteil unterworfen. Dennoch kann die Einführung »allgemeiner Richter« in den Provinzen, die jenen der Rhomäer zur Zeit der Palaiologen entsprechen, als Versuch zur Überwindung dieser primitiven Rechtsgebräuche gelten.

Breiten Raum nimmt das öffentliche Recht ein, was die Absicht Dušans zeigt, die Grundzüge der Kaiseridee zu umreißen und den konstitutionellen Rahmen seines Reiches aufzuzeigen. So sind in diesen Texten die Rechte und Pflichten des Zaren ebenso präzise gefaßt wie die Statuten, die Kirche und Aristokratie, Verwaltung der Städte und Regelung der ländlichen Wirtschaft betreffen, wobei sich die Orthodoxie gegen Katholizismus und Bogomilie abgrenzen mußte. Dušan trägt zwar der Feudalisierung der Gesellschaft seiner Zeit Rechnung, das vornehmste Ziel seines Gesetzbuches ist aber ein gewisses »Ideal einer legalen Monarchie, die sich über die feudale Hierarchie stellt – ebenfalls ein byzantinisches Erbe«, wie A. Soloviev schreibt.

Das russische Reich

Rußland übernimmt die byzantinische Tradition

In Rußland sorgen vor allem die Metropoliten für die Übernahme der politischen Traditionen von Byzanz. Während des gesamten 14. Jahrhunderts machen alle Metropoliten »von Kiev und des gesamten Rußland« – seien es Griechen oder Russen – die Politik der Großfürsten von Moskau zu ihrer eigenen.

Metropolit und Großfürst präsentieren sich nach dem Vorbild von Patriarch und Kaiser als einander ergänzende Autoritäten, deren Zusammenwirken das Gemeinwohl fördert, während eine Konfrontation zwischen ihnen zum Chaos führt. Hier finden wir die beiden grundlegenden Konzepte des politischen Denkens von Byzanz wieder: Ordnung und *oikonomia*, die die Verwaltung von Kirche und Staat leiten. In diesem Sinne tritt Moskau das Erbe von Konstantinopel an.

In Rußland entwickelt die Kirche mit der theokratischen Doktrin der Macht einen weiteren Aspekt der politischen Ideologie von Byzanz. So bittet der Großfürst Dmitrij Ivanovič im Dreifaltigkeitskloster den ehrwürdigen Abt Sergej um seinen Segen, um sich gegenüber den Heiden von Mamaj als Werkzeug der Vorsehung präsentieren zu können. Dadurch wird aus dem Sieg bei Kulikovo am 8. September 1380 ein Sieg Gottes durch den Großfürsten Dmitrij, seinen Stellvertreter auf Erden.

Die Kirche hat es perfekt verstanden, alle Vorteile dieses Sieges für die Moskauer Fürstendynastie zu nutzen. Schon im Jahr 1381 spricht sie Alexander Nevskij (1220–1263), einen Vorfahren Dmitrijs, heilig, da auch er im Auftrag der göttlichen Vorsehung den Angriffen aus dem Westen widerstanden habe.

Am Ende dieser Entwicklung steht die Kaiserkrönung Iwans IV. durch den Moskauer Metropoliten Makari 1547. Damit wird Rußland im Verlauf des 14. Jahrhunderts zum politischen Erben des byzantinischen Reiches; es übernimmt das Wissen, daß die politische Ordnung der Abglanz der himmlischen Ordnung ist und dem göttlichen Willen entspringt, während die gesellschaftliche Ordnung in der Verantwortung des Großfürsten liegt, der als Gottes Stellvertreter auf Erden absolute Macht über die Gesellschaft hat.

Rußland und der römische Westen

Tatareninvasion und »Mongolenjoch« stellen die russischen Fürsten vor zwei lebenswichtige Entscheidungen: welche Haltung gegenüber den Mongolen – Unterwerfung oder Widerstand – angebracht ist, und welche Politik gegenüber dem Westen – Bündnis oder Ablehnung – verfolgt werden sollte.

Alexander Nevskij, 1252 bis 1263 Großfürst von Vladimir, nimmt in beiden Fällen eine eindeutige Haltung ein. Er wählt eine enge und feste Verbindung mit den Tataren, die auf völliger Unterordnung gegenüber den Befehlen der Khane beruht; seine nicht nachlassende Feindseligkeit gegenüber der katholischen Kirche prägt sein Verhältnis zum Westen.

Anders als dieser Fürst aus dem Norden beschließt Daniel Romanovič von Galizien-Wolhynien (1221–1264), sich an die Spitze des Kreuzzuges gegen die Tataren zu stellen, zu dem Papst Innozenz IV. (1243–1254) aufruft. Aus diesem Grund empfängt er 1253 die Königskrone aus den Händen der päpstlichen Legaten, ein in der russischen Geschichte einmaliger Vorgang.

Gerade dieses Verhalten macht das langsame, aber unaufhaltsame Auseinanderdriften der Fürstentümer im Süden und im Norden Rußlands deutlich. Die Erschütterung durch die Tataren hat diese Entwicklung ohne Zweifel erheblich beschleunigt und die spätere Integration der nördlichen Fürstentümer in eine polnisch-litauische Gesamtheit vorbereitet.

Dagegen ist das Bild Alexander Nevskijs, des heldenhaften Verteidigers der Westgrenze Rußlands gegen deutsch-päpstliche Angriffe, mehr von Gemeinplätzen der Hagiographie als von historischer Analyse geprägt. Der in Nikaia inthronisierte

Die Halskette (Barma), Insignie der Macht des Großfürsten.

Metropolit Kyrill (1249–1281), ein erklärter Gegner der Lateiner und ebenso entschlossener Helfer Alexanders, hat dieses Bild seines Helden wesentlich mitgestaltet und möglicherweise die Vita Alexanders selbst verfaßt, um eine Heiligsprechung seines Schützlings vorzubereiten.

In Wahrheit ist Alexander dem Westen gegenüber weit weniger feindlich eingestellt; immerhin bahnt er nach 1242 selbst die Ehe seines Sohnes mit Christine von Schweden an, empfängt die skandinavischen und abendländischen Abgesandten mit allen Ehren und beantwortet alle päpstlichen Bullen. Die ausgeprägte antilateinische Einstellung, wie sie in der Vita des Fürsten zutage tritt, muß man wohl dem Metropoliten Kyrill zuschreiben. Mit dieser Haltung trägt die russische Kirche mit zur Isolierung Rußlands bei, das politisch wie wirtschaftlich schon in das mongolische Gefüge integriert ist.

Die Moskauer Fürsten und Byzanz zur Zeit der Mongolen

Als Kaiser Michael VIII. Palaiologos (1259–1282) 1274 in Lyon begreift, daß es unmöglich ist, mit dem Papsttum zu einer Einigung zu kommen, sucht er Bündnisse mit den Mongolen und mit den Genuesen, um den Plänen Karls von Anjou zuvorzukommen.

Der Bund zwischen Konstantinopel und Saraj hat direkte Auswirkungen auf Rußland, das sich politisch und militärisch unter der Kontrolle der Khane und kirchlich unter der der Patriarchen von Konstantinopel befindet. Die Metropoliten »von Kiev und ganz Rußland« spielen nun in Rußland neben den Fürsten von Moskau, in deren unmittelbarer Nähe sie seit 1328 residieren, eine wesentliche Rolle.

Der Metropolit Kyrill (1249–1281), der sich nach seiner Einsetzung als Patriarch neben Alexander Nevskij niederläßt, hält nichts von der Unionspolitik des Patriarchen Johannes Bekkos (1275–1282) und fördert in Übereinstimmung mit seinem Großfürsten und dem Khan eine Politik des Ausgleichs mit der Goldenen Horde und des Mißtrauens gegenüber dem Westen.

Rußland wird im 14. Jahrhundert durch die beginnende Rivalität zwischen Tver und Moskau um den Titel des Großfürsten gekennzeichnet. Die Metropoliten der russischen Kirche ergreifen in diesem Streit Partei für die Fürsten von Moskau, was für den Ausgang von entscheidender Bedeutung ist.

Als Großfürst Michael von Tver den Metropoliten Peter (1308–1326) der Simonie anklagt, kann sich dieser nur mit Hilfe des Fürsten von Moskau und des Abgesandten des Patriarchen der Anschuldigung erwehren. Gemeinsam haben diese beiden den Vorsitz einer Synode inne, die den Fall zu untersuchen hat und die in der Stadt Perejaslavl stattfindet, die zum Herrschaftsbereich Moskaus gehört. Die Gründe, weshalb der Metropolit Peter am häufigsten in dieser Stadt residiert, sind einleuchtend.

Sein Nachfolger Theognost (1328–1353) setzt im ganzen Land dann die Prinzipien der traditionellen byzantinischen Politik durch: ein einziger Sitz eines Metropoliten an der Spitze aller russischen Bischöfe, ein einziger Metropolit über allen Rivalitäten der Fürsten. Theognost folgt der Richtung, die sein Vorgänger Peter gewiesen hat, indem er sich endgültig in Moskau niederläßt, die Politik der Fürsten von Moskau unterstützt und die Einheit der russischen Kirche wiederherstellt.

Griechisch-lateinische Handschrift (Anfang des 13. Jahrhunderts; Canon. Graec, 63, Bodleian Library, Oxford).

Unter dem Patriarchen Philotheos (1364–1376) und dem Metropoliten Alexios (1353–1378) wird diese Politik weiterentwickelt: 1359 übernimmt Alexis die Regentschaft im Namen des jungen Dmitrij und setzt so die große Tradition der Patriarchen von Konstantinopel fort.

Die Verbindung zwischen Konstantinopel, Moskau und den Metropoliten kennt auch belastende Momente, so etwa beim Empfang des Metropoliten Kyprian (1375–1381) in Moskau. Kyprian, der nicht unwesentlich dazu beigetragen hat, daß Jagiellos Truppen am 3. September 1380 bei der Schlacht von Kulikovo gefehlt haben, wird erst spät in Moskau anerkannt, dann aber mit dem Sieg über Mamaj in Verbindung gebracht. Als Gegenleistung nimmt er 1381 die Heiligsprechung Alexander Nevskijs vor und trägt damit zur Weihe der ganzen Dynastie bei.

Die Beziehungen zwischen den Fürsten von Moskau und Byzanz entwickeln sich fast ausschließlich durch die Rolle des Metropoliten. Durch die byzantinische Garantie für die Einheit der russischen Kirche haben die Metropoliten die Möglichkeit, sowohl bei den Fürsten von Moskau als auch bei den Khanen der Goldenen Horde wirkungsvoll intervenieren zu können. Die Beziehungen zwischen der Moskauer Fürstendynastie und Byzanz entwickeln sich im Umfeld der Metropolitenresidenz, die zum geographischen Bindeglied zwischen den drei Hauptstädten Konstantinopel, Saraj und Moskau wird.

Nationale Kulturen und Religionen

Byzanz, Hellenismus und Orthodoxie

Wenn ein »Kaiser der Römer« wie Vatatzes seinen Untertanen befiehlt, sich mit dem zu begnügen, »was römischer Boden und römische Hände hervorbringen«, kann man an der tiefen kulturellen Umwälzung zweifeln, die aus Byzanz nach 1204 ein neues, griechisches Reich gemacht und damit die Grundlagen für die heutige griechische Nation gelegt haben soll. Zwar kann die Existenz einer griechischen Volkskultur, über die man nur wenig weiß, kaum bestritten werden, man sollte ihre Eigenart jedoch nicht überbewerten; Belege aus der Hagiographie, der Volkskunst oder aus mündlich überlieferten historischen Epen deuten wohl mehr auf starke gegenseitige Inspirationen von Griechen, Slawen und Albanern. Zudem ist allein für den Bereich der griechischen Sprache festzustellen, daß die spätestens im 8. Jahrhundert entstandenen Dialekte nach 1204 ausgehend von mehreren Zentren noch stärker ausgeprägt werden, da die neuen politischen Grenzen die frühere gegenseitige Durchdringung erschweren; die dadurch bedingte Existenz verschiedener griechischer Kulturen ist eher eine Belastung für eine künftige griechische Nation.

Weltliche und religiöse Kunst und Kultur sind dagegen im 13. und 14. Jahrhundert byzantinisch geprägt. In Epeiros und noch mehr in Nikaia ist die aus

Konstantinopel geflüchtete Elite Träger einer bemerkenswerten kulturellen Konti-
nuität. Im Westen führen gelehrte Bischöfe wie Demetrios Chomatenos, Georgios
Bardanes oder Johannes Apokaukos die Tradition weiter; dies wird deutlich bei
Chomatenos, der die Nichtigkeit eines Erlasses des bulgarischen Bischofs von
Berrhoia unterstreicht, indem er auf die überlieferte Unterscheidung zwischen der
Welt der Rhomäer als der Heimat des Rechts und der der Barbaren hinweist, »deren
Urkunden niemals Gesetzeskraft erlangen können«. Die Herrscher im westlichen
Teil sind zwar weit entfernt davon, sich als eine Art »griechische Könige« zu fühlen,
betonen aber auch nach 1261 noch die Inbesitznahme eines Teils der kaiserlichen
Territorien. Michael II. etwa nennt sich »Herrscher des Westens«, Nikephoros und
seine Frau üben »die Herrschergewalt über die Gebiete des Westens« aus; der
»Patriotismus« ihrer Würdenträger ist wie der des Despotes Johannes Chamaretos
»auf die Romania« ausgerichtet. Noch klarer liegen die Dinge in Nikaia, das für die
Zukunft von ungleich größerer Bedeutung ist, da dort nicht nur die bedeutendsten
byzantinischen Familien, sondern auch die wichtigsten Intellektuellen Zuflucht
gefunden haben: Niketas Choniates, der spätere Berater von Theodoros I., Nikolaos Mesarites, dem Theodoros 1214 die Verhandlungen mit Rom überträgt, der
spätere Patriarch Germanos und nicht zuletzt Nikephoros Blemmydes, der größte
Gelehrte seiner Zeit. Sie alle sind Vertreter eines byzantinischen Patriotismus: In
seinem Geschichtswerk spricht Niketas ausschließlich von »Römern« (Rhomaioi),
für Mesarites ist Byzanz sein »Vaterland« und »römisches Land«, und Blemmydes

Patriarch Joseph II., der in Florenz die Kirchenunion erreichen will und dort 1439 stirbt (Bibliothèque nationale, Paris).

Paulskloster auf dem Athos (Stich von Robert
Curzon, in: *Visits to monasteries in the Levant*,
London, 1865).

nennt sich einen derer, »die aus dem Römischen Reich in die bithynische Hauptstadt von Nikaia ausgewandert sind«. Blemmydes ist darüber hinaus ein würdiger
Erbe jener Männer des 9. Jahrhunderts, die sich im Rahmen des Christentums auf
die hellenistischen Wurzeln ihrer Kultur bezogen haben. Während der Zeit der
Rückeroberungen sprechen Blemmydes und Theodoros II. vom Land der »Hellenen« im Gegensatz zu den noch von den Lateinern besetzten Gebieten, aber
Blemmydes benutzt das Wort im allgemeinen in seiner byzantinischen Bedeutung
für »Heiden«. Und wenn Theodoros Nikaia mit dem antiken Athen vergleicht, so
ist auch er ein echter Byzantiner, der die Überlegenheit seiner Hauptstadt betont, in
der man neben der weltlichen Philosophie auch »Philosophen der christlichen
Lehre« findet.

Der Gedanke einer »griechischen Renaissance« lebt dadurch auf, daß Kultur
und Bildung durch die Krise sich von der Kirche lösen können. Die moralische und
finanzielle Unterstützung durch den Staat ermöglicht es in Nikaia Blemmydes,
Georgios Akropolites und anderen großen Geistern dieser Epoche, ihre Werke zu
verfassen, Handschriften zu sammeln, Bibliotheken einzurichten und Schulen zu
eröffnen, die zwar alle privat sind, aber häufig vom Staat finanziert werden.
Vatatzes veranlaßt die Bezahlung der Lehrkräfte durch den Staat augenscheinlich
kurz nach dem Jahr 1234, als Demetrios Karykes, sein »Konsul der Philosophen«,
sich als unfähig erweist, die orthodoxe Lehre gegenüber den päpstlichen Legaten zu
verteidigen. Nach alter byzantinischer Tradition steht die Kultur auch weiterhin

vornehmlich im Dienst des wahren Glaubens. Theodoros II., Schüler des Blemmydes und gebildeter Kaiser, geht noch einen Schritt weiter; in der von ihm wieder errichteten Tryphon-Kirche in Nikaia gründet er zwei öffentliche Schulen, die eine für Grammatik, die andere für Rhetorik. In Nikaia lebt auch eine andere Tradition wieder auf: Es entstehen weltliche Schulen und religiöse, die im allgemeinen in den Klöstern angesiedelt sind und für die jene Schule das beste Beispiel darstellt, die Blemmydes um 1248 in Emathia bei Ephesos gründet. Die Schulen pflegen untereinander einen weit stärkeren Austausch als vor dem Jahr 1204, und ihre Lehrpläne sind gemischter: Blemmydes verfaßt für seine Schule nicht nur einen Kommentar zu den Psalmen und zahlreiche theologische Abhandlungen, sondern auch einen Traktat über Logik und ein Kompendium der Naturwissenschaften.

Nach 1261 wird der Gegensatz zwischen weltlicher und christlicher Kultur wiederum zu einem Scheinproblem und scheint noch mehr als nach der Synthese des 9. Jahrhunderts gelöst zu sein: Fast alle Gelehrte, die auch Lehrer sind, haben enge Verbindungen zur Kirche – von dem Mönch Planudes, der gleichzeitig Astronom, Philologe und Übersetzer aus dem Lateinischen ist, bis hin zu Nikephoros Gregoras, der die Berufe des Historikers, Astronomen und Theologen ganz selbstverständlich miteinander verknüpft. Staat und Kirche verfolgen im übrigen das gleiche Ziel: die Ausbildung fähiger Kräfte für ihre Verwaltung. Deshalb ruft Michael VIII. – wahrscheinlich schon 1261 – die Hochschule für Philosophie wieder ins Leben, der 1265 die Akademie des Patriarchats folgt, beide unter der Leitung von dem Thron nahestehenden Männern – Georgios Akropolites und Manuel Holobolos. Die zukünftigen zivilen und religiösen Führungskräfte werden ohne Unterschied in beiden Instituten ausgebildet, aber auch in den zahlreichen Privatschulen, etwa der des Gregorios (ursprünglich Georgios) von Zypern oder der des Planudes. Konstantinopel hat dabei trotz seiner herausragenden Stellung kein Monopol: In Ochrid erteilt um 1280 Johannes Pediasimos einen Unterricht, den Gregorios von Zypern als der Hauptstadt würdig erachtet, während Theodoros Metochites – zukünftiger Minister von Andronikos II. – in Kleinasien Astronomie, Geometrie und Mathematik studiert. An der Wende vom 13. zum 14. Jahrhundert ist Thessalonike ein wichtiges Zentrum für die Ausbildung und für Kopisten von Handschriften. Die Bedeutung der Provinzzentren nimmt noch weiter zu, da unter Andronikos II. – zwar leidenschaftlich dem Studium zugetan – der Staat Gelehrte und Professoren nicht mehr bezahlen kann, wie die Klagen des Theodoros Hyrtakenos, des größten Rhetors seiner Zeit, belegen. Der Unterricht wird in Thessalonike erweitert, um 1300 in Mistra aufgenommen und blüht im für seine Schule der Astronomie berühmten Trapezunt, wo Georgios Chrysokokkes unterrichtet und mit dem Rhetoriklehrer Konstantin Lukites, ein Schüler des Hyrtakenos, höchste Staatsämter erreicht. Hier wie dort wird wiederum die Kirche zur einzigen Beschützerin von Studium und Kultur.

Dennoch bildet die Kirche an sich kein Hindernis für das Denken: Aristoteles wird zwar als höchste Instanz der Philosophie betrachtet, aber die Kirche muß dies niemandem aufzwingen, denn er gilt allgemein als eine der Grundlagen byzantini-

Der Zwiebelturm der orthodoxen Maria-Magdalena-Kirche
und dahinter der Felsendom in Jerusalem.

scher Kultur. Gregorios von Zypern mag Platon in seiner Bibliothek haben, doch die Zahl der an der Wende zum 14. Jahrhundert kopierten Handschriften ist eindeutig: 160 Abschriften der Abhandlungen des Aristoteles und ihrer Erläuterungen gegen 14 der Schriften Platons.

Eine der bemerkenswertesten Neuerungen der Epoche – die Begeisterung für die exakten Wissenschaften, die im Falle der Astronomie gar zur Verbesserung der Entdeckungen des Ptolemaios und der moslemischen Gelehrten führt – ist häufig das Werk von Geistlichen wie Pediasimos, Planudes oder Chrysokokkes, ebenso wie bemerkenswerte Strömungen in der Philologie oder die Übersetzung lateinischer Werke, worin sich Planudes auszeichnet: Im Jahr 1299 wird seine griechische Fassung der *Disticha Catonis* in eine Schulanthologie aufgenommen. Diese Entwicklung wird sowohl vor wie nach 1261 dadurch garantiert, daß bedeutende Gelehrte auf dem Patriarchenthron sitzen: Manuel Karantenos, Johannes Bekkos, Gregorios von Zypern und Johannes Glykys sind dafür nur einige Beispiele; auch viele Bischöfe sind Männer mit großer Bildung. Im Streit um die Union der Kirchen wird dann deutlich, daß die überwiegende Zahl der Gebildeten die gleiche, vornehmlich orthodoxe Bildung genossen hat. Als Michael VIII. sich 1274 schließlich entscheidet, den römischen Glauben und den Primat des Papstes anzunehmen, tut er dies insbesondere, um mit der Unterstützung des Papstes die Eroberungspläne Karls von Anjou und Venedigs zu Fall zu bringen. Doch unionistische Gelehrte wie etwa Georgios Akropolites oder Johannes Bekkos sind die Ausnahme; die anderen – und mit ihnen die Mehrheit der Orthodoxen – verdammen die Unterwerfung von 1274, die Absetzung des Patriarchen Joseph und die erzwungene Einsetzung des Johannes Bekkos im folgenden Jahr, und mit Gregorios von Zypern übernimmt ein Gelehrter die Spitze der antiunionistischen Bewegung. Der nach 1282 vollzogene Bruch der Kirchenunion bedeutet somit keinen Absturz in die Tiefen der Unbildung: Die Schriften des lateinerfreundlichen Akropolites werden zwar 1283 verbrannt, doch der frühere Unionsanhänger Planudes ist bald wieder in Amt und Würden.

Doch die hohe Kultur bleibt auf eine Minderheit beschränkt; die Menschen fühlen sich dagegen zu den Mönchen hingezogen, die dem Wissen mit lautstarkem Mißtrauen oder gar Feindschaft begegnen in einer Zeit der Wirren, wo man Halt und Trost in einfacher Frömmigkeit sucht. Hier entsteht eine unionsfeindliche Strömung, für die die Aggression der Lateiner unverzeihlich ist, da sie das gemeinsame orthodoxe Erbe gefährdet, ebenso wie die alleinige Überlegenheit eines besiegten und erniedrigten Volkes. Wie die Suche nach den griechischen Wurzeln ist auch die Rückbesinnung auf die Väter der Wüste, die Mönche wie Nikephoros der Hesychast und Gregorios Sinaites Anfang des 14. Jahrhunderts auf dem Berg Athos verbreiten, eine Rückkehr zu den Ursprüngen. Als diese Strömung, was zunächst kaum der Fall ist, die hohe Kirche erfaßt, wird daran insbesondere die Sorge um die Armen und die entschlossene Haltung gegenüber der Zentralgewalt geschätzt. An ihrer Spitze steht der Patriarch Arsenios, der nach der grausamen Blendung des Kaisers Johannes Laskaris Michael VIII. mit dem Bann belegt, worauf dieser ihn seines Amtes enthebt; die Erinnerung an das arsenitische Schisma verblaßt erst Anfang des 14. Jahrhunderts, als Athanasios den Patriarchenthron besteigt, der zweimal abgesetzt wird, weil er Andronikos II. seinen moralischen Rigorismus aufzwingen will. Hier liegt die wahre Quelle des »Patriotismus« der Orthodoxen, die sich angesichts einer noch düstereren Zukunft eng um die vom Geist der Einfachheit beherrschte Kirche scharen.

Auch die Kunst der Zeit kehrt zu den Ursprüngen zurück. Angesichts von Ruinen beschränkt sich der Staat auf den Wiederaufbau: Neu gebaut wird in Konstantinopel nur der Palastkomplex von Tekfur-Saraj bei den Blachernen. Dagegen errichtet die Kirche einige Gotteshäuser, die von der Tradition inspiriert sind, sei es von der mystischen Vertikalität der Kuppeln wie in der von Patriarch Niphon zwischen 1312 und 1315 erbauten Apostelkirche in Thessalonike oder von der Wiederentdeckung der Kuppelbasilika wie bei der ebenfalls in dieser Zeit entstandenen Metropoliskirche oder bei der Aphendikokirche in Mistra. Das Mosaik, teuer und in seiner Starrheit kaum der verinnerlichten Frömmigkeit entsprechend, sieht seine letzten Tage: Nach den Mosaiken, die der Großlogothet Theodoros Metochites Anfang des 14. Jahrhunderts im Chora-Kloster (Kahriye Cami) in Konstantinopel ausführen läßt, gibt es keine mehr, aber schon in diesem Bauwerk belegen die alexandrinische Bauweise, die der Jungfrau Maria zugemessene Bedeutung und die Betonung von vertrauten und rührenden Details die neue Frömmigkeit. Sie triumphiert auch auf dem Berg Athos, in der Metropolis- und in der Peribleptoskirche von Mistra, wo mit dem Fresko ein narrativer Stil entsteht, der sich auf alle Gebäude erstreckt und neben den Schriften zur Illustration der liturgischen Szenen dient, die den Glaubenseifer des Volkes schüren – so auch die *Divina Liturgia* mit ihrer ergreifenden Darstellung einer Engelsprozession, die Mitte des 14. Jahrhunderts in der Peribleptoskirche entsteht.

Der slawische Balkan – nationale und byzantinische Kulturen

Nachdem Byzanz gegenüber den Slawen des Südens und des Ostens neue politische Wege beschritten hat und von der Dreisprachentheorie abgerückt ist, die den sakralen Charakter des Griechischen, Lateinischen und Hebräischen als Liturgiesprachen als unumstößlich betrachtet hatte, und dadurch den Völkern des Balkan eine eigene Liturgiesprache ermöglicht, hat es den Weg zur Entwicklung eigenständiger slawischer Kulturen geebnet. Das trifft für das 9. Jahrhundert ebenso zu wie für das 12. bis 14. Jahrhundert, als Werke aus der griechischen patristischen Literatur, aus den profanen Wissenschaften und dem byzantinischen Recht in eine reiche, formbare und allen verständliche Sprache übertragen werden, die das literarische Schaffen allen nationalen Gemeinschaften zugänglich macht. Zwar werden im Zuge der Auseinandersetzung mit Byzanz die serbische und die bulgarische Nationalkirche zu selbständigen Patriarchaten erhoben, doch die Ausstrahlung Konstantinopels als gemeinsamer religiöser Hauptstadt aller Orthodoxen des

Dorf und *kastro* von Volissos auf Chios.

Eine Straße in Metsa auf Chios.

Balkan wird dadurch nicht wirklich beeinträchtigt. Vielmehr bleibt Konstantinopel Bezugspunkt bei der Suche dieser Völker nach ihrer nationalen Identität und bei der Entwicklung einer christlich-slawischen Zivilisation. Denn – wie D. A. Zakythinos schreibt – »diese Zivilisation ist umfassend und gelehrt und erstreckt sich von Beginn an auf ein großes Gebiet. Gelehrt ist sie insofern, als sie – erdacht von Intellektuellen und Kirchenleuten – von den Massen übernommen werden kann. Umfassend und vollständig ist sie deshalb, weil sie alle Bereiche des geistigen und des gesellschaftlichen Lebens durchdringt oder zumindest durchdringen soll: Religion und kirchliche Organisation, Rechtswesen, Politik und Gesellschaft, Philosophie und Literatur, Wissenschaft und Kunst.«

Ein Mönch im 16. Jahrhundert – Manoli zu Füßen der Heiligen Jungfrau.

Bei der Entstehung einer orthodoxen Gemeinschaft aus Griechen und Slawen spielen der Berg Athos und seine Aufnahme slawischer Mönche eine überragende Rolle. Er kann oder will zwar die zentrifugalen Kräfte der beginnenden nationalen Identifikation nicht unterbinden, aber er kann sie kanalisieren, indem sie auf die kulturelle Tradition von Byzanz zurückgeführt werden, die die Vollkommenheit des orthodoxen Glaubens und des Menschen versinnbildlicht. In diesen Zusammenhang gehören die bedeutenden Schenkungen, die bulgarische und serbische Herrscher allen Klöstern des Heiligen Berges immer wieder machen, und auch die Wechselwirkungen ihrer Athos-Politik.

Nach der Schlacht von Klokotnica (1230) und vor allem nach der Anerkennung des bulgarischen Patriarchats durch Nikaia (1235) üben die Bulgaren Einfluß auf den Berg Athos aus, dessen Bewohner Ivan Asen II. in gewisser Weise anerkennen. Dieser soll den Athos unmittelbar nach der erwähnten Schlacht besucht und den Klöstern – darunter Laura und Zographu – Chrysobulle ausgehändigt haben, noch bevor er ebenfalls im Jahr 1235 zum Treffen mit dem byzantinischen Patriarchen Germanos II. und Johannes Vatatzes nach Gallipoli gereist ist.

Wirklichen Wohlstand erleben die Athos-Klöster jedoch erst im 14. Jahrhundert unter serbischer Herrschaft. Das besondere Interesse der serbischen Könige liegt allerdings auf der Hand: Der heilige Sava und Stephan Nemanja haben dort als Mönche gelebt, Vatopedi und die anderen Klöster mit Gaben überhäuft und auf einem Grundstück, das Kaiser Alexios III. Angelos ihnen durch ein Chrysobull übereignet hatte, das neue »kaiserliche« Kloster Chilandar erbaut. Später erkannten die Athoniten die Herrschaft Stephan Dušans an und entsandten eine von ihrem *Protos* angeführte Abordnung zu seiner Krönung. Als Gegenleistung hat der Zar 1345 ein »allgemeines Chrysobull« erlassen, in dem er ihren Besitzstand und ihre Privilegien anerkennt und zustimmt, daß sein Name nach dem des byzantinischen Kaisers genannt wird. Nach einem Besuch Dušans im Jahr 1347 folgen weitere Chrysobulle zugunsten der Athos-Klöster, zunächst von ihm selbst, dann, nach seinem Tod, von seiner Frau Helene und schließlich vom serbischen Despoten Johannes Uglieša, der 1371, kurz vor der Schlacht an der Marica, eine Wallfahrt zum Heiligen Berg unternimmt. Während seiner Herrschaft erreicht der serbische Einfluß mit den *serbo-protoi*, den serbischen Vorstehern der athonitischen Gemeinschaft, seinen Höhepunkt. Es ist sicher nicht abwegig, darin weniger eine »Slawisierung« des Athos als eine traditionell nachgiebige Haltung des griechischen Mönchtums zu sehen, das sich der jeweiligen Lage zum eigenen Nutzen anpaßt, ohne das Wesentliche aufzugeben.

Die Ausstrahlung des Heiligen Berges als Bewahrer der Orthodoxie bewährt sich besonders zur Zeit des Bogomilenstreites, der das Werk der Slawenapostel und ihrer Nachfolger auf eine harte Probe stellt. Um diese Häresie zu bekämpfen, müssen die serbischen und bulgarischen Herrscher konkrete Schritte unternehmen: Nach dem Vorbild der Konzile der beiden Komnenen Alexios und Manuel beruft Stephan Nemanja 1180 ein Konzil ein, das jene zu schwersten Strafen (Scheiterhaufen, Verstümmelung, Verbannung) verurteilt, die dem Irrglauben nicht abschwören. Zar Boril erläßt das *Synodikon der Orthodoxie*, eine gegen die Bogomilen gerichtete Gesetzessammlung, die 1211 in Trnovo von der Versammlung *(sabor)* der hohen kirchlichen Würdenträger und der Bojaren gebilligt wird. Aus beiden Ländern verjagt, suchen die Bogomilen jedoch Zuflucht in Bosnien, wo sie – trotz des erbitterten Widerstandes Roms und Ungarns – beträchtlichen Zulauf haben. Nur wenig später, Ende des 13. Jahrhunderts, ist Bosnien das einzige Land in Europa, wo sich in der Meinung der offiziellen, der bosnischen Kirche die häretische Bewegung widerspiegelt.

Dagegen verzeichnet die Orthodoxie im Osten einen Sieg nach dem anderen über den Bogomilismus und breitet sich in Rußland und Rumänien aus, wo mit der Walachei (1359) und Moldau (1401) zwei neue Zentren entstehen. Einen Höhepunkt erreicht die Orthodoxie mit der literarischen und künstlerischen Renaissance, die gleichzeitig Byzanz auf dem Balkan zu neuer Ausstrahlung verhilft, obwohl es politisch mehr als krank ist. Neben Konstantinopel haben vor allem der

Berg Athos und Thessalonike maßgeblichen Anteil an der byzantinischen Erneuerung jener Zeit. Insbesondere im Bereich der Kunst findet die Erneuerung auf bulgarischer und serbischer, später rumänischer Seite in einem die ganze Halbinsel überziehenden Netz von Werkstätten mit festem oder wechselndem Sitz Ausdruck, deren Existenz immer vom Wohlwollen der lokalen Machthaber abhängt: »Die Kunst konnte sich dort entfalten, wo sich eine bedeutende byzantinische Gesandtschaft niedergelassen hatte, was in der Residenz eines herrschenden Fürsten immer der Fall war, da die Arbeit dieser Missionare nur erfolgreich sein konnte, wenn sie die tatkräftige Unterstützung des Herrschers und seiner Nachfolger genossen«.

Viel eher als von einer Ausdifferenzierung der Kunst auf dem Balkan kann man von der Einheit einer Kunst – der byzantinischen Kunst in ihrer Gesamtheit – und ihren verschiedenen Ausdrucksformen in Zeit und Raum sprechen. Denn die byzantinische Tradition – um den Gedanken von André Grabar weiter zu folgen – ist »eine nie versiegende Quelle, aus der man unablässig schöpft, was beweist, daß die byzantinische Kunst ebenso wenig als anachronistisch empfunden wurde wie die Kunst der Antike im Westen. Sie wirkt als normierende Kraft, auf die die Zeit im Idealfall keinen Einfluß hat.«

Religion und Kultur im Fürstentum Moskau

Die Epoche der autonomen Fürstentümer in Rußland wird häufig als Zeit der kulturellen Schwäche oder gar des Niedergangs dargestellt; den Schwung der vorangegangenen Epoche habe die mongolische Eroberung vernichtet.

Unter der mongolischen Oberhoheit genießt die Kirche in Rußland weitreichende Privilegien. Befreit von jeder Abgabe erwirbt sie riesigen Grundbesitz und wird zur mächtigsten Wirtschaftskraft der Epoche. Gleichzeitig steigt sie auch zum wesentlichen politischen Gesprächspartner der russischen Fürsten wie der Mongolenkhane auf. Nicht einmal die Versuche der litauischen Fürsten, einen Metropolitensitz zu erhalten, der von dem »von Kiev und ganz Rußland« unabhängig ist, können dieses Übergewicht nachhaltig beeinflussen.

Die Kirche nutzt ihren politischen und finanziellen Einfluß, um vermehrt Kirchen und Klöster zu gründen. Im 13. Jahrhundert dominieren Gründungen von Klöstern in den Städten und im städtischen Bereich, während im 14. Jahrhundert Gründungen von Klöstern des Ermitagentyps wie etwa das 1345 gegründete Dreieinigkeits-St. Sergius-Kloster dominieren. Diese Gründungen haben beträchtlichen Einfluß auf die wirtschaftliche und kulturelle Entwicklung des nördlichen Rußland.

Das kulturelle und künstlerische Leben im Lande geht auch nach der Eroberung durch die Mongolen weiter. Die Invasion wird zum literarischen Leitmotiv: *»Rede über die Zerstörung von Rjazan durch Batu«* (1237), *»Rede über die Zerstörung Rußlands«* (etwa 1238 bis 1246) – in dieser Zeit füllen sich die Chroniken mit Wehklagen über das unglückselige Rußland.

Ein Kloster auf dem Athos.

Auch im 13. und 14. Jahrhundert finden sich in Chroniken, die in den bedeutenden Städten Novgorod, Pskov, Vladimir, Rostov, Suzdal, Tver, Rjazan und Moskau entstehen, vermehrt *Vitae* von Higumenen, Bischöfen, Metropoliten und
russischen Fürsten.

Die byzantinische Tradition als nie versiegender Quell der
Inspiration: die Heilung des Blinden, Detail eines serbischen
Fresko (Kloster Ravanica, Serbien).

Daneben wird die religiöse Literatur nicht vernachlässigt: Im 13. Jahrhundert
enstehen etwa die *Pčela*, eine Sammlung von Aphorismen und Anekdoten, und die
Tolkovaja Paleja, ein Werk, das Schriften des Alten Testaments mit solchen aus den
Apokryphen vereint.

Einen beträchtlichen Aufschwung nehmen auch die phantastische Literatur und
Reisebeschreibungen; das belegen z.B. der »*Bericht über das Reich Indien*«, die
»*Gespräche über die Heiligtümer von Konstantinopel*« oder auch die »*Reise nach
Konstantinopel*« des Stephan von Novgorod.

Rußland erlebt also im 13. und 14. Jahrhundert keinen Stillstand, sondern eine
Fortentwicklung seiner Literatur. Jede Fürstenresidenz besitzt ihr eigenes *scripto-*

Die Kathedrale der Verkündigung im Kreml in Moskau (1484–1489).

rium; es entwickeln sich unterschiedliche literarische Formen, der lebendige und flüssige Stil dieser Werke ist noch unbeeinflußt von den Slawen aus dem Süden.

Die Architektur der Zeit der Fürstentümer sticht besonders hervor; die Holz-bauweise erlebt ihr goldenes Zeitalter. Doch auch an Steinbauten fehlt es nicht, vor allem in Novgorod, wo auch Architekturschulen entstehen. Genannt seien nur die Mariä-Himmelfahrt-Kathedrale (1329) und die Erzengel-Kathedrale (1330) in Moskau und die Erlöser-Kirche (1378) und die Kirche des hl. Fjodor Stratilat (1360/1361) in Novgorod.

Auch die sogenannten »minderen« Künste erleben einen Aufschwung. Jedes Fürstentum besitzt seine Werkstatt für Ikonenmalerei und das Ausmalen von

Doppelportrait von Johannes VI. Kantakuzenos als Kaiser und als Mönch
(Cod. Graec. 12422, um 1350; Bibliothèque nationale, Paris).

Handschriften; an dieser Stelle seien nur die Miniaturen aus dem Chludov-Psalter (1323) erwähnt, die Ikone der Heiligen Boris und Gleb (Novgorod, Ende 14. Jahrhundert) und die Fresken von Theophanes dem Griechen in der Novgoroder Erlöser-Kirche (1378).

So gesehen bedeuten das 13. und das 14. Jahrhundert keinerlei Stagnation der kulturellen und künstlerischen Entwicklung in Rußland, sondern erscheinen als eine Zeit, in der die eigentliche russische Kunst entstanden ist. Byzantinische und andere Einflüsse der früheren Epochen werden verarbeitet, neue Schöpfungen entstehen und es bilden sich innerhalb der Fürstentümer Schulen heraus. Hier wie anderswo hat das »Mongolenjoch« weit weniger katastrophale Auswirkungen als allgemein angenommen.

Am Vorabend der osmanischen Eroberung

Um 1350 besteht die orthodoxe Welt aus Nationen unterschiedlicher Zusammensetzung und Dynamik. Serbien, das die Wiederherstellung des alten Reiches anstrebt, scheint einer vielversprechenden Zukunft entgegenzugehen, während Bulgarien nach 1331 nur für kurze Zeit seine innere Zerrissenheit überwindet und Albanien das Ziel balkanischer und italienischer Interessen und nicht imstande ist, sein tatsächlich vorhandenes Nationalgefühl in einen Staat umzusetzen. Byzanz schließlich hat aufgehört, ein Imperium zu sein, ist aber noch nicht fähig, seine Bestimmung als griechische Nation anzunehmen. Während die rumänischen Fürstentümer sich allmählich vom westlichen Einfluß befreien, hat das Fürstentum Moskau die mongolische Oberhoheit nutzen können, um die Mehrzahl seiner Rivalen in seine Hände zu bekommen. Das Bündnis, das der Großfürst und der nunmehr in Moskau residierende Metropolit von »ganz Rußland« schließen, macht aus dem Großfürstentum ein Modell für die Orthodoxie, ist aber zu weit entfernt, um für das Kaiserreich noch von Nutzen zu sein.

In Konstantinopel klammert man sich an das universale Imperium, was die übrige orthodoxe Welt nur noch deswegen hinnimmt, weil die Kirche dieses Prinzip auf ihre Fahnen geschrieben hat. Aber die Kirche beginnt zu begreifen, welches Risiko sie eingeht, wenn sie ihre eigene geistliche Universalität an eine politische Hierarchie bindet, die sich in völliger Auflösung befindet. Denn das eigene Überleben verlangt von der Kirche schonenden Umgang mit jenen Fürsten, die in ihrem Namen an den äußeren Grenzen gegen den römischen Einfluß kämpfen, aber auch gegen die in Rußland vordringenden Schweden und Litauer, gegen den ungarischen Ansturm in der Walachei und gegen den wachsenden Einfluß der dalmatinischen Kirche, der von Ragusa und Antibari aus Anfang des 14. Jahrhunderts den Norden Albaniens erreicht hat und auf das Zentrum des Landes vorstößt. Angesichts dieses religiösen Widerstandes fällt die Verbundenheit der griechischen Intellektuellen mit den alten politischen Idealen kaum ins Gewicht: Ihr Einfluß auf die Orthodoxie wird erst später spürbar. Ob man Georgios

Akropolites, den Chronisten des nikäischen Reiches, Pachymeres, seinen Nachfolger unter Michael VIII. und Andronikos II., Nikephoros Gregoras, der seine Abhandlung über die Zeit von 1204 bis 1359 bedeutsam *Römische Geschichte* überschreibt, oder Johannes Kantakuzenos, Kaiser und Historiker, dessen *Historien* in erster Linie eine glühende Apologie der eigenen Herrschaft darstellen, betrachtet – allen großen Historikern ist der Wille gemeinsam, die Geschichte ihrer Zeit in reiner byzantinischer Tradition um jene Achse der Welt herum anzuordnen, die in ihren Augen noch immer das rhomäische Reich ist. Doch nicht diese Ideale bewirken den Zusammenhalt der orthodoxen Welt, und der »byzantinischen« Kultur, die die slawischen Länder durchdringt, sind sie fremd; sie können auch nicht den Machthunger der Feudalherren zügeln, die Griechenland und Bulgarien bereits zerstückelt haben und fast Rußlands Schicksal besiegelt hätten, während in Serbien ihr Hunger sogar schon vor Dušans Tod wütet. Und auch die Lateiner werden von diesen Idealen nicht beeinflußt, die die orthodoxe Welt von Trapezunt

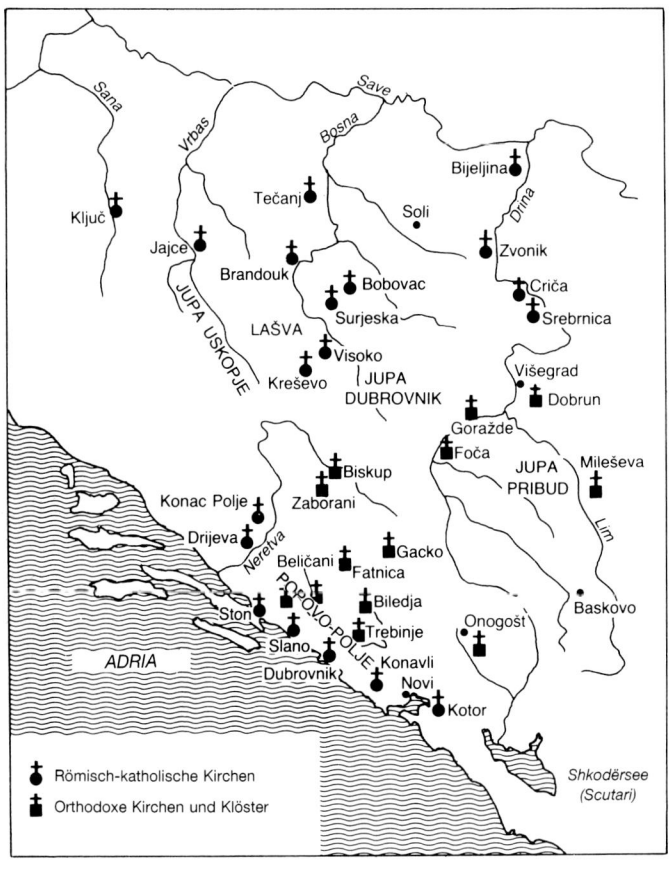

Eine römisch-orthodoxe Grenzregion –
Bosnien Anfang des 15. Jahrhunderts.

bis zur Donau, von Konstantinopel, Kreta und Albanien bis hin zu den Märkten von Novgorod und Pskov als ein riesiges Feld betrachten, das als Kolonie ausgebeutet werden kann. Nur im Schutz ihrer Kirche und dank der türkischen Eroberung können die Orthodoxen einige Zeit diesen tödlichen Krankheiten entrinnen.

KAPITEL 8
UNTERGANG ODER FORTBESTAND DER ORTHODOXEN WELT?

Nach der Mongoleninvasion und der Auflösung des Sultanats Rum stellt sich das türkische Problem für das Reich nicht mehr in der alten Weise, aber die Ruhe ist trügerisch. Zwar steht Byzanz nun kein türkischer Gegner mehr gegenüber, der imstande wäre, es zu zerstören; die vermehrte Zahl kleiner Emirate erlaubt dem Reich im Gegenteil, die vorhandenen Rivalitäten für die eigene Bündnispolitik zu nutzen und in den Türken vor allem ausgezeichnete Söldner zu sehen. Aber der Wegfall eines seldschukischen Mittelpunkts birgt auch Gefahren, da jeder Emir fortan seine eigene Politik verfolgt. Byzanz kann nicht mehr mit jenen langen Zeiträumen der Waffenruhe rechnen, wie sie für die Beziehungen zu Konya (Ikonion) galten, und Überraschungsangriffe der vielen türkischen Partner tragen die Unsicherheit nun auch in weite Teile der europäischen Gebiete.

Die osmanische Invasion 1350–1480

Die Türken Asiens in Europa

Um 1350 sind die Türken in Europa keine Unbekannten mehr; schon 1333 hat das Küstenemirat Saruchan einen Vorstoß gegen die thrakischen Küsten unternommen und Rhaidestos besetzt, 1334 waren seine Truppen im Golf von Thessalonike gelandet und haben im Jahr 1337 sogar die Umgebung von Konstantinopel geplün-

Die Türken vor Konstantinopel – die veralteten Festungsanlagen und das schwache Verteidigungsaufgebot sind den speziell für Belagerungszwecke gefertigten Kanonen nicht gewachsen (Detail einer Miniatur der Handschrift Hünername, 16. Jahrhundert; Topkapi Serail, Istanbul).

dert. Türken sind auch im Heer zu finden: Michael VIII. hatte sie gegen die Franken von Morea eingesetzt und 1263 in zwei Dörfern angesiedelt; türkische Hilfstruppen kämpften in den Jahren 1301/02 an der Seite der katalanischen Kompanie (Almugavaren). Aber erst nach 1340 entschließt sich Byzanz in höchster Not zum Bündnis mit den Türken. So setzt Kantakuzenos 1341 noch als Regent gegen die Bulgaren Truppen ein, die ihm der Emir von Germiyan zu Hilfe schickt, und zwischen 1342 und 1348 ist Umur von Ajdin sein treuer Verbündeter im Kampf gegen Johannes V. Doch der Bürgerkrieg hat noch schlimmere Auswirkungen: Als nach der Einnahme von Smyrna durch die Lateiner im Jahr 1344 die Unterstützung Umurs nachläßt, wendet sich Kantakuzenos ohne Zögern an die Osmanlis des Urchan, der ihm 1348 zehntausend Mann zur Verfügung stellt, um die Serben zurückzuschlagen, und im Jahr 1352 weitere zehntausend, mit deren Hilfe er seinen Rivalen um den Thron niederwerfen kann. Doch Urchan läßt sich dafür nicht nur mit Geld bezahlen, sondern erhält als Entschädigung auch die Festung Tzympe auf dem thrakischen Chersonnes, die zum ersten türkischen Brückenkopf auf europäischem Boden wird. Von hier aus erobert Urchans Sohn Sulaiman – nach dem großen Erdbeben vom 2. März 1354, das die gesamten Festungsanlagen an den Dardanellen und am Marmara-Meer zerstört hat – die Stadt Gallipoli, von wo aus die Türken leicht Thrakien plündern können. Schon 1359 tauchen die Türken unter den Mauern von Konstantinopel auf, und die Eroberung Thrakiens beginnt. Adrianopel ist gerade gefallen, als 1362 mit Murad I. ein Sultan an die Macht kommt, der nicht nur Eroberer, sondern auch ein guter Organisator ist. Sein Ziel ist die Eroberung der griechischen und slawischen Länder, und die inneren Wirren in Bulgarien ermöglichen ihm 1363 die Einnahme von Philippupolis. Im gleichen Jahr unterstellt er Rumelien, den europäischen Teil seines Reiches, Lala Sahin Pascha, dem ersten Generalgouverneur *(beglerbeg)*. Die Wahl von Adrianopel – aus dem Edirne wird – als Hauptstadt ist ein entscheidender Schritt; das künftige osmanische Reich wird auf europäischem Boden entstehen, obwohl Murad schon die Gefahren erkannt hat, denen die schwache türkische Minderheit gegenübersteht. Während er christliche Bevölkerungsteile nach Anatolien deportieren läßt, siedelt er erste türkische Kolonien in Europa an, in Thrakien und Makedonien bis hin nach Thessalien. Dabei handelt es sich zwar nur um Militärkolonien, und die Dynamik der lokalen Bevölkerung bleibt ungebrochen. Dennoch kann Demetrios Kydones 1378 über Thrakien berichten, daß »alle, die außerhalb der Mauern der Stadt leben, von den Türken unterjocht sind«. Johannes V. reist 1367 hilfesuchend ins Abendland und nimmt 1369 sogar den römischen Glauben an, aber es kommt keine Hilfe, und als letzte Hoffnung bleibt nur eine Union der Orthodoxen gegen den gemeinsamen Feind.

Die Reaktion der Orthodoxie

Als Johannes V. von seiner erfolglosen Reise in den Westen nach Konstantinopel zurückkehrt, sind auch die Bemühungen des Patriarchen Philotheos gescheitert, auf dem Balkan einen »orthodoxen Kreuzzug« ins Leben zu rufen, obwohl die serbische und die bulgarische Kirche ein Bündnis mit ihm eingehen. Militärisch stehen den Osmanen unter Murad I. in der Schlacht von Černomen (Tzernomianon) an der Marica (Hebros) im September 1371 rein serbische Streitkräfte gegenüber. Die Niederlage und der Tod des serbischen Königs Vukašin (1366–1371) und seines Bruders Johann Uglješa, als Despot Herr über Ostmakedonien und Thrakien bis zum Poru-See (Bistonis), haben wichtigere Folgen: Mit Ausnahme weniger Städte, die die Byzantiner zurückerobert haben, werden die lokalen Fürsten in Makedonien und wenig später sogar Byzanz und Bulgarien dem Sultan zu Tribut verpflichtet und müssen Heerfolge leisten.

Doch erneut sind es die Serben, die trotz der Verzweiflung über die folgenschwere Niederlage, die der Mönch Isaias von Serrhes eindringlich beschreibt, neue Kräfte freisetzen. Der starke Mann in Serbien ist Fürst Lazar, der über das Gebiet von Rudnik und Užice gebietet. Durch Heiratspolitik bindet er Vuk Branković, den Machthaber in Kosovo, und den Fürsten Georg II. Balšić (Balsa) von Zeta an sich, um mit frischen Kräften der neuerlichen Bedrohung durch Murad I. entgegentreten zu können. Mit Tvrtko I. von Bosnien reiht sich ein weiterer Verbündeter in diese antitürkische Front ein, ebenso walachische, albanische und polnische Einheiten. Auf dem Amselfeld (Kosovopolje) treffen beide Heere im Juni 1389 aufeinander. Anfänglich scheint ein Sieg der Serben möglich, denn Murad wird von einem Dolchstoß – wahrscheinlich von Lazars Schwiegersohn Miloš Kobilić – tödlich getroffen; aber die Übernahme der Führung auf dem Schlachtfeld durch den

Thronfolger Bajezid wendet das Blatt. Fürst Lazar und alle seine Großen werden getötet, während Bajezid ihre Nachfolger tributpflichtig macht. Die gesamte nicht-moslemische Bevölkerung, auch die Athos-Bewohner, die die osmanische Oberhoheit schon 1386 anerkannt hatten, werden der *Charadsch*-Steuer unterworfen. Tvrtko aber läßt die Nachricht vom Tod des Sultans und dem überstürzten Abzug des türkischen Heeres nach der Schlacht als Sieg der Christen verbreiten, was Philipp de Mézières mit den Worten wiedergibt, daß das türkische Heer »völlig aufgerieben wurde und überstürzt von Albanien abzog, während er und sein Sohn sowie die Tapfersten seines Heeres in der Schlacht fielen«.

Die Schlacht auf dem Amselfeld und ihre Helden sind in die Sagenwelt Serbiens eingegangen; in zahlreichen Volksliedern und Balladen werden Fürst Lazar und Miloš Kobilić als edle Helden des Religionskrieges besungen, während Vuk Branković als Verräter dargestellt wird. Nur kurze Zeit nach der Schlacht auf dem Amselfeld – im Juni 1393 – erobert Bajezid die bulgarische Hauptstadt Trnovo nach dreimonatiger Belagerung. Drei Jahre später befindet sich mit der Eroberung des Reiches von Vidin ganz Bulgarien in seiner Hand.

Vorübergehendes Innehalten der osmanischen Expansion

Der auf dem Schlachtfeld zum Sultan ausgerufene Bajezid I. besitzt nicht die Weisheit seines Vaters, was der ihm verliehene Beiname *Yildirim* (»der Blitz«) belegt. Sein Ziel ist im Grunde eine Wiederherstellung des alten Reiches durch die Unterwerfung Asiens und Europas. Zu Beginn scheint dies zu gelingen: Aus Serbien, das vom Thronerben Stephan Lazarević regiert wird, hat er fast einen Lehensstaat gemacht, und er kann Bosnien zurückwerfen, dessen König Tvrtko 1386/87 in Kroatien und Dalmatien einfällt. Sigismund von Ungarn, der ihm durch die Eroberung Bulgariens zuvorkommen will, schlägt er im Jahr 1392 vernichtend; für Bajezid bietet sich dadurch ein Vorwand, Trnovo einzunehmen, sein Protektorat über Bulgarien aufzugeben und es 1393 einfach zu annektieren. Auf griechischer Seite wird im Jahr 1394 Thessalien erobert, und die Türken stoßen bis nach Morea vor, wo das dynamische Despotat Mistra, eine navarresische Kompanie, die sich selbst als Erbin des ehemaligen Herzogtums Achaia sieht, und Venedig dominieren, das schon über Koron und Modon gebietet und nun noch Argos und Nauplion erwirbt. Aber die griechischen Archonten handeln ebenfalls. So etwa der Gouverneur von Monemvasia, Paulos Mamonas, dessen Güter der Despot Theodoros I. konfisziert hat und dessen Dienste von Venedig zurückgewiesen werden; er verbündet sich mit dem Anführer der Navarresen, Peter von St. Superan, und beide sehen in Bajezid eine Stütze für ihre Unternehmungen. Im Mai 1394 ruft der Sultan die Palaiologen an seinen Hof, droht ihnen zunächst mit dem Tod, verlangt schließlich aber nur von Theodoros, auf Monemvasia zu verzichten und dem Feldherrn Evrenos-beg die wichtigsten Plätze des Despotats zu überlassen. Aber Theodoros flieht und führt die Befehle nicht aus, und Bajezid muß sich 1395 mit der

Hinrichtung eines Verräters in Anwesenheit Murads II.,
der symbolisch den Helm seines Erzfeindes Johannes Hunyadi spaltet
(Handschrift Hünername, 16. Jahrhundert; Topkapi Serail, Istanbul).

In der Schlacht auf dem Amselfeld (15. Juni 1389) erdolcht der in Serbien
als Held gefeierte Soldat Miloš Kobilić den Sultan Murad I.
(Handschrift Hünername, 16. Jahrhundert; Topkapi Serail, Istanbul).

Plünderung Moreas begnügen. Der Grund liegt darin, daß der Sultan auch die
Donau als Ziel hat, wo der walachische Fürst Mircea der Große mit Hilfe der
Ungarn eine relative Autonomie bewahren kann, zumal er 1395 in der Schlacht von
Rovine teilweise die Oberhand behält. Konstantinopel scheint verloren: Das
drohende Unheil für die seit 1392 eingeschlossene Stadt kann die Christenheit
jedoch aufrütteln. 1396 gelingt es den Venezianern von Mocenigos, den Belage-
rungsring zu sprengen, doch das von Buda kommende Kreuzfahrerheer, das den
Türken in den Rücken fallen will, wird am 25. September bei Nikopolis vernichtend
geschlagen. Drei Jahre bereist Kaiser Manuel den Westen, der jedoch auf seine
Bitten um Hilfe kaum eingeht; lediglich Frankreich entsendet Marschall Boucicaut,
der in den Jahren 1399/1400 die neue Belagerung der Hauptstadt aufheben kann.
    Nicht die Kreuzzugsbulle, die Bonifaz IX. im Jahr 1400 verkündet, rettet
Byzanz vorübergehend, sondern die Niederlage, die Bajezid in Asien erleidet. Seit
1390 hat er versucht, die mit ihm rivalisierenden anatolischen Emirate auszuschalten, was ihm gelungen ist, als im Juni 1402 der Turkmongole Timur Leng (Tamerlan) unter dem Vorwand in Kleinasien einfällt, die Emirate wieder herstellen zu
wollen. Nach seiner Niederlage bei Ankara gerät Bajezid am 20. Juli in Gefangenschaft, in der er im März 1403 stirbt. Doch nicht einmal den nun einsetzenden, elf
Jahre dauernden Bürgerkrieg zwischen seinen Söhnen nutzt der in eigene Kriege

Die befestigte Stadt Trnovo; die Hauptstadt des zweiten bulgarischen Reiches und Sitz des autonomen Patriarchats wird 1393 von den Türken erobert und niedergebrannt.

verstrickte Westen zur Rettung von Byzanz, das bis 1421 mit Mehmed I. in Frieden lebt, während dieser das Reich seines Vaters wieder aufbaut.

Auflösung oder Unterwerfung der Balkanländer

Murad II. verstärkt unmittelbar nach seiner Thronbesteigung den Druck auf die Völker des Balkan. Im Juni 1422 hebt er die Belagerung von Konstantinopel auf und fällt nach Griechenland und in die Peloponnes ein, läßt die jüngst wiedererrichteten Befestigungen des Hexamilion niederreißen, verwüstet das Land bis hin nach Mistra und zwingt danach Byzanz ein hartes Abkommen auf: Die Byzantiner müssen wieder jährliche Tributzahlungen leisten und im Austausch für die Peloponnes die meisten Schwarzmeerstädte abtreten; das Hexamilion darf nicht wieder aufgebaut werden. Auch Thessalonike, das der Despotes Andronikos Palaiologos den Venezianern gegen Schutzgarantien abgetreten hat, kann Murads Truppen nicht widerstehen, die am 29. März 1430 die Stadt erstürmen. Drei Tage lang trifft die Stadt nach osmanischem Brauch Feuer und Blut, weil sie sich nicht ergeben hat. Der Fall von Thessalonike, der orthodoxen byzantinischen Kapitale, auf die die unmittelbar benachbarten slawischen Völker seit jeher mit ebenso viel Begehren wie

Verehrung geblickt haben, besiegelt auch deren Schicksal. Smederevo, das Murad im Frühling des Jahres 1439 belagert, fällt nach drei Monaten. Das stark befestigte und wehrhafte Belgrad hält sich sechs Monate und kann den Sultan gar zum Rückzug zwingen (1440). Den Preis dafür zahlen die bis dahin unbehelligten umliegenden Gebiete. Mit der Einnahme von Novo Brdo im Jahr 1441 ist ganz Serbien außer Zeta unterjocht.

Unter dem immer stärkeren osmanischen Druck an der ungarischen Grenze bricht auch der letzte antitürkische Kreuzzug zusammen. Dabei sind seit Beginn beträchtliche Kräfte aufgeboten worden: Ladislaus III., König von Polen und Ungarn, sein Vasall, der transsilvanische *Vojvode* Johannes Corvinus-Hunyadi, der serbische Despot Georg Branković sowie der walachische Fürst Vlad, während Venedig, der Papst und der Herzog von Burgund die zur Expedition nötigen Schiffe bereitstellen. Doch unterschiedliche Ziele der Anführer des Kreuzzugs – der päpstliche Gesandte Cesarini ist einer der wenigen, der Konstantinopel vor der türkischen Bedrohung retten will – und das ungleiche Kräfteverhältnis führen zur Niederlage der Streitmacht der Verbündeten in der Schlacht von Varna (November 1444), wo Ladislaus und Cesarini fallen. Der Despot Georg Branković zieht erst gar nicht in die Schlacht, da er zwischenzeitlich mit dem Sultan einen separaten Friedensvertrag unterzeichnet hat. Für Johannes VIII. Palaiologos bedeutet es eine Demütigung mehr, daß er Murad zu seinem Sieg über die Christen auch noch beglückwünschen muß.

Nach der Unterwerfung Serbiens ist auch das Schicksal Bosniens 1463 besiegelt, durch eine Kapitulation seines Königs Stephan Tomašević (1461–1463), der dem Sultan nach dem Bericht des polnischen Chronisten Długosz siebzig Festungen, nach Kritobulos gar dreihundert übergeben hat, ohne damit sein Leben retten zu können. Die südlichen Landesteile hatten sich bereits gegen den König von Bosnien erhoben, und ihr Anführer, der Großvojvode Stephan Vukčić Kosača nennt sich mit Zustimmung der *Pforte* (der Osmanen) bereits seit 1448 »Herzog von Sankt Sabas« *(Herceg od svetoga Save, dux Sankti Sabbae)*, woraus sich der Name seines Landes herleitet: Herzegowina. Doch der Sultan, der ihn zuvor gegen alle Nachbarn unterstützt hat, besetzt das neugegründete Herzogtum, das nach Stephans Tod 1466 nur noch aus einem schmalen Küstenstreifen besteht. Mit der Einnahme der Stadt Novi im Jahr 1482 ist auch der letzte unabhängige Flecken auf der Landkarte des Balkan verschwunden, mit Ausnahme von Belgrad, das seit 1427 Ungarn untersteht, und der winzigen Republik Ragusa (Dubrovnik), theoretisch ebenfalls unter ungarischer Oberhoheit.

Lange Zeit werden die rumänischen Gebiete von Ungarn und Türken heiß umkämpft, wobei sich die walachischen und moldavischen *Vojvoden* jeweils der Politik ihrer mächtigen Nachbarn anpassen und mal zu der einen, mal zu der anderen Seite neigen. Trotz des Sieges von Ungarn und Walachen über die Türken bei Rovine (1395) bringen diese die Walachei unter ihre Kontrolle und machen sie tributpflichtig. Nicht anders ergeht es dem Fürstentum Moldau nach seiner Niederlage in Valea Albă gegen Mehmed II. im Jahr 1476, der danach Suçeava niederbrennen läßt. Nach weiteren Siegen in Kilia und Cetatea Albă (Akkerman, Monokastro, Maurokastro, Asprokastro) festigen die Türken in den Jahren 1484/85 endgültig ihre Herrschaft: Der *Vojvode* Stephan der Große verpflichtet sich zu einem jährlichen Tribut in Höhe von 4000 Dukaten und schickt seinen Sohn als Geisel nach Konstantinopel.

Dennoch verläuft die Ausbildung der Abhängigkeit der rumänischen Gebiete völlig anders als in den balkanischen Ländern: Walachei und Moldau können ihre nationalen Institutionen und Behörden beibehalten. Die rumänischen Bojaren müssen sich nicht in das osmanische System der *sipahis (spahis)* eingliedern lassen und bleiben an Ort und Stelle. Es gibt dort weder türkische Kolonisierung noch zwangsweise Bekehrung zum Islam: In all diesen Jahrhunderten bleibt die rumänische Tradition damit weitgehend unangetastet.

Die endgültige Eroberung

»Als ich das Licht dieser Welt erblickte«, schreibt Laonikos Chalkokondyles, der um 1430 geboren ist, »besaßen die Griechen nur noch ein schmales Territorium: Byzantion und die Küste am Marmarameer bis zur Stadt Herakleia sowie am Pontos Euxeinos den Küstenstreifen bis nach Mesembria; des weiteren die ganze Peloponnes mit Ausnahme von drei oder vier venezianischen Städten sowie Lemnos, Imbros und die in diesem Teil der Ägäis gelegenen Inseln«. Das sind, nimmt man noch Trapezunt und Rußland hinzu, die letzten noch freien orthodoxen Gebiete. Für den seit 1425 als Kaiser regierenden Johannes VIII. bietet nur das Abendland noch Hoffnung, dessen Hilfe sich durch die religiöse Unterwerfung auszahlen soll. Die 1431 begonnenen Verhandlungen enden tatsächlich mit der auf dem Konzil von Florenz (1439) proklamierten Kirchenunion, und die wenigen Anhänger der Union träumen davon, die Türken in die Zange zu nehmen zwischen den Ungarn des Johannes Hunyadi, den Albanern, die unter Skanderbeg seit 1443 im Aufstand sind, und einer direkten lateinischen Intervention, zu der Papst Eugen IV. aufruft. Tatsächlich setzen sich die Ungarn in den Jahren 1443/44 in Serbien und Bulgarien durch und im Juni 1444 vernichtet Skanderbeg in Domosdova am Ochridsee ein großes türkisches Heer. Im Friedensvertrag von Szeged muß Murad II. die Räumung der Walachei akzeptieren und Georg Branković wieder als serbischen Despoten einsetzen. Rom wird ein letztes Mal von der Kreuzzugsidee erfaßt: Es entbindet die Ungarn von ihren in Szeged gemachten Versprechen, so daß sie über Bulgarien bis zur Schwarzmeerküste vorstoßen, wo sie von der venezianischen Flotte erwartet werden. Aber Venedig verspürt keine Neigung, sich mit den Türken anzulegen, und seine Flotte wird erst vor Varna gesichtet, als die Schlacht schon zu Ende ist, in der am 10. November 1444 der ungarische König Vladislav sein Leben läßt. Nun kann Murad seine balkanischen Gegner einzeln schlagen: 1446 wird Morea tributpflichtig, 1448 unterliegen die Ungarn in der zweiten Schlacht auf dem Amselfeld, und nur Skanderbeg kann trotz der unaufrichtigen Politik Venedigs

Mongolische Befestigungen der iranischen Zitadelle von Täbris (14. Jahrhundert).

bis zu seinem Tod Widerstand leisten. Mehmet II. Fathi (»der Eroberer«), seit 1451 Sultan, gelingt schließlich die Verwirklichung einer der ältesten Wunschvorstellungen des Islam: Anfang 1451 beginnt die Belagerung Konstantinopels, wo seit 1449 Konstantin XII. Dragases als letzter *basileus* regiert und das nur noch von schwachen venezianischen und genuesischen Einheiten verteidigt wird. Am 29. Mai 1453 fällt die Stadt.

1456 erleidet der Sultan vor Belgrad eine Niederlage, doch im gleichen Jahr stirbt Georg Branković: 1459 ist Serbien erneut unterworfen. In Morea, wo der große albanisch-griechische Aufstand des Jahres 1453 ausgebrochen ist, bekämpfen sich die beiden Brüder Konstantins XII., die Despoten Thomas und Demetrios, unter den Augen der Türken, die seit 1456 die Herren im Herzogtum Athen sind; 1460 ist das Schicksal von Mistra und Morea besiegelt. Im folgenden Jahr rächt sich dann das unkluge Bündnis des Kaisers David Komnenos mit Sultan Hasan von Täbris, dem turkmenischen Widersacher Mehmeds: Am 15. August fällt auch Trapezunt. Nach der Unterwerfung Bosniens und dem Tod des Königs Stephan Tomašević 1463 bleiben nur noch die Albaner im Spiel, die sich nach Skanderbegs Tod 1468 wieder spalten, und einige venezianische und genuesische Besitzungen, die jedoch zunehmend bedroht sind.

Die Fürsten, die sich dem letzten Ansturm entgegenwerfen, sind heute legendär und verkörpern nationale Zusammengehörigkeit und Widerstandsgeist. Aber der Widerstand war nicht einmütig, das Volk läßt seine Herrscher oft im Stich, die selbst manchmal ein doppeltes Spiel treiben. Hinter dem Bild vom edlen Helden, der die gesamte Nation führt, erscheinen die Fürsten ihrer Zeit, die aus ihren Untertanen ohne Rücksicht Steuern herauspressen, die mit dem Kampf gegen die Türken begründet werden, und die sich teilweise mit den Lateinern und notfalls sogar mit den Osmanen verbünden. So edel Skanderbegs Ziele auch sein mögen, so hat er doch viel vom Volk verlangt, an Steuern wie an Männern, und die starke albanische Emigration ist ein Beleg dafür. Und Vlad Ţepeş (der Pfähler), jener walachische Fürst, der heute in Rumänien als Nationalheld gefeiert wird, ist vor allem ein blutrünstiger Tyrann, der zusammen mit der Figur seines Vorgängers Vlad Dracul (der Teufel) den Kern der Dracula-Sage bildet. Weit mehr als die Türken hat er die Walachei in eine Einöde verwandelt, bevor ihn 1462 Mehmed der Eroberer unterwirft.

Diese Fürsten haben im Grunde mehr Bedeutung für die Zukunft als für ihre eigene Zeit: Ihre romantische Überhöhung trägt zur Freisetzung nationaler Energien bei, die im 19. Jahrhundert zum Ende des osmanischen Reichs beitragen. Doch in den Augen ihrer Zeitgenossen sind sie gewöhnliche Herren. Oft grausamer als der Eroberer, ständig in Auseinandersetzungen mit dem eigenen Stand oder der eigenen Familie verwickelt, sind sie unfähig, ein Mindestmaß an Ordnung und Sicherheit aufrechtzuerhalten. Viele verbünden sich aus Abscheu und Ekel vor dem herrschenden Chaos mit den Türken und hoffen, der gottlose Eroberer werde dem nun ein Ende bereiten. Eine vergebliche Hoffnung, wie sich bald zeigen wird.

Gefahr für die Staaten Italiens

Auf den unaufhaltsamen Vormarsch der Osmanen, die Ende des 14. Jahrhunderts die gesamte Balkaninsel überflutet haben, reagieren Venedig und Genua unterschiedlich, was auf die Reste des byzantinischen Imperiums nicht ohne Einfluß bleibt.

Da Venedig das osmanische Vordringen auf dem Festland nicht aufzuhalten vermag und mit einer christlichen Liga nicht zu rechnen ist, baut die Stadt im Ionischen Meer, in der Ägäis und auf der Peloponnes ihre Position aus, um so den Türken widerstehen zu können: Venedig erwirbt Korfu (1386), errichtet ein Protektorat über die Ionischen Inseln, über das Herzogtum des Archipelagos sowie über die Inseln Tenos und Mykonos, besetzt Nauplia und Argos und annektiert vorübergehend sogar Athen. Aus Furcht vor einem griechisch-türkischen Bündnis, das seine rhomäischen Besitzungen gefährden könnte, versucht die Seerepublik, den Eroberer auf der Balkanhalbinsel durch einen Schutzwall aus Seestützpunkten einzuschließen. Als Manuel II. wegen der Bedrohung seiner Hauptstadt durch die Türken Venedig zu Hilfe ruft, entsendet die Stadt einen Flottenverband, um Sigismund von Ungarn und seinen »Kreuzzug« zu unterstützen, der 1396 mit der Katastrophe von Nikopolis endet. Venedig übernimmt nun eine führende Rolle im Widerstandskampf gegen die Türken.

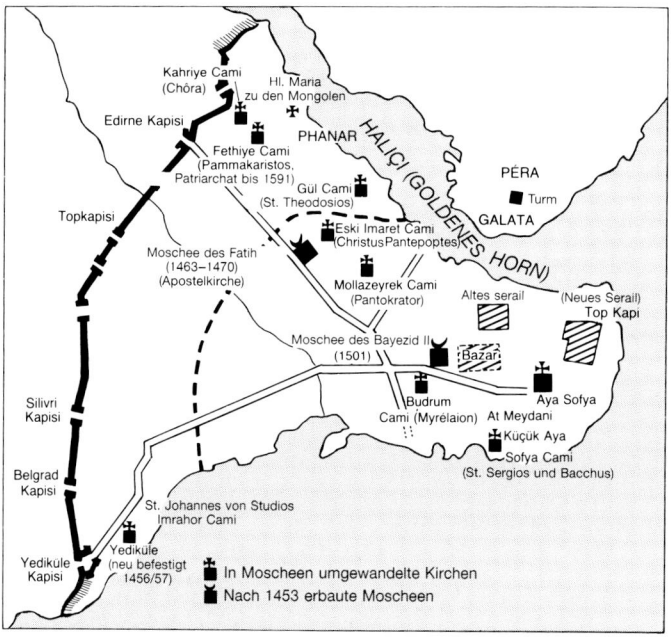

Istanbul zu Beginn des 16. Jahrhunderts.

Genua verfolgt eine zögernde Politik. 1387 verhandelt die Stadt mit Murad über freien Handel in den von ihm beherrschten Ländern. Aber ein Jahr später schlägt Genua den Venezianern eine anti-türkische Liga vor. Die Genuesen Peras ihrerseits verzögern zunächst, verhandeln dann mit Bajezid, bevor sie nach der vernichtenden Niederlage von Nikopolis endgültig ins Lager der Verteidiger Konstantinopels wechseln. Genua gerät nun unter die Herrschaft des französischen Königs, und der Kreuzzugsgedanke scheint wieder aufzuleben. 1399 eilt Marschall Boucicaut an der Spitze eines kleinen Heeres nach Konstantinopel und zwingt die Türken mit Hilfe Venedigs dazu, die Belagerung zu lockern und eine Zufahrt zum Schwarzen Meer freizuhalten. Boucicaut bewegt Manuel, ins Abendland zu reisen, um dort für einen neuen Kreuzzug gegen die Türken zu werben – ein fruchtloses Unternehmen, was glücklicherweise durch den Sieg Timurs über die Truppen Bajezids bei Angora (Ankara) im Juli 1402 kompensiert wird. Die Niederlage der Osmanen rettet Konstantinopel, aber im Abendland brechen die alten Spannungen wieder auf.

Der Aufschub währt jedoch kaum zwanzig Jahre, während derer die in Thronwirren verstrickten Osmanen ihre Expansionspolitik aufgeben. Der *basileus* kann Thessalonike und die makedonische Küste zurückgewinnen; den Abendländern steht wieder eine sichere Route zum Schwarzen Meer offen, obgleich die Raubzüge Timurs dem Handel auf den von den Mongolen beherrschten Routen stark zusetzen. Venedig verhandelt wieder mit den Türken und festigt seine Hoheit in der Ägäis (1416). Genua, das von einer fremden Herrschaft zur anderen schwankt, überläßt seinen östlichen Niederlassungen eine Politik des Kompromisses und der guten Nachbarschaft mit den Ungläubigen, Voraussetzung für die tatsächliche Unterwerfung.

Als Murad II. 1422 den Thron besteigt, setzt die unaufhaltsame Expansion der Osmanen wieder ein; sie richtet sich gegen Konstantinopel, das erneut belagert wird und noch Widerstand leistet, dann gegen die Peloponnes. Venedig übernimmt die Führung des lateinischen Widerstandes; auf Bitten der Einwohner von Thessalonike besetzt es 1423 die Stadt und sichert ihre Verteidigung bis zur Eroberung durch die Türken im Jahr 1430. Aber Venedig verhandelt mit Murad, den die Genuesen nach einem venezianischen Angriff auf Chios zur Hilfe gerufen haben, in der Überzeugung, daß Venedig allein gegen die Türken nichts bewirken kann. Die Spaltung der westlichen Mächte macht sie machtlos: Venedig kämpft gegen Mailand

Kathedrale von Andravida auf der Peloponnes.

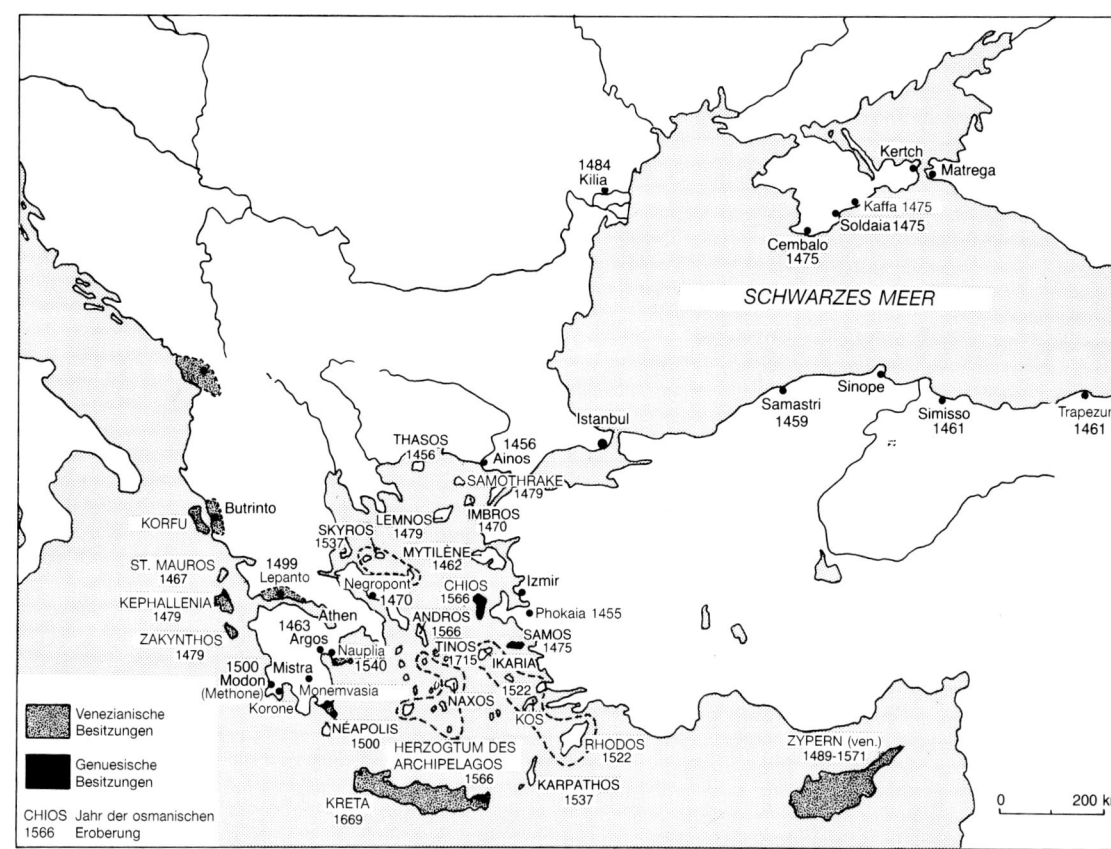

Besitzungen von Venedig und Genua im Osten nach dem Fall von Negropont (1470).

und widersetzt sich dem Heiligen Stuhl; bis 1444 geht es kein einziges Mal gegen die Türken vor und beschränkt sich darauf, das venezianische Protektorat über die Inseln der mittleren und westlichen Ägäis zu festigen. Die schlecht verwalteten genuesischen Kolonien bleiben sich selbst überlassen und haben von Genua nichts mehr zu erwarten, wo das Geld knapp ist und die fremden Herren jedes Interesse an den überseeischen Besitzungen verloren haben. Zwischen 1428 und 1430 verschwinden die kleinen lateinischen Staaten auf der Peloponnes, die das griechische Despotat Morea nacheinander zurückerobert.

Die letzte Gegenwehr geht von Byzanz aus; der *basileus* Johannes VIII. begibt sich ins Abendland und unterzeichnet in Florenz die Kirchenunion. Aber die Antwort der Lateiner entspricht nicht den byzantinischen Erwartungen: Nach einigen Anfangserfolgen wird das Heer des *Vojvoden* Johannes Hunyadi und der Könige Polens und Ungarns bei Varna vernichtet, bevor es sich mit der venezianischen Flotte vereinigen kann. Der Sprung von Asien nach Europa gelingt den Osmanen mit Hilfe der Genuesen, und nach dem Sieg empfangen sie die Glückwünsche des *basileus*. Venedig muß jetzt mit dem Sultan verhandeln und widersetzt sich nicht länger der türkischen Expansion auf dem Balkan.

Mit der Thronbesteigung Mehmeds II. ist die letzte Stunde des Reiches wie auch der meisten lateinischen Besitzungen in der Levante gekommen. Venedig entsendet zur Rettung Konstantinopels eine unter dem Befehl des Giacomo Loredano stehende Flotte, die die Meerenge aber erst nach der Einnahme der Stadt erreicht. Die Venezianer in Konstantinopel kämpfen ein letztes Mal heldenhaft; man hat ihre Haltung zu Recht jener der Genuesen Peras gegenüber gestellt, deren Podestà Angelo Lomellino als einer der ersten dem Sultan seine Glückwünsche übermittelt. Zwar hat Genua dreihundert Armbrustschützen gesandt, auch die beiden Feldherren Maurizio Cattaneo und Giovanni Giustiniani haben sich durch ihren Mut ausgezeichnet, doch die Peroten hoffen vergeblich, ihren Besitz durch ihre Unterwürfigkeit zu retten. Ein Edikt *(Firman)* unterstellt sie einem Beamten des Sultans und verpflichtet sie zur Entrichtung der Kopfsteuer und zum Abriß aller landeinwärtsgerichteten Befestigungen: Die genuesische Handelsniederlassung findet sich auf den Rang eines einfachen türkischen Dorfes reduziert.

Nachdem die Osmanen nun ihre Besitzungen in Europa mit denen in Asien verbunden haben, nutzt Mehmed II. seine vorteilhafte Lage bald zum Angriff in der Ägäis. Die Eroberung Phokaias im Jahr 1455 führt in der abendländischen Textilindustrie, die auf den Alaun aus Kleinasien angewiesen ist, zu einer Krise: Die Gattilusio müssen nacheinander Thasos, Ainos und – im Jahr 1462 – auch Mytilene räumen. Zwei Jahre später verliert Genua Famagusta an den zypriotischen König Jakob II.; einzig die Insel Chios verbleibt noch in genuesischem Besitz, wo die Mahona tributpflichtig wird. Venedig bereitet sich auf den unausweichlichen Kampf vor. 1456 verleibt sich der Sultan Athen ein, vier Jahre später das griechische Despotat Morea. Im Jahr 1463 bricht der erste große Krieg zwischen Venezianern und Osmanen aus. Trotz des Bündnisses mit Ungarn scheitern alle Unternehmungen von Venedig gegen die Inseln in der nördlichen Ägäis. Im Jahr 1470 belagert eine überlegene osmanische Armee Negroponte, das im fünften Sturmangriff fällt; die gesamte lateinische Bevölkerung wird massakriert. Als Venedig 1479 in Verhandlungen einwilligen muß, verfügt es mit den Plätzen auf Morea, Kreta und dem Herzogtum des Archipelagos nur noch über die letzten Reste eines Kolonialreiches, das es 1489 aber dennoch durch den Erwerb Zyperns wieder vergrößern kann.

In diesen Jahrzehnten gehen auch die westlichen Schwarzmeerkolonien verloren, die die Osmanen jederzeit durch die Sperrung des Bosporus abriegeln können. Schon 1454 greift eine türkische Flotte Maurocastro an und zwingt Kaffa zur jährlichen Tributzahlung. In den Jahren 1459 bis 1462 besetzt Mehmed II. Samastri (Amastris), Sinope und Trapezunt. Obwohl Genua schon 1453 die Verwaltung seiner pontischen Besitzungen in die Hände des *Banco di San Giorgio* legt, der die Staatsgläubiger zusammenschließt, kann auch diese Institution keine wirksame Verteidigung sichern, zumal diese durch ethnische und religiöse Spannungen zunehmend schwächer wird. Auf Bitten der Tataren, die sich gegen den Krimkhan Mengli-Giraj und gegen die genuesischen Herren erhoben haben, entsendet der

Sultan Ahmed Pascha eine Flotte, die am 1. Juni 1475 vor Kaffa eintrifft. Nur sechs Tage später ergibt sich die Stadt; die Nicht-Lateiner werden als Sklaven verkauft, die Lateiner nach Konstantinopel verschleppt. Soldaia, Tana sowie die kleinen Grafschaften Matrega (Matracha), Illikon und Bashtar fallen im gleichen Jahr: Die genuesischen Besitzungen am Schwarzen Meer gibt es nicht mehr.

Soziale und wirtschaftliche Umwälzungen

Die Not der griechischen Gebiete

Bevor die Türken kommen, haben Pestepidemien, Erdbeben, Kriege und innere Wirren den alten griechischen Widerstand physisch wie moralisch schon gebrochen. Verwüstete Böden, geplünderte Städte und abgeschnittene Verkehrswege, die unablässige Bedrohung durch Räuber und Feinde, die häufig die gleiche Sprache sprechen, und die wachsende Habgier der ebenfalls verarmten Landherren haben die Menschen entmutigt. Die Bevölkerungsdichte geht dadurch allgemein stark zurück. Auf Kreta ist die Not offenkundig und dauerhaft – hervorgerufen durch die Pest von 1348, die Ausbeutung der griechischen Bauern durch die Feudalherren aus Venedig und die Revolte der Bauern 1363 gegen eine Metropole, die sich der Schäden der unkontrollierten Kolonisierung zunehmend bewußt wird. Bereits im Dezember 1386 stellt der Senat fest, daß die anhaltende Landflucht seit zwei Jahren auf der ganzen Insel zur Hungersnot geführt hat. Noch im Jahr 1444 hat sich die Lage nicht merklich entspannt, denn »einige Gebiete können weiterhin nicht bebaut werden, weil die Menschen fehlen, die sie bearbeiten – ein Mangel, der auf die Pest und andere Widrigkeiten zurückzuführen ist«. Auf dem Festland sind die Griechen so in die Minderzahl geraten, daß die jeweiligen Landesherren walachische und albanische Kolonisten rufen und sich gegenseitig streitig machen, selbst wenn die Neuankömmlinge das Land als Plünderer unsicher machen. In Thessalien ist die albanische Besiedlung schon im 14. Jahrhundert belegt und breitet sich von dort auf Attika, Boiotien, Messenien und Lakonien aus, wo ebenfalls Bevölkerungsrückgang herrscht. So betonen venezianische Schriften schon 1407 die »desolate Lage« in Negroponte und Koron. Der Wettbewerb um die Siedler ist hart: 1402 beschließt Venedig, Albaner anzuwerben, »um die Insel Negroponte wieder zu bevölkern«, und es ist sicherlich auf diese Maßnahmen zurückzuführen, daß 1425 dreihundert Familien angeworben werden, die schon im florentinischen Herzogtum Athen gesiedelt hatten. Das verfolgte Ziel wird unverkennbar, als der Senat nach heftigen Protesten des Herzogs von Athen Antonio Acciaiuoli den Herrschern von Negroponte befiehlt, »unnütze« Albaner nach Athen zurückzuschikken, die »nützlichen und wertvollen« aber im Lande zu halten. Ähnlich geht Venedig in Koron und Modon vor, und auch die Despoten von Mistra stehen nicht zurück: Die Kolonisierung scheint um 1350 mit Michael Kantakuzenos begonnen

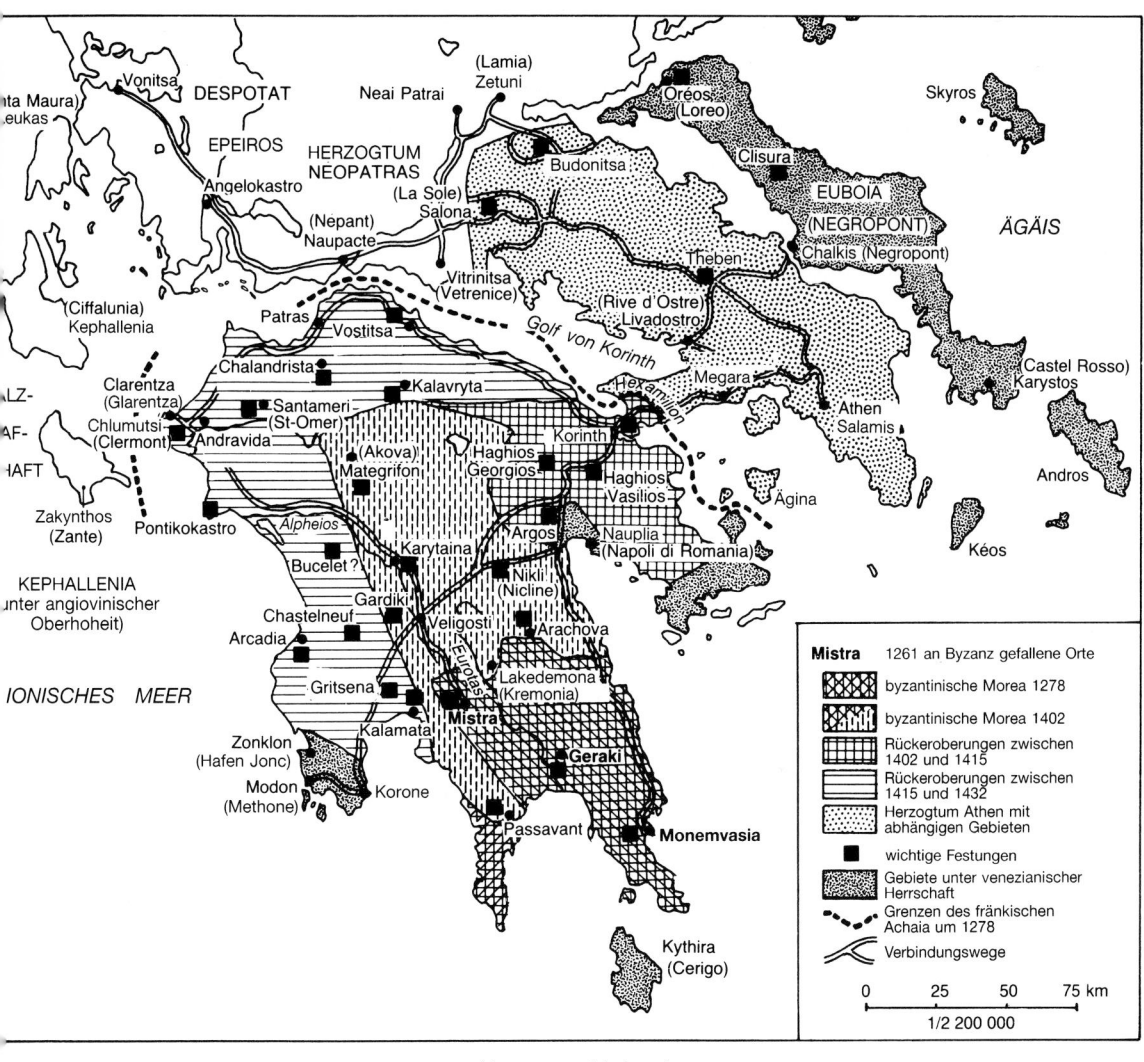

Morea vom 13. bis zum 15. Jahrhundert.

zu haben, aber Theodoros I. hat in den Jahren 1383 bis 1407 zehntausend Albaner samt Frauen und Kindern angesiedelt, damit sie verödetes Land wieder bebauen. In der Totenrede auf seinen Bruder kann Manuel II. davon sprechen, daß »viele unwirtliche Gebiete, die Räubern als Unterschlupf dienten, wieder urbar gemacht und von kundigen Landwirten unterschiedlichst eingesät und bepflanzt worden sind«, was venezianische Quellen für Koron und Modon bestätigen. Aus anderen Gründen nimmt die albanische Einwanderung mit Beginn der Türkeninvasion zu und erreicht andere Gebiete, bis hin zu den Kykladen. Möglicherweise schon seit Anfang des 15. Jahrhunderts in Andros, am Ende des Jahrhunderts siedeln Albaner dann in Hydra, Spetsai und Poros. Nachdem ihr Aufstand von 1430 niedergeschlagen worden ist, setzen albanische Flüchtlinge nach Korfu über, wo die Venezianer sie nicht landen lassen, aber der Ausbruch des türkisch-venezianischen Krieges zeigt die wahre Situation der Ionischen Inseln: 1473 unterstützt Venedig die Ansiedlung von zehntausend griechischen und albanischen Siedlern auf Zakynthos. Auch in anderen venezianischen Besitzungen wird diese Politik verfolgt: Nach 1363 werden Armenier auf Kreta angesiedelt, 1383 bevölkern Griechen aus Tenedos wieder Negroponte und Kythera sowie einige Gebiete auf Kreta. Der Menschenmangel begünstigt auch die Entstehung türkischer Ansiedlungen; obgleich es sich dabei meist um militärische Stützpunkte handelt, entstehen in Bulgarien, Serbien, Makedonien, Thessalien und Albanien, sogar in Morea und Bosnien auch Niederlassungen, während nach 1453 Griechen zwangsweise in die am meisten entvölkerten Gebiete deportiert werden, insbesondere nach Konstantinopel. Mit Ausnahme von Anatolien, wo die Türken inzwischen das entscheidende Bevölkerungselement darstellen, bleibt die ethnische Umwälzung ein vorübergehendes Phänomen, da die lokale Bevölkerung auch weiterhin überall die Mehrheit bildet und einmal mehr ihre alte Fähigkeit zur Assimilation zeigt – eine schwere Aufgabe, wenn man bedenkt, daß türkischen Erhebungen *(defterler)* zufolge die Albaner um

Der Adel übernimmt fast vollständig die Verwaltung weiter Gebiete
und erhebt sogar selbst Steuern – hier bei der Steuerfestsetzung
(Detail eines Mosaiks, 14. Jahrhundert; Kahriye Cami, Istanbul).

1461 in manchen Gegenden wie der Argolis mehr als 30% der Bevölkerung ausmachen.

Als Folge der allgemeinen Unsicherheit und der schleppenden Bevölkerungsentwicklung büßen die ländlichen Gebiete ihre Vielfalt ein: Die Bauern siedeln in Wehrdörfern, die sie nur verlassen, um zu pflügen, einzusäen und abzuernten. Dukas berichtet, wie die Bewohner von Epibatai in Thrakien 1452 die Felder nahe der Festungsmauer bestellen, hinter die sie sich zurückziehen, sobald die Türken auftauchen. Auch die Vielfalt der Kulturen wird geringer, da es entmutigend ist, neue Weinberge und Olivenhaine anzulegen, die möglicherweise wieder zerstört werden. Es handelt sich nur noch um Landwirtschaft zum Überleben, in der Getreidefelder und Weiden dominieren, wie etwa in Epibatai, und Venedig unternimmt im 15. Jahrhundert immer wieder beachtliche Anstrengungen, in Koron, Modon und Negroponte den Wein- und Olivenanbau zu fördern. Diese Vereinfachung überträgt sich auf den Wortgebrauch: Früher hatte der Begriff *choraphia* Getreidefelder bezeichnet und erhält nun die Bedeutung »Anbaugebiete« im Gegensatz zum gesamten übrigen Land – also zur Brache.

Die Staatsgewalt bedient sich verstärkt der *Pronoia*, um die abnehmende Landbevölkerung zu kontrollieren. Schon Andronikos III. hatte versucht, die damit verbundenen militärischen Pflichten abzusichern und hatte zur Verstärkung des Heeres Pronoiare auf Klostergütern angesiedelt. Diese Politik der Säkularisierung kirchlicher Besitzungen wird angesichts der türkischen Gefahr noch verstärkt: Johannes V. etwa siedelt 1367 zwischen Konstantinopel und Selymbria Pronoiare auf dem Patriarchat gehörenden Ländereien an; Patriarch Philotheos erhebt zwar Einspruch, räumt jedoch gleichzeitig ein, daß der Kaiser die Ländereien »zurücknehmen und mit ihnen nach Gutdünken verfahren kann«. Die katastrophale Niederlage an der Marica im Jahr 1371 beschleunigt diese Politik noch: Die Hälfte der klösterlichen Besitzungen wird säkularisiert und an Pronoiare vergeben. Urkunden Manuels II. von 1408, 1409 und 1420 belegen, daß annähernd alle klösterlichen Einkünfte an Pronoiare gehen, während den Mönchen nur kümmerliche Reste bleiben. Doch die Verarmung des Klerus zugunsten der Pronoiare führt keineswegs zur Verbesserung des Wehrsystems. So verweigert der moreotische Adel die Gefolgschaft, als Manuel II. ihn 1415 auffordert, sich am Wiederaufbau des Hexamilion zu beteiligen, jener langgezogenen Mauer, die den Isthmus von Korinth abriegelt und Morea vor den türkischen Angriffen schützt. Tatsächlich verzichtet der Staat auf seine letzten Rechte an den Ländereien im System der *pronoia* – in der vergeblichen Hoffnung auf eine Aussöhnung mit den *archontes*, die schon seit Ende des 14. Jahrhunderts nicht mehr zwischen eigenem Besitz und Pronoia unterscheiden: So kann beispielsweise bei den Gütern, deren Verfügungsgewalt die Mamona aus Monemvasia für sich in Anspruch nehmen, der Anteil von Erbgütern und Gütern aus der *pronoia* nicht mehr festgestellt werden. Die Verwirrung wird dadurch noch gesteigert, daß auch die *pronoia* seither erblich ist, wie das in Urkunden der Despoten von Morea Theodoros I. und Konstantinos Dragases 1427 und 1449 zugunsten der Söhne des Gemistes Plethon deutlich wird. Diese Urkunden unterstreichen aber auch eine noch schwerer wiegende Vermengung: In den ihnen zur Verwaltung anvertrauten Dörfern verfügen die Söhne des Gemistes Plethon über Kompetenzen, die normalerweise dem örtlichen Gouverneur (*kephale*) zukommen, während die Urkunde von 1449 die volle Unabhängigkeit des Trägers dieser *pronoia* vom Gouverneur der benachbarten Stadt Kastrion bestimmt. Auf diese Weise können *archontes* für umfangreiche Gebiete Vorrechte aus Erbgütern, Pronoia und öffentlichen Ämtern miteinander verknüpfen und weitervererben, es sei denn, der Erbe – so steht es in der Urkunde von 1449 – erweist sich »des Besitzes als gänzlich unwürdig«. Obwohl die Ländereien von Staat und Kirche sich nun in den Händen einer Aristokratie befinden, die den gesamten Rest des Verwaltungsapparates übernommen hat und sogar Steuern eintreibt, ist es für die Zukunft dennoch von Bedeutung, daß der Staat nie aufhört, sein Recht auf Zurücknahme von Gebieten, deren Wurzel in der *pronoia* liegt, zu proklamieren und die im Prinzip weiterbestehende Verpflichtung der Lehensträger zum Wehrdienst zu betonen – zu einer Zeit, als beispielsweise in Bosnien einige Herrscher gerade dabei sind, die *pronoiai* in erbliche Besitzungen umzuwandeln. Die Türken werden darauf zurückkommen.

Die demographische Krise macht auch vor den Städten nicht halt. Die türkische Allgegenwart unterbricht – vielleicht mit Ausnahme von Morea – die Verbindungen mit den Ländereien, was die Versorgung hier noch schwieriger macht als auf dem Land, so daß die Landflucht abnimmt, während die Pest nach 1348 vor allem die städtische Bevölkerung erheblich dezimiert. Die Epidemie von 1416 scheint besonders vernichtende Folgen gehabt zu haben, die fehlenden wirtschaftlichen Impulse tun ein übriges. Bis etwa 1350 hält sich Thessalonike beispielsweise erstaunlich gut, aber danach geht die Einwohnerzahl drastisch zurück; als Venedig 1423 die Herrschaft übernimmt, zählt die Stadt noch 40 000 Einwohner, 1430, kurz vor ihrer Eroberung, sind es gerade noch 7000. In Griechenland hat Athen Ende des 14. Jahrhunderts nicht mehr als 1000 Einwohner, Theben ist noch kleiner. Als einzige können Städte in Epeiros und Akarnanien wie Ioannina, Kastoria und vor allem Arta widerstehen, da sie ihre Verbindungen zu Venedig und Ragusa aufrechterhalten können. In Morea sind Städte von Feudalherren und *archontes* wie Karytaina, Veligosti, Prinitsa, Nikli und viele andere nur noch kleine Festungen, die sich nur mühsam von den umliegenden Feldern ernähren. Die Rückeroberung durch Byzanz, die bis 1429 dauert, trägt kaum zum wirtschaftlichen Aufschwung bei. In Korinth, das schon 1358 seine »Notlage« beklagt, fallen dem Notar Nikolaus von Martoni bei einem Besuch 1395 die »gräßlichen Festungsanlagen« und die »häßlichen Häuser« einer Stadt auf, die »an mehreren Orten unbewohnt« sei und wo es »wohl nicht mehr als 500 Herdstellen«, also etwa 2000 Einwohner gibt. In Patras, das unter lateinischer Herrschaft mit dem Export von Öl, Wein, Trauben und Honig ein beträchtliches Vermögen angesammelt hat, hat die Rückkehr unter byzantinische Oberhoheit in den Jahren 1429/30 verheerende Folgen: Pero Tafur lobt zwar noch die stattlichen Gebäude, stellt aber gleichzeitig eine weitgehende Entvölkerung fest. Clarentza, dessen Beziehungen zum Westen die Despoten von

Morea unter allen Umständen aufrechterhalten wollen, leistet länger Widerstand, wie auch Monemvasia, dessen Seefahrer noch in der Ägäis kreuzen. Eine Ausnahme bildet Mistra, das seit 1348 die Hauptstadt eines eigenen Despotats ist: Insbesondere unter Theodoros I. zieht der noch recht vermögende Hof *archontes*, Beamte und Händler an; davon zeugen prächtige Patrizierhäuser wie das der Frankopuloi in der Nähe der Peribleptoskirche. Die Stadt profitiert auch vom Niedergang Konstantinopels, wo Adel, Klerus und Intellektuelle vom Kaiser nichts mehr zu erwarten haben: Viele suchen Zuflucht in Mistra und tragen zur letzten Glanzzeit der Stadt bei.

Alle diese Städte haben gemeinsame, aus einer früheren Epoche übernommene Merkmale. Eine befestigte Oberstadt *(kastron)*, manchmal von einer Verteidigungsanlage überragt – das arabisch-türkische Wort dafür ist *kulas* oder *gulas* –, dominiert eine Unterstadt, *burkos* oder bei wichtigen Orten auch *emporion* oder *chora* genannt. In dieser Weise sind Mistra, Korinth, Argos, Veligosti und Arta, aber auch Trapezunt oder Kerasus aufgebaut. Der *burkos* ist gemeinhin der Nahrungsmittelmarkt für die Stadtbewohner, wobei der Handel nur in wenigen Städten über den örtlichen Rahmen hinausreicht – so in Mistra und in Clarentza, aber vor allem in Arta, wo es neben dem Markt des *burgos*, auf dem die Bauern ihre Getreidekarren abladen, noch den nahen Markt von Bonditza gibt, den Venezianer und Ragusaner vor allem wegen seines Getreides, seiner Weine, seiner Tuche und sogar wegen seiner Sklaven aufsuchen. In Trapezunt fragen die Lateiner auch weiterhin orientalische Waren nach, die dort durch eine auf Ausgleich mit Osmanen und Turkmenen bedachte Politik noch gehandelt werden. Darüber hinaus sind die Lateiner auch am örtlichen Angebot interessiert: Strickereien, bunte Tuche, Silber aus Bajbur und Alaun aus Kerasunt. Dem hier geborenen Kardinal Bessarion zufolge wird auf der Agora der Unterstadt »mit den wertvollsten Dingen der Welt« Handel getrieben. Doch den Einheimischen bleiben nur die Brotkrumen, und die Arroganz der Genuesen führt oft zu Zusammenstößen. So muß der Kaiser im Jahr 1425 Genua für die Plünderung seiner Warenlager entschädigen, und der für die Pontoskolonien Genuas gültige Kodex aus dem Jahr 1449 zeigt, daß die Beziehungen schwierig geblieben sind. Das bescheidener vertretene Venedig wird aus diesem Grund wohl eher geduldet, und ganz zuletzt erhält auch Florenz im Jahr 1460 das Recht auf Unterhaltung einer Kolonie in Trapezunt.

In Konstantinopel ist die Lage katastrophal. Während die Stadt im Jahr 1350 den russischen Pilger Stephan von Novgorod noch tief beeindruckt hat, notiert *fray* Alfonso Paéz, Sekretär des Botschafters Ruy González y Clavijo von Kastilien, um 1402/03: »Man sieht umgepflügte Felder und Gärten um Häuser herum, die denen der Vorstadt gleichen, aber im Zentrum der Stadt zu finden sind.« Für Bertrandon de la Broquière besteht die Stadt 1432 nur noch aus einer Ansammlung von Weilern zwischen Ödland und Trümmerfeldern: »Die Stadt besteht aus Dörfern und es gibt mehr Ruinen als Ackerland.« Auch der Andalusier Pero Tafur bemerkt zwischen 1435 und 1439 jene Parzellisierung des Stadtbildes, außer »am stärker bevölkerten Küstenstreifen«. Die Stadt bietet ein trauriges Bild: Der Große Palast dient als

Schafweide und Armenfriedhof, die Hagia Sophia erhebt sich über ein ringsum verfallenes Viertel, die Zisternen sind verschüttet und mit Weinreben bepflanzt. Selbst Manuel Chrysoloras, der unter Johannes VIII. die Stadt besingt, muß eingestehen, daß sie alle Arkadengänge verloren hat, die Schutz vor Sonne und Regen boten, ebenso wie den größeren Teil der Statuen, die Plätze und Straßen schmückten und von denen nur noch die Sockel geblieben sind. Die Zahl der Bewohner, deren Elend Pero Tafur aus religiösen Gründen in grellsten Farben schildert, nimmt rapide ab; dafür sorgen die Pestepidemien ebenso wie die Bürgerkriege und die wirtschaftliche Einschnürung zwischen den Türken in Thrakien und den Genuesen in Pera. Nach der schweren Epidemie von 1447/48 ist die Stadt fast verwüstet, und der Italiener Tedaldi, Augenzeuge des Niedergangs, schätzt die Zahl der Einwohner auf höchstens 36000. Schenkt man den griechischen Quellen wie Dukas und Kritobulos Glauben, so hatte die Stadt 1453 dennoch zwischen 60000 und 70000 Einwohner. Das Wirtschaftszentrum ist in Wirklichkeit Pera, aber auch alle in der Stadt verbliebenen, sich lohnenden Aktivitäten sind in fremden Händen. Selbst die venezianischen Juden blicken von oben auf ihre »romaniotischen« Glaubensbrüder herab. Die Griechen sind bestenfalls kleine Tauschhändler oder öffentlich bedienstete Schreiber, deren Leben in ihren jeweiligen Straßen uns Ibn Battuta und Alfonso Paéz veranschaulichen. Zumeist arbeiten sie jedoch als Fischer und Seeleute – wie jene, die Bertrandon ausrauben wollten, nachdem sie ihn durch den Bosporus gebracht hatten –, oder auch als ganz kleine Händler. Selbst die Wirtshäuser werden ihnen von den Venezianern streitig gemacht, die 1431 die Zahl ihrer Tavernen auf fünfzehn reduzieren, angesichts »des unmäßigen Weingenusses derer, die sie aufsuchen«. Die Not des Hofes hat den Adel in die Flucht getrieben, und die Zurückgebliebenen mischen sich unter das Volk, um in einem der kleinen Gasthäuser im Viertel um die Hagia Sophia herum eine Kleinigkeit zu essen.

Die wirtschaftliche Übermacht der Fremden

Die Durchsetzung eines Protektionismus, der das Reich vor dem wirtschaftlichen Übergewicht der Lateiner hätte schützen können, gelingt weder Johannes VI. Kantakuzenos in den Jahren 1347/48 noch einem anderen *basileus* nach ihm. Nach 1350 entsteht zwar eine byzantinische Kaufmannsschicht, die aber in allen Bereichen von den genuesischen und venezianischen Geschäftsleuten abhängig ist.

Im Gegensatz zu der Schwäche der Staatsfinanzen belegen die Quellen durchaus die Existenz von privatem byzantinischen Kapital. In Konstantinopel verleihen und wechseln Bankiers Geld und gehen Handelsgeschäften nach; sie tun nichts anderes als ihre italienischen Kollegen, aber ihre Kapitalien sind – dem Rechnungsbuch des Giacomo Badoer zufolge – bedeutend geringer. Die Formen der kommerziellen Zusammenschlüsse der byzantinischen Kaufleute gehen direkt auf die der Italiener zurück. Ihr Aktionsradius ist auf das Schwarze Meer und einen Teil der Ägäis begrenzt und erstreckt sich nur auf den Handel mit Rohstoffen, während Luxusgüter ausschließlich von italienischen Geschäftsleuten vertrieben werden. Es gibt zwar einen griechischen Handel über kurze und mittlere Distanzen, aber international spielt er nur eine untergeordnete Rolle. Im Einzelhandel und im Handwerk beherrschen die rührigen Griechen alle Gewerbezweige in Konstantinopel, aber auch hier müssen sie sich mit handwerklicher Kleinproduktion und dem Verkauf in kleinen Läden oder auf den Märkten der Hauptstadt zufrieden geben. Stoffe, Waffen und Glaswaren kommen aus dem Abendland. Daß Kantakuzenos schließlich kaum noch erfahrene Seeleute findet, liegt womöglich auch daran, daß immer mehr Griechen bei Genuesen und Venezianern anheuern: Die Vorherrschaft der Fremden erfaßt alle Wirtschaftsbereiche.

Sie geht sogar noch weiter. Der Wunsch nach wirtschaftlichem Erfolg und gesellschaftlichem Aufstieg veranlassen die byzantinischen Händler und Bankiers, mit den Lateinern zusammenzuarbeiten. So teilen sie sich mit diesen etwa in den Besitz von Schiffen und tragen gemeinsam die Transportkosten für Getreide von der Donau nach Konstantinopel oder in den Westen. Andronikos IV. und nach ihm Johannes VII. wickeln beispielsweise über Strohmänner recht sonderbare Geschäfte mit den Genuesen ab. Aus Gründen der Absicherung verdingen sich byzantinische Arbeitskräfte bei den Lateinern, die allen, die ihnen zu Diensten sind, ohne Zögern die genuesischen beziehungsweise venezianischen Bürgerrechte verleihen. Dadurch entziehen sie sie der byzantinischen Steuerhoheit, sichern ihnen

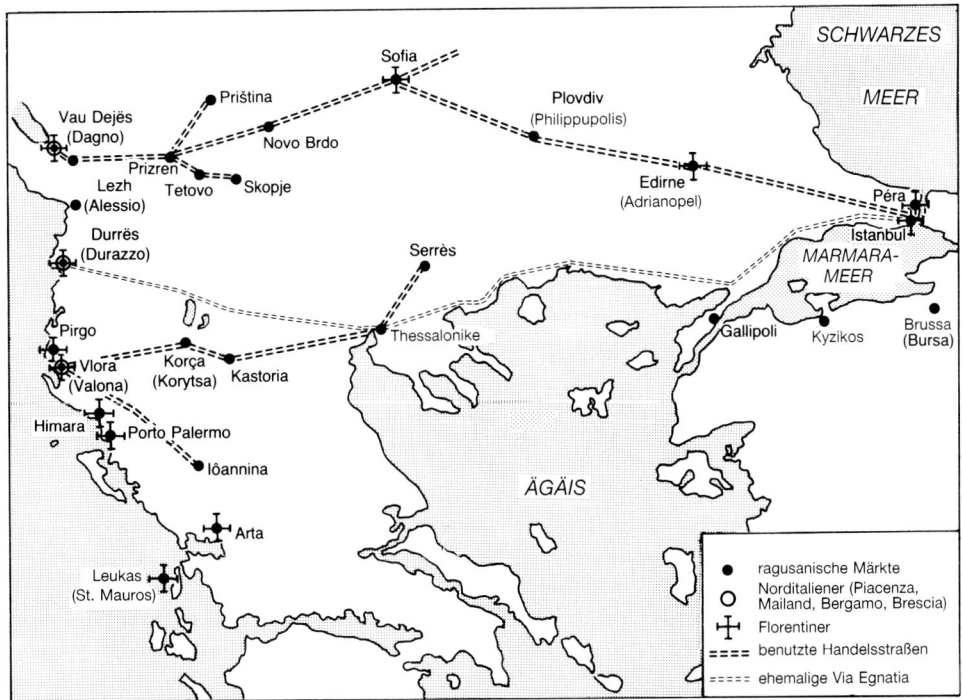

Das italienisch-ragusanische Handelsstraßennetz in der zweiten Hälfte des 15. Jahrhunderts.

den Schutz ihrer Person und ihres Besitzes zu und lassen sie auf sozialen Aufstieg hoffen. Auch die byzantinische Elite wird davon erfaßt: Bankiers, Reeder und Kaufleute sehen einen Vorteil im Besitz der Bürgerrechte Genuas oder Venedigs, selbst wenn sie einen großen Namen tragen. So wird etwa der Megas Primikerios Alexios Palaiologos 1374 venezianischer Bürger, und Nikolaos Notaras besitzt neben der byzantinischen Bürgerschaft noch die von Genua und Venedig. Anstatt in Byzanz selbst zu investieren, kauft dieser lieber öffentliche Schuldverschreibungen in Genua – 1427 verfügt er über ein Kapital von mehr als 27 000 Pfund – und tätigt Geschäfte mit den großen Familien der genuesischen Aristokratie. Die Solidarität der byzantinischen Elite zerbricht an dem Streben nach unmittelbaren materiellen Vorteilen, die nur in Diensten der Lateiner zu erreichen sind. Gleichzeitig wächst aber der Haß auf das Abendland bei all denen, die beim Handel mit den Lateinern leer ausgehen. Die wirtschaftliche Vormachtstellung der Fremden zerrüttet die Bevölkerung von Byzanz.

Der Aufschwung Peras einerseits und die Schwächung von Konstantinopel andererseits verdeutlichen den Gegensatz zwischen den beiden Gesellschaften. Den ersten Platz in der Gesellschaft nehmen zwei genuesische Familien ein – die Demerode und die Draperiis –, die vielfältige Verbindungen zur byzantinischen Elite aufgebaut haben. Als Staat im Staate kann das genuesische Quartier die Interessen seiner Bevölkerung bis zum Ende des byzantinischen Reiches verteidigen. Anstatt sich rückhaltlos in die Reihen der Verteidiger Konstantinopels einzugliedern, hoffen die Machthaber von Pera, Gut und Leben ihrer Einwohner durch übereilte Unterwerfung unter den Sultan retten zu können. Die erlittenen Schäden halten sich in Grenzen, aber dennoch hat die neue türkische Herrschaft tiefgreifende Auswirkungen auf die Besitzungen und auf die Handelswege der Lateiner.

Die Einnahme Konstantinopels und die Kontrolle der Meerenge durch die Osmanen haben für den Handel des Abendlandes verheerende Folgen. Nach 1453 stellen die Galeeren Venedigs ihre Fahrten in die Romania ein, und der Handel zwischen Kreta und Konstantinopel nimmt ab. Der *Banco di San Giorgio*, dem die Besitzungen Genuas am Pontos nun gehören, kann nur mit Mühe eine geregelte Schiffahrt durch die Meerenge aufrechterhalten. Man sucht nach Auswegen: So öffnen Routen über Moldau und Polen (über Lwow) einen Zugang auf dem Landweg nach Kaffa, und Gewürze aus Brussa gelangen über diese Wege nach Flandern und in die baltischen Länder. Der regionale Handel kompensiert in Kaffa den Niedergang des Handels mit dem Westen. Zwei weitere Handelswege sind betroffen, die für Weizen und Alaun. Die Sultane verbieten den Export von Getreide auf fremden Schiffen, um den gesamten Getreidehandel diesseits von Istanbul selbst zu überwachen; dagegen kann Getreide von Istanbul aus in den Westen exportiert werden, sobald der lokale Bedarf gedeckt ist. Durch die Eroberung von Phokaia im Jahr 1455 werden die Osmanen Herren über das im Westen hochgeschätzte Alaun; tatsächlich leidet die westliche Textilindustrie in den folgenden drei Jahren unter dem Mangel, der erst überwunden wird, als im päpstlichen Tolfa Alaun gefunden wird.

Dennoch kommen die Italiener auch weiterhin in die nunmehr von den Osmanen beherrschten Gebiete. Venedig schickt weiterhin unbewaffnete Schiffe nach Istanbul; die Handelsbriefe der Familie Bembo zeugen von einem weiterhin regen Geschäftsbetrieb in der osmanischen Hauptstadt, aber auch in Thessalonike, wohin sich in den Jahren nach dem venezianisch-türkischen Krieg der Getreidehandel verlagert. Die »Kapitulationen« erlauben es den Venezianern noch bis 1549, auch in Keffe (Kaffa) und Trapezunt Handel zu treiben. Auch nach 1453 fahren einige wenige Handelsschiffe noch in das Schwarze Meer; das Zollregister von Kaffa aus den Jahren 1486 bis 1490 verzeichnet noch vier Kapitäne italienischer Schiffe – 6% der eingetroffenen Fahrzeuge – und 11 »Efrenc« unter insgesamt 182 Kaufleuten, ebenfalls 6%. Der »osmanische Riegel« ist demnach nur Legende: Bis zum Ende des 15. Jahrhunderts bleiben die Handelsbeziehungen mit dem türkischen Orient aktiv und fruchtbar, mehr für Venedig wie für Genua, das seine Handelszentren früher und schneller als die Konkurrenz in den Westen verlagert hat.

Im Osten überdauern drei abendländische Brückenköpfe: Chios, bis 1566 im Besitz der Mahona, verarbeitet weiter Mastix und dient als Zwischenstation auf dem Weg ins türkische Anatolien; Kreta gewinnt zusätzliche Bedeutung als Ankerplatz für den intensiver werdenden venezianischen Handel mit Beirut und Alexandreia; Zypern fällt 1489 an Venedig, das die florierende Landwirtschaft der Insel ausbeutet. Am Vorabend der Entdeckung des Seeweges nach Indien blüht der venezianische Handel mit dem sarazenischen und osmanischen Osten wie nie zuvor.

Morea – politischer Untergang oder Anpassung?

Die Anarchie des Adels und die Unterbrechung der Verkehrswege durch die Türken entzieht der Staatsmacht zunehmend jede Kontrolle über das Land. Aber erst der Bürgerkrieg zwischen Johannes V. und Kantakuzenos bewirkt seine endgültige Schwächung und stellt sogar das sakrosankte Prinzip der Reichseinheit in Frage. Gegenüber Herrschern, die auf der Suche nach einer Klientel sind, versuchen *archontes* und Prinzen von Geblüt zunehmend, ihre Unterstützung sich bezahlen zu lassen. Nachdem Kantakuzenos schon 1342 die Autonomie von Thessalien anerkennen mußte, stellen ihm ein Jahr später die *archontes* in Morea ein regelrechtes Ultimatum: Sie erkennen ihn erst an, wenn er sie auf ihren Posten beläßt. Erst der 1348 mit dem Rang eines Despotes nach Morea entsandte Manuel Kantakuzenos kann ihre Revolte niederschlagen, die vom mächtigen Lampudios angeführt wird. Aber der Sturz von Johannes VI. im Jahr 1355 enthüllt noch mehr, da seine Söhne – die Despotes Manuel und Matthaios – sich in Morea halten können und so dessen Unabhängigkeit bis 1382 sichern. In diesem Jahr wird dann Manuel II. Palaiologos, der im Auftrag von Johannes V. dort die Ordnung wiederherstellen soll, von den *archontes* von Thessalonike mit Schimpf und Schande davongejagt. Johannes V. und Manuel II. können deshalb für sich das Verdienst in Anspruch nehmen, begriffen zu haben, daß das zerfallene Reich nicht mehr zentral von der

Hauptstadt aus regierbar ist. Ein Anschein von Autorität kann in den Provinzen nur durch die Entsendung von Mitgliedern des Herrscherhauses gewahrt werden, die zwar im Namen des Kaisers, aber weitgehend autonom regieren. Ein Beispiel dafür liefert Morea: Unter den Despoten Theodoros I. und Theodoros II., Bruder und Neffe Manuels II., entwickelt sich zwischen den Regierungen in Konstantinopel und in Mistra eine echte Zusammenarbeit gegen die fortgesetzte Revolte der *archontes*. Ihr Erfolg stellt sich im Jahr 1415 ein, als eine Reihe von ihnen in die Hauptstadt deportiert wird. Doch die Ergebenheit der Despoten hat ihren Preis: In Mistra regieren Souveräne, die ihre Nachfolger weitgehend selbst bestimmen. So folgt Theodoros II. auf seinen Onkel, weil jener »das Kind zu seinem Nachfolger auf der Peloponnes machen« will, und jener Theodoros widersetzt sich dem Druck von Johannes VIII., zugunsten seines Bruders Konstantinos Dragases abzudanken. Die Despoten verfügen sogar über Reichsgebiet: Theodoros I. etwa übereignet nach der Niederlage von Nikopolis den Johanniterrittern von Rhodos mehrere Orte in Morea, und 1423 geht der Sohn Manuels II., der Despot Andronikos Palaiologos von Thessalonike, sogar so weit, die Stadt an Venedig zu verkaufen.

Am Ende des Reichs zeichnet sich damit im Gegensatz zur autokratischen Tradition ein System der familiären Mitherrschaft ab. Obwohl die Zeit zur Erarbeitung eines theoretischen Überbaus nicht mehr gereicht hat, tritt das System in der Praxis schon 1430 deutlich zu Tage, als alle Söhne Manuels II. territoriale Verantwortungsbereiche haben: Johannes VIII. herrscht in Konstantinopel, Theodoros II. ist Despot in Mistra, Konstantinos in Clarentza und Thomas in Kalavryta, dem er 1432 nach dem Tode seines Schwiegervaters Centurione Zaccaria, des letzten Fürsten von Achaia, Arkadien hinzufügt. Demetrios wiederum gebietet über das am Marmara-Meer gelegene Selymbria und über die pontische Küste von Mesembria bis Derkos. Jedes Despotat hat eigene Institutionen; man weiß über die meisten fast nichts, aber man kann sich aufgrund der Neuorganisation in Morea ein Urteil bilden, die seit Theodoros I. im Gang ist und dem Wiederaufbau des Landes dienen soll. Sie erreicht ihren Höhepunkt mit Konstantinos Dragases, der seit 1443 in Mistra regiert. Den Gedanken seines Lehrers Plethon folgend, der in einem an Manuel II. gerichteten Memorandum einen vollständigen Plan für einen politischen und wirtschaftlichen Wiederaufbau ausgearbeitet hatte, stützt sich der Despot auf einen Premierminister *(katholikos mesazon)*, ernennt Statthalter in den wichtigen Städten des Landes und erhöht die Verteidigungskraft Moreas, indem er das Hexamilion wiederaufbauen läßt. Zu grundlegenderen Reformen fehlt ihm aber die Zeit: Verlegung seiner Hauptstadt nach Korinth und die Wiedererlangung der Kontrolle von Wirtschaft und Gesellschaft, Ideen von Plethon, an die ihn Bessarion – Schüler desselben Lehrers – erinnert. Aber man muß dennoch an ihrer Durchsetzung zweifeln, wenn man das Gewicht der Aristokratie berücksichtigt – der moreotischen wie der aus Konstantinopel geflüchteten, die durch strenges Standesbewußtsein und enge Bindungen an die Palaiologen selbst eine Gruppe von wachsender Bedeutung bildet. Die komplexen gesellschaftlichen und politischen Verbindungen dieser Familien verdeutlicht allein der Name des Stifters einer berühmten Ikone für das Kloster Megaspelaion: Johannes Dukas Angelos Palaiologos Raoul Laskaris Tornikes Philanthropenos Asen, zweifellos ein Sohn des Despotes Demetrios. Selbst unter einem energischen Herrscher wie Dragases vereinigen diese Familien alle wichtigen Ämter auf sich, zumal nur in ihren Reihen ausreichende Bildung sichergestellt ist. So regiert der Historiker Georgios Sphrantzes in Mistra, gebietet Alexios Laskaris in Patras und ist Johannes Kantakuzenos Statthalter von Korinth, während der *Erste Minister* Sophianos Eudaimonoioannes von den beiden mächtigsten Familien Monemvasias abstammt. Nicht alle sind *treulos*, und einige *archontes* leisten den Türken heldenhaften Widerstand, aber es ist Manuel Kantakuzenos, ein direkter Nachkomme von Johannes VI., der sich an die Spitze des großen albanisch-griechischen Aufstandes von 1453 stellt, und andere bitten im folgenden Jahr darum, dem Sultan direkt unterstellt zu werden.

Der Hauptfehler dieses familiären Systems liegt jedoch paradoxerweise im Fortbestehen des kaiserlichen Ansehens. Nicht nur daß sich die Despoten, deren Ausstattung sehr ungleich ist, dauernd bekriegen – wie das Thomas und Demetrios

Johannes VIII. Palaiologos in Florenz: Die Pracht seiner orientalischen Gewänder hat der Maler Benozzo Gozzoli in seinem berühmten Fresko *Der Zug der hl. drei Könige* (1459–1464) im Palazzo Medici-Ricardi festgehalten.

unter den Augen der Türken 1460 in jämmerlicher Weise demonstrieren –, sondern das höchste Ziel eines jeden ist der Thron in Konstantinopel, zumal Johannes VIII. keine Nachkommen hat. Innerhalb dieser Herrschaftspyramide, deren Spitze die Hauptstadt bleibt, gründet der Rang der einzelnen Despotate weder auf ihre territoriale Ausdehnung noch auf ihren Reichtum, sondern auf ihre Nähe zu Konstantinopel. Darin liegt der Wert des im Grunde unbedeutenden Despotats Selymbria-Mesembria, dessen Inhaber im Falle der Thronfolge schneller in Konstantinopel sein kann. Schon während der langen Abwesenheit (1437–1440) von Johannes VIII., der am Konzil von Florenz teilgenommen hatte, haben sich Theodoros und Konstantinos die Herrschaft streitig gemacht, aber im Wettbewerb um den Thron wird Selymbria zum eigentlichen Einsatz, indem es zwischen 1442 und 1448 von Demetrios auf Konstantinos danach von Konstantinos auf Theodoros übergeht. So zögert Konstantinos 1442 nicht, Murad II. um Hilfe zu bitten, um Selymbria in Besitz nehmen zu können, worauf Demetrios von April bis Juli Konstantinopel belagert. Der erhoffte Gewinn ist so hoch, daß Theodoros im folgenden Jahr sein reiches Despotat Mistra opfert, um Konstantinos zu überzeugen, ihm diesen heruntergekommenen Hafen zu überlassen. Nachdem er den Bürgerkrieg mit Demetrios weitgehend vermeiden konnte, gelingt es Konstantinos, im März 1449 den Kaiserthron an sich zu bringen, wobei er sich davor hütet, das Despotat von Selymbria-Mesembria neu zu besetzen: Er zieht es vor, Morea unter Demetrios und Thomas aufzuteilen. Die Wurzeln dieses Herrschaftssystems, das allen byzantinischen Traditionen zuwider läuft, sind wohl kaum im Einfluß des westlichen Systems der Ausstattung mit Apanagen zu suchen; eher könnte man dabei an die Rolle denken, die bei Slawen und Türken die Rotation der Prinzen von Geblüt spielt, aber der Zustand der inneren Auflösung des Reiches erscheint letztlich als ausreichende Erklärung. Tatsächlich konnte keine tragfähige neue politische Struktur entstehen, um die zentralistische alte abzulösen, und außer bei einigen Intellektuellen wie Plethon ist das vage Gefühl der Zugehörigkeit zum Reich selbst in Morea noch immer stärker als die Zustimmung zur politischen Realität autonomer Gebilde. Insofern muß die Ablösung des *basileus* durch den Sultan auf dem Thron in Konstantinopel auch in den entlegensten Provinzen als konform mit den dominierenden Traditionen empfunden werden. Sie wird nicht nur von der Kirche verbürgt, sondern das Volk bleibt eingebunden in soziale Beziehungen, die von den Turken klugerweise kaum verändert werden.

Der politische und wirtschaftliche Zusammenbruch von Byzanz wird auch in der Entwicklung seiner Währung deutlich. Pachymeres betont dabei, daß die entscheidende Abwertung unter der Herrschaft von Vatatzes stattfindet; eine venezianische Urkunde aus dem Jahr 1255 präzisiert dies durch die Angabe, daß als Steuer *(census)* nur »Hyperpera von gutem Gewicht« bezahlt werden sollten, und Andronikos II. muß zwangsweise den Wechselkurs für eine Goldmünze festsetzen, deren Goldgehalt gerade 5 Karat erreicht. Auch wenn sich die Goldmünze Mitte des 14. Jahrhunderts leicht stabilisiert, spitzen sich die anarchischen Zustände in der Münzprägung zu – es gibt nicht weniger als sieben verschiedene byzantinische

Istanbul und Galata (Detail einer Miniatur einer persischen Handschrift, 16. Jahrhundert, von Nashu as-Shilaki; Universitätsbibliothek, Istanbul).

Münztypen. So ist verständlich, daß das Nomisma, das 1204 noch sehr angesehen war, inzwischen kaum noch Kredit genießt: So läßt Johannes V. um 1390 zwar eine Münze mit gutem Goldgehalt prägen, die aber dem Florentiner Gulden nachgebildet ist, während die geschwächte Goldmünze Manuels II. den venezianischen Dukaten imitiert. Tatsächlich werden Bilanzen fortan nur noch in Dukaten und Florentiner Gulden erstellt und in den Provinzen zirkulieren zahllose Teilwährungen lateinischen Typs wie die *torneselli*, die nach einem Bericht des Engländers Symon Symeonis nur ein Elftel der venezianischen Münze wert sind »und mit diesem Wert in der ganzen Romania gehandelt werden«.

Albanien – das Scheitern einer Nation

Im Gegensatz zu Bulgarien, Serbien und Bosnien, die ihre Entstehung Byzanz verdanken und durch die Invasion von außen zerstört werden, versucht Albanien ähnlich wie Rußland oder die rumänischen Fürstentümer als Reaktion gegen den Feind zur nationalen Einheit zu gelangen. Unter den kleinen Fürsten fördern die venezianischen und ragusanischen Interessen die Spaltung, aber die Balsha von Skutari scheinen diesem Ziel sehr nahe gekommen zu sein, als sie 1385 von den Türken vernichtend geschlagen werden, und die Thopia müssen, kaum Herren in Durazzo, die Stadt 1392 an Venedig abtreten. Im Kampf gegen die Türken setzen sich ab 1423 die Araniti an die Spitze eines allgemeinen Aufstandes, der jedoch 1430 endgültig niedergeschlagen wird. Ein Jahr später läßt Murad II. den ersten Kataster des *Sandschak* Albanien – seitdem osmanische Provinz – anlegen. Der Aufstand Skanderbegs im Jahr 1443 scheint zunächst nur eine Neuauflage der Revolte der Araniti zu sein, aber der Zusammenschluß der albanischen Fürsten in der »Liga von Alessio« (Lezhë) im Jahr 1444 gibt der Bewegung ein breiteres Fundament: Die Anerkennung eines obersten Heerführers, in dessen Händen die alleinige Befehlsgewalt liegt, und die Zusammenführung der finanziellen Ressourcen verleihen Albanien ein nationales Profil und machen einen Kampf möglich, der mehr als 25 Jahre dauert. Doch der Ruhm Skanderbegs darf nicht darüber hinwegtäuschen, daß er sich als Landesherr nicht von den übrigen serbischen, rumänischen, bulgarischen und griechischen Dynasten unterscheidet, und da der Papst und der König von Neapel, Alfons der Großmütige, seine Bitte um Unterstützung ignorieren, kann er den Krieg nur weiterführen, indem er die anderen Landesfürsten zur allmählichen Aufgabe ihrer Souveränität und vor allem zu immer drückenderen Abgaben zwingt, die wiederum auf die ohnehin spärliche und verarmte Bauernschaft abgewälzt werden. Die unbestreitbare Unterstützung der Freiheitsbewegung durch das Volk kann ihre grundlegenden Schwächen jedoch nicht verdecken, die schließlich zu ihrem Scheitern führen. So wird Skanderbeg zwischen 1444 und 1468 ständig mit dem Verrat von Landesfürsten konfrontiert, die sich aus Angst, ihre Vorrechte einzubüßen, mit den Türken oder mit Venedig verbünden. Währenddessen forcieren Italiener und Dalmatiner ihre kolonialistisch geprägte Wirtschaftspolitik, die sie dem Land seit langem aufzwingen: Sie kaufen von den Fürsten oder von den Türken, die seit 1417 die Herren in Valona sind, Getreide, das der Bevölkerung fehlt und dessen Export unter Skanderbeg beträchtlich zunimmt. Lange vor der Ansiedlung von Türken in Albanien führt die Ausbeutung durch die Landesherren zu einer massiven Auswanderungsbewegung nach Griechenland, Italien und Dalmatien, die sich Ende des 14. Jahrhunderts noch verstärkt. Schon 1388 muß Ragusa den Verkauf von Albanern, die auf sein Territorium geflüchtet sind, als Sklaven untersagen, während Venedig einen regelrechten Handel treibt: Unter dem Vorwand der Rückzahlung der Reisekosten werden die Flüchtlinge zu vier- bis zehnjähriger Arbeit ohne Lohn verpflichtet, und die Bauern aus der Umgebung von Durazzo, die »von ihren Herren wie Sklaven gehalten werden«, gehen lieber als Bettler nach Apulien. In den Marken und in der Romagna, wo die Pest die Bevölkerung stark dezimiert hat, beleben Slawen und albanische Flüchtlinge Landwirtschaft und Handwerk wieder. Im ungleichen Kampf gegen die Türken steht also ein blutleeres und weitgehend entvölkertes Land.

Rußland bis zum Tod Ivans III.

Der Aufstieg Moskaus

Moskau wird 1147 erstmals urkundlich erwähnt als eine der Residenzen des Fürsten von Suzdal, Jurij Dolgorukij. Im Jahr 1156 ist das Dorf befestigt und erhält Stadtrecht. Zum Fürstentum wird Moskau um 1263 erhoben, als Alexander Nevskij es seinem jüngsten Sohn Daniel (1263–1303) vermacht.

Damit beginnt der Aufstieg Moskaus. Das mitten im »russischen Mesopotamien« an der Kreuzung zweier Handelsstraßen gelegene, dicht bevölkerte kleine Fürstentum, das über fruchtbare Anbaugebiete verfügt, verdankt seinen Aufschwung einem Fürstengeschlecht, dessen Ziel eine Vereinigung der russischen Gebiete um Moskau ist.

Den ersten Schritt dazu – die Kontrolle über das ganze Gebiet längs der Moskva – macht Daniels Sohn und Nachfolger Jurij (1303–1325). Danach macht Jurij seinem mächtigen Nachbarn, dem Großfürsten Michael von Tver, die Großfürstenwürde streitig, um Moskaus Vorrang vor den anderen Fürstentümern die notwendige Legitimation zu verleihen. Es kommt zu einem langen Bürgerkrieg, in dem die Khane der Goldenen Horde als Schiedsrichter auftreten. Gleichzeitig bilden sich die bedeutenden Allianzen, die über das Schicksal der Kriegführenden entscheiden: Tver wird von Litauen unterstützt, Moskau von den Mongolen.

Am Ende dieses ersten Konflikts fällt der Titel des Großfürsten an Jurijs jüngsten Bruder, Ivan Kalita (1325–1341). Unter seiner Herrschaft festigt das Fürstentum Moskau seine Vormachtstellung gegenüber den anderen russischen Fürstentümern und zwingt Tver, Rjazan und Suzdal zur Anerkennung seiner Hegemonie. Er kann dadurch auch sein Herrschaftsgebiet vergrößern und die

Städte Uglic, Galić und Beloozero erwerben. Unter seiner Herrschaft wird Moskau schließlich zur religiösen Hauptstadt von ganz Rußland. 1326 stirbt der Metropolit Peter in Moskau, der 1339 heiliggesprochen wird. Sein Grab in der Himmelfahrtskirche, die erste Steinkirche in Moskau, wird zum Wallfahrtsort. Nachdem sich auch sein Nachfolger Theognostos hier niederläßt, wird Moskau de facto zum politischen und religiösen Zentrum des Landes. Von nun an gehört die »Sammlung der russischen Erde« um Moskau zu den wichtigsten Aufgaben der russischen Metropoliten, die bei Unmündigkeit der Fürsten für diese auch die Regentschaft übernehmen; so ist beispielsweise der Metropolit Alexios von 1353 bis 1378 Oberhaupt der Kirche und des Reiches.

Rußland und die Mongolen

Ende des 12. Jahrhunderts etabliert sich in Rußland das von den Historikern allgemein so bezeichnete »Mongolenjoch«. Seine Errichtung wird durch die Streitigkeiten zwischen den Fürsten und die von Alexander Nevskij betriebene Politik der Verständigung mit der Goldenen Horde gefördert.

Die unterworfenen russischen Fürstentümer werden von den Tataren nicht in das Hoheitsgebiet (ulus) des Dschotschi eingegliedert, das den westlichen Vorposten der Mongolen bildet und sich zu einem Staat unter türkischer Vorherrschaft – die Goldene Horde – entwickelt. Die russischen Fürstentümer behalten ihre Autonomie, aber die Fürsten, auch der Großfürst Vladimir, werden vom Khan in einer Urkunde ernannt – dem Jarlyk.

Die Tataren erheben in den russischen Fürstentümern auch einen Tribut (vykhod), der zunächst von in den jeweiligen Hauptstädten residierenden tatarischen Beamten – Baskaken – eingetrieben wird; Ende des 13. Jahrhunderts müssen die russischen Fürsten unter dem Großfürsten diese Aufgabe selbst übernehmen. Der Tribut errechnet sich aus dem von der Bevölkerung erbrachten Steueraufkommen. Die dem Volk aufgebürdeten Lasten sind gewaltig, nur der Klerus ist davon ausgenommen.

Die Bevölkerung zahlt nicht nur in klingender Münze, sie muß auch noch Soldaten, Karren und Versorgungsposten liefern. Die Bürde wiegt so schwer, daß es 1259 in Novgorod und 1262 in Rostov, Suzdal und Jaroslav zu Aufständen kommt, die von den Tataren niedergeschlagen werden. Nach dem Vorbild Alexander Nevskijs und Daniels von Galizien unterwerfen sich die russischen Fürsten den neuen Machthabern und zwingen ihre Untertanen ebenfalls dazu.

Seinen Höhepunkt erreicht das Mongolenreich Ende des 12. und Anfang des 13. Jahrhunderts; der mongolische Friede regiert vom Mittelmeer bis zum Pazifik. Die Russen strömen nach Saraj, der Hauptstadt der Goldenen Horde, die 1261 in den Rang eines Bistums erhoben wird. Die russischen Fürstentümer werden dadurch in einen nach Osten ausgerichteten politischen und wirtschaftlichen Raum einbezogen und sind vom Westen isoliert.

Die Belagerung Konstantinopels im Jahr 1453 (Miniatur aus Bertrandon de la Brocquière: *Voyage d'outre-mer*, 1455; Bibliothèque nationale, Paris).

Das russische Erwachen Ende des 14. Jahrhunderts

Am 5. August 1375 bringt der Großfürst von Moskau, Dmitrij Ivanovic, seinem Rivalen Michael, dem Fürsten von Tver, eine empfindliche Niederlage bei und zwingt ihn im September desselben Jahres zu einem Abkommen, das ihn dem Großfürsten von Moskau unterstellt, um gemeinsam gegen die Tataren vorzugehen.

Dieser Vertrag, der in den Kontext der Politik der »Sammlung russischer Erde« um Moskau gehört, bleibt der Horde nicht verborgen, wo der tatarische Heerführer Mamaj die Macht übernommen hat. Er kontrolliert jedoch nur das westliche Gebiet der Goldenen Horde, auf deren Thron Timur Leng (Tamerlan) wohl 1370 als legitimen Fürsten Tochtamisch gesetzt hat.

Der Gefahr, mit den vereinten Heeren von Dmitrij von Moskau und von Tochtamisch konfrontiert zu werden, will Mamaj durch einen Angriff auf den russischen Fürsten zuvorkommen. Er vereinigt dabei die Genuesen von Kaffa,

Tamerlan (1336–1405) – dieser deutsche Stich aus dem 17. Jahrhundert unterstreicht die Verheerungen, die dieser grausame Kriegsherr auf seinen Feldzügen hinterläßt und die den Europäern lange im Gedächtnis bleiben (Bibliothèque nationale, Paris).

Ein Angriff mongolischer Reiter (*Weltgeschichte* des Rashid ad-Din, 1314; Topkapi Serail, Istanbul).

Fürst Oleg von Rjazan und vor allem den bedeutenden Jagiello von Litauen zu einer mächtigen Liga gegen Moskau.

Dmitrij appelliert zwar an die nationale Solidarität, kann jedoch nur die Fürsten auf seine Seite ziehen, die schon unter seiner Herrschaft stehen: Selbst Novgorod weigert sich, der Allianz beizutreten. Dagegen wird er von der Kirche unterstützt, indem der verehrte Higumen (Abt) Sergej des Dreifaltigkeitsklosters den Segen für den abwesenden Metropoliten Kyprian, der sich in Litauen befindet, über ihn spricht. Dabei darf vor allem die Rolle nicht vernachlässigt werden, die Kyprian bei der Entscheidung von Jagiello spielt, doch nicht in den Kampf einzugreifen.

Am 8. September 1380 kommt es bei Kulikovo zu einer erbitterten Schlacht; nach einem lange unentschiedenen Kampf erringen die Russen dann doch den Sieg. Mamaj flieht nach Kaffa, wo ihn die Genuesen ermorden lassen.

Die Bedeutung dieser Schlacht ist schwer abzuschätzen: Kulturell wird sie zum Ausgangspunkt eines literarischen Zyklus, den zwei Werke des 15. Jahrhunderts verdeutlichen, *Mamajs Untergang* und die *Zadončina*; politisch verstärkt sie die Bewegung zur »Sammlung der russischen Erde« durch die Fürsten von Moskau, die Gott auserwählt hat, um die ungläubigen Tataren niederzuringen. Es ist sicher kein Zufall, daß der Metropolit Kyprian, kaum daß er sich in Moskau niedergelassen hat, den Fürsten Alexander Nevskij – einen Vorfahren von Dmitrij Donskojs, dem Sieger vom Don – heiligspricht (1381). Militärisch hat die Schlacht schließlich den Nimbus der Unbesiegbarkeit der Mongolen erschüttert, obwohl ihre Macht noch lange nicht gebrochen ist: 1382 erobert der Khan Tochtamisch Moskau durch eine List, und Dmitrij muß nach Kostroma fliehen und danach die Tributzahlungen wieder aufnehmen. Dennoch ist die Vormachtstellung der Fürsten von Moskau über die rivalisierenden Fürstentümer bei Dmitrijs Tod im Jahr 1389 weitgehend gefestigt, der seiner Dynastie militärischen Glanz verliehen und die Heiligsprechung seines Vorfahren erreicht hat. Dmitrij kann auch das Prinzip der Primogenitur durchsetzen und damit seinem ältesten Sohn Vasilij sowohl den Titel des Großfürsten wie auch den größten Teil seines Erbgutes übertragen. Darüber hinaus ist Dmitrij sogar in der Lage, die Goldene Horde zu ignorieren.

Entwicklung des Handels

Das wirtschaftliche Leben Rußlands im 14. und 15. Jahrhundert ist geprägt von den gewaltigen Anstrengungen, die Waldgebiete im Nordosten zu kultivieren, von der Entwicklung des Handels und schließlich vom Wiederaufbau der Geldwirtschaft.

Die Aufgabe, große Waldflächen zu kultivieren, übersteigt die Möglichkeiten eines einzelnen und seiner Familie bei weitem. Die Bauern, die das Land urbar machen, leben in Dörfern aus fünf bis zehn Gehöften zusammen; die Grenze der Kolonisierung wird durch Weiler aus zwei oder drei Höfen markiert, die von den Dörfern abhängen und am Waldrand entstehen. Mit Sonderrechten für freie Dörfer, den *slobody*, versuchen die Fürsten, die noch unbeständige Landbevölkerung zur Ansiedlung innerhalb ihres Fürstentums zu bewegen.

Die landwirtschaftliche Technik hat sich gegenüber früher kaum entwickelt. Erwähnenswert ist aber der weit verbreitete Einsatz eines schweren Pfluges, der *plug*, die anstelle der *soha* in den schweren Böden von Suzdalien verwendet wird. Am meisten verbreitet bleibt weiterhin der Getreideanbau, der im Dreijahresrhythmus mit Hülsenfrüchten und Brache wechselt.

Die Ausweitung der Anbauflächen erlaubt die Produktion von Überschüssen, mit denen zahlreiche Hungersnöte verhindert werden, aber auch der Handel versorgt wird.

Mit Ausnahme des Salzhandels ist der Außenhandel schwach und kaum entwickelt. Da Landwege weitgehend fehlen, werden die Güter auch weiterhin zumeist über die Wasserstraßen befördert. Die Tatareninvasion bedeutet nicht das Ende des Außenhandels. Der Pelzhandel mit dem Abendland bleibt immer noch die Haupteinnahmequelle von Novgorod, das seit dem 14. Jahrhundert Mitglied der Hanse ist. Dennoch nimmt seine Rolle im 15. Jahrhundert zugunsten von Moskau ab, das seinen Ruf als größter russischer Handelsplatz festigt, zu dem die Kaufleute aus Ost und West strömen. Hauptobjekte dieses groß angelegten Handels sind noch immer die Pelze, für die die Russen Tuche und kostbare Stoffe eintauschen, aber auch kunsthandwerkliche Luxusgegenstände, die für die Fürsten bestimmt sind. Dieser Außenhandel reicht aber nicht aus, um ein regelrechtes Bürgertum entstehen zu lassen. So sind die berühmten Händler von Novgorod in erster Linie reiche Grundbesitzer, die ihre Einkünfte aus der Bewirtschaftung ihrer Güter beziehen.

Selbst diese begrenzte Entwicklung des Handels führt zu einer Vielzahl von Steuern; zu den wichtigsten zählen die Wegezölle, die beim Transport von Gütern zu entrichten sind, eine Platzgebühr sowie das Achtel, das von den Einkünften aus dem Verkauf bezahlt werden muß.

Die Entrichtung des Tributs an die Mongolen, der Warenverkehr und die Ausrichtung auf das Zentrum Moskau tragen zur Schaffung eines neuen Währungs-

Istanbul: Die Hagia Sophia wird zur Moschee
(Aquarell aus einem deutschen Werk über den Hof des Sultans, um 1600; Bibliothèque nationale, Paris).

systems bei. Anfang des 14. Jahrhunderts löst die neue Währung, der *Rubel*, die bisherige *Grivna* ab. Rußland läßt damit die geldlose Zeit hinter sich, obwohl die Förderung der Edelmetalle Gold und Silber nach wie vor schwierig ist: 1482 muß Ivan III. den ungarischen König Matthias Corvinus bitten, Bergleute zu schicken, die die Edelmetalle fördern können.

Die Silberwährung ist russischen und tatarischen Legenden zufolge den Tribut-zahlungen und dem Außenhandel vorbehalten. Im Binnenhandel sind Kupfermün-zen im Umlauf, aber auch Pelze werden bis zur Mitte des 16. Jahrhunderts als Geldersatz benutzt.

Diese währungs- und wirtschaftspolitischen Veränderungen bleiben nicht ohne gesellschaftliche Auswirkungen. In der zweiten Hälfte des 16. Jahrhunderts büßt der russische Bauer seine persönliche Freiheit, die er auch nach der Tatareninvasion bewahren konnte, zunehmend ein. Während des gesamten Mittelalters hatte der Bauer seine Freizügigkeit erhalten können. Diese widersprach jedoch den Interes-sen der Fürsten und der Grundherren, für die jeder Wegzug eines Bauern gleichbe-deutend ist mit Verarmung. Fürsten wie Grundherren tun deshalb alles, um die Bauern an ihren Grund und Boden zu binden. Zunächst legen sie den Zeitpunkt des möglichen Wegzugs so, daß die Landwirtschaft möglichst wenig darunter leidet: St. Georg im Herbst (26. November) erscheint in diesem Zusammenhang erstmals in der zweiten Hälfte des 15. Jahrhunderts in den Urkunden. Von nun an wachen die Fürsten darüber, daß diese Bestimmung eingehalten wird; der Kodex von 1497 erklärt diesen Zeitpunkt eines möglichen Wegzugs für verbindlich. Dies bedeutet jedoch noch keine Einschränkung der bäuerlichen Freizügigkeit; das geschieht dagegen durch Regelungen bezüglich von Schulden.

Solche Verfügungen sind im russischen Recht seit jeher besonders streng. Die *Russkaja Pravda*, ein Gesetzbuch aus der Kiever Zeit, sieht für Schuldner die Sklaverei vor, was in der Gesetzessammlung von 1497 bestätigt wird. Nun ist aber gerade seit der zweiten Hälfte des 15. Jahrhunderts die Verschuldung der Bauern beträchtlich; sie erlaubt, die Bauern an ihr Land zu binden. Dennoch wird in Urkunden des 16. Jahrhunderts als Grund der Bindung des Bauern an sein Land das alte Herkommen und nicht die Verschuldung genannt. Die Ursache dafür liegt in der Festigung der zentralistischen Moskauer Monarchie, die nach ihren Interessen die Rechte und Pflichten des einzelnen festlegt, ohne sich an die Grenzen der Gebräuche zu halten. Diese Haltung entspricht genau der Iwans III., der über die »schwarze Erde« wie über seinen eigenen Besitz verfügt und sie den Klöstern schenkt. Diese Haltung wird von seinen Nachfolgern übernommen und verstärkt.

Die Bindung der bislang freien Bauern an das jeweilige Land, wodurch sie zu unfreien Gutspächtern werden, führt zur Abwanderung der Landbevölkerung in neue »freie« Gebiete. In der zweiten Hälfte des 16. Jahrhunderts nimmt die Abwanderung solche Ausmaße an, daß Iwan IV. sich 1580 gezwungen sieht, jeden Wegzug von Bauern »ohne Befehl des Herrschers« zu verbieten.

Das Ende des 16. Jahrhunderts, das geprägt ist von der Zentralisierung Ruß-lands auf Moskau, von der Wiederbelebung des Handels und der Entwicklung der

Volkswirtschaft, legt den Grundstein für eine neue Gesellschaftsschicht, die russische Bourgeoisie. Die Bürger oder *Gosti* unterliegen jedoch strenger Überwachung und werden von der Moskauer Herrschaft zu unbesoldeten Steuerämtern herangezogen, weshalb sie keine zahlenmäßig und gesellschaftlich bedeutende Klasse bilden können.

Das Ringen der Moskauer Monarchie um ein Gleichgewicht aller Schichten hat letztlich die Dynamik der aktivsten Elemente der russischen Gesellschaft erstickt.

Der kulturelle Widerstand

Primat der Religion

Reich oder Orthodoxie?

Die Kirche sucht auch gegenüber den Türken ihr Heil im Bündnis mit dem von der göttlichen Vorsehung gewollten Reich, dem Gott in der Zeit tiefster Bedrängnis seine Stärke wiedergeben wird, damit es den teuflischen Ansturm der Ungläubigen gegen den wahren Glauben zu brechen vermag. So erinnert Demetrios Kydones Manuel II. daran, »daß Er die Schicksalsschläge nicht bis zum äußersten austeilt und denen, die Er bestraft, keine ihre Kräfte übersteigenden Qualen auferlegt«. Für Kantakuzenos bedingt die »Rettung des Vaterlandes und die Erhaltung der Freiheit« das Überleben der Kirche, da die Türken in ihrem Wüten gegen Symbole und geweihte Bauten doch vor allem das Christentum bekämpfen. Aber kann das Reich diesen Kampf noch führen? So schreibt Kydones: »Gleich einem, der sich auf einem hohen Felsen vorwärts tastet, siehst du unter dir, im Sog der Fluten, jene, die man die Verwalter des Staates nennt.« Die Kirche ist also versucht, die Stelle des dahinsiechenden Staates einzunehmen, was durch die Interventionen des Patriarchen Athanasios unter Kaiser Andronikos II. belegt wird, und der Staat erkennt den an, der sein intaktes Ansehen zur Durchsetzung der eigenen Politik benutzt. So ist es 1363 der Patriarch Kallistos, der als Abgesandter des Kaisers in Serrhes Dušans Witwe eine Botschaft zu überbringen hat, um »ihr eine freundschaftliche Beilegung aller Streitigkeiten vorzuschlagen und die Waffen gegen die Barbaren zu richten«.

Im lokalen Bereich finden die Bischöfe zur Haltung des 6. und 7. Jahrhunderts zurück: 1304 bemüht sich Metropolit Theoleptos von Philadelphia, den Ansturm der Türken einzudämmen, und läßt dabei sogar griechische Heerführer verhaften. Möglicherweise deutet dies sogar auf eine Übereinkunft mit dem Emir von Germiyan hin, der 1314/15 in Kütahya eine moslemische Schule *(medrese)* bauen läßt. Finanziert wird der Bau mit der von der Stadt entrichteten Kopfsteuer *(gizye)*, was auf ihre Zugehörigkeit zum islamischen Territorium schließen läßt.

Aber der Staat ist nicht nur schwach, sondern verrät auch seinen göttlichen Auftrag: Wie soll man einem Herrscher vertrauen, der wie Johannes V. 1369, und sei es als Privatperson, den römischen Glauben annimmt? Dennoch bleibt die Tradition stark, und die Kirche fügt sich sogar in die Säkularisierung ihrer Güter, um so möglicherweise das christliche Reich zu retten. Doch der Fehlschlag läßt sich nicht lange verbergen; innerhalb der Kirchenhierarchie und in den Klöstern beginnt man sich zu fragen, ob die Aufrechterhaltung des alten Bündnisses zwischen Kirche und Staat nicht die Orthodoxie insgesamt gefährden könnte, wenn das Reich wirklich untergehen sollte. Daran besteht jedoch kaum noch ein Zweifel: »Auch wenn wir Flügel hätten, würden wir der Sklaverei nur schwerlich entgehen«, schreibt Kydones, und Dukas fügt hinzu: »Das Ende der Stadt ist nah, es erscheinen die unheilvollen Vorzeichen des völligen Unterganges unseres Vaterlandes.« Alle sehen in diesem nahen Untergang »ein sichtbares Zeichen des himmlischen Zorns«, wie sich Pachymeres ausdrückt, und die traditionellen Orthodoxen sind der Überzeugung, daß nichts bleibt als sich dem göttlichen Willen zu beugen. Aber nur eine Minderheit sieht im Abendland die einzig mögliche Hilfe und ist – vertraut mit der lateinischen Theologie wie beispielsweise Kydones als Übersetzer von Thomas von Aquin – der Auffassung, daß man bei der Zustimmung zu den römischen Bedingungen für ein Eingreifen – Ausgehen des Heiligen Geistes vom Vater und vom Sohne und die Anerkennung des päpstlichen Primats – wenig zu verlieren hat, denn »gegen diese Bösen gibt es nur eine Hoffnung: die Hilfe der Kirche und der einfachen Christen«, wie Kydones schon 1377 schreibt. Doch auch Rom sträubt sich: 1432 erinnert Kardinal Cesarini Papst Eugen IV. daran, daß die Union »ein altes Lied ist, das sich seit drei Jahrhunderten wiederholt und jedes Jahr wieder von vorne anfängt«. Es müssen also gleichzeitig die Traditionalisten davon überzeugt werden, daß es keinen anderen Ausweg gibt, und Rom, daß – nach den Worten des Kalabresen Barlaam von 1399 – »die Türken leichter zu besiegen sind, solange Konstantinopel steht«. Dieser Überzeugung sind die griechischen Herrscher seit langem, doch ihre Vorstöße sind bisher gescheitert, unter Andronikos II. wie unter Kantakuzenos, und die Bemühungen von Johannes V. führen lediglich zu der Reise von Manuel II. von 1399 bis 1403 ins Abendland. Dies genügt jedoch, um das Kaisertum bei der Mehrheit der Orthodoxen ins Zwielicht zu bringen, die gegen die Union ist und das Volk auf ihre Seite ziehen kann. Die unionsfeindliche Strömung, die Markos Eugenikos bis zu seinem Tod im Jahr 1445 verkörpert, ist weder ein Irrweg noch Ausdruck einer Politik des Leidens. Sie drückt vielmehr die Ablehnung eines religiösen Handels aus, der gegen eine Unterstützung durch das Abendland, der sich noch nicht einmal Unionisten wie Kydones sicher sind, die Orthodoxie ihres wesentlichen Gehaltes beraubt; zudem könnte sie in jedem Fall in Konstantinopel nur einen *basileus* von Roms Gnaden auf dem Thron halten. Da die Bischöfe und die griechischen Gelehrten, die Johannes VIII. zum Konzil von Florenz begleiten, sich mit dem politischen Tod von Byzanz noch nicht abzufinden vermögen, unterzeichnen sie dennoch alle, mit Ausnahme von Markos Eugenikos, das Unionsdekret, das am 6. Juli 1439 verlesen und durch die Bulle *Laetuntur Coeli* allen Christen zur Kenntnis gebracht wird. Erst als sie wieder in Konstantinopel sind, erkennen sie das Ausmaß der allgemeinen Feindseligkeit, die soweit geht, daß

Portrait des Sultans Mehmed II. der Eroberer (Topkapi Serail, Istanbul).

der Kaiser die Kirchenunion in seiner Hauptstadt nicht proklamieren darf, trotz der Unterstützung durch drei aufeinanderfolgende Patriarchen. Erst am Vorabend des Untergangs, am 12. Dezember 1452, findet die Zeremonie in der Hagia Sophia statt, immer noch unter der Bedingung, daß »das Dekret, sobald es Gott gefalle, den Frieden wiederherzustellen und die drohende Gefahr abzuwenden, von kenntnisreichen Männern überprüft und gegebenenfalls abgeändert werden möge«. Doch die wichtigsten Autoritäten, die der Union zugestimmt hatten, haben sie längst verworfen. Zu ihnen gehört Georgios Gennadio Scholarios, der zu einem ihrer hartnäckigsten Widersacher geworden ist: »Wer der Gottlosigkeit anheimfällt« wird dennoch »dem Joch der Sklaverei nicht entrinnen«, vielmehr ist die Zugehörigkeit zu Rom die unverzeihliche Sünde, für die Byzanz mit seinem Untergang sühnen muß. Es ist besser, auch unter einer Herrschaft von Ungläubigen orthodox zu bleiben, die zwar Verfolgung mit sich bringt, aber das Dogma nicht antastet, den Klerus auf seinen Gütern beläßt und ihn in seinem Auftrag bestätigt, den Gläubigen zur Seite zu stehen.

Das Christentum in Bulgarien und Serbien

Die Eingliederung der Balkanhalbinsel in das osmanische Reich bedeutet für das kulturelle Leben einen plötzlichen Stillstand, da insbesondere die Geistlichen in großer Zahl nach Rußland auswandern, wo sie eine zweite Welle des Einflusses durch die Südslawen hervorrufen.

Zwei Zentren des intellektuellen Lebens, die maßgeblich von der »palaiologischen Renaissance« und der hesychastischen Erneuerung geprägt sind, gewinnen in dieser Zeit auf dem Balkan weitreichende Ausstrahlung: Trnovo und der Athos.

Trnovo, die Hauptstadt des zweiten bulgarischen Reiches, war seit langem eines der wichtigsten Zentren für die Verbreitung byzantinischen Gedankengutes in der slawischen Welt. Zwischen 1350 und 1450 verdoppelt sich in Rußland die Zahl der ins Slawische übersetzten Texte, was zum größten Teil auf die Tätigkeit der bedeutenden bulgarischen Klöster Paroria, Kilifavero und Trnovo zurückzuführen ist; letzteres wird unter Patriarch Euthymios (1375–1393) zum Zentrum für das Eindringen der orthodoxen Kultur in die slawischen Länder.

Das älteste und traditionsreichste Zentrum ist der Athos. Diese Gebetsstätte ist ebenfalls ein bedeutender Treffpunkt griechischer, slawischer, georgischer, syrischer und selbst lateinischer Mönche. Die Geschichte des Athos im 14. Jahrhundert wird zum einen durch die hesychastische Erneuerung geprägt, zum anderen durch das Übergewicht der Serben, das auf das Wirken des hl. Sava im serbischen Athos-Kloster Chilandar zurückgeht. Chilandar entwickelt sich zum Zentrum slawisch-byzantinischer Beziehungen und zu einem der ersten Lieferanten slawischer Handschriften. Es sei auch daran erinnert, daß alle Begründer der »Renaissance« des 14. Jahrhunderts vom Athos kommen: Euthymios von Trnovo, Kyprian von Kiev und die Patriarchen Kallistos und Philotheos von Konstantinopel.

Die russischen Verbindungen zum Heiligen Berg sind vielfältig. Eines der charakteristischen Merkmale Rußlands im 14. Jahrhundert sind die engen und direkten Beziehungen der Russen zu Konstantinopel, wo sie im Südwesten der Stadt ein eigenes Viertel haben. Die dadurch gegebene Möglichkeit, sich ohne Mühe in Konstantinopel aufzuhalten, erklärt die große Zahl russischer Pilger, die die Hauptstadt besuchen; fünf von ihnen verdanken wir aufschlußreiche Beschreibungen des Lebens in Konstantinopel im 14. und 15. Jahrhundert.

Goldgießer und Schreiber (Miniatur der Licevoj-Handschrift,
2. Hälfte des 16. Jahrhunderts).

Die in diesen Hochburgen der geistigen Orthodoxie übersetzten Werke sind in ihrer Mehrzahl religiöser Natur und behandeln überwiegend zwei Bereiche: die Liturgie und das geistige Leben der Mönche. Für die Liturgie von Bedeutung ist vor allem die im 14. bis 15. Jahrhundert in Rußland erfolgte Übernahme des *Typikon* – die *Jerusalemer Typikon* genannten Regeln des Klosters des hl. Sabas in Palästina.

Sava führt diese Liturgie auf dem Athos ein, und 1311 wird sie von Erzbischof Nikodemos ins Slawische übersetzt. Danach dringt die Reform bis nach Rußland vor, wo sie sich ohne jeden rechtlichen Druck allmählich durchsetzt. Das angestrebte Ziel ist die Vereinheitlichung und die Kodifizierung aller religiösen Bräuche; dieser Wandel wird unter dem Pontifikat der Metropoliten Kyprian (1390–1406) und Philotheos (1408–1431) vollendet.

Das zweite Charakteristikum des 14. Jahrhunderts ist das Vordringen eines umfassenden Korpus hesychastischer Literatur nach Rußland. Die älteste Klosterbibliothek im Norden Rußlands, die des Dreifaltigkeitsklosters, das der hl. Sergej (um 1314–1392) begründet hat, umfaßt alle Klassiker hesychastischen Gedankengutes. Dadurch steht den russischen Mönchen dieselbe Lektüre wie ihren griechischen Brüdern zur Verfügung, was das Gefühl, derselben geistigen Gemeinschaft – der orthodoxen *oikumene* – anzugehören, beträchtlich vertieft.

Eine Kultur mit zwei Seiten

Die Vervollkommnung der Orthodoxie

Mit Ausnahme der wenigen Unionisten rühren selbst die kühnsten Intellektuellen, die alle stolz darauf sind, Theologen zu sein, nicht am gültigen Dogma, denn diese letzten Byzantiner interpretieren es hie und da zwar unterschiedlich, doch in der Definition der Glaubensinhalte sind sie überzeugte Traditionalisten. Sieht man von Plethon ab, der sich außerhalb des Christentums stellt, so ist das Bekenntnis aller zu dem einen Glauben und zur Ursprünglichkeit seines liturgischen Ausdrucks die Regel, und obwohl es den Anschein hat, kann der Hesychasmus nicht die Einigkeit der Orthodoxen gegenüber dem Vordringen der Ungläubigen und den Zielen der Lateiner in Frage stellen, denn diese Einigkeit wird in einer Zeit der Prüfungen, deren Ende niemand kennt, bald als Rückkehr zu einer Frömmigkeit empfunden, in der alle Menschen Zuflucht finden können.

In der Blütezeit hatte die orthodoxe Gemeinde ihren religiösen Eifer auf ein alltägliches Christentum beschränken können, dessen Konformität durch die Kirchenhierarchie garantiert wurde und dem die göttliche Sendung des Kaisers, der dem Volk Siege, sozialen Frieden und relativen Wohlstand brachte, seinen Vorrang sichert. Zweifel und Ängste werden durch Ikonen, Reliquien und Aberglauben besänftigt, während die vertraute Gegenwart von Mönchen und die Lektüre ihrer asketischen Taten ausreichend die Existenz von privilegierten Wesen belegen, durch die die Gegenwart von Gott nah und fühlbar wird. Zur hohen Mystik, die ihren Niederschlag in den Homilien findet, finden die meisten Sterblichen keinen Zugang: So bekennt Kaiserin Irene Dukas im 11. Jahrhundert, daß die Schriften des Maximos Confessor – die sie eifrig liest – fast unverständlich seien.

Aber die Katastrophen häufen sich, und das Leben wird zusehends härter. Der Mensch kann sich nicht mehr damit zufrieden geben, daß andere für ihn die

Gottessuche vorleben; er muß nun selbst mit Leib und Seele nach Gott streben, damit ihm jene Hoffnung zuteil wird, die ihm auf Erden fehlt. Den Weg dahin soll ihm die Kirche aufzeigen, die diesen Erwartungen offen gegenübersteht, aber ihre offizielle Spiritualität reicht nicht weit, und ihre Antwort bleibt ritueller Art. Mit einer immer komplizierteren und aufwendigeren Liturgie versucht die Kirche, die Gläubigen mehr als bisher in den Ablauf des Gottesdienstes einzubinden und ihnen gleichzeitig die engen Beziehungen zwischen der Welt des Menschen und der Gottes zu verdeutlichen. Im 14. Jahrhundert verfügen alle orthodoxen Kirchen über eine reich verzierte Ikonostase, eine dreitürige Bilderwand, die den Altarraum den Blicken der Gläubigen entzieht. In ihrer bildhaften Ausschmückung überwiegt die Darstellung der *Deesis*, die Anbetung Gottes durch die Jungfrau und Johannes den Täufer, ein Zeichen dafür, daß der Marienkult als höchste Form der Fürsprache zunehmend an Bedeutung gewinnt. Die Ikonostase ist keine Barriere: Sie soll zwar

in den Herzen der Gläubigen die heilsame Achtung vor dem göttlichen Mysterium steigern, zeigt ihnen aber vor allem Gottes Nähe. Sein Wort ist gegenwärtig, denn im Verlauf des *kleinen Introitus* verläßt das Evangelienbuch den Altarraum durch die nördliche Tür und kehrt durch die königliche Tür in der Mitte wieder dorthin zurück. Und Gott ist gegenwärtig im *Großen Introitus*, den der byzantinische Kultus bevorzugt, wenn die geheiligten Gegenstände in feierlichem Umzug durch die Kirche getragen und durch die Königstür wieder in den Altarraum zurückgebracht werden. Der Heilige Geist bewirkt die Transsubstantiation, was seit dem 14. Jahrhundert durch seine doppelte Anrufung im feierlichen Augenblick der Liturgie zum Ausdruck ge-

Das Meteorakloster in Thessalien.

bracht wird. In der Ausschmückung gewinnt seit dem 13. Jahrhundert die Darstellung der liturgischen Feste an Bedeutung, wichtig ist aber auch der Wiederaufschwung der Hymnendichtung – seit dem 11. Jahrhundert vernachlässigt und im
14. Jahrhundert durch Manuel Philes und vor allem Nikephoros Kallistos Xantho-
pulos verkörpert – und der Kirchenmusik eines Johannes Kukuzeles aus Dyrrhachion zur gleichen Zeit. Die große Zahl liturgischer Kommentare in den beiden
letzten Jahrhunderten des byzantinischen Reiches zeigen zudem die Sorge, allen die
symbolische Tragweite des Ritus mitzuteilen: Gerade dies haben im 14. und
15. Jahrhundert zwei Metropoliten aus Thessalonike, Nikolaos Kabasilas und
Symeon unternommen.

Gesichter von Türken (Fragment des Fresko *Verrat des Juda* aus der
Kirche des hl. Johannes Theologos von Zemen, bei Vidin in Bulgarien;
Kloster Rila).

Aber der Ritus ist dennoch nur ein Mittel zum Zweck, selbst wenn man ihn um
szenische Aufführungen bereichert, die Ähnlichkeiten mit heutigen Mysterienspie-
len aufweisen, aber nur in der Kirche dargeboten werden, wie das von den drei
Kindern im Feuerofen, das Symeon von Thessalonike beschreibt und dessen
Aufführung Bertrandon de la Broquière 1432 in Konstantinopel miterlebt hat. Es ist
deshalb kein Zufall, daß so bedeutende Liturgisten wie Kabasilas und Symeon auch
glühende Anhänger der hesychastischen Bewegung sind. Es ist bekannt, daß zu

Beginn des 14. Jahrhunderts die mystische Tradition der Wüste auf dem Athos zu neuem Leben erwacht. Die Meister des Athos möchten zunächst den einzelnen Mönchen, später allen Christen zeigen, daß der Mensch durch eine Methode, deren Ähnlichkeit mit dem Yoga und vor allem dem islamischen Sufismus offensichtlich ist, durch eine einzige Anstrengung Körper und Seele so weit zu Gott erheben kann, daß er mit seinen leiblichen Augen jenes Licht zu schauen vermag, das einst auf dem Berg Tabor Jesus im Augenblick seiner Verklärung umgab. Anders als der aristotelische Rationalismus, der von der Natur verlangt zu glauben, wobei er ihr aber jede Möglichkeit nimmt, Gott sinnlich zu erfahren, beruft sich der Hesychasmus auf eine geradezu naturgegebene Irrationalität des Glaubens. Seine Widersacher wie

Mystizismus und Hesychasmus setzen sich auf dem Blachernenkonzil durch, das von Johannes VI. Kantakuzenos geleitet wird (*Opera theologica* des Johannes Kantakuzenos; Bibliothèque nationale, Paris).

Barlaam, Gregorios Akindynos und Nikephoros Gregoras sind sich dessen bewußt, wenn sie seine Anhänger verächtlich als »Omphalopsychisten« (die den Nabel als Sitz der Seele ansehen) bezeichnen. Damit spielen sie auf jene Technik an, die Augen fest auf einen Punkt zu richten und dabei unaufhörlich das Jesus-Gebet herzusagen, um auf diesem Weg zur Erleuchtung zu finden. Diese Haltung nimmt dabei keine Rücksicht auf die Wünsche des Volkes, im Gegensatz zu Gregorios Palamas, der sich nach 1338 mit seinen *Triaden über die heiligen Hesychasten* an die Spitze der Bewegung stellt. Nach seiner Ernennung zum Metropoliten von Thessalonike im Jahr 1347 setzt er mit Hilfe des Kantakuzenos 1351 auf dem Konzil im Blachernenpalast den Hesychasmus als offizielle Lehre durch. Palamas wird bereits 1368 heiliggesprochen, und der Grund dafür ist verständlich: Gott ist dem Menschen nunmehr greifbar nahe, was ihm seine Kirche garantiert – ein gewichtiger Grund, mit ihr gegen jene Lateiner Front zu machen, die zwar von Dogma und Primat sprechen, dabei aber nicht einmal wissen, auf welche Weise Gott sich offenbart. Mehr denn je genügt die Orthodoxie sich selbst, denn ihre Überlegenheit gründet in der Seele und nicht im Geist.

Eine typische byzantinische Kirche in Kozina bei Përmet in Albanien (13. Jahrhundert).

Rückkehr zu den hellenischen Ursprüngen

Die Berufung auf den vergangenen Ruhm der Hellenen ist eine andere Möglichkeit, angesichts der Barbaren auf den drohenden Untergang zu reagieren. So schreibt Theodoros Metochites: »Sind wir als Volk und mit unserer Sprache nicht Landsleute und Erben der antiken Hellenen?« Aber obwohl die Elite in aller Einmütigkeit das Scheitern des Romgedankens feststellt, ziehen doch nicht alle die gleichen Konsequenzen. Es gibt dabei nur wenige platonische Humanisten wie Gemistos Plethon, die sich nach antikem Vorbild als Denker und Gesellschaftsreformer verstehen. In seinem Hauptwerk, den *Nomoi*, empfiehlt Plethon die Schaffung eines völlig neuen Menschen, der nach der Ersetzung eines Christentums, das von sterilen Hierarchien garantiert wird, durch einen symbolischen Neopolytheismus die Reichtümer dieser Erde innerhalb einer gerechteren und kohärenteren Gesellschaft gleichmäßiger verteilen wird; im Bewußtsein des zu verteidigenden Gemeinwohls wird eine solche Gesellschaft den Barbaren Widerstand leisten, der den alten Griechen würdig ist. Doch Plethon stirbt im Jahr 1452, ohne daß seine Gedanken im Despotat Mistra verwirklicht worden wären, obwohl dort mit Konstantinos Dragases einer seiner Schüler regiert. Von seinen *Nomoi* sind nur Fragmente überliefert, was einiges über den hartnäckigen Widerstand aussagt, dem die Umsetzung seiner Gedanken in die Praxis begegnet wäre.

Alle anderen Unionisten oder Hesychasten bleiben Anhänger des christlichen Humanismus. Für Unionisten wie Kydones, Isidor von Kiev oder Bessarion ist die hellenische Kultur zweifellos wichtiger, denn sie bewahrt die Eigenständigkeit des Ostens in der erneuerten Union mit Rom. Dagegen haben es ihre Gegner einer tieferen Logik zufolge weniger nötig, stolz darauf zu sein, da sie sich schon im Besitz der religiösen Wahrheit wissen, und sich deshalb auf die Elemente beschränken, die die Kirche schon seit langem übernommen hat, ohne die Schriften der lateinischen Gelehrten wie Thomas von Aquin oder Duns Scotus zu verschmähen. Ein Beispiel dafür sind die von Gennadios Scholarios verfaßten Kommentare zu Aristoteles.: Aber die »palaiologische Renaissance« hat in anderen Bereichen der alten *Paideia* alle Spaltungen überbrückt: In den Schulen, die in Trapezunt, Thessalonike und Konstantinopel noch bestehen, von denen wir nur wenig wissen, werden auch weiterhin Grammatik, Rhetorik, Naturwissenschaften und Medizin unterrichtet, und eine letzte Reform der Universität von Konstantinopel faßt unter Manuel II. dann erstmalig alle klassischen Fächer im *Katholikon Museion* (»allgemeine Sammlung«) zusammen. Besonders bemerkenswert ist die Neugestaltung der Grammatik, die unter der Federführung allgemein anerkannter Schiedsrichter, insbesondere des Gennadios Scholarios und des Johannes Argyropulos, erfolgt: Unter Verzicht auf jegliche Allegorie entsteht so ein regelrechter Literaturkommentar, der den Wert unterstreicht, den man einer griechischen Sprache beimißt, die im Volk schon seit langem nicht mehr verstanden wird.

Letzte Entfaltung der Künste

Wie Plethon leben zwar die innovativsten Geister in Mistra, ebenso die letzten Historiker wie Chalkokondyles oder Sphrantzes, aber Konstantinopel kann bis zu seinem Fall ein gewisses intellektuelles Primat aufrechterhalten: Ohne dort studiert zu haben, könne man keine vollkommene Bildung erreichen, schreibt der Humanist Aeneas Sylvius Piccolomini, der spätere Pius II. Doch schon vor 1350 hat die Hauptstadt alle künstlerischen Impulse verloren, und die letzte Erneuerung findet weit von ihr entfernt statt.

Man kann darin eine direkte Spiegelung der geistigen Entwicklung sehen. Die schon seit dem 13. Jahrhundert in die Höhe strebende Architektur ist der Ausdruck einer himmelstürmenden Frömmigkeit. Selbst auf den bescheidensten Bauten werden die Kuppeln weniger und höher, während sie auf den bedeutenderen Gebäuden geradezu wuchern, die im allgemeinen den alten Basilikagrundriß wieder aufnehmen – eine weitere Besinnung auf die Wurzeln. Wie auf intellektuellem Gebiet sind auch hier lateinische Einflüsse nicht zu leugnen, die dort aufgenommen werden, wo sie einem verbesserten Ausdruck orthodoxer Spiritualität dienen. So ist die auf Manuel Kantakuzenos zurückgehende, dann aber unter Konstantinos Dragases ab 1428 neugebaute Pantanassa-Kirche in Mistra lateinischen Stils. Von außen wirkt sie auf den Betrachter wie eine Pyramide aus großen und kleinen Kuppeln, der ein lateinisch angehauchter Campanile entschiedene Vertikalität verleiht: Hier ruhen die lateinischen Ehefrauen von Dragases und Theodoros II., Theodora Tocco und Kleope Malatesta. In Konstantinopel, wo fast nichts mehr gebaut wird, findet man dieselbe Schlankheit in der Kapelle, die Michael Glabas Tarchaneiotes 1370 an die Pammakaristoskirche (Fethiye Cami) anbauen läßt, und auch in den slawischen Ländern findet sie Verbreitung. In Bulgarien, wo innere

Johannes Argyropulos lehrt im Museion von Konstantinopel (Bodleyan Library, Oxford).

Kloster Staro Nagoričano in Makedonien (14. Jahrhundert).

Wirren mit einer besonders zerstörerischen türkischen Eroberung verknüpft sind, gibt es im zuletzt byzantinischen Nesebar (Mesembria) viele Kirchen, die durch ihre Vertikalität und einen Basilikagrundriß auffallen, der Altarraum und Vorhalle in den Zentralbau einbezieht. Diese Strukturen erscheinen im 16. Jahrhundert bei den Klosterkirchen von Rila und Trojan wieder. Auch in der serbischen Kunst entwickeln sich solche Tendenzen, zunächst unter Anleitung griechischer Lehrmeister, dann in völliger Unabhängigkeit. So errichten im kurz davor eroberten Makedonien die bedeutenden Zaren des beginnenden 14. Jahrhunderts, vor allem Milutin und Dušan, Kirchen aus Ziegel und Stein, die letztlich den Eindruck der Vertikalität vermitteln, ob ihr Grundriß nun basilikal ist oder der Form des griechischen Kreuzes folgt – Beispiele dafür sind die Kirche Panagia Bogorodica in Prizren, die Kirchen von Staro Nagoričino und Gračanica und die Chilandarkirche als Ausdruck serbischer Kunst auf dem Athos. Selbst als die serbische Nation sich zurückzieht und unaufhörlich den von der Adria her vordringenden lateinischen Einflüssen ausgesetzt ist, überraschen die Werkstätten an der Morava, von Kalenić in Manasija und in Ravanica durch die Kühnheit der von ihnen erbauten Kuppeln. Auch die insgesamt bescheideneren und nach griechischem Vorbild errichteten albanischen Kirchen wie die Dreifaltigkeitskirche von Berat ragen in den Himmel.

In dieser Zeit der Bedrängnis kann der Sakralbau das strenge Äußere vergangener Zeiten nicht bewahren: Durch die hohen Kuppeln schon von weitem sichtbar, bedeckt sich das Gebäude mit üppigem Zierat, der der beunruhigten Seele einen

ersten Glanz jener Welt offenbart, zu der sie durch die Kirche Zutritt hat. Allein der Ziegelstein eröffnet unzählige dekorative Kombinationsmöglichkeiten, wie bei der Apostelkirche in Thessalonike oder der Kirche im argolischen Merbaka. Möglich sind aber auch Nischen und kleine, ins Mauerwerk eingepaßte Säulen, die wie in der Pammakaristos-Kirche auch asymmetrisch sein können. Während serbische Fassaden wie in Dečani oder Kalenić sich durch Einlegearbeiten aus farbigem Marmor auszeichnen, betont im bulgarischen Nesebar und in der nordgriechischen Kirche Hagios Basileios (Vasilios) von Arta vielfarbige Keramik das Relief der Verzierung. In Morea wird in der Pantanassa-Kirche die byzantinische Tradition um lateinische und islamische Motive, gothisches Bogenwerk, Lilien und gleichschenklige Spitzbögen bereichert.

Aber es ist falsch, zu sehr zu betonen, die orthodoxe Kunst sei theologisch; zwar will sie den Menschen belehren, doch sie will ihm auch Ruhe geben, und wie könnte das besser geschehen als durch Darstellungen von rituellen Szenen auf den Wänden, die die schützende Nähe der Kirche ebenso ins Gedächtnis rufen wie die wichtigsten Gelegenheiten, wo sich der Gläubige in der Gemeinschaft mit seinesgleichen wiederfinden kann. In diesen Fresken liegt – neben Szenen aus der Bibel und den Evangelien – das Hauptgewicht in der Darstellung von Festen und liturgischen Prozessionen; in ihnen kann man sich – sogar noch um 1430 in der Pantanassakirche – auf deutlich voneinander abgesetzten Tafelbildern ausdrücken. Aber man neigt in Mistra und auf dem Athos, auf Kreta wie im Morava-Tal immer mehr einer diskursiveren Kunst zu, die das gesamte

Umgang und Glockenturm der Pantanassakirche in Mistra, die von Konstantin Dragases um 1431 wiederaufgebaut wird; die Bögen des Turms zeigen deutliche gotische Einflüsse.

Die Kuppeln der Pantanassakirche von Mistra.

Die Kahriye Cami in Istanbul.

Gebäude mit fortlaufenden Szenen bedeckt, deren Handlungsfortgang der Gläubige Schritt für Schritt nachvollziehen kann. In diesen harten Zeiten stellt auch die
Kunst die Angst dar; ihre Mittel sind der abrupte Wechsel von Hell und Dunkel,
Farbkontraste, verrenkte Glieder und fiebrig-gespannter Ausdruck: Das Auge,
durch das man Gott am nächsten kommen kann, verschlingt die Gesichter und lädt
zur Schau des Jenseits ein. Aber es ist auch eine menschliche Kunst: Da in solch
schwierigen Zeiten alles seinen Preis hat, wird der Mensch an die eigene Würde und
an die seines bescheidenen täglichen Umfelds erinnert. Ende des 13. Jahrhunderts
ist es ein Trost, auf dem Fresko der großen Prozession zu Ehren der Theotokos
Hodegetria in der Vorhalle der Kirche des hl. Michael in den Blachernen die
gleichen fliegenden Händler zu sehen, die man täglich auf den Straßen trifft. Und es
ist sicher hilfreich zu wissen, daß Christus, die Jungfrau Maria und die Apostel die
gleichen Gefäße und die gleichen Tuche benutzten, wie sie Tag für Tag im Haushalt
benutzt werden: Selbst die bescheidenste Dorfkirche liefert den Beweis dafür.
Einen einzigartigen und wertvollen Menschen in seiner augenblicklichen Wirklichkeit festzuhalten, das ist das letzte Ziel der Kunst im 15. Jahrhundert. Auf Fresken,
Ikonen und Miniaturen hält ein bis dahin ungewohnter Realismus Einzug. In der
Nachfolge der Kariye Cami hat der Künstler zwar die Tradition des hellenistischen
Realismus und der römischen Portraitmalerei wiederentdeckt, aber er stellt sie voll
und ganz in den Dienst einer neuen Spiritualität. In diesem Geist arbeitet Theopha-
nes der Grieche seit 1378 in Novgorod.

Griechische Kunst in Rußland

Für die russische Architektur und Monumentalmalerei sind das 14. und 15. Jahr-
hundert ein »Goldenes Zeitalter«. In den Chroniken wimmelt es von Hinweisen auf
Kirchenbauten und Klostergründungen, die auf die Initiative von Fürsten, Bojaren,
Kaufleuten und Klerikern zurückgehen.

Wichtigste Zentren der Kunst sind die Republik Novgorod und das Fürstentum
Moskau; hier treffen sich russische mit griechischen Künstlern. Schon Anfang des
14. Jahrhunderts ist in Novgorod ein griechischer Künstler namens Isaja bezeugt,
während 1344 mit dem Metropoliten Theognostos griechische Maler nach Moskau
kommen, die dort die Dormitionkirche ausgestalten sollen.

Zwei überragende Persönlichkeiten prägen die russische Kunst im 14. und
15. Jahrhundert: Theophanes der Grieche und Andrej Rubljev.

Den Werdegang von Theophanes kennen wir aus den Chroniken, aber auch aus
einem Brief, den Epiphanios der überaus Weise, Verfasser der Vitae des hl. Sergios
und des hl. Stephan von Perm, an den Abt Kyrill von Tver schrieb und den man als
die erste russische Kunstkritik bezeichnen könnte.

Theophanes ist schon ein bekannter Künstler, als er nach Rußland aufbricht; er
hat an der Ausgestaltung zahlreicher Kirchen im Reich mitgearbeitet – in Konstantinopel, Chalkedon, Galata und Kaffa. In den siebziger Jahren des 13. Jahrhunderts

kommt er nach Novgorod und malt 1378 die Erlöserkirche aus, Ende des 14. Jahrhunderts folgt er dann einem Ruf nach Moskau, wo er bei der Ausgestaltung der
Mariä Himmelfahrt-Kathedrale (1405) und der Erzengel-Michael-Kirche mitwirkt.

Ein Fresko von Theophanes dem Griechen in Novgorod
zeigt den hl. David Stylites.

Die erhaltenen Werke – die Fresken aus der Erlöserkirche und der zentrale Teil
der Ikonostase in der Verkündigungskathedrale – die *Deesis* – offenbaren das Genie
eines außergewöhnlichen Meisters.

Theophanes hat eine gewisse Vorliebe für fromme Greise und heilige Mönche, deren Gesichter er durch die Zeichnung von Haupthaar und Bart modelliert, Augen und Nase mit wenigen Pinselstrichen belebt und durch langgezogene weiße Akzente Fülle gibt. Die Gestalten von Theophanes strahlen den tiefen inneren Frieden von in Gott ruhenden Menschen aus. Es ist auch bekannt, daß Theophanes – anders als die meisten seiner Zeitgenossen – nicht nach Modellen gezeichnet hat, sondern »die geistige Schönheit, wie er sie mit seinem geistigen Auge erfaßte«, wiederzugeben suchte. Insoweit folgt Theophanes der hesychastischen Strömung, die der geistigen und religiösen Erneuerung in Rußland zugrundeliegt und für die künstlerische Arbeit den geeigneten Rahmen schafft.

Bei der Ausgestaltung der Mariä-Himmelfahrt Kathedrale im Kreml in Moskau hat Theophanes 1405 einen Mitarbeiter: Andrej Rubljev. In den ersten Jahren des 15. Jahrhunderts hatte Rubljev in Zvenigorod gearbeitet, einer sehr vom monastischen Ideal der Dreifaltigkeit geprägten Stadt. Vermutlich hat er für die Kathedrale dieser Stadt eine *Deesis* gestaltet, von der drei Ikonen erhalten sind. Aber erst für den Wiederaufbau des Dreifaltigkeitsklosters, das die Tataren von Jedigej 1409 zerstört haben, schafft er sein berühmtes Dreifaltigkeitsgemälde, das Meisterwerk der frühen russischen Malerei.

Rubljevs Genie drückt sich in seiner Forderung aus, den guten Menschen abzubilden; seine Gestalten strahlen in Mimik und Habitus äußerste Sanftmut aus, frische und leuchtende Farben bestimmen im Gegensatz zu Theophanes seine Palette, und nicht zuletzt die Harmonie seiner charakteristischen Kompositionen, die alle die tiefe hesychastische Überzeugung des Meisters erkennen lassen: Er will in seiner Kunst die innere Ausstrahlung des vom göttlichen Licht durchdrungenen Menschen vermitteln.

Die russische Kunst des 14. und 15. Jahrhunderts erscheint demnach als malerische Umsetzung der byzantinischen Lehre des Hesychasmus, die über die bedeutenden *scriptoria* des Balkan vermittelt wurde. Die Feststellung liegt nahe, daß die russischen Fresken und Gemälde in der Tradition jener großen Fresken stehen, die die Wände der serbischen Klöster von Sopočani, Studenica und Staro Nagoričino bedecken und einige Jahrzehnte vor den russischen entstanden sind. Beide haben ihre Quelle im byzantinischen Hesychasmus.

Zusammenfassung

Das Schicksal der orthodoxen Kultur

Jenseits aller aus den Freiheitsbewegungen des 19. Jahrhunderts entstandenen nationalen Identitäten, die noch heute oft genug einer vernünftigen historischen Analyse im Weg stehen, sollte die endlose Türkenherrschaft, die je nach Region drei oder vier Jahrhunderte gedauert hat, nuanciert bewertet werden.

Es ist unbestritten, daß die orthodoxen Völker schrecklich unter der osmanischen Eroberung gelitten haben: Addiert man die Massaker, die verbrannten Ernten und Städte und die rücksichtslosen Deportationen ganzer Völker, so versteht man Johannes Kantakuzenos, der – obwohl verbündet mit den Türken – schreibt, daß »sie Vergnügen am Morden finden und es als höchsten Lohn betrachten, wenn sie Gefangene machen und diese als Sklaven verkaufen«, wobei »nicht einer den Unglücklichen gegenüber Mitleid und Anteilnahme aufbringt«. Die Betonung des Fangens von Menschen, um sie der Sklaverei zu überantworten, deutet zudem darauf hin, daß sich die osmanische Expansion vor dem Hintergrund eines massiven Bevölkerungsschwundes vollzieht, und die Türken, die auch hier getreu der byzantinischen Tradition handeln, legen mehr Wert darauf, über Menschen als über Landstriche zu gebieten. Um den eigenen an Zahl und Kampfmoral schwachen Streitkräften einen festen und in allen Lagen verläßlichen Kern zu geben, entwickeln die Sultane seit Murad I. nach und nach das System des »Aufsammelns« (*devschirme*): Eine regelmäßige Sammlung von griechischen, slawischen oder albanischen Christenjungen, die ihren Familien häufig mit Gewalt entrissen und nach Istanbul gebracht werden. In eigenen Kasernen macht man aus ihnen teilweise eifrigere Moslems als die Türken selbst, zumindest aber durchweg ergebenere Soldaten – dies ist der Ursprung der *Janitscharen*, der »neuen Soldaten« (*yeni çeri*), die mindestens zwei Jahrhunderte lang die Speerspitze der osmanischen Streitkräfte bilden. Begriffe wie Terror, Flucht und Panik scheinen angebracht, wenn man bedenkt, daß Sultan Musa im Jahr 1411 als Vergeltung dafür, daß Bauern seinen Bruder getötet haben, Männer, Frauen und Kinder eines thrakischen Dorfes bei lebendigem Leib in ihren Hütten verbrennen läßt.

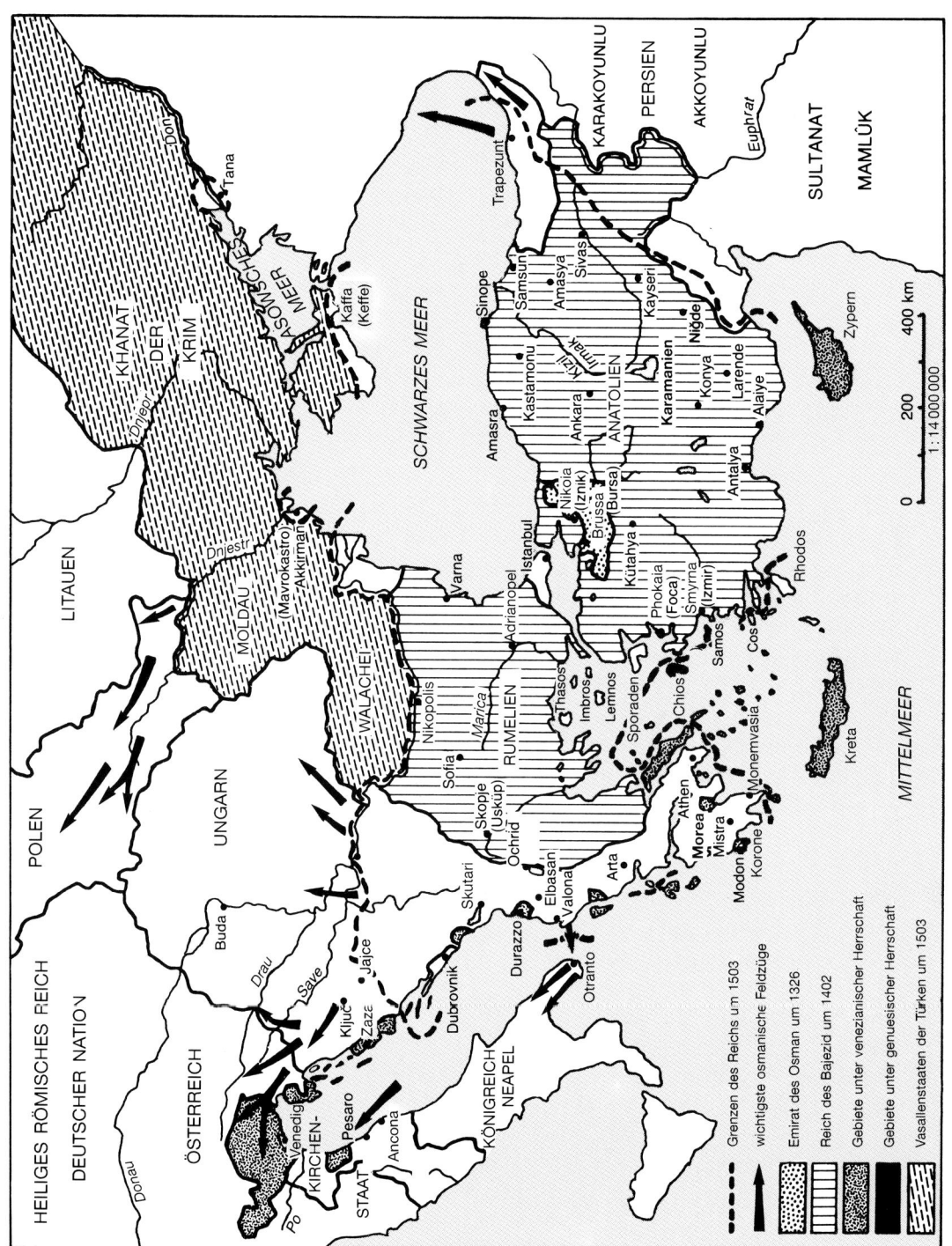

HEILIGES RÖMISCHES REICH
DEUTSCHER NATION

LITAUEN

POLEN

ÖSTERREICH

UNGARN

KIRCHEN-
STAAT

KÖNIGREICH
NEAPEL

Venedig
Pesaro
Ancona

Buda

Skutari
Durazzo
Otranto
Valona
Elbasan
Arta
Dubrovnik
Jajce
Kljuc
Zaza

Drau
Save
Po

KHANAT DER KRIM

ASOWSCHES MEER

MOLDAU

WALACHEI

Tana
Kaffa
(Keffe)

Dnjepr
Dnjestr
Don

(Mavrokastro)
Akkirman

Nikopolis
Sofia
Skopje
(Usküp)
Ochrid

Marica

SCHWARZES MEER

Varna
Adrianopel
Istanbul

RUMELIEN

Thasos
Imbros
Lemnos
Sporaden
Chios
Samos
Cos
Rhodos

Athen
Morea
Mistra
Korone
Modon
Monemvasia

Kreta

MITTELMEER

Sinope
Amasra
Kastamonu
Ankara
Nikola
(Iznik)
Brussa
(Bursa)
Kütahya
Phokaia
(Foca)
Smyrna
(Izmir)
Antalya

Samsun
Amasya
Sivas
Kayseri
Nigde
Konya
Larende
Alaiye

Kizil Irmak

ANATOLIEN
Karamanien

Trapezunt

KARAKOYUNLU

PERSIEN

AKKOYUNLU

SULTANAT
MAMLÜK

Euphrat

Zypern

400 km
200
0
1 : 14 000 000

Grenzen des Reichs um 1503
wichtigste osmanische Feldzüge
Emirat des Osman um 1326
Reich des Bajezid um 1402
Gebiete unter venezianischer Herrschaft
Gebiete unter genuesischer Herrschaft
Vasallenstaaten der Türken um 1503

Donau

Ohne die blutigen Phasen der Eroberung zu bestreiten, sollte dennoch nicht übersehen werden, daß sie gerade von jenen hochgespielt werden, die am meisten zu verlieren haben – die Intellektuellen, etwa Demetrios Kydones oder Dukas, von denen unsere Informationen stammen, zeigen deutlich ihre Sympathien für die Union mit Rom; sie sehen darin die einzige Möglichkeit, die türkischen Eroberer zurückzuwerfen und das Reich zu retten. Gleichzeitig wissen wir, daß die Unionisten innerhalb der Orthodoxie des 15. Jahrhunderts kaum ins Gewicht fallen, daß die Mehrheit der Gläubigen keine konkrete Vorstellung mehr mit dem Reich verbindet und daß selbst die Kirche – zumindest auf dem Balkan – im Reich nicht mehr die unverzichtbare Stütze des Glaubens sieht. Doch auch im Fürstentum Moskau wie in den Vojvodschaften Moldau und Walachei, wo der Reichsgedanke weiterlebt, ist er eher Ausdruck eines politischen Willens als einer aus dem Volk stammenden Strömung. Nicht von ungefähr steht im 16. und 17. Jahrhundert in Rußland das Problem der Macht und ihrer Grenzen im Mittelpunkt der innerkirchlichen Auseinandersetzungen. Von nun an setzt sich die geistige Strömung der Orthodoxie durch, die die Mönche verbreiten und für die das Reich nicht die ganze Welt ist: Nach dieser eigentlich orthodoxen Auffassung – die den vollständigen Bruch mit der sehr politischen Tradition von Byzanz bedeutet – hat das Reich immer im Zeichen der Ewigkeit gestanden. Zeit und Dauer sind unbekannte oder als falsch und pervers erkannte Kategorien: Gerade Byzanz, das aus den erlittenen Schicksalsschlägen politische Schlußfolgerungen zu ziehen versucht hat, hat Erfahrungen mit der Zeit gemacht, indem es sich an ein paar jämmerliche Fetzen von Land geklammert hat und dafür bereit war, mit seiner geistigen Integrität zu bezahlen – es hat seinen Untergang dadurch letztlich selbst verschuldet.

Im Westen erliegen viele im 15. und 16. Jahrhundert ihrem eigenen Wunschdenken, wenn sie von der Entschlossenheit aller orthodoxen Völker schreiben, sich gegen die Türken zu erheben, sobald abendländische Hilfe sichtbar wird. Innerhalb der Kirche und der kleinen Schicht laizistischer Intellektueller befürworten lediglich die Unionisten einen Kreuzzug gegen die Türken, und viele unter ihnen sind schon vor 1453 geflohen, da sie – wie Demetrios Kydones über Thessalonike – dachten, daß das Leben in einer von Türken beherrschten Stadt »wie das Leben in einer Stadt ist, die diesen Namen nicht mehr verdient«.

Von Venedig, Padua, Rom, Florenz, aber auch von Spanien oder Frankreich aus rufen diese zumeist aufrichtigen Christen eine orthodoxe Bevölkerung zur Rebellion auf, deren Bindung an die übrige Christenheit von den Türken im übrigen nie unterbrochen wurde. Diese Appelle zeigen offensichtlich wenig Wirkung – so wenig, daß fast alle Intellektuellen nach ihrem Studium in Padua sich wieder in den Dienst der orthodoxen Kirche stellen und als entschiedene Gegner der Lateiner zeigen – dazu gehören im 16. Jahrhundert Maximos der Grieche im Fürstentum Moskau und Meletios Pegas in Alexandreia und Istanbul.

Sie bestätigen damit nur die Haltung der überwältigenden Mehrheit des unionsfeindlichen orthodoxen Klerus, der die türkische Eroberung im Land miterlebt hat. Im Jahr 1454 akzeptiert es Patriarch Georgios Gennadios Scholarios, ein scharfer

Gegner der Union, vom Sultan in sein Amt eingeführt zu werden, wie früher seine Vorgänger durch den Kaiser, und seit 1466 wird das ökumenische Patriarchat als eine Art Pachtvertrag *(mukataa)* über die christliche Gemeinde *(millet)* aufgefaßt, obwohl sein Inhaber weiterhin von der Synode gewählt wird, bevor er vom Sultan die Bestätigung erhält – durch die Anerkennung als geistiges Oberhaupt aller Orthodoxen durch die Staatsmacht verbürgt sich der Patriarch für ihren Gehorsam gegenüber dem Sultan. Die Griechen, die den Patriarchen und die Mehrzahl der Bischöfe stellen, profitieren von der Errichtung der Türkenherrschaft: Beide, Sultan wie Patriarch, sehen in den nationalen orthodoxen Kirchen einen Keim der Spaltung und haben daher das gemeinsame Interesse, deren Wiederaufleben zu verhindern. Erst durch den Einfluß eines bedeutenden bosnischen Wesirs – Mehmed Pascha Sokolović – wird 1557 das serbische Patriarchat von Peć wieder errichtet.

Christliche Kinder *(devşirme)* werden von türkischen Soldaten entführt
(Stich aus André Thevet: *Cosmographie universelle* 1575; Bibliothèque nationale, Paris).

Es wäre dennoch ebenso falsch, in der griechisch-orthodoxen Kirche nur ein Vollzugsorgan des Sultans zu sehen, wie es ungerechtfertigt ist, die balkanischen Völker als amorphe Masse zu betrachten, die sich nicht wehrt. Am Vorabend des Falls von Konstantinopel erinnert Dukas an den Aufstand der Bauern im thrakischen Epibatai: Als türkische Reiter ihre Ernte verwüsten, greifen sie die Türken an, obwohl ihnen ein Massaker droht. Im Verlauf des 15. und 16. Jahrhunderts kommt es zu unzähligen Aufständen. Für die Kirche ist der hinderliche Schutz durch den Sultan nicht der schlimmste Fall, und sie hat nie aufgehört, von der Befreiung zu träumen, wobei der Befreier, der nur aus dem Abendland kommen kann, zuvor die Gültigkeit der orthodoxen Tradition anerkennen müßte. Es ist von Bedeutung, daß die Kirche, obwohl sie keine Einflußnahme weltlicher Macht mehr befürchten muß, erst 1484 die Konsequenzen aus dem Scheitern von Florenz zieht und durch Konzilsbeschluß feierlich eine Union widerruft, die nie wirklich bestanden hat. Im 16. und 17. Jahrhundert unterhalten die meisten Patriarchen direkte oder indirekte Beziehungen zu Rom und zu den jungen lutherischen und calvinistischen Kirchen, von denen man hofft, sie würden ihrer in Gefangenschaft schmachtenden Schwester zu Hilfe eilen, aber deren dogmatische und geistige Entfernung man auch nicht müde wird zu betonen.

Es ist also nicht verwunderlich, daß Bewegung nur vom Volk und von den aufgeklärten Teilen des Klerus, allen voran von den Patriarchen, ausgeht. Die Oberschicht, die sich aus traditionellem Landadel und aus durch den auflebenden Handel zu Vermögen gekommenen neuen Reichen zusammensetzt und für deren gegenseitige Durchdringung im 16. Jahrhundert die Familie Kantakuzenos ein Beispiel gibt, hat von den neuen Herren nichts zu befürchten. Die osmanische Regierung hat allgemein ihren Besitz und ihre Privilegien bestätigt, so daß ein Aufbegehren des Volkes oder Träume von politischer Befreiung nicht mit einer Ablehnung der neuen Ordnung gleichzusetzen sind; sie sind vielmehr Ausdruck wachsender Verzweiflung angesichts der Festigung oder Neubelebung alter Strukturen, die schon vor der Eroberung unerträglich geworden waren.

Die Türken haben schnell begriffen, daß sie – zahlenmäßig schwach und ohne Erfahrung in der Verwaltung – ihre Herrschaft nur sichern können, wenn sie die Elite der eroberten Gesellschaften – Beamte, Aristokraten, hoher Klerus und die wichtigsten Klöster – ermutigen können, die bisherigen Aufgaben weiterhin wahrzunehmen, um ein Mindestmaß an politischer und gesellschaftlicher Kontinuität aufrechtzuerhalten. Insofern imitieren sie nur eine schon unter den Seldschuken bewährte Politik. Im Jahr 1291 hatte Köse Mihal, der »Anführer der Ungläubigen von Harmankaya«, einer kleinen Stadt im Rhyndakos-Tal, Osman bei der Eroberung eines Teils von Bithynien geholfen; Urchan war dann dem Beispiel seines Vaters gefolgt und hatte eine Reihe byzantinischer Statthalter in ihren Stellungen belassen, insbesondere einen hohen Beamten, der die Übergabe von Brussa (Prusa) durchgesetzt hatte.

In seinem grundlegenden Aufbau scheint das Reich Murads II. und Mehmeds des Eroberers weitgehend dem alten byzantinischen Staat zu ähneln: wie dieser eurasisch, gibt es einen Ostteil – den *beglerbeglik* Anatolien (Anadolu), und einen Westen – Rumelien (Rumeli), und die Reichsprovinzen – unter Mehmet II. 36 *sandschaks* in Asien und 25 in Europa – behalten ihre alten christlichen Verwaltungszentren. Es ist keinesfalls gleichgültig, daß die Osmanen, die als Moslems dazu neigen, nicht zwischen Gesellschaftsstrukturen und Verwaltungsaufbau zu unterscheiden, zunächst Bithynien, Mysien und Phrygien besetzt haben – den einstigen Ausgangspunkt für das Kaiserreich Nikaia, wo Byzanz ohne Bruch eine nachhaltige Kontrolle der Staatsaufgaben und des Feudalsystems aufrechterhalten konnte: Sehr früh wurden die Türken, die schon in Anatolien die alte moslemische *ikta* übernommen hatten, so an eine Art der Verwaltung herangeführt, die sich von der byzantinischen *Pronoia* nicht grundlegend unterscheidet. Aus diesem Zusammentreffen entwickelt sich eine ebenso eigenständige wie von der Tradition bestimmte Institution, die den Einheimischen kaum unbekannt ist: der *timar* bildet das Fundament für ein neues politisches, militärisches und soziales Gefüge.

Rumeli Hisar, die »neue Festung«, ist das Gegenstück zu der Festung Anaclolu Hisar auf dem kleinasiatischen Ufer des Bosporus – durch diese Festungen beherrscht Mehmed II. die Meerenge und schneidet Konstantinopel von den Getreideregionen am Schwarzen Meer ab.

Das System ist aber weit straffer und umfassender als je in byzantinischer Zeit, da alten moslemischen Grundsätzen zufolge alles eroberte Land Besitz der Gemeinschaft der Gläubigen *(erz-i mirie)* ist. Sofort nach der Eroberung wird eine Schar von Beamten ausgesandt, die ein Kataster anlegen, die Zahl der Bewohner, deren Status, Konfession, Stand und Steuerverpflichtungen feststellen, so daß für jede Provinz ein »allgemeines Register« *(mufassal defteri)* entsteht – das bis heute älteste bekannte Register wurde in den Jahren 1431/32 für Albanien angelegt. Das *defter* ist aber nicht nur eine getreue Bestandsaufnahme, die meist kurz nach der Eroberung der jeweiligen Provinz entsteht, sondern vor allem ein Verzeichnis der Landkonzessionen, die aus dem Gesamtbestand der *erz-i mirie* verteilt werden und die Timars bilden. Ihre Inhaber, *sipahis* im offiziellen Sprachgebrauch, sind meistens Reiter, die einen Großteil der Abgaben der im Bereich ihres Timars gezählten Bevölkerung erhalten und auf Anforderung durch die örtlichen Behörden zum Heeresdienst mit eigenem Kontingent verpflichtet sind, dessen Größe sich nach der Höhe ihres Einkommens richtet; weigern sie sich, so wird der Timar konfisziert. Der Timar kann in Ausnahmefällen auch an Zivilbeamte verliehen werden, die daraus ihren Lebensunterhalt bestreiten, und stellt damit ein indirektes, aber von der Staatsgewalt streng kontrolliertes Verwaltungssystem dar, das man als Rückkehr zu den anfänglichen Formen der *Pronoia* betrachten könnte. Es ist ein System zur Kontrolle der lokalen Bevölkerung, das sich gerade für die Umsetzung der Prinzipien der osmanischen Eroberung anbietet. So werden zwar viele Moslems bedacht, doch das Studium der noch lange nicht endgültig ausgewerteten Register zeigt auch eine stattliche Zahl von *sipahis*, die Christen oder christlicher Herkunft und damit Vertreter der im Land verbliebenen besitzenden Klasse sind. Gegen das 15. Jahrhundert sind sie zwar fast alle zum Islam übergetreten, aber entscheidend ist, daß über lokale Unterschiede hinaus wie in Bulgarien, wo die Eroberung die traditionellen Strukturen nachhaltiger zerstört hat, die griechischen, serbischen, bosnischen und albanischen Sipahis, Begs und Paschas den Zusammenhalt und den Fortbestand einer Gesellschaft sichern, die durch eine einfache Eroberung in ihren Grundlagen zerstört worden wäre.

Doch diese Kontinuität hat auch ihre Schattenseiten: Sie stützt sich auf die traditionelle Elite, die von den neuen Machthabern erneut legitimiert wird – sie ist äußerst reaktionär und blockiert in Gang gekommene Entwicklungen. Es entsteht eine Mischform der Verwaltung, in der die durch und durch verknöcherten Strukturen an der Basis zum Fundament eines neuen absolutistischen Staates werden; dies macht die Kontrolle von Verwaltung und Grund und Boden durch die Zentralgewalt zumindest bis zur Mitte des 16. Jahrhunderts effektiv in einer Weise, daß die Bevölkerung in Stadt und Land nicht stärker unterdrückt wird als vorher unter ihren nationalen Fürsten. Doch die Zusammenfassung von Nutzungsrechten am Grundbesitz und einer Reihe öffentlicher Funktionen in den Händen der Sipahis ist der Ausgangspunkt für eine verstärkte Ausbeutung: Der Mensch muß sich erneut den vereinten Forderungen der Zentralgewalt und seiner Landherren beugen. Sobald sich die Lage auf dem Land nach der Eroberung stabilisiert hat, setzen die Grundbesitzer allen Ehrgeiz in eine bessere Ausnutzung der ihnen überantworteten Ländereien. Dies belegen beispielsweise die nach 1420 stark zunehmenden Exporte von albanischem oder griechischem Getreide nach Ragusa und Venedig – zu einer Zeit, in der andere Quellen davon berichten, daß es den christlichen und moslemischen Bauern (*Raya-dimmi* und *Raya-müslim*) häufig am Notwendigsten fehlt.

Die wirtschaftlichen Voraussetzungen sind rein äußerlich ausgezeichnet. Die *Pax ottomanica* wird in Stadt und Land gleichermaßen geschätzt, denn nach den unaufhörlichen Kämpfen und Bürgerkriegen sorgen die Türken nun für Sicherheit. Die Überlandrouten, die mindestens seit dem 13. Jahrhundert durch Straßenräuber und politische Streitereien unterbrochen waren, stehen von neuem den Karawanen offen, die wieder Produkte aus Landwirtschaft und Bergbau zu den Häfen schaffen. Die Bergwerke sind für die Sultane von großer Bedeutung und werden streng kontrolliert, wobei das sogenannte Sachsenrecht, das weitgehend dem von Stephan Lazarević initiierten Bergbaugesetz *(Zakon o rudnicima)* entspricht, in Kraft bleibt. Denn die türkische Münze *(aktsche* oder *aspre)* ist aus Silber, und die Nachfrage nach dem »weißen Metall« in Europa bleibt groß: In Bergbauzentren wie Srebrnica oder Novo Brdo sind auch weiterhin Transithändler aus Ragusa aktiv, und die Produktion erreicht Mitte des 15. Jahrhunderts ihren Höhepunkt.

Der Aufschwung des Handels belebt zudem die Städte; unterhalb des früheren *kastron* entsteht ein neues Händlerviertel *(varos)*, dessen Geschäfte dem Handwerk Auftrieb geben, das seit dem 16. Jahrhundert in Zünften *(esnaf)* organisiert ist – Lieferanten für die städtischen Märkte, den Markt der wiedererwachten Hauptstadt und ausländische Kunden, die sich von der Eroberung nicht haben abschrecken lassen und die vor allem nach ihrem Abschluß die wiedergefundene Sicherheit zu schätzen wissen.

In diesem fast euphorischen Klima werden von Türken und Einheimischen bedeutende Vermögen angesammelt, deren Ursprung nicht ausschließlich in der Vermarktung von agrarischen Produkten liegt. Unter der Herrschaft einer fremden Macht, die zumindest anfänglich eine rigorose Zollpolitik wieder aufnimmt – was der byzantinischen Tradition entspricht –; verlieren die Christen, Armenier und vor allem Griechen jede Zurückhaltung und entdecken ihre alte Neigung zum Handel neu. Ihre Schiffe durchkreuzen die Meere und ihre Karawanen ziehen über Land; die mächtigen albanischen Kaufleute aus Arbanas bei Trnovo sichern sich das Transitmonopol für den Pferdetransport von der Donau nach Istanbul. Unumstrittener Herrscher über den gesamten Pelzhandel ist Mitte des 16. Jahrhunderts der berühmte Michael Kantakuzenos, dem die Türken wegen seiner skrupellosen Machenschaften den Beinamen Şeitanoglu (Sohn des Teufels) verleihen. Ehemalige *archontes* und neue Reiche bilden gemeinsam eine aktive Bourgeoisie, die sich in Istanbul in der Nähe der Patriarchenresidenz im Viertel Phanar niederläßt. Diese »Phanarioten« sind zwar durch ihre Gefälligkeiten gegenüber der Staatsmacht verrufen, sind jedoch aufgrund ihrer Wirtschaftsmacht Träger einer Kultur, die sie in der Neuzeit in den Dienst nationaler Erneuerung stellen.

Im übrigen bleibt der Anteil der christlichen Bevölkerung, die auf dem Balkan immer noch eine erdrückende Mehrheit bildet, auch in den Städten von Bedeutung, da Mehmed II. hier in voller Absicht zahlreiche Bewohner aus den eroberten Gebieten ansiedeln läßt: Dies trifft vor allem auf Konstantinopel–Istanbul zu. Eine 1477 vom Großkadi der Hauptstadt Muhyi ad-Dîn vorgenommene Erhebung zeigt, daß 9000 Häuser von Türken, 3000 von Griechen, 1500 von Juden und 267 von Krimchristen bewohnt werden – damit wird die Stadt zu einem guten Drittel von Nicht-Moslems bevölkert. Mit ihren 70 000 bis 80 000 Einwohnern erhält die

Die Janitscharen – eine Eliteeinheit, die im 14. Jahrhundert zunächst als Garde des Sultans entstanden ist und die Speerspitze der türkischen Infanterie bildet; sie wird aus christlichen Kindern rekrutiert, die in den unterworfenen Gebieten ihren Familien entführt und mit grausamer Disziplin umerzogen wurden (Osmanische Handschrift aus dem 16. Jahrhundert; Topkapi Serail, Istanbul).

Stadt auch ihre alte Rolle wieder; als riesiges Zentrum des Verbrauchs zieht ihre Versorgung Zwang nach sich: Einige ländliche Gebiete werden verpflichtet, vorrangig die Hauptstadt zu beliefern, in der auch wieder die Handelswege aus dem Landesinnern zusammenlaufen. Hier konzentriert sich aber auch der Handel mit Waren aus dem Orient, wobei sich der Staat in byzantinischer Tradition nur wenig für die Einkünfte aus dem Handel interessiert und sich vielmehr mit der Erhebung von mäßigen Zöllen begnügt, wovon nicht nur Moslems profitieren: 1475 sind die Zölle in Istanbul, Galata, Gallipoli und Mudania in den Händen eines gewissen Ya'qûb, der möglicherweise Armenier ist, und vor allem von vier Griechen – zwei Palaiologen, Lefteri, Sohn des Galianos, und Andreas, Sohn des Chalkokondyles.

Aber eine ähnliche Politik führt zu ähnlichen Auswirkungen: Schon vor dem Ende der Eroberung sind die Fremden – Venezianer, Genuesen, Ragusaner und bald auch Florentiner – wieder in den Häfen vertreten; ihre technische Überlegenheit und das Zollsystem verschaffen ihnen gegenüber den einheimischen Kaufleuten von vornherein einen deutlichen Vorteil. Darüber hinaus beherrschen sie wie schon zu byzantinischer Zeit die Märkte, da nur sie die Produkte ihrer Wahl im Westen absetzen können. Schon nach kurzer Zeit überschwemmen Venedig und Florenz ungeachtet aller Einfuhrzölle den Orient mit ihren Exporten, insbesondere Tuchwaren. Nachdem sie zudem selbst Zollrechte pachten konnten, verfügen sie Mitte des 15. Jahrhunderts erneut über ein Handelsnetz, das einen Großteil des osmanischen Raumes überzieht. Im Einverständnis mit Ragusa richtet Florenz in Valona, Prizren, Pristina, Skopje, Adrianopel, Istanbul und bis nach Brussa Bankvertretungen ein, und am rapiden Verfall des türkischen *aktsche* sind die italienischen Währungsgeschäfte sicher nicht ganz unbeteiligt.

So finden sich die unterworfenen Völker, nachdem die durch die Eroberung gerissenen Wunden verheilt sind, in einer alt bekannten Lage wieder, was auch die ansonsten schwer verständliche Tatsache erklärt, daß es keine nennenswerte Fluchtbewegung der orthodoxen Christen des Balkan gibt. Die Flucht der an Rom orientierten Intellektuellen ist bedeutend, vor allem für die abendländische Kultur: Kardinal Bessarion etwa vermacht seine Bibliothek der Stadt Venedig, die ausschließlich dafür die neuen Gebäude der *Biblioteca Marciana* errichten läßt, und Demetrios Chalkokondyles richtet 1463 in Padua einen Lehrstuhl für Griechisch ein, mit dem er dann nach Florenz wechselt. All dies gibt der abendländischen Renaissance neuen Elan, deren sichtbarster Ausdruck die 1486 in Venedig eröffnete griechische Druckerei ist, für die der Italiener Aldo Manucci 1494 seine großen Illustrationen liefert. Doch außer diesen bedeutenden Namen ist kaum ein Orthodoxer aus den eroberten Ländern in den Westen geflohen. Die in Venedig, Rom und Apulien ansässigen Immigranten aus den Ländern des Balkan stammen bis zu Beginn des 16. Jahrhunderts fast ausnahmslos aus den venezianischen und genuesischen Besitzungen und waren schon vor ihrer Flucht römisch-katholisch oder uniert. Sie empfinden keine kulturelle Fremdheit gegenüber dem Westen, der sich seinerseits in der Rolle des Aufnahmelandes gefällt, zumal der lateinische Klerus aus Dalmatien, Albanien, Zypern und Chios mit Fortschreiten der türkischen Eroberung flieht; nicht ganz grundlos, denn die Türken könnten in ihnen gefährliche Verbündete des abendländischen Feindes sehen. So gehen also neben venezianischen oder genuesischen Untertanen, die Italien ohnehin als ihr Mutterland betrachten, vor allem römische Christen ins Exil, die durch den Verlust ihrer geistlichen Strukturen ihre Orientierung verloren haben, aber auch nach 1453 steigt ihre Zahl kaum an. Dagegen bleibt der soziale und religiöse Rahmen für die orthodoxen Christen erhalten, was auch durch die neuen Machthaber ausdrücklich gefördert wird. Wenn dennoch einige fliehen, insbesondere seit den letzten Jahren des 15. Jahrhunderts, so fliehen sie weniger vor den Türken als vor den Zwangsabgaben auf Grund und Vermögen, die die Sultane den früheren kaiserlichen Domänen neu auferlegen. Aus diesem Grund emigrieren so auch die Griechen und Albaner aus Not und nach mehreren gescheiterten Aufständen über das Meer nach Kalabrien und Sizilien.

Dennoch ist das osmanische Reich nicht einfach eine Neuauflage des byzantinischen Imperiums. Es übernimmt zwar die grundlegenden wirtschaftlichen und gesellschaftlichen Strukturen und erscheint daher als Versuch zur Restauration einer kaiserlichen Ordnung, die schon seit dem 12. Jahrhundert weitgehend ins Wanken geraten war. Aber durch seine Grundlagen ist es ein absolutes Novum in Europa, dessen gesamter Südosten nun im Namen des Islam beherrscht wird, der damit seinen für lange Zeit unterbrochenen Vormarsch wieder aufnimmt. Dem Abendland tritt am Bosporus eine neue offensive Macht entgegen, die ihren Schrecken erst Ende des 17. Jahrhunderts verliert. Für die unterworfene Bevölkerung besteht das osmanische Reich in der Unterdrückung durch eine Gemeinschaft, die zwar auf lokaler Ebene noch schwach ist, von der neuen Staatsmacht jedoch religiös, kulturell und auch gesellschaftlich in einer Weise privilegiert wird, wie das vorher kein Orthodoxer kennengelernt hat, weder im byzantinischen Reich noch in den Nationen, die es hervorgebracht hat. Obwohl die *Dimmis* – die unterworfenen Christen – selten mißhandelt werden, sind sie im eigenen Land nur Untertanen zweiter Klasse. Dies bedeutet keineswegs, daß der orthodoxen Kultur vom siegreichen Islam eine echte Gefahr droht: Dies ist nur der Fall in Gebieten wie Bosnien, Albanien und in geringerem Maße auch in Bulgarien, wo die Orthodoxie schwach ist und der westliche Einfluß ihre Position seit langem untergraben hat; dort kommt es seit Beginn des 16. Jahrhunderts zu zahlreichen Übertritten. Orthodoxe und Moslems, die sich in ihrem sozialen Status kaum unterscheiden, stimmen manchmal sogar in ihren Forderungen überein; so kommt es zu gemeinsamen Aufständen und Ende des 14. und Anfang des 15. Jahrhunderts unter Scheich Bedreddin von Samavna bei Adrianopel sogar zu Bemühungen um einen religiösen Synkretismus. Aber im allgemeinen schotten sich die zwei »Nationen« voneinander ab, was die Osmanen institutionalisieren und notfalls mit Gewalt verteidigen.

Das osmanische Reich sichert zwar den Fortbestand der vom christlichen Abendland bekämpften Orthodoxie, verdammt sie aber dennoch zu einer Art kulturellen Winterschlaf, in dem auch das soziale Umfeld ihrer Anhänger dahindämmert. Die geistliche Führung, die der alten Staatsgewalt gerade eine bemerkenswerte Autonomie abgerungen hatte, gerät wiederum in eine Abhängigkeit, die um so härter ist, als die neuen Herren selbst keine Christen sind. Jede Erneuerung scheitert an der einen Kirche, die die Staatsmacht duldet, eine imperiale und griechische Kirche, die über Jahrhunderte hinweg jeden Versuch der Neudefinition der nationalen orthodoxen Gemeinschaften unterdrückt. Ein Vielvölkerstaat, der im Namen des Islam erneut die Weltherrschaft beansprucht, zwingt allen *Dimmis* ein gleichförmiges Leben auf, im Rahmen des einen Reiches und der einen Kirche, die beide schon lange abgelehnt werden: In diesem Reich ist man Türke oder Grieche, mit anderen Worten Moslem oder Christ. Man verdächtigt sich fortan gegenseitig, gemeinsame Sache mit den Ungläubigen zu machen, und weigert sich

im Namen der einen Orthodoxie mit Nachdruck, die Existenz nationaler Gemeinschaften anzuerkennen. Damit erneuern die Sultane das, was der athenische Historiker Laonikos Chalkokondyles, der im 15. Jahrhundert unter osmanischer Herrschaft schreibt, als den tragischen Irrtum der byzantinischen Herrscher bezeichnet:
»Ihre Eitelkeit macht sie so versessen darauf, sich selbst Kaiser der Römer und
Autokratoren zu nennen, daß sie nicht mehr geruhen, sich in irgendeiner Weise als
Kaiser der Griechen zu bezeichnen.« Und sagt Mehmed II. nicht von sich selbst, er
sei »Emir der Türken und Römer«?

Der Patriarchensitz und das Fanarviertel in Istanbul.

Aber die Türken sind nicht die einzigen Vertreter dieser Wiederbelebung
staatlicher Werte. Sie sind im 15. Jahrhundert vielmehr überall zu finden, und der
Wille zur römisch-byzantinischen Kontinuität, der die Untertanen entweder zum
Leben im Hintergrund oder zur Flucht in eine mystische Negation des Alltags
zwingt, ist auch unter den christlichen Herrschern in Moskau nicht geringer: Auch
dort stört er durch die Wiedererweckung des politischen Modells Byzanz das
geistliche Wirken.

Die Idee von Moskau als das »dritte Rom« beruht auf dem Gedanken der
Übertragung der kaiserlichen byzantinischen Insignien nach Rußland und der
Abkunft der russischen Herrscher von Augustus. Der Begriff der *translatio* hat im
Grunde zwei Aspekte: den der Legitimität und den der Erneuerung.

Die Legitimität der Rurikiden leitet sich aus ihrer Zugehörigkeit zur Nachkom-
menschaft von Augustus her, dem gemeinsamen Ahnherrn aller Herrscherfamilien
im orthodoxen Europa. Die Rurikiden sind über Prus, einen der Brüder des

Augustus, mit diesem verwandt. Diese Abstammung wird in Rußland von dem Kiever Metropoliten Spiridon-Savva (1511–1521) in einem Brief entwickelt; um 1520 wird sie dann von einem unbekannten Autor in den *Erzählungen über die Fürsten von Vladimir* wieder aufgenommen, die die Legenden über die verwandtschaftlichen Beziehungen der Fürsten von Moskau mit den römischen und byzantinischen Kaisern über die Fürstenhäuser von Kiev und Vladimir enthalten. Auf diese Weise untermauern die Großfürsten von Moskau ihren Anspruch auf die kaiserliche *auctoritas*, die sie von ihrer augusteischen Abstammung herleiten.

Ein vorwiegend religiös geprägter Begriff ist die *renovatio*, die aus der Überführung der kaiserlichen Insignien resultiert. Tatsächlich hatte Konstantin VII. den Barbaren die kaiserlichen Gewänder deshalb verweigert, weil sie ein Engel zu dem Zeitpunkt nach Konstantinopel gebracht hätte, als Gott Konstantin zum Kaiser erhoben hat.

Im 16. Jahrhundert beschreiben gelehrte russische Priester in einer recht sonderbaren Legende, wie der byzantinische Kaiser Konstantin IX. Monomachos (1042–1055) seinem Enkel Vladimir Monomachos (1113–1125) die kaiserlichen Insignien übergeben haben soll. Diese Legende von der Krönung des russischen Fürsten durch den byzantinischen Kaiser wird sofort von den zeitgenössischen Quellen übernommen und findet sich in der von Herberstein verfaßten Beschreibung von Rußland ebenso wie im Testament Iwans IV. des Schrecklichen.

Die Insignien bestanden aus der berühmten Haube *(shapka)* des Monomachos, die in der Rüstkammer des Moskauer Kreml aufbewahrt wird; in Wahrheit handelt es sich dabei um eine orientalische Arbeit, die zwischen dem 13. und 15. Jahrhundert entstanden ist und nichts mit Konstantinopel zu tun hat. Uns interessiert jedoch allein der ideologische Hintergrund: Die Legende über die Krönung des Vladimir Monomachos durch Konstantin IX. ist erfunden worden, damit die Dynastie der Rurikiden in gleicher Weise Anspruch auf die Erneuerung des christlich-orthodoxen Reiches erheben kann, wie es Konstantin als Erneuerer des christlich-römischen Reichs getan hatte, als er aus den Händen des Engels die kaiserlichen Insignien empfing.

Ihre vollkommene und endgültige Ausprägung erfährt die Ideologie von Moskau als dem dritten Rom in jenem berühmten Brief, den der Mönch Philotheos aus dem Kloster Eleazar in Pskov zwischen 1515 und 1521 an den Großfürsten Vasilij III. richtet und in dem er schreibt: »Höre und erinnere Dich, frommster Zar, daß alle christlichen Königreiche in Deinem Königreich vereint sind, daß zwei Rom gefallen sind, daß aber das dritte Rom Bestand hat und es kein viertes Rom geben kann: Dein christliches Königreich wird durch kein anderes je ersetzt werden.« Dies bestätigt die beiden Aspekte des Begriffs der *translatio*: Legitimität und Erneuerung.

Am Beginn der Neuzeit, während in den Klöstern des Athos und jenseits der Wolga eine geistige Strömung weiterbesteht, die jeden Ausgleich mit der Politik ablehnt, scheint im christlichen Osten Europas, im Fürstentum Moskau wie im osmanischen Reich, eine andere Tradition der Orthodoxie zu dominieren, die dem

Staat eine strenge Vormundschaft über den einzelnen zugesteht, von den einfach-sten Lebensbedingungen bis hin zur geistigen Orientierung.

Ein solcher Absolutismus setzt den Besitz der Wahrheit voraus, die Orthodo-xie, und er spiegelt sich bei den russischen Zaren wie bei den Patriarchen von Konstantinopel durch den erneuten Bezug auf die universalistischen Prinzipien. Während aber der Patriarch die griechischen Hoffnungen verkörpert, sieht sich der Zar als Vertreter des neuen Rußland: Beide stehen damit in jener nationalen Bewegung, die das Ende von Byzanz herbeigeführt hat, und ihr Universalismus – durchdacht in Moskau, oft unbewußt in Istanbul – besteht allzu häufig darin, die Überlegenheit eines Volkes, das im Besitz der reineren Orthodoxie ist, über die anderen herauszustreichen: Das Bewußtsein dieser Überlegenheit und der Wunsch, sie durchzusetzen, bestimmt seit dem 15. Jahrhundert den Verlauf der russischen Geschichte.

Panslavismus und Panhellenismus, im allgemeinen durch geistliche Wahrheiten widerlegt, gehen mit der Nachfolge autoritärer Regime einher, die umso schwerer zu überwinden sind, als sie auf noch älteren sozio-ökonomischen Grundlagen aufbauen und sich noch immer fast ganz Osteuropa teilen: Diese Regime sind zwar nicht Ausdruck der Orthodoxie und bilden die schlimmsten ihrer Karikaturen, aber es darf nicht übersehen werden, daß sie auf einer der wichtigsten orthodoxen Traditionen aufbauen: der Tradition von Byzanz.

BIBLIOGRAPHIE

Das folgende Literaturverzeichnis erhebt keinen Anspruch auf Vollständigkeit; neben einigen Aspekten, die den Autoren wichtig erscheinen, soll es den Leser über weiterführende Arbeiten informieren.

Zur Einführung

Topographie und Landeskunde

BRAUDEL, F.: *La Méditerranée et le monde méditerranéen à l'époque de Philippe II.* Bd. I. Paris: Armand Colin 1966 (Neuaufl. 1986). (Der erste Teil ist noch immer unübertroffen für eine erste Einführung in Strukturen und Veränderungen in der Geschichte des Mittelmeerraumes).
ČVIJIĆ, J.: *La Péninsule balkanique. Géographie humaine.* Paris 1918.
KOLIAS, G. I.: *Historiki Geographia toû Hellènikou Chôrou.* Athen 1969.
PARKER, W. H.: *An Historical Geography of Russia.* Chicago 1968.
PHILIPPSON, A.: *Das byzantinische Reich als geographische Erscheinung.* Leiden 1939.
PLANHOL, X. de: *Les Fondements géographiques de l'histoire de l'Islam.* Paris 1968. (Der übertriebene geographische Determinismus ist nüchtern zu betrachten).
RAMSAY, W. A.: The Historical Geography of Asia Minor. *In: Royal Geographical Society. Supplementary Papers.* London 4/1890.

Historische Kartographie

Atlas de l'Antiquité chrétienne. Paris–Brüssel 1960.
Atlas Istorii SSSR dlia Sredneï Chkoly. Fasc. 1. Moskau 1961.
CHEW, A. F.: *An Atlas of Russian History.* New Haven: Yale University Press 1967.
Historical Atlas of the Muslim Peoples. Amsterdam–Djambatan 1982. (Äußerst nützlich, solange ein Spezialatlas für die Christen im Osten fehlt).
PITCHER, D. E.: *An Historical Geography of the Ottoman Empire.* Leiden 1972.
Westermanns Atlas zur Weltgeschichte. Bd. II: *Mittelalter.* Berlin 1956.

Chronologie

GRUMEL, V.: *La Chronologie. Traité d'études byzantines.* Bd. I. Paris 1958.
KAMENTSEVA, E. I.: *Rousskaja Khronologia.* Moskau 1967.

Quellen

Byzanz und Balkan

BECK, H. G.: *Kirche und theologische Literatur im byzantinischen Reich.* München 1959.
KRUMBACHER, K.: *Geschichte der byzantinischen Literatur (527–1453).* München 1897. (Bleibt unverzichtbar).
MORAVCSIK, Gy.: Quellen der Geschichte der Türkvölker. *In: Byzantinoturcica.* Bd. I. Neuaufl. Berlin 1958. (Eine annähernd erschöpfende Zusammenstellung schriftlicher Quellen des Balkan, einschließlich Ungarns und der Türkei).

Rußland

DMITRIEVA, R. P.: *Bibliografia Rousskogo Létopisania*. Moskau–Leningrad 1963. (Gesamtbibliographie der russischen Chroniken).

(Das unten zitierte Werk von G. Ostrogorski: *Geschichte des byzantinischen Staates* bietet trotz seines Alters in den Einleitungen zu den einzelnen Kapiteln die beste Einführung in die Quellenedition; weitere Information gibt das *Bulletin d'information et de coordination,* hrsg. von der Association internationale des Études byzantines, das jährlich die Ergebnisse der kritischen Herausgabe des Gesamtkorpus byzantinischer Texte in modernen Übersetzungen in westliche Sprachen präsentiert; dieses Projekt steht seit etwa 10 Jahren unter der Schirmherrschaft der genannten Gesellschaft. Zu Rußland findet man den Nachweis verschiedener Sammlungen und eine umfangreiche Bibliographie in M. Laran/J. Saussay: *La Russie ancienne*. Paris 1975).

Geschichte von Byzanz

Einführungen

FERLUGA, J.: *Bisanzio, società e stato*. Florenz 1974. (Mit umfangreicher kommentierter Bibliographie).
LEMERLE, P.: *Histoire de Byzance*. Paris: PUF »Que sais-je?« 3. Aufl. 1956.

Gesamtdarstellungen

BREHIER, L.: *Vie et mort de Byzance*. Neuaufl. Paris 1978 (Reichhaltig und veraltet, aber für die Ereignisgeschichte unverzichtbar).
OBOLENSKY, D.: *The Byzantine Commonwealth*. London 1971 (Neuaufl. 1984). (Wertvoll durch parallele Darstellung von Byzanz und slawischer Welt).
OSTROGORSKY, G.: *Geschichte des byzantinischen Staates*. München: C. H. Beck 1965.
The Cambridge Medieval History. Bd. IV. 1: *Byzantium and its neighbours*. Bd. IV. 2: *Government, Church and Civilization*. Cambridge 2. Aufl. 1966–1968.
ZAKYTHINOS, D. A.: *Byzantinische Geschichte. Bd. I (324–1071)*. München 1977.
PIGULEVSKAJA, N./KAZDAN, A. P./LIPSHITS, E.: *Istorija Vizantii*. 3 Bde. Moskau 1967. (Wichtig für die sowjetische Sichtweise).

Geschichte der Balkanländer

ČIRKOVIĆ, S. (Hrsg.): *Istorija Srpskog Naroda*. Bd. I. Belgrad 1981.
ČIRKOVIĆ, S.: *Istorija Bosne*. Belgrad 1964.
ČIRKOVIĆ, S./BOŽIĆ, I./BOGDANOVIĆ, D./DJURIĆ, V.: *Istorija Crne Gore*. 2 Bde. Titograd 1968–1970.
JIREČEK, K.: *Geschichte der Serben*. 2 Bde. Gotha 1911–1918.
KOCEV, D. (Hrsg.): *Istorija ba Bălgaria*. Bde. II u. III. Sofia 1981–1982 (Auch ohne bulgarische Sprachkenntnisse kann man hier die reiche Ikonographie kennenlernen).
POLLO, St./PUTO, A.: *Histoire de l'Albanie*. Paris 1974.
ZLATARSKI, V. N.: *Istorija na Bălgarskata Darzhava prez Srednite Vekove*. Bde. I–III. Sofia 1918–1940.

Christen im Osten

ATIYA, A. S.: *An History of Eastern Christianity*. London 1968.
BROSSET, M. F.: *Histoire de la Géorgie depuis l'Antiquité jusqu'au XIXᵉ siècle*. 4 Bde. Paris 1849–1858 (Veraltet).
DER NERSESSIAN, S.: *Armenia and the Byzantine Empire*. Cambridge (Mass.) 1945.
Histoire des Arméniens. Toulouse 1982.

Christen in Afrika

CHAULEUR, S.: *Histoire des Coptes d'Égypte*. Paris 1960.
CONTI-ROSSINI, C.: *Storia d'Etiopia*. Bergamo 1928.

DORESSE, J.: *L'Empire du Prêtre-Jean*. Paris 1957.
SPULER, B.: Die Koptische Kirche. *In: Handbuch der Orientalistik*. Bde. I, II, VIII. Leiden 1961.

Orthodoxe Kirche und orthodoxe Religion

CLÉMENT, O.: *L'Église orthodoxe*. Paris: PUF »Que sais-je?« 1961.
CLÉMENT, O.: L'essor du christianisme oriental. *In: Mythes et religions*. Paris 1964.
DUCELLIER, A.: *Le Drame de Byzance. Idéal et échec d'une société chrétienne*. Paris 1976.
EVERY, G.: *The Byzantine Patriarchate. 451–1204*. London 1962.
NORDEN, W.: *Das Papsttum und Byzanz: die Trennung der beiden Mächte und das Problem ihrer Wiedervereinigung bis zum Untergang des byzantinischen Reichs (1453)*. Berlin 1903. Neuaufl. New York 1959.

Frühbyzantinisches Reich und Anfänge der slawischen Völker (IV.–VIII. Jahrhundert)

Reich und kaiserliche Macht

CAMERON, A.: *Continuity and Change in VIth Century Byzantium*. London: Variorum 1981.
CAMERON, A.: *Political Life and Culture in the Early Byzantine World*. London: Variorum 1986.
CHRISTOU, P.: The Missionary Task of the Byzantine Emperor. *In: Byzantina 3/1971*.
GRABAR, A.: *L'Empereur dans l'art byzantin*. Neuaufl. London: Variorum 1974.
OSTROGORSKI, G.: Avtokrator i Samodrzhats. *In: Glas Srpske Akademije 164/1935*. (Nicht übersetzt, aber für die Verbreitung der kaiserlichen Ideologie bei den Slawen wesentlich).
RUNCIMAN, ST.: *The Byzantine Theocracy*. Cincinnati 1973.
SIMON, D.: Princeps legibus solutus. Die Stellung des byzantinischen Kaisers zum Gesetz. *In: Gedächtnisschrift für Wolfgang Kunkel*. Frankfurt 1984.
STORCH, R. H.: The Trophy and the Cross. Pagan and Christian Symbolism in the IVth and Vth Centuries. *In: Byzantion 1978*.

Reich und Kirche

ANASTOS, M.: Justinian's Despotic Control over the Church as illustrated by his Edicts on the Theopaschite Formula and his letter to Pope John II in 553. *In: ZRVI 8.2/1964*.
BOOJAMRA, J.: The Emperor Theodosius and the Legal Establishment of Christianity. *In: Byzantina 9/1977*.
DIESNER, H. J.: *Kirche und Staat im Spätrömischen Reich. Aufsätze zur Spätantike und zur Geschichte der alten Kirche*. Berlin 1964.
GEANAKOPLOS, D. J.: Church and State in the Byzantine Empire: a Reconsideration of Cæsaropapism. *In: Church History 34/1965*.
SCHMINCK, A.: »Rota tu volubilis«. Kaisermacht und Patriarchenmacht in Mosaiken. *In: Cupido Legum*. Frankfurt 1985.

Lokale Verwaltung

Neben den bereits genannten Arbeiten von A. CAMERON:
DAGRON, G.: Le Christianisme dans la ville byzantine. *In: Dumbarton Oaks Papers 31/1977*.
DAGRON, G.: Les villes dans l'Illyricum protobyzantin. *In: Actes du colloque de Rome de 1982*. Rom 1984.
Das römisch-byzantinische Ägypten. *In: Actes du Symposium international. Aegyptiaca Treverensia: Trierer Studien zum griech.-röm. Ägypten 2/1983*.
DIEHL, Ch.: *L'Afrique byzantine*. Paris 1896.
GUILLOU, A.: *Régionalisme et indépendantisme dans l'Empire byzantin au VIIe siècle. L'exemple de l'Exarchat et de la Pentapole d'Italie*. Rom 1969.
SAUMAGNE, Ch.: Points de vue sur la reconquête byzantine de l'Afrique au VIe siècle. *In: Cahiers de Tunisie 26–27/1959–62*.

Zentrale Verwaltung

BREHIER, L.: *Les Institutions de l'Empire byzantin.* Neuaufl. Paris 1977 (Veraltet, aber die einzige Gesamtdarstellung).

KAPLAN, M.: *Les Propriétés de la Couronne et de l'Église dans l'Empire byzantin.* Paris 1976.

KARAYANNOPOULOS, J.: *Das Finanzwesen des frühbyzantinischen Staates.* München 1958.

STEIN, E.: Vom Altertum zum Mittelalter. Zur Geschichte der byzantinischen Finanzverwaltung. *In: Vierteljahrschrift zur Sozial- und Wirtschaftsgeschichte* 21/1928. (Zusammenfassende Darstellung mit Verweisen auf wesentliche Arbeiten desselben Autors).

Land und Städte

CLAUDE, D.: *Die byzantinische Stadt im VI. Jahrhundert. München 1969.*

FRANTZ, A.: From Paganism to Christianity in the Temples of Athens. *In: Dumbarton Oaks Papers* 19/1965.

HOHLFELDER, R. L. (Hrsg.): *City, Town and Contryside in the Early Byzantine Era.* New York: Columbia University Press 1982.

KAPLAN, M.: Les villageois aux premiers siècles byzantins (VIe–Xe siècle): une société homogène? *In: Byzantinoslavica* 43.2/1982.

LEMERLE, P.: *The Agrarian History of Byzantium. From the Origins to the XIIth Century.* Galway: Galway University Press 1979. (Zusammenfassung der Arbeiten des Autors zu diesem Thema).

MOUTSOPOULOS, N. K. (Hrsg.): *Pyrgoi kai kastra.* Thessalonike 1980.

PATLAGEAN, E.: *Pauvreté économique et pauvreté sociale à Byzance, IVe–VIIe siècle.* Paris 1977.

SPIESER, J. M.: La christianisation des sanctuaires païens de Grèce. *In: Neue Forschungen in Griechischen Heiligtümern.* Deutsches Archäologisches Institut. Abtg. Athen. Tübingen 1976.

Konstantinopel

CAMERON, A./HERRIN, J.: Constantinople in the Early VIIIth Century. In: *Parastaseis Syntomoi Chronikai.* New York: Columbia University Press 1984.

DAGRON, G.: *Naissance d'une capitale. Constantinople et ses institutions de 330 à 451.* Paris 1974.

DAGRON, G.: *Constantinople imaginaire. Études sur le recueil des Patria.* Paris 1984.

DUCELLIER, A.: Une mythologie urbaine: Constantinople vue d'Occident au Moyen Age. *In: MEFRM* 96. 1/1984.

Monographien zur ländlichen und städtischen Archäologie

ARGOUD, G.: *Une résidence byzantine: l'Huilerie.* Paris 1981.

FOSS, Cl.: Byzantine and Turkish Sardis. *In: Archæological Exploration of Sardis. Monograph* Bd. IV. Cambridge (Mass.) 1976.

KRAELING, C. H.: *Gerasa. City of the Decapolis.* New Haven (Connect.) 1938.

Ravenna e il porto di Classe. *In: Fonti e Studi* Bd. VII. Bologna 1983.

Währung und Wirtschaft

HENDY, M. F.: *Studies in the Byzantine Monetary Economy, 300–1450.* Cambridge (GB): Cambridge University Press 1984. (Mit Verweisen auf andere Arbeiten des Autors).

MORRISSON, C.: Nouvelles recherches sur l'histoire monétaire byzantine: évolution comparée de la monnaie d'or à Constantinople et dans les provinces d'Afrique et de Sicile. *In: Jahrbuch der österreichischen Byzantinistik* 33/1983.

MORRISSON, C./GUÉRY, R./SLIM, H.: Recherches archéologiques franco-tunisiennes à Rougga. *In: Le Trésor de monnaies byzantines.* Bd. 3. Rom: Collection de l'École française de Rome 1982.

Orthodoxe Kirche und östliche Religion

ANASTOS, M. V.: Nestorius was orthodox. *In: Dumbarton Oaks Papers* 16/1962.

CAMELOT, Th.: Éphèse et Chalcédoine. *In: Histoire des conciles œcuméniques.* Hrsg. v. G. Dumeige. Bd. II. Paris 1963.

CHARANIS, P.: The Monk as an Element of Byzantine Society. *In: Dumbarton Oaks Papers* 25/1971.

DAGRON, G.: Vie et miracles de sainte Thècle. *In: Subsidia Hagiographica* (Brüssel) 62/1978.

DAGRON, G.: *La Romanité chrétienne en Orient: héritages et mutations.* London: Variorum 1984.

DRIJVERS, H. J. W.: *East of Antioch. Studies in Early Syriac Christianity.* London: Variorum 1984.

GARSOIAN, N.: Byzantine Heresy. A Reinterpretation. *In: Dumbarton Oaks Papers* 25/1971.

GARSOIAN, N. et al.: East of Byzantium: Syria and Armenia in the Formative Period. *In: Symposium de Dumbarton Oaks 1980.* Dumbarton Oaks Centre 1982.

GOUILLARD, J.: L'hérésie dans l'Empire byzantin, des origines au XIIe siècle. *In: Travaux et Mémoires.* Bd. I 1965.

GRILLMEIER, A./BACHT, H. (Hrsg.): *Das Konzil von Chalkedon.* 2 Bde. Würzburg 1953.

QUASTEN, J.: *The Golden Age of Greek Patristic Literature from the Council of Nicæa to the Council of Chalcedon.* Utrecht–Antwerpen–Westminster 1960.

Die orthodoxe Welt und Rom

CASPAR, E.: Geschichte des Papsttums: Von den Anfängen bis zur Höhe der Weltherrschaft. *In: Das Papsttum unter byzantinischer Herrschaft.* Bd. II. Tübingen 1933.

DVORNIK, F.: *Byzance et la primauté romaine.* Paris 1964. (Mit umfangreicher Bibliographie).

SCHULTZE, B.: Der Primat Petri und seiner Nachfolger nach den Grundzügen der universellen und der eucharistischen Ekklesiologie. *In: Orientalia Christiana Periodica* 31/1965.

Slawische Invasion und demographische Entwicklung

CHARANIS, P.: *Studies on the Demography of the Byzantine Empire.* London: Variorum 1972.

DITTEN, H.: Zur Bedeutung der Einwanderung der Slaven. *In: Byzanz im VII. Jahrhundert.* Hrsg. v. F. Winkelmann et al. Berlin 1978.

DVORNIK, F.: *Les Slaves. Histoire et civilisation, de l'Antiquité aux débuts de l'époque contemporaine.* Paris 1970.

FERJANČIĆ, B.: *Vizantija i Južni Sloveni.* Belgrad 1966.

FERLUGA, J.: *Byzantium on the Balkans. Studies on the Byzantine Administration and the Southern Slavs from the VIIth to the XIIth Centuries.* Amsterdam 1976.

FERLUGA, J.: Gli Slavi del sud ed altri gruppi etnici di fronte a Bisanzio. *In: Settimane de Spoleto* XXX. Spoleto 1983.

GEROV, B.: *Die lateinisch-griechische Sprachgrenze auf der Balkanhalbinsel. Die Sprachen im Römischen Reich der Kaiserzeit.* Köln 1980.

LEMERLE, P.: *Essais sur le monde de Byzance.* London: Variorum 1980. (Mit zwei wesentlichen Aufsätzen des Autors zum Thema).

LEMERLE, P.: *Les plus anciens recueils des Miracles de saint Démétrius et la pénétration des Slaves dans les Balkans.* Bd. I: Texte. Paris 1979; Bd. II: Kommentare. Paris 1981.

POPOVIĆ, Vl.: Aux origines de la slavisation des Balkans: la constitution des premières sklavinies vers la fin du VIe siècle. *In: Académie des Inscriptions et Belles Lettres. Comptes rendus des séances.* Paris 1980.

TĂPKOVA-ZAIMOVA, V.: *Byzance et les Balkans à partir du VIe siècle. Les mouvements ethniques et les États.* London: Variorum 1979.

Heidnische und christliche Kultur

ARMSTRONG, A. H./MARKUS, R. A.: *Christian Faith and Greek Philosophy.* London 1960.

CHOCHRANE, Ch. N.: *Christianity and Classical Culture. A Study of Thought and Actes from Augustus to Augustine.* Oxford 1944.

DOWNEY, Gl.: Justinian's view of Christianity and the Greek Classics. *In: The Anglican Theological Review* 1958.

JAEGER, W.: *Early Christian and Greek Paideia.* Cambridge (Mass.) 1961.

LEMERLE, P.: *Le Premier Humanisme byzantin. Notes et remarques sur enseignement et culture à Byzance, des origines au Xe siècle.* Paris 1971.

MOMIGLIANO, A. (Hrsg.): *The Conflict between Paganism and Christianity in the IVth Century.* Oxford 1963.

Frühbyzantinische Kunst

GRABAR, A.: *Le Premier Art chrétien (200–395)*. Paris: Gallimard »L'Univers des formes« 1966.

GRABAR, A.: *L'Âge d'or de Justinien. De la mort de Théodose à l'Islam*. Paris: Gallimard »L'Univers des formes« 1966.

KITZINGER, E.: *Die Entstehung der byzantinischen Kunst. Stilentwicklungen in der Mittelmeerkunst vom III. bis zum VII. Jahrhundert*. München 1984.

KRAUTHEIMER, R.: *Early Christian and Byzantine Architecture*. New York 1965.

OUSPENSKY, L.: *Essai sur la théologie de l'icône dans l'Église orthodoxe*. Paris 1960.

WEITZMANN, K.: *The Classical Heritage in Byzantinum and near Eastern Art*. London: Variorum 1981.

WEITZMANN, K.: *Byzantine Book Illumination and Ivories*. London: Variorum 1980.

WEITZMANN, K.: *Greek Mythology in Byzantine Art*. Princeton: Princeton University Press 1984.

Das kaiserliche Byzanz und die ersten slawischen Staaten
(VIII.–XII. Jahrhundert)

Neben den vorgenannten Arbeiten, die auch die nachstehende Zeit betreffen, sind zu nennen:

Landwirtschaftliche Probleme und städtisches Leben

ANGOLD, M. J.: The Shaping of the Medieval Byzantine City. *In: Perspectives in Byzantine History and Culture*. Hrsg. v. J. F. Haldon/J. Koumoulides. Amsterdam 1984.

BRAND, Ch.: Byzantine Urban Riots, XIth–XIIth Centuries. *In: Medievalia et Humanistica* 12/1985.

Féodalisme à Byzance. In: Recherches internationales à la lumière du marxisme. (Paris) 79/1974. (Enthält aufschlußreiche Beiträge zur sowjetischen Betrachtungsweise des Themas »Stadt und Dorf im byzantinischen Reich zwischen 6. und 12. Jahrhundert« in Untersuchungen von E. E. Lipchits, M. J. Siuziumov und A. P. Každan).

DÖLGER, Fr.: Beiträge zur Geschichte der byzantinischen Finanzverwaltung besonders des X. und XI. Jahrhunderts. *In: Byzantinisches Archiv* (München) 9/1927.

FRANCES, E.: L'État et les métiers à Byzance. *In: Byzantinoslavica* 23.2/1962.

KAPLAN, M.: Quelques remarques sur les paysages agraires byzantins (VIᵉ-milieu XIᵉ siècle). *In: Revue du Nord* 62.244/1980.

KAPLAN, M.: Les monastères et le siècle à Byzance: les investissements des laïcs au XIᵉ siècle. *In: Cahiers de Civilisation médiévale* 27.1–2/1984.

KAŽDAN, A. P.: *Derevnja i gorod v Vizantii, IX–X vv*. Moskau 1960.

LITAVRIN, G. G.: *Vizantijskoje obtchestvo i gosudarstvo v X–XI vv*. Moskau 1977.

LOPEZ, R. S.: Silk Industry in the Byzantine Empire. *In: Speculum* 20/1965.

OIKONOMIDES, N.: Quelques boutiques de Constantinople au Xᵉ siècle. Prix, loyers, imposition. *In: Dumbarton Oaks Papers* 26/1972.

OSTROGORSKI, G.: *Pour l'histoire de la féodalité byzantine*. Brüssel 1954.

OSTROGORSKI, G.: Agrarian Conditions in the Byzantine Empire in the Middle Ages. *In: Cambridge Economic History of Europe*. Bd. I. Cambridge 1942.

WERNER, E.: Vizantijskij Gorod v epokhu feodalizma. Tipologija i spetsifika. *In: Vizantijskij Vremennik* 37/1976.

Bevölkerung und soziale Bewegungen

AHRWEILER, H.: *Études sur les structures administratives et sociales de Byzance*. London: Variorum 1971.

AHRWEILER, H.: Érosion sociale et comportements excentriques à Byzance aux XIᵉ–XIIIᵉ siècles. *In: Actes du XVᵉ congrès international d'Études byzantines*. Bd. I. Athen 1977.

CHARANIS, P.: *Social, Economic and Political Life in the Byzantine Empire*. London: Variorum 1973 (Vgl. auch ders.: *Studies on the Demography*. London 1972).

DAGRON, G.: Minorités ethniques et religieuses dans l'Orient byzantin à la fin du Xᵉ et au XIᵉ siècle. *In: Travaux et Mémoires* 6/1976.

DEDEYAN, G.: L'immigration arménienne en Cappadoce au xie siècle. *In: Byzantion* 45.1/1975.

SVORONOS, N.: *Études sur l'organisation intérieure, la société et l'économie de l'Empire byzantin.* London: Variorum 1973.

Soziale Gruppen und Sozialpolitik

ANGOLD, M. J. (Hrsg.): *The Byzantine Aristocracy from the ixth to the xiiith Centuries.* Oxford 1984.

ANTONIADIS-BIBICOU, H.: Problèmes d'histoire économique de Byzance au xie siècle: démographie, salaires et prix. *In: Byzantinoslavica* 28.2/1967.

CONSTANTELOS, D. J.: *Byzantine Philanthropy and Social Welfare.* New Brunswick (New Jersey) 1968.

LEMERLE, P.: *Cinq études sur le xie siècle.* Paris 1981.

MORRIS, R.: The Powerful and the Poor in the xth Century Byzantium. *In: Past and Present* 73/1976.

PATLAGEAN, E.: *Structure sociale, famille, chrétienté à Byzance, ive-xie siècle.* London: Variorum 1981.

Kaiserliche Macht und Regierung des Reiches

AHRWEILER, H.: *L'Idéologie politique de l'Empire byzantin.* Paris 1975.

BECK, H. G.: *Res Publica Romana. Vom Staatsdenken der Byzantiner.* München 1970.

BECK, H. G.: Theorie und Praxis im Aufbau der byzantinischen Zentralverwaltung. *In: Bayer. Akad. der Wiss. Phil. Hist. Klasse. Sitzungsberichte* 8/1974.

GERÖ, S.: Notes on Byzantine Iconoclasm in the viiith Century. *In: Byzantion* 44/1974. (Öffnet den Zugang zu spezielleren Arbeiten des Autors).

GUILLAND, R.: *Études sur l'histoire administrative de l'Empire byzantin.* 2 Bde. Berlin 1967–1968.

OIKONOMIDES, N.: *Les Listes de préséances byzantines des ixe et xe siècles.* Paris 1972. (Macht ältere Arbeiten verzichtbar).

WINKELMANN, F.: Byzantinische Rang- und Ämterstruktur im viii. und ix. Jahrhundert. *In: Berliner Byzantinische Arbeiten.* Berlin 1985.

Die Provinzverwaltung

AHRWEILER, H.: *Recherches sur l'administration de l'Empire byzantin aux ixe-xie siècles.* London: Variorum 1971. (Grundlegende Zusammenfassung früherer Arbeiten des Autors).

FERLUGA, J.: Quelques aspects du développement du système des thèmes dans la péninsule balkanique. *In: ders.: Byzantium on the Balkans.* Amsterdam 1976.

KARAYANNOPOULOS, J.: Die Entstehung der byzantinischen Themenordnung. *In: Byzantinisches Archiv* (München) 10/1959.

OIKONOMIDES, N.: Une liste arabe des stratèges byzantins du viie siècle et les origines du thème de Sicile. *In: Studi Bizantini e Neoellenici* 11/1964.

OIKONOMIDES, N.: L'évolution de l'organisation administrative de l'Empire byzantin au xie siècle (1025–1118). *In: Travaux et Mémoires* 6/1976.

Zentrale Verwaltungsbereiche

AHRWEILER, H.: *Byzance et la mer. La marine de guerre, la politique et les institutions maritimes de Byzance aux viie-xve siècles.* Paris 1966.

HALDON, J. F.: *Recruitment and Conscription in the Byzantine Army. A Study on the Origins of the stratôtika ktèmata.* Wien 1979.

KAEGI, W. E.: *Army, Society and Religion in Byzantium.* London: Variorum 1982.

MILLER, D. A.: Byzantine Treaties and Treaty Making, 300–1025. *In: Byzantinoslavica* 32.1/1971.

OBOLENSKI, D.: The Principles and Methods of Byzantine Diplomacy. *In: Actes du xiie congrès international d'Études byzantines.* Bd. I. Belgrad 1963.

TREAGOLD, W. T.: *The Byzantine State Finances in the viiith and ixth Centuries.* New York: Columbia University Press 1982.

WINFIELD, D.: *Studies in Byzantine Fortifications.* Johannesburg 1985.

Monographien zu lokalen Problemen

Banescu, N.: *Les Duchés byzantins de Paristrion (Paradounavon) et de Bulgarie.* Bukarest 1946.

Bon, A.: *Le Péloponnèse byzantin jusqu'en 1204.* Paris 1951.

Ducellier, A.: *La Façade maritime de l'Albanie au Moyen Age. Durazzo et Valona du XIe au XVe siècle.* Thessalonike 1981.

Falkenhausen, V. von: *Untersuchungen über die byzantinische Herrschaft in Süditalien vom IX. bis ins XI. Jahrhundert.* Wiesbaden 1967.

Ferluga, J.: *L'Amministrazione Bizantina in Dalmazia.* Venedig 1978.

Guillou, A.: Géographie administrative et géographie humaine de la Sicile byzantine. *In: Philadelphie et autres études.* Paris 1984.

Die Kirche

Beck, H. G.: Kirche und Klerus im staatlichen Leben von Byzanz. *In: Byzantion* 34/1966.

Charanis, P.: The Monk as an Element of Byzantine Society. *In: Dumbarton Oaks Papers* 25/1971.

Darrouzes, J.: *Recherches sur les Offikia de l'Église byzantine.* Paris 1970.

Dvornik, F.: *The Idea of Apostolicity in Byzantium and the Legend of the Apostle Andrew.* Cambridge (Mass.) 1958.

Hussey, J. M.: Byzantine Monasticism. *In: History* 24/1939.

Le Millénaire du mont Athos (963–1963). 2 Bde. Chevetogne 1963–1964.

Papachryssanthou, D.: La vie monastique dans les campagnes byzantines (VIIIe–XIe siècle). *In: Byzantion* 43/1973.

Frömmigkeit und religiöse Strömungen

Angelov, D.: *Il Bogomilismo. Un' eresia medievale bulgara.* Rom 1979.

Ducellier, A.: *Le Drame de Byzance. Idéal et échec d'une société chrétienne.* Paris 1976.

Dujčev, I.: *Medioevo Bizantino-Slavo.* 3 Bde. Rom 1965–1971.

Iconoclasm. *In: Papers given at the IXth Spring Symposium of Byzantine Studies.* University of Birmingham 1975. Oxford 1976.

Joannou, P.: *Démonologie populaire et démonologie critique au XIe siècle: la vie inédite de saint Auxence par Michel Psellos.* Wiesbaden 1971.

Lemerle, P.: L'histoire des Pauliciens d'Asie Mineure d'après les sources grecques. *In: Travaux et Mémoires* (Paris) 4/1970 (Quellen); 5/1973.

Beziehungen zu Rom und die Mission (Kommentare)

Dvornik, F.: *Le Schisme de Phôtius.* Paris 1950. (Behandelt in wirklich ausführlicher Weise die Beziehungen der orthodoxen Welt zu Byzanz).

Dvornik, F.: *Byzantine Missions among the Slavs. SS. Constantine-Cyril and Methodius.* New Brunswick (New Jersey) 1970.

Dvornik, F.: *Photian and Byzantine Ecclesiastical Studies.* London: Variorum 1974.

Hannick, Ch.: Die byzantinischen Missionen. *In: Kirchengeschichte als Missionsgeschichte.* Munchen 1978.

Moravcsik, Gy.: *Byzantium and the Magyars.* Budapest 1975.

Vlasto, A. P.: *The Entry of the Slavs into Christendom. An Introduction to the Medieval History of the Slavs.* Cambridge (GB) 1970.

Bildung und Kultur

Geanakoplos, D. J.: *Byzantium: Church, Society and Civilization seen through contemporary eyes.* Chicago: Chicago University Press 1983.

Každan, A. P./Franklin, S.: *Studies on Byzantine Literature of the XIth and XIIth Centuries.* Cambridge (GB) 1984.

Každan, A. P./Wharton Epstein, A.: *Change in Byzantine Culture in the XIth and XIIth Centuries.* Berkeley-Los Angeles: University of California Press 1985.

LEMERLE, P.: *Cinq études sur le xie siècle.* Paris 1981.

MANGO, C.: *Byzantium and its image: History and Culture of the Byzantine Empire and its Heritage.* London: Variorum 1984.

ŠEVČENKO, I.: *Ideology, Letters and Culture in the Byzantine World.* London: Variorum 1982.

Byzanz und der Begriff des »Auslands«

DÖLGER, F.: *Byzanz und die europäische Staatenwelt.* Ettal 1953.

HUNGER, H.: *Reich der neuen Mitte. Der christliche Geist der byzantinischen Kultur.* Graz–Wien–Köln 1965.

LECHNER, K.: *Hellenen und Barbaren im Weltbild der Byzantiner.* München 1954.

OSTROGORSKI, G.: *The Byzantine Emperor and the Hierarchical Order of the World. In: The Slavonic and East European Review* 35/1956–57.

Byzanz und das lateinische Abendland

BALARD, M.: *La Romanie génoise.* 2 Bde. Rom 1978.

BORSARI, S.: *Venezia e Bisanzio nel secolo xi. In: Storia della Civiltà veneziana.* Bd. I. Florenz 1979.

BRAND, Ch. M.: *Byzantium confronts the West.* Cambridge (Mass.) 1968.

CARILE, A.: *La Presenza bizantina nell'alto Adriatico fra vii e ix secolo. In: Abruzzo* 21.1–3/1983.

CARILE, A.: *Terre militari, funzioni e titoli bizantini nel Breviarium. Ricerche e studi sul Breviarium Ecclesiæ Ravennatis. In: Ist. Stor. Ital. per il Med. Evo. Studi storici.* Fasc. 148–149. Rom 1985.

CARILE, A.: *Partitio Terrarum Imperii Romani. In: Studi Veneziani* 7/1965.

CARILE, A./FEDALTO, G.: *Le Origini di Venezia.* Bologna 1978.

DUCELLIER, A.: *La Façade maritime de l'Albanie an Moyen Age.* Thessalonike 1981.

DUCELLIER, A.: *L'Albanie entre Orient et Occident aux xie et xiie siècles. In: Cahiers de Civilisation médiévale* 19.1/1976.

KINDLIMANN, S.: *Die Eroberung von Konstantinopel als politische Forderung des Westens im Hochmittelalter. Studien zur Entwicklung der Idee eines Lateinischen Kaiserreiches in Byzanz.* Zürich 1969.

LAMMA, P.: *Comneni e Staufer. Ricerche sui rapporti fra Bisanzio e l'Occidente nel secolo xii.* 2 Bde. Rom 1955.

LILIE, R. J.: *Handel und Politik zwischen dem byzantinischen Reich und den italienischen Kommunen Venedig, Pisa und Genua in der Epoche der Komnenen und der Angeloi (1081–1204).* Amsterdam 1983.

LILIE, R. J.: *Byzanz und die Kreuzfahrerstaaten: Studien zur Politik des byzantinischen Reiches gegenüber den Staaten der Kreuzfahrer in Syria und Palästina bis zum vierten Kreuzzug (1096–1204).* Bonn 1981.

THIRIET, Fr.: *La Romaine vénitienne.* Paris 1959.

Byzanz und die moslemischen Völker

AHRWEILER, H.: *La frontière et les frontières de Byzance en Orient. In: Actes du XIVe congrès international d'Études byzantines.* Bd. II. Bukarest 1975.

CAHEN, Cl.: *Pre-Ottoman Turkey.* Oxford 1971.

CANARD, M.: *Byzance et les musulmans de Proche-Orient.* London: Variorum 1973.

CANARD, M.: *L'Expansion arabo-islamique et ses répercussions.* London: Variorum 1974.

DUCELLIER, A.: *Le Miroir de l'Islam. Musulmans et chrétiens d'Orient au Moyen Age (viie–xie siècle).* Paris 1971.

EIKHOFF, E.: *Seekrieg und Seepolitik zwischen Islam und Abendland.* Berlin 1966.

GRÉGOIRE, H.: *Autour de l'épopée byzantine.* London: Variorum 1975.

KHOURY, A. T.: *Polémique byzantine contre l'Islam (viiie–xiiie siècle).* Leiden 1969.

VASILIEV, A. A./GRÉGOIRE, H./CANARD, M.: *Byzance et les Arabes.* Bd. I: *La Dynastie d'Amorium.* Bde. II.1 und II.2: *La Dynastie macédonienne.* Brüssel 1935–1950.

Christen im Osten

ADONTZ, N.: *Études arméno-byzantines.* Lissabon 1965.

CHARANIS, P.: *The Armenians in the Byzantine Empire.* Lissabon o. J.

LAURENT, J.: *Études d'histoire arménienne.* Louvain 1971.

LAURENT, J./CANARD, M.: *L'Arménie entre Byzance et l'Islam depuis la conquête arabe jusqu'en 886*. Paris 1980. (Um wichtige arabische Quellen in französischer Übersetzung ergänzte Neuauflage).

Ursprünge und Entwicklung der slawischen Staaten auf dem Balkan

(Viele der bereits zitierten Arbeiten berühren dieses Thema; zusätzlich sind zu nennen:)
ANGELOV, D.: *Die Entstehung des bulgarischen Volkes*. Berlin 1980.
BEŠEVLIEV, V.: *Die Protobulgarische Periode der Bulgarischen Geschichte*. Amsterdam 1980.
FERLUGA, J.: *Der byzantinische Handel auf dem Balkan vom VII. bis zum Anfang des XIII. Jahrhunderts*. Skopje 1986.
FERLUGA, J.: Archon. Ein Beitrag zur Untersuchung der südslawischen Herrschertitel im IX. und X. Jahrhundert im Lichte der byzantinischen Quellen. *In: Tradition als Historische Kraft*. Berlin 1982.
KALIĆ, J.: *Crkvene prilike u srpskim zemljama do stavaranja archiepiskopije 1219 godine. Sava Nemanjić-Sveti Sava, istorija i predanje*. Belgrad 1979.
KALIĆ, N.: *Povijest Hrvata u ranom srednjem vijeku*. Zagreb 1971.
RUNCIMAN, St.: *A History of the First Bulgarian Empire*. London 1930.

Die Künste

Art byzantin, art européen. Athen 1964.
Art byzantin chez les Slaves. Bd. I: *Les Balkans*. Bd. II: *L'Ancienne Russie et les Slaves catholiques*. 4 Bde. Paris 1932.
GRABAR, A.: *L'art du Moyen Age en Europe orientale*. Paris 1968.
GRABAR, A.: L'art profane à Byzance. *In: Actes du XIVe congrès international d'Études byzantines*. Bd. III. Bukarest 1975.
MILLET, G.: *L'École grecque dans l'architecture byzantine*. Paris 1916.

Rußland im Kiever Reich

BIRNBAUM, H.: *Essays on Early Slavic Civilization*. Bonn 1981.
BIRNBAUM, H./FLIER, M. S.: Medieval Russian Culture. *In: California Slavic Studies* (Los Angeles) 12/1984.
BLUM, J.: *Lord and Peasant in Russia from the IXth to the XIXth Century*. 2. Aufl. Princeton 1972.
ECK, A.: *Le Moyen Age russe*. 2. Aufl. Paris 1968.
FEDOROV-DAVYDOV, C. A.: *Monety svideteli proslogo*. Moskau 1985.
FEDOTOV, G.: *The Russian Religious Mind*. Bd. I: *Kievan Christianity from the Xth to the XIIIth Centuries*. Neuaufl. Belmont (Mass.) 1975.
FENNELL, J./STOKES, A.: *Early Russian Literature*. London 1974. (Wesentlich).
HELLMANN, M./ZERNACK, K./SCHRAMM, G.: *Handbuch der Geschichte Rußlands*. Bd. I: *Von der Kiever Reichsbildung bis zum Moskauer Zartum*. 11 Fasc. Stuttgart, 1976–1982. (Grundlegend).
OBOLENSKY, G.: *The Byzantine Inheritance of Eastern Europe*. London: Variorum 1982.
OBOLENSKY, G.: *Kievan Russia, 850–1240*. London: Variorum 1986.
PODSKALSKY, G.: *Christentum und theologische Literatur in der Kiever Rus*. München 1982. (Unentbehrlich).
POPPE, A.: *The Rise of Christian Russia*. London: Variorum 1982.
SOLOVJEV, A.: *Byzance et la formation de l'État russe*. London: Variorum 1979.
TOLOCKO, P. P.: *Drevnij Kiev*. Kiev 1983.
VERNADSKY, G.: *A History of Russia*. Bd. I: *Ancient Russia*. 7. Aufl. Lada 1969. Bd. II: *Kievan Russia*. 6. Aufl. London 1969.

Das Reich und die orthodoxen Nationen bis zur osmanischen Eroberung

Der vierte Kreuzzug und seine Folgen

BON, A.: *La Morée franque. Recherches historiques, topographiques et archéologiques*. 2 Bde. Paris 1969.
BORSARI, S.: *Studi sulle colonie veneziane in Romania del XIII secolo*. Neapel 1966.

Borsari, S.: *Il Dominio veneziano a Creta nel XIII secolo.* Neapel 1963.

Carile, A.: *Per una storia dell'impero latino di Costantinopoli (1204–1261).* Neuaufl. Bologna 1978.

Carile, A.: *La Rendita feudale nella Morea latina del XIV secolo.* Bologna 1974.

Oikonomides, N.: *Hommes d'affaires grecs et latins à Constantinople (XIIIᵉ–XVᵉ siècle).* Montréal–Paris 1979.

Queller, D. E.: *The Fourth Crusade. The Conquest of Constantinople, 1201–1204.* Leicester: Leicester University Press 1978.

Queller, D. E./Stratton, S. J.: A Century of Controversy on the Fourth Crusade. *In: Studies in Medieval and Renaissance History* 6/1969. (Mit wesentlichen bibliographischen Hinweisen).

Setton, K. M.: *The Papacy and the Levant (1204–1571).* 2 Bde. Philadelphia 1976.

Topping, P.: The Morea, 1311–1364 (und) 1364–1460. *In:* K. M. Setton: *The Crusades.* Bd. III. Madison (Wisconsin) 1975.

Die byzantinischen Staaten und die Wiedervereinigung des Reiches

Angold, M.: *A Byzantine Government in Exile.* Oxford 1974.

Bryer, A.: *The Empire of Trebizond and the Pontos.* London: Variorum 1980.

Franchi, A.: I Vespri Siciliani e le relazioni tra Roma e Bisanzio. *In: Quaderni di »O Theologos«.* Rom 1984.

Geanakoplos, D. J.: *Emperor Michael Palæologus and the West.* Cambridge (Mass.): Harvard University Press 1959.

Janssens, E.: *Trébizonde en Colchide.* Brüssel 1969.

Karpozilos, A. D.: *The Ecclesiastical Controversy between the Kingdom of Nicæa and the Principality of Epiros (1217–1233).* Thessalonike 1973.

Laiou-Thomadakis, A. E.: *Constantinople and the Latins. The Foreign Policy of Andronicus II Palæologus.* Cambridge (Mass.) 1972.

Nicol, D.: *The Despotate of Epirus.* Bde. I und II. Oxford 1957–1984.

Wirtschaft und Gesellschaft im Reich der Palaiologen

Charanis, P.: On the Social Structure and Economic Organization of the Byzantine Empire in the XIIIth Century and Later. *In: Byzantinoslavica* 12/1951.

Charanis, P.: Town and Country in the Byzantine Possessions of the Balkan Peninsula during the Later Period of the Empire. *In: Aspects of the Balkans. Continuity and Change.* Paris–Den Haag 1972.

Frances, E.: Constantinople byzantine aux XIVᵉ et XVᵉ siècles. *In: Revue des Études sud-est européennes* 7/1969.

Každan, A. P.: *Agrarnye otnošenija v Vizantii XIII–XV vv.* Moskau 1952.

Kirsten, E.: Die byzantinische Stadt. *In: Berichte zum XI. Internationalen Byzantinisten Kongreß.* München 1958.

Laiou-Thomadakis, A. E.: The Byzantine Aristocracy in the Palæologan Period: a Story of Arrested Development. *In: Viator* 4/1973.

Laiou-Thomadakis, A. E.: The Byzantine Economy in the Mediterranean Trade System, XIIIth–XVth Centuries. *In: Dumbarton Oaks Papers* 34–35/1982.

Laiou-Thomadakis, A. E.: The Greek Merchant of the Palæologan Period: a Collective Portrait. *In: Praktika de l'Académie d'Athènes.* 57/1982.

Laiou-Thomadakis, A. E.: *Peasant Society in the Late Byzantine Empire.* Princeton 1977.

Lefort, J.: *Villages de Macédoine: notices historiques et topographiques sur la Macédoine orientale au Moyen Age.* Bd. I. Paris 1982.

Ostrogorski, G.: *Quelques problèmes d'histoire de la paysannerie byzantine.* Brüssel 1956. (Vgl. hierzu auch die bereits gesamten Arbeiten des Autors).

Regionale Studien

Asdracha, C.: *La Région des Rhodopes aux XIIIᵉ et XIVᵉ siècles. Étude de géographie historique.* Athen 1976.

Avramea, A. P.: *I. Vizantini Thessalia mechri toû 1204.* Athen 1974. (Brauchbar für die Zeit nach 1204).

Ducellier, A.: *La Façade maritime de l'Albanie au Moyen Age.* Thessalonike 1981.

Handel und westlicher Imperialismus

ARGENTI, Ph. P.: *The Occupation of Chios by the Genoese and their Administration of the Island (1346–1566)*. 3 Bde. Cambridge 1958.

ASHTOR, E.: *Levant Trade in the Later Middle Ages*. Princeton 1983.

BALARD, M.: A propos de la bataille du Bosphore. L'expédition génoise de Paganino Doria à Constantinople (1351–1352). *In: Travaux et Mémoires* 4/1970.

BALARD, M.: Gênes et la mer Noire (XIIIe–XVe siècle). *In: Revue historique* 270.1/1983.

CHRYSOSTOMIDES, J.: Venetian Commercial Privileges under the Palæologi. *In: Studi Veneziani* 12/1970.

CIPERIS, A. M.: Le commerce de Caffa aux XIIIe–XVe siècles. *In: Feodal' naja Tavrika*. Kiev 1974. (In russisch).

HEERS, J.: *Gênes au XVe siècle. Activité économique et problèmes sociaux*. Paris 1961.

HEYD, W.: *Histoire du commerce du Levant au Moyen Age*. 2 Bde. Neuaufl. Amsterdam 1967. (Durch die zitierte Arbeit von E. Ashtor zu ersetzen).

KEDAR, B. Z.: *Merchants in crisis. Genoese and Venetian Men of Affairs and the XIVth Century Depression*. New Haven–London 1976.

KYRRIS, C. P.: John Cantacuzenus, the Genoese, the Venetians and the Catalans (1348–1354). *In: Byzantina* 4/1972.

LEMERLE, P.: *L'Émirat d'Aydin, Byzance et l'Occident. Recherches sur la geste d'Umur Pacha*. Paris 1957.

NYSTAZOPOULOU, M.: Venise et la mer Noire du XIe au XVe siècle. *In: Thesaurismata* 7/1970.

THIRIET, Fr.: Quelques observations sur le trafic des galées vénitiennes d'après les chiffres des incanti (XIVe–XVe siècles). *In: Studi in onore di A. Fanfani*. Bd. III. Mailand 1962.

THIRIET, Fr.: La crise des trafics au Levant dans les premières années du XVe. *In: Studi in memoria di F. Melis*. Bd. III. 1979.

Venezia e il Levante. *In: Atti del I° Convegno Intern. di Storia della Civiltà veneziana*. 2 Bde. Venedig 1968.

ZACHARIADOU, E.: *Trade and Crusade. Venetian Crete and the Emirates of Menteshe and Aydin (1300–1415)*. Venedig 1983.

ZAKYTHINOS, D. A.: *Le Chrysobulle d'Alexis III Comnène, empereur de Trébizonde, en faveur des Vénitiens*. Paris 1932.

Latinisierte Gebiete und Begegnungen der Zivilisationen

BALARD, M.: *La Romanie génoise*. 2 Bde. Rom 1978.

BALARD, M./VEINSTEIN, G.: Continuité ou changement d'un paysage urbain? Caffa génoise et ottomane. *In: Le Paysage urbain au Moyen Age*. Lyon 1981.

DENNIS, G. T.: Problemi storici concernenti i rapporti tra Venezia, i suoi domini diretti e le signorie feudali nelle isole greche. *In: Venezia e il Levante fino al secolo XV*. Bd. I. Florenz 1973.

DUCELLIER, A.: Aux frontières de la Romanité et de l'Orthodoxie au Moyen Age: le cas de l'Albanie. *In: L'Histoire à Nice*. Nizza 1983.

FERLUGA, J.: L'aristocratie byzantine en Morée au temps de la conquête latine. *In:* ders.: *Byzantium on the Balkans*. Amsterdam 1976.

HILL, G.: *A History of Cyprus*. 3 Bde. Cambridge 1940–1948.

JACOBY, D.: Les archontes et la féodalité en Morée franque. *In: Travaux et Mémoires* 2/1967.

JACOBY, D.: *La Féodalité en Grèce médiévale. Les »Assises« de Romanie: sources, application et diffusion*. Paris–Den Haag 1971.

JACOBY, D.: The Encounter of two Societies: Western Conquerors and Byzantines in the Peloponnesus after the IVth Crusade. *In: The American Historical Review* 78.4/1973.

JACOBY, D.: Les États latins en Romanie. Phénomènes sociaux et économiques (1204–1350 environ). *In: Actes du XVe congrès international d'Études byzantines*. Athen 1976.

KODER, J.: *Negroponte*. Wien 1973.

KREKIC, B.: *Dubrovnik (Raguse) et le Levant au Moyen Age*. Paris 1961.

LAIOU, A. E.: Quelques observations sur l'économie et la société de la Crète vénitienne (ca. 1270–ca. 1305). *In: Bisanzio e l'Italia. Rac. di Studi in memoria di A. Pertusi*. Mailand 1982.

LOENERTZ, R.: *Les Ghisi, dynastes vénitiens de l'Archipel, 1207–1390*. Florenz 1975.

LONGNON, J.: La vie rurale dans la Grèce franque. *In: Journal des Savants* 1965.

LOPEZ, R. S.: *Storia delle colonie genovesi nel Mediterraneo*. Bologna 1938.

PISTARINO, G.: Chio dei Genovesi. *In: Studi Medievali* 10.1/1969.

RICHARD, J.: Agricultural conditions in the Crusaders States. *In:* K. M. Setton: *A History of the Crusades*. Bd. V. Madison: Wisconsin University Press 1985.

SETTON, K. M.: *Catalan Domination of Athens, 1311–1388*. Cambridge (Mass.) 1948.

STARR, J.: *Romania: the Jewries of the Levant after the ivth Crusade*. Paris 1949.

THIRIET, Fr.: La condition paysanne et les problèmes de l'exploitation rurale en Romaine gréco-vénitienne. *In: Studi Veneziani* 9/1967.

TOPPING, P.: Le régime agraire dans le Péloponnèse au xive siècle. *In: L'Hellénisme contemporain*. 2. Reihe 10/1956.

ZAKYTHINOS, D. A.: *Le Despotat grec de Morée*. 2 Bde. Paris–Athen 1932–1953.

Politische und ideologische Strukturen im späten Reich

BARKER, J. W.: The Problem of the Appanages in Byzantium. *In: Byzantina* 3/1971.

BARKER, J. W.: *Manuel II Palæologus, 1391–1425. A Study in Late Byzantine Statemanship*. New Jersey 1969.

BOSCH, U. V.: *Andronikos III Palaiologos. Versuch einer Darstellung der byzantinischen Geschichte in den Jahren 1321–1341*. Amsterdam 1965.

DENNIS, G. I.: *The Reign of Manuel II Paleologos in Thessalonica*. Rom 1960.

DUCELLIER, A.: *Les »Principautés« byzantines sous les Paléologues: autonomismes réels ou nouveau système impérial?* Bordeaux 1979.

KYRRIS, C. P.: The Political Organization of the Byzantine Urban Classes between 1204 and 1341. *In: Liber Memorialis Antonio Era*. Brüssel 1963.

KYRRIS, C. P.: Gouvernés et gouvernants à Byzance pendant la révolution des Zélotes (1341–1350). *In: Recueil de la Société Jean Bodin*, XXIII. Brüssel 1968.

KYRRIS, C. P.: Continuity and Differenciation in the Regime established by Andronicus III after his victory of 23–24 May 1328. *In: Epet. Het. Byz. Spoudôn*. Athen 43/1978.

LEMERLE, P.: *Le Juge général des Grecs et la réforme judiciaire d'Andronic III*. Mémorial Louis Petit. Paris 1948.

NICOL, D.: *The Last Centuries of Byzantium, 1261–1453*. London 1972.

NICOL, D.: The Family of Kantakouzenos, ca. 1100–1460. *In: Dumbarton Oaks Studies* 11/1968.

RAYBAUD, L. R.: *Le Gouvernement et l'administration centrale de l'Empire byzantin sous les premiers Paléologues*. Paris 1968.

WEISS, G.: *Johannes Kantakuzenos. Aristokrat, Staatsmann, Kaiser und Mönch*. Wiesbaden 1969.

ZAKYTHINOS, D. A.: Crise monétaire et crise économique à Byzance du xiiie au xve siècle. *In: L'Hellénisme contemporain*. Athen 1948.

Kirche und religiöses Leben am Ende des Reiches – kulturelle Probleme

ALEXANDER, P. J.: Byzantium and the Migration of Literary Works and Motifs. The Legend of the Last Roman Emperor. *In: Medievalia et Humanistica* 2/1971.

ARGYRIOU, A.: Remarques sur quelques listes grecques du xiiie siècle énumérant les hérésies latines. *In: Byzantinische Forschungen* 4/1972.

ARGYRIOU, A.: Les écrits anti-islamiques de Macaire Makrès (xve siècle). *In: Studi e Testi*. Vatikan 1982.

ARGYRIOU, A.: Les Exégèses grecques de l'Apocalypse à l'époque turque (1453–1821). Thessalonike 1982.

ARNAKIS, G./VUČINIĆ, W. S.: The Role of Religion in the Development of Balkan Nationalism. *In: The Balkans in Transition*. Los Angeles 1953.

CONSTANTINIDES, C. N.: *Higher Education in Byzantium in the xiiith and Early xivth Centuries*. Nikosia 1982.

GEANAKOPLOS, D. J.: *Byzantine East and Latin West*. Neuaufl. New York 1983.

GILL, J.: *The Council of Florence*. Cambridge 1959.

MEYENDORFF, J.: Society and Culture in the xivth Century. Religious Problems. *In: Actes du XIVe congrès international d'Études byzantines*. Bd. I. Bukarest 1975.

RUNCIMAN, St.: *The Great Church in Captivity*. Cambridge 1968.

ŠEVČENKO, I.: *Society and Intellectual Life in Late Byzantium*. London: Variorum, 1981.

Die osmanische Eroberung

ANGELOV, D.: Certains aspects de la conquête des peuples balkaniques par les Turcs. *In: Byzantinoslavica* 17/ 1956.

BABINGER, Fr.: *Mehmed II. Der Eroberer und seine Zeit.* München 1953.

CAHEN, Cl.: *Turcobyzantina et Oriens Christianus.* London: Variorum 1974.

DUCELLIER, A.: L'Islam et les musulmans vus de Byzance au XIVe siècle. *In: Byzantina* 12/1983.

EMBIRICOS, A.: *Vie et institutions du peuple grec sous la domination ottomane.* Paris 1975.

INALCIK, H.: *The Ottoman Empire. The Classical Age, 1300–1600.* London 1973.

INALCIK, H.: Ottoman Methods of Conquest. *In: Studia Islamica* 2/1954.

IORGA, N.: *Byzance après Byzance.* Neuaufl. Bukarest 1972.

VRYONIS, S.: *The Decline of Medieval Hellenism in Asia Minor and the Process of Islamization from the XIth through to the XVth Century.* Berkeley–Los Angeles 1971.

VRYONIS, S.: Studies on Byzantium, Seldjuks and Ottomans. *In: Byzantina kai Metabyzantina.* Malibu 2/ 1981.

Das Scheitern des westlichen Imperialismus

ARBEL, B.: Cypriot Population under Venetian Rule (1473–1571). A Demographic Study. *In: Meletai kai Hypomnèmata* 1/1984.

ATIYA, A. S.: *The Crusade in the Later Middle Ages.* London 1938.

BABINGER, F.: Le vicende veneziane nella lotta contro i Turchi durante il secolo XV. *In: La Civiltà veneziana del Quattrocento.* Florenz 1957.

BANESCU, N.: *Le Déclin de Famagouste, fin du royaume de Chypre. Notes et documents.* Bukarest 1946.

BERENDEI, M./VEINSTEIN, G.: La Tana-Azaq, de la présence italienne à l'emprise ottomane (fin du XIIIe-milieu du XVIe siècle). *In: Turcica* 8.2/1976.

CAZACU, M./KEVONIAN, K.: La chute de Caffa en 1475 à la lumière de nouveaux documents. *In: Cahiers du monde russe et soviétique* 17.4/1976.

DELAVILLE LE ROUX, J.: *La France en Orient au XIVe siècle. Les expéditions du maréchal Boucicaut.* 2 Bde. Paris 1886.

DOUMERC, B.: La crise structurelle de la marine vénitienne au XVe siècle. Le problème du retard des mude. *In: Annales ESC* 40.3/1985. (Wichtig für die Wendung Venedigs nach Westen).

DUCELLIER, A.: Les mutations de l'Albanie au XVe siècle. Du monopole ragusain à la redécouverte des fonctions de transit. *In: Études balkaniques* 1/1978.

HOCQUET, J. C.: *Le Sel et la Fortune de Venise.* 2 Bde. Lille 1979.

INALCIK, H.: The Question of the Closing of the Black Sea under the Ottomans. *In: Archeion Pontou* 35/1979.

RICHARD, J.: La papauté et les missions d'Orient au Moyen Age (XIIIe–XVe siècle). *In: Collection de l'École française de Rome.* 33/1977.

WERNER, E.: *Die Geburt einer Großmacht. Die Osmanen (1300–1481).* 3. Aufl. Berlin 1978.

Die slawischen Länder auf dem Balkan vor der türkischen Eroberung

ASDRACHA, C.: Modes d'affirmation des pouvoirs locaux bulgares pendant le Moyen Age tardif. *In: Actes du Ier congrès international d'Études bulgares.* Bd. I. Sofia 1982.

BEROV, Lj.: *Ikonomičeskoto razvitie na Bălgarija prez vekovete.* Sofia 1974.

DEROKO, A.: *Srednjevekovni gradovi u Srbiji, Crnoj Gori i Makedoniji.* Belgrad 1950.

DUJČEV, I.: La conquête turque de la péninsule des Balkans de 1371 à 1389. *In: Études balkaniques* (Sofia) 7/ 1975.

FERJANČIĆ, B.: *Despoti u Vizantiji i Jugoslovenskim zemljama.* Belgrad 1960.

KALIĆ-MIJUŠKOVIČ, J.: *Beograd u srednjem veku.* Belgrad 1967.

KONDOV, N.: *Ovoščarstvoto v bălgarskite zemi prez Srednovekovieto.* Sofia 1969.

KOVAČEVIĆ-KOJIĆ, D.: *Trgovina u srednjovekovnoj Bosni.* Sarajevo 1962.

KOVAČEVIĆ-KOJIĆ, D.: *Gradska naselja srednjovjekovne Bosanske Države.* Sarajevo 1978.

KOVAČEVIĆ-KOJIĆ, D.: Dans la Serbie et la Bosnie médiévales: les mines d'or et d'argent. *In: Annales ESC* 15.2/1960.

KUZEV, A./GJUZELEV, V. (Hrsg.): *Bălgarski srednovekovni gradove i kreposti.* Bd. I. Sofia 1981.

MARKOVIĆ, B.: Certaines remarques sur la loi sur les mines de despote Stefan Lazarević de l'année 1412. *In: Balkan Studies* 22/1981.

NOVAKOVIĆ, St.: *Srbi i Turci u xiv i xv veka.* Neuaufl. Belgrad 1960.

OSTROGORSKI, G.: *Serska oblast posle Dušanove smrti.* Belgrad 1965.

PRIMOV, B.: The Third and Fourth Crusades and Bulgaria. *In: Études historiques (Sofia)* 7/1975.

SOLOVJEV, A.: Der Einfluß des byzantinischen Rechts auf die Völker Osteuropas. *In: Zeitschrift der Savigny Stiftung.* (Rom) 76/1959.

STANOJEVIĆ, St.: Die Biographie Stefan Lazarevićs von Konstantinos dem Philosophen als Geschichtsquelle. *In: Archiv für Slavische Philologie* 18/1896.

ZAKYTHINOS, D.: *La Grèce et les Balkans.* Athen 1947.

ZAKYTHINOS, D.: Les peuples de l'Europe du Sud-Est et leur rôle dans l'histoire. *In: Actes du Ier congrès international des Études balkaniques et Sud-Est européen.* Bd. III. Sofia 1969.

Albanien und die Romania

Actes du XIVe congrès international d'Études byzantines. Bd. II. Bukarest 1975 S. 487–656. (Enthält zahlreiche Beiträge zum Thema Byzanz und die Romania).

Actes de la deuxième conférence d'Études albanologiques. 3 Bde., Tirana 1968. (Zahlreiche Beiträge zu Albanien im 15. Jahrhundert und zur Person Skanderbegs).

DUCELLIER, A.: La façace maritime de la principauté des Kastriote. *In: Studia Albanica* 2/1968.

NASTASE, D.: Le mont Athos et la politique du patriarcat de Constantinople de 1355 à 1375. *In: Symmeikta du Centre d'Études byzantines.* Bd. III. Athen 1979.

NASTASE, D.: L'idée impériale dans les pays roumains et le »crypto-Empire« chrétien« sous la domination ottomane. *In: Symmeikta du Centre d'Études byzantines.* Bd. IV. Athen 1981.

NASTUREL, P.: Considérations sur l'idée impériale chez les Roumains. *In: Byzantina* 5/1973.

STANESCU, E.: Byzance et les pays roumains aux ixe–xve siècles. *In: Actes du XIVe congrès international d'Études byzantines.* Bd. I. Bukarest 1975.

Entstehung und Entwicklung des Fürstentums Moskau

ALPATOV, M.: *Histoire de l'art russe. Des origines à la fin du xviie siècle.* Paris 1975.

ČEREPNIN, L.: *Obrazovanie russkogo centralizovannogo Gosudarstva v xiv–xv vv.* Moskau 1960.

ČEREPNIN, L.: Formirovanie krest'janstva na Rusi. *In: Istorija krest'janstva v Evrope, Epokha Feodalizma.* Bd. I. Moskau 1985.

ČIZEVSKIJ, D.: *A History of Russian Literature from the xith Century to the End of the Baroque.* Den Haag 1962.

FEDOTOV, G.: *A Treasury of Russian Spirituality.* Neuaufl. Belmont (Mass.) 1975.

FENNELL, J.: *Ivan the Great of Moscow.* London 1963.

FENNELL, J.: *The Emergence of Muscovy, 1304–1359.* London: Variorum 1968.

FENNELL, J.: *The Crisis of Medieval Russia, 1200–1304.* London–New York 1983.

KOVALEVSKY, P.: *Saint Serge et la spiritualité russe.* Paris 1958.

Kulikovskaja Bitva. Moskau 1980.

LAZAREV, V. N.: *Russkaja ikonopis' ot istokov do načala xvi veka.* Moskau 1983.

LIKHACHOV, D. S.: *The Great Heritage, the Classical Literature of Old Russia.* Moskau 1980.

MEYENDORFF, J.: *Byzantium and the Rise of Russia. A Study of Byzantino-Russian Relations in the xivth Century.* Cambridge 1981.

PAŠUTO, V.: *Alexandr Nevskij.* Moskau, 1974.

PODSKALSKY, G.: *Byzantinische Reichseschatologie.* München 1972.

Roma, Costantinopoli, Mosca. In: Studi. Bd. I. Neapèl 1983. (Wesentlich für die Idee von Moskau als dem dritten Rom).

SZEFTEL, M.: *Russian Institutions and Culture up to Peter the Great.* Londres, Variorum, 1975.

TOUMANOFF, C.: Moscow the Third Tome: Genesis and Significance of a Politico-Religious Idea. *In: Catholic Historical Review* 40/1954–1955.

VERNADSKY, G.: *A History of Russia.* Bd. III: *The Mongols and Russia.* Bd. IV: *Russia and the Dawn of the Modern Age.* Bd. V: *The Tsardom of Moscow, 1547–1682.* New Haven–London 1960–1969.

ZIMIN, A. A.: *Rossija na rubež xv–xvi stoleti. Očerki social'no-političeskij istorii.* Moskau 1982.

GLOSSAR

Adnumion: regelmäßige Überprüfung der Männer und der Ausrüstung in den Provinzialarmeen *(Themata)*.

Agentes in rebus: das in 5 Rangklassen unterteilte Hauptkorps der Polizei in der frühbyzantinischen Zeit (4.–8. Jahrhundert) untersteht dem *magister officiorum* und wird zu den unterschiedlichsten Aufgaben herangezogen: polizeiliche Untersuchungen, Organisation von Truppentransporten, Kontrolle der Benutzer der kaiserlichen Post *(dromos)*.

Akriten: die *Akritai* sind Elitesoldaten, die mit der Verteidigung der Grenzregionen (Tauros, Bulgarien) betraut sind, wo es ihnen auch möglich ist, Besitz zu erwerben. Sie sind häufig mit der jenseits der Grenze lebenden Bevölkerung eng verbunden; in diesem Milieu entsteht im 10. Jahrhundert das Nationalepos des Basileios Digenis Akritas (»Basileios, Grenzsoldat von doppelter Abstammung«).

Akrostichon *(acrosticum)*: das *demosiakon akrostichon* ist in byzantinischer Zeit der Grundsteuerbetrag, den jede *stasis* zu entrichten hat; unter lateinischer Herrschaft geht der öffentliche Charakter der Abgabe verloren, fortan versteht man darunter lediglich den »Zehnt«, den jede Paroikenstasis dem Grundherrn entrichten muß.

Aktsche *(aspre)*: während die Seldschuken den traditionellen Dirham benutzten, kennen die Osmanen des 14. Jahrhunderts nur die *Aktsche* (die »Weiße«), eine Silbermünze von 1,06 g Gewicht (6 Karat). Der rapide Anstieg der Münzemissionen durch zahlreiche Prägewerkstätten hat ihre rasche Abwertung zur Folge. 1481 beträgt ihr Gewicht nur noch 0,751 g, das sind 3,75 Karat.

Allelengyon: Steuersystem, mit dem Basileios II. (976–1025) die *Dynatoi* zur Weiterzahlung der Steuer ihrer verarmten Nachbarn zwingt, ohne ihnen das Vorkaufsrecht auf das entsprechende Land zuzugestehen.

Anthropoi kaloi: wichtigste Teile der urbanen Elite, die zwischen 13. und 15. Jahrhundert die Umgebung des Statthalters *(Kephale)* bilden.

Anthypatos: ursprünglich nur Übersetzung des Wortes Proconsul; unter Justinian wird daraus ein Hoftitel; seit der Zeit des Ikonoklasmus ist diese Würde unabdingbare Voraussetzung für die Ausübung der Gerichtsbarkeit durch den Strategen eines Themas.

Archon *(archont)*: Begriff mit vielfacher Bedeutung; im 7./8. Jahrhundert bezeichnet er zunächst die Befehlshaber der lokalen Seestreitkräfte, dann aber bald alle Inhaber eines Teils der öffentlichen Gewalt. Seit Ende des 11. Jahrhunderts bezeichnet er die lokale Elite und wird im 13. Jahrhundert annähernd zum Synonym für den Pronoiar. Verarmte *archontes* werden *archontopuloi* genannt.

Augustus: zu Beginn der Tetrarchie der Hauptkaiser, im Gegensatz zu den Mitkaisern oder Cäsaren. Später eines der Cognomina des Herrschers, seit Ende des 9. Jahrhunderts jedoch kein unverzichtbares Element des Titels mehr, obwohl er von einigen Palaiologen wie Manuel II. noch geführt wird.

Autokrator: in Verbindung mit der Formel *En Christo to Theo Pistos Basileus* (Christus Gott ergebener Kaiser) beinhaltet der Begriff *Autokrator*, der älterer Herkunft ist, den absoluten Charakter und die völlige Unabhängigkeit der kaiserlichen Macht vom Menschen, da sie nur Gott verantwortlich ist.

Azymen: ungesäuertes Brot, wie es die Lateiner zur Feier der Eucharistie verwenden, im Gegensatz zum ausschließlichen Gebrauch von gesäuertem Brot bei den Orthodoxen. Im lateinisch-byzantinischen Streit um den Ritus machen die Orthodoxen den Lateinern in diesem Punkt den Vorwurf des »Judaisierens«.

Basileus: das ursprünglich griech. Wort für »König« bezeichnet zunächst den persischen Großkönig; nach den großen Siegen des Herakleios über die Sassaniden wird es in die byzantinische Kaisertitulatur eingeführt und entwickelt sich äquivalent zum lat. *Imperator.*

Baskak: Stellvertreter des mongolischen Khan in den unterworfenen Territorien, z. B. in Rußland; er übt im Namen des Khan die Herrschaft aus und treibt die Steuern ein.

Baština: Patrimonial-Güter in den slawischen Ländern des Balkan, entsprechen dem griech. *gonikon*; im Gegensatz zur Pronoia müssen sie lediglich Steuern an den Landesherrn abführen.

Beg: osmanischer Provinzstatthalter; einem Sandschak steht ein Sandschakbeg vor. Das Reich selbst ist in zwei große Verwaltungsbereiche unterteilt, Anatolien und Rumelien, denen je ein Beglerbegler (Beg der Begs) vorsteht.

Bojaren: Vertreter des alten Adels, die ursprünglich die Družina der slawischen und bulgarischen Herrscher bilden.

Burkos: in Griechenland nach dem 13. Jahrhundert ein Handelsplatz, der unterhalb des *kastron* oder *kulas* liegt. Entspricht dem slawischen *varoš*.

Bylinen: russische »Epen aus vergangener Zeit«; moderner wissenschaftlicher Terminus – in Rußland wird häufiger der Begriff *Starooteckie pesni* (Lieder der Vorfahren) gebraucht; rhythmische Volkslieder über mythologische Schlachten und die Heldentaten der russischen Recken *(Bogatyr)* im Kampf gegen die Tataren. Die Mehrzahl der Bylinen ist zeitlich nicht einzuordnen.

Caesar *(kaisar)*: ursprünglich »Mitkaiser«; seit dem 7. Jahrhundert höchster Titel nach dem des Kaisers.

Capinicho: das *kapnikon* (Herdsteuer) ist in Byzanz eine Kopfsteuer, die familienweise erhoben wird; als *capinicho* hält es in den von Lateinern besetzten Gebieten Einzug, als Herdsteuer in der fränkischen Morea oder dem venezianischen Kreta.

Chalkedon, Chalkedonenser: auf dem Konzil von Chalkedon (451) erfolgt die endgültige Festschreibung der orthodoxen Lehre. Die Gegner nennen die orthodoxen Anhänger des Konzils fortan Chalkedonenser.

Charadsch: türkische Abart des *kharadj*, einer Grundsteuer, die auf dem Besitz der Nicht-Moslems (Dimmis) liegt; dazu kommt die Kopfsteuer oder *gizye*.

Charistikat: Übertragung von Kirchenbesitz, der aus Brachland besteht oder heruntergekommen ist, an begüterte Laien, um diese wirtschaftlich zu sanieren und so evtl. selbst Nutzen aus ihm zu ziehen. Durch Mißbräuche im 11. Jahrhundert werden die weltlichen Verwalter die tatsächlichen Besitzer der Güter; heftige Reaktionen seitens der Kirche führen zum Rückgang dieser Praxis, die in einigen Fällen das Pronoiasystem vorwegnimmt.

Choraphia: ursprünglich frisch eingesäte Felder; seit dem 14. Jahrhundert bebaute Felder im Gegensatz zu Wald und Brache.

Chorion: im 4. und 5. Jahrhundert Domäne, im Gegensatz zum Dorf *(vicus)*; danach bezeichnet der Begriff das genossenschaftliche Dorf, das seine Blütezeit im 8. und 9.

Jahrhundert erlebt; sein Niedergang beginnt mit der Expansion der Dynatoi.

Christotokos: die Nestorianer bezeichnen so die Jungfrau Maria *(Theotokos)*, da sie in ihr die Mutter Christi und nicht die Mutter Gottes *(Theos)* sehen.

Chrysargyron: von Diokletian eingeführte und von Anastasios 498 wieder zurückgenommene Steuer auf Handelsgewinne.

Chrysobull: Kaiserurkunde mit eigenhändiger Unterschrift und Datierung des Kaisers, gesiegelt mit der kaiserlichen Goldbulle (daher ihr Name).

Clarissimus: griech. *Lamprotatos*, im 3. Jahrhundert den Senatoren vorbehaltener Titel; seit dem 5. Jahrhundert Entwertung des Titels, der nunmehr nur noch von untergeordneten Beamten getragen wird.

Comes *(komes)*: ursprünglich Mitglied des unmittelbaren kaiserlichen Hofstaats, der *comitiva*; seit dem 5. Jahrhundert Ehrenbezeichnung, die aber weiterhin an fest umrissene höfische und militärische Aufgaben gebunden ist; im 9. Jahrhundert trägt der Befehlshaber des *Tagma* der Exkubiten, der ehemaligen Palastwache, den Titel eines *komes*. In den slawischen Reichen des Balkans ist der *comes* Beauftragter des Zaren in den Provinzen.

Comes sacrarum largitionum: im 4. Jahrhundert Verwalter einer durch verschiedene Steuern gespeisten Kasse, aus deren Ertrag der Herrscher Beamten, Soldaten und ausländischen Fürsten Geschenke macht. Verliert seit dem 6. Jahrhundert stark an Bedeutung und verschwindet im 7. Jahrhundert ganz; an seine Stelle tritt der *logothetes tu genika*.

Comitatus: in der frühbyzantinischen Zeit das Zentralheer im Gegensatz zu den Grenztruppen der *limitanei*.

Curiales: Mitglieder der kulturellen und gesellschaftlichen Elite der Städte, deren Führung sie sich in der städtischen Versammlung *(curia* im Westen, *bule* im Osten)* sichern. Überhäuft mit Ämtern und unfähig, sich gegenüber der demographischen Entwicklung der Städte zu behaupten, verschwinden sie als Klasse im Lauf des 7. Jahrhunderts.

Deisis: »Gebet«; die Deisis ist allgemein eine bildliche Darstellung oberhalb des »Königstors«, des Hauptzugangs zur Ikonostase; dargestellt sind die Theotokos und der Prodromos (Johannes der Täufer) rechts und links der Gestalt Christi, den beide anrufen. Die Theotokos symbolisiert das Gebet der Kirche des Neuen, Johannes der Täufer das derjenigen des Alten Testaments.

Demen: aus den ursprünglichen »Fangruppen« der verschiedenen Rennställe, die an den Rennen im Hippodrom teilnehmen, entwickeln sich im 5. Jahrhundert regelrechte politische Gruppierungen – die Weißen, die Roten, die Blauen und die Grünen. Insbesondere die beiden letzten verkörpern gegensätzliche politische Standpunkte, während ihre religiöse Einstellung weniger fest umrissen ist.

Despotes: lange Zeit ausschließlich dem Kaiser vorbehaltener Titel, ist *Despotes* (Herr) seit 1163 der zweithöchste Titel in Byzanz. Nach 1204 nennen sich viele um Unabhängigkeit bemühte Landesherren so, die aber nicht nach der Kaiserkrone zu greifen wagen – so beispielsweise Ende des 13. Jahrhunderts die Despoten von Epeiros.

Digesten: auch Pandekten genannt; gemeint ist der zweite Teil des Justinianischen *Corpus Juris Civilis*, eine durchdachte Kompilation aus den vielfältigen Werken römischer Rechtsgelehrter, ergänzt durch Elemente der christlichen Rechtsordnung.

Dimmi *(zimmi)*: nichtmoslemische Untertanen, denen die moslemische Staatsgewalt beschränkte Rechte einräumt.

Diözese: seit den Reformen des Diokletian weitläufiger Verwaltungsbezirk, der in der Größenordnung zwischen Prätorianerpräfektur und Provinz liegt. Ihr Vorsteher ist ein *Vikar*. Vikare und Diözesen verschwinden im 6. Jahrhundert; ihre Kompetenzen werden von den Präfekten ausgeübt. Die Diözese bleibt als Verwaltungsbegriff und bezeichnet nun allgemein das Gebiet eines Erzbistums, dessen Sitz häufig mit den ehemaligen Diözesanhauptstädten übereinstimmt.

Divina Liturgia: seit der Überwindung des Ikonoklasmus übliche Bild-Szene im Apsismittelteil des Allerheiligsten. Sie stellt Christus dar, wie er die Liturgie feiert, wobei ihm Engel als Diakone zur Seite stehen, oder wie er den Aposteln das Abendmahl reicht, die in zwei konvergierenden Reihen auf den den Altar einfassenden Flügeln dargestellt sind.

Domestikos der Scholen: als Hauptbestandteil der Palasttruppen werden die Scholen vor dem 8. Jahrhundert von einem einfachen Domestikos befeligt, der an die Stelle des früheren *magister officiorum* tritt, der in dieser Zeit verschwindet. Als Domestikos des Ostens wird er zum Oberbefehlshaber der Armee. Diesem stellt Basileios II. dann den im Rang niedrigeren Domestikos des Westens zur Seite. Seit dem 11. Jahrhundert führt der Domestikos des Ostens den Titel eines Großdomestikos.

Drei-Kapitel-Streit: auf der Suche nach einem Ausgleich mit den Monophysiten läßt Justinian, ohne im Bereich des Dogma nachzugeben, auf dem V. Ökumenischen Konzil von 553 die Schriften von Theodoros von Mopsuestia, Theodoret von Kyrrhos und Ibas von Edessa, die von den Kirchen Ägyptens und Syriens des Nestorianismus angeklagt sind, verurteilen. Die Verurteilung der *Drei Kapitel* vertieft jedoch nur die Konflikte mit den Lateinern und Chalkedonensern, ohne die Monophysiten zu befriedigen.

Dromone: Kriegsschiff mit zwei Lateinersegeln und einer oder mehreren Ruderbänken; seit dem 7. Jahrhundert ist die Dromone mit einer Vorrichtung *(siphon)* zum Herausschleudern des »griechischen Feuers« ausgerüstet.

Drungarios ton Ploimon: seit dem 9. Jahrhundert gleichbedeutend mit dem Titel eines Großadmirals (Oberbefehlshabers der Zentralflotte); Romanos Lakapenos trägt diesen Titel zum Zeitpunkt seiner Usurpation. In den letzten Jahrhunderten von Byzanz übernimmt der *Megadux* diese Funktion.

Družina: bewaffnete Gefolgschaft der slawischen und russischen Fürsten.

Duma der Bojaren: in Kiever Zeit Versammlung der wichtigsten Bojaren der fürstlichen *Družina*, denen der Fürst Einkommen und Ämter bewilligt.

Dynatos: Person, die – ohne unbedingt sehr reich zu sein – staatliche oder kirchliche Ämter erhält, die ihr Macht über die gewöhnliche städtische oder ländliche Bevölkerung *(penetes)* verleihen. Er nutzt seine Stellung, um seinen Landbesitz zu vergrößern und eine immer drückendere Kontrolle *(prostasia)* über die Bauern des Umlandes auszuüben.

Ekloga: wörtlich »Auswahl« aus den Gesetzen; von den Kaisern Leon III. und Konstantin V. herausgegebenes Gesetzbuch in griechischer Sprache, das im Grunde eine Auswahl aus den Justinianischen Gesetzen darstellt. Es enthält erstmals zahlreiche auf lokalen Gebräuchen fußende Erlasse und ist stark vom kanonischen Recht beeinflußt. Allgemein wird die Todesstrafe durch entehrende Strafen, etwa Verstümmelungen, ersetzt.

Ekthesis: vom Patriarchen Sergios verfaßtes und 638 von Herakleios veröffentliches Edikt, um den Monotheletismus zur öffentlichen Lehre zu erheben, was nicht gelingt.

Eleutheros: wörtlich »Freier«; landloser Bauer, der daher keiner Steuerpflicht unterliegt. Großgrundbesitzer versuchen, umherziehende Eleutheroi als *Proskathe-*

menoi oder *Xenoparoiken* an ihr Land zu binden; der Eleutheros heißt in slawischen Ländern *svobodnik*.

Emphyteuse: auf lange Dauer abgeschlossener Pachtvertrag, der es ermöglicht, ehemalige Kolonen und landflüchtige Bauern auf Fiskalland, herrschaftlichen oder kirchlichen Landgütern anzusiedeln; die zu entrichtende Abgabe ist sehr niedrig. Nach wenigen Generationen sind die Dauerpächter (Emphyteuten) in Wirklichkeit völlig unabhängige Bauern und bilden die tragende Säule des *chorion*.

Emporion: s. *burkos*.

Enoria: das frühere *territorium civitatis* ist ein nicht fest umrissener Bereich, der alle Dörfer im tatsächlichen Einflußgebiet einer Stadt umfaßt.

Epanagoge: (nach neueren Forschungen *Eisagoge*) Wiederaufnahme, Revision; in den letzten Jahren der Herrschaft Basileios II. (867–886) veröffentlichtes Rechtsbuch; die Epanagoge ergänzt das *Procheiron* durch eine Reihe von Artikeln, die es zum einzigen byzantinischen Gesetzbuch im Bereich des Verfassungsrechts machen.

Eparchie: Teilgebiet eines Patriarchats oder eines Erzbistums (vgl. *Diözese*).

Epiteleia: Steuer auf Paroikenland, die seit dem 13. Jahrhundert jeder Käufer dem eigentlichen Grundbesitzer entrichten muß. Sie ist für letzteren so interessant, daß er nicht daran denkt, seine Paroiken am Verkauf zu hindern.

Esnaf: Handwerkszunft in den osmanischen Städten; die ältesten Esnaf-Statuten sind erst aus dem 16. Jahrhundert bekannt.

Ethnos: »Volk«, *gens*; der Begriff entspricht dem Terminus »Heiden« aus der Bibel und bezeichnet die Völker außerhalb der orthodoxen *Oikumene*.

Exarchat, Exarch: »delegierte« Macht; der Exarch gebietet im Namen des Kaisers über eine Gruppe von Provinzen, die aus politischer Notwendigkeit zusammengefaßt worden sind, so z. B. Ende des 6. Jahrhunderts in Nordafrika und Italien.

Exenion: *exenium*, »Gabe«; diese Naturalabgabe (Geflügel, Wein, Eier) leisten die Paroiken in der fränkischen Morea an die Gutsherren.

Exisosis: regelmäßige Überprüfung der *Pronoiai*, um diejenigen, die zerstückelt oder heruntergewirtschaftet wurden, in ihren Grenzen wiederherzustellen.

Filioque, Filioque-Streit: lat. »und vom Sohne«; von der lateinischen Kirche auf Betreiben des karolingischen Hofes und gegen den Widerstand aus Rom dem Glaubensbekenntnis von Nikaia hinzugefügt wo es heißt, der Heilige Geist gehe vom Vater aus. Das Problem ist besonders seit dem 11. Jahrhundert Kernpunkt der heftigen theologischen Auseinandersetzungen zwischen beiden Kirchen.

Fiumara: seit dem 13. Jahrhundert der italienische Name für die Mündungsbecken der balkanischen, insbesondere der albanischen Flüsse, wo sich die wichtigsten Märkte für die lokalen landwirtschaftlichen Produkte befinden.

Francomati: zur Zeit der Lusignans auf Zypern die freien Bauern, auch *Eleutheroi* genannt. Sie müssen jedoch dem Landbesitzer eine Pacht für die Weinberge und Obstgärten sowie eine Grundpacht entrichten, die bis zu ein Fünftel der Gesamternte ausmachen kann.

Genos des Kaisers: allgemeiner Begriff für die nähere Verwandtschaft des Kaisers und die durch Ehen oder geistige Bindungen (Patenkinder) mit dem Thron Verbundenen. Insbesondere seit den Komnenen nimmt die Neigung deutlich zu, die wichtigsten Ämter Mitgliedern des *Genos* vorzubehalten.

Gimorum: *gemoron*; in der fränkischen Morea der Teil des Ertrags an Weizen, Gerste, Hafer, Gemüse, Leinen und Baumwolle, den die Paroiken an den Grundbesitzer entrichten müssen.

Gorod: in den russischen Städten des 11. Jahrhunderts am Steilufer von Flüssen errichtetes *castrum*; der Gorod ist eine Konstruktion aus mächtigen Eichenbalken und dient vor allem als befestigte Fürstenresidenz, kann bei Gefahr aber auch die Bevölkerung aus dem *podol* aufnehmen.

Henotikon: 482 von Zenon und dem Patriarchen Akakios verkündetes »Unionsedikt«, das die Spannungen zwischen Orthodoxie und Monophysitismus verringern soll, die Spaltung aber vertieft.

Hesychasmus: Wiederaufleben der östlichen Mystik vor allem auf dem Athos; der *Hesychasmus* (heilige Ruhe) betreibt im 14. Jahrhundert auf Anregung von Gregorios Palamas die Rückbesinnung auf die spirituellen Wurzeln der Wüste, um den Menschen an Gott heranzuführen. Seit dem Konzil von 1351 offizieller Bestandteil der orthodoxen Lehre, was die traditionelle Spannung zwischen beiden Kirchen noch vertieft.

Hetoimasia: in der herkömmlichen Ausschmückung der orthodoxen Kirche die Darstellung eines leeren, mit den Attributen der Leidensgeschichte versehenen Thrones als Verbindung zwischen dem irdischen Leben Christi, das durch die Theotokos mit Kind in der Apsis symbolisiert wird, und der Herrlichkeit Christi im Himmel, auf die der Pantokrator in der Kuppel hinweist. Dem Gläubigen gibt sie die Sicherheit des ewigen Lebens, worauf auch der Name *Hetoimasia* (Vorbereitung) deutet.

Homonoia: »Übereinstimmung«; jenseits aller Detailunterschiede drückt der Begriff das Gemeinschaftsgefühl aller Orthodoxen aus, dessen wesentlicher Bestandteil u. a. die *Homothreskeia*, die Einheit im Glauben ist.

Hypatos ton philosophon: »Konsul der Philosophen«; Psellos erhält diesen Ehrentitel von Konstantin IX. Monomachos; maßgeblicher Einfluß auf die Lehrinhalte der Philosophie ist mit dem Titel nicht verbunden.

Illustris: griech. *endoxos*; als Titel vom 4. bis 6. Jahrhundert den hohen zivilen und militärischen Würdenträgern vorbehalten. In nachjustinianischer Zeit verfällt sein Ansehen rasch.

Incanti: »Auktion«; jedes Jahr versteigert Venedig den Laderaum der staatlichen Galeeren in Teilen oder als Ganzes an die Patrizier für den Transport ihrer Waren auf den üblichen Seewegen *(mudua, mude)*.

Institutiones: im Rahmen des Corpus Juris Civilis zusammengestelltes Handbuch für die Studenten, das man studieren und erklären, nicht aber subjektiv interpretieren darf.

Jarlik: schriftliche Urkunde, mit der die Mongolenkhane die russischen Fürsten ernennen.

Jugum: grundlegende Steuereinheit im Steuersystem Diokletians, der ein Stück Land bestimmter Größe und Güte zugrundeliegt, worauf die Grundsteuer *(jugatio)* erhoben wird. Das *jugum* muß einen Inhaber *(caput)* besitzen, der außerdem die *capitatio* (Kopfsteuer) bezahlt. Das Ziel, *jugum* und *caput* zu verknüpfen, ist eine der Grundlagen des Kolonen-Systems.

Kanon: jährlicher Zehnt, den der Kolon dem Landbesitzer entrichten muß; der erweiterte Begriff bezeichnet den auf einer Emphyteuse liegenden Pachtzins.

Kanones: in Kapitel gegliederte Konzilsentscheidungen; Grundlage des kanonischen Rechts, das sich in Ost und West divergierend entwickelt, da nicht alle Entscheidungen regionaler, aber auch ökumenischer Konzile gleichermaßen anerkannt sind.

Karaïten: Juden aus Ägypten und dem Irak, die im 11. Jahrhundert nach Byzanz einwandern. Als Befürworter einer unmittelbaren Schriftauslegung stehen sie in Widerspruch zu den Juden der Romania, die sich streng nach den rabbinischen Kommentaren richten.

Kastron: befestigter Kern einer Provinzstadt in den Krisenzeiten (6.–7. und 13.–16. Jahrhundert). Es dient wie der russische *gorod* auch den Einwohnern der Vorstädte *(burkos, emporion)* als Zuflucht.

Kastrophylax: im Byzanz der Palaiologenzeit, in Serbien und in Bulgarien Gouverneur einer befestigten Stadt.

Katepano: hoher lokaler Würdenträger, dem nach Auflösung des Themensystems im 11. Jahrhundert alle militärischen Angelegenheiten der Provinz obliegen; entspricht annähernd dem *dux.*

Katholikos: Titel der heterodoxen Patriarchen des Ostens, etwa in Armenien und Syrien / Irak.

Katholikos mesazon: in der griechischen Morea der erste Minister der Despoten von Mistra.

Kekolymena: »verbotene«, meist Purpurseidenstoffe, die ausschließlich dem Hof vorbehalten sind; bei besonderen Anlässen werden auch hohe Würdenträger damit beschenkt.

Kephale: im 14. und 15. Jahrhundert Statthalter im griechischen und slawischen Sprachraum. Die *kephalai* sind häufig *archontes,* die oft ihr Amt dazu benutzen, sich unabhängigen Grundbesitz aufzubauen.

Khan: auch *Khagan;* Titel der höchsten Anführer der turko-mongolischen Völker (Protobulgaren, Awaren, Chasaren, Seldschuken usw.).

Khurramiya: politische, wahrscheinlich auch religiöse Abweichlerbewegung, die das Abbasidenkalifat im 9. Jahrhundert erschüttert; einige der Aufständischen verbünden sich insbesondere während der Regierungszeit von Theophilos (829–842) mit Byzanz.

Knjaz: »Fürst«; Titel, den die zum Christentum übergetretenen slawischen Herrscher wie Boris von Bulgarien oder Vladimir von Kiev getragen haben.

Kolonen: Bauern, die während der demographischen Krise im 3. Jahrhundert auf den Gütern der Großgrundbesitzer angesiedelt werden, denen sie den *kanon* entrichten müssen. Durch das System der Emphyteuse wird der grundsätzlich an das Land gebundene Kolon allmählich frei.

Kommerkion, kommerklon: umfassende Steuer, die das Zoll- und Verkaufsrecht im ganzen Reich betrifft. Hauptbestreben der westlichen Handelsleute ist es, eine Senkung oder eine Befreiung vom *commercium* zu erreichen.

Krites, Praitor: Zivilstatthalter einer Provinz; die Auflösung des Themensystems führt im 11. Jahrhundert zu einer Aufwertung des Krites, der zuvor weitgehend dem Strategen unterstellt ist.

Kulas: in Bulgarien und Makedonien ist der »Turm« eine befestigte Zuflucht in den Städten des frühen Mittelalters.

Laura, Lavra: Koinobitische Klosteranlage mit Gemeinschaftsräumen (Kapelle, Refektorium, Schlafsäle, Bibliothek) und Zellen, die typisch für das orthodoxe Mönchswesen ist; Prototyp ist die »Große Laura« (Megalelaura) des hl. Athanasios auf dem Athos.

Limitanei: Grenzsoldaten der frühbyzantinischen Zeit, die für ihre Verteidigungsdienste mit Landbesitz innerhalb ihrer Region belohnt werden.

Lingua franca: Sprachgemisch aus Italienisch, Griechisch und Arabisch, mit dem sich die Seeleute seit dem 13. Jahrhundert im gesamten Mittelmeerraum verständigen.

Logothet des Dromos: seit dem 8. Jahrhundert. Leiter des Postwesens; aufgrund seiner Stellung hat er Kenntnis von allen diplomatischen Geheimnissen, so daß er zum eigentlichen Außenminister und Chef des Geheimdienstes aufsteigt.

Magister officiorum: ursprünglich Leiter der kaiserlichen Büros und Kanzleien, steigt er seit dem 4. Jahrhundert zum eigentlichen Regierungschef auf und wird zum höchsten zivilen Würdenträger des Reiches. Noch vor Ende des 7. Jahrhunderts werden seine Untergebenen unabhängig, und der *Protos Magistros* ist fortan nicht mehr als ein reiner Hoftitel.

Magistri militum: nach der militärischen Entmachtung des Prätorianerpräfekten überträgt Konstantin diese Aufgaben den *magistri militum*, die später durch die Themenreform wieder verschwinden.

Megas Dux: vgl. Drungarios ton Ploimon.

Melkiten: Chalkedonensische orthodoxe Christen Ägyptens und Syriens; sie heißen Melkiten (vom syriakischen *malk* = König), weil sie sich der vom Kaiser unterstützten Lehre anschließen.

Metropolit: »Ober-Bischof« einer Gruppe von Bistümern; vgl. Diözese.

Millaresion: byzantinische Silbermünze, die theoretisch das Gewicht eines *Nomisma* (4,55 g) hat und einem Zwölftel seines Wertes entspricht.

Millet: im osmanischen Reich bilden die Christen ein Volk (Millet), im Gegensatz zum moslemischen »Staatsvolk«.

Monoenergetismus: abgemilderte Form des Monophysitismus, die davon ausgeht, daß eine einzige *energeia* Christus vor und nach seiner Menschwerdung beseelt.

Monophysitismus: diese ursprünglich insbesondere in Alexandreia verbreitete Lehre geht davon aus, daß die Wesensform Christi auch nach der Menschwerdung ganz und gar göttlich sei.

Monotheletismus: Weiterentwicklung des Monoenergetismus, die von der Einheit des Willens *(thelema)* Christi vor und nach der Menschwerdung ausgeht. Ihren stärksten Ausdruck findet diese Lehre in der *Ekthesis* des Herakleios (vgl. ebd.).

Muda (Mudua): bezeichnet in Venedig die vorgegebenen Routen für die staatlichen Galeeren und die an der jeweiligen Fahrt beteiligten Galeerenverbände; grundsätzlich liegt auch der Zeitpunkt der Abfahrt und der Rückkehr fest, der sich nach den Märkten und der Ankunft der wichtigsten Kamelkarawanen richtet; in Wirklichkeit werden jedoch weder diese Routen noch die Termino rigoros eingehalten; das System verliert in den ersten Jahrzehnten des 15. Jahrhunderts endgültig an Bedeutung.

Mufassal defteri: allgemeines Katasterregister, das die Sultane sofort nach der Eroberung einer Provinz anlegen lassen und das danach regelmäßig auf den neuesten Stand gebracht wird; darin werden alle Untertanen gegliedert in *timare* erfaßt.

Mukata'a: Verteilung der Ämter und Würden im osmanischen Reich.

Mystikos: besonderer (»geheimer«) Sekretär des Kaisers; dieses Amt bekleidete Nikolaos Mystikos vor seiner Ernennung zum Patriarchen (901–907, 912–925).

Nestorianismus: vor allem von Antiocheia unterstützte Lehre, die der Patriarch Nestorios (428–431) durchzusetzen sucht; für die Nestorianer ist der Sohn Gottes vor seiner Inkarnation nur Gott und danach von vollkommener Menschlichkeit; daher nennen sie die Jungfrau Maria *Christotokos* (vgl. ebd.).

Nomisma: byzantinische Goldmünze mit einem vorgeschriebenen Gewicht von 4,55 g; sein Goldgewicht liegt in den besten Zeiten bei 4,40 g und der Feingehalt erreicht dann Höchstwerte von 960‰, aber Nomismata mit 22,5 Karat (930‰) gelten immer noch als sehr gut.

Nomokanon: Kirchenrechtssammlung, die die Bestimmungen des kaiserlichen Zivilrechts mit denen des kanonischen Rechts verbindet. Der berühmteste *Nomokanon* ist der „des Photios". In den christianisierten slawischen Ländern erhält diese Rechtssammlung wesentlichen Einfluß.

Nomophylax: Titel, den Konstantin IX. Monomachos Johannes Xiphilinos verleiht, der im Palast Recht zu unterrichten und gleichzeitig die Eignung der Rechtsbeamten (Richter, Rechtsbeistände, Notare) zu überwachen hat. Diese Reform scheitert sehr schnell.

Nomos georgikos: »Agrargesetz«, das Anfang des 8. Jahrhunderts als eine Sammlung von 85 Artikeln entsteht, die die Beziehungen der Bauern untereinander regeln; sein Ursprung geht jedoch auf vorjustinianisches Recht zurück.

Novelle: »Neue gesetzliche Bestimmungen«, die die vorhandenen Gesetzessammlungen ergänzen und später auch selber zusammengefaßt werden: es existieren Novellensammlungen von Justinian, Justin II. und von Leon VI.

Oikeioi anthropoi: Männer aus der unmittelbaren Umgebung des Kaisers, denen oft bedeutende Aufgaben übertragen werden, ohne daß sie besondere Titel führen.

Oikos, domus: das »adlige Haus« umfaßt das eigentliche Haus und eine Domäne, die vor allem in der Stadt aus Wohnhäusern, Werkstätten und Läden besteht, deren Pachteinkünfte dem Besitzer zufließen. Der *oikos* wird oft zum Kern eines neuen Viertels, v. a. in Konstantinopel.

Okraïna: »Grenzmark«; wird zum Namen des ehemaligen Fürstentums Kiev, vor allem nachdem sein Metropolit im Jahr 1299 nach Vladimir übergesiedelt war; Ursprung der heutigen Ukraine.

Opčina: in den serbischen Städten des 14. Jahrhunderts die Vollversammlung der »Gemeinde«, die tatsächlich aber vom Großrat des Stadtadels gestellt wird.

Pantokrator: als »Herr aller Dinge« wird der Christus des Jüngsten Gerichts in der Hauptkuppel der orthodoxen Kirchen dargestellt.

Paroikos, Paroike: »der daneben wohnt« – neben dem Grundbesitzer; Paroiken sind freie Männer, oft ehemalige Eleutheroi (vgl. ebd.), die auf den Domänen der Mächtigen angesiedelt wurden. Sie entrichten dem Landeigner zwar eine Abgabe (*pakton*), können aber über ihr Land frei verfügen, es eintauschen, weggeben oder verkaufen, solange es weiter bebaut wird.

Passagia Romanie: Schiffkonvois, die seit 1384 im Durchschnitt zweimal jährlich von Genua aus in den Osten aufbrechen.

Peira: Rechtssammlung des Juristen Eustathios Rhomaios aus dem 11. Jahrhundert.

Perperiarii: halbfreie Bauern im Königreich Zypern; sozial stehen sie zwischen den leibeigenen Paroiken und den *Francomati* (vgl. ebd.).

Phylarch: diesen Rang bekleiden einige halbunabhängige »Stammesoberhäupter« innerhalb des byzantinischen Reiches (Araber, Slawen, später Albaner und Walachen).

Pinkernes: Großmundschenk des Herrschers in Byzanz, in Serbien und in Bulgarien.

Podgradje: Unterstadt (vgl. *burkos, emporion* und *varoš*) im mittelalterlichen Serbien.

Podol: unterhalb des *gorod* (vgl. ebd.) gelegener Vorort einer russischen Stadt.

Porphyra, porphyrogennetoi: die Porphyra des Kaiserpalastes ist ein mit Porphyrstein ausgeschlagener Saal, in dem die Kinder des regierenden Kaiserpaares geboren werden. Die Porphyrogennetoi sind als Nachkommen des herrschenden Kaiserpaars die legitimen Erben des Throns.

Possadnik: vom *veče* (vgl. ebd.) der Stadtrepubliken Novgorod und Pskov bestimmter Statthalter der Exekutive.

Praepositus Sacri Cubiculi: als Verantwortlicher für das Zeremoniell und vor allem als Vorsteher des kaiserlichen »Schlafgemachs« einer der einflußreichsten Würdenträger. Nach dem 6. Jahrhundert verliert das Amt an Bedeutung, im 9. Jahrhundert ist es nur noch ein Ehrentitel.

Prandiopratai: Kaufleute, die allein das Recht haben, in Konstantinopel aus dem Orient eingeführte Seide zu vertreiben.

Prätorianerpräfekt: im frühbyzantinischen Reich höchster Beamter; die auf den zivilen Bereich beschränkte Prätorianerpräfektur erlebt ihre Blüte unter Konstantin. Im 6. Jahrhundert schwindet ihr Einfluß angesichts der steigenden Bedeutung von Provinzstatthalter, Stadtverwaltung und Kirche; im 7. Jahrhundert löst sie sich auf.

Procheiros nomos, Procheiron: Rechtshandbuch, das 870 von Basileios I. und dessen ältestem Sohn Konstantin veröffentlicht wird.

Prochotropheion: Armenasyl.

Pronoia: »Vorsorge, Schutz«; den byzantinischen Großen »anvertraute« brachliegende oder verfallene Güter. Das zunächst rein zivile Pronoia-System erhält Anfang des 12. Jahrhunderts militärischen Zuschnitt: Der Kaiser überträgt auf Zeit und mit dem Recht auf jederzeitigen Widerruf Pronoiaren, allgemein Stratioten genannt, ein Stück Land mit der Auflage, daß sie bei Bedarf persönlich oder in Delegation ihrer Waffenpflicht nachkommen. Nach dem 13. Jahrhundert wird die Pronoia zunehmend erblich und vermischt sich mit den Patrimonialgütern *(gonika)*.

Proskathemenos: vgl. Eleutheros.

Prostagma: kaiserlicher Verwaltungserlaß mit Wachssiegel, ohne vollständiges Datum (vgl. Chrysobull).

Prostasia: »Schutz«, den ein Mächtiger seinen »schwachen« Nachbarn gewährt, die dafür Abgaben und Dienste leisten müssen.

Protoasekretis: zwischen dem 9. und 11. Jahrhundert Titel des Vorstehers der kaiserlichen Kanzlei; berühmtester Träger dieses Titels war der spätere Patriarch Photios.

Protosebastos: »Ober-Sebastos«; von Alexios I. Komnenos geschaffener Titel, der beispielsweise dem Dogen von Venedig verliehen wurde.

Protovestiarios: Vorsteher des kaiserlichen Kleidergemachs im 9. Jahrhundert; er muß ein Eunuch sein; es ist der zweithöchste Eunuchen vorbehaltene Rang. Durch die Vertrautheit mit dem Kaiser hat er beträchtlichen Einfluß.

Quinisextum, Trullanisches Konzil: 691–692 von Justinian II. »Rhinotmetos« einberufen, um die Beschlüsse des 5. und 6. oikumenischen Konzils miteinander in Einklang zu bringen. Seine im Abendland nicht anerkannten Beschlüsse bilden die Grundlage des kanonischen Rechts von Byzanz.

Raya: im osmanischen Reich sind alle Bauern *raya*, wobei unterschieden wird zwischen den christlichen *raya-dimmi* und den moslemischen *raya-müslim*, obgleich ihre Stellung durchaus vergleichbar ist.

Rex: Titel, den Byzanz christlichen Herrschern verleiht; er umfaßt eine eingeschränkte Souveränität und die formale Anerkennung der kaiserlichen Oberhoheit.

Rhoga: Gehalt oder Sold insbesondere von Soldaten und Beamten; im engeren Sinn bedeutet Rhoga die mit dem Kauf eines Würdentitels verbundene Leibrente, im 11. Jahrhundert eine bevorzugte Investition des byzantinischen Bürgertums.

Romania: »Land der Römer«; die Romania ist das byzantinische Reich. Im Abendland bezeichnet der Begriff später das Territorium des Kaisers. Die Venezianer unterscheiden zwischen einer *Romania bassa* (bis zur Meerenge) und einer *Romania alta*, die vor allem den Schwarzmeerraum umfaßt.

Romanioten: auf byzantinischem Territorium lebende Juden.

Russkaja Pravda: »Russische Wahrheit« ist der Name einer Rechtssammlung aus Kiever Zeit; die ältesten Elemente dieser Sammlung stammen aus den Jahren zwischen 1016 und 1036.

Sabor: in Serbien Versammlung der zivilen und kirchlichen Würdenträger beim Fürsten. Die bekannteste ist die des Jahres 1349, in deren Verlauf Stephan Dušan sein Gesetzbuch verkündet.

Sandschak: unterste Verwaltungseinheit im osmanischen Reich.

Scriptorium: Werkstatt, in der Handschriften kopiert werden; in der orthodoxen Welt gibt es seit dem 8. Jahrhundert klösterliche und weltliche *scriptoria*, das bedeutendste *scriptorium* ist das des Palastes.

Senat: bereits vor dem 6. Jahrhundert, als er 2000 Mitglieder zählt, ist der Senat von Konstantinopel eher eine Schicht als eine Versammlung. Als Sammelbecken der herrschenden Klassen erlebt er im 11. Jahrhundert starken Zustrom aus dem bürgerlichen Lager.

Sipahi: »Ritter« im osmanischen Reich, der seinen Militärdienst mit Hilfe seiner Einkünfte aus dem *timar* (vgl. ebd.) leistet.

Stasis: bäuerlicher Familienbetrieb, Grundeinheit des Steuersystems; häufig sind mehrere *staseis* auf einer Zeile des Katasters (*stichos*) registriert.

Strategos: Stratege; seit dem 7. Jahrhundert Statthalter eines Themas; neben der ursprünglichen rein militärischen Funktion gewinnt der Stratege zunehmend Einfluß auf die zivile Verwaltung des *krites* (vgl. ebd.).

Strateia: Steuer, mit der sich die *Stratioten* (vgl. ebd.) seit dem 10. Jahrhundert vom eigentlichen Heeresdienst freikaufen können.

Stratiot: Soldat des Themenheeres, der seine Ausrüstung aus eigenen Mitteln oder mit Hilfe der Dorfbewohner finanzieren muß, wofür er von bestimmten Abgaben befreit wird. Im 10. Jahrhundert läßt der Kaiser die Güter dieser mittleren Bauern registrieren.

Synodikon: Beschluß der Heiligen Synode oder einer lokalen Synode, insbesondere im Zusammenhang mit dem Kampf gegen die Häresie.

Synodos endemusa: die spätere Heilige Synode, ständige Bischofsversammlung unter dem Vorsitz des Patriarchen, der ihr bei dogmatischen oder disziplinarischen Entscheidungen Bericht erstatten muß.

Tachygraphia: »Stenographie«, eine technische Kunstfertigkeit, die besonders seit dem 4. Jahrhundert wesentlicher Bestandteil der Beamtenausbildung ist.

Tagmata: im Gegensatz zu den *Themata*, den meist schlecht ausgerüsteten Provinzialheeren, werden die *Tagmata*, die ursprünglich im Umkreis von Konstantinopel konzentriert worden waren, später in den verschiedenen Provinzen kaserniert und bilden den Kern des byzantinischen Heeres.

Tetarteron: Goldmünze mit geringerem Gewicht als das *nomisma* (22 anstatt 24 Karat), aber gleichem Feingehalt; erste Emission unter Nikephoros II. Phokas (963–969).

Tetragamie: Streit, der von 901 bis 907 zwischen Patriarch Nikolaos Mystikos und Kaiser Leon VI. entbrennt, da letzterer allen kanonischen Vorschriften zum Trotz eine vierte Ehe schließt, aus der Konstantin Porphyrogennetos hervorgeht. Als Nikolaos abgesetzt wird, kommt es zum Schisma, das erst mit dem Tod des Kaisers im Jahr 912 beigelegt wird.

Tetrarchie: unter Diokletian entstandenes Herrschaftssystem, in dem ein Hauptkaiser (*augustus*) mit drei Mitkaisern (*caesares*) regiert, deren Macht territorial begrenzt ist. Dieses System bereitet die Teilung des Reichs in eine *Pars occidentalis* und eine *Pars orientalis* vor.

Themen: seit Ende des 7. Jahrhunderts Bezeichnung der neuen Militärbezirke, die das konstantinische System ablösen. An der Spitze einer Provinz steht – gestützt auf ein nun gleichfalls Thema genanntes Heer – ein Stratege, der im wesentlichen zivile und militärische Befehlsgewalt auf sich vereinigt. Dieses System, dessen Notwendigkeit in der defensiven Politik gegenüber Arabern und Bulgaren liegt, wird überflüssig, als Byzanz im 10. Jahrhundert wieder selbst die Initiative ergreift. Das Reich kehrt zur traditionellen Teilung von ziviler und militärischer Verwaltung in den Provinzen zurück (vgl. *Krites* und *Katepano*).

Theioi Oikoi: die »Heiligen Häuser« sind Privatdomänen des Kaisers, deren Verwaltung im 6. Jahrhundert einer Zentralstelle in Konstantinopel obliegt.

Theotokos: »Mutter Gottes«; in der Orthodoxie übliche Bezeichnung der Jungfrau Maria.

Timar: Bezirk, dessen Steueraufkommen die osmanische Herrschaft einem *sipahi* (vgl. ebd.) überläßt, wofür dieser berittenen Heerdienst zu leisten hat; ursprünglich muß der *sipahi* kein Moslem sein, so daß viele Adelige des Balkan auf ihrem Land verbleiben können und nur ihren Namen ändern.

Tipukeitos: »Wo findet sich was?« – Register der Basilika, der von Kaiser Leon VI. veranstalteten Rechtssammlung.

Torneselli: Scheidemünze, die im 14. und 15. Jahrhundert in den italienischen Kolonien der Romania im Umlauf ist, deren Verbreitung auf den Märkten der Hauptstädte jedoch grundsätzlich untersagt war.

Tragudia: griechische Volksepen legendären oder historischen Inhalts, deren bekanntestes und ältestes das Epos des Digenis Akritas (vgl. *Akriten*) ist; entsprechende Formen gibt es bei allen Völkern des Balkan (Slawen, Albaner, Rumänen), auch die russischen Bylinen stehen ihr sehr nahe.

Turkokratie: Name für die Jahrhunderte osmanischer Herrschaft in der Geschichtsschreibung des Balkan.

Typikon: Verzeichnis von Aufgaben oder Verpflichtungen; im engeren Sinn seit dem 10. Jahrhundert die Gründungsurkunde eines Klosters, in der der Begründer *(ktitor)* die Regeln des Klosters und dessen rechtlichen wie wirtschaftlichen Status festlegt. Der Text wird den Mönchen jährlich mehrere Male verlesen.

Tyssiatzky: Anführer der Stadtmiliz in Novgorod; er wird vom *veče* (vgl. ebd.) bestimmt.

Ulus: Grenzregionen mit weitgehender Autonomie, die der mongolische Großkhan Fürsten aus seiner Familie überträgt: so den *Ulus* von Dschotschi, dem im 13. Jahrhundert die russischen Fürstentümer unterstehen.

Varos: vgl. *Burkos*.

Veče: Stadtversammlung in den Republiken von Novgorod und Pskov.

Vicus: vgl. Chorion.

Vikar: *vicarius*; vgl. Diözese.

Vilanazio: Abgabe, die die *villani* – so heißen auf Kreta die Paroiken – neben *capinicho* (vgl. ebd.) und Frondiensten *(angaria)* leisten müssen.

Vojnici: entspricht den Pronoiaren und bezeichnet in den slawischen Ländern des Balkan Inhaber von *Pronoiai*. Nach der türkischen Eroberung sichert ihnen ihr Status als »Krieger« ein besseres Los als das der Inhaber einer *baština* (vgl. ebd.).

Vojvode: slawischer oder rumänischer Gebietsfürst.

Volost: »Bezirk« im Fürstentum Moskau, Unterteilung des *uezd*, des Distrikts.

Vychod: Tribut, den der Großfürst von Moskau seit Ivan I. in allen russischen Gebieten eintreiben und den Abgesandten des Mongolenkhans entrichten muß.

Xenoparoiken, xenoparoikoi: vgl. Eleutheros.

Ycometrum: Abgabe, die im fränkischen Morea der Grundbesitzer auf die Weinproduktion des Paroiken erhebt.

Ycomodium: ähnliche Abgabe wie die vorhergehende auf die Getreideproduktion.

Zadruga: »Gesellschaft, Gefolgschaft«; Adlige im Gefolge der serbischen und bulgarischen Herrscher, ursprünglich Bojaren, die sich als gleichrangig mit dem Herrscher ansehen (vgl. Župa. Župan).

Zar: von »Caesar« abgeleiteter Titel, den die christlichen Herrscher Bulgariens und Serbiens tragen, seit der Thronbesteigung Symeons inhaltlich mit dem Begriff des *Imperator* identisch; in Rußland setzt sich der Titel erst unter der Herrschaft Ivans des Schrecklichen endgültig durch.

Župa, Župan: in Serbien bezeichnet *župa* einen Distrikt, dem ein *župan* (etwa ›Baron‹) vorsteht; ursprünglich tragen die serbischen Herrscher nur den Titel eines Großzupan, was die Autorität ihrer *zadruga* (vgl. ebd.) unterstreicht.

REGISTER

Kursiv gesetzte Ziffern verweisen auf Abbildungen

Personenregister

Orts- und Länderregister

BILDNACHWEISE

Archivphotographien, SAGEP, Genua: 87; J.-P. Arrignon: 175, 187 o., 318, 443, 445, 454; 456 o., 456 u., 457, 479, 543; C. Asdracha: 403 o., 403 u., 419; Fremdenverkehrsamt der Türkei: 358, 427, 502, 505, 506, 562, 565; J.-L. Charmet: 199, 560; S. Chirol: 337; G. Degeorge: 204, 205, 290, 518; A. Ducellier: 16, 126, 127, 308, 311, 312, 363, 374 o., 374 u., 391, 393, 435, 513, 552, 548, 553 u., 568; G. Dufresne: 507; Atlantis Verlag, Zürich: 219 u.; Editions Recontre, Lausanne: 26; Editions du Seuil, Paris: 110; Explorer: 59; Explorer Archives: 146, 220, 254, 450; J.-C. Cochet-Explorer: 334; Goudouneix-Explorer: 545; J. Ferluga: 135; Giraudon: 29, 36, 148, 191, 193, 350, 379; Alinari-Giraudon: 144; Anderson-Giraudon: 387, 468; Lauros-Giraudon: 215, 465; Hans Hinz Comorphoto, Alschwil: 83, 84, 113, 143, 272, 275; M.-T. Lestelle: 555; Mas, Barcelona: 152, 213, 269, 328; St. Katharinenkloster, Sinai: 67; E. Nicolaïdis: 392, 397, 416; Office du Livre, Freiburg: 389, 501, 535; Verkehrsamt, Poreć: 79; Photo Archives, Editions Arthaud: 19; Photothek Armand Colin: 53, 58, 75, 93, 102, 151, 162, 166, 171, 174, 180, 186, 194, 217, 265, 307, 317, 324, 342, 344, 353, 361, 385, 388, 394, 400, 422 o., 422 u., 431, 432, 433, 446, 448, 453, 455, 472, 475 li., 475 re., 483 li., 490, 494, 551, 553 o.; J. Powell, Rom: 32, 85, 219 o.; Rapho: 212, 257; G. Gerster-Rapho: 303; Viollon-Rapho: 114; Roger Viollet: 37, 39, 70, 182, 399, 439, 495, 510, 534; Scala, Florenz: 365, 527.

Brescia, Civici Istuti Culturali: 96; *Genua*, Schiffahrtsmuseum: 142, 459, 467; *Leningrad*, Eremitage: 22 li., 22 re., 31, 73 li., 73 re., 235, 236, 237; *London*, The British Library: 271, 401 li., 401 re.; Victoria & Albert Museum: 56; *Lyon*, Textilmuseum: 43; *Oxford*, The Bodlyan Library: 326 li., 326 re., 480, 550; *Paris*, Bibliothèque nationale: 21, 48, 62, 77, 139, 153, 211, 221, 222, 225, 226 li., 228, 232, 243, 262, 263, 285, 470, 482 o., 496, 547; Collection de l'Ecole des Hautes Etudes en Sciences Sociales: 304, 310 li., 310 re.; Réunion des Musées nationaux: 47, 107; *Princeton, New Jersey*, Princeton University: 240; *Rila, Bulgarien*, Nationalmuseum »Kloster Rila«: 320, 546; *Rom*, Vatikanische Bibliothek: 99, 164, 169, 172; Vatikanisches Museum: 289; *Tunis*, Bardomuseum: 69, 138; *Venedig*, Bibliotheca Marciana: 179, 188; *Wien*, Kunsthistorisches Museum: 121; Österreichische Nationalbibliothek: 260; *Washington, D. C.*, The Byzantine Collection: 72 li., 72 re.

Farbtafeln

Lauros Giraudon: 101; Leningrad, Eremitage: 104, 293, 296; J. L. Charmet: 105; Arxiu-Mas, Barcelona: 109; Explorer Archives: 129, 133, 533; J. P. Arrignon: 137, 248, 301; Atlantis Verlag, Zürich: 141; Photothek Armand Colin: 245, 249, 541; Moskau, Kremlmuseum: 253; Moskau, Puschkin Museum: 297, 381; Hans Hinz-Comorphoto, Alschwil: 369; Scala, Florenz: 373, 377; Loirat Explorer: 405, 409; R. Parissis, Athen: 408, 488, 489; A. F. Kersting, London: 413; Amos, Schliack-ANA: 493; Universitätsbibliothek Istanbul: 529; H. Nègre-Explorer: 493; J.-L. Charmet: 537.

Vorsatz

Die Mahlzeit der Reichen, Buch Hiob (1392). *Par. Graec. 135.* Paris, Nationalbibliothek.